Hans Szymanski

Die Ever der Niederelbe

blue line

Hans Szymanski

Die Ever der Niederelbe

ISBN/EAN: 9783867417266

Auflage: 1
Erscheinungsjahr: 2011
Erscheinungsort: Bremen, Deutschland

Bei diesem Titel handelt es sich um den Nachdruck eines historischen, lange vergriffenen Buches. Da elektronische Druckvorlagen für diese Titel nicht existieren, musste auf alte Vorlagen zurückgegriffen werden. Hieraus zwangsläufig resultierende Qualitätsverluste bitten wir zu entschuldigen.

Vorwort.

Die Literatur über die deutschen kleinen Segelschiffe ist heute noch wenig umfangreich. Hier will die vorliegende Arbeit ergänzend eintreten, wenngleich sie nur einen einzelnen, aber auch den wichtigsten deutschen Kleinschiffstyp, und zwar den E v e r d e r N i e d e r e l b e behandelt. Sie will aber nicht nur als die erste Baugeschichte eines deutschen Segelschiffstyps gelten, sondern gleichzeitig einen Beitrag zur nautischen Volkskunde Niedersachsens bilden.

Die Volkskunde, die doch so erfreulich allen Zweigen unserer Kultur nähertritt, ist bislang mit einer fast unbegreiflichen Folgerichtigkeit an den Segelfahrzeugen der deutschen Küsten vorbeigegangen. Und doch wäre es im Interesse der schiffsgeschichtlichen und volkskundlichen Forschung sehr wünschenswert, wenn die anderen deutschen Schiffsarten ebenfalls recht bald in monographischen Bearbeitungen erfaßt würden. Diese Aufgabe ist um so anziehender, weil außer einigen Aufzeichnungen Vorarbeiten nicht vorhanden sind, so daß es hier wissenschaftliches Neuland zu bearbeiten gilt.

Auf mehreren Studienreisen längs der Niederelbe und ihrer kleinen Zuflüsse war ich bemüht, dem alten hölzernen Ever in Bauart und Takelung in allen Einzelheiten nachzugehen und den so gewonnenen Stoff zu verarbeiten, wie das in anderen Zweigen der Volkskunde längst geschehen ist. Der Baugeschichte des Evers ist ein wirtschaftsgeschichtlicher Abschnitt beigefügt worden, der zeigen soll, daß das wichtigste Verkehrsmittel zwischen den Elbmarschen und Hamburg ehemals der Ever war, weil die Elbmarschen und die angrenzende Geest eng mit dem Emporkommen Hamburgs wirtschaftlich verknüpft waren.

Verschiedene Behörden und wissenschaftliche Institute, Männer der Wissenschaft und der Seefahrt, haben meine Arbeit durch

Zugänglichmachen von Schiffsakten, Bauzeichnungen, Lichtbildern oder durch Mitteilungen unterstützt und gefördert.

An erster Stelle möchte ich Herrn Professor Dr. W a l t h e r V o g e l (Weinmeisterhöhe/Havel) meinen herzlichsten Dank aussprechen, nicht nur für die vielfache Unterstützung bei meinen schiffsgeschichtlichen Studien, namentlich der vorliegenden Arbeit, sondern auch für die Annahme der Zueignung dieses Buches.

Zu großem Dank verpflichtet bin ich Herrn Schiffbaumeister G u s t a v J u n g e (Wewelsfleth). Herr Junge hat einen großen Anteil an der Vollständigkeit meiner Angaben, indem er die von mir in reichem Maße gestellten Fragen stets in liebenswürdigster Weise ausführlich beantwortete, oft auch durch Skizzen von Bauteilen erläuterte.

Außer den im Text erwähnten Herren und vielen Everschiffern schulde ich verbindlichen Dank der N o t g e m e i n s c h a f t d e r d e u t s c h e n W i s s e n s c h a f t (Berlin), die ein Reisestipendium gewährte, dem M u s e u m f ü r M e e r e s k u n d e (Berlin), dem S t a a t s a r c h i v H a m b u r g , Herrn Oberregierungsrat A. R o t t m a n n (Reichskommissariat für Seeschiffsvermessung, Berlin), Herrn Professor W. S t a h l b e r g (Berlin), Herrn Professor Dr. O. L e h m a n n (Museum Altona), Herrn Dr. E. F i s c h e r (Deutscher Seefischerei-Verein, Berlin) und Herrn C h r. H a d e n f e l d t (Hamburg-Fuhlsbüttel).

Herr Admiralstabssekretär C h r. V o i g t (Charlottenburg) hat meine Arbeit während der Niederschrift und Drucklegung durch wertvolle Anregungen und Durchsicht in dankenswerter Weise gefördert.

Herrn Staatsrat Dr. J. K r e t z s c h m a r (Lübeck) habe ich zu danken für seine Bemühungen um die Drucklegung und Ausstattung dieses Buches. Zu den Druckkosten hat die H a m b u r g i s c h e W i s s e n s c h a f t l i c h e S t i f t u n g einen ansehnlichen Betrag beigesteuert, was sicherlich alle geschichtlich interessierten Freunde der deutschen Segelschiffahrt dankbar und freudig begrüßen werden.

Berlin, im September 1932

Hans Szymanski

Inhalt

Verzeichnis der Abbildungen.

---

* Abbildungen befinden sich am Schluß des Buches.

Die Abbildungen verdanke ich folgenden Behörden, Instituten, Vereinen und Herren: Chr. Hadenfeldt (Hamburg-Fuhlsbüttel) Abb. 2, 11, 12, 17–20, 22, 24–27, 35–40; Herr Hadenfeldt hat sich das Vervielfältigungsrecht vorbehalten. Zeitschrift „Die Yacht" (Berlin) Abb. 5. Friedrich Schlüter (Wilster) Abb. 6 und 41; auch die Abb. 21 und 32 hat Herr Schlüter aufgenommen. Techno-Phot. Archiv (Berlin-Friedenau) Abb. 8, 9, 44 und 45. Landratsamt Itzehoe Abb. 21. Museum für Hamburgische Geschichte (Hamburg) Abb. 28 Aufnahme Dühr-koop; die Abb. 2, 37 und 38 sind ebenfalls nach Vorlagen dieses Museums gezeichnet worden. Hamburger Architekten- und Ingenieur-Verein, Abb. 29 (aus „Hamburg und seine Bauten 1914"). Dr. Engelbrecht (Obendeich b. Glückstadt) Abb. 30. Hafenkapitän Heinrich Krumm (Wilster) Abb. 32. Dr. Diamant (Oppeln) Abb. 34. Schiffbaumeister Schulze (Gauensiek) Abb. 42 und 43. Fischereidirektor Dr. H. Lübbert (Hamburg) Abb. 46 und 47. Deutscher Seefi-scherei-Verein Abb. 48–50. Die Abb. 3, 4, 7, 10, 13–16 habe ich größtenteils nach Vorlagen des Herrn Schiffbaumeisters Gustav Junge (Wewelsfleth) gezeichnet. Johs. Krögers Buchdruckerei (Altona-Blankenese) Abb. 51. Die übrigen Bilder stammen aus der Sammlung des Verfassers. Die Karte der Niederelbe hat Herr cand. phil. Gerhard Czybulka (Berlin) nach meinen Angaben gezeichnet; der Raumersparnis wegen ist die Karte in den Randbezirken teilweise verzerrt ge-zeichnet.

Maße

Die Abmessungen der Ever, Luken, Wohnräume, Ruder, Schwerter, Boote u.a., sowie die Länge der Rundhölzer sind in Meter (m), die der Bauteile in Fuß (') und Zoll (") angegeben. Für die hölzernen Bauteile gilt der hamburgische Fuß und Zoll, für die eisernen der englische Fuß und Zoll:

1 Hambg. Fuß = 0,2856 m / 1 Hambg. Zoll = 0,0238 m
1 Engl. Fuß = 0,3047 m / 1 Engl. Zoll = 0,0253 m

I. Frühgeschichte.

Die ältesten Nachrichten über den Ever stammen aus dem 13. Jahrhundert. Zuerst wird er in dem Zolltarif von Damme (Flandern) vom Mai 1252 erwähnt, der für die den Hafen besuchenden Fremden, insbesondere für die deutschen Kaufleute gültig war[1]. Darin heißt es:

> „Ein Schiff, das als e n v a r e bezeichnet wird, [und] das ein am Heck hängendes Ruder[-Steuerruder] hat, ist dem Grafen 4 Pfennig und den Lehnsvasallen 4 Pfennig zu zahlen schuldig; wenn aber das Ruder an der Schiffsseite hängt, so schuldet das Schiff dem Grafen 2 Pfennig und den Lehnsvasallen 2 Pfennig."

Der Dammer Zolltarif bildet einen Teil des großen Reglements für die Schiffahrt und die Erhebung von Zöllen im Swin vom Jahre 1252, doch ist das Reglement nur in einer aus der zweiten Hälfte des 14. Jahrhunderts stammenden vlämischen Uebersetzung erhalten geblieben. Einleitend werden ebenfalls Ever erwähnt[2]:

> „Weiter allerhand Schiffe, Koggen, Hulke, e e u e r s, Torfschiffe oder Naveelen mit durchgehenden Balken sind [zu zahlen] schuldig jedes Schiff 12 Pfennig dem Zoll und den Lehnsknechten 4 Pfennig."

Die nächste Nachricht enthält das Buch der Verpfändungen und Verträge der Stadt Hamburg[3] vom Jahre 1299:

> „Hermann des Bisle hat mit Einwilligung seines Partners ein Halbpart seines Schiffes, das e n v a r genannt wird, verpfändet für 13 Pfund und 7 Schilling."

Obgleich diese Jahreszahlen keinen Anhalt geben, daß der Ever erst im 13. Jahrhundert entstanden ist, so beweisen sie doch seine frühe Verwendung in der Küsten- und in der Elbschiffahrt.

Glücklicherweise ist bei dem Bau des Seehafens von Brügge im Jahre 1899 ein typisches Wattenfahrzeug gefunden worden, dessen Alter aber kaum in das 5. bis 7. Jahrhundert zurückgeht, wie man vermutet, es ist sicherlich viel jünger[4]. Dieses Schiff ist in seiner Form sehr verschieden von den später gebauten, völligen niederländischen Schiffstypen. Andererseits sieht das Brügger Schiff den niederelbischen Spitzgat-Evern so außerordentlich ähnlich, daß man dieses Fahrzeug wohl als einen f r i e s i s c h e n Ever und als Vorläufer des niederelbischen Evers bezeichnen kann (Abb. 1). Das aus Eichenholz gebaute Schiff hat eine Länge von 14,5 Metern, eine Breite von 3,5 Metern und eine Raumtiefe von 1,35 Metern. Die klinkerweise befestigte Beplankung besteht aus sieben nach außen geneigten Plankengängen, von denen der untere Gang oder die Kimmplanke schräg gegen den sehr starken und flachen Boden verbolzt ist. An den Steven sind die Plankenenden nicht gleichlang untereinander, sondern abgestuft in die Sponungen eingelassen, wie es z. B. bei den holsteinischen Klinkerjachten noch in der ersten Hälfte des 19. Jahrhunderts gebräuchlich war. Der obere Gang bildet gleichzeitig das Setzbord, dieses ist durch einen schwachen Dollbaum versteift. Die schwach gekrümmten und ausfallenden Steven sind verhältnismäßig hoch, auch hat das an den Enden scharfgebaute Schiff einen schönen Sprung. Dagegen ist der Boden an den Enden nicht hochgezogen, der Strak fehlt. Der Querverband besteht aus den Spanten, den Bodenwrangen und aus der Mastducht, letztere ruht auf an den Spanten befestigten Knieen. Zur Verbindung der Bauteile dienen hölzerne, mit einem eisernen Kern versehene Nägel. Leider fehlen Angaben über die Längsverbände, über die Einbauten vorn und achtern, oder ob ein Deck vorhanden war, sowie über die Abmessungen der Bauteile. Das Seitenruder hatte eine ähnliche Form wie es bei dem aus dem 3. oder 4. Jahrhundert stammenden Nydamer Boot gefunden wurde. Der Mast steht etwa in der Mitte der Schiffslänge in einer Mastspur und Mastducht. An dem etwa 10 Meter hohen Mast wurde ein wollenes Rahsegel gesetzt. Die Segeleigenschaften dieses Schiffes waren sicherlich nur bescheiden, denn einerseits hatte der Mast im Vergleich zur Schiffslänge eine sehr geringe Höhe, andererseits besaßen die Bodenwrangen nahe der Schiffsmitte (querschiffs) zwei Speigatten, so daß offenbar das Schiff auf ebenem Boden und hauptsächlich wohl nur vor dem Winde gesegelt wurde; denn sowie sich das Schiff bei raumem Winde etwas nach Lee neigte, erfüllten die Speigatten nicht ihren Zweck, das Wasser an die Pumpen gelangen zu lassen.

Aus diesem Schiffstyp sind die auf den Stadtsiegeln von Stavoren (1246) und Harderwijk (1280) dargestellten Schiffe hervorgegangen[5], die m. E. nicht als Koggen sondern als Ever und zwar als große gedeckte Ever zu bezeichnen sind. Welche Form die im frühen Mittelalter auf der Niederelbe benutzten Schiffe hatten, insbesondere die im Jahre 1253 im Schiffszoll von Spaarne erwähnten e l u s c u t e n (Elbschuten)[6], ist nicht bekannt. An sich könnte man zunächst vermuten, daß so an der Elbe der Brügger

Typ bezeichnet wurde, auch wäre es möglich, daß das Verbreitungsgebiet dieser Schiffsform schon im frühen Mittelalter von der Elbe bis Flandern reichte. Viel wahrscheinlicher ist jedoch, daß der Ever in Friesland entstanden ist[7]. Hierfür sind nicht nur die beiden erwähnten Schiffssiegel ein Beweis, sondern es gab in Friesland noch im vergangenen Jahrhundert mehrere kleine Schiffstypen, die ebenfalls auf den Brügger Schiffstyp zurückzuführen sind: Fischerschuten von Alkmaar, ferner Punter von Overijssel, Gemüseschuten von Hoorn, Fischerbarken von Woudrichem und die nordholländischen Gondeln[8].

Sicher ist der Ever durch friesische Schiffer an der Elbe eingeführt worden, die schon im frühen Mittelalter die Küstenschifffahrt bis zur Elbe beherrschten. Einen noch größeren Einfluß auf die Einführung dieses Schiffstyps hatte im Laufe des 12. und 13. Jahrhunderts die Einwanderung niederländisch-vlämischer Ansiedler in den Elbmarschen, die vor allem in der Wilster- und Krempermarsch, im Alten Lande, dann auch in der Haseldorfermarsch, in der Umgebung von Blankenese und wahrscheinlich auch auf einigen Elbinseln in der Nähe Hamburgs seßhaft wurden. Von diesen Gegenden aus haben sich die Ever über das ganze Gebiet der Niederelbe verbreitet.

Die wenigen urkundlichen Nachrichten über die mittelalterlichen Ever sind schon oft zusammengestellt worden[9]. Nach dem oben erwähnten Reglement gab es schon im 13. Jahrhundert Ever mit durchgehenden Balken, d. h. Ever mit einem festen Deck, die entweder ein Heck- oder ein Seitenruder besaßen. Technische Notizen bieten sonst noch die Hamburger Kämmereirechnungen am Ende des 14. Jahrhunderts. Verzeichnet sind in den Jahren 1374 bis 1381 mehrfach Reparaturen[10] und das Teeren[11] städtischer Ever, einmal ist auch der Neubau[12] eines eevar gebucht (1379). Angeschafft wurden 1374 ein Mast[13] tho dem groten eware und 1381 nochmals ein Mast für den ghrot ever, 1376 ein Segel[14] tho dem envare. Eine steile Kahnplanke hatten diese Ever nicht, sonst wäre sie sicherlich auch späterhin bei den holländischen Schiffstypen verwendet worden. Ebenfalls ist es ganz unsicher, ob die Ever bereits Seitenschwerter als Ersatz für den fehlenden Kiel besaßen. Zwar stammt die älteste Darstellung eines Schiffes mit einem Seitenschwert schon aus dem 12. oder 13. Jahrhundert, sonst aber läßt sich ihre Verwendung erst im 16. Jahrhundert, allgemein jedoch erst in der ersten Hälfte des 17. Jahrhunderts nachweisen. Weil aber die Ever auch weite Seereisen unternahmen (s. u.), so ist es sicher, daß sich hierfür Schiffe von der Bauart des Brügger Fahrzeuges nicht verwenden ließen. Vermutlich verminderte man die Abtrift beim Segeln durch die Anbringung eines Kiels unter dem flachen Boden. An Stelle dieser Bauart entwickelten die niederelbischen Schiffbauer späterhin den schmalen Everboden mit steiler Kahnplanke, die im Wasser wie ein Führungslineal wirkt; wann dieses geschah, ob vor oder nach der Einführung der Seitenschwerter, ist nicht bekannt. Außerdem fanden bei ungünstigem Winde Remen Verwendung. Nach den Hamburger Kämmereirechnungen wurden 1374 für den parvum ewar sechs und 1378 für einen eenvare zehn Remen[15] gekauft. 1543 hatte ein Ever bei 20 Mann Besatzung sogar achtzehn Remen an Bord[16].

Ueber die Größe der Ever sind in einigen Zolltarifen, Hafenordnungen und anderen Urkunden einige allgemeine Angaben enthalten. 1321 zahlte der yver im Briel das halbe Feuerbüsengeld des Koggen[17]. In dem seeländischen Tarif vom Jahre 1358, betreffend die Betonnung der Maas, unterschied man Koggen, Ever (eever) und Hulke von über und unter 60 Heringslasten Größe[18]. Die Ankerordnung für das Swin vom Jahre 1401 bestimmte: „cogghen, schepen, crayers, ever ende barghen" sollten längs des Stromes nebeneinander in drei Reihen, alle anderen Schiffstypen aber in vier oder sechs Reihen nebeneinander ankern[19]. 1413 verzeichnet die Hafenordnung von Amsterdam[20] „kogghen, hulcs, crayers, ever of andere zeescepe, die buyten duynen [außerhalb des Wattenmeeres] varen". Mai 1438 beschlossen die Ritterschaft und Städte von Holland die Ausrüstung einer Flotte gegen den Herzog von Holstein und die wendischen Städte[21]. Hierfür sollten in erster Linie die noch im Lande befindlichen „groten scepe... alse hulken, kraeyers, ballengiers, buyssen, coggen, evers ende anderen..." Verwendung finden, auch sollten mehrere Barsen (baerdzen) gebaut und ausgerüstet werden. Pfingsten 1441 rüstete Amsterdam gegen einige sich bei Emden aufhaltende Vitalienbrüder einen großen Hulk und einen großen Ever aus[22]. Große Schiffe, „het zy Rynschepen of euers", führt das Stadtbuch von Sneek (Friesland) vom Jahre 1456 auf[23]. Ever, die eine Größe von 70 Lasten hatten, waren in den Jahren 1393 in Hamburg[24] (ever) und 1408 in Kampen[25] (ever) beheimatet. Wenn man eine Last gleich zwei Tonnen (à 2000 Pfund) ansetzt, so hätten diese Ever eine Tragfähigkeit von 140 Tonnen gehabt. Solche großen Ever sind vereinzelt erst wieder im 19. Jahrhundert gebaut worden. Mit Rücksicht auf die damaligen unsicheren Zustände auf der Nord- und Ostsee fuhren die Ever gelegentlich mit einer großen Besatzung: 20 Mann hatte 1421 ein Emder und 1543 ein holländischer Ever an Bord, 1456 war die Besatzung eines Hoorner Evers 9 Mann stark[26].

Mehrere Nachrichten sind über die mit Evern unternommenen Seereisen überliefert worden. 1385 fiel ein Stralsunder Ever, vermutlich vor der Mündung des Swin, englischen Ausliegern in die Hände[27]. 1387 wurden vor der Küste von Flandern drei nach Hamburg gehörende Ever (eever) weggenommen[28]. 1393 strandete ein Hamburger Ever bei Helsingör[29]. 1400 ging ein Bremer Ever (ever) bei Wik up Zee verloren[30]. 1402 nahmen Holländer einen neuen Bremer Ever weg[31]. 1423 segelte ein Danziger Ever nach Reval[32]. 1430 segelte je ein Amsterdamer und Hoorner Ever nach der Ostsee[33]. 1444 verkehrten mit Holz befrachtete Ever (e y n e r) zwischen Danzig und England[34]. 1456 kaperten die Danziger einen Eidamer und Hoorner Ever, die nach Balga einlaufen wollten[35]. 1460 nahm ein Danziger Auslieger in der Ostsee ein Everschiff weg[36]. 1480 wurde ein nach Hindelopen gehörendes Everschiff (e v e r s c i p) von Franzosen gekapert und von diesen nach Danzig verkauft[37].

Neben diesen großen Evern, die etwa den See- und Galeaß-Evern des 19. Jahrhunderts entsprachen, gab es schon damals kleinere Fahrzeuge. So ist in den Rechnungen des Rentmeisters Florens von Amstelland und Waterland 1345 ein c l e y n e v e r s c i p verzeichnet[38]. 1374 wurde ein Hamburger Ever p a r v u m e w a r und ein andermal l u t t e k e n e w a r genannt[39]. 1468 zahlte die Stadt Hamburg für einen gecharterten und dabei verloren gegangenen kleinen Ever (p r o n a v i c u l a s u a, d i c t a e v e r) eine Entschädigung[40]. 1470 fanden Ever als Fähre über den Leck (Niederlande) Verwendung[41a]. 1494 gehörten nach Monnickendam (Zuider-Zee) 25 r i j n s c h e p e n e n d e e v e r s, die zur Binnenfrachtfahrt nach Dordrecht und anderen Orten bestimmt waren[41b].

Seit dem 15. Jahrhundert wählte man für die einmastigen Koggen, Hulke und andere Schiffstypen größere Abmessungen, auch erhielten sie seit der zweiten Hälfte dieses Jahrhunderts in der Regel drei Masten. An dieser Entwicklung haben die Ever nicht mehr teilgenommen. Vielmehr fanden sie bis auf die Gegenwart nur noch als Küstenfahrer oder (und) als Binnenfahrer Verwendung.

•

Der S c h i f f s n a m e E v e r wird sehr verschieden erklärt: 1. envare = Einfahrer, Schiff auf dem nur ein Mann fährt[42], 2. envare = Fahrzeug, von en (ein) und var (Fahrzeug)[43], 3. envare = Fahrzeug mit einem Mast[44], 4. envare = Schiff das allein (ohne Schleppboot) segelt[45], 5. envare = soviel wie Einbaum[46], 6. envare, auch Ever = Eber[47].

Noch vor dem Kriege waren einige kleine Binnen- und Kanal-Ever vorhanden, abgesehen von den oberelbischen Evern, die nur einen Mann Besatzung hatten; man nannte diese Fahrzeuge deshalb Einhandschiffe. Da aber auch die kleineren Ever auf der Elbe unter Segel gelegentlich nur von einem Mann geführt wurden, so möchte ich die erste Erklärung, E i n f a h r e r, für die wahrscheinlichste halten, indem e n v a r e „ursprünglich wohl im Gegensatz zu dem großen, nur von einer Ruderer-Genossenschaft benutzbaren Ruderfahrzeug das kleine Segelschiff, das ein einzelner Mann über eine längere Strecke zu führen imstande war" bezeichnete[48].

•

Ueber die Verwendung von Evern im Bereich der Niederelbe sind besonders seit dem 17. und 18. Jahrhundert zahlreiche Angaben überliefert worden, die sich bei der Durchsicht der niederelbischen Archive und Akten von Behörden überdies leicht vermehren ließen. Dagegen fehlen Mitteilungen über Bau, Takelung, Ausrüstung, Bemalung und Namen der Fracht-Ever bis zum Anfang des 19. Jahrhunderts fast vollständig. Lediglich über die Fischer-Ever von Blankenese liegen seit dem Ende des 18. Jahrhunderts mehrere Angaben vor. Aus der Zeit von 1786, 1800 bis 1830 ließen sich nur von etwa 70 Fracht-Evern die Abmessungen ermitteln. Die erste brauchbare Abbildung eines Evers, abgesehen von den Blankeneser Rah-Evern, stammt aus dem Jahre 1821, indessen die älteste noch vorhandene Bauzeichnung einen Binnen-Ever der Werft D. Kremer (Elmshorn) vom Jahre 1824 darstellt. Die älteste mir zugänglich gewesene Baubeschreibung ist von einem im Jahre 1836 an der Oste gebauten See-Ever erhalten geblieben. Deshalb läßt sich die Baugeschichte des Evers erst seit dem Anfang des 19. Jahrhunderts darstellen, ohne aber auf absolute Vollständigkeit Anspruch zu erheben. Denn es ist selbstverständlich, daß nicht nur die vielen niederelbischen Werften im Laufe des letzten Jahrhunderts verschieden gebaut haben, sondern auch die gleiche Werft baute und takelte im Laufe weniger Jahre ihre Ever in Einzelheiten anders. Diese Abweichungen sind durchaus nicht immer als Entwicklung zu deuten, denn häufig zeigten selbst nach 1900 gebaute Ever im Bau oder in der Takelung Besonderheiten, die sonst seit langer Zeit aufgegeben waren. Das aber alles zu ermitteln ist in der Gegenwart nicht mehr möglich.

II. Bauorte und Bauwerften.

1. Allgemeines.

Die niederelbischen Fracht-Ever sind fast ausschließlich auf den holsteinischen und hannöverschen Werften gezimmert worden, die an der Niederelbe und ihren Nebenflüssen lagen. Wenig mit dem Bau von Evern haben sich befaßt die Altonaer und Hamburger Werften, mit Ausnahme der Finkenwärder Werften. Schon im Jahre 1771 klagten die Commerzdeputierten, daß selbst die auf den hamburgischen Binnengewässern verkehrenden Ever außerhalb von Hamburg gebaut wurden[49]. Ueber den Bau von Fracht-Evern vor dem Jahre 1800 sind nur wenige Angaben überliefert worden.

1747 wird von Altona erwähnt, daß sich hier außer drei Seeschiffswerften noch etliche Werften befanden, auf denen man „kleinere Fahrzeuge, Ever, Boote und dergleichen" zimmerte[50]. Die im Jahre 1746 in Glückstadt vorhandenen Fährschiffe, 7 Ever und 4 Prähme, waren meist in Altona, Elmshorn, Itzehoe und Holland gebaut. In der Zeit von 1766 bis 1780 liefen in Glückstadt nur 5 Schiffe vom Stapel, alles Ever von 3½ bis 8 Kommerzlasten[51]. Dagegen wurden in den Jahren 1798 bis 1807 hier 52 Schiffe gezimmert, darunter eine Fregatte, zwei Briggen und drei Schuner[52]. „Alles übrige waren Ever und Pramen, größtenteils von 3 bis 10, wenige bis 20 und 25 Kommerzlasten." Am Ende des 18. Jahrhunderts baute in Glückstadt die Werft Claas Seemann einige Prähme und Ever[53]. Auch in Stade wurden in der zweiten Hälfte des 18. Jahrhunderts fast alljährlich einige Prähme und Ever gebaut[54]. Einige holsteinische Ever-Bauorte (1779—99) sind dann noch in der ersten Schiffsliste von Blankenese und Mühlenberg verzeichnet[55]: Altona, Teufelsbrücke, Schulau, Glückstadt; aus dem Alten Lande stammten zwei Ever her. Im Anfang des 19. Jahrhunderts bemerkt A. Niemann[56], daß in Holstein (Elbe) nur in Altona und in Glückstadt der Schiffbau bedeutend war. Kleinere Werften lagen an der Stör, am Rhin, bei Elmshorn, Uetersen,

Haseldorf, Schulau, Wittenbergen und Teufelsbrücke, doch wurden auf allen diesen Werften „fast nur Ever gebaut".

Die nachstehende Zusammenstellung[57] der Werften, auf denen man nach 1800 Ever auf Stapel gesetzt hat, stützt sich vorwiegend auf etwa 1200 Vermessungsprotokolle von Evern, ferner auf mehrere Jahrgänge der handschriftlichen Schiffsregister von Hamburg, Altona, Elmshorn, Uetersen, Krempe, Glückstadt, Itzehoe, Wilster, Freiburg, Stade und Harburg, sowie auf die Handprotokolle der Senatskanzlei von Hamburg (1813—41).

Das Verzeichnis der Ever-Werften vor dem Jahre 1850 ist leider nicht vollständig, weil die ältesten mir vorliegenden Schiffsvermessungsprotokolle aus dem Jahre 1888, fast ausschließlich aber erst aus dem Jahre 1895 und später stammen. Da aber nur ein geringer Prozentsatz der Ever eine Lebensdauer von mehr als 50 Jahren erreichte (S. 41), so fehlen viele vor der Mitte des vergangenen Jahrhunderts gebaute Ever und damit auch die Werften. Die Seeschiffsregister (Hamburg, Altona, Itzehoe, Harburg) verzeichnen zwar viele der älteren seegehenden Ever, doch fehlen in diesen wiederum die zahlreichen Binnen-Ever.

Die Jahreszahlen hinter den Werften bedeuten, daß innerhalb der angegebenen Jahre der Bau von Evern bezeugt ist. Jedoch haben die ermittelten Jahreszahlen keine absolute Gültigkeit, weder für den Bau der Ever, noch für die Bautätigkeit der einzelnen Werften überhaupt. Auch ist der Bau anderer Schiffstypen, früher oder später, nicht berücksichtigt worden. Aus den benutzten Quellen läßt sich weiterhin nicht entnehmen, in welchem Jahre der Besitzer gewechselt hat. Mitunter blieb der Name des alten Werftbesitzers bestehen, wenn ein Sohn die Werft übernahm. Häufig sind aber die Vornamen der Söhne gleichzeitig in den erwähnten Quellen verschieden angegeben, anstatt nacheinander, offensichtlich deshalb, weil die Schiffer älterer Ever dem Schiffsvermesser den Namen des derzeitigen an Stelle des älteren Werftbesitzers angegeben hatten[58]. Da weiterhin manche Werften nicht ständig Ever bauten, ist es sehr wahrscheinlich, daß die Nachfolger schon früher die Werft besaßen als in der Zusammenstellung angegeben.

Mit einem Stern sind die Werften hervorgehoben, die nach den von mir benutzten Quellen mehr als 25 Fracht-Ever gebaut haben. Von mehreren Werften läßt sich nur der Bau je eines Evers nachweisen, dann sind die Namen in Klammer gesetzt.

2. Holsteinische Werften.[59]

Altona[60]:
    (Johann Beenck . . . 1835)

Blankenese[61]:
    (Burmeister . . . . . 1849)
    (Joachim Finck . . . 1864)

Borsfleth s. Krempdorf.

Brunsbüttel (Brunsbüttelhafen):
(N. Burmeister . . . 1823)
Otto Doose . . . . 1867—90

Buchholz:
(A. Baade . . . . . 1854)

Büttel[62]:
(Cornils Hölck . . . 1898)
(H. Ledtje . . . . . 1847)

Burg:
H. Barofsky . . . . 1847—60
Nicolaus Boje . . . 1866—67
Bruhn* . . . . . . 1874—98 (74 f. Heinrich B., 79 f.
Hermann B.)
Fack* . . . . 1873—1905 (73 f. Hans F., 99 f.
Ferdinand F.)
Christian Fjordland . . 1859—79
Kühl . . . . 1845—73 (45 f. Max Jacob K.,
63 f. Johann Heinrich K.)
J. F. Wiese . . . . 1854—56

Elmshorn (Wisch und Klostersande)[63]:
Joachim Finck (Wisch) 1832—56
Kremer[a] (Klostersande)* 1824—1902 (24 f. Diedrich K., 60 f.
Diedrich Wilhelm K., 81 f. D.
W. Kremer Sohn)
Kremer[b] (Wisch)* . . 1834—90 (34 f. Johann Heinrich
K., 61 f. J. Kremer Ww., 63 f.
Jacob K.)
Thormählen (Wisch)* . 1856—89 (56 f. Heinrich T., 80 f.
Johannes T.)
(Woltmann . . . . . 1856)

Glückstadt[64]:
August Both[a] . . . . 1882—87
Julius Both[b] . . . . 1898—99
H. Brammann . . . 1838—45
J. & H. Gehlsen . . . 1887—1903
Johannes Schröder . . 1856—67
(Hermann Trede . . . 1882)

Haseldorf[65]:
(Meyer . . . . . . 1859)
Schwarz* . . . . . . 1843—1903 (43 f. Barthold S., 45 f.
Detlef S., 1903 D. Schwarz
Ww.)

9

Itzehoe[66]:
Hans Fack[a] . . . . 1852—56
Johannes Heinrich Fack[b*] 1881—1900
Johann Schmidt* . . . 1834—1889

Klevendeich s. Uetersen.

Klostersande s. Elmshorn.

Kollmar[67].

Krempdorf[68]:
J. Hein . . . . 1867—77

Moorrege:
Jacobs* . . . . . . 1855—1901 (55 f. Hans J., 89 f. H.
Jacobs Ww., 92 f. Johannes J.)

Moorregerdeich s. Uetersen.

Neumühlen-Oevelgönne[69]:
(J. P. Diercks . . . . 1829)

Schulau[70]:
Behrens . . . . . . 1839—72 (39 f. D. Behrens, 44 f.
Johann Jacob B.)
Hermann Finck . . . 1832—36

Spiekerhörn:
Martin Klüver* . . . 1883—1907
Marx Lüdemann . . . 1848—81 (48—68 M. Lüdemann
& Johann Stadtler)

St. Margarethen[71].

Teufelsbrücke[72]:
(Heitmann . . . . . 1839)
(Barthold Schwarz . . 1842)

Uetersen (Klevendeich und Moorregerdeich)[73]:
Christopher Chors
(Klevendeich) . . . 1839—45
Schedelgarn* (Klevendeich, seit Ende der 80er Jahre Moor-
regerdeich) . . . . 1827—1906 (27 f. J. H. Sch., 59 f.
Detlef Friedrich Sch., 1901 f.
Gebrüder Sch.)

Wedel s. Schulau.

Wewelsfleth[74]:
Johann Hein . . . . 1872—87
Junge* . . . . . . 1859—1902 (59 f. Gebrüder Johann
& Christoph J., 66 f. Johann J.)
Jürgen Peters* . . . 1872—1907
Markuß Saß 1868
Harms Stelling . . . 1847—69
Claus Witt . . . . . 1888—1905

10

Wilster[75]:
    Bergmann* . . . . . 1840—1907 (40 f. Friedrich B.,
                          86 f. Martin B.)
    (Martin Bruhn . . . 1885)
    Theoder Engel . . . 1879—90
    Fack* . . . . 1856—84 (56 f. Hans F., 76 f. Jo-
                        hannes F.)
    (Reimer Griese . . . 1861)
    (Heinrich Rehder . . 1871)
Wisch s. Elmshorn.
Wittenbergen[76]:
    T. U. Diercks . . . . 1847—52

3. Hannöversche Werften.[77]

Achthöfenerdeich[78]:
    Peter Tiedemann* . . 1830—81
    Wilkens* . . . . . 1878—1906 (78 f. Peter W., 91 f.
                      Johann W.)
    Wilhelm tom Wörden . 1900—03

Altenbruch[79].

Altenwerder[80].

Borstel (Altes Land)[81]:
    Haartje* . . . . . . 1842—87 (42 f. G. H. sen., 61 f.
                      Johann H.)
    (J. H. Peters . . . . 1836)

Bremervörde[82]:
    Carsten Breuer* . . . 1863—82
    Claudius Doose . . . 1891—94

Bützfleth:
    (Peter Koeser . . . . 1866)

Buxtehude[83]:
    Albert Wilhelm Bröhan[a] 1836—44
    Heinrich G. Bröhan[b] . 1860—63
    (Toosby . . . . . . 1863)

Cranz[84]:
    C. D. Claußen . . . 1849—57
    (Gottfried . . . . . 1859)
    Sietas* . . . . . . 1831—1907 (31 f. Hans S., 47 f.
                    Heinrich S., 91 f. Johann S.)

Dornbusch[85]:
    Peter Mahler* . . . . 1836—45
    Johann Siems* . . . 1844—77

Drennhausen[86].

Drochtersen s. Gauensiek.

Estebrügge[87] s. Königreich.

Finkenwerder (Lünebg.)[88]:
Joachim Behrens . . . 1876—1905

Fliegenberg[89].

Freiburg:
Wilhelm Hatecke . . 1898—1900

Gauensiek:
Johann Funcke* . . . 1844—90
Gebrüder Schulze . . 1900—10

Geversdorf[90]:
Lüder Peters . . . . 1842—76
(J. H. A. Stegemann . 1904)

Gräpel:
Barthold Siems* . . . 1857—95
Johann Steffens* . . . 1858—1900
Wilhelm tom Wörden . 1906—09

Großenwörden:
Wilhelm Leafermann . 1882—85

Grünendeich[91]:
Jürgen Brösing . . . 1828—45
Sietas[a]* . . . . . . 1829—1909 (29 f. Jacob S., 52 f.
Diederich S., 99 f. Heinrich S.)
Claus Sietas[b]* . . . . 1856—1900

Harburg[92]:
G. Renck . . . . . 1838—87

Hasselwerder s. Cranz.

Höhen[93]:
Rancke*[a] . . . . . 1839—90 (39 f. Friedrich R., 75 f.
Johann R.)
Rancke[b] . . . . . . 1880—1905 (80 f. Gebr. Heinrich
& Garlef R., 99 f. Garlef R.)
Friedrich Vorwerk . . 1844—70

Hohenfelde s. Mittelnkirchen.

Hoopte[94].

Königreich[95]:
Otto Stehr . . . . . 1860—1904

Lauenbruch[96]:
F. Behnke . . . . . 1834—41

12

Laumühlen:
Jürgen Eindorf . . . 1870—72
(J. H. Postel . . . . 1863)
Mittelnkirchen[97]:
(J. Brösing . . . . . 1840)
Rathjens* . . . . . 1868—1906 (68 f. Claus R., 70 f.
Heinrich R., 89 f. Barthold R.)
Ropers . . . . . . 1847—66 (47 f. Jakob R., 52 f.
Steffen R.)
Neuenfelde s. Cranz.
Neuhaus[98]:
(Claus Stüven . . . . 1889)
Tiedemann* . . . . 1829—84 (29 f. Michael T., 72 f.
Michael T. Söhne, 76 f.
Jacob T.)
Neuhof[99]:
Johann Beenck . . . 1836—40
Neuland (Harburg)[100].
Niederstricherdeich s. Achthöfenerdeich.
Oberndorf[101]:
J. H. Gooß . . . . 1858—70, 1901
(Oltmann . . . . . 1841)
H. Schumacher . . . 1849—63
(Johann Tiedemann . . 1872)
Osten s. Achthöfenerdeich und Großenwörden:
(Schlichting . . . . 1836)
Stade[102]:
Johann Peters . . . 1832—36
Ropers* . . . . . . 1855—1906 (55 f. Jacob R., 77 f.
Detlef R., 90 f. D. Ropers Ww.)
Steinkirchen[103].
Wilhelmsburg[104].
Wischhafen:
Peter Mahler* . . . . 1846—67
Peter Tiedemann . . . 1838—44
Wuhlenburg[105].

4. Hamburgische Werften.[106]

Bergedorf[107].
Billwärder Neuer Deich:
Cords . . . . . . 1829—33 (29 f. Johann Peter C.,
32 f. J. P. Cords Ww.)

(Heinrich Christ.
    Puttfarken[a] . . . 1813)
(Johann Christ.
    Puttfarken[b] . . . 1813)

Cuxhaven[108].

Finkenwärder[109]:
  von Cölln . . . . . 1825—56 (25 f. Barteldt v. C.,
                    35 f. Heinrich v. C.)
  Wriede* . . . . . . 1824—75 (24 f. Joachim W., 29 f.
               Carsten W., 69 f. Julius C. W.)

Grasbrook:
  (Johann Hinrich v. Somm 1829)
  (Gottfried Heinrich Sta-
    mann . . . . . 1817)

Hamburger Berg:
  Johann Joachim Meyer 1818—31

Klein-Borstel:
  (H. Richter . . . . 1877)

Moorburg[110].

Ochsenwärder[111].

Stadtdeich:
  (Johann Georg Ahrens . 1815)

Veddel:
  (Johann Andreas Fick . 1823)
  (Martin Guhle . . . 1810)
  (Johann Hinrich Wiech-
    horst . . . . . . 1840).

5. Bautätigkeit.

Wenn auch die genaue Anzahl der im vergangenen Jahrhundert gebauten Fracht-Ever sich kaum noch ermitteln läßt, so ist doch die nachstehende, aber unvollständige Aufstellung immerhin recht anschaulich[112]. Es wurden gebaut:

    1831 bis 1840 . . . . . 202 Ever
    1841 „ 1850 . . . . . 284 „
    1851 „ 1860 . . . . . 305 „
    1861 „ 1870 . . . . . 294 „
    1871 „ 1880 . . . . . 335 „
    1881 „ 1890 . . . . . 293 „
    1891 „ 1900 . . . . . 213 „
    1901 „ 1910 . . . . . 82 „
    1831 bis 1910 . . . . . 2008 Ever.

Die Anzahl der Everbauten in der Zeit von 1841 bis 1910 dürfte tatsächlich vielleicht etwa 10 bis 20 Prozent höher gewesen sein, dagegen hat man wahrscheinlich in den Jahren 1831 bis 1840 mindestens 100 Ever mehr als angegeben gebaut. Ueber den Bau von Evern vor dem Jahre 1830 fehlen Angaben; in den von mir benutzten Quellen sind etwa 70 Ever verzeichnet, die aus der Zeit von 1800 bis 1830 stammen.

6. Werften außerhalb des Elbgebietes.

Mehrere Ever, ihre Anzahl ließ sich nicht ermitteln, sind in dem vergangenen Jahrhundert in Husum und in Wyk auf Föhr vom Stapel gelaufen. In Husum baute Paasch (1827—28 D. P., 1855 Hermann P.) und Andreas Schau (1876—80) einige Ever. Mehrere Ever baute die Werft P. A. Petersen & F. C. Lorenzen in Wyk auf Föhr (1867—78), seit 1873 Lorenzen allein[113]. 1901 zimmerte Detlef Schöning in Friedrichstadt einen Ever. Auch auf der dänischen Insel Fanoe sind in der Zeit von 1805—50, zuletzt 1887, mehrere Ever gebaut worden[114]. 1850 ist bei Claus Stehnken zu Fähr an der Weser ein Galiot-Ever vom Stapel gelaufen. Sechs Ever wurden 1859—62 auf Oldenburger Werften an der Weser gezimmert[115].

An der deutschen Ostseeküste hat man diesen Schiffstyp selten gebaut, nachweislich nur zweimal. 1786 wurde auf der Werft des Reeders J. W. Rettich in Lübeck „ein Everschiff mit flachem Boden" gebaut, das 64 Fuß über Steven lang war und eine Größe von 18 Kommerzlasten hatte[116]. 1864 baute Tamm in Kiel einen Besahn-Ever, der aber in der Form des Rumpfes und in der Besegelung einige Besonderheiten der Ostseesegler zeigte[117].

15

III. Neubau.

1. Bauauftrag.

Vor der Erbauung eines Evers wurde gewöhnlich zwischen der Bauwerft und dem Besteller ein kurzer Kontrakt aufgesetzt, den beide Kontrahenten unterschrieben. Dieser kurze B a u k o n t r a k t enthielt zur Hauptsache die größte Länge und Breite des Bodens, die größte Breite über den Berghölzern, die größte Raumtiefe, gemessen schnurrecht (lotrecht) vom Boden bis über die Berghölzer, den Stevenfall, die Abmessungen der wichtigsten Verbandteile, sowie die Art und Qualität des zu verwendenden Holzes. Ferner vereinbarte man, was der Schiffbauer außer dem Schiffskörper noch zu liefern hatte, etwa Rundhölzer, Jütte, Haken, Everremen, Landungssteg u. a. m.

Der B a u p r e i s für die Schiffszimmerarbeit wurde auf Grund der Abmessungen und unter Berücksichtigung der Bauausführung von den einzelnen Werften verschieden ermittelt. Wegen Anfertigung der Schmiede-, Tischler-, Segelmacher-, Reepschläger- und anderen Arbeiten mußte der Schiffer mit den einzelnen Handwerkern besondere Abmachungen treffen. Häufig übernahm die Werft die Vermittelung dieser Arbeiten. Oft lieferte die Werft für einen bestimmten Gesamtpreis mit dem Schiffskörper auch die gesamte Ausrüstung. Manche Werften nahmen für die Schiffszimmerarbeit für jeden Kubikfuß Raumgehalt (Bodenlänge × größte Breite × Raumtiefe) 1 Mark bei großen und 1½ Mark bei kleinen Evern. Andere Werften berechneten für jeden Fuß Bodenlänge 100 bis 120 Mark, doch sind auch kleine Ever (z. B. Wilsterau- und Lägerdorfer Ever) für 65 bis 80 Mark gebaut worden. Einige Werften berechneten für jede Ladetonne 100 bis 125 Mark.

Die Feststellung der T r a g f ä h i g k e i t oder der Netto-Raumgröße wurde früher nach den Erfahrungen von bereits gebauten Fahrzeugen ermittelt. Bei Aufträgen, bei denen die Schiffsformen und Verhältnismaße von den bisher üblichen wesentlich abwichen, wurde eine Art Berechnung angestellt (Länge × Breite × Raum-

Abb. 1. Friesischer Ever, 1899 bei Brügge aufgefunden

Abb. 2. Elb-Ever, um 1840 gezeichnet, getakelt als Kniep-Ever

Abb. 5. Toppsegel-Ever „Die Hoffnung von Tönningen"
Aquarell von 1833 (bei Helgoland)

Abb. 6. Elb-Ever der Wilstermarsch „Der junge Hermann" von Uhrendorf
Aquarell von 1852 (Stör bei Wewelsfleth)

tiefe × Koeffizient). Je nach der gewünschten Schiffsform (scharf, mittelscharf oder voll) wurde für die abweichende Schiffsform ein bestimmter Erfahrungskoeffizient eingesetzt. Bei dieser einfachen Berechnungsmethode nach überlieferten Faustformeln war es nichts außergewöhnliches, daß die Tragfähigkeit bis zu 25 Prozent von der kontraktlichen Tragfähigkeit abwich und zwar war diese meistens zu gering, seltener größer als garantiert. Da selbst Holz von gleicher Gattung je nach dem Standort ein verschiedenes spezifisches Gewicht besitzt und später sich zudem bei schlecht geteertem Unterwasserschiff im Wasser sehr ansaugte, mußte mindestens mit 3 bis 5 Prozent Aufschlag gerechnet werden. Auch wurde selbst dann, wenn zwei Ever auf den gleichen Mallen aufgeplankt wurden, selten die gleiche Tragfähigkeit erreicht. Ein bis zwei Zoll Tiefgang mehr oder weniger machte bei den flachbodigen Schiffsrümpfen schon einen großen Prozentsatz an Tragfähigkeit aus. Von einer regulären Gewichts- und Deplacementsberechnung, nach der heute im Gebrauch befindlichen Simpsonschen Formel, hatten die früheren Werftbesitzer wenig Kenntnis.

Der für die gute und kontraktmäßige Lieferung festgesetzte Baupreis wurde von dem Schiffer in zwei oder drei Raten gezahlt, während des Baues und bei der Ablieferung. Gelegentlich traf man auch andere Vereinbarungen; so heißt es in dem Kontrakt eines im Jahre 1900 gebauten und 25 Brutto-Registertonnen großen Evers, der mit Ausrüstung 7000 Mark kostete: „Die Ersten 2000 Mark werden dem Erbauer ausbezahlt, wenn der Ever unter Spanten ist. Die zweiten 2000 Mark, wenn der Ever unter Deck ist. Von den übrigen 3000 Mark bleiben 1500 Mark stehen, davon 1000 Mark als Erstes Geld im Ever, 500 Mark als Drittes Geld im Ever. Der Rest von 1500 Mark wird bezahlt, wenn der Ever vollständig fertig ist."

Weiterhin bestimmte man in dem Kontrakt die Lieferzeit und eine gewisse Vergütung, falls die Werft den Ever nicht zur festgesetzten Zeit ablieferte. Wenn der Schiffer bereits einen alten Ever besaß, so enthielt der Kontrakt oft noch die Bedingung, daß die Werft das alte Fahrzeug für einen bestimmten Preis in Zahlung nehmen mußte, wenn der Schiffer sein Fahrzeug vorher nicht verkaufen konnte.

Früher war es meistens so, daß z. B. nicht nur die holsteinischen Ever größtenteils bei den holsteinischen Werften in Auftrag gegeben wurden, sondern die Schiffer der Wilstermarsch z. B. ließen ihre Ever vorwiegend auf den Werften der Wilstermarsch zimmern. Erst seit dem Ausgang des vergangenen Jahrhunderts sind gelegentlich holsteinische Ever in Hannover oder hannöversche Ever in Holstein gebaut worden. Wie aber aus der folgenden Zusammenstellung des holsteinischen und hannöverschen Everbestandes im Jahre 1899 ersichtlich ist, bezog Hannover viel mehr Ever aus Holstein als Holstein aus Hannover:

	Holstein	Hannover
vorhanden	428 Ever	633 Ever
in Holstein gebaut . .	403 Ever	143 Ever
in Hannover gebaut .	25 Ever	490 Ever

Hierbei ist allerdings noch zu berücksichtigen, daß die 143 von den holsteinischen Werften stammenden Ever durchaus nicht alle, vielleicht nur einige, in Holstein für die Rechnung hannöverscher Schiffer gebaut worden sind. Vielmehr handelt es sich vielfach um ältere Ever, die wohlfeil von hannöverschen Schiffern, namentlich Kehdinger und Altländer Schiffern, erworben sind.

2. Bau nach Mallen oder Zeichnungen.

Viele Werften bauten die Ever ständig oder häufig nur nach Mallen. Mallen sind Holzschablonen, die auf den Werften vorrätig waren und die gegebenenfalls leicht geändert oder neu angefertigt werden konnten, weil sie nur aus dünnem, billigen Abfallholz bestanden. Ein Schiff mit einem platten Boden kann nach den gleichen Spantmallen breiter, länger, auch etwas tiefer oder flacher gebaut werden, weil der platte Boden beliebig breit oder schmal gemacht werden kann; er ergibt bei gleicher Spantform und Spantgröße ein schmales oder breiteres Schiff.

Rationeller und schneller ließ sich aber nach Zeichnungen arbeiten, obwohl erfahrungsgemäß die auf kleinen Werften gezimmerten Schiffe oftmals nicht genau der Zeichnung entsprachen, weil die beabsichtigte Form des Schiffes und die Stärke der Verbandteile durch den mehr oder weniger passenden und trockenen Holzvorrat der Werft etwas verändert wurde. Die zeichnerische Darstellung der Ever sowie der gewählte Maßstab (in neuerer Zeit vielfach 1 : 24) war auf den einzelnen Werften außerordentlich verschieden. Es gab Zeichnungen, auf denen lediglich der mehr oder weniger durchgearbeitete Linienriß wiedergegeben war. Dann gab es Zeichnungen, die außer dem Linienriß noch einige Baupläne, meistens den Deckplan und das Hauptspant, mitunter auch die Kantspanten, darstellten. Mitunter zeichnete man nur den Bauplan: Längsschnitt, Deckplan, Hauptspant. Schließlich wurde auch der vollständige Linienriß (Längsschnitt, Wasserlinien, Schnitte, Senten, Spantriß) und der vollständige Bauplan (Längsschnitt, Deckplan, Raumplan, Hauptspant oder sogar vier verschiedene Querschnitte), gezeichnet, was aber nur selten geschah (Abb. 42/43). Während auf einigen Zeichnungen lediglich die Masten eingezeichnet wurden, fertigten andere Schiffbaumeister auch einen besonderen Takelriß an.

Nicht für jeden Neubau stellte man neue Mallen oder neue Zeichnungen her. Vielmehr bauten die meisten vielbeschäftigten Werften im Laufe der Jahre größtenteils nur mehrere verschiedene

18

Größen von Evern. So sind z. B. bei Bergmann in Wilster in der Zeit von 1850 bis 1905 vorwiegend drei Serienbauten ausgeführt worden, von diesen mehr als 50 Ever:

Typ:		Abmessungen:	Br.-Reg.-To.:
Margaretha	1867	13,80 × 3,23 × 0,82 m	10
Holsatia	1871	14,45 × 3,75 × 1,00 m	14
Erndte	1889	16,50 × 4,18 × 1,30 m	23

Erwähnt sei noch, daß die Abmessungen eines jeden Evers stets etwas anders waren, selbst wenn für den Bau die gleiche Zeichnung Verwendung fand. Niemals hat es zwei Ever gegeben, deren Abmessungen genau die gleichen waren.

3. Hauptabmessungen.

Nachstehend sind die Hauptabmessungen von 1200 niederelbischen Fracht-Evern aus der Zeit von 1810 bis 1910 zusammengestellt[118]. Die Abmessungen (Identitätsmaße) sind in diesen Tabellen, wie überhaupt in dieser Arbeit, wenn nichts anderes angegeben, nach den Bestimmungen der Schiffsvermessungsordnung vom 1. März 1895 wie folgt gemessen: Die Länge des Schiffes zwischen der hinteren Fläche des Vorstevens bis zur hinteren Fläche des Achterstevens auf dem festen Deck. Die größte Breite des Schiffes zwischen den Außenflächen der Berghölzer. Die Tiefe des Schiffsraumes zwischen der Unterkante des festen Decks und der Oberkante der Bodenwrangen neben dem Kielschwein. (Tabellen siehe Seite 20 und 21.)

In quantitativer Hinsicht waren die Abmessungen der auf den holsteinischen und hannöverschen Werften gebauten Ever verschieden. Ziemlich gleich war in beiden Gebieten die Schiffslänge. In der Zeit von 1850 bis 1890 wurde für die Ever beiderseits der Elbe häufig eine Länge von 14 bis 16 m gewählt. Ueber 16 m lange Ever sind in Holstein namentlich nach 1890 oft auf Stapel gesetzt worden. Unter 4,20 m breite Ever waren in Holstein sehr häufig, indessen die hannöverschen Ever überwiegend eine größere Breite besaßen. Ever mit einer Raumtiefe von unter 1,25 m sind auf den holsteinischen Werften viel gezimmert worden, dagegen erhielten die hannöverschen Ever überwiegend eine größere Raumtiefe. Erst nach der Bearbeitung der Tabellen fand ich in der „Instruction für die Schiffsmessung in den Herzogthümern Schleswig und Holstein" vom 7. Februar 1848 die wertvolle Angabe[119], daß „die Tiefe von 4 Fuß die bestimmte Grenze zwischen den kleinen und größeren Evern bildet"; der dänische Fuß ist gleich 31,18 cm, mithin sind 4 Fuß fast genau 1,25 m.

Der charakteristische Unterschied der in Holstein und in Hannover gebauten Ever lag aber in dem Verhältnis der

Abmessungen von 636 Evern, gebaut auf holsteinischen Werften:

Baujahre	1810 – 1849	1850 – 1869	1870 – 1889	1890 – 1910	
Länge					Zusammen
7,30 – 11,99 m	1	2	6	3	12
12,00 – 13,99 "	6	25	34	17	82
14,00 – 15,99 "	32	81	198	36	347
16,00 – 17,99 "	12	21	30	92	155
18,00 – 20,85 "	2	6	10	22	40
Breite					
3,01 – 3,60 m	6	50	34	11	101
3,61 – 4,20 "	17	28	130	71	246
4,21 – 5,00 "	24	36	86	66	212
5,01 – 6,00 "	6	24	24	23	77
Raumtiefe					
0,75 – 0,99 m	5	31	22	8	66
1,00 – 1,25 "	18	55	143	26	242
1,26 – 1,50 "	24	19	98	112	253
1,51 – 1,75 "	6	11	14	24	55
1,76 – 2,00 "	–	6	11	3	20
L : B					
2,40 – 2,99 m	2	3	9	2	16
3,00 – 3,49 "	27	56	110	35	228
3,50 – 3,99 "	15	25	142	107	289
4,00 – 4,53 "	9	48	21	25	103

Schiffslänge zur Schiffsbreite, kurz L : B genannt. Die holsteinischen Schiffer mußten nicht nur auf die vielen flachen Wasserstraßen und auf die flachen Zugänge vieler holsteinischer Häfen Rücksicht nehmen, sondern einige Wasserstraßen waren auch durch schmale und niedrige Deichschleusen abgeschlossen, sowie mit engen, niedrigen und festen Brücken versehen. Um eine gewisse Tragfähigkeit zu behalten, mußte man die Länge der hier verkehrenden Ever vergrößern, dadurch fielen diese Ever im Verhältnis zur Länge schmal und niedrig aus. Ueberwiegend hatten die holsteinischen Ever ein Verhältnis L : B von mehr als 3,50, viele besaßen sogar ein Verhältnis L : B von über 4,00. Dagegen sind solche schmalen Ever auf den hannöverschen Werften selten gebaut worden; die in der Tabelle verzeichneten vier schmalen hannöverschen Ever gehörten nach Altenbruch, auch dieser Hafen ist durch eine sehr schmale Schleuse von der Elbe abgeschlossen. Sonst aber waren die hannöverschen Ever überwiegend breite Schiffe, wie auch Ever mit einem Verhältnis L : B von mehr als 3,50 erst nach 1870 auf den hannöverschen Werften vom Stapel ge-

Baujahre	1810 - 1849	1850 - 1869	1870 - 1889	1890 - 1910	
Länge					Zusammen
7,30 - 11,99 m	3	10	2	3	18
12,00 - 13,99 "	10	48	45	13	116
14,00 - 15,99 "	36	118	108	32	294
16,00 - 17,99 "	10	28	39	42	119
18,00 - 20,85 "	1	–	8	8	17
Breite					
3,01 - 3,60 m	1	1	2	7	11
3,61 - 4,20 "	3	18	21	12	54
4,21 - 5,00 "	41	111	77	52	281
5,01 - 6,00 "	15	78	102	23	218
Raumtiefe					
0,75 - 0,99 m	–	–	1	2	3
1,00 - 1,25 "	5	14	16	13	48
1,26 - 1,50 "	44	112	88	59	303
1,51 - 1,75 "	10	75	74	20	179
1,76 - 2,00 "	1	4	19	7	31
L : B					
2,40 - 2,99 m	11	104	87	12	214
3,00 - 3,49 "	49	100	104	49	302
3,50 - 3,99 "	–	–	12	32	44
4,00 - 4,53 "	–	–	1	3	4

laufen sind, aber nicht oft. Sehr häufig wiesen die Bauten der hannöverschen Werften den niedrigen Wert L : B von unter 3,00 auf. Das Verhältnis L : B betrug bei den holsteinischen Evern im Mittel 3,61, bei den hannöverschen Evern im Mittel 3,09 und zusammen im Mittel 3,37.

Leider gestatten die mir vorliegenden Angaben nicht, das für die Längsfestigkeit der Schiffe wichtige V e r h ä l t n i s   d e r Schiffslänge zur Seitenhöhe (L : H) anzugeben. Allgemein sei bemerkt, daß bei den Evern die Seitenhöhe mitunter etwa gleich der Vermessungstiefe war, meistens war aber die Seitenhöhe höher als die Raumtiefe. Bei je zehn nach 1890 abgelaufenen Alstermaß-Evern und See-Evern schwankte das Verhältnis L : H zwischen 10,17 bis 11,66 (im Mittel 11,10) bei den Alstermaß-Evern und zwischen 8,67 bis 10,70 (im Mittel 10,00) bei den See-Evern. Die Seitenhöhe dieser Alstermaß-Ever war 0,03 bis 0,17 m, die der See-Ever 0,04 bis 0,29 m höher als die Raumtiefe. Nur wenige Ever hatten ein Verhältnis L : H von mehr als 12,00.

Beispiele von Ever-Abmessungen sind bei der Beschreibung der Evertypen angegeben. An dieser Stelle sollen nur die Abmessungen eines kleinen und eines sehr großen Fracht-Evers verzeichnet werden:

Name	Johannes	Johannes
Baujahr	1878	1884
Bauort	Wewelsfleth	Gräpel
Werft	J. Hein	J. Steffens
Br.-Reg.-To.	5	58
Takelung	Giek-Ever	Besahn-Ever
Länge	7,32 m	19,30 m
Breite	2,90 m	6,13 m
Raumtiefe	0,93 m	2,19 m
L : B	2,52	3,14
Heimathafen (1899)	Wewelsfleth	Assel

Schließlich sei noch erwähnt, daß man gelegentlich die Länge der Ever als ungefähre Längenbestimmung benutzt hat[120].

Der Brutto-Raumgehalt schwankte bei den Evern zwischen ~ 5 bis 60 Registertonnen. Die im Jahre 1899 an der Niederelbe vorhandenen Fracht-Ever verteilten sich auf folgende Gruppen:

Ever Br.-Reg.-To.	Holsteinischer Werften			Hannöverscher Werften			
	Giek-Ever	Besahn-Ever	Zus.	Giek-Ever	Besahn-Ever	Zus.	Zus.
5—10	31	—	31	7	—	7	38
11—20	266	35	301	98	25	123	424
21—30	46	146	192	30	220	250	442
31—40	—	46	46	1	102	103	149
41—50	—	8	8	—	16	16	24
51—60	—	4	4	—	4	4	8
Zus.:	343	239	582	136	367	503	1085

Dagegen ist es nicht möglich, zuverlässige Angaben über die Tragfähigkeit der Ever zu geben[121], „weil Fahrzeuge dieser Gattung beträchtlich mehr, wohl doppelt so viel Ladung einnehmen können, als die Zahl der Register-Tonnen, zu welcher sie vermessen sind, angibt".

4. Form.

Die Ever gehören zu den Watten-Schiffstypen. Ihre Form war abhängig von dem niedrigen Wasserstand vieler Nebenflüsse der Niederelbe, von den oftmals flachen Zugängen vieler niederelbischer Hafenorte, von dem durch die Gezeiten hervorgerufenen wechselnden Wasserstand und von dem auf der Elbe und im Wattenmeer oft stürmischen Wetter. Damit der Ever trotz des beschränkten Tiefgangs eine hinreichende Ladefähigkeit hatte, erhielt er eine völlige Form und einen flachen Boden; damit der Ever ohne Nachteil für die Rumpfverbände trocken fallen konnte. Während aber die meisten Watten-Schiffstypen von den Niederlanden bis zur Eider einen flachen oder nur schwach aufkimmenden Boden mit runder Kimm aufwiesen, auch (wenigstens die hölzernen Typen) oftmals einen niedrigen Kiel oder nur eine stärkere Mittelbodenplanke besaßen, hatten die Weserkähne und die im Elbgebiet beheimateten Ever, Segelschuten und Prähme einen flachen Boden mit kantiger Kimm. Der Everboden war aber selten gerade, sondern an den Enden aufgezogen, um die Segeleigenschaften und die Steuerfähigkeit zu verbessern. Auch glaubte man, daß dadurch ein auf dem Trockenen liegender beladener Ever bei einsetzender Flut leichter vom Boden frei kam.

Der ausfallende Vorsteven war entweder schwach oder stark nach außen gekrümmt, oder er war ziemlich gerade, oder auch schwach nach innen gekrümmt und oben wieder ausfallend. Die beiden letzten Stevenformen erhielten namentlich in neuerer Zeit viele Ever, im Unterwasserschiff waren sie ebenfalls nach außen gekrümmt, oder sie waren hier gerade. Einige ältere Ever hatten lotrechte oder fast lotrechte Vorsteven. Der nach hinten geneigte Achtersteven war stets gerade. Der Stevenfall richtete sich einerseits nach dem Wunsch des Schiffers, andererseits nach der Tiefe des Evers; denn ein tiefes Schiff hat bei gleicher Lage der Steven mehr Stevenfall als ein flaches Schiff. Häufig betrug der Stevenfall bei den Fracht-Evern vorn 4 bis 6½ Fuß, achtern 2½ bis 3 Fuß. Die Seefischer-Ever hatten gewöhnlich doppelt soviel Stevenfall als die Fracht-Ever.

Abgesehen von den spitzgat gebauten Evern, den Galeaß-Evern, die ehemals mitunter einen halben Spiegel, meistens aber ein Heck besaßen, und außer den seit 1890 vereinzelt gebauten Rundgat-Evern, war sonst das Achterschiff der Fracht-Ever durch einen herzförmigen Spiegel abgeschlossen, dessen Form sehr verschieden war. Seine Form richtete sich nach der Schärfe oder Völligkeit des Achterschiffes, auch nach der Form des Randsomholzes, das oben und besonders unten verschieden stark eingezogen wurde, endlich war aber auch der Geschmack des Schiffbaumeisters oder des Schiffers maßgebend. Bei den älteren Evern mit kantig bearbeiteten Spanten, ebenso bei den ausgestorbenen Störprähmen, erhielt auch der Spiegel eine kantige Form (Abb. 23 und Abb. 3 Nr. 2).

Der Ursprung des flachen Spiegels, als Abschluß des Achterschiffes oberhalb der Wasserlinie, ist nicht bekannt[122]. Im Laufe des 16. Jahrhunderts wurde der Spiegel bei den größeren Schiffen der nord- und westeuropäischen Kriegsflotten eingeführt. Schon am Ende des 16. Jahrhunderts übertrug man in Holland den Spiegel auch auf kleinere Fahrzeuge, die man Jachten nannte[123]. Die sogenannten Kriegsjachten sind seit der Mitte des 17. Jahrhunderts nicht nur in England, Frankreich, den nordischen Staaten und in Rußland als Staatsjachten eingeführt worden, sondern sie fanden auch in Deutschland Verwendung, zuerst in Kurbrandenburg, später u. a. auch in Preußen und in Hamburg[124]. Von diesen Jachten stammt der Spiegel der Ostseejachten[125], der westenglischen Trows[126] und der niederelbischen Ever her[127]. Die ältere Geschichte der dänischen Frachtjachten ist zwar bislang noch nicht Gegenstand der Forschung gewesen, aber wahrscheinlich ist die Spiegelbauweise für kleine einmastige Frachtschiffe, abgesehen von den Trows, zuerst in Dänemark zur Anwendung gekommen. Bildliche Darstellungen von Spiegel-Evern des 18. Jahrhunderts sind nicht vorhanden. Vermutlich haben die Ever, aber nicht alle, im Laufe des 18. Jahrhunderts den Spiegel in abgeänderter Form von den dänischen Frachtjachten übernommen; als Beweis mag dienen, daß der um die Mitte des 18. Jahrhunderts gebaute und erst im Jahre 1911 abgewrackte Störprahm „Die Freundschaft" von Itzehoe einen Spiegel hatte[128]. Dieser zur Familie der Ever gehörende Schiffstyp hat den Spiegel sicherlich von den Evern erhalten, nicht aber umgekehrt; denn von den Störprähmen gab es immer nur wenige Fahrzeuge (Abb. 23).

Entscheidend für die Form des Schiffes waren auch die S p a n t e n. Die ältesten Ever besaßen sicherlich unten eingezogene und knieförmig auf dem Boden sitzende Spanten. Im Laufe des 18. Jahrhunderts wurde dann die Bauart mit einem schmalen Boden und mit s t e i l e r K a h n p l a n k e (mit steilen Schoren) eingeführt, wahrscheinlich zuerst bei den Blankeneser Evern, wofür auch der eben erwähnte Störprahm ein Beweis ist. Die Spantfüße erhielten an der Außenfläche einen kantig bearbeiteten Knick, so daß die Kahnplanke, d. h. der untere Gang der Seitenplanken, lotrecht gegen Spantfüße und Bodenplanken anlag. Vom Hauptspant nach den Schiffsenden arbeitete man die Spantfüße etwas nach außen, dementsprechend stand die Kahnplanke zuerst beinahe lotrecht, nach den Enden zu aber schräg nach außen geneigt. Diese Bauart ist nur an der Niederelbe gebräuchlich gewesen. Oberhalb der Kahnplanke stiegen die Spanten schräg nach außen an, indessen sie im Bereich der Berghölzer kantig nach oben verliefen. Der Spantform wegen zeigten die Ever auch eine kantig abgesetzte Beplankung, steile Kahnplanke, darauf schräg nach oben gehende Seitenplanken, auf die wiederum ziemlich senkrecht die Berghölzer folgten. In der ersten Hälfte des 19. Jahrhunderts wurden, namentlich für die See-Ever, an Stelle der kantig bearbeiteten Spanten die oberhalb der Kahnplanke abgerundeten Spanten eingeführt, wie sie z. B. der an anderer Stelle abgebildete Galeaß-Ever vom Jahre 1835 aufweist[129]. Noch stärker abgerundete Spanten zeigt schließ-

24

lich der Riß eines Rah-Evers vom Jahre 1850, bei dem übrigens die Kahnplanke schon im Bereich des Hauptspants schwach nach außen geneigt ist. Die Bauart mit kantigen Spanten hielt sich etwa bis 1850, die mit abgerundeten Spanten bis 1870. Letztere Spantform wurde lediglich für die Gemüse-, Föhringer-, Seefischer- und Altenwerder Ever bis zum Ende ihres Baues beibehalten, doch haben einige Seefischer-Ever noch nach 1875 kantige Spanten erhalten.

Allgemein üblich ist die Bauart mit steiler Kahnplanke bei den Evern nicht gewesen. So zeigt ein aus dem Jahre 1824 stammender Linienriß eines Elmshorner Elb-Evers keine steile Kahnplanke, wohl aber sind seine Spanten unten stark eingezogen und oben noch ziemlich kantig geformt, namentlich im Bereich der Berghölzer. Auch die alten hannöverschen Stein-Ever, die man kurz und gedrungen baute, sollen niemals eine steile Kahnplanke geführt haben. Nach der Mitte des vergangenen Jahrhunderts wurde es jedenfalls allgemein üblich, die Spantfüße nach außen abzuschrägen, der Knick im Bereich der Kahnplanke (außer im Achterschiff) und damit der kastenförmige Bodenteil verschwand. Nun wurde direkt auf dem platten, zuerst ebenfalls noch verhältnismäßig schmalen, seit dem Ende des vergangenen Jahrhunderts aber breiten Boden das rundspantige Ever-Oberwasserschiff aufgebaut[130]. Die Bauart mit vollen Spanten hatte mehrere Vorzüge, sie ließ sich leichter und billiger ausführen, die Ever erhielten eine größere Tragfähigkeit, auch konnte bei gleicher Tragfähigkeit (im Vergleich zu den Evern mit steiler Kahnplanke) der Tiefgang noch weiterhin verringert werden, endlich waren die vollen Spanten auch stärker. Die Bauart mit steiler Kahnplanke erforderte gut mit der Faser gewachsenes Eichenkrummholz für die doppelt gekrümmten Spanten; dieses ließ sich aber nicht immer beschaffen, so daß man gezwungen war in der Kimm, neben den Spanten, zur Verstärkung Kimmkniee (Poten) einzubauen.

Vom seglerischen Standpunkt aus gesehen könnte es scheinen, als ob die Bauart mit steiler Kahnplanke der Bauart mit vollen Spanten vorzuziehen ist. Denn erstere verbürgt, so merkwürdig der kastenförmige Bodenteil auch den Großschiffbauer anmutet, gute „Am Wind"-Eigenschaften, weil die steile Kahnplanke als Kiel wirkt, auch waren diese Ever sehr stabil, d. h. steif beim Segeln. Wenn aber bei den Evern ohne steile Kahnplanke sich der Deplacements-Schwerpunkt eben vor der Mitte des Schiffes befand, auch die Seitenschwerter sich mit Rücksicht auf den Segelschwerpunkt an der richtigen Stelle befanden, so daß der Ever beim Segeln aufscheert, waren auch diese völlig gebauten Ever mit viel Tragfähigkeit gute Segler; bei ihnen war die steile Kahnplanke überflüssig. Die Segeleigenschaften der Ever waren — abgesehen z. B. vom Rudersmann — viel von den Seitenschwertern abhängig, die nicht alle niederelbischen Schiffbauer richtig anbringen konnten.

Schon wenn die Oeffnung für den Schwertbolzen nicht an der richtigen Stelle gebohrt war, stimmte es nicht. Auch die Form der Schwerter sowie die Lage der Schwertklampe war vom Einfluß auf das Segeln. Lediglich einige See- und Galeaß-Ever mit vollen Spanten erhielten im vergangenen Jahrhundert Kimmkiele, namentlich die nach der Ostsee segelnden, weil hier wenig Strom ist; dadurch wurden häufig die Seitenschwerter entbehrlich.

Die mit Gaffelsegeln getakelten Ever konnten auf 6 bis 5 Strich, auch noch etwas dichter, am Winde segeln. Noch höher am Winde liegen war aber den mit Rahsegeln getakelten Blankeneser Evern möglich. Die Geschwindigkeit gut segelnder **Ever** betrug ungefähr 7 bis 8 Seemeilen in der Stunde.

Hinsichtlich der S e i t e n b e p l a n k u n g ist zu erwähnen, daß bekanntlich die nord- und nordwesteuropäischen Schiffe im Mittelalter fast sämtlich klinkerweise beplankt waren. Erst um die Mitte des 15. Jahrhunderts begann man für kleinere und größere Segler den Kraweelbau zu bevorzugen. Dieser Wechsel in der Anordnung der Beplankung muß bei den Evern schon frühzeitig erfolgt sein, weil von klinker gebauten Evern, mit Ausnahme der kahnartigen Ilmenau-Ever, niemals die Rede ist. Während aber fast alle deutschen Küstensegler eine vollständige B i n n e n b o r d b e k l e i d u n g oder W e g e r u n g (Wägerung, Weigerung) aufwiesen, hatten die Ever in der Regel nur eine sogenannte h a l b e W e g e r u n g, d. h. sie besaßen nur Balk-, Kimm- und Bodenweger. Von etwa 1200 mir bekannten Evern waren noch nicht 100 mit einer vollen Wegerung versehen. Meistens hatten die Ever auch ein K i e l s c h w e i n, das freilich nicht aus einem Balken sondern nur aus einer starken Planke bestand. Die Spitz- und Rundgat-Ever besaßen vorn und hinten, die Spiegel-Ever nur vorn B u g b ä n d e r. Sehr große Ever erhielten außerdem im Vorschiff je ein S c h l a g h o l z.

Wie überhaupt aus älterer Zeit nur wenige Angaben über die Bauart und Takelung der kleineren Segelschiffe überliefert worden sind, so fehlen auch Angaben über die Einführung des festen D e c k s bei den Elb-Evern. Holländische Ever mit großen Luken und einem *voetgang* (Fußgang = Wannern) daneben erwähnt Witsen im Jahre 1690 (s. S. 190). Dagegen werden gedeckte Elb-Ever erst am Ende des 18. Jahrhunderts verzeichnet, 1787 von v. Heß (s. S. 314) und 1794 von C. Müller[131], der damals der Kapitän des Kurf. Braunschweig-Lüneburgischen Wachtschiffes auf der Elbe war: (Ever) „Ein plattes, bisweilen ganz offenes, bisweilen mit Pflichten, auch wohl mit einem Verdeck mit großen Luken versehenes Fahrzeug, welches zum kleinen Transport auf der Elbe sehr häufig, und auch zum Fischfang in der Nordsee gebraucht wird...“

Das feste Deck der Spitzgat-Ever lief in einer Flucht vom Vorbis zum Achtersteven, dagegen besaßen die Spiegel-Ever der Frachtschiffahrt fast ausschließlich ein D e c k i n g e b r o c h e n e r

26·

Linie. Bei diesen Evern reichte das eigentliche Hauptdeck vom Vorsteven bis zum Kajütdeckgiebel. Von hier bis zum Spiegel lag das Kajütdeck, dessen Länge zwischen 0,20 bis 0,12 der Schiffslänge schwankte. Das Kajütdeck ragte über dem Hauptdeck empor; es hatte nur die Aufgabe, die Raumhöhe der Kajüte zu vergrößern. Deshalb besaßen die mit einem Spiegel versehenen Fischer-Ever kein Kajütdeck, weil sich bei diesen Fahrzeugen der Wohnraum vorn befand.

Längsschiffs stieg das Deck nach vorn und hinten an, was mit S p r u n g bezeichnet wird. Weil ein guter Sprung die Seefähigkeit und Tragfähigkeit eines Schiffes bedeutend erhöht, so erhielten die Ever, mit Ausnahme von einigen holsteinischen Binnen-Evern, in der Regel einen starken Sprung. Ehemals besaßen die Elb- und See-Ever oft ein stark hochgezogenes Vorschiff, das ein trockenes Schiff gewährleistet. In neuerer Zeit betrug der Sprung bei den Evern vorn 1,00 bis 1,10 m und achtern 0,75 bis bis 0,80 m. Diese Maße wurden aber über- oder unterschritten, je nachdem, ob der Ever zur Seefahrt oder zur Flußfahrt diente. Im allgemeinen behielten die See-Ever für jeden Fuß Tiefgang 1 bis 1½ Zoll Freibord, während die Elb-Ever mit Schwergut oft bis an das Deck beladen wurden, so daß häufig das Wasser über die Wannern, d. h. über das Deck neben der Großluke, spülte.

Querschiffs hatten die Deckbalken und damit das Deck eine schwach nach oben gewölbte Form, Deck- oder Balkenbucht genannt. Die D e c k b u c h t richtete sich nach der Breite des Evers, sie betrug in der Mitte bei einem 4 m breiten Ever etwa 6 Zoll, bei einem 6 m breiten Ever 8½ Zoll.

Das Deck war mit einem S c h a n z k l e i d umgeben, vorn befand sich ein Festerbug, dahinter war ein Setzbord und achtern eine offene oder beplankte Kajütdeckreling vorhanden. Die W o h n - räume für die Besatzung lagen gewöhnlich an den Enden, vorn das Logis und achtern die Kajüte. Ein Deckhaus wurde nur bei den seegehenden Evern angeordnet.

Den größten Teil des Raumgehaltes des Evers nahm der Laderaum ein, der an beiden Enden durch Raumschotte von dem Logis und der Kajüte abgeschlossen und vom Deck aus durch die L a d e l u k e n zugänglich war. Auf dem Vordeck hatten die Ever eine kleine Luke, Vorluke genannt, sowie hinter dem Großmast eine größere Luke, Großluke genannt. Wenn die Vorluke eine quadratische oder eine schmale rechteckige Form hatte, führte sie die Bezeichnung Kistluke (Kistenluke) oder auch Kropfluke. E i n e Ladeluke besaßen nur wenige Ever. Eine dritte Ladeluke war vereinzelt bei einigen Elb-Evern auf dem Halbdeck angeordnet, die Achterluke hieß. Dagegen waren mehrere See-Ever mit einer kleinen Ladeluke innerhalb des Deckhauses versehen, die man Sturz- oder Roofluke nannte.

27

Das Ruder wurde nur bei den mit einem Heck gebauten Galeaß-Evern binnenbords durch einen Koker geführt. Alle spitz-, platt- oder rundgat gebauten Ever besaßen ein durch Ruderhaken und Ruderösen mit dem Achtersteven verbundenes Ruder, das mit einer über dem Achtersteven fahrenden Ruderpinne (Helmholz) gehandhabt wurde.

•

Die Verteilung des Deplacements der Länge nach war bei den Evern verschieden. Der Deplacement-Schwerpunkt lag zwar bei den meisten, besonders den älteren Evern vor der Mitte der Schwimmebene, bei einigen neueren Evern lag er aber auch hinter der Mitte. Daraus ergibt sich bei den älteren Evern ein sehr völliges Vorschiff und ein schlankes Achterschiff. Bei dem im Vorschiff sehr völlig gehaltenen Elb-Ever von 1880 (s. u.) lag der Deplacement-Schwerpunkt sogar 3,46 % der Länge der Schwimmebene vor deren Mitte; bei dem See-Ever von 1887 dagegen nur 0,2 %. Im allgemeinen darf man aber annehmen, daß besonders die vor 1880 gebauten Ever ein völliges Vorschiff und ein etwas vor der Mitte der Schwimmebene stehendes Hauptspant besaßen.
Vergleicht man endlich noch den Völligkeitsgrad des Hauptspantes und den des Deplacements, so erhält man die nachstehenden Werte[132]:

Typ	Völligkeitsgrad d. Hauptspantes(β)	d. Deplacements(δ)	Lage des Deplacements-Schwerpunktes
Galeaß-Ever 1835	0,839	0,600	0,5 % vor d. Mitte
See-Ever 1880	0,875	0,630	2,8 % vor d. Mitte
See-Ever 1887	0,887	0,656	0,2 % vor d. Mitte
Elb-Ever 1880	0,900	0,628	3,46 % vor d. Mitte
Elb-Ever 1899	0,930	0,741	1,3 % hinter d. Mitte
Elb-Ever 1910	0,943	0,738	1,2 % vor d. Mitte

Ein Vergleich der Völligkeitsgrade der eingetauchten Hauptspantflächen ergibt bereits größere Abweichungen, die aber nur durch die Anwendung der steilen Kahnplanke entstanden sind. Demzufolge hat der Galeaß-Ever 1835 den geringsten Hauptspant-Völligkeitsgrad. Der hohe Völligkeitsgrad der übrigen Ever, besonders des Elb-Evers 1910, rührt von der Nichtanwendung der steilen Kahnplanke, auch von seinem breiten, flachen Boden und den wenig ausfallenden Seitenwänden her. Geringer als bei den Elb-Evern war der Völligkeitsgrad des See-Evers 1880, weil bei diesem die Spanten am Boden stark eingezogen waren, wodurch ein verhältnismäßig schmaler Boden und mehr Seetüchtigkeit erzielt wurde.
Logischerweise findet man nun bei den Evern, die einen geringen Völligkeitsgrad des Hauptspantes aufweisen, auch einen geringeren Völligkeitsgrad des Deplacements. Das ist besonders bei dem Galeaß-Ever, den See-Evern und dem ersten Elb-Ever der

Tabelle der Fall, während die beiden letzten Elb-Ever einen mehr völligeren Rumpf und daher einen höheren Völligkeitsgrad des Deplacements aufweisen. Bemerkt sei noch, daß die seit einigen Jahren an der Elbe, Weser und Ems beheimateten und aus Holland stammenden eisernen Motorschiffe mit Hilfsbesegelung einen Völligkeitsgrad des Deplacements von etwa 0,85 besitzen.

Ein Vergleich der Völligkeitsgrade β und d läßt auf die Entwicklung der Everkonstruktionen keine unbedingt zutreffenden Schlüsse ziehen. Die mehr oder minder große Völligkeit sowie die Lage des Hauptspantes vor oder hinter der Mitte war fast stets von den besonderen Anschauungen und Traditionen der Ever-Erbauer abhängig. Daß diese nicht immer einheitlich gehandhabt wurden, ergibt sich daraus, daß ein und derselbe Werftbesitzer z. B. das Hauptspant einmal etwas vor, das andere mal etwas hinter der Schiffsmitte setzte.

5. Baustoffe.

Das meiste Bauholz lieferte die Eiche. Wintergeschlagenes Eichenholz fand Anwendung für alle wichtigen Längs- und Querverbände der Ever: Steven, Spanten, Bodenwrangen, Balk- und Kimmweger, Bugbänder, Kniee, Beplankung (außer im Boden) u. a. m. Viel Verwendung fand das Holz der Kiefer (Föhre, Forle, Kiene), so für die Bodenplanken, Deckplanken, Bodenweger und Rundhölzer. Das Holz der Fichte (Rottanne) und Tanne (Weiß- oder Edeltanne) wurde an Stelle des Kiefernholzes für die Herstellung der Rundhölzer benutzt, seit dem Ausgang des vergangenen Jahrhunderts auch für die Bodenplanken, weil beide Holzarten sich nicht nur im Wasser gut hielten, sondern auch billiger als Kiefernholz erhältlich waren. Die Masten wurden mitunter aus dem Holz der Lärche angefertigt, gelegentlich auch die Deckplanken. Wenig Verwendung fand das Holz der Rotbuche, am häufigsten noch als Randsom am Boden, aber nur vereinzelt für die Bodenplanken. Eschenholz diente zur Herstellung von Spillspaken, Everremen, Gaffelklauen, Belegnägeln und Blockgehäusen. Aus dem Holz der Ulme (Rüster) wurden Pumpenrohre, diese auch aus Kiefernholz, sowie Blockgehäuse gefertigt. Das zähe Akazienholz (Robinie, Locust) diente zur Anfertigung von Holznägeln, die man aber auch aus Kiefern- oder aus Tannenholz herstellte.

Abgesehen von den nachstehend angegebenen Ausnahmen stammten alle diese Hölzer aus den Wäldern Schleswig-Holsteins und Hannovers her. Die Schiffbauer kauften das Holz aus den Forsten, meistens aber von den Holzhandlungen in Hamburg, Harburg, Elmshorn, Glückstadt und Kiel. Eichenholz kam auch aus Mecklenburg. Das für den Everbau verwendete Kiefernholz stammte aus Ostpreußen und Pommern her, jedoch bevorzugte man schlesisches Kiefernholz. Einiges Fichten- und Kiefernholz skandinavischer Herkunft wurde ebenfalls verarbeitet. Seit dem Ausgang des vergangenen Jahrhunderts verwendete man für die Bodenplanken vielfach aus Rußland stammendes Fichtenholz. Dieses Holz, das an der Niederelbe gewöhnlich die Bezeichnung Rottanne führte, kam in großen Stämmen in den Handel.

Ueberseeische und im Everbau oder für die Takelung verarbeitete Hölzer waren Pitchpine, Pockholz, Eisenholz, Hickoryholz und nordamerikanische Esche; letztere wurde übrigens in größeren Mengen als die einheimische Esche verwendet. Pitchpineholz kauften die Werften von den bereits erwähnten Orten, alle anderen Holzarten wurden von den Schiffbauern und Blockmachern meistens in Hamburg gekauft.

Pitchpine *(Pitch-pine, longleaf yellow-pine)*, aus dem Süden der Vereinigten Staaten kommend, hat auf den kleinen Elbwerften erst in den sechziger Jahren des vergangenen Jahrhunderts Eingang gefunden. Es fand z. B. für die Bodenplanken, Deckplanken, Masten, gelegentlich auch für das sonst aus Eichenholz hergestellte Kielschwein, Verwendung. Pockholz, das Holz des in Westindien wachsenden Guajakbaumes, diente zur Anfertigung von Blockscheiben, Kauschen und Juffern. Die Belegnägel machte man oft aus afrikanischem oder ostindischem Eisenholz (eigentlich Grenadilleholz), oder aus dem nordamerikanischen Hickoryholz (weißer Nußbaum)[133].

Im Holzschiffbau durfte nur gesundes Kernholz, kein Splint (an der Elbe Spint, z. B. spintfreies Holz, genannt) verarbeitet werden. Man rechnete allgemein, daß von einem rohen Eichenstamm, also mit Rinde, der Abfall zwei Drittel bis drei Viertel betrug. Der Abfall wurde als Brennholz aufgebraucht, teils auf der Werft selbst zum Brennen der Planken, teils wurde es verkauft. Die Eichenholzplanken, welche der Schiffsform entsprechend gebogen werden sollten, wurden auf den kleinen Elbwerften gebrannt, vielfach bis weit in die zweite Hälfte des 19. Jahrhunderts, um sie biegsam zu machen. Auf dicht über dem Erdboden angeordneten eisernen Böcken (etwa 0,30 bis 0,40 m über dem Boden) legte man eine Planke, unter der ein offenes Feuer gemacht wurde. Mit einem Dweidel wurde die obere Seite der Planke feucht gehalten und gewendet, damit sie nicht anbrannte. Dieses Brennen dauerte zwei bis fünf Stunden. Wenn die Planke heiß und kaum noch anzufassen war, wurde sie an den Spanten gebogen, mit Schraubenzwingen gehalten und befestigt. Späterhin, teilweise schon nach 1850, gab man diese mühselige Arbeit auf, indem die Werften einen Dampfkasten mit Kessel anschafften. Nun wurden die Planken durch Wasserdampf weich gemacht. Dieses ging schneller, weil in dem Dampfkasten gleichzeitig mehrere Planken dämpfen und andere nachgesteckt werden konnten. Für jeden Zoll Stärke mußte die Eichenholzplanke eine

Stunde dem Wasserdampf ausgesetzt werden. Seitdem brannte man kurze Planken nur dann noch, wenn es der Mühe nicht wert war, den Kessel zu heizen.

Die Bauhölzer der Ever wurden nicht gesalzen, was sonst als Schutz gegen Holzfäulnis im Großschiffbau oft üblich war, auch verarbeitete man imprägniertes Holz nicht. Auf guten Werften legte man in Teer getränktes Papier oder Teerfilz zwischen die Nähte und Stöße der Beplankung, sowie zwischen die Spanten und die Beplankung, damit, falls sich späterhin doch Holzfäulnis entwickelte, namentlich der gefürchtete Rotulm (Rotolm), diese nicht gleich auf das anliegende Holz übergriff. Erst seit dem Ausgang des vergangenen Jahrhunderts wurden häufig alle hölzernen Innenteile zum Schutz mit Karbolineum (wird seit 1878 hergestellt) gestrichen. Im Laderaum war der Luftzutritt, der ebenfalls Fäulnis hindernd wirkt, ziemlich ungehindert, weil nur wenige Ever mit einer vollen Seitenwegerung versehen waren.

Außenbords wurde der Boden und die Seitenbeplankung bis etwa 1 Fuß oberhalb der Leerwasserlinie mit Kienteer gestrichen. Seit der ersten Hälfte des 19. Jahrhunderts benutzte man an Stelle von Kienteer fast ausschließlich Steinkohlenteer, dem gelegentlich noch Arsenik als Schutzmittel gegen die Langhalsen hinzugefügt wurde. Bei einigen Evern wurde über dem Steinkohlenteer, wenn der Teer fast trocken war und eben noch backte, Pottlot gestrichen und blank gebürstet. Dadurch erhielten die Schiffe eine glatte Außenhaut, auch glaubte man, daß sie schneller segelten. Patentfarbe, als Schutzanstrich für das Unterwasserschiff, fand seit dem Ausgang des vorigen Jahrhunderts bei den seegehenden Evern vereinzelt Anwendung.

Meistens wurden die niederelbischen Fracht-Ever blank (gelb, gël) gefahren, d. h. die Beplankung wurde mit ungekochtem Leinöl geölt und darüber Harpeus gestrichen, beginnend einen Fuß oberhalb der Leerwasserlinie bis zum Halbstab des Setzbords. Die bei den Evern verwendete Harpeus (Harpuis), an der Elbe auch Harzpeus oder Harzbeize genannt, bestand aus rohem Leinöl und Harz von Nadelhölzern, gelegentlich fügte man noch etwas Arsenik hinzu. Die aus gleichen Teilen oder etwas weniger Harz bestehende und sehr feuergefährliche Mischung wurde unter ständigem Rühren ganz langsam gekocht; helles Harz ergab helle Harpeus, dunkles Harz dunkle Harpeus. Harpeus schützt nicht nur das Holz, sondern es ziert auch die Schiffe, weil das Holz dadurch ein Aussehen erhält, als ob es lackiert wäre. Bei älteren Schiffen mußte vor der Erneuerung dieses Anstriches das Holz blank geschrapt werden, oder man entfernte den alten Anstrich mittels einer starken Sodalauge. Aus Sparsamkeitsgründen wurden in Fahrt befindliche Ever nicht auf einer Werft aufgeschleppt, um den Anstrich zu erneuern, sondern die Schiffer setzten ihre Ever an passender Stelle trocken, um das Fahrzeug mit selbst gekochter

Harpeus zu streichen. Einige Ever, namentlich ältere, erhielten nur einen Kienteeranstrich, dem gelegentlich Leinöl hinzugefügt wurde. Zwar erfüllt dieser Anstrich den gleichen Zweck, auch ließ er sich bequemer erneuern, jedoch verwendeten die Schiffer, die etwas auf ihr Fahrzeug hielten, stets Harpeus.

Die einzelnen Verbandteile wurden durch Haken - oder Plattlaschen (Blattlaschen) und Kniee (Abb. 3 Nr. 6 und 7, Abb. 7 Nr. 9 und 10), durch Bolzen, Spiker und Nägel miteinander verbunden. Holznägel dienten z. B. zur Befestigung der Spantfüße und Bodenwrangen mit den Bodenplanken. Sie wurden mit der Faser laufend rund gebohrt und gehobelt. Ueberwiegend fanden aber eiserne Bolzen Verwendung, die verschiedene Bezeichnungen führten. Durchbolzen nannte man die durch zwei oder mehrere Verbandteile reichenden Bolzen. Hierzu gehörten die erwähnten Holznägel, die mit einem Holzgewinde und mit einem Kopf und Mutter versehenen Schraubbolzen und vor allem die Klinkbolzen, deren inneres Ende auf einem Ring kalt verklinkt wurde. Stumpfbolzen oder kurze Bolzen hießen die nicht durchgehenden Bolzen, deren Länge so bemessen wurde, daß sie $2\frac{1}{2}$ bis 3 mal so lang waren wie das Stück, zu dessen Befestigung sie dienten. Die sogenannten falschen Klinkbolzen waren Stumpfbolzen mit einem aufgesetzten Ring unter dem Kopf, damit der kleine Kopf nicht durchzieht. Die z. B. zur Befestigung der Kahnplanke benutzten Hackbolzen besaßen ein zugespitztes Ende mit Einkerbungen, sie gehörten ebenfalls zu den Stumpfbolzen. Federbolzen benutzte man zur Befestigung der Reling (Schandeckel) an den Relingstützen; ihr Schaft war an dem unteren Ende mit zwei oder drei Oeffnungen versehen, durch die seitlich Nägel getrieben wurden. Sonst sind noch zu erwähnen: Splintbolzen, die auf dem einen Ende einen Kopf und auf dem anderen Ende eine längliche Oeffnung hatten, durch die z. B. ein keilförmiges Eisen (Splint) gesteckt wurde, das ein Zurückziehen des Bolzens verhinderte; Augbolzen hatten in dem Kopf ein Auge; Ringbolzen besaßen ein kleines Auge mit einem beweglichen Ring. Diese drei Bolzenarten gehören eigentlich nicht unmittelbar zum Verband des Schiffes, sie waren aber an Bord erforderlich z. B. zur Befestigung der Blöcke (Augbolzen) und der Schwerter (der Schwertbolzen war häufig ein Splintbolzen), oder zum Heißen des Bootes (Ringbolzen). Auf beiden Enden zugespitzte Bolzen, Dübel genannt, dienten zur Verbindung der Schwertplanken. Spiker und Nägel hatten einen rechteckigen Querschnitt; ihr Ende lief bei den Spikern in eine meißelartige Schneide, bei den Nägeln in eine Spitze aus. Spiker dienten z. B. zur Befestigung der Deckplanken, Nägel (z. B. die sogenannten Düker) zur Befestigung des Spiegelfutters. Verzinkte Bolzen sind bei den Evern vereinzelt zuerst seit den siebziger Jahren, fast ausschließlich aber erst nach 1900 verwendet worden.

Eisen wurde bei den älteren Evern sonst noch benutzt für die Koker-, Ruder- und Schwertbeschläge, Wantrüsten, Ringlager am Bugspriet u. a. m. Erst in der zweiten Hälfte des vergangenen Jahrhunderts hat man u. a. eingeführt eiserne Deckkniee und Setzbordwinkel, eiserne Zugstangen neben den halben Deckbalken und neben dem Großmastkoker, eiserne oder kupferne Pumpen.

6. Bauausführung.

Die Länge und die größte Breite des Bodens, sowie die größte Breite über Deck, war im Baukontrakt niedergelegt. Die Lage der größten Breite und die Formgebung des Bodens und des Decks, von der größten Breite ab nach vorn und hinten, blieb der Erfahrung des Schiffbaumeisters überlassen, sofern der Ever nicht nach einer von dem Bauherren (Schiffer) genehmigten Zeichnung gebaut wurde.

Bis nach 1900 wurden die Ever vorwiegend mit dem Vorsteven zum Wasser gerichtet gebaut. Die Everschiffer wünschten, daß der Ever vorwärts ablaufen sollte, nicht mit dem Spiegel zuerst, denn sonst hatte das Schiff kein Glück. Dagegen zimmerte man die größeren Segler schon seit dem Ausgang des 18. Jahrhunderts mit dem Spiegel zum Wasser gerichtet; nur auf den holländischen und dänischen Werften hielt man etwa bis zur Mitte des vergangenen Jahrhunderts an der alten Bauweise fest. Weil aber das Ruder beim Stapellauf leicht Beschädigungen ausgesetzt war, der Ablauf nach der neueren Methode auch praktischer war, bauten einige Schiffbauer die Ever mitunter mit dem Spiegel zum Wasser gerichtet.

Der Bau eines Evers begann damit, daß man auf je ein Viertel der Bodenlänge, vorn und hinten, ein festes Querlager in 0,75 bis 1 m Höhe auf starken im Erdboden festgelegten Pfählen liegend so anordnete, daß sich jedes Querlager unter einer später anzubringenden Bodenwrange befand. Rings um die Pfähle wurde der Erdboden mit viel Gewicht (Steine und Eisen) beschwert, dadurch verhütend, daß die Pfähle nachgaben. Auf diesen Querlagern ruhten die einzelnen Bodenplanken, die nunmehr durch die quer über die Bodenbreite reichenden Bodenwrangen verbunden wurden. Mittels schwerer Schraubbolzen wurden die beiden erwähnten Bodenwrangen und die Bodenplanken auf den Querlagern verschraubt. Auf den mittleren Teil des Everbodens legte man Steine oder Eisen, damit sich der Boden nach unten bog. Die beiden Enden des Bodens wurden durch untergeschlagene Klötze und Keile gehoben, vorn in der Regel mehr als hinten, oder gelegentlich auch gleich hoch. Die Krümmung des Everbodens war sehr verschieden, sie betrug vorn 8½ bis 17 Zoll und hinten 5 bis 13 Zoll. Einige Beispiele sind: Kleiner Elb-Ever (1824) vorn 11 Zoll, hinten 2¾ Zoll, Rhin-Ever (1860) 9¾×6 Zoll, See-Ever

(1877) 10×3¾ Zoll, Lägerdorfer Ever (1900) 12½×12½ Zoll, Alstermaß-Ever (1910) 14×9¾ Zoll. Um zu verhüten, daß sich die Mitte des Bodens zu tief nach unten durchbog, nämlich tiefer als 3½ bis 4 Zoll, brachte man hier Stützen an. Ebenfalls wurden die Bodenenden abgestützt. Diese Arbeit nannte man A u f z i e h e n d e s B o d e n s, troaken im Borm, optroaken, oder gebogen vom Lager.

Dann stellte man den Vorsteven, den mit dem Spiegel verbundenen Achtersteven und einige nach Mallen angefertigte Spanten, in erster Linie das Hauptspant, auf. Als nächstes brachte man einige Straklatten an, die vom Vorsteven über die Außenfläche der bereits aufgestellten Spanten bis zum Spiegel reichten. Dann wurden noch einige Spanten ausgemallt und ebenfalls auf dem Boden befestigt. Die oberen Enden der Spantpaare verband man vorläufig durch Bretter, um die Spanten zu stützen. Wenn der Bau nach einer Zeichnung erfolgte, wurden die Steven (mit Spiegel), das Hauptspant und jedes dritte Spantpaar aufgestellt und befestigt, die Form für die nun anzubringende Beplankung war also gegeben. Etwa seit den achtziger Jahren wurde es üblich, alle Spanten auf einmal anzufertigen und aufzustellen, um schneller bauen zu können.

Nachdem man die Spanten geschlichtet hatte, wurde der erste Längsverband des Evers durch die Anbringung der Berghölzer hergestellt. Dann folgte der untere Gang der Beplankung, die Kahnplanke. Von den weiterhin angebrachten Seitenplanken ließ man immer einen Plankengang aus, so daß alle Hölzer noch während des Baues austrocknen konnten. Wenn der Bau soweit vorgeschritten war, wurden die noch fehlenden Spanten nach Mallen angefertigt und eingebaut. Nun, oder erst nach dem Einbau der Balkweger, wurden die Schraubbolzen der Querlager entfernt und dafür die Bodenwrangen mit den Bodenplanken durch Holznägel verbunden. Der weitere Ausbau geschah in der Reihenfolge: Balk- und Kimmweger, Deckbalken, Deckkniee, Bugbänder, Kielschwein, Bodenweger, Mastkoker oder Mast eingesetzt, Luksülle, Deck u. a. m. Erst dann wurden die fehlenden Planken als sogenannte Stopper eingesetzt und befestigt. Falls übrigens für die Beplankung nicht genügend lufttrockenes Eichenholz zur Verfügung stand, wurde auf S c h a l k e n gebaut, d. h. man brachte gleich alle Planken an, die aber nur leicht befestigt wurden, damit das Holz noch trocknen konnte. Nach geraumer Zeit wurden die Planken wieder abgenommen, die fehlenden Spanten eingesetzt, die Planken genau gefugt und endgültig befestigt.

Von allen diesen Arbeiten war das E i n s e t z e n d e s G r o ß -
m a s t e s, oder des Großmastkokers, eine besondere Arbeit, die man immer feierte. Dann pflegte der Schiffer nach altem und weitverbreitetem Brauch in die Mastspur ein Geldstück zu legen, damit das Schiff immer gute Reisen machte und hohe Frachten er-

zielte[134]. Auch war der Schiffer gewissermaßen verpflichtet, für die Schiffszimmerleute einige Getränke zu spenden.

Der Bau eines Evers währte ein bis anderthalb Jahr, seit dem Ausgang des vergangenen Jahrhunderts wurde er aber häufig in sechs bis acht Monaten fertiggestellt. Kurz vor dem Stapellauf setzte man seitlich unter dem Ever Stapelklötze, damit darunter ein Helgen (Schlitten) gebaut werden konnte. An Stelle eines Helgens legte man mitunter nur einige Bohlen auf den Erdboden und darauf mehrere starke Rollen, auf denen der Ever ins Wasser rollte. Erst nachdem der Innen- und Außenbau vollendet und das Schiff aufgetakelt war, ging man dazu über, die Beplankung und den Boden zu kalfatern, um das Auftrocknen der Planken während des Baues zu vermeiden. Vor dem Stapellauf wurde der Ever auch vermessen, geteert, geölt, mit Harpeus gestrichen und gemalt.

Eine besondere Erwähnung verdient die Kalfaterung[135], die nicht nur zur Dichtung der Nähte und Stöße diente, sondern die auch die Festigkeit der Verbände hob. Als Dichtungsstoff diente Werg, darüber kam als Schutz gegen die Witterungseinflüße Pech, dem oft Holzteer zugesetzt wurde. Damit der Boden kalfatert werden konnte, wurde der Ever mit Hilfe der oben erwähnten Stapelklötze und mittels Holzkeile in etwa 1 m Höhe schräg gelegt; erst kalfaterte man die eine Seite und dann, nachdem das Fahrzeug auf die andere Seite schräg gelegt war, die andere Seite des Bodens. Die Mittelbodenplanke wurde recht breit gewählt, so daß die Nähte seitlich frei vom Helgen lagen und kalfatert werden konnten. Nur das Deck wurde sofort kalfatert, weil das für die Deckplanken verwendete Holz ganz besonders trocken sein mußte, so daß sich die Nähte und Stöße nicht mehr begaben. Wenn sich die Fertigstellung des Evers noch eine längere Zeit hinzog, pflegte man das Deck mit Holzspänen zu bedecken und es dann und wann mit Wasser anzufeuchten.

Beim Stapellauf selbst ging es meistens hoch her. Am Großtopp, unter dem Bugspriet und am Ruderkopf brachte man Kränze mit bunten Papierschleifen, meistens aber Kronen, an. Auch über den Bug und über das Schanzkleid wurden Girlanden gehängt. Auf den Schandeckel des Festenbugs legte man mitunter ein ankerförmiges Gebilde, bestehend aus einem Holzgestell, an dem Grünes und Blumen angebunden waren. Die Kränze am Großtopp und unter dem Bugspriet wurden festgebunden, denn sie waren das Zeichen des helgenneuen Fahrzeuges; die Kränze blieben solange am Ever, bis sie durch Wind und Wetter gewissermaßen verzehrt waren. Die Taufe des Evers nahm vielfach die Braut oder die Frau des Schiffers vor, deren Namen das Fahrzeug häufig erhielt. Nachdem die Stapelklötze entfernt waren, lief der Ever mit wehendem Namenstander am Großtopp vom Stapel, dann zählte die niederelbische Everflotte ein Schiff mehr. Wenn genügend Platz für den Ablauf des Evers vorhanden war, wie z. B.

in Wewelsfleth, wurde nach dem Stapellauf nicht geankert, sondern es wurden gleich die Segel gesetzt, um die Segeleigenschaften zu prüfen.

Nun erhielt der Schiffbauer in der Regel den Rest der Kaufsumme ausbezahlt. Als weitere Förmlichkeiten sind zu nennen die Ausfertigung des Meßbriefes durch eine Zoll- oder Schiffsvermessungsbehörde, die Ausstellung des Bielbriefes durch den Schiffbaumeister, die Eintragung des Schiffes in eines der Seeschiffsregister (seit 1867, vorher bei den Registern der Zollstellen) oder Binnenschiffsregister (seit 1896), die Eintragung des Schiffes bei einer Schiffergilde oder bei einer anderen Versicherungsgesellschaft, sowie in neuerer Zeit die Eintragung des Schiffes bei der See- oder Elb-Berufsgenossenschaft, falls sich versicherungspflichtige Personen an Bord befanden. Wenn der Ever unter der Aufsicht einer Klassifikationsgesellschaft gebaut war, wurde nun dem Schiffer das für eine bestimmte Zeit geltende Klassenzertifikat ausgehändigt.

7. Fahrtüchtigkeit.

Eine behördlich vorgeschriebene Baubeaufsichtigung des Kleinschiffbaues an der Niederelbe hat niemals bestanden. Wohl aber sind vereinzelt in früherer Zeit für die in Fahrt befindlichen Schiffe regelmäßige Besichtigungen vorgeschrieben worden, so schon im 16. Jahrhundert für die zwischen Hamburg und Amsterdam verkehrenden Beurtschiffe[136]. Nach der Glückstädter Fährschiff-Ordnung vom 9. Januar 1700 mußte jedes Fährschiff, es waren Ever und Prähme, jährlich von dem Glückstädter Schiffszimmermeister und zwei unparteiischen Seeleuten besichtigt werden, ob es „in der Fähre zu fahren tüchtig". Wenn sich dabei Mängel ergaben, mußten diese abgestellt werden. Erst nach einer abermaligen Besichtigung konnte das Fahrzeug wieder in der Reihefahrt Verwendung finden[137]. Das Schiffer-Reglement für die Stadt Harburg, vom 4. August 1788 bestimmte[138], der Evermeister habe „mit Zuziehung der Schiffer-Aelterleute von beiden Fähren alle viertel Jahr die Schiffe und Ever genau zu visitiren und soll der Magistrats-Deputirte bei solchen Besichtigungen mit zugegen seyn. Der Evermeister ist ferner schuldig von der befundenen Beschaffenheit eines jeden Evers nicht allein eine schriftliche Nachricht erwehnten Magistrats-Deputirten zu geben, sondern auch dafür sofort zu sorgen, daß dasjenige, so an einem Ever oder dessen Geräthschaften schad- oder mangelhaft befunden, repariret, und in gehörigen brauchbaren Stand gesetzt werde. Gestalten denjenigen Schiffer welcher es an einer solchen baldigsten Wiederherstellung der vorgefunden Mängel im geringsten fehlen lassen würde ... die Schiffergerechtigkeit zu exerciren, überall nicht verstattet seyn soll ... (es sollen) sämtliche Ever in dem Stande sich

36

befinden, daß das Publicum davon völlig zufrieden, und weder die zu versendende Güter noch die Passagiers nicht der geringsten Gefahr ausgesetzet seyn können". Den Schiffern und Besitzern der Harburger Ever machte Georg der Dritte, König von Großbritannien und Herzog zu Braunschweig und Lüneburg zur Pflicht, sie „sollen allezeit dahin bedacht seyn, daß weder am Ever selbst, noch an dessen Segel, Anker, Tauen, Ruder, Schwerdt, Deckzeug, auch übrigen Zubehör und Geräthschaften etwas mangelhaftes erfunden werde". Für die sonst im Gebiet der Niederelbe verkehrenden Frachtschiffe sind jedoch keine Vorschriften erlassen worden. Erst im Jahre 1823 verfügte Friedrich VI., König von Dänemark[139], daß jedes holsteinische, zur Elbschiffahrt bestimmte Schiff in regelmäßigen Abständen von zwei der erfahrensten Schiffer und einem Schiffszimmermann kostenlos überholt werden sollte: „Die Untersuchung des Schiffes, welche jährlich vorzunehmen ist, ist darauf zu richten, ob es sich in solchem guten Zustande befindet, daß demselben mit Sicherheit Waaren zum Transport auf der Elbe anvertrauet werden können,... Wenn... das Fahrzeug tauglich befunden ist, hat die Prüfungscommission darüber unentgeltlich ein Attest auszustellen." Auch für die in Hamburg patentierten Leichterschiffe wurde im Jahre 1835 eine jährliche Besichtigung vorgeschrieben (s. S. 312).

Eine Kontrolle über den Bauzustand und die genügende Ausrüstung der Schiffe übten schon seit der ersten Hälfte des vergangenen Jahrhunderts an der Elbe die Hamburger Assekuradeure, mehrere Schiffergilden und späterhin mehrere Klassifikationsgesellschaften aus. Von den älteren Schiffergilden mögen erwähnt werden die Neue Everkasse in Blankenese (gegründet 1827), der Versicherungsverein in Blankenese (1838), die Schiffergilden: „Die Einigkeit" in der Engelbrechtschen Wildnis (~ 1840), „Die Eintracht" in Wilster (1861), „Die Einigkeit" in Drochtersen (~ 1866), „Emanuel" in Uetersen (1867), „Felicitas" in Burg (~ 1870), die 1911 den Namen „Gerechtigkeit" erhielt, „Union" in Mittelnkirchen (~ 1876), der Assekuranz-Verein von Küstenfahrern in Schulau (1871), der Assecuranz-Verein von Küstenfahrern in Cranz (1882), ferner gab es z. B. noch Gilden in Wedel und an der Oste. Die im Jahre 1828 gegründete internationale Klassifikationsgesellschaft „Bureau Veritas" (seit 1830 Sitz in Paris), hat ihre Kontrolle späterhin auch auf die seegehenden Ever ausgedehnt. In dem ersten Schiffsregister des „Bureau Veritas", das im Jahre 1852 veröffentlicht worden ist, sind über 30000 Schiffe verzeichnet, darunter 350 Ever. 1867 wurde eine deutsche Gesellschaft zur Klassifikation von Schiffen gegründet, die den Namen „Germanischer Lloyd" erhielt (seit 1889 Sitz in Berlin). Beide Gesellschaften gaben Vorschriften für den Bau und die Ausrüstung von Schiffen heraus und zwar erstere zuerst 1852, letztere zuerst im Jahre 1867. Der Neubau klassifizierter Schiffe wurde seitdem durch diese (und andere) Klassifikationsgesellschaften überwacht, doch blieb im Gebiet der Niederelbe noch lange Zeit das „Bureau Veritas" vorherrschend. Weil aber die Assekuradeure und die Schiffergilden die Aufnahme der Ever in die Versicherung nicht davon abhängig machten, ob die Ever unter der Aufsicht einer Klassifikationsgesellschaft gebaut waren, sind nach 1870 nur noch wenige seegehende Fracht-Ever (Binnen- und Seefischer-Ever überhaupt nicht) unter der Aufsicht einer Klassifikationsgesellschaft gebaut worden, zuletzt im Jahre 1901 durch das „Bureau Veritas" (Galeaß-Ever „Hinrich", heißt seit 1930 „Helene Marie") und im Jahre 1904 durch den „Germanischen Lloyd" (Besahn-Ever „Preciosa"); beide Ever sind noch in Fahrt. Dagegen sind mehrfach ältere Ever durch eine nachträglich vorgenommene Besichtigung von den beiden erwähnten Gesellschaften klassifiziert worden.

Nach dem preußischen Entwurf[140] des Allgemeinen Deutschen Handelsgesetzbuches (das seit dem 1. März 1862 Gültigkeit im ganzen Umfange der preußischen Monarchie erlangte und seit 1867 auch auf Schleswig-Holstein und Hannover ausgedehnt wurde) „sollte der Eintragung des Schiffes in das Schiffsregister auch die Prüfung der Seetüchtigkeit desselben vorangehen. Von diesem Erfordernis ist Abstand genommen worden, weil sich die Seetüchtigkeit bei älteren Schiffen nur schwer ermitteln läßt, der Begriff der Seetüchtigkeit ein höchst relativer und von der vorzunehmenden Reise abhängiger ist, weil ferner das Schiff nach jeder Reise untüchtig geworden sein kann, und endlich genügende Kontrolle bei neuen Schiffe durch den Beilbrief, bei neuen und älteren in der Regel durch die Assekuradeure geboten wird, welche in ihrem eigenen Interesse die Seetüchtigkeit untersuchen und nach Klassen feststellen lassen." Diese Ansicht ist späterhin wieder aufgegeben worden, denn im Jahre 1888 wurde die Ueberwachung der Betriebssicherheit der Schiffe, wenn sich an Bord Versicherungspflichtige befanden, mehreren unter der Aufsicht des Reichsversicherungsamtes stehenden Berufsgenossenschaften übertragen. Die wichtigste Aufgabe dieser Berufsgenossenschaften ist die Unfallverhütung. Sie geben Unfallverhütungsvorschriften heraus, deren Befolgung durch ihre technischen Aufsichtsbeamten ständig überwacht wird.

Die ständig in der Watt- und in der kleinen Küstenfahrt benutzten Ever gehörten zur See-Berufsgenossenschaft (Sitz in Hamburg), die nur auf der Elbe Verwendung findenden Ever mußten bei der Elbschiffahrts-Berufsgenossenschaft (Sitz in Magdeburg, technischer Aufsichtsdienst Hamburg) eingetragen sein. Wenn ein Fahrzeug der Elbschiffahrts-Berufsgenossenschaft Fahrten über die gesetzlich festgelegte Grenze der Seefahrt auf der Elbe „außerhalb der westlichen Spitze des hohen Ufers (Dieksand) und der Kugel-Bake bei Döse" unternahm, so war der Schiffer verpflichtet, die Vorschriften der See-Berufsgenossenschaft zu befolgen; der Ever gehörte auch dann nicht zur See-Berufsgenossenschaft, aber das Fahrzeug stand unter der Aufsicht der See-Berufsgenossenschaft. Letztere stellte — nach einer vorausgegangenen Untersuchung des Bauzustandes und der Ausrüstung, sowie erst nach Beseitigung der festgestellten Mängel — einen Fahrterlaubnisschein aus, der aber nur für eine bestimmte Zeit Gültigkeit hatte. Den Evern, die in ihren Verbänden gewisse Schwächen aufwiesen, wurde nur ein bestimmter Fahrtbereich, dieser mitunter nur für eine bestimmte Jahreszeit und gelegentlich auch nur bei Innehaltung eines vorgeschriebenen Freibordes, zugestanden. Den gleichen Anforderungen und Fahrtbeschränkungen unterlagen natürlich auch die bei der See-Berufsgenossenschaft eingetragenen Ever.

•

Hervorzuheben ist die Festigkeit der Verbände bei den niederelbischen Evern. In alten Bauberichten von Evern finden sich häufig Bemerkungen wie: Das Fahrzeug ist stark und gut gebaut; oder, das Fahrzeug hat sich gut bewährt, keine Bewegung in den Laschen, Knieen, Verbandstücken irgendeiner Art sichtbar; oder, die Zimmerarbeit ist von guter, sorgfältiger Beschaffenheit. Von einem im Jahre 1836 gebauten Ever wurde noch im Jahre 1890 berichtet, daß das Fahrzeug fast in jedem Winter trocken gestellt wurde; es machte einen sehr guten Eindruck, auch war der Ever noch immer blank geschrapt (solche alten Schiffe erhielten vielfach einen Farbanstrich, um das Aussehen zu verbessern); und obgleich der Ever so alt war, hatte er noch nie Havarie gehabt; das Schiff stand bei der Versicherung im besten Ruf. Erst im Jahre 1916, also nach achtzigjähriger Verwendung, hat man dieses Schiff abgewrackt. Ueber einen (allerdings erst zwanzig Jahre alten) Ever findet sich die allgemeine Bemerkung: Erfahrungsgemäß werden die kleinen Fahrzeuge zuweilen in besonders gutem Zustande gehalten, und manches Fahrzeug von einigen zwanzig Jahren ist viel besser als manches größere, erst zehn Jahre altes Schiff.

Selten kam es vor, daß selbst ein alter Ever seine ursprüngliche Form veränderte. Ganz ungewöhnlich war es, als sich bei der Neuvermessung eines erst 14 Jahre alten Evers ergab, daß das Deck sich um 6 Zoll gesenkt hatte. Mitunter wölbte sich bei einigen alten Evern der Boden in der Querrichtung um einige Zentimeter leicht nach oben. Deshalb baute der Schiffbaumeister Gustav Junge (Wewelsfleth) seit dem Jahre 1888 mehrere hölzerne Ever, später auch eiserne Ever mit Holzböden, mit einem muldenförmigen Boden. Bei 3 m Bodenbreite wurde der Boden etwa 4 Zoll gewölbt und nach unten gebaut. Dieses bewährte sich in jeder Hinsicht, namentlich beim Segeln, auch ließen sich diese Fahrzeuge in engen Wasserstraßen und auf flachem Wasser leicht schleppen, außerdem saugten sie sich nicht fest, wenn sie in Schlickhäfen auf Grund lagen.

Gute Werften bauten immer gute Ever von genügender Stärke, mit richtigem Verschuß der Planken und mit zweckmäßiger Verbolzung. Besonders stark pflegte man die Ever zu bauen, die häufig Schwergut laden sollten. Ever, die vornehmlich leichtere Frachten beförderten, etwa Gemüse oder Obst, konnten leichtere Materialstärken erhalten. Erst seit dem Ausgang des vergangenen Jahrhunderts sind gelegentlich Ever gebaut worden, die, falls sie in der Küstenfahrt Verwendung finden sollten, hinsichtlich ihrer Längs- und Querverbände im Verhältnis zu den Hauptabmessungen etwas zu leicht ausgeführt waren. Diese nur für die Binnenfahrt bestimmten Ever gelangten späterhin in den Besitz von Schiffern, die sie in der Küstenfahrt verwenden wollten oder auch verwendeten, in der Annahme, Ever sei Ever, und die dabei den Ever

Abmessungen der Hauptverbände von Watten-Schiffstypen.
(Hambg. Zoll)

Typ	Elb-Ever	See-Ever	Ostfries-Tjalk	Eider-Schnigge	Kuff-Tjalk	Ostfries-Galiot	Weser-Kahn
Länge m	16,50	17,70	16,65	16,65	19,37	20,10	18,75
Breite m	4,18	5,74	4,24	4,72	4,60	4,72	6,45
Raumtiefe m	1,40	1,76	1,60	1,52	1,75	1,80	2,20
Br.-Reg.-To.	23	50	30	33	42	50	70
Kiel	—	—	5·16	8·14	7·16	4·10	—
Steven	8·12	8·15	7·13	9·16	7½·13	7·15	7½·12
Spanten	7½·5	7·5½	8·6	7·6	6½·6	6·6	7·6½
„ , Entf.	17	12	20	16	17	17	14
Bodenwrangen	6·6	6½·8	7·9	7·6	6·6	7·8	7·7½
Kielgang	—	—	3	2½	3	2½	—
Bodengänge	4½	5	2½	2½	2½	2½	3¾
Kimmgang	2¾	3	5	3	5	4½	4
Seitengänge	2	2½	2½	2½	2½	2½	2
Berghölzer	2¾	3	3	3	3	3	3
Balkweger, ob.	2¾·15	4·15	3·13	4½·12	3½·15	3·15	3½·12½
„ , unt.*	—	3·11	2½·11	2½·9	2½·13	2½·12	2½·11
Kimmweger *	2¾·13	3·20	3·8	3·6	3·9	3·6	3·11½
Raum „	—	—	1½	1½	2	2	1¼
Boden „	1¾	2	1½	2	2	2	2
Kielschwein	2¾·16	5·16	7·12	6·14	6·16	8·15	16·12
Deckbalken	4·9	6·12	3½·10	5·11	4·12	4·12	4·13
Deckkniee, Anzahl	12	12	16	6	26	18	12
Leibholz	2½·14	3·16	3·14	3·12	4·11	3·14	6·12½
Deckplanken	2	2½	2¼	2¼	2½	2½	2¾
Ruderstamm	4½·18	7·15	7·15	5·16	7·15	5½·14½	7·14
Großluke, m	5,70·2,80	3,65·3,50	4,60·1,75	3,60·2,50	2,70·1,70	2,85·2,70	5,50·4,20

* Tjalk, Schnigge, Kufftjalk und Galiot hatten je 3, die Ever und der Weserkahn je 1 Kimmweger, letzterer besaß auch 3 untere Balkweger.

verloren. Man hat deshalb bei dem Untergang von Evern gelegentlich geglaubt, namentlich nach dem Kriege, daß die Ever ihrer Bauart und Kleinheit wegen eigentlich für das Befahren der offenen See nicht geeignet seien. Die Sache lag aber vielmehr so, daß ein vorwiegend für die Binnenfahrt bestimmter Ever, oder ein zu alter Ever den Beanspruchungen des Seeganges in schwerem Wetter nicht gewachsen sein konnte, namentlich dann nicht, wenn das Fahrzeug mit Schwergut beladen bei ungenügendem Freibord sowie in schlechter Jahreszeit eine Seereise unternahm und unter mangelhafter Führung sich befand. Daß aber auch gut gebaute Ever auf See verloren gingen, beweist absolut nichts gegen ihre Seetüchtigkeit. Denn auch große, mit allen Hilfsmitteln der modernen Technik gebaute und ausgerüstete Segler, Dampfer und Motorschiffe ereilt oft das gleiche Schicksal.

Die vorstehende Zusammenstellung der Hauptverbände einiger in der zweiten Hälfte des vergangenen Jahrhunderts gebauten Watten-Schiffstypen zeigt, daß die Ever hinreichend stark gezimmert waren.

8. Lebensdauer.

Im allgemeinen hatten die Ever eine Lebensdauer bis zu 30 Jahren, nur etwa ein Viertel wurde über 30 und bis 50 Jahre alt, eine gute Auswahl der Bauhölzer und eine entsprechende Pflege des Schiffes vorausgesetzt. Aelter als 50 Jahre ist immer nur ein verhältnismäßig geringer Prozentsatz der Ever geworden, 1899 z. B. 9,6 Prozent. Ein Beispiel langer Lebensdauer war der Ever „Der junge Joachim", 1815 in Haseldorf gebaut, der im Jahre 1896 (81 Jahre alt) neu vermessen wurde. Dagegen ist ein anderer erst im Jahre 1881 gebauter Ever bereits nach 19 Jahren abgebrochen worden. In der Gegenwart ist der jüngste Fracht-Ever 22 Jahre und der älteste 71 Jahre alt. Es sind dies die Besahn-Ever „Dorothea" von Gräpel, 1910 bei Gebrüder Schulze in Gauensiek gezimmert und „Catharina" von Tolkemit, 1861 bei Detlef Schwarz in Haseldorf gebaut.

Die in den Jahren 1888 und 1908 vorhanden gewesenen seegehenden Fracht-Ever verteilten sich auf folgende Altersgruppen[141]:

	1888	1908
Anzahl	532	557
unter 10 Jahre alt . .	16,9 %	18,1 %
11 bis 20 „ „ . .	26,2 %	32,4 %
21 „ 30 „ „ . .	29,3 %	16,1 %
31 „ 40 „ „ . .	15,8 %	16,0 %
41 „ 50 „ „ . .	10,3 %	11,3 %
über 50 „ „ . .	1,5 %	6,1 %
Durchschnittsalter . . .	24 Jahre	25 Jahre

Gestrandet, gesunken oder verbrannt sind verhältnismäßig nur wenige Ever, vielmehr hat man die meisten zerschlagen und als Brennholz verbraucht. Einige Ever wurden als Lager- oder Wohnschiffe oder als Brückenvorleger, auch als Obsthandelsfahrzeuge aufgebraucht. Erst infolge des Krieges ist der größte Teil der niederelbischen Everflotte verschwunden. Durch das jahrelange Liegen ohne Pflege, denn viele Everschiffer standen im Felde oder sie waren gefallen, sind die meisten Ever, besonders die älteren Fahrzeuge, derart ruiniert worden, daß sich ihre Wiederherstellung nicht mehr lohnte, so daß während des Krieges und einige Jahre später zahlreiche, wahrscheinlich hunderte Ever abgewrackt worden sind.

•

Ein guter Everboden aus Kiefernholz soll eine Lebensdauer bis zu 100 Jahren haben, er hielt also viel länger als die eichenen Inhölzer und die eichene Beplankung. Deshalb hat man öfters auf dem alten Boden einen neuen Ever gezimmert, das war schon im Anfang des 19. Jahrhunderts gebräuchlich[142]. Vor dem Beginn der Neuverzimmerung erhielt der alte Everboden gelegentlich ein etwa 3 Zoll starkes kiefernes Futter, das entweder unter oder über dem Boden verbolzt wurde. Bekanntlich hat man mehrfach hölzerne und eiserne Schiffe auseinander geschnitten und verlängert, das geschah bei den hölzernen Evern niemals, stets besaßen sie aus einer Länge hergestellte Bodenplanken. Ehemals war es auch üblich, alte Binnen-Ever im Sack zu stecken, d. h. vom Bergholz abwärts, oder auch dieses mit, wurde der Ever mit 1¼ bis 1¾ Zoll starken Planken aus Kiefernholz bekleidet und kalfatert. Ein so erneuerter Ever hielt weitere 10 Jahre, dann wurde er abgewrackt. Manchmal verwendete man die gut erhaltene Ausrüstung und Takelung eines alten Evers für einen hölzernen oder auch eisernen Neubau. Das stark gebaute Ruder alter Ever hat man mehrfach bei anderen Evern wieder verwendet. So habe ich erst kürzlich einen einmastigen Lühe-Ever gesehen, der das Ruder eines Besahn-Evers hatte. Dieses Ruder befand sich vorher vier Jahre lang an einem inzwischen abgebrochenen Ever; dieser Ever wiederum hatte das Ruder von einem alten längst abgewrackten Ever erhalten, dessen Namen und Alter sich nicht ermitteln ließ.

IV. Schiffskörper.

1. Bodenplanken und Bodenwrangen.

In älterer Zeit verwendete man für die Bodenplanken der Ever Eichen-, Buchen- oder Kiefernholz, seit dem ersten Drittel des vergangenen Jahrhunderts aber fast ausschließlich Kiefernholz. Letztere Holzart ist billiger und leichter, so daß Ever mit einem kienen Boden eine größere Tragfähigkeit hatten als gleichgroße, aber mit einem eichenen Boden versehene Fahrzeuge. Nach 1860 sind die Bodenplanken außer aus Kiefernholz auch aus Pitchpine hergestellt worden, weil dieses Holz in sehr langen Planken erhältlich war. Seit dem Ausgang des 19. Jahrhunderts fand vielfach das billigere Fichten- und Tannenholz, sehr selten aber Rotbuchenholz, Verwendung.

Weil die Ever in einem der Ebbe und Flut unterworfenen Fahrwasser verkehrten, deshalb oft trocken fielen, hatte ihr flacher Boden, der seit altersher Borm (Börm) hieß, eine bedeutende Stärke, um den Druckbeanspruchungen des auf Grund liegenden Schiffes zu widerstehen, besonders wenn mit Schwergut (z. B. Steinen) beladen. Die aus einer Länge hergestellten Bodenplanken waren 3 bis 6¼ Zoll, meistens 4 bis 5 Zoll dick, ihre Breite schwankte zwischen 8½ bis 21 Zoll. Die beiden äußeren Bodenplanken wurden auf ihrer ganzen Länge durch mehrere seitlich geschlagene 1 bis 1¼ Zoll starke Holznägel mit der anliegenden Bodenplanke verbunden. Ebenso befestigte man die vorderen und hinteren Enden aller Bodenplanken mit der anliegenden Planke, dieses geschah gewöhnlich durch zwei Holznägel (Abb. 7 Nr. 11).

Bei großen Elb- und See-Evern setzte man häufig an jeder Seite des aus Nadelholz hergestellten Bodens eine dickere Planke aus Eichen- oder Buchenholz an, um für die Kimmbolzen mehr Holz zu haben, auch hatte dann die Kahnplanke mehr Halt. Dieses Bodenkimmstück hieß Randsom oder Bruhne (Abb. 3 Nr. 4). Bei 4 Zoll dicken Bodenplanken erhielt das Kimmstück z. B. eine Dicke von 6¼ bis 8½ Zoll und eine Breite von 12½ Zoll, mehrere

Stumpfbolzen von ⅝ bis ¾ Zoll Stärke dienten zur Befestigung. Gelegentlich kam es auch vor, daß man auf der äußeren Bodenplanke eine gleichstarke Planke als Bruhne befestigte.

Sonst aber dienten zur Verbindung der Bodenplanken nur die B o d e n w r a n g e n aus Eichenholz, selten aus Kiefernholz, die quer über die Bodenbreite reichten. Die Bodenwrangen, die an der Niederelbe die Bezeichnung L i e g e r, L a g e r, B o d e n l a g e r oder B o d e n s t ü c k e führten, waren meistens etwas breiter als hoch, etwa 5×6 Zoll, gelegentlich hatten sie einen quadratischen Querschnitt z. B. 6×6 Zoll. Die mit einem Zwischenraum von 10 bis 18 Zoll angeordneten Bodenwrangen waren 6 bis 10½ Zoll breit und 4½ bis 8½ Zoll dick, bei den älteren See-Evern meistens 7 bis 9 Zoll dick. Jede Bodenplanke erhielt drei durch die Bodenwrangen reichende 1 bis 1¼ Zoll starke Holznägel; selten fanden dafür Klinkbolzen Verwendung. Jeder Holznagel wurde unter dem Boden und quer vom Draht der Bodenplanken mit einem eichenen Keil versehen, von gleicher Breite wie der Nageldurchmesser, oder man schlug statt dessen einen viereckigen Pflock aus Kiefernholz ein. Dieser Pflock oder Keil führte die Bezeichnung D ö t e l (Deutel), der Dötel hielt den Holznagel fest. Erst wenn man den Boden des Evers kalfatert hatte, wurden die Holznägel gedötelt. Seit dem Ausgang des vergangenen Jahrhunderts war es auf mehreren Werften üblich geworden, die beiden Enden der Bodenwrangen mit je einem ½ bis ¾ Zoll starken Klinkbolzen zu befestigen.

2. Steven.

Meistens sind die S t e v e n aus einem Eichenholzstamm angefertigt worden. Nur wenn für den Vorsteven genügend breites Holz nicht zur Verfügung stand, bolzte man einen B i n n e n - s t e v e n an. An dem unteren Ende waren die Steven 7 bis 13 Zoll dick und 12 bis 18 Zoll, gelegentlich bis 24 Zoll breit. Für die Aufnahme der vorderen Plankenenden befand sich auf beiden Seiten des Vorstevens eine Vertiefung von der Stärke der Planken, die S p o n u n g (Spundung) hieß. Außerhalb der Sponung verringerte sich die Dicke des Vorstevens z. B. von 10½ auf 7½ Zoll, auch nahm die Breite nach oben ab. Am Achtersteven war nur eine Sponung für die Kahnplanke vorgesehen, während die anderen Plankenenden an dem letzten Spantpaar, Randsomholz genannt, glatt darüber hinlaufend verbolzt wurden.

Je ein naturgewachsenes Knie aus Eichenholz, von gleicher Dicke wie der Steven, stellte die Verbindung der Steven mit den Bodenplanken und Bodenwrangen her. Die über zwei oder drei Bodenwrangen reichenden S t e v e n k n i e e waren mit dem Steven durch ⅝ bis ¾ Zoll starke Klinkbolzen und mit den Bodenplanken und Bodenwrangen durch 1¼ Zoll starke Holznägel verbunden.

Außerdem ließ man die unteren Enden beider Steven in die Boden-planken ein. Auch war es üblich, die Bodenwrangen im Bereich der Stevenkniee halb und die Stevenkniee ebenfalls halb aus-zuklinken (Abb. 3 Nr. 1).

Um zu verhüten, daß die Ankerketten oder das Eis den Vor-steven abscheuerten, erhielt der Steven einen bis unten reichenden eisernen Beschlag, Stevenschiene genannt. An den beiden Kanten des Vorstevens wurde eine ⁵/₈ bis ³/₄ Zoll starke Stange, oder eine 1¼ breite und ¼ Zoll starke flacheiserne Schiene ein-gelassen, oder man befestigte nur an der vorderen Fläche des Vor-stevens eine 2 bis 2³/₈ Zoll breite und ½ bis ⁵/₈ Zoll starke Halb-rundschiene. Auch an der unteren Kante der Kahnplanke, seitlich über den Vorsteven reichend, wurde eine 7 bis 10 Fuß lange, etwa 1¼ Zoll hohe und ¼ Zoll starke flacheiserne Schiene befestigt, die Grundschiene hieß.

3. Spiegel.

(Abb. 3 Nr. 1 und 2.)

Die Bauart des Spiegels war bei den niederelbischen Fracht-Evern gleich. Er entstand dadurch, daß das letzte Spantpaar, das sogenannte Randsomholz mit ½ bis ³/₄ Zoll starken Klink-bolzen seitlich gegen das Stevenknie verbolzt wurde. An der Außenfläche des Randsomholzes befestigte man mit ½ bis ⁵/₈ Zoll starken Klinkbolzen wagerecht angeordnete eichene Planken von 12 bis 15 Zoll Breite und 2½ bis 3 Zoll, bei großen Evern bis 4 Zoll Dicke. Dieser Spiegel wurde dann an der inneren Seite des Achterstevens verbolzt. Je nach der Breite der Spiegelplanken wurde jede mit zwei oder drei ⁵/₈ bis ³/₄ Zoll starken Stumpfbolzen mit dem Achtersteven verbunden. Der obere Querverband des Spiegels mit den Schiffsseiten wurde jederseits durch ein eichenes Horizontalknie hergestellt. Diese Spiegelkniee erhielten die gleichen Abmessungen und die gleiche Verbolzung wie die horizontalen Deckkniee, nur wurde der querschiffs liegende Arm nicht gegen einen Deckbalken, sondern gegen die Spiegelbeplankung verbolzt.

An der äußeren Seite des Spiegels, gegen den Achtersteven und die Seitenbeplankung anliegend, brachte man zur Zierde etwa 1 Zoll starke eichene Bretter vertikal an, Spiegelfutter ge-nannt. Das hierfür verwendete Holz wurde besonders gepflegt. Wenn kein trockenes Holz vorhanden war, wurde schon bei Be-ginn des Baues das Holz ausgewählt und oberflächlich ausgear-beitet. Bevor man das Spiegelfutter als fast letzte Arbeit, am bald fertigen Schiff anbrachte, ließ man es oft nochmals bei einem Bäcker auf dem Backofen trocknen, erst bei gutem, trockenen Wetter wurde das Spiegelfutter befestigt. Vorher wurde der Spiegel mit Holzteer gestrichen und mit Kuhhaarfilz oder mit Papier beklebt, auch die innere Fläche des Spiegelfutters wurde ebenfalls geteert oder geölt (Leinöl). Das Spiegelfutter wurde gewöhnlich nicht kalfatert, sondern dicht gefugt aufgenagelt; die inneren und wagerecht liegenden Spiegelplanken kalfaterte man natürlich. Als Befestigungsnägel dienten D ü k e r, auch Bootsdüker genannt, d. h. Eisennägel mit vierschlägigem kleinen Kopf, von 2¼ bis 2½ Zoll Länge. Diese Düker wurden von der Oberkante Spiegel nach den Spiegelseiten in gleichmäßigen Abständen schräg nach unten eingeschlagen. Die weggesetzten Dükerköpfe verkittete man mit gelbem, der Holzfarbe angepaßtem Kitt, so daß der Spiegel das Aussehen erhielt, als sei er aus einem Stück gearbeitet. Nachdem das Spiegelfutter angebracht und abgeputzt war, wurde die äußere Fläche geölt und mit Harpeus gestrichen. Wenn man in der Gegenwart noch hölzerne Ever zimmern würde, wäre die Herstellung des Spiegelfutters durch die Verwendung von Sperrholz viel einfacher. Bei den alten holländischen Jachten und bei den Ostseejachten (im unteren Teil) war das Spiegelfutter nicht senkrecht, sondern diagonal angeordnet; ebenso war es lediglich bei einigen Evern der Werft Doose (Brunsbüttel) befestigt.

Ueber die seitliche Kante der am Spiegel endenden Berghölzer wurde zum Schutz ein H u k h o l z angebracht, auch H u k - p i e l e r genannt. Das eichene Hukholz reichte vom Leibholz des Kajütdecks bis zur Unterkante Bergholz. Es hatte eine Stärke von 5×5 Zoll bis 6¼×6¼ Zoll, die Dicke verjüngte sich an den Enden. Oben und unten wurde das Hukholz mit einem ½zölligen, in der Mitte aber mit zwei ¾zölligen Stumpfbolzen befestigt. Auf dem Hukholz befand sich oft ein eisernes Band oder eine Halbrundschiene. Nach vorn wurde das Hukholz durch kleine hölzerne Klampen, oder durch verschieden angebrachte rundeiserne Beschläge versteift (Abb. 26). Beide Befestigungsarten kommen seit der ersten Hälfte des vergangenen Jahrhunderts bis auf die Gegenwart nebeneinander vor. Viele Ever erhielten seit dem Ausgang des vorigen Jahrhunderts kein Hukholz mehr, weil dieses leicht irgendwo hinterhakte und dabei beschädigt wurde, sondern nur ein flacheisernes Band von 2½ bis 3 Zoll Breite und ¼ Zoll Dicke, dessen Breite man mitunter am unteren Ende verjüngte oder gewellt arbeitete, oder es wurde dafür eine Halbrundschiene benutzt.

4. Spanten.

Die Spanten, auch S p a n t h ö l z e r oder I n h ö l z e r (Einhölzer) genannt, bildeten den wichtigsten Querverband. Jedes Spantpaar ist bei den kleineren Seglern aus einer Bodenwrange und jederseits einem Auflanger zusammengesetzt. An den A u f - l a n g e r n, oder Spanten im engeren Sinne, ist die Beplankung und Wegerung befestigt. Bei den Evern bestanden die Spanten aus naturgewachsenem, am unteren Ende knieförmig gestaltetem

Eichenholz, die man deshalb mitunter einfach Knie nannte. Die Spantfüße oder Poten reichten etwa 3/4 - bis 1 m weit über die Bodenplanken, an den Bodenenden waren sie entsprechend der abnehmenden Breite kürzer. Fast immer hatten die Ever einfache Spanten. Lediglich in der Mitte des Schiffes standen mitunter zwei eng nebeneinander, wenn man mit der Spanteinteilung nicht recht ausgekommen war. Ever mit doppelten Spanten sind nur selten gebaut worden, auch waren das immer sehr große Ever. In diesem Fall wurden immer je zwei Spanten mit einem Zwischenraum von etwa 5 Zoll nebeneinander gesetzt und mit 5/8 Zoll starken Klinkbolzen verbunden.

Jedes Spant wurde dicht neben einer Bodenwrange anliegend auf den Bodenplanken mit 1 bis 1¼ Zoll starken Holznägeln, selten mit Klinkbolzen, befestigt. Entweder ordnete man die Spanten an der Vorkante der Bodenwrangen an, oder sie wurden von achtern bis zur Mitte des Evers an der Vorkante, von der Mitte ab bis vorn an der Hinterkante der Bodenwrangen gesetzt. Der 10 bis 18 Zoll weite Zwischenraum zwischen Spant zu Spant wurde Fach oder Fack, gewöhnlich aber Tär (Tair, Teer) genannt. Am stärksten waren die Spanten gewöhnlich in der Kimm, nach oben wurden sie etwas verjüngt, sowie beim Deck eingezogen. Ihre Breite (längsschiffs) betrug 4 bis 5½, gelegentlich bis 6 Zoll. Die Höhe der Spanten (querschiffs) schwankte zwischen 6 bis 7½ bei den Elb-Evern und zwischen 7 bis 9 Zoll bei den See-Evern.

Zusammengesetzte Spanten, von denen der untere Teil Sitzer und der obere Auflanger hieß, hat man vereinzelt erst in neuerer Zeit eingebaut, wenn passendes Krummholz fehlte. Eben so selten kam es vor, daß man an dem oberen Ende der Spanten seitlich ein Kopfstück ansetzte, wenn die Länge nicht ausreichte. Beides geschah aber nur bei einigen Spanten, nicht etwa bei allen. Selten wurde in früherer Zeit bei den See- und Galeaß-Evern, kaum aber bei den Binnen-Evern, neben den Spanten in der Kimm ein eichenes Knie von Spantenstärke gesetzt, wenn die Spantfüße nicht lang genug waren. Auch diese Kimmkniee hießen Poten. Spanten und Poten verband man an der oberen Fläche durch sogenannte Schwalben. Die flacheisernen Schwalben waren 3/8 bis ½ Zoll dick, 8 bis 12 Zoll lang, an den beiden Enden 2 3/8 bis 2¾ Zoll und in der Mitte 1¼ bis 1 5/8 Zoll breit. Jederseits wurden sie an dem Spantfuß und an dem Kimmknie durch drei ½ bis 5/8 Zoll starke Stumpfbolzen befestigt. Eiserne Kimmkniee (jederseits sechs) sind bei einem nach 1900 gebauten Ever zur Anwendung gekommen, um die Kimm zu verstärken. Gelegentlich wurden in neuerer Zeit eiserne Winkel in der Kimm eingebaut, wenn die Spantfüße verrottet waren.

Im Vorschiff konnten die Spanten nicht rechtwinklig zum Boden gestellt werden, sondern sie mußten rechtwinklig zur

Außenhaut gedreht werden, um die Beplankung befestigen zu können. Diese nach außen geneigten Spanten hießen Kantspanten. Die bis auf den Boden reichenden Kantspanten wurden mittels Holznägeln, die kürzeren aber am Steven und Stevenknie mit Stumpfbolzen befestigt.

5. Beplankung.

Die Beplankung oder Außenhaut der Ever bestand aus den bereits beschriebenen Bodenplanken, aus den Kahn- und Seitenplanken und aus den Berghölzern. Mit Ausnahme der Bodenplanken wurden die Planken der Länge nach aus zwei Teilen zusammengesetzt, selten bestanden die Seitenplanken aus drei Teilen. Die einzelnen Teile eines Plankenganges wurden entweder stumpf aufeinander gestoßen, derart, daß jeder Querstoß auf einem Spant zu liegen kam, oder man verband die beiden Längen durch eine über drei bis fünf Spanten reichende Hakenlasche (Abb. 7 Nr. 9). Letztere Anordnung wurde lediglich bei einer sehr breiten Bergholzplanke ausgeführt, fast immer aber für die Kahnplanken gewählt. Die Stöße oder Quernähte der aufeinander folgenden Plankengänge lagen bei den Evern nicht näher als etwa $1\frac{1}{2}$ bis $1\frac{3}{4}$ m, meistens aber weiter voneinander entfernt. Auf guten Werften ordnete man die einzelnen Plankenlängen so an, daß auf das gleiche Spant überhaupt nicht zwei Stöße trafen.

Die Kimmplanke, die an der Niederelbe meistens Kahnplanke genannt wurde, auch Schore, Schare, Scharte, Scharplanke oder Scharstück hieß, hatte eine Breite (Höhe) von 10 bis 19 Zoll, vereinzelt bis 22 Zoll. Sie war bei den Elb- und neueren See-Evern $2\frac{1}{4}$ bis 3 Zoll stark, indessen sie bei den älteren See-Evern meistens eine Dicke von 3 oder 4 Zoll erhielt. In der Regel wurden gleichstarke Kahnplanken und Berghölzer verwendet, doch hatten mehrere seegehende Ever oft auch stärkere Kahnplanken als Berghölzer, etwa 3 zu $2\frac{1}{2}$ Zoll oder 4 Zoll zu 3 Zoll. Seit dem Ende des vergangenen Jahrhunderts sind mehrere Elb-Ever gebaut worden, bei denen alle Planken die gleiche Stärke erhielten, etwa $2\frac{1}{2} - 2\frac{1}{2} - 2\frac{1}{2}$ Zoll, oder man wählte stärkere Berghölzer als Kahn- und Seitenplanken, etwa $2\frac{1}{4} - 2\frac{1}{4} - 2\frac{1}{2}$ Zoll. Die letzte Stärkenanordnung kam gelegentlich auch bei den neueren See-Evern zur Ausführung. Wie schon erwähnt, verband man beide Längen durch eine Hakenlasche. Nur wenn genügend breites Holz fehlte, wurden zwei Kahnplanken übereinander befestigt, deren Längsverbindung durch bis 5 m übereinander verschobene Querstöße hergestellt wurde. Am Achtersteven, mitunter auch am Vorsteven, wo die Kahnplanke etwas hochgezogen wurde, so daß ihre Breite nicht ausreichte, setzte man eine kurze und gleichstarke Planke (Gehr genannt) oben auf oder unten an.

Auf die Kahnplanke folgten vier bis neun Plankengänge, teils nach der Höhe des Evers, teils nach der Breite des verfügbaren

Holzes, die die Bezeichnung Seitenplanken oder Mittelplanken führten. Sie hatten eine Breite von 6 bis 10½ Zoll und eine Dicke von 2 bis 2¼ Zoll bei den kleineren Evern und bis 2¾ Zoll bei den größeren Evern. Die älteren See-Ever besaßen meistens 2½ Zoll, gelegentlich bis 3½ Zoll dicke Seitenplanken.

Den oberen Abschluß der Beplankung und einen wichtigen Längsverband bildeten die Berghölzer, auch Barghölzer genannt. In früherer Zeit besaßen die kleineren Ever nur eine, aber sehr breite Bergholzplanke, Breitegang oder breiter Gang genannt. Ihre beiden Längen wurden durch eine Hakenlasche verbunden (Abb. 26). Erst seit dem Ende des vergangenen Jahrhunderts wurden auch bei diesen Schiffen wegen Mangel an passendem Holz zwei schmale Berghölzer verwendet. Die anderen Fracht-Ever hatten zwei oder drei, seltener vier Bergholz-Gänge, von gleicher Breite wie die Seitenplanken. Gewöhnlich waren die Berghölzer 2½ bis 3 Zoll stark.

Die Befestigung der Außenhaut geschah wie folgt: Die Kahnplanke befestigte man an den Bodenplanken mit ½ bis ¾ Zoll starken glatten Stumpfbolzen, mitunter auch durch gleichstarke Hackbolzen, die in einem Abstand von 8½ bis 10½ Zoll geschlagen wurden. In früherer Zeit, etwa bis 1860—1870, fanden an Stelle der eisernen Bolzen meistens 1 Zoll starke Holznägel Verwendung. Außerdem wurde die Kahnplanke an jedem Spant mit einem Klink- und einem Stumpfbolzen von ½ bis ¾ Zoll Dicke verbolzt. Die bis zur Kimmwegerung durchgehenden Klinkbolzen wurden versetzt, an dem einen Spant oben, an dem anderen Spant unten, geschlagen. Die Seitenplanken befestigte man gewöhnlich an jedem Spant durch zwei ½ bis ⅝ zöllige Stumpfbolzen. Die Berghölzer wurden an jedem Spant mit einem Klink- und einem Stumpfbolzen von ½ bis ¾ Zoll Dicke verbolzt. Nur die breiten Berghölzer der älteren Ever erhielten drei oder vier Klink- und Stumpfbolzen an jedem Spant. Neben der Quernaht wurden die Enden aller Planken mit zwei Stumpf- oder Klinkbolzen befestigt, indessen die Hakenlaschen, außer der erwähnten Verbolzung, noch durch drei oder vier senkrecht durch die Laschen getriebene Klinkbolzen miteinander verbunden wurden. Am Vorsteven erfolgte die Befestigung aller Planken durch zwei ⅜ bis ½ zöllige Stumpfbolzen, ebenso befestigte man auch die Kahnplanke am Achtersteven. Alle anderen bis zum Spiegel herangeführten Planken wurden durch je zwei ½ Zoll starke Klinkbolzen an dem Randsomholz verbolzt.

6. Wegerung und Kielschwein.

(Abb. 3 Nr. 3.)

Den inneren Längsverband der Ever stellten die Balk- und Kimmweger sowie das Kielschwein und die Bodenweger her. Der

Balkweger, auch Berg- oder Deckweger genannt, hatte die Aufgabe, die Außenhaut zu versteifen, die Enden der Spanten aufzunehmen und gleichzeitig die Auflage für die Deckbalken zu schaffen. Bei den kleineren Elb-Evern hatte der Balkweger eine Breite von 14 bis 16 Zoll, größere Elb-Ever sowie die See-Ever erhielten 15 bis 20 Zoll breite Balkweger. Die Dicke betrug 2½ bis 3 Zoll, indessen die älteren See-Ever durchweg 3 bis 4 Zoll dicke Balkweger hatten. Der aus Eichenholz hergestellte Balkweger wurde möglichst in einer Länge eingebaut, von vorn nach hinten durchlaufend. Mitunter reichte der Balkweger nur über einige Spanten hinter dem Kajütschott, denn hinten war noch ein zweiter, aber schwächerer Balkweger vorhanden, der Kajütdeckbalkweger hieß. Bei längeren Evern, oder wenn nicht geeignetes Holz zur Verfügung stand, sind auch aus zwei oder drei Teilen zusammengesetzte Balkweger zur Verwendung gekommen. Das Hauptstück eines solchen Balkwegers, Mittelbalkweger genannt, war ⅔ bis ¾ der Schiffslänge lang. Seine Enden wurden mit den etwa 1 Zoll schwächeren Endbalkwegern durch Haken- oder durch Plattlaschen (Blattlaschen) verbunden, die über drei bis fünf Spanten reichten. Die Längen der zusammengesetzten Balkweger mußten so angeordnet sein, daß niemals die Lasche in der Mitte des Evers oder bei den Masten lag. An den Enden wurden die Balkweger in Breite und Dicke etwas verjüngt. Ihre Befestigung geschah durch drei oder vier ⁹/₁₆ bis ¾ Zoll starke Klink- und Stumpfbolzen an jedem Spant. Da die Enden der Balkweger einen starken Dreh hatten, wurden hier an Stelle der Stumpfbolzen falsche Klinkbolzen geschlagen. Das waren ebenfalls Stumpfbolzen, die unter dem Kopf einen Klinkring hatten, um den Bolzenkopf zu vergrößern; anders war der Dreh nicht zu halten.

Größere Elb-Ever und die See-Ever hatten häufig zwei Balkweger untereinander, deren Breite zusammen 21 bis 28 Zoll erreichte. Der untere Balkweger, Unterbalkweger genannt, war stets schwächer als der obere. Seine Breite schwankte zwischen 6 bis 12 Zoll, meistens hatte er eine Dicke von 2 oder 2½ Zoll, oder bis 3 Zoll bei den älteren See-Evern. Uebrigens bildete der Unterbalkweger stets eine Verstärkung des Längsverbandes, denn der obere Balkweger wurde bei der Verwendung von zwei Balkwegern nicht schwächer, als sonst üblich, gewählt. Kleinere Elb-Ever waren nur mit einem Balkweger versehen, größere, d. h. hauptsächlich längere Elb-Ever erhielten gewöhnlich dann einen Unterbalkweger, wenn der Ever im Verhältnis zur Länge niedrig gebaut war.

Zur Verstärkung der Kimm diente der Kimmweger. Aeltere See-Ever wurden bis in die siebziger Jahre gelegentlich mit zwei Kimmwegern gebaut, auch bei den neueren See-Evern, sowie bei den größeren Elb-Evern mit Alstermaß, fanden doppelte

Kimmweger nur gelegentlich Anwendung. Sehr selten, nachweislich nur einmal, sind drei Kimmweger eingebaut worden, indessen kleinere Elb-Ever nie doppelte Kimmweger erhielten. Die ebenfalls aus Eichenholz angefertigten Kimmweger reichten oft nur über ein bis zwei Spanten durch die beiden Raumschotte, so daß sie sich leichter in einer Länge anfertigen ließen. Im Gegensatz zu den verschieden starken Balkwegern, wenn zwei untereinander eingebaut waren, hatten die Kimmweger fast immer die gleiche Breite und Dicke. Die Breite schwankte zwischen 10 und 20 Zoll, doch waren sie bei den kleineren Elb-Evern gewöhnlich nicht breiter als 15 Zoll. Elb-Ever sowie die neueren See-Ever hatten 1¾ bis 2½ bis 3 Zoll dicke Kimmweger, während sie bei den älteren See-Evern gelegentlich 2½ Zoll, meistens aber 3 Zoll dick genommen wurden. Mittels zwei ⅝ bis ¾ Zoll starken Klinkbolzen oder durch einen Klink- und einen Stumpfbolzen, befestigte man sie an jedem Spant.

Das Kielschwein bestand bei den Evern nicht aus einem starken Balken, sondern aus einer Planke. Für das stets in einer Länge durchlaufende Kielschwein, das in der Mitte des Bodens, auf den Bodenwrangen lag, fand Eichen- oder Pitchpineholz Verwendung. Die Breite des Kielschweins schwankte zwischen 15 bis 21 Zoll. Kleinere Elb-Ever hatten ein 1¾ bis 2¾ starkes Kielschwein, größere Elb-Ever und die neueren See-Ever besaßen solche von 2½ bis 4 Zoll Dicke, dagegen war dieser Längsverband bei den älteren See-Evern 4 bis 5½ Zoll dick. Die Abmessungen des Kielschweins bei gleichgroßen Evern waren sehr verschieden. Man kann beinah annehmen, daß manche Werften die Abmessungen lediglich von ihrem Holzvorrat, nicht von den Abmessungen des Evers abhängig machten. So sind auf einer Werft um die Jahrhundertwende zwei gleich große (über 18 m lange) Ever gebaut worden, von denen der eine ein Kielschwein von $3 \times 17¾$ Zoll, der andere Ever von $7½ \times 22$ Zoll Stärke erhielt. Mehrere Elb-Ever, selbst solche vom Alstermaß, besaßen kein Kielschwein. Die Befestigung des Kielschweins erfolgte durch zwei ⁹⁄₁₆ bis ⅝ zöllige Stumpfbolzen an jeder Bodenwrange. Kimmkielschweine, parallel mit dem Kielschwein laufend, sind bei den Evern selten eingebaut worden, auch hatten sie stets schwächere Abmessungen: 5 bis 13 Zoll Breite und 2½ bis 4 Zoll Dicke.

Zwischen dem Kielschwein und dem unteren Gang der Kimmwegerung lagen auf den Bodenwrangen die festen B o d e n w e g e r, die an der Elbe meistens B a u c h d i e l e n (Bukdelen), auch L a g e r d i e l e n hießen. Die in einer, seltener in zwei Längen durchlaufenden Bodenweger aus Eichen- oder Kiefernholz, auch aus Pitchpine bestehend, hatten eine Breite von 8 bis 21 Zoll. Ihre Dicke betrug bei den älteren See-Evern durchweg 2 Zoll, sonst aber waren sie 1½ bis 2 Zoll dick. Man befestigte sie an jeder

Bodenwrange mittels ³/₈ Zoll starken Stumpfbolzen, oder nur mit Spikern. Die in der Kimm liegenden Gänge der Bodenwegerung führten die Bezeichnung W a s s e r l a u f g a n g. Einige Elb-Ever besaßen in früherer Zeit, wie auch in der Gegenwart, keine feste Bodenwegerung, sondern statt dessen nur lose Kiefernbretter. Als nach dem Kriege mehrere Ever zur Steinfischerei an der Ostseeküste von Schleswig-Holstein Verwendung fanden, ist zum Schutz gegen herabfallende Steine gelegentlich die Bodenwegerung verstärkt worden.

Die f e s t e S e i t e n w e g e r u n g zwischen den Balk- und Kimmwegern bestand aus 1¼ bis 1½ Zoll dickem Eichenholz. Sie wurde nur auf Wunsch der Schiffer bei Elb- und See-Evern, namentlich bei den Evern eingebaut, die im Winter mit Gemüse, Kartoffeln oder Obst in Hamburg oder in anderen Orten lagen. Auch die zur Düngerbeförderung verwendeten kleinen Ever hatten entweder eine feste Seitenwegerung, oder eine l o s e T a f e l - w e g e r u n g. Mitunter ist bei einigen Evern diese Seitenwegerung nachträglich eingebaut, oder eine vorhandene wieder entfernt worden.

Wenige Ever besaßen statt der eben erwähnten Seitenwegerung eine o f f e n e W e g e r u n g, d. h. mehrere im Laderaum an den Spanten genagelte Latten aus Kiefernholz, von 3½ bis 4 Zoll Breite und 1³/₄ bis 2½ Zoll Dicke. Wahrscheinlich sind Latten deshalb angebracht worden, um das Verstauen bestimmter Frachten (Sackgut) zu erleichtern. Bei eisernen Seglern werden diese Latten Schweißlatten (Schwitzlatten) genannt; sie sollen die Ladung frei von der Außenhaut halten, die immer Schweißtropfen hat.

7. Bugbänder, Schlaghölzer, Klüshölzer und Klüsbacken.

Der Querverband im Vorschiff der Ever wurde unter dem Deck durch zwei 5 bis 7½ Zoll dicke und 6 bis 8½ Zoll breite B u g b ä n d e r aus Eichenholz verstärkt, die man auch Stevenbänder nannte. Das eine Bugband ruhte auf dem Stevenknie, das andere lag in Deckhöhe. Ever mit großer Raumtiefe besaßen zwischen dem Knie- und Deckband noch ein drittes Bugband. Jedes Bugband war aus zwei Teilen zusammengesetzt, die jederseits über drei bis vier Spanten reichten und wagerecht den Vorsteven kreuzten. An jedem Spant, sowie in der Mitte am Vorsteven, wurden die Bugbänder mit ⅝ bis 1 Zoll starken Klinkbolzen befestigt. Außerdem befand sich am Binnenbug häufig noch ein schwächeres und kürzeres eichenes Bugband, das man etwa in halber Höhe zwischen Deck und Schandeckel anbrachte; bei Evern mit einem festen, auf dem Steven liegenden Bugspriet befand sich dieses Bugband manchmal unter dem Bugspriet. Seit dem Ausgang des vergangenen Jahrhunderts wurde hierfür oft ein flacheisernes Bugband verwendet, weil billiger, das etwa eine

Breite von 2 bis 2 ³/₈ Zoll und eine Dicke von ³/₈ bis ³/₄ Zoll hatte. Die Armlänge betrug etwa 19 bis 24 Zoll, die Breite und Dicke verjüngte sich an den Enden. Befestigt wurde dieses Band mit ½ bis ³/₄zölligen Klinkbolzen an dem Vorsteven und an den Spanten.

Gewöhnlich hatten nur die größeren Ever, oder nur die Ever einiger Werften, im Vorschiff außer den Bugbändern jederseits ein S c h l a g h o l z, um noch eine bessere Querverbindung zu erzielen. Die diagonal eingebauten Schlaghölzer aus Eichenholz, die auch S c h l a n g e n, S l o o p e r (holl. *slaper*) oder S t e v e n - s l o o p e r, hießen, reichten über drei Kantspanten, von der Unterkante des Balkwegers bis zum Vorsteven, wo man sie einließ, oder sie liefen am Steven stumpf zusammen. Beide Schlaghölzer wurden am Steven durch ein hölzernes oder eisernes Band von 24 bis 28 Zoll Armlänge verbunden. Die Schlaghölzer hatten etwa die gleiche Dicke wie die Spanten, an denen und in der Mitte am Vorsteven, sie mittels ⁹/₁₆ bis ³/₄ Zoll starken Klinkbolzen befestigt waren.

Zwischen dem Vorsteven und dem nächsten Kantspant wurde auf jeder Seite des Vorschiffes ein eichenes Holz eingesetzt, von gleicher Dicke wie die Spanten. Durch diese an der äußeren Seite platt gearbeiteten Hölzer wurden die Klüsen gebohrt, sie hießen deshalb K l ü s h ö l z e r. Ihre Befestigung geschah durch ½ bis ³/₄zöllige Stumpfbolzen an den Berghölzern. Mitunter wurden die Klüshölzer auch aus zwei Hölzern hergestellt, neben- oder hintereinander, falls die Breite oder die Dicke nicht ausreichte, um den Dreh für die Klüsen hineinzuarbeiten. Diese zusammengesetzten Klüshölzer verband man miteinander durch Klinkbolzen. Gelegentlich befand sich bei einigen Evern zwischen den Klüshölzern und dem Vorsteven noch ein Stück Eichenholz von Spantendicke, J u d a s o h r genannt; es wurde länger am Vorsteven heruntergeführt als die Klüshölzer. Hinter den Klüshölzern lag das Deckbugband, jederseits erhielt das Deckband noch zwei Klinkbolzen, die durch die Klüshölzer und Berghölzer reichten.

Außenbords waren zur Verstärkung der Klüsen die rechteckigen eichenen K l ü s b a c k e n angeordnet (Abb. 18), die mittels ½ Zoll starken Stumpfbolzen an dem Bergholz befestigt wurden. Die Stärke der Klüsbacken betrug 2 bis 3 Zoll, bei den großen See-Evern bis 4 Zoll, ihre Länge und Höhe war verschieden. Vier am Ende des vergangenen Jahrhunderts gebaute Ever besaßen Klüsbacken mit den nachstehenden Abmessungen: Wilsterau-Ever 25×9 Zoll, Lühe-Ever 21×11 Zoll, See-Ever 21×9³/₄ Zoll, Lägerdorfer Ever 18×8 Zoll.

8. Deck.

Das H a u p t d e c k der Ever führte folgende Bezeichnungen: V o r d e c k, von vorn bis zur Vorkante der Großluke; W a n n e r n oder Wandern, das Deck jederseits neben der Großluke; Halbdeck, auch Steuergang genannt, das Deck von der Hinterkante der Großluke bis zum Kajütdeckgiebel.

Neben den Spanten bildeten die Deckbalken den wichtigsten Querverband, auch hatten sie die Aufgabe, durch die Aufnahme von Deckplanken das Schiff wasserdicht abzuschließen. Im Bereich des Vor- und Halbdecks lagen die sogenannten durchlaufenden Deckbalken aus Eichenholz, die gewöhnlich breiter als dick waren. Ihre Entfernung voneinander schwankte meistens zwischen 10 bis 22 Zoll. Die kleineren Elb-Ever hatten Deckbalken von 7½ bis 10 Zoll Breite, bei den größeren Evern waren sie bis 13 Zoll breit, dagegen besaßen die älteren See-Ever meistens 11 bis 13 Zoll breite Deckbalken. Ihre Dicke schwankte bei den Elb-Evern zwischen 3½ bis 5 Zoll, bei den älteren See-Evern zwischen 4 bis 6 Zoll. Stärkere Deckbalken lagen an den Enden der Großluke, sowie vor und hinter den Masten. Erstere hießen Lukenendbalken oder Lukbalken, letztere Mastoder Segelbalken. Sie waren bis 6 Zoll breiter als die anderen Deckbalken, höchstens aber 16 Zoll breit. Auch im Bereich der Beting, der Vorluke und des Kajütdeckgiebels ordnete man häufig stärkere Deckbalken als die gewöhnlichen an. Die Verbindung der Deckbalken mit den Schiffsseiten wurde dadurch hergestellt, daß alle Balken schwalbenschwanzartig ¾ bis 2 Zoll tief in den Balkweger eingelassen und an diesem durch zwei ½ bis ⁵/₈ Zoll starke Stumpfbolzen befestigt wurden. Außerdem wurden die Enden der Deckbalken mit dem darüber liegenden Leibholz und mit den Deckknieen verbolzt.

Neben der Großluke lagen in gleichmäßigen Abständen die halben Deckbalken. Auch neben der Vorluke, gelegentlich neben dem Logisniedergang und mitunter zwischen den Großmastbalken, wurden halbe Deckbalken eingebaut. Sie hatten eine Dicke von 3¼ bis 6¼ Zoll, bei den Elb-Evern waren sie 4 bis 6 Zoll, bei den See-Evern bis 12 Zoll breit. Ihre äußeren Enden ruhten auf dem Balkweger, wo man sie einließ und verbolzte. Zwischen den beiden Lukenendbalken und in gleicher Höhe mit diesen wurden starke Balken eingebaut, die man Lukenschlingen, auch Lukenkalven, Längsscheerstücke oder Scheerstücke nannte. Gleiche Schlingen ordnete man zwischen den anderen Deckbalken an, wenn sich dazwischen ein halber Deckbalken befand. In diese Schlingen wurden die inneren Enden der halben Deckbalken eingelassen und verbolzt. Wenn aber die Deckbalken nur sehr kurz waren, namentlich bei den Evern mit breiter Luke, fehlten diese Lukenschlingen oft.

Durch den Einbau von Deckknieen erhielt der Quer- und Deckverband des Evers eine weitere Verstärkung. Die Deckknie bestanden aus eichenen Krummhölzern von 4 bis 5½ Zoll Dicke und 4 bis 8½ Zoll Höhe, jeder Arm hatte eine Länge von etwa

12 bis 24 Zoll. Je nach ihrer Anbringung wurden sie in Horizontal- und Vertikalkniee unterschieden, letztere hießen auch Hängekniee (Abb. 3 Nr. 6 und 7). Bei den Horizontalknieen lag der eine Arm auf dem Balkweger und gegen die Spanten, der andere Arm stieß gegen einen Deckbalken. Bei den Vertikalknieen befand sich der eine Arm unterhalb eines Deckbalkens, der andere Arm lag gegen den Balkweger. Befestigt wurden die Horizontalkniee seitlich mit zwei Stumpfbolzen am Deckbalken, mit zwei Klinkbolzen durch Spanten und Berghölzer, sowie von oben mit zwei Stumpfbolzen an dem Balkweger. Zwei Stumpfbolzen verbanden den einen Arm eines Vertikalkniees mit dem Deckbalken, während zwei Klinkbolzen durch Balkweger, Spanten und Außenhaut geschlagen wurden. Alle diese Bolzen hatten eine Stärke von $1/2$ bis $5/8$ Zoll. Damit die Vertikalkniee keinen Platz im Laderaum einnahmen, wurden sie früher auch direkt gegen die Außenhaut und hinter dem Balkweger gesetzt. Seit der Mitte des vergangenen Jahrhunderts kamen bei den Evern außer den hölzernen Deckknieen auch eiserne zur Anwendung, die eine Dicke von $1/2$ bis $1\,5/8$ Zoll und eine Breite von 2 bis $2\,3/4$ Zoll hatten, sie wurden stets vertikal befestigt. Der am Balkweger anliegende Arm wurde derart geschmiedet, daß sein unteres Ende bis an das Spant heranreichte, damit auch hier ein Klinkbolzen durchgetrieben werden konnte.

Hinsichtlich der Anzahl der Deckkniee zeigten die Ever große Abweichungen. Im allgemeinen besaßen die älteren See-Ever eine größere Anzahl Deckkniee als die nach 1890 gebauten Ever. Einige Ever hatten drei, andere bis sechzehn Kniee jederseits. Einige Werften befestigten Kniee an jedem durchlaufenden Deckbalken, oft auch an den halben Deckbalken, nicht nur bei den See-Evern, sondern auch bei den Elb-Evern. Andere Werften begnügten sich mit Knieen an den Mast- und Lukenendbalken. Manche Ever besaßen nur Horizontalkniee, andere nur Vertikalkniee, gewöhnlich fanden aber beide Befestigungsarten Anwendung. Es gab und gibt aber auch gedeckte Elb-Ever ohne Deckkniee. Nach dem Kriege sind gelegentlich bei einigen in der kleinen Küstenfahrt benutzten Evern zur Verstärkung des Deckverbandes nachträglich einige eiserne Deckkniee eingebaut worden.

Seit der zweiten Hälfte des vergangenen Jahrhunderts wurden häufig auf den inneren Enden der Deckbalken und auf den Lukenschlingen T-förmige Flacheisen eingelassen und verbolzt. Ihre Arme waren 10 bis 12 Zoll lang, die Breite betrug $1\,1/4$ bis $1\,5/8$ Zoll und die Stärke $3/8$ Zoll. Späterhin verwendete man dafür auf einigen Werften eiserne Hängekniee, die unterhalb der halben Deckbalken oder nur an jedem zweiten Deckbalken angeordnet wurden. Der obere Arm dieser Kniee war länger als der der gewöhnlichen Vertikalkniee, er reichte bis zur halben Höhe der Längssülle. An Stelle dieser Kniee oder der T-Eisen fanden mitunter neben einer langen Großluke jederseits drei oder vier ⁵/₈ bis ³/₄ Zoll starke eiserne Zugstangen Verwendung. Die dicht neben den halben Balken angeordneten Zugstangen wurden durch Außenhaut und Lukenschlinge verklinkt.

Zum Längsverband eines hölzernen Schiffes gehört auch das Leibholz (Liefholt), auch Wassergang genannt, das in gebogener Form an der Seite des Schiffes auf den Spantenden und den Deckbalken ruht. Wie die Berghölzer und die Balkweger dazu beitrugen, dem Ever in der vertikalen Längsrichtung Stärke zu verleihen, so verstärkten ihn die Leibhölzer in der horizontalen Längsrichtung. Das Leibholz reichte von der Hinterkante des Festenbugs bis zum Kajütdeckgiebel, es bildete gleichzeitig also den Schandeckel, oder das Leibholz lief bis zum Vorsteven durch, wenn der Festebug fehlte. Diese aus Eichenholz bestehenden Planken hatten eine Breite von 12 bis 18 Zoll, sie waren bei den See-Evern bis 21 Zoll breit. Ihre Dicke schwankte zwischen 2 und 3 Zoll, dagegen hatten die älteren See-Ever durchweg 3 bis 4 Zoll starke Leibhölzer. In der Regel waren die Leibhölzer dicker als die Deckplanken, bei den See-Evern betrug der Unterschied ⁵/₈ bis 1³/₄ Zoll. Damit bei dicken Leibhölzern das auf Deck gelangende Wasser sich nicht auf der Decksnaht sammelte, pflegte man das Leibholz an der Innenkante auf Deckplankendicke auszuhobeln. Verbolzt wurde das Leibholz mit drei ½ bis ⁵/₈ zölligen Stumpfbolzen mit den Deckbalken, sowie mit zwei gleichstarken Bolzen an jedem Spant und dem oberen Bergholzgang.

Ever mit einem Festenbug hatten im Vorschiff an Stelle des Leibholzes einen eichenen Deckrahmen, der auch Herd genannt wurde (Abb. 3 Nr. 9). Entweder befestigte man den Deckrahmen seitlich auf den Deckbalken und vorn auf dem Deckband (Bugband), dann stießen die Enden der Deckplanken dagegen, oder der Deckrahmen wurde auf den Deckplanken angeordnet, diese Bauart bevorzugte man oft. Der Deckrahmen hatte eine Dicke von 2½ bis 3 Zoll, am Vorsteven betrug die Breite z. B. 8½ Zoll, die sich nach hinten auf 5 Zoll verjüngte. Die Befestigung geschah mit ½ bis ⁵/₈ zölligen Stumpfbolzen.

Auf den Deckbalken ruhten die aus mehreren Längen zusammengesetzten Deckplanken. Sie hatten die Aufgabe, das Schiff wasserdicht abzuschließen, auch sollten sie gegen die Veränderung des Schiffskörpers Widerstand leisten. Wegen der Herstellung wasserdichter Nähte erhielten diese Planken eine bedeutende Stärke, auch schon deshalb, weil sie der mechanischen Abnutzung unterworfen waren. Die aus Kiefernholz, seit dem Ausgang des vergangenen Jahrhunderts auch aus Pitchpine- oder Lärchenholz, in früherer Zeit gelegentlich aus Eichenholz bestehenden Deckplanken hatten meistens eine Breite von 4 bis 5 Zoll, bei den nach 1890 gezimmerten Evern waren sie mitunter bis 8 Zoll breit. Sie hatten meistens eine Dicke von 2 oder 2½ Zoll, ältere Ever besaßen durchweg 2½ Zoll starke Deckplanken. An jedem Deckbalken wurden sie mittels zwei Spikern von 5 bis 6 Zoll Länge befestigt. Die Spikerköpfe wurden versenkt, darauf setzte man einen Holzpfropfen, D e c k p f r o p f e n genannt.

Das K a j ü t d e c k, gelegentlich auch H o c h d e c k oder K a j ü t -h o c h d e c k genannt, entstand dadurch, daß in der Regel auf einer Länge von 2 bis 3 m die hinteren Spanten 10½ bis 17 Zoll über dem Hauptdeck emporragten. Nur bei wenigen Evern war das Kajütdeck länger als 3 m. Seitlich wurden die Spanten durch den K a j ü t d e c k b a l k w e g e r versteift, der eine Breite von 10½ bis 12½ Zoll hatte. Unter diesem Balkweger lag als Hauptlängs-verband des Evers der eigentliche Hauptdeckbalkweger, der ent-weder bis zum Spiegel durchlief, oder nur über einige Spanten des Achterschiffes reichte. Als Querverband dienten zwei oder drei durchlaufende Deckbalken von 6 bis 8 Zoll Breite und 3 bis 5 Zoll Dicke. Die seitliche Bekleidung des erhöhten Decks wurde durch die Spiegelplanken, den Setzbordgang und an der vorderen Seite durch den K a j ü t d e c k g i e b e l geschaffen. Letzterer war eine 2½ bis 3 Zoll dicke eichene Planke, die senkrecht oder etwas nach hinten geneigt auf dem letzten durchlaufenden Deckbalken des Hauptdecks ruhte; ½ bis ⅝ Zoll starke Klinkbolzen verbanden diesen Giebel mit dem Deckbalken. Auf Wunsch des Schiffers kam der Kajütdeckgiebel gelegentlich nicht auf dem Deckbalken, sondern auf einem starken eichenen Rahmen, ähnlich dem Deck-rahmen, zu stehen. Auch bei den Längssüllen der Großluke wurde gelegentlich diese praktische, aber teurere Bauweise auf Wunsch ausgeführt. Wie bei dem Hauptdeck lagen auf den Deckbalken des Kajütdecks längsschiffs Leibhölzer und Deckplanken, deren Enden man auf dem Giebel und auf den Spiegelplanken befestigte. Auf den Deckplanken und Leibhölzern lag an der Spiegelseite als Ab-schluß die Spiegelklampe, auch Lippbalken genannt.

9. Schanzkleid.

Mit Schanzkleid im weiteren Sinne wird hier der erhöhte senkrechte Abschluß des Decks bezeichnet. Bei den Evern unter-scheidet man: Festebug, Setzbord, Kajütdeckreling, Bugspiere, Wannerspiere und durchlaufendes Schanzkleid.

Das Deck lag vorn tiefer als die Oberkante des Bergholzes. Der F e s t e b u g, der auch F e s t e b o r d (feste Börd, fester Binnen-bord) oder B u g s c h a n z k l e i d hieß, hatte eine Länge von etwa 3 bis 4 m, er begann an der Stelle, wo der Deckstrak und Berg-holzstrak auseinander lief. Hier ragten die Spanten 12 bis 24 Zoll über das Deck empor und zwar vorn mehr als hinten; neben dem Vorsteven war der Festebug z. B. 20 Zoll, hinten nur 12 Zoll hoch. An der Innenfläche bekleidete man die Spanten mit 1¾ bis 2 Zoll starken eichenen Planken, die unten auf dem Deckrahmen ruhten. Diese Planken wurden mittels ³/₈ bis ½ Zoll starken Stumpfbolzen an den Spanten befestigt, sie führten die Bezeichnung Binnenbugbekleidung. Ihre Naht am Steven bedeckte ein etwa 6 bis 8½ Zoll breites und 2 bis 3 Zoll dickes eichenes Holz, das gleichzeitig als Auflage für die hier oft vorhandene Pallpfostenstütze (auch Nagelbank genannt) diente.

Vorn und achtern befand sich an der äußeren Fläche der über das Deck hinausragenden Spanten das 2 bis 2½ Zoll starke Setzbord (Sedtbörd), auch Setzgang genannt. Das Setzbord bildete nicht nur die seitliche Beplankung des Festenbugs und der erhöhten Kajüte, sondern gleichzeitig bildete es die Reling oder das Schanzkleid (Schanzbekleidung, Verschanzung) des Decks. Die Höhe des Setzbords, von der Hinterkante des Festenbugs bis zum Kajütdeckgiebel, betrug gewöhnlich 10 bis 15 Zoll. Es wurde der Länge nach aus zwei, gelegentlich auch aus drei Teilen zusammengesetzt, die mit Haken- oder mit Plattlaschen verbunden wurden. Einige Binnen-Ever besaßen in früherer Zeit nur ein sehr niedriges Setzbord, dann erhielt der Festebug und die Kajüte eine besondere Beplankung, auch reichte dann die Beplankung der Kajüte bis zum Halbdeck.

Die Befestigung des Setzbords geschah vorn und achtern an den Spanten und dazwischen an Relingstützen mittels ³/₈ bis ⁵/₈ Zoll starken Stumpfbolzen. Die mit einem Abstand von 20 bis 25 Zoll angeordneten eichenen Relingstützen hatten eine Breite von 3½ bis 4 Zoll und eine Dicke von 3¾ bis 5 Zoll. Sie reichten bis zur unteren Bergholzplanke, an der sie mit ½ bis ⁵/₈ Zoll starken Klinkbolzen befestigt wurden. Seit dem Ausgang des vergangenen Jahrhunderts fanden dafür meistens flacheiserne Bordwinkel Verwendung. Ihre Armlänge betrug 8 bis 12 Zoll, die Breite 2 bis 2¾ Zoll und die Halsdicke 1 Zoll. Die Bordwinkel wurden durch zwei ³/₈ bis ⁵/₈ Zoll starke Schraubbolzen mit dem Setzbord und durch zwei gleichstarke Stumpfbolzen mit dem Leibholz und Deckbalken verbunden.

Damit das auf Deck gelangende Wasser rasch wieder ablief, pflegte man das Setzbord (von der Hinterkante des Festenbugs bis zum Kajütdeckgiebel) nicht dicht auf das Leibholz aufzusetzen, sondern darüber ¾ bis 1½ Zoll frei zu schneiden. Dadurch ersparte man das Durchführen von Speigatten durch das Leibholz. Speigatten waren deshalb nur bei den Evern erforderlich, die ein sehr dickes Leibholz hatten und bei denen der Schandeckel auf dem Leibholz lag, was aber nur bei mehreren See- und Galeaß-Evern vorkam.

Auf dem Setzbord lag eine 2 bis 3 Zoll starke, seitlich abgerundete Reling aus Eichenholz. Sie führte bei den Evern die Bezeichnung Schandeckel (Schanzdeckel, Schandeck), obwohl eigentlich nur die Reling auf dem Festenbug einen Schandeckel bildet. Im Bereich des Festenbugs war der Schandeckel 9½ bis 12½ Zoll breit, jederseits stand er über das Setzbord und die Binnenbugbekleidung etwas vor. Von der Hinterkante des Festenbugs bis zum Kajütdeckgiebel wurde die Breite des Schandeckels auf 3½ bis 6 Zoll verjüngt. Das war die übliche Bauart. Gelegentlich wählte man drei verschiedene Breiten, so war z. B. bei einem Wilsterau-Ever vom Jahre 1900 der Schandeckel vorn 10½ Zoll breit, von der Hinterkante des Festenbugs bis zum Vorgiebel der Großluke 5¾ Zoll, dahinter bis zum Kajütdeckgiebel 3½ Zoll, indessen der Schandeckel des Kajütdecks wieder eine Breite von 5¾ Zoll hatte; seine Stärke betrug aber durchweg 2 Zoll. An dem Festenbug und dem Setzbord wurde der Schandeckel mit Spikern befestigt, außerdem wurde er an jeder hölzernen Stütze mit einem ⅝ bis ¾ Zoll starken Federbolzen befestigt. Die einzelnen Längen verband man durch Plattlaschen. Die Außenkante Schandeckel erhielt zum Schutz in neuerer Zeit eine 1¼ bis 2 Zoll breite und ⅜ bis ⅝ Zoll starke Halbrundschiene, die vom Vorsteven bis zum Großwant, oder von vorn bis zum Kajütdeck reichte.

An der inneren oberen Seite des Setzbords war zur Versteifung ein Dollbaum (Dulbaum) angeordnet (Abb. 3 Nr. 3), den man mit dem Schandeckel und dem Setzbord durch Nägel verband. Der Dollbaum aus Eichenholz hatte eine Stärke von 2½ × 2½ Zoll oder er war bis 4 Zoll hoch und 3 bis 3½ Zoll dick. Nicht alle Ever besaßen einen Dollbaum, andere hatten nur vorn einen Dollbaum, der von der Hinterkante des Festenbugs bis zum Vorgiebel der Großluke reichte.

Mitunter ragten auch vor dem Kajütdeck zwei oder drei Spanten über das Halbdeck empor. Ueber diese Spanten reichte der Kajütdeckbalkweger, auch wurde davor ein eichener Deckrahmen befestigt, etwa von 4 Zoll Breite und 1½ Zoll Dicke, so daß achtern ebenfalls eine Art Festebord entstand. Dann erhielt der Schandeckel auf dem Setzbord im Bereich des vorgezogenen Balkwegers die gleiche Breite wie auf dem Festenbug. Diese Bauart war namentlich in früherer Zeit gebräuchlich, doch wurden auf einigen Werften noch nach 1900 einige Ever derart gebaut.

Die Kajütdeckreling war gewöhnlich etwas niedriger als die des Hauptdecks, namentlich bei den Schleusenschiffen. Bis um die Mitte des vergangenen Jahrhunderts hatten die Ever eine offene Kajütdeckreling, d. h. nur einen Schandeckel mit hölzernen Stützen. An der Spiegelseite war der Schandeckel an den nach hinten geneigten Stützen (gewöhnlich zwei Eck- und zwei Mittelstützen) durchlaufend angebracht, nur das Mittelteil oberhalb der Ruderpinne war lose. Bei den neueren Giek-Evern mit einem langen Giekbaum fehlte meistens das Mittelteil. Auf den beiden Ecken des Schandeckels an der Spiegelseite nagelte man in neuerer Zeit in der Regel ein etwa ³⁄₁₆ Zoll starkes Blech auf.

Nach 1850 wurde es mehr und mehr üblich, an den Stützen ein Setzbord zu befestigen, doch sind mehrere Binnen-Ever mit offener Kajütdeckreling noch nach 1900 gebaut worden. Häufig wurde aber bei diesen Evern der vorgezogene Relingteil am Halbdeck (s. u.) beplankt. Das 2 bis 2½ Zoll, selten nur 1 Zoll starke Kajütdecksetzbord stand entweder vom Leibholz des Kajütdecks frei, oder es wurde dicht aufgesetzt. Bei einigen Evern erhielten nur die seitlichen Stützen ein Setzbord, bei anderen Evern befestigte man auch an den Stützen der Spiegelseite ein aus zwei Längen bestehendes Setzbord. Dieses reichte jederseits nur bis zur Mittelstütze, damit für die Ruderpinne ein genügend weiter Zwischenraum blieb. Entweder schnitt das Setzbord glatt mit der Mittelstütze ab, oder es wurde halbkreisförmig ausgeschnitten.

Nur bei einigen Binnen-Evern endete die Kajütdeckreling am Kajütdeckgiebel, sonst wurde sie über dem Setzbord des Halbdecks bis zur Hinterkante der Großluke verlängert. Ueber dem Halbdeck hatte die vorgezogene Kajütdeckreling eine Höhe von 21 bis 27 Zoll. Die hölzernen Stützen (oder nur eine Stütze) des Kajütdeckschandeckels waren mit dem Setzbord des Halbdecks verbolzt. An dem vorderen Ende wurde der Schandeckel nach oben oder nach unten gekrümmt, oder man verband diesen Schandeckel mit dem Schandeckel des Halbdecks durch einen gebogenen Schandeckelteil. Wenn aber die vorgezogene Kajütdeckreling mit einem Setzbord versehen war, so wurde die vordere Kante des Setzbords in verschiedener Form gefällig abgeschrägt oder ausgeschnitten, auch brachte man an dieser Kante sehr häufig einen kurzen Schandeckelteil an (Abb. 3 Nr. 8).

Weil mittschiffs das Setzbord neben der Großluke verhältnismäßig niedrig war und weil an dieser Stelle die Ever die kleinste Seitenhöhe hatten, wurde hier das Setzbord jederseits durch eine 12 bis 20 Zoll hohe Wannerspiere (Wanderspiere, holl. *wandelspier*) erhöht. An dem Schandeckel des Setzbords befand sich hinter dem Großwant eine eiserne Schnalle, oder eine eiserne Platte mit einem nach innen vorstehenden viereckigen Auge (z. B. ½ Zoll stark), oder nur eine eiserne Platte, diese Platte sowie der Schandeckel darunter war in der Mitte mit einer Oeffnung versehen; eine gleiche Platte befestigte man achtern an dem vorderen Ende der vorgezogenen Kajütdeckreling. Unterhalb dieser Schnallen, Augen oder Oeffnungen befand sich vorn und achtern am Setzbord je ein eisernes Auge oder eine eiserne Schnalle. Die Schnallen, Augen oder Oeffnungen dienten zur Aufnahme von zwei vierkant geschmiedeten, etwa 1 Zoll starken Stützen. Die oberhalb des Schandeckels mit einem Bund versehene Stütze trug oben einen weiten, rundgeschmiedeten und etwa ¾ Zoll starken Bügel, dessen obere Enden knopfähnlich geschmiedet waren. Auf diesen Bügeln, Zepter genannt, ruhten die Haken, Schiebebäume, Everremen, sie bildeten dadurch gleichzeitig eine Notreling. Darüber wurde auf den seegehenden Besahn-Evern zwischen den Wanten oft noch ein Strecktau befestigt, in neuerer Zeit gelegentlich eine eiserne Schiene, als weiterer Schutz für die Besatzung. Der Gebrauch der Wannerspiere ist alt, auch bei den Evern. Lediglich bei den Binnen-Evern fehlte sie früher; die Everremen, Haken u. a. lagen dann in der Mitte der Großluke auf zwei hölzernen Stützen.

Auch vorn befand sich über dem Setzbord eine zum Abnehmen eingerichtete und etwa 12 Zoll hohe Notreling, Bugspiere oder Seereling genannt, die aber vielleicht erst um die Mitte des vergangenen Jahrhunderts eingeführt worden ist. Die eichene Bugspiere reichte von den Pollern am Festenbug bis zum Großwant, sie war 5 bis 6 Zoll breit und 2 bis 3 Zoll dick. Sie ruhte auf zwei oder drei runden oder vierkantigen eisernen Stützen von ¾ bis 1 Zoll Stärke, die man an dem Schandeckel sowie an der Binnenbugbekleidung und am Setzbord an eisernen Augen oder Schnallen befestigte. Bei einigen Elb-Evern, die mitunter kurze Wattfahrten über Cuxhaven hinaus unternahmen, auch bei mehreren See-Evern, war in neuerer Zeit an den eisernen Stützen eine leichte Planke angebracht, so daß die Bugspiere eine Art Setzbord bildete.

In früherer Zeit besaßen viele See-Ever ein etwa 2 bis 2½ Fuß hohes, vom Vorsteven bis zum Spiegel durchlaufendes Schanzkleid. Ueber dem Festenbug und der beplankten Kajüt-deckreling wurde ein eichenes Schanzkleid, über dem Setzbord des Hauptdecks ein kiefernes Schanzkleid aufgesetzt. Das aufgesetzte und schwächere Schanzkleid verbolzte man an mehreren Reling-stützen, die wiederum durch ½ Zoll starke Klinkbolzen mit dem Setzbord, dem Festenbug und dem Kajütdecksetzbord verbunden waren. Neben der Großluke war das kieferne Schanzkleid zum Abnehmen eingerichtet, um bequem laden und löschen zu können. Dieser Teil des Schanzkleides hieß Löschpforte. Oben lag auf dem Schanzkleid ein zweiter Schandeckel, vom Vorsteven bis zum Spiegel reichend. Vorn befanden sich die Verholklampen, indessen die sonst freistehenden Poller hinter dem Schanzkleid emporragten. Gewöhnlich führte man aber die Spanten am Vor- und Achter-schiff höher als sonst üblich über das Vor- und Kajütdeck hinaus, so daß nur im Bereich des Hauptdeck-Setzbords ein kiefernes Schanzkleid auf dem eichenen Setzbord befestigt werden zu brauchte, auch war dann nur ein Schandeckel vorhanden. Vereinzelt be-stand das durchlaufende Schanzkleid aus drei gleichstarken Planken mit einem Schandeckel. Das durchlaufende Schanzkleid stand ent-weder vom Leibholz frei, oder es war dicht aufgesetzt; in diesem Fall mußten einige Speigatten vorgesehen werden.

Bei der zweiten Anordnung ragten die Spanten nicht nur vorn und achtern, sondern etwas auch über das Hauptdeck empor, eben so hoch (dick) war auch das gegen die Spanten anliegende

Leibholz. Auf dem Bergholz, den Spantköpfen und etwas über das Leibholz reichend lag der eigentliche und starke S c h a n - d e c k e l. Die der Höhe nach aus zwei oder drei gleichstarken Planken zusammengesetzte Verschanzung wurde dicht auf dem eigentlichen Schandeckel aufgesetzt und an den Relingstützen verbolzt, sie trug oben einen Schandeckel (Reling). Jederseits war das Schanzkleid mit zwei W a s s e r p f o r t e n versehen, die sich durch den Druck des Sturzwassers von selbst nach außen öffneten. Außerdem waren jederseits noch einige S p e i g a t t e n (Bleirohre) vorgesehen. Die Speigatten wurden in gleicher Höhe mit den Deckplanken schräg nach unten geneigt durch das Leibholz und die Außenhaut geführt.

Erst in neuerer Zeit haben einige seegehende Ever nachträglich ein kiefernes Schanzkleid erhalten, das in gleicher Höhe mit der vorgezogenen und beplankten Kajütdeckreling bis zu den vorderen Pollern reichte. Auf diesem Schanzkleid lag noch ein zweiter Schandeckel. Vor den Pollern wurde auf dem Festenbug ein mit Einschnitten versehenes eichenes Schanzkleid aufgesetzt, das gleichzeitig als Verholklampe diente.

Bei allen Anordnungen mußte für die Schwerttasche, für den Schwertpoller und für den Schwertstander Oeffnungen in dem festen oder aufgesetzten Schanzkleid vorgesehen werden.

10. Großluke.

Fast durchweg waren die Großluken viel länger, oft sogar zwei bis zweieinhalbmal länger, als breit, nur bei einigen See-Evern kamen Luken vor, die eine quadratische Form hatten. Je größer die Lukenöffnungen im Verhältnis zur Schiffslänge und Schiffsbreite waren, desto ungünstiger wirkten diese Oeffnungen auf die Festigkeit des Deckverbandes. Die Schwäche des durch die Lukenöffnungen unterbrochenen Deckverbandes konnte durch den Einbau von Deckknieen an den Lukenendbalken und an den halben Balken seitlich neben der Großluke, ferner durch den Einbau von festen oder losen Deckbalken innerhalb der Großluke, zum Teil wieder ausgeglichen werden. Im allgemeinen bevorzugte man aber bei den seegehenden Evern die kleineren Großluken. Ladeluken von über 6 m Länge sind erst nach 1890 auf den über 16 m langen Binnen- und See-Evern zur Anwendung gekommen, selten waren sie über 7,00 m und bis 8,50 m lang.

Die Großluken hatten bei den Evern meistens folgende, innen gemessene, Abmessungen:

Länge: 2,50 bis 7,00 m
Breite: 2,00 bis 3,90 m
Höhe: 0,20 bis 0,50 m.

Die Breite der Großluken verringerte sich nach hinten, entsprechend der nach hinten abnehmenden Schiffsbreite. Gewöhnlich waren die Großluken an dem hinteren Ende 0,10 bis 0,40 m, gelegentlich bis 0,60 m, schmaler als vorn. Das Deck neben der Großluke hatte eine gleichmäßige Breite, die zwischen 0,20 bis 1,50 m schwankte. Mit der zunehmenden Schiffsbreite nahm im allgemeinen die Lukenbreite, sowie das Verhältnis der Lukenlänge zur Lukenbreite ab und die Wannernbreite zu. Da aber z. B. 5 m lange Luken bei 12 m langen Evern wie bei 18 m langen Evern Verwendung fanden, habe ich die Abmessungen der Großluken mit den Abmessungen der Ever verglichen, so daß die nachstehenden mittleren Verhältniswerte einiger Evertypen ein deutliches Bild der Lukengröße im Verhältnis zur Schiffsgröße geben. Erwähnt sei noch, daß bei den Galeaß-Evern, bei den älteren See-Evern und bei den kleinen Lühe-Evern die Mittelwerte sehr günstig sind, bei den Lühe-Evern waren sie sogar günstiger als bei den neueren See-Evern. Die in der Tabelle enthaltenen kleinen Elb-Ever, Rhin- und Wilsterau-Ever waren nur für die Binnenfahrt bestimmt, und dafür genügen ihre Lukenabmessungen. Dagegen sind die mittleren Verhältniswerte der Lukenabmessungen bei den Lägerdorfer Evern nach heutiger Auffassung für die Verwendung in der unbeschränkten kleinen Küstenfahrt etwas zu groß.

Evertyp:	Lukenlänge zur Schiffslänge	Lukenbreite zur Schiffsbreite	Lukenlänge zur Lukenbreite
Galeaß-Ever (ältere) . . .	0,18	0,56	1,18
See-Ever (ältere)	0,23	0,56	1,16
Lühe-Ever	0,29	0,66	1,39
Elb-Ever (größere) . . .	0,33	0,66	1,76
See-Ever (neuere)	0,34	0,63	1,85
Elb-Ever (kleinere) . . .	0,33	0,71	1,89
Rhin-Ever	0,34	0,70	2,00
Lägerdorfer Ever	0,37	0,72	1,95
Wilsterau-Ever (ältere) . .	0,39	0,72	2,25

Um die Lukenöffnungen bildeten senkrecht angeordnete, oft etwas nach innen geneigte Planken einen Rand, Luksülle (Lukensülle) auch Kummings oder Lukenkaben genannt. Ihre Aufgabe war nicht nur zu verhindern, daß Wasser in den Schiffsraum gelangte, sondern sie sollten auch die Auflage für die Lukenabdeckung bilden. Die Luksülle bestanden aus zwei Quer- und zwei Längsbohlen aus Eichenholz, von denen die querschiffs auf den Lukenendbalken ruhenden Sülle Lukengiebel (kurz Giebel) oder Quersülle hießen, indes die längsschiffs auf den Lukenschlingen, oder nur auf den inneren Enden der halben Deckbalken ruhenden Sülle Längssülle, an der Elbe meistens Rieswannern (Rieswandern), genannt wurden.

Zur Verstärkung des oberen Querverbandes war bei fast allen Fracht-Evern der vordere Giebel, mitunter auch der hintere Giebel, quer über die Schiffsbreite geführt und auf dem Leibholz verbolzt. Gleichzeitig dienten sie als Stütze für das Setzbord, auch war an dem vorderen Giebel meistens der Schwerthaken verbolzt. Ueber den Wannern stand der Giebel vom Deck frei, damit überkommendes Wasser sich nicht davor staute. Die obere Kante der Giebel wurde über den Wannern gewöhnlich ebenfalls etwas ausgeschnitten. An dem vorderen Giebel waren die Längssülle mit einem nach außen geschnittenen Grat eingelassen, indes der hintere Giebel, wenn er nicht durchlief, sowie die hinteren Enden der Längssülle auf halber Höhe ausgeklinkt und miteinander verbolzt wurden. Alle Luksülle verbolzte man von unten in einem Abstand von ~ 12 Zoll, und zwar wurden die $3/8$ bis $5/8$ Zoll starken Stumpfbolzen durch die Lukenendbalken und Lukenschlingen (oder Deckbalken) bis zur halben Höhe der Sülle geschlagen. Die vier Ecken der Luksülle erhielten oben zur Verstärkung je einen eingelassenen eisernen Winkel von etwa 12 Zoll Armlänge und $1/4$ bis $1/2$ Zoll Stärke, dessen Breite der Stärke des Längssülles entsprach. Jeder Arm wurde mittels zwei oder drei $3/8$ bis $1/2$ Zoll starken Stumpfbolzen von 5 bis 6 Zoll Länge befestigt. Die Längssülle hatten eine Höhe von 8 bis 21 Zoll, ebenso hoch waren die Giebel, die aber schräg nach der Mitte anstiegen, z. B. betrug die seitliche Höhe des Giebels 12 Zoll, die mittlere Höhe 16 Zoll. Gewöhnlich fanden für die Luksülle drei verschiedene Stärken Verwendung: Vorgiebel $2^3/4$ bis $5^1/2$ Zoll, Hinterraumgiebel etwas schwächer, Längssülle 2 bis 4 Zoll. Die Luksülle hatten z. B. bei einem See-Ever eine Stärke von 5 Zoll vorn, $4^1/2$ Zoll hinten und 3 Zoll seitlich, bei einem kleinen Elb-Ever $3^1/2$ Zoll vorn, $2^3/4$ Zoll hinten und 2 Zoll seitlich.

Als Auflage für die Lukendeckel diente ein Längsbalken, auch Giebelbalken genannt, der in der Mitte der Großluke längsschiffs und lose auf den an den Giebeln angebrachten Knaggen ruhte. Diese aus Kiefern- oder aus Pitchpineholz angefertigten Längsbalken hatten einen quadratischen Querschnitt von 4×4 Zoll bis $6^1/4 \times 6^1/4$ Zoll, meistens waren sie aber höher als breit: 5 bis $6^1/2$ Zoll $\times$ $4^1/2$ bis 6 Zoll. Alle älteren Ever besaßen nur einen Längsbalken, dessen Stärke für die Sicherheit der Lukenabdeckung große Bedeutung hatte, weil er, sowie der noch zu erwähnende Lukenquerbalken der Träger des Lukendecks war. Damit die Gefahr des Einschlagens der Lukendeckel durch Sturzseen möglichst vermindert wurde, erhielten seit dem Ausgang des vergangenen Jahrhunderts, teilweise aber erst in diesem Jahrhundert, die in der kleinen Küstenfahrt benutzten Ever zur weiteren Unterstützung der Lukendeckel jederseits in gleichmäßiger Entfernung vom Längsbalken noch einen Seitenlängsbalken, wenn die Großluke breiter als 3 m war. Mit Seitenlängsbalken

Abb. 11. Wilsterau-Ever „Wilhelmine", gebaut 1900

Abb. 12. Lühe-Ever „Helga Adele" (fr. „Meta"), gebaut 1902

Abb. 17. Spiegel eines Rhin-Evers, gebaut 1828

Abb. 18. Glatte und verzierte Klüsbacken der Ever

Abb. 19. Lägerdorfer Ever „Max", gebaut 1898, (Hamburg, Oberhafen)

Abb. 20. Lägerdorfer Ever „Gustav", gebaut 1888 (Elbe bei Altona)

wurden nicht nur Neubauten, sondern häufig auch seit langer Zeit in Fahrt befindliche Ever ausgerüstet. Gewöhnlich waren die kiefernen Seitenlängsbalken etwas schwächer als der mittlere Längsbalken.

Außer bei den kurzen Großluken ordnete man zur Unterstützung des Längsbalkens in der Mitte der Luke einen losen Querbalken an, auch konnten dann zweiteilige Längsbalken benutzt werden. Dieser aus Eichen-, mitunter auch aus Kiefernholz angefertigte Querbalken, der auch Schiebebalken (Einschiebbalken) oder Scherbalken hieß, ruhte ebenfalls auf Knaggen, die an den Längssüllen befestigt waren. In der Mitte trug er eine Aufklotzung für den Längsbalken. Der Querbalken hatte einen quadratischen oder rechteckigen Querschnitt, seine Stärke schwankte zwischen 5×5 Zoll bis $8\frac{1}{2} \times 8\frac{1}{2}$ Zoll, oder 5 bis $10\frac{1}{2}$ Zoll $\times$ 4 bis $7\frac{1}{2}$ Zoll. Erst kurz vor dem Kriege und besonders nach 1920 haben einige Ever einen stärkeren Querbalken erhalten, oder es wurden in der Großluke zwei oder drei Querbalken angeordnet, wenn sie länger als 5 m war und zwar deshalb, weil sich inzwischen die Ansichten über die Stärke der Lukenabdeckung mit Rücksicht auf die Sicherheit des Schiffes gewandelt hatten. Stählerne Querbalken, die aus einer Platte und doppelten Garnierwinkeln oben und unten, oder nur aus doppelten Winkeln zusammengesetzt waren, sind in der Großluke hölzerner Ever nur vereinzelt, auch erst in diesem Jahrhundert und stets nachträglich, zur Anwendung gelangt.

Früher als der Querbalken wurde ein in der Mitte der Luke angeordneter Deckbalken verwendet, Lukenbalken genannt. Entweder war der Lukenbalken ein durchlaufender Deckbalken, oder dieser Balken wurde innerhalb der Luke in Deckshöhe am Längssüll mit eisernen Winkeln und Schrauben befestigt, damit er bei Uebernahme sperriger Güter losgenommen werden konnte. Dieser Lukenbalken fand hauptsächlich nur bei langen Großluken Anwendung. Für die verschiedenen Abmessungen der Balken kann als Beispiel ein im Jahre 1900 gebauter Ever dienen, dessen Luke eine Größe von $7,20 \times 3,15$ m hatte: Lukenendbalken $4\frac{1}{2} \times 11\frac{1}{2}$ Zoll, halbe Deckbalken $4\frac{1}{2} \times 6$ Zoll, durchlaufender Lukenbalken 9×7 Zoll, Querbalken $8\frac{3}{4} \times 7\frac{1}{2}$ Zoll, Mittellängsbalken 5×5 Zoll, Seitenlängsbalken 5×4 Zoll.

Deckstützen unter den Lukenendbalken, oder unter den festen Querbalken, sind bei den Evern sehr selten benutzt worden; diese losen Stützen hatten einen Durchmesser von 3 bis 5 Zoll.

Zur Abdeckung der Großluke dienten bei den Evern querschiffs angeordnete Bretter aus Kiefern-, mitunter auch aus Tannenholz. Die Länge der Lukendeckel, auch kurz Luken genannt, war durch die halbe Breite der Luke bedingt, ihre Breite betrug etwa 10 bis 12 Zoll, doch wurden häufig zwei Bretter durch Querleisten zu einem bis 24 Zoll breiten Lukendeckel verbunden.

Die 1 bis 2½ Zoll, häufig aber 1¼ bis 1½ Zoll starken Bretter waren an der unteren Seite durch zwei an den Enden aufgenagelte Querleisten und häufig durch eine mittlere Querleiste versteift. Diese Leisten waren etwa 1½ bis 2½ Zoll breit und 1¼ bis 2½ Zoll dick. Die mittlere Leiste ragte auf einer Seite, vielfach auf beiden Seiten etwa 2½ Zoll weit vor, sie diente gleichzeitig also als Träger für den anliegenden Lukendeckel. Solche Lukendeckel nannte man Schloßluken. Geöffnet werden konnte die Luke nur, wenn man den äußeren und dann die anliegenden Lukendeckel aufnahm. Bei den Handels-Evern, d. h. bei den Evern die mit Obst, Gemüse, Kartoffeln, Torf u. a. handelten, war dieser Lukenverschluß unpraktisch, so daß bei diesen Evern häufig die mittlere Querleiste nicht länger als die Breite der Lukendeckel war. Gebaute Lukendeckel, die aus zwei starken Querträgern und mehreren längsschiffs aufgenagelten Brettern bestanden, wie sie bei den Ostsee-Seglern zur Anwendung gelangten, hatten die Ever niemals. Die Lukendeckel ruhten auf dem Längsbalken, auch auf den etwa vorhandenen Seitenlängsbalken, und auf den Längssüllen. Mitunter ragten die Lukendeckel etwas über die Längssülle hinaus, in diesem Fall lag die untere Querleiste innen am Längssüll. Gelegentlich erhielten nach dem Kriege einige in der kleinen Küstenfahrt verwendete Ever stärkere Lukendeckel, oder man verstärkte sie durch aufgenagelte Leisten an der unteren Seite.

Der wasserdichte Verschluß der Luken wurde durch Persenninge (Presenninge) hergestellt, bestehend aus starkem, geteertem Segeltuch. Die Persenning wurde über die Lukendeckel und an den Luksüllen hinter den Schalkklampen gelegt, dort mittels Schalklatten und Holzkeilen festgehalten. Die aus Winkeleisen bestehenden Schalkklampen, auch Schalkklammern oder kurz Klammern genannt, hatten eine Höhe von 2½ bis 3 Zoll, eine Breite von 1½ bis 2¾ Zoll und eine Dicke von ⅜ bis ⅝ Zoll. Ihr Abstand vom Süll betrug bei der Verwendung von hölzernen Schalklatten 1¾ bis 2 Zoll, bei der Verwendung von eisernen Schalklatten war der Abstand etwas geringer. Im allgemeinen wurden die Schalkklampen mit einem Zwischenraum von 1¼ bis 2¼ Fuß an den Längssüllen und von 2 bis 3 Fuß an den Quersüllen befestigt, Mitte bis Mitte Klampe gemessen. Bei mehreren in der kleinen Küstenfahrt benutzten Evern ist der zu große Abstand der Schalkklampen (mehr als 25 Zoll) gelegentlich verringert worden, indem man bei einem großen Zwischenraum eine weitere Klampe anbrachte. Dieses geschah aber erst kurz vor dem Kriege und besonders nach 1920.

Festgehalten wurden die Persenninge hinter den Schalkklampen durch kieferne, seltener eichene Schalklatten, die eine Dicke von ¾ bis 1¼ Zoll und eine Breite von 2 bis 3½ Zoll hatten. Eiserne oder stählerne Schalklatten von ⅜ bis ½ Zoll Dicke fanden bei der Großluke selten und dann auch nur in neuerer Zeit Verwendung. Man gab bei den Evern den hölzernen Latten deshalb den Vorzug, weil sie die Persenning nicht beschädigten (etwa durch Rost) und weil sie gegebenenfalls mit Spikern an dem Luksüll befestigt werden konnten. Zwischen die Schalkklampen und die Schalklatten wurden Holzkeile getrieben, wodurch die Latten dicht auf die Persenning und die Persenning dicht an die Luksülle gepreßt wurden. Wenn die Luke ordnungsgemäß geschalkt war, konnte überkommendes Wasser nicht mehr in die Großluke gelangen.

Als Schutz gegen Seeschlag brachte man über der Persenning mehrere kreuz und quer über die Luke gespannte Taue an, die durch an den Süllen befestigten Augbolzen gezogen wurden. Einen weiteren Schutz für die Lukenabdeckung der Ever bildete auf See das auf die Großluke gestellte und festgezurrte Boot. Außer der noch heute angewandten Tauzurring sind mindestens seit dem Anfang des 19. Jahrhunderts auch Lukenbügel verwendet worden. Leider ist über den Lukenverschluß in älterer Zeit nichts bekannt. Erst in der „Provisorischen Instruktion für die Zollbeamten in den Herzogthümern Schleswig und Holstein", vom 11. Dezember 1838, werden Lukenstangen und Lukenbäume erwähnt[143]. Auf die Lukendeckel waren eiserne Krampen genietet, durch die eiserne Stangen geschoben wurden; ihre Enden wurden wahrscheinlich mit Ueberfällen an den Längssüllen befestigt. Die Lukenbäume bestanden aus Holz, auch waren sie ebenfalls mit eisernen Ueberfällen versehen. Da noch in diesem Jahrhundert flacheiserne Stangen auf Ostseeseglern als Lukenverschluß Anwendung fanden, die unter der Persenning auf den gebauten Lukendeckeln lagen, so werden die älteren Ever sicherlich nur die erwähnten Lukenbäume geführt haben. Diese lagen auf der Persenning, sie dienten also gleichzeitig zum Festhalten der Persenning und der Lukendeckel. Späterhin sind allgemein Quer- und Längsriegel verwendet worden, die man auf der geschalkten Luke befestigte. Der zollamtliche Lukenverschluß geschah durch Kunstschlösser, Bleie oder Siegel.

Gewöhnlich besaßen die Ever zwei Längsriegel oder Verschlußbalken, mitunter auch drei, selten vier Längsriegel, die längsschiffs über die Lukendeckel gelegt wurden. Die fast immer aus Kiefernholz hergestellten Längsriegel waren meistens breiter als dick, gelegentlich hatten sie einen quadratischen Querschnitt. Ihre Breite betrug 2¾ bis 6 Zoll, die Dicke 2 bis 4 Zoll. Falls drei Riegel Anwendung fanden, wählte man oft für die beiden seitlichen Längsriegel etwas geringere Abmessungen als für den mittleren. Nur wenn die Großluke sehr lang war, bestanden diese Riegel aus zwei in der Mitte zusammengehakten Teilen. Die Befestigung der Längsriegel an den Quersüllen (Giebeln) geschah wie folgt: An den beiden Enden der Riegel war je ein Flacheisen angebracht, das ein bewegliches Flacheisen, Ueberfall genannt, trug (mit Scharnier oder mit Augen verbunden). Der eine Ueberfall besaß an dem unteren Ende einen Haken, der andere einen Schlitz. Der erstgenannte Ueberfall wurde an einem Augbolzen eingehakt, der unterhalb der Schalkklampen befestigt war, indessen man den Ueberfall mit einem Schlitz über einen Augbolzen streifte und mit einem eisernen Bolzen oder nur mit einem Holzpflock sicherte; gelegentlich wurden diese Ueberfälle durch eine Eisenstange festgehalten, die man durch die Augbolzen schob.

Ueber den Längsriegeln lagen Querriegel, die wiederum die Längsriegel festhielten. Während diese bei den Binnen-Evern oft fehlten, besaßen die seegehenden Ever, seit wann ließ sich nicht ermitteln, einen oder zwei Querriegel. Die stets aus Flacheisen hergestellten Querriegel hatten eine Breite von $^7/_8$ bis 2 Zoll und eine Dicke von $^1/_4$ bis $^3/_8$ Zoll. Auch diese Riegel bestanden oft aus zwei Teilen: die beiden inneren Enden waren mit Flanschen versehen, die man durch einen Bolzen (mit Kopf und Mutter) miteinander verband. An den Stellen, wo die Querriegel auf den Längsriegeln lagen, wurden sie derart gebogen, daß die Querriegel die Längsriegel umfaßten. Ihre Befestigung an den Längssüllen erfolgte durch Ueberfälle; wenn die Querriegel zweiteilig waren, befanden sich oft an beiden Ueberfällen Haken. Bei dem auf Seite 65 angeführten Ever hatten die Riegel nachstehende Abmessungen: 3 kieferne Längsriegel, je $4 \times 2^1/_2$ Zoll stark, 2 flacheiserne Querriegel, je $2 \times ^3/_8$ Zoll stark.

Bei leichten Ladungen vergrößerte man die Ladefähigkeit der Ever häufig dadurch, daß auf der Großluke ein 1 bis $1^1/_2$ Fuß hoher Aufsatz, Zelt genannt, befestigt wurde. Gewöhnlich war dieses Zelt aus vier $1^1/_4$ bis 2 Zoll starken Brettern aus Kiefern- oder aus Fichtenholz zusammengesetzt. Die Enden der einzelnen Bretter wurden durch starke Leisten versteift, indessen die vier Ecken des Zeltes oft nur mit Ueberfallhaken und Krampen, oder durch Winkelbleche zusammengehalten wurden. In der Mitte der beiden Quer- und Längsbretter befestigte man je eine breite Leiste, die als Auflage für die Längs- und Querbalken diente. Diese Leisten ruhten auf den an den Luksüllen befestigten Knaggen, die für die Lagerung der erwähnten Balken vorgesehen waren. Mitunter ruhte der Lukenaufsatz mit einem Falz auf den Luksüllen, mit denen er durch Krampen und Ueberfallhaken, oder durch Verschraubung gesichert wurde. Die Abdeckung des Zeltes geschah mit der eigentlichen Lukenabdeckung. Ueber die Auflage des Zeltes auf den Lukensüllen nagelte man Persenningstreifen zur Abdichtung. Das Zelt fand hauptsächlich Anwendung bei Fahrten im Gebiet der Niederelbe, vereinzelt aber auch in der kleinen Küstenfahrt. Auf der Elbe benutzte man gelegentlich sogar Zelte, die eine Höhe von 2 bis 3 Fuß hatten, dann aber aus mehreren übereinander befestigten Brettern zusammengebaut waren. Bei den als Obsthandelsfahrzeugen dienenden

Evern des Alten Landes war das Zelt seitlich oft mit kleinen
Lüftungsfenstern versehen.

11. Vorluke, Achterluke und Bugpforten.

Bis zum Ausgang der siebziger Jahre war auf dem Vordeck
der Ever eine quadratische oder fast quadratische Vorluke angeordnet, Kistluke genannt, die eine Größe von 0,50×0,50 bis
1,20×1,20 m und eine Höhe von 0,10 bis 0,30 m hatte. Nur die einmastigen Ever mit umlegbaren Masten waren mit einer rechteckigen,
dicht vor dem Mast angeordneten Luke versehen. Nach 1880 sind
bis 1,40×1,40 m große Vorluken eingeführt worden. Seitdem gelangten Vorluken die kleiner als 1,00×1,00 m waren, fast nur
noch bei Binnen-Evern zur Anwendung. Als Verschluß dieser Kistluken diente eine starke Kappe, bestehend aus einem starken
eichenen Rahmen, etwa 2½ bis 6½ Zoll hoch und 2 bis 4 Zoll
dick, darauf wurden 1 oder 1¼ Zoll starke, mit Nute und Feder
gearbeitete Bretter aus Kiefernholz genagelt, oder die Nähte
wurden gefalzt und dazwischen geteertes Segeltuch genagelt. Die
untere Seite der Kappe verstärkte man gelegentlich durch eine
starke Leiste. Während bei den kleineren Kistluken die Kappe über
die etwa 3 Zoll starken Luksülle, dort auf einem Falz liegend, bis
fast auf das Deck reichte, pflegte man bei den größeren Kistluken
die Luksülle höher zu machen, auch wurden dann an den Luksüllen Schalkklampen befestigt. Zum Niederhalten der Persenning
und Kappe diente gewöhnlich ein flacheiserner Querriegel (bei
größeren Luken auch zwei) von ⅞ bis 1¾ Zoll Breite und ¼ bis
³⁄₈ Zoll Dicke. Der Riegel wurde wie bei der Großluke beschrieben
befestigt, oder es waren rechts und links neben dem Längssüll
auf dem Deck Augbolzen angebracht, an denen man den Querriegel festsetzte. An Stelle der hölzernen Schalklatten sind in
neuerer Zeit bei diesen und bei den nachstehend beschriebenen
Luken häufig eiserne (stählerne) Schalklatten benutzt worden.
Gelegentlich wurde die Kappe mit Weißblech benagelt.

Seit den neunziger Jahren erhielten viele Ever eine größere
Vorluke, die in drei Formen zur Ausführung gelangte. Entweder
waren sie quadratisch, 1,40×1,40 m bis 1,80×1,80 m groß und
0,15 bis 0,40 m hoch, oder sie waren breiter als lang, bis
1,75×2,50 m groß, selten aber hatten die Vorluken eine größere
Länge als Breite. Im Gegensatz zu den Kistluken wurden diese
Luken mit Lukendeckeln abgedeckt, die eine Dicke von 1 bis
1¼ Zoll, gelegentlich bis 1¾ Zoll hatten. Die Lukendeckel ruhten
stets auf einem kiefernen Längsbalken, dessen Abmessungen
meistens geringer als die des Großlukenlängsbalkens waren. An
den 2¾ bis 4 Zoll dicken Luksüllen befestigte man die Schalkklampen mit einem Zwischenraum von 1½ bis 3 Fuß. Der Lukenverschluß wurde gewöhnlich durch zwei kieferne Längsriegel
bewirkt, die eine Breite von 2½ bis 5 Zoll und eine Dicke von 2

bis 3 Zoll hatten, oder es wurden flacheiserne Riegel von 1¼ bis 2 Zoll Breite und ¼ bis ³/₈ Zoll Dicke verwendet. Diese Längsriegel besaßen entweder ein Haken- und ein Augscharnier, oder zwei Augscharniere.

Die Achterluke war verschieden groß: 0,60×0,70 m bis 1,45×2,00 m und 0,20 bis 0,40 m hoch. Diese Luken sind im allgemeinen erst seit dem letzten Drittel des vergangenen Jahrhunderts vereinzelt eingeführt worden. Sie wurden entweder durch eine Kappe oder 1 bis 1¼ Zoll dicke Lukendeckel verschlossen. Die größeren Achterluken besaßen einen Längsbalken, auch Schalklatten. Meistens wurde die Achterluke durch flacheiserne Riegel gesichert, entweder durch einen Längsriegel, oder durch einen oder zwei Querriegel. Mitunter hat man die dritte Luke erst nachträglich eingebaut, oder umgekehrt, eine vorhandene wieder dicht gemacht. Auch kam es übrigens vor, daß die Großluke verkleinert wurde, gelegentlich nur ihre Länge, mitunter auch ihre Breite.

Weil die älteren See-Ever häufig eine verhältnismäßig kurze Großluke besaßen, erhielten diese innerhalb des Roofs, mitunter auch auf dem Halbdeck, eine sehr kleine Luke, um das Schiff hinten mit Korn oder mit anderen Frachten schneller beladen, auch um die Ladung unter dem Roof bequemer trimmen zu können. Die innerhalb des Roofs befindliche und mit einer Kappe verschlossene Luke hieß Roof- oder Sturzluke.

Die See-Ever, die in früherer Zeit vielfach Holz von Stettin, Danzig und Schweden holten, besaßen jederseits am Vorschiff, oder nur auf einer Seite, eine Bugpforte, auch Holz- oder Ladepforte genannt, um Langholz in den Laderaum bringen zu können. In diesem Fall befand sich am Vorschott eine sogenannte Schottluke, die, wie das eigentliche Schott, ebenfalls mit einem Zollverschluß versehen sein mußte. Die unterhalb der Klüsbacken angebrachten quadratischen Bugpforten hatten einen größten Durchmesser von etwa 21 Zoll. Sie waren mit einem mit Fälzen versehenen Rahmen umgeben. Als Verschluß diente ein an der Innenseite durch Querleisten verstärkter Pfortendeckel von Plankenstärke. Innerhalb der Bugpforte, die vom Kabelgat aus zugänglich war, wurde über die nächsten beiden Spanten ein starkes Querholz, Knecht genannt, mit Schraubbolzen befestigt. Der Pfortendeckel wurde mit dem Knecht durch zwei bis vier Schraubbolzen verbunden. Vor dem Einsetzen der Pfortendeckel legte man in die Fälze geteertes Filz oder Segeltuchstreifen, indessen die äußeren Nähte vor dem Antritt einer Reise kalfatert wurden.

12. Ruder.
(Abb. 3 Nr. 11.)

Das Ruder wurde zusammengesetzt aus dem Ruderstamm (Ruderpfosten, Ruderherz) und der Ruderhacke, beide bestanden aus Eichenholz. Der Ruderstamm hatte eine Breite von 14 bis 20 Zoll und eine Dicke von 4 bis 7 Zoll. Oefters wurde der breite Ruderstamm aus zwei hintereinander verbolzten Teilen gebildet. Die Ruderhacke bildeten drei oder vier kurze Planken, deren Höhe nach hinten allmählich abnahm und die die gleiche Dicke wie das Hauptstück erhielten. Die einzelnen Planken der Hacke waren miteinander und mit dem Ruderstamm mittels 10 bis 12 Zoll langen und ½ bis ¾ Zoll starken eisernen Dübeln verbunden. Gelegentlich sieht man ältere Ever, die um die Hinterkante des Ruderstammes und der Ruderhacke gelegte und seitlich befestigte eiserne Bänder haben. Diese sind zur Verstärkung angebracht worden, wenn das Ruder leicht gebrochen oder eingeknickt war.

Als Auflage für die Ruderpinne und gleichzeitig zur Verstärkung des Ruderstammes war oben am Ruderstamm jederseits ein 10½ bis 12½ Zoll hohes und 2 bis 2½ Zoll dickes Stück Eichenholz, von gleicher Breite wie der Ruderstamm, mittels vier oder sechs ½zölligen Klinkbolzen befestigt. Diese Verstärkung nannte man R u d e r b a c k e n. Weil gelegentlich der Ruderstamm unter den Ruderbacken durch Holzfäulnis schadhaft wurde, fanden in neuerer Zeit dafür Winkeleisen von der Breite des Ruderstammes, oder jederseits zwei kurze eiserne Winkel Anwendung. An dem unteren Ende des Ruderstammes und der Ruderhacke wurden jederseits ebenfalls eichene Ruderbacken befestigt, die etwas breiter als das Ruderblatt waren. Diese 0,75 bis 2,00 m breiten Ruderbacken hatten eine Höhe von 8½ bis 12½ Zoll und eine Dicke von 1¾ bis 3 Zoll, mittels 1 bis 1¼ Zoll starken, gedötelten Holznägeln, gelegentlich mit ½zölligen Klinkbolzen wurden sie an dem Ruderstamm und der Ruderhacke verbolzt. Die untere Kante des Ruders und der Ruderbacken, oft auch die hintere Kante der Ruderhacke, war zum Schutz mit einem ½ bis ⅝ Zoll starken flacheisernen Beschlag versehen.

Die Verbindung des Ruders mit dem Achtersteven geschah in der Regel durch drei am Ruderstamm befindliche eiserne Ruderhaken, die in am Achtersteven befestigte Ruderösen einhakten (Abb. 3 Nr. 11 bis 14). Nur sehr niedrige niederelbische Ever besaßen zwei, größere Ever gelegentlich auch vier Ruderhaken. Die R u d e r h a k e n, auch R u d e r f i n g e r l i n g e oder F i n g e r l i n g e genannt, waren in regelmäßigen Abständen befestigt, der untere Haken saß gewöhnlich 17 bis 21 Zoll oberhalb Unterkante Ruder. Ihre Länge war bei dem gleichen Ruder verschieden, der obere Ruderhaken war gewöhnlich 8 Zoll lang, der zweite war 1 Zoll, der dritte 2 Zoll und der vierte 3 Zoll länger als der obere. Weil der untere Haken zuerst faßt, ließen sich dann die oberen Ruderhaken leicht einhaken. An den 1⅛ bis 2 Zoll starken Ruderhaken waren flacheiserne und um den Ruderstamm greifende Bänder von 2 bis 2¾ Zoll Breite angeschmiedet, die die Bezeichnung

Ruderscheren führten. Diese an den Enden etwa $^5/_8$ Zoll starken Bänder erhielten beim Haken eine Dicke von $^3/_4$ bis 1 Zoll. Die untere Ruderschere reichte gerade oder gebogen über die Ruderhacke, indessen die beiden anderen gewöhnlich die gleiche Länge wie die Breite des Ruderstammes hatten. Ihre Verbolzung geschah am Ruderstamm durch drei oder vier Klinkbolzen von $^5/_8$ bis $^3/_4$ Zoll Dicke, das untere Band befestigte man außerdem an jeder Planke der Ruderhacke mit $^5/_8$zölligen Klinkbolzen.

Die Ruderösen, auch Ruderklammern genannt, hatten eine Wandung von $^3/_4$ bis 1 Zoll Dicke, ihre Weite entsprach der Dicke der Ruderhaken. Die an den Oesen angeschmiedeten, seitlich den Achtersteven umfassenden Bänder besaßen eine Breite von 2 bis 2 $^3/_8$ Zoll, eine größte Dicke von $^3/_4$ bis $^7/_8$ Zoll, an den Enden auf $^3/_8$ Zoll verjüngt und eine Länge von 8 bis 10 Zoll. Mittels zwei oder drei $^5/_8$ bis $^3/_4$ Zoll starken Klinkbolzen wurden sie am Achtersteven befestigt. An Stelle der oberen Ruderöse besaßen viele Ever einen Augbolzen von konischer Form. An der Stevenseite hatte der vierkant geschmiedete Bolzen eine Stärke von 1$^1/_4$ bis 1$^5/_8$ Zoll, an dem inneren Ende war der rund geformte Bolzen $^3/_4$ Zoll stark und mit einem Gewinde versehen; die Stärke des Auges war gleich der Stärke der Ruderösen. Dieser Bolzen wurde schräg nach oben durch den Achtersteven und den Lippbalken (Spiegelklampe) getrieben, eine starke Mutter (mit Unterlegscheibe) hielt den Bolzen fest. Um ein Spalten des Achterstevens zu verhüten, wurde im Bereich dieses Bolzens mitunter eine $^3/_8$ Zoll starke und 4 Zoll hohe flacheiserne Kappe, oder auch eine gleichstarke eiserne Klammer, angeordnet, die mittels zwei $^1/_2$ Zoll starken Klinkbolzen seitlich am Achtersteven verbolzt wurde. Bei einigen Evern wählte man auch für die mittlere Ruderöse einen Augbolzen. Diese Anordnung war nicht gut, weil die durch Steven und Spiegel reichenden und innen verschraubten Augbolzen leicht lose und leck wurden.

Unterhalb des oberen Ruderhakens wurde der Ruderstamm ausgeklinkt, man setzte hier ein etwa 10 bis 12 Zoll hohes und durch einen Splintbolzen festgehaltenes Schloßholz ein. Dieses Schloßholz, das für den oberen Ruderhaken leicht ausgehöhlt war, sollte verhüten, daß sich das Ruder beim Aufstoßen des Schiffes auf Grund aus den Ruderösen hob.

Die aus Eichenholz hergestellte Ruderpinne, meistens Helmholz genannt, hatte eine Länge von 3,00 bis 4,50 m. Sie war in der Regel doppelt so lang, als die unteren Ruderbacken breit waren. Ihre Abmessungen betrugen z. B. bei einem Elb-Ever: Länge 3,90 m, Breite hinten 8$^3/_4$ Zoll vorn 3 Zoll, Dicke hinten 3$^1/_4$ Zoll vorn 3 Zoll. In einiger Entfernung vor der Spiegelreling wurden die Kanten der Ruderpinne abgerundet, das innere Ende, in dem erwähnten Beispiel von 0,85 m Länge, war rundgearbeitet. Die Ruderpinne ragte mindestens etwa 9 Zoll weit über das Kajütdeck hinaus, weil der Ever vom Halbdeck aus gesteuert wurde, das deshalb auch Steuergang hieß. Auf dem Halbdeck waren oft mehrere Querleisten (Fußleisten), oder eine Planke mit Querleisten, angebracht. Die Planke stand vom Deck frei, sie diente ebenso wie die nach vorn verlängerte Kajütdeckreling als Wasserschutz für den Rudersmann. Das innere und kopfähnlich gearbeitete Ende der Ruderpinne war stets nach oben gekrümmt, so daß es sich oberhalb der Hüfte des Rudermannes befand. Die erwähnte Verstärkung trug einen vorstehenden Bolzen (mit Kopf), damit man mittels des Bootshakens die Ruderpinne weit außenbords überlegen konnte.

Das hintere Ende der Ruderpinne war mit einem rechteckigen Ausschnitt versehen, damit sie über den Ruderstamm gestreift werden konnte. Das obere Ende des Ruderstammes lief in einem Ruderkopf aus, der gewöhnlich mit Bildhauerarbeit verziert war. Vielfach erhielt dieser Kopf an der oberen und hinteren Kante einen flacheisernen Beschlag zur Verstärkung. Viele Ever, namentlich die Schleusenschiffe, besaßen einen losen Ruderkopf aus Eichen-, mitunter auch aus Kiefernholz, der mit dem Hals eine Länge von etwa 12 bis 32 Zoll, eine Höhe von 6 bis 12 Zoll und eine Dicke von 3 bis 6 Zoll hatte. Auf der Ruderpinne befand sich seitlich und vor dem Ausschnitt je ein kleiner Augbolzen, an die man den Ruderkopf einhakte. Der Ausschnitt der Ruderpinne wurde seitlich durch eine 2 bis 2³/₈ Zoll breite und ³/₈ Zoll starke eiserne Schiene verstärkt, deren Breite sich vorn verjüngte und die oft in eine herzförmige Verzierung auslief (Abb. 3 Nr. 12). Das hintere Ende der Schiene wurde in die Ruderpinne eingelassen und an der Flachkante nach außen gebogen, um dem noch zu erwähnenden hinteren Band Halt zu geben. Manchmal bestand die flacheiserne Schiene aus einem Stück, so daß sie hinten und seitlich die Ruderpinne verstärkte. Im Bereich des Ausschnittes und an dem herzförmigen Ende erfolgte die Befestigung der Schiene durch Nägel, durch das volle Holz der Ruderpinne wurden Klinkbolzen geschlagen. Um die hintere Kante der Ruderpinne, bis an den Ruderkopf heranreichend, befestigte man ein 4 Zoll breites und ³/₁₆ bis ¹/₄ Zoll starkes flacheisernes Band. Die Ruderpinne wurde hinten durch einen starken Losenhaken festgehalten. Durch das erwähnte Band wurde ein Augbolzen geschlagen, an dem der Haken befestigt war. Ein zweiter Augbolzen, oder eine kurze flacheiserne Schiene mit einem angeschmiedeten Auge, wurde an der Hinterkante des Ruderstammes angebracht und daran der Haken, Helmholzhaken genannt, eingehakt. Oder man befestigte an dem oberen Augbolzen eine kurze, am unteren Ende mit einem Gewinde versehene Stange. Diese reichte durch den zweiten Augbolzen hindurch und wurde durch eine Mutter festgehalten (Abb. 15 Nr. 12 und 16).

Fast alle auf seichten Gewässern verkehrenden niederelbischen Ever waren mit einem Ruderleichter versehen, damit das

Ruder etwas angehoben werden konnte. Dicht oberhalb, oder etwas unterhalb, des zweiten Ruderhakens befand sich am Ruderstamm ein kleines Scheibengat mit einer eisernen Scheibe. Jederseits am Achtersteven war oben ein Augbolzen vorhanden, von denen der eine eine Kette (oder eine kurze eiserne Stange, unten ebenfalls mit einer Kette versehen) trug, die durch das Scheibengat lief. An dem anderen Augbolzen wurde eine zwei- oder dreischeibige Talje mit kleinen Blöcken eingehakt, deren unterer Block an der erwähnten Kette festgesetzt wurde; die holende Part des Taljenläufers belegte man binnenbords[144] (Abb. 3 Nr. 10).

Zur Entlastung der Ruderpinne im Wellenschlag dienten die Rudertaljen, auch Stoßtaljen genannt, die bei ordentlich ausgerüsteten Evern in früherer Zeit bei Seereisen benutzt wurden. Jederseits befand sich oberhalb der Ladewasserlinie an dem Ruderstamm oder der Ruderhacke ein Augbolzen, ein zweiter Augbolzen war jederseits am Spiegel vorgesehen, entweder dicht unter dem Namenbrett, oder in gleicher Höhe mit Unterkante Hukholz. Die unteren Blöcke der gewöhnlich dreischeibigen Rudertaljen waren mit einem Taustander versehen, festgesetzt an den unteren Augbolzen, während die oberen Blöcke an den am Spiegel befindlichen Augbolzen eingehakt wurden. Von dem unteren Block aus fuhr die holende Part des Taljenläufers über den Lippbalken binnenbords; oder sie wurde erst durch eine Oeffnung des Hukholzes geführt, wenn der obere Block beim Hukholz eingehakt war (Abb. 3 Nr. 10). Binnenbords verwendete man bei Seereisen zur leichteren Bedienung der Ruderpinne am Setzbord eingehakte dreischeibige Rudertaljen, oder nur ein einfaches Tau, das jederseits am Halbdeck festsaß und um das Ende der Ruderpinne genommen wurde. Letzteres Tau hatte auch die Aufgabe, die Ruderpinne festzuhalten, wenn der Ever vor Anker oder im Hafen lag; die Elb-Ever hatten dafür meistens nur einen kurzen Tamp, den man an der Großschoot-Belegklampe auf dem Halbdeck, oder am Besahnmaste belegte. Wenn der Ever auf der Elbe mit einer hohen Deckslast segelte, etwa mit Torf, Heu, Stroh, Buschwerk, stand der Rudersmann auf einer hochgebauten Laufplanke hinter der Deckslast, er steuerte dann den Ever mit an der Ruderpinne festgesetzten Rudertaljen.

Einige Ever besaßen am Ruder ein bis 1 m langes, um einen Bolzen drehendes eisernes Klappschwert von 5/16 oder 3/8 Zoll Dicke, um mehr Wasserdruck am Ruder zu erhalten, wenn der Ever ohne Ladung segelte (Abb. 4 Nr. 12). Auch fand das Schwert Anwendung, wenn der Ever beim Segeln „dumm" war, damit es die Steuerfähigkeit des Fahrzeuges verbesserte. Das Klappschwert fuhr durch einen Ausschnitt der unteren Ruderbacke, der Schwertschlitz hieß. An dem unteren Ende des Schwertes war ein Tau oder eine leichte Kette als Schwertläufer befestigt. Der über eine an der Ruderhacke angebrachte eiserne Tasche mit Scheibe laufende Schwertläufer wurde an einer Klampe belegt, die sich binnenbords unterhalb der Ruderpinne an dem Lippbalken befand. Andere Ever hatten ein eisernes S c h u b s c h w e r t, das senkrecht durch den Schwertschlitz ging; dann war die eiserne Tasche für den Schwertläufer am Ruderstamm befestigt. Beide Schwertarten führten auch die Bezeichnung R u d e r s c h w e r t.

13. Schwerter.

(Abb. 4 und 27.)

Um die Abtrifft der flachbodigen Ever zu vermindern brachte man jederseits ein starkes hölzernes Schwert an, das mit seinem schmalen Ende am Schiffskörper befestigt war. Segelte der Ever am Winde, so wurde das L e e s c h w e r t senkrecht herunter gelassen. Es drückte dann mit seiner breiten Fläche gegen das Wasser und wirkte dadurch dem seitlichen Abtreiben des Schiffes entgegen. Gelegentlich kann man beobachten, daß bei flachbodigen Schiffen auch das L u v s c h w e r t herabgelassen ist. Dieses hat keinen Einfluß auf die Verminderung der Abtrift, auch strömt das Luvschwert durch den Wasserdruck ab, beansprucht also unnötig die Schwertbefestigung. Allenfalls läßt man das Luvschwert unten, wenn das Fahrzeug beim Kreuzen nur kurze Schläge macht, so daß wenig Zeit ist, das Luvschwert wieder aufzuholen.

Ueber die E n t s t e h u n g der Seitenschwerter ist nichts bekannt[145]. Die älteste Darstellung eines Schiffes mit einem Seitenschwert zeigt ein mittelalterliches Wandbild (12. oder 13. Jahrhundert) in der Pauluskirche (jetzt Museum) zu Worms[146]. Wahrscheinlich sind sie zuerst auf holländischen Binnengewässern benutzt worden als die Schiffe versuchten dicht am Winde zu segeln, sich gegen den Wind aufzuarbeiten, zu kreuzen.

Der N a m e des Schwertes stammt nicht daher „weil es an der Seite des Schiffes ungefähr so hängt, wie ein Schwerdt an der Seite"[147], noch davon, weil die Schwerter das Schiff zwingen vorwärts durchzuschneiden, sondern der Ursprung des Wortes ist holländisch *zwaar* = schwer[148]. Später ist ein d angehängt worden und aus *zwaar* entstand *zwaard* = Schwert.

Bei den niederelbischen Fracht-Evern betrug die S c h w e r t l ä n g e das Doppelte bis Dreifache der Seitenhöhe, gemessen beim Großwant vom Deck bis Unterkante Boden, während die größte B r e i t e am unteren Ende etwa ein Drittel bis zwei Fünftel bis ein Halb der Schwertlänge erreichte. Kleinere Ever hatten bis 3½ m lange, größere Ever 4 bis 5 m lange Schwerter[149]. Zusammengesetzt wurden die Schwerter aus zwei langen, an den Enden abgerundeten Planken, oben und unten angeordnet (seitlich gesehen), sowie aus zwei oder drei kürzeren Planken dazwischen. Für die S c h w e r t p l a n k e n fand im Mittel 2 bis 3 Zoll starkes, bei den größeren Evern bis 5 Zoll starkes Eichenholz, namentlich Steineiche, Verwendung. An dem unteren Ende verjüngte sich die Plankendicke etwas. Zur Verbindung der einzelnen Planken dienten eiserne Dübel von ½ bis ⅝ Zoll Dicke und 12 Zoll Länge. An dem oberen Ende des Schwertes befand sich eine Verstärkung aus Eichenholz, Schwertkopf genannt. Der Schwertkopf hatte eine Höhe von 14½ bis 25 Zoll, sowie eine Dicke und Breite wie das Schwert am oberen Ende. Diese Verstärkung wurde am unteren Ende verjüngt gearbeitet. Hierfür haben seit längerer Zeit alle Fracht-Ever eine gleichgroße, ³⁄₁₆ bis ⁵⁄₁₆ Zoll dicke flacheiserne Platte erhalten, die an der unteren Kante entweder glatt, oder herzförmig ausgeschnitten war. Bei den kleineren Gemüse- und Milch-Evern bestanden die Schwerter nur aus zwei schmalen Planken.

Auf der äußeren Seite des Schwertes wurden zur weiteren Verbindung der Schwertplanken und zur Verstärkung zwei bis sechs Querschienen und an dem unteren Ende meistens eine Halbmondschiene mittels ³⁄₈ bis ⅝ Zoll starken Klinkbolzen befestigt, die in einem Abstand von 12½ bis 15 Zoll geschlagen wurden. Diese flach- oder halbrundeisernen Beschläge hatten z. B. eine Dicke von ⅝ Zoll und eine Breite von 2¼ Zoll. Sie waren sehr verschieden angeordnet (ich habe 15 verschiedene Anordnungen gesehen), teils schräg, teils im rechten Winkel über die Außenfläche laufend. Mitunter lief rund um die Außenfläche noch eine eiserne Schiene. Gelegentlich schmiedete man die Querschienen an den Enden zur Zierde herzförmig. Die obere und untere schmale Kante des Schwertes, gelegentlich auch die schmale Kante ringsum, war mit einem etwa ⁵⁄₁₆ Zoll starken flacheisernen Beschlag versehen. Nur bei den sehr schmalen Schwertern der Gemüse- und Milch-Ever fehlten die Querschienen, doch erhielten auch diese meistens eine Halbmondschiene. Letztere ist bei den holländischen Schiffen bereits seit dem 16. Jahrhundert gebräuchlich (Abb. 4 Nr. 5 und 6).

Die Befestigung des Schwertes am Schiffskörper geschah durch den Schwertbolzen, die Schwerttasche und den Schwerthaken. Bei den meisten Evern befestigte man den Schwerthaken an dem durchlaufenden vorderen Lukengiebel, oder, wenn dieser fehlte, an einer auf dem Deck verbolzten, dreieckigen Aufklotzung. Doch war die Anbringung der Schwerter auch durch die Lage des Segelschwerpunktes bedingt. Wenn man die Schwerter zu weit vorn anbrachte, war das Schiff luvgierig, saßen sie zu weit nach hinten, so war das Schiff leegierig. Deshalb mußten oftmals die Schwerter bei den Evern nachträglich versetzt werden, gewöhnlich 1 bis 2 Fuß nach hinten, um die Segeleigenschaften zu verbessern. In diesem Fall befand sich der Schwerthaken stets an einer Aufklotzung. Der Schwerthaken wurde verschieden befestigt. Bei den älteren Evern war an dem 1 bis 1½ Zoll starken Schwerthaken ein 2½ bis 3 Zoll breites und ¾ bis 1⅛ Zoll dickes eisernes Band (Schwerthakenband) angeschmiedet, das man mittels drei ½ bis ¾ Zoll starken Stumpfbolzen oben auf dem Lukengiebel befestigte. Um die Beschädigung des Giebels zu verhindern, wenn der Haken erneuert werden mußte, wurde in neuerer Zeit (nach 1880?) auf mehreren Werften das oben auf dem Giebel ruhende und mit dem 1¼ Zoll starken Schwerthaken verbundene 3 Zoll breite und ¾ Zoll starke eiserne Schwerthakenband derart geschmiedet, daß seine beiden Enden von 1¼ bis 1½ Zoll Breite und ¼ bis ½ Zoll Dicke seitlich über den Lukengiebel faßten; drei ½ bis ⅝ Zoll starke Schraubbolzen verbanden diese Enden seitlich mit dem Giebel. Das starke Schwerthakenband oben auf dem Giebel hielt außerdem eine 1¼ Zoll breite und ¼ bis ⅜ Zoll starke Klammer fest, die man am Giebel mittels zwei Schraubbolzen befestigte; das war die beste Schwerthaken-Befestigung. Andere Ever besaßen an dem 1 Zoll starken Schwerthaken ein ¼ Zoll starkes und 1½ Zoll breites Band, das oben auf dem Lukengiebel lag und seitlich den Giebel umfaßte, auf der vorderen Seite war das Band am Giebel rechtwinklig geschmiedet; zwei ⅝ Zoll starke Schraubbolzen hielten das Schwerthakenband seitlich am Giebel fest. Bei anderen Evern befand sich an dem Schwerthaken nur ein Band, das seitlich gegen den Lukengiebel gesetzt und mit diesem durch drei oder vier Schraubbolzen verbunden wurde (Abb. 4 Nr. 1—3 und 8).

An dem Schwertkopf war der 1¼ bis 2 Zoll starke Schwertbolzen befestigt. Bei einem hölzernen Schwertkopf wurde der Schwertbolzen von innen nach außen durchgetrieben, an der Außenfläche des Schwertkopfes eingelassen, mit einer ⅜ Zoll starken Unterlegscheibe versehen und durch einen festen eisernen Splint gesichert, indessen sich der Kopf des Bolzens innen befand. Bei eisernen Schwertköpfen war das umgekehrt, Bolzenkopf außen, Splint innen. Die Verbindung des Schwertbolzens mit dem Schwerthaken erfolgte durch die ¾ bis 1¼ Zoll starke eiserne Schwerttasche (Abb. 4 Nr. 7). Diese lag oberhalb der Reling, sie griff um den Schwerthaken. An der Schwertseite war die Schwerttasche mit einer Oeffnung versehen, in die man den Schwertbolzen steckte, ein eiserner Splint hielt den Schwertbolzen fest.

Bei Evern, die oft Schleusen passierten, wo der geringen Schleusenbreite wegen die Seitenschwerter abgenommen werden mußten, pflegte man gelegentlich den eisernen Beschlag, an dem sonst der Schwerthaken angeschmiedet war, am Ende rechtwinklig umzuschmieden, so daß ein senkrechter Pflock entstand. Der Schwertbolzen war dann am inneren Ende augenförmig geschmiedet, dieses Auge faßte um den vorerwähnten Pflock. Weil es aber vorkam, daß unter Umständen der Augbolzen des Schwertes sich über den Pflock hob, so wurde er durch einen eisernen Splint gesichert, oder man bog den Schwertpflock leicht etwas nach innen. Manche Ever besaßen an Stelle der Schwerttasche ebenfalls einen weiten Augbolzen, der die Verbindung mit dem Schwerthaken herstellte, oder an dem Auge des Schwertbolzens befand sich ein starkes Kettenglied, das hinter den Schwerthaken gehakt wurde.

Der Raum zwischen dem Schwertkopf und Setzbord wurde durch eine eichene, am Setzbord befestigte Verstärkung ausgefüllt, Schwertbacke genannt. Dicht hinter dem Drehpunkt des Schwertes war ein Schwertpoller angebracht, der verhindern sollte; daß das herabgelassene Schwert nach innen vorstieß. In früherer Zeit verwendete man hölzerne, seit der zweiten Hälfte des 19. Jahrhunderts flacheiserne Schwertpoller von 2 bis 2¾ Zoll Breite und ¼ bis ¾ Zoll Dicke. Sie waren außenbords unterhalb der Reling an dem Setzbord, oft auch an dem oberen Bergholzgang, dicht hinter dem Schwertstoß (s. unten), mit zwei oder drei ½ bis ⅝ Zoll starken Bolzen befestigt. Oberhalb der Reling war der Schwertpoller nach innen gebogen; hier wurde er durch eine angeschmiedete, ¾ bis 1 Zoll starke eiserne Stange versteift, die man durch einen Schraubbolzen am Lukengiebel verbolzte.

Das Vorstoßen des Schwertes verhinderte der Schwertstoß. Der über den Wantrüsten und dicht unter der Reling (Schandeckel) angebrachte Schwertstoß war gewöhnlich breiter als die Spannweite der Wantrüsten. Er war keilförmig gestaltet, nach vorn dünn, nach hinten breit auslaufend, z. B. Dicke 4½ Zoll, Breite hinten 3½ Zoll, Breite vorn 1¼ Zoll, auch mußte der Schwertstoß hinten etwa ½ Zoll breiter sein als der Abstand Schwertkopf und Setzbord. Der aus Fichenholz angefertigte, an der Außenkante mit flacheisernem Beschlag versehene Schwertstoß war entweder fest verbolzt, oder er konnte losgenommen werden. namentlich bei Schleusenschiffen. Dann wurde der Schwertstoß mit zwei oder drei ½ bis ⅝ Zoll starken Schraubbolzen befestigt, die mit Flügelmuttern versehen waren (Abb. 4 Nr. 4).

Die in der Ballastwasserlinie angebrachte Schwertklampe (Abb. 4 Nr. 9) hatte die Aufgabe, das herabgelassene Schwert zu stützen, auch verhinderte sie, daß das Schwert gegen die Seitenbeplankung stieß. Die aus Eichen- oder aus Kiefernholz hergestellte Schwertklampe war 2 bis 3 m lang und 3 bis 5 Zoll dick. Ihre Breite war von der Dicke der Berghölzer abhängig; lotrecht mußte sie etwa ¾ Zoll breiter sein, als die vorstehenden Berghölzer. Befestigt wurde sie durch ½ bis ¾ Zoll starke Stumpf- oder Klinkbolzen (an den Spanten), oder auch mit Schraubbolzen. An der hinteren Kante der Schwertklampe befand sich ein eichenes Streichband, auch Schleife genannt. Das aus Eichenholz bestehende 12 bis 17 Zoll hohe, 2½ Zoll breite und 1 bis 1¾ Zoll dicke Streichband wurde an der Beplankung und an der schmalen Kante der Schwertklampe befestigt. Mitunter benutzte man dafür ein flacheisernes Band von gleicher Höhe, 1½ Zoll Breite und ³/₈ Zoll Dicke. Das Streichband sollte hauptsächlich verhüten, daß das aufgeholte Schwert beim Fallenlassen auf die Schwertklampe hakte, gleichzeitig diente das Band auch zur weiteren Befestigung der Schwertklampe.

An der Unterkante, oft auch an der inneren unteren Seite des Schwertes war der S c h w e r t s t a n d e r festgesetzt, hierfür wurde ein starkes Hanftau, seit dem Anfang des 19 Jahrhunderts meistens eine ¼ bis ³/₈ Zoll starke Kette verwendet. Dicht unterhalb der Reling (Schandeckel) befestigte man am Setzbord eine hölzerne, seitdem man Schwertstanderketten benutzte, aber eine eiserne Tasche, die innen etwa 6½ Zoll lang, ¼ Zoll stark und mit einer eisernen Scheibe versehen war. Ueber diese Scheibe lief der Schwertstander über die Reling binnenbords nach vorn. An dem Schwertstander wurde eine dreischeibige S c h w e r t t a l j e , bei großen Schwertern eine vierscheibige Talje, eingehakt oder eingeschäkelt. Der einscheibige Block dieser Talje wurde an einem Ringbolzen (Bolzen z. B. ⁵/₈ Zoll, Ring ½ Zoll stark) eingehakt und zwar befand sich der Ringbolzen vor dem Großwant am Setzbord, vielfach aber oben auf der Reling, daneben belegte man an einer Klampe (am Setzbord oder an einer Relingstütze) die holende Part des Taljenläufers. Ehemals benutzte man für den zweischeibigen Läuferblock einen Violinblock, späterhin, bis zum Ende des vergangenen Jahrhunderts, verwendete man für die Schwerttalje zwei auf einer Seite abgeflachte Blöcke, die sich mit ihrer flachen Seite auf die Reling oder gegen das Setzbord legten. Nur bei den kleineren Fracht-Evern, bei den sogenannten E i n - h a n d s c h i f f e n , weil sich nur ein Mann an Bord befand, liefen die Schwerttaljen nach achtern, wie bei den holländischen Seglern. Seitlich auf dem Halbdeck angeordnete S c h w e r t w i n d e n fanden an Stelle der Schwerttaljen, seit dem Ausgang des vorigen Jahrhunderts, nur selten bei großen Evern Verwendung.

Oft war an dem Schwertkopf und Lukengiebel eine kurze S o r g k e t t e befestigt, die das Schwert selbst dann noch halten sollte, falls der Schwertbolzen brach, was gelegentlich vorkam. Die Sorgkette war auch so angebracht, daß die Kette straff wurde, wenn das Schwert abströmen wollte. Das aufgeholte Schwert hielt der B ü r g e h a k e n fest. Gewöhnlich wurde der lose Bürgehaken dicht hinter der Schwertstandertasche am Setzbord an einem Augbolzen befestigt; mitunter befanden sich zwischen dem Augbolzen und Haken noch einige Kettenglieder. An der Unterkante des Schwertes war ein flacheisernes Auge verbolzt, Bürgehakenauge genannt, oder die untere Querschiene des Schwertes war an der Oberkante mit einem vorstehenden Auge versehen. In dieses Auge hakte man den Bürgehaken, so daß sich das Schwert mit seiner oberen Längskante eben oberhalb der Reling befand.

14. Strak, Luvklotz und Kimmkiele.

Um die Steuerfähigkeit zu verbessern, erhielten viele flachbodige Fahrzeuge hinten in der Mitte des Bodens eine Aufklotzung. Diese bei den Evern immer vorhandene Aufklotzung hieß Strak (Strack, Strek) (Abb. 4 Nr. 10). Der Strak wurde aus Kiefern- oder Tannenholz, seltener aus Buchenholz, hergestellt. Er war 9 bis 16 Fuß lang und 4 bis 8½ Zoll dick, seine Höhe entsprach gewöhnlich der Höhe des aufgezogenen Bodens; der Strak war hinten 5 bis 13 Zoll hoch, nach vorn verjüngt auf 1¼ bis 3 Zoll Höhe. Außer durch Holznägel wurde der Strak in der Mitte durch einen von unten herumgelegten eisernen Bügel an dem Boden befestigt. Ein zweiter Bügel von 2 Zoll Breite und ³/₈ Zoll Dicke, Strakband genannt, wurde seitlich am Achtersteven und Strak verbolzt.

Bei einigen Elb-Evern wurde unten am Vorsteven nachträglich ein Luvklotz, auch Luvpietjer (holl. *loefbijter*) genannt, angebracht (Abb. 4 Nr. 11). Dieses geschah bei den Evern, die leegierig waren; mit Hilfe des Luvklotzes, der den Steven unterhalb der Wasserlinie verbreiterte, manövrierten sie besser. Dagegen erhielten die See-Ever bereits beim Neubau meistens einen Luvklotz. Der aus Eichenholz bestehende Luvklotz war 2 bis 3 Fuß hoch, 12 bis 25 Zoll breit und 4 bis 6 Zoll dick (vorn verjüngt), mittels ⁵/₈ bis ³/₄ Zoll starken Stumpfbolzen wurde er am Vorsteven befestigt.

Oft wurde vorn unter dem Boden ebenfalls ein Strak angeordnet, der aber nur die halbe Größe des hinteren Straks erhielt. Der etwa vorhandene Luvklotz reichte dann bis zur Unterkante des Straks, während er sonst mit Unterkante Boden abschnitt.

Außer den Seitenschwertern hatten mehrere See-Ever, selten aber Binnen-Ever, Kimmkiele, die den Seitenwiderstand des Evers beim Segeln erhöhen sollten (Abb. 3 Nr. 5). Besonders fanden sie dann Anwendung, wenn die Kahnplanke nicht steil angebracht war. Die Galeaß-Ever ohne Seitenschwerter besaßen stets Kimmkiele. Die aus Eichen-, Buchen- oder Kiefernholz angefertigten Kimmkiele hatten eine Länge von 28 bis 35 Fuß, eine Höhe von 8½ bis 13 Zoll und eine größte Dicke (unten) von etwa 8½ Zoll. Befestigt wurden sie mit ⁵/₈ bis 1 Zoll starken Bolzen an der Kahnplanke sowie an den Bodenplanken und Bodenwrangen. Kimmkiele sind zuerst in der zweiten Hälfte des 18. Jahrhunderts bei den holländischen Galioten und Kuffen, oft auch bei den Schmacken, an Stelle der Seitenschwerter benutzt worden, weil die Schwerter im Seegang durch das Schlagen gegen die Schiffswand sehr lästig waren.

15. Galion.

Bereits die ältesten Galeaß-Ever hatten ein verziertes Galion. Späterhin erhielten die See-Ever und seit den sechziger Jahren häufig auch Elb-Ever, namentlich einige holsteinische Ever, ein mit Bildhauerarbeit oder nur mit Bemalung geschmücktes Galion, oder nur ein Galionsknie (Abb. 20). Einige große See- und Galeaß-Ever besaßen ehemals ein großes Galion mit zwei geschnitzten Galionbrettern. Mehrere Ever hatten nur ein sehr kleines Galionsknie, oft ohne Bemalung, um dem über Wasser befindlichen Teil des Vorstevens ein gefälliges gebogenes Aussehen zu verleihen. Mitunter brachte man auch aus dem Grund ein Galion an, damit das Fockstag etwas weiter vorn aufgesetzt und eine größere Stagfock gefahren werden konnte. Bei diesen Evern, ebenfalls auch bei den anderen Elb-Evern mit einem verzierten Galion, lag das Bugspriet seitlich neben dem Vorsteven, indessen bei den See-Evern das feste Bugspriet auf dem Vorsteven und oberhalb des Galions ruhte. Das aus Eichenholz angefertigte Galion war 0,75 m, oder 1 m bis 1,50 m lang, gemessen quer vom unteren Ende bis zum äußeren Ende. Die Breite und Dicke des Galions entsprach der Stärke des Stevens an der Vorkante, es wurde mit mehreren $\frac{1}{2}$ bis $\frac{3}{4}$ Zoll starken Stumpfbolzen an dem Steven befestigt. Die Galionskniee waren sehr verschieden groß. Gelegentlich wurde das Galion jederseits durch eine am Festenbug verbolzte, ebwa $\frac{3}{4}$ Zoll starke eiserne Stange abgestützt (s. Abb. 19).

16. Poller und Klampen.

Die bei den Evern verwendeten eichenen Poller hatten eine freistehende Höhe von 6 bis 12½ Zoll, eine Breite von 4 bis 8½ Zoll und eine Dicke von 7 bis 12½ Zoll. Meistens erhielten sie eine rechteckige Form, mit leicht abgerundeten Kanten, auch wurden sie mit ihrer größten Dicke querschiffs angeordnet, z. B. Höhe 9 Zoll, Breite 5 Zoll und Dicke 7 Zoll (quer). Weil die Poller durch die Festmacher- oder Schlepptrossen stark auf Zug beansprucht wurden, befestigte man sie auf etwa $\frac{3}{4}$ ihrer Länge mit $\frac{5}{8}$ bis $\frac{3}{4}$ Zoll starken Klinkbolzen durch Außenhaut und Balkweger. In der Regel waren jederseits zwei Poller am Festenbug und zwei hinten vorhanden. Die achtern befindlichen Poller waren dicht vor dem Kajütdeck oder ziemlich vorn auf dem Kajütdeck angebracht, sie standen entweder unterhalb oder dicht an der Innenkante des Kajütdeckschandeckels. Falls die Kajütdeckreling beplankt war und die Poller unterhalb des Schandeckels standen, das war eine sehr gebräuchliche Anordnung, mußte das Setzbord unterbrochen werden. Des besseren Aussehens halber wurde der Ausschnitt jederseits oft halbkreisförmig gestaltet. Ueber den Pollern fehlte gelegentlich der Schandeckel, oder er war mit einem Scharnier versehen, oder er wurde mittels Zapfen beweglich mit dem festen Schandeckel verbunden. Wenn bei Binnen-Evern die Poller vorn und hinten nur kurz sein konnten, erhielten sie einen eisernen Längsstab, um das Abgleiten der um die Poller gelegten

Trossen zu verhüten. Dieser Längsstab war schon im 17. Jahrhundert bei den holländischen Seglern gebräuchlich, er kommt noch in der Gegenwart bei eisernen Fahrzeugen vor.

Kleinere Ever besaßen jederseits vorn zwei und achtern einen Poller, letzterer stand entweder auf dem Kajüt- oder auf dem Halbdeck. Mitunter war bei diesen Evern die Anordnung der Poller auf dem Kajütdeck jederseits verschieden. So gab es Ever, die unter dem Backbord-Schandeckel einen kleinen, hinter dem Steuerbord-Schandeckel einen großen Poller hatten. Die an der Innenkante des Kajütdeck-Schandeckels stehenden einzelnen Poller besaßen an ihrer Innenkante in der Regel eine angebolzte und nach unten gerichtete eichene Klampe.

Ever mit Setzbordwinkeln waren mitunter mit Kreuzpollern versehen. Jederseits war an dem ersten und letzten Bordwinkel, hinter dem Festenbug und vor dem Kajütdeckgiebel, eine eiserne Stütze mit einem wagerecht angeschmiedeten Knebel befestigt.

Mehrere Klampen von sehr verschiedener Form und Größe waren an Bord der Ever vorhanden, die in Halte- oder Befestigungsklampen, Belegklampen und Führungsklampen unterschieden wurden. Hier sollen nur die für die Ever charakteristischen Verholklampen aus Eichenholz beschrieben werden, die man auch Lippklampen, Lipphölzer oder kurz Lippen nannte, oder sie führten je nach ihrer Anbringung die Bezeichnung Bug- oder Spiegelklampen.

Die Bugklampen waren jederseits vom Vorsteven auf dem Schandeckel des Festenbugs durch ½ bis ¾ Zoll starke Stumpfbolzen befestigt. Sie hatten eine Länge von 3 bis 7 Fuß, ihre Breite schwankte zwischen 4 bis 6 Zoll, die größte Dicke betrug 3½ bis 6 Zoll bei den Elb-Evern und bis 8½ Zoll bei den See-Evern, nach hinten verjüngte sich die Breite und besonders die Dicke. Gewöhnlich erhielt jede Bugklampe vorn einen viereckigen und einen halbrunden Ausschnitt, mitunter auch zwei halbrunde Ausschnitte. Letztere hießen ebenfalls Lippen, sie dienten zur Führung der Trossen. Der viereckige Ausschnitt war für die Aufnahme des Kranbalkens bestimmt. Wenn das Holz gerade so paßte, bestanden die Bugklampen jederseits aus zwei Längen. Diese rückte man nur soweit auseinander, daß dazwischen der Kranbalken Platz fand.

Die Spiegelklampen hatten die gleiche Breite und Dicke, z. B. 5½ × 4½ Zoll, indessen ihre Länge gleich der Spiegelbreite war. Sie ragten hinten soweit über den Spiegel hinaus, daß nicht nur das Spiegelfutter, sondern auch das Namenbrett darunter lag (Abb. 3 Nr. 1). Entweder fanden zweiteilige Spiegelklampen, vom Hukholz bis Achtersteven reichend, oder nur aus einem Stück Eichenholz angefertigte Klampen Verwendung, je nachdem, wie das vorrätige Holz paßte. Meistens erhielt jede Spiegelklampe nur eine Lippe, die entweder neben dem Achtersteven, oder in der

Mitte, oder nahe dem Hukholz eingeschnitten wurde. Ihre Befestigung geschah durch 1/2 bis 3/4 Zoll starke Stumpfbolzen an den Spiegelplanken. Die Spiegelklampen befanden sich an der äußeren Seite der Relingstützen. Falls diese mit einem Setzbord versehen waren, erhielt das Setzbord im Bereich der Lippen Ausschnitte.

Aufgabe der Verholklampen war, die an den Pollern belegten Trossen so außenbords zu leiten, daß der Trossenzug nicht seitlich, sondern an den Enden des Evers angriff. Mitunter erhielten in neuerer Zeit die Verholklampen keine eingeschnittene Lippe, sondern dafür wurde eine eiserne Lippe auf den Klampen angebracht. Gelegentlich befestigte man auch auf der Spiegelreling jederseits eine kleine Lippe.

17. Ankerspill.

a) Neuere Spille (Abb. 7).

Die Entwicklung der Ankerspille an Bord hölzerner Segler ist bislang noch nicht bearbeitet worden, sie waren zu bestimmten Zeiten und an Bord bestimmter Schiffstypen sehr verschieden. Alle gedeckten niederelbischen Fracht-Ever besaßen ein Bratspill aus Eichenholz, d. h. ein Spill mit wagerecht angeordneter Welle. Die Bauart und die Bewegung des Bratspills ist bei den Evern im Laufe des vergangenen Jahrhunderts mehrmals geändert worden. Um die Beschreibung zu vereinfachen sind nachstehend zuerst die in neuerer Zeit auf den Evern gebräuchlich gewesenen Bratspille beschrieben worden. Zu diesem Spill gehörten: die Beting (zwei Betingstützen), mit oder ohne Betingkniee, ein Pallpfosten mit einem eisernen Pallkasten und mit mehreren eisernen Pallen, eine Querbeting, eine eiserne Welle, ein Spillstamm mit Spillfutter, Spilleisten und einem eisernen Palling, zwei Spillköpfe und zwei Betingklampen.

Die auf dem Vordeck angeordnete Beting (Beding), bestand aus zwei starken eichenen Bohlen, die auch Betingstützen oder Spillstützen hießen; diese hatten eine Breite von 9 bis 12 1/2 Zoll und eine Dicke von 3 1/2 bis 6 Zoll. Entweder reichten die Betingstützen bis auf die Spanten herunter, an denen sie mittels 1/2 bis 5/8 zölligen Bolzen befestigt wurden, oder sie reichten nur bis Unterkante Deckbalken. Dann wurde an der vorderen Kante der Betingstützen ein gleichdickes Knie angeordnet, Betingknie genannt, das mittels 5/8 Zoll starken Bolzen mit den Betingstützen und Deckbalken verbunden wurde. Oberhalb des Decks mußten die Betingstützen bei den Schleusenschiffen etwa 1 Zoll niedriger sein als der Vorsteven. Das obere Ende der Betingstützen lief oft in einem Kopf aus.

In dem Bereich der Beting wurde der Deckverband durch die sogenannten Betingfische, auch Fischstücke genannt, verstärkt (Abb. 7 Nr. 8). Die eichenen Betingfische wurden in der Längsrichtung zwischen zwei durchlaufenden Deckbalken eingelassen und mit diesen jederseits durch drei 1/2 bis 5/8 Zoll starke Bolzen verbunden. Die Fische waren 1/2 bis 3/4 Zoll stärker als die Deckplanken, auch mußten sie mindestens doppelt so breit sein als die Betingstützen dick waren. An der oberen Seite verjüngte man die Fische an den Kanten auf die Stärke des Decks, so daß nur in der Mitte, ovalförmig, das volle Holz stehen blieb. Durch diese Erhöhung, Betingstab genannt, wurden die Betingstützen durchgeführt. Schon in den siebziger oder achtziger Jahren ließen sich die breiten Eichenholzstücke schwer ganz trocken beschaffen. Wenn aber diese Hölzer nicht ausgesucht trocken waren, wurden die Decksnähte leicht undicht, weil ein breites Stück Holz, einerlei ob Eiche oder Kiefer, mehr schwindet als ein schmales Stück. Kiefernholz quillt leichter wieder, wenn es naß wird, Eichenholz aber nur langsam oder garnicht. Dieses war mit ein Grund, warum man die Verwendung von Betingfischen, Pallpfosten- und Mastkokerfischen, fast allgemein aufgab. Seitdem wurden neben den Betingstützen zwei eichene Balkenschlingen (Unterschläge) in gleicher Höhe mit den Deckbalken längsschiffs eingelassen und verbolzt; diese hielten die Betingstützen seitlich fest.

In der Mitte zwischen der Beting und vor dem später eingesetzten Spillstamm stand der Pallpfosten, auch Pallstütze oder Pallbeting genannt. Er bildete ein wichtiges Verbandstück des Evers, denn an dem Pallpfosten waren nicht nur die Pallen (s. unten) angebracht, sondern er diente auch zur Befestigung des Bugspriets. Der eichene Pallpfosten lehnte sich gegen einen durchlaufenden und vor der Beting angeordneten Deckbalken und zwar befand er sich bei einigen Evern an der Vorkante, bei anderen Evern an der Hinterkante dieses Deckbalkens. Im Bereich des Decks wurde der Pallpfosten ehemals durch einen eichenen Fisch, später aber durch zwei eichene Balkenschlingen geführt. Der nach vorn gekrümmte und gewöhnlich etwas verjüngte Fuß des Pallpfostens ruhte auf dem Stevenknie, oder mit einem Zapfen auf dem unteren Bugband. Der Pallpfosten erhielt entweder einen quadratischen Querschnitt (6×6 Zoll bis 12×12 Zoll), oder einen rechteckigen Querschnitt (4×6 Zoll bis 10×12 Zoll). Seine Befestigung geschah mit einem 5/8 Zoll starken Bolzen an dem Stevenknie oder an dem Bugband. Oberhalb des Decks hatte der Pallpfosten bei den Schleusenschiffen die gleiche Höhe wie die Beting, sonst aber wurde er höher gemacht, auch formte man nach Möglichkeit sein oberes Ende als Poller. Viele Fracht- und Fischer-Ever besaßen zwischen dem Pallpfosten und dem oberen Bugband eine eichene Nagelbank von 2 bis 3 Zoll Dicke, deren Breite häufig der Dicke des Pallpfostens entsprach und die gleichzeitig als Stütze für den Pallpfosten diente.

Oben, an der vorderen Kante der Betingstützen, wurde als Querverband ein starkes eichenes Holz angebracht, Querbeting oder Betingbalken genannt. Die gerade oder in der Mitte schwach nach oben gekrümmte Querbeting hatte eine Stärke von $3\frac{1}{2} \times 4$ Zoll bis 6×6 Zoll. Sie war an den Betingstützen und an der hinteren Kante des Pallpfostens mit je einem $\frac{1}{2}$ bis $\frac{5}{8}$ Zoll starken Schraubbolzen befestigt. Wenn die Schiffsbreite es gestattete, erhielt die Querbeting an jedem Ende einen Kopf, auch brachte man an der Querbeting größerer Ever einige Belegnägel an.

Zwischen den Betingstützen und durch diese an der hinteren Kante durchgehend lag eine eiserne Welle, auch Spindel genannt. An der hinteren Kante der Betingstützen wurde je ein $2\frac{1}{4}$ bis $2\frac{3}{4}$ Zoll breites, in der Mitte (der Höhe nach) vierkant oder rundgeschmiedetes flacheisernes Lager eingelassen und oben und unten durch einen kurzen Nagel befestigt. Außerdem wurde durch das Lager oben und unten je ein $\frac{5}{8}$ bis $\frac{3}{4}$ Zoll dicker und $5\frac{1}{2}$ bis 8 Zoll langer Hakenbolzen in die Beting geschlagen. Nachdem die Welle mit dem Spillstamm in das Lager gelegt war, schob man über die beiden vierkantigen Haken eine flacheiserne und mit zwei rechteckigen Ausschnitten versehene Klappe; indem die Klappe, der Ausschnitte wegen, sich nach unten senkte, hielt sie die Welle fest (Abb. 7 Nr. 7).

Oberhalb des Decks wurde an der hinteren Kante der Betingstützen ein eichenes Schloßholz, auch Betingklampe genannt, angebracht. Das gegen die erwähnte Klappe anliegende Schloßholz hielt ebenfalls die Welle und damit den Spillstamm fest, auch verhinderte es, daß die Ankerketten seitlich über die Beting liefen. Die Dicke des Schloßholzes entsprach der Beting-Dicke, die Breite des Schloßholzes verjüngte sich oben und unten, z. B. von $5\frac{1}{2}$ Zoll auf 4 Zoll. Unten wurde das Schloßholz mit der Beting durch eine eiserne Klammer von $1\frac{1}{4}$ Zoll Breite und $\frac{1}{4}$ Zoll Dicke verbunden, die man mittels $\frac{1}{2}$ Zoll starker Klinkbolzen an der Beting verbolzte. Bei mehreren Evern verwendete man an Stelle der Klammer einen starken Schraubbolzen, durchgehend durch Beting und Schloßholz. Das obere Ende des Schloßholzes war durch einen $\frac{5}{8}$ Zoll starken Schraubbolzen mit der Beting verbunden. Bei den Evern mit umlegbaren Masten war dieser Bolzen an der Seite des Schloßholzes mit einem Auge versehen, daran wurden die Haken des Takels und Mantels beim Mastaufrichten eingehakt.

Die vierkantige Welle hatte einen Durchmesser von $1\frac{1}{2}$ bis $2\frac{1}{2}$ Zoll, nur in den Lagerstellen war sie rund gearbeitet. Mit der Welle war der achteckige und aus zwei Teilen zusammengesetzte eichene Spillstamm, auch Spilltrommel genannt, durch mehrere über Kreuz geschlagene Bolzen fest verbunden. Der Spillstamm hatte in der Mitte einen größten Durchmesser von 8 bis $12\frac{1}{2}$ Zoll. An den Enden des Spillstammes befestigte man als Lager viereckige eiserne Platten von ³/₈ bis ¹/₂ Zoll Stärke. Außerhalb der Beting trug die Welle jederseits einen eichenen Spillkopf, der mit der Welle ebenfalls durch über Kreuz geschlagene Bolzen verbunden war. Die Länge und der größte Durchmesser der Spillköpfe betrug etwa 9 bis 12¹/₂ Zoll. Die Welle reichte nur bis zur Mitte des Spillkopfes, dessen inneres Ende ebenfalls als Lager eine viereckige Platte von ³/₈ Zoll Dicke erhielt. Rings um die beiden Enden des Spillkopfes sowie um das Ende des Spillstammes, neben der Beting, befestigte man flacheiserne Bänder von 1¹/₂ bis 2³/₈ Zoll Breite und ¹/₄ bis ³/₈ Zoll Dicke.

Auf dem Spillstamm befanden sich ringsum 2 Zoll starke eichene Bretter, die die Bezeichnung Spillfutter führten. Jedes Brett erhielt als Schutz gegen das Scheuern der Ankerketten eine 2¹/₂ bis 3 Zoll dicke und 1³/₄ bis 2 Zoll hohe Leiste, Spilleiste genannt, die von der einen Beting bis zum Pallring reichte. Seit dem Ende des vergangenen Jahrhunderts wurden vielfach geschweifte, d. h. an der oberen Kante hohl geschnittene Spilleisten benutzt. Diese verstärkte man durch eine hochkant befestigte eiserne Schiene von ³/₄ bis 1¹/₄ Zoll Breite und ¹/₄ bis ³/₈ Zoll Dicke. In der Mitte des Spillstammes war ein starker gußeiserner Ring mit starken Zähnen aufgezogen, der Pallring, Pallkranz oder Spillkranz hieß. Neben dem Pallring befestigte man zwischen den Spilleisten eichene Holzkeile. An der hinteren Fläche des Pallpfostens war der Pallkasten, auch Pallade genannt, befestigt, der drei oder vier eiserne Pallen oder Sperrklinken trug. Jede Sperrklinke war mittels eines Splintbolzens beweglich mit dem Pallkasten verbunden.

Die Bewegung des Spilles geschah durch Spillspaken (Handspaken), weshalb dieses Bratspill auch Spakenspill hieß. Zu diesem Zweck wurden in den Spillköpfen über Kreuz viereckige Löcher, Spakenlöcher genannt, von 2¹/₂ bis 3 Zoll Durchmesser vorgesehen, in die man die Spillspaken steckte. Die aus Eschenholz hergestellten Spaken hatten eine Länge von 1,20 bis 1,70 m. An dem unteren Ende waren sie vierkant geformt, genau in die Spakenlöcher passend, sonst waren sie rund gearbeitet und etwa 1³/₄ Zoll stark. Spakenlöcher erhielten oft auch die mit Kurbeln oder mit Pumphebeln bewegten Bratspille, damit gegebenenfalls die Welle auch mit Spaken gedreht werden konnte. Das Rückwärtslaufen des Spilles verhinderten die Pallen, indem sie in die Zahnung des Pallringes faßten.

An Stelle von Spaken drehte man das Spill oftmals mittels sogenannter Knarren. Auf den Spillköpfen wurde ein Zahnring befestigt, der seitlich mit Gleitscheiben versehen war. An der Gleitscheibe befand sich die eigentliche Knarre, ein eiserner Hohlkörper, der zur Aufnahme der Spillspaken diente. Die Knarre trug unten eine Sperrklinke mit Feder. Indem man die Knarre mittels der Spillspake hin und her bewegte, faßte die Sperrklinke beim

Rückzug in die Zahnung, sie klinkte ein, und bewegte dadurch den Spillstamm.

Seit dem Ende der sechziger Jahre (?) wurden die vorbeschriebenen Bratspille der hölzernen Ever vielfach mit Kurbeln anstatt mit Handspaken bewegt. Jedoch ist auf vielen Evern die alte Bewegungsart mit Spaken oder mit Knarren bis in das 20. Jahrhundert hinein beibehalten worden. Bei den Kurbelspillen wurde auf der Welle ein großes Zahnrad von 15 bis 27½ Zoll Durchmesser, dicht an die Steuerbordbeting gerückt, aufgesetzt. Das auf dieser Seite angeordnete Schloßholz war etwas breiter als das Zahnrad. Eine zweite eiserne Welle von 1¼ Zoll Durchmesser ordnete man an dem oberen Ende der Beting an, parallel mit der Querbeting laufend. Diese Welle wurde durch die Betingstützen geführt; innen und außen befand sich an den Stützen je eine viereckige eiserne Platte als Lager, die einen Durchmesser von etwa 4½ Zoll und eine Dicke von 2¾ Zoll erhielt. Oder die Welle ruhte oben auf den Betingstützen; dann ließ man eine 3½ Zoll breite und ¼ Zoll starke eiserne Platte als Lager ein, deren Länge etwa gleich der Beting-Breite war, auch wurde über der Welle eine gleichgroße und gleichstarke Platte mit vier Schraubbolzen befestigt. Die obere Welle trug jederseits ebenfalls einen Spillkopf, der aber kleiner als der untere war, auch reichte die Welle durch die Spillköpfe hindurch. Oberhalb des großen Zahnrades saß auf der oberen Welle ein kleineres Triebrad von 4 bis 5½ Zoll Durchmesser, dessen Zähne in die des unteren Rades paßten. Mittels jederseits an der oberen Welle aufgesetzten eisernen Handkurbeln konnte das Spill gedreht werden. Das kleine Triebrad wurde durch einen Splint festgehalten, es war seitlich auf der Welle beweglich. Dadurch konnte die obere Welle vom Spill ausgeschaltet und die oberen Spillköpfe allein zum Verholen des Schiffes oder zum Laden und Löschen benutzt werden. Um zu verhüten, daß bei diesen Arbeiten die obere Welle unbeabsichtigt rückwärts lief, trug die obere Welle ein Zahnrad von etwa 5 Zoll Durchmesser, dessen Sperrklinke an der Backbordbeting befestigt war; bei anderen Evern waren die oberen Spillköpfe an der Betingseite mit je einem kleinen Zahnrad versehen, deren Sperrklinken an der Querbeting festsaßen.

Größere Ever, namentlich viele See- und Galeaß-Ever, erhielten in der zweiten Hälfte des vergangenen Jahrhunderts häufig ein Pumpspill, das eine größere Kraft als das gewöhnliche Bratspill hat, auch regelmäßiger arbeitet. Neben dem Pallring wurde jederseits ein schwächeres Zahnrad angeordnet, das an der vorderen Seite (an der Pallpfostenseite) mit einem eisernen, über die Ränder des Zahnrades greifenden Schuh verbunden war. Die Schuhe trugen je drei kleine Pallen, die in die Zahnung der erwähnten seitlichen Räder faßten. Auf dem Pallpfosten wurde ein Kreuzkopf (Balancier) aufgesetzt. Jederseits stellte eine eiserne

Zugstange die Verbindung des Kreuzkopfes mit dem Schuh des Zahnrades her. In dem Kreuzkopf wurde jederseits eine eiserne Stange als Pumphebel gesteckt, beide bewegte man abwechselnd auf und nieder, dadurch bewegten sich die Zugstangen und die damit verbundenen Schuhe, deren Pallen wiederum in die Zahnräder griffen und den Spillstamm drehten. Da die obere Welle fehlte, besaß das Pumpspill nur zwei Spillköpfe. Die Pumpspille der Seefischer-Ever, bei denen sie in den siebziger Jahren eingeführt wurden, hatten keine Querbeting.

b) Aeltere Spille (Abb. 7).

Von dem zuerst beschriebenen Bratspill unterschied sich das ältere vor allem dadurch, daß der Spillstamm aus einem achteckig gearbeiteten Eichenholzstamm bestand. Eine durchgehende eiserne Welle fehlte; diese ist wahrscheinlich überhaupt erst am Ende des 18. Jahrhunderts eingeführt worden[150]. Spillfutter und Spilleisten besaßen nur die Spille, über die Ankerketten liefen. Dieses Spill kam in vier verschiedenen Ausführungen vor: ohne Beting, mit Beting und Zapfen, mit Beting und Hals, mit Beting und eisernen Zapfen. Alle Spille wurden durch Handspaken gedreht. Hierfür waren an den Enden des Spillstammes jederseits zwei über Kreuz eingehauene Spakenlöcher vorgesehen. Nur die Bratspille mit eisernen Zapfen besaßen Spillköpfe mit Spakenlöchern, auch konnten diese durch Knarren gedreht werden.

Bei den älteren Evern lief der Spillstamm jederseits in einen rundgearbeiteten Zapfen, meistens aber in eine Spitze aus. Letztere Form war stärker, weil die Querfasern des Holzes nicht eingekerbt waren. Innen am Festenbug befand sich jederseits ein festes Lager mit einem halbrunden Ausschnitt an der hinteren Kante. Festgehalten wurde der Spillstamm durch ein Schloßholz, das ebenfalls mit einem halbrunden Ausschnitt versehen war. Oben und unten stellten eiserne Klammern die Verbindung des Schloßholzes mit dem festen Lager her. In die Lagerstellen des Spillstammes legte man, um die Reibung zu vermindern, eingefettetes Leder, oder breite Schwarten von geräuchertem Schinken oder Speck, oder das Lager wurde gut ausgetalgt; ebenso wurde auch mit den Lagerstellen der beiden nachstehenden Spille verfahren. In der Mitte des Spillstammes wurden ringsum acht Aussparungen eingehauen, Pallgaten genannt, die eine Breite von etwa 6 bis 7½ Zoll und eine Tiefe von 2 bis 2½ Zoll hatten. Bei den kleineren Binnen- und Torf-Evern ohne Bugspriet befand sich vor dem Spillstamm auf dem Deck ein starker Knaggen, an dem mittels eines starken Scharniers eine eichene Sperrklinke befestigt war. Mitunter hatten diese Ever auf dem Vordeck einen niedrigen Pallpfosten, der auf dem Vordeck durch ein eichenes Knie abgestützt wurde und an dem zwei Sperrklinken angebracht waren. Ever mit einem Bugspriet besaßen den üblichen Pallpfosten. Obwohl Bratspille mit Beting, eisernen Pallen und mit einem Pallring mindestens schon in der ersten Hälfte des 18. Jahrhunderts benutzt worden sind[151], haben sich diese einfachsten Bratspille auf alten Evern noch bis in die Mitte der siebziger Jahre des 19. Jahrhunderts gehalten.

Eben so alt wie das Bratspill ohne Beting, war das Spill mit Beting und Zapfen, das bei den älteren Evern ebenfalls bis in die zweite Hälfte des vergangenen Jahrhunderts Verwendung fand. Der Spillstamm besaß an beiden Enden rundgearbeitete Zapfen, die mit der Außenfläche Beting glatt abschnitten. Wenn z. B. der Spillstamm einen Durchmesser von 10½ bis 12½ Zoll hatte, betrug die Stärke der Zapfen nur 6 bis 8½ Zoll. Die hintere Kante der Betingstützen wurde mit einem halbrunden Ausschnitt versehen, ebenso das dagegengesetzte Schloßholz; dazwischen lag der Spillzapfen. Meistens besaß dieses Spill einen Pallpfosten, entweder nur einen niedrigen, auf dem Deck befestigten, oder einen größeren und bis unterhalb Deck reichenden Pallpfosten, in diesem Fall war eine Querbeting vorhanden. Einige Spille besaßen hölzerne, mehrere aber eiserne Pallen.

Seit dem Anfang und bis in die zweite Hälfte des vergangenen Jahrhunderts kam bei den Evern noch ein anderes Bratspill vor, das sich von dem eben beschriebenen Spill lediglich dadurch unterschied, daß das Spill Spillköpfe besaß. Der Spillstamm wurde im Bereich der Beting auf etwa die Hälfte seiner Dicke eingeschnitten und rundgearbeitet. Die Verjüngung bezeichnete man mit Hals oder Spillhals. An der Außenfläche der Betingstützen wurde der Spillstamm ebenfalls rund gearbeitet, so daß ein Spill kopf entstand, doch ließ man hier mehr Holz am Hals stehen. Stamm, Welle und Köpfe bestanden also aus einem Eichenholzstamm.

Eine Abart des neueren mit Handspaken oder mit einer Knarre bewegten Bratspilles war das Spill mit eisernen Zapfen; es hat sich bis in das 20. Jahrhundert gehalten. Der Spillstamm bestand aus einem Stamm, außerhalb der Beting befanden sich zwei Spillköpfe. An Stelle der durchlaufenden eisernen Welle waren zwei gleichstarke eiserne Zapfen, Spillzapfen genannt, vorgesehen. Diese reichten von der Mitte der Spillköpfe bis etwa auf ein Drittel der Spillänge, hinter den Betingstützen, hindurch. Die Spillzapfen waren mit dem Stamm und den Spillköpfen durch über Kreuz geschlagene Bolzen verbunden.

18. Pumpen.

Zum Entfernen des im Rumpf eingedrungenen Wassers waren die Ever mit zwei, gelegentlich auch mit drei Handpumpen versehen. Ursprünglich und vereinzelt bis auf die Gegenwart wurden hölzerne Pumpen benutzt, erst in der zweiten Hälfte des vergangenen Jahrhunderts sind bei den Evern vielfach gußeiserne (verzinkte) oder kupferne Pumpen verwendet worden. Gewöhnlich waren die Pumpen nahe dem Setzbord und kurz vor dem vorderen durchlaufenden Lukengiebel angeordnet, so daß sie aus der Kimm saugen konnten. Die hölzernen Pumpen standen stets an der Seite des Schiffes, um beim Ueberliegen dieser flachbodigen Fahrzeuge Wasser an der Pumpe zu haben. Mitunter befand sich eine Pumpe vorn, auf der Backbordseite, und eine auf der Steuerbordseite des Halbdecks, oder umgekehrt. Eiserne oder kupferne Pumpen sind vereinzelt auch mittschiffs eingebaut worden, sie waren dann mit einer Vorrichtung versehen, um das Wasser aus der Kimm absaugen zu können. Die dritte Pumpe stand mittschiffs auf dem Halbdeck, eine solche führten aber nur wenige Ever. Dagegen erhielten alle Motor-Ever im Motorraum eine Lenzpumpe. Die offenen Ever, vereinzelt auch einige gedeckte Binnen-Ever, führten Setzpumpen, d. h. lose Pumpen, wie sie auf den Binnenkähnen gebräuchlich sind.

Die hölzernen Pumpen bestanden aus einem Stamm Kiefern- oder Rüsternholz, der mittels eines Pumpenbohrers ausgebohrt wurde. Die innere Weite betrug etwa 3 bis 4 Zoll. Oberhalb des Decks waren die Pumpen 4 bis 12 Zoll hoch, sie wurden wasserdicht durch das Deck geführt, auch brachte man ringsum oberhalb des Decks mitunter eine runde oder rechteckige Aufklotzung an, die z. B. eine Stärke von 3 bis 4 Zoll erhielt. Zum Schutz baute man um die neben einem Spant angeordneten Pumpenrohre einen leichten hölzernen Kasten, reichend von Unterkante Deck bis auf die Bodenwegerung. Das untere Ende des bis auf den Boden reichenden Pumpenrohres war mit Ausschnitten versehen, zeitweilig wurde auch eine Art Saugekorb angesetzt, oder man befestigte daran in neuerer Zeit ein kurzes Bleirohr (im Winkel zum Pumpenrohr) als Saugrohr. Damit das auf dem Boden stehende Wasser an die Pumpe gelangen konnte, erhielten die Bodenwrangen und Spanten in der Kimm an ihrer unteren Fläche einen halbrunden oder viereckigen Ausschnitt, S p e i g a t oder W a s s e r l a u f oder N ü s t e r g a t genannt. Neben der Pumpe besaß die Bodenwegerung eine Füllung, um den Pumpensod reinigen zu können. Die Kimmweger wurden oben zwischen allen Spanten mit einer 1¾ bis 2½ Zoll starken F ü l l u n g aus Kiefernholz abgedichtet, die den Raum zwischen den beiden anliegenden Spanten und der Außenhaut ausfüllte, damit nicht Teile der Ladung (z. B. Getreide) zwischen Kimmweger, Spanten und Außenhaut fielen und dadurch die erwähnten Speigatten verstopften.

In dem unteren Teil des Pumpenrohres befand sich ein hölzerner P u m p e n e i m e r, während sich in dem oberen Teil ein zweiter hölzerner Eimer bewegte, der auch P u m p e n s c h u h oder S a u g e r hieß. In älterer Zeit wurde der obere Eimer und der Pumpenstock aus einem Stück Holz gearbeitet, oben auf dem

Pumpenstock saß eine hölzerne Krücke. Späterhin und bis auf die Gegenwart verwendete man eine eiserne Pumpenstange, die entweder an einem Auge des Pumpenschuhbügels eingehakt wurde, oder die Stange lief unten in zwei Enden aus, die mit einem Ring verbunden waren, dieser Ring saß oben an dem Pumpenschuh fest. Die Stange war am oberen Ende ebenfalls mit einer Krücke oder mit einem Bügel versehen, die zur Bewegung der Pumpenstange und damit des oberen Pumpenschuhes dienten. Einen seitlichen Wasserablauf besaßen die Pumpen der Ever nicht, sondern das Wasser lief oben ab. Beim Nichtgebrauch wurde das hölzerne und eiserne Pumpenrohr durch einen keilförmigen Holzpfropfen verschlossen, oft verwendete man dafür einen zierlich gedrechselten Deckel; die Pumpenstange blieb in der Pumpe.

Die eisernen oder kupfernen Pumpen hatten gewöhnlich einen lichten Durchmesser von 4 bis 5 Zoll, auch waren sie mitunter an dem unteren Ende mit einem kurzen Saugrohr versehen. Der hölzerne Pumpenschuh wurde ebenfalls durch eine eiserne Pumpenstange mit Krücke oder Bügel auf und nieder bewegt, vereinzelt diente zur Bewegung der Pumpenstange ein eiserner Pumpenhebel. Neben der Pumpe befand sich auf dem Deck eine eiserne Oeffnung, die zur Aufnahme einer eisernen Stütze (Micke) diente. Diese Stütze und die Pumpenstange waren oben gabelförmig geschmiedet; zwischen diesen Gabeln befestigte man mittels eines Bolzens (mit Kopf und Mutter) den gebogenen eisernen Pumpenhebel. Bei einigen Evern war die eine Pumpe mit einem Bügel und die andere mit einem Pumpenhebel versehen. Seit dem Ausgang des vergangenen Jahrhunderts sind die eisernen oder kupfernen Pumpen gelegentlich in der Mitte des Evers angeordnet worden, entweder neben oder hinter dem Großmast. Die senkrecht nach unten geführten Pumpenrohre hatten unter der Bodenwegerung je ein gebogenes Saugrohr (Bleirohr), das der Steuerbordpumpe reichte bis zur Steuerbordkimm, das der Backbordpumpe nach der Backbordkimm. Zwar war diese Anordnung bei Seereisen zweckmäßig; weil dadurch die Bedienung der Leepumpe bei schlechtem Wetter erleichtert wurde; denn bei der allgemein gebräuchlichen seitlichen Aufstellung der Pumpen boten hauptsächlich nur die Wanten beim Arbeiten an der Pumpe Schutz. Diesem Vorteil standen aber mehrere Nachteile gegenüber. Wenn die Pumpen unklar wurden, konnten sie nicht so bequem wie die seitlichen Pumpen, oder überhaupt nicht (wenn beladen), in Ordnung gebracht werden. Außerdem waren sie im Laderaum beim Laden und Löschen hinderlich, auch nahmen sie Platz weg. Deshalb bevorzugte man bei den hölzernen Evern fast ausschließlich die seitlich aufgestellten Pumpen.

Um die Höhe der ins Schiff eingedrungenen Wassermenge festzustellen, bedient man sich der Peilrohre, die bei Kielschiffen neben den Pumpen mittschiffs angeordnet wurden. Peilrohre besaßen die Ever in früherer Zeit niemals, sie sind vereinzelt nach 1900 eingebaut worden, soweit mir bekannt, aber nur zweimal. Man begnügte sich, den Wasserstand durch die offenen Pumpen zu peilen, d. h. man zog die Pumpenstange und die beiden Pumpeneimer heraus. Außerdem konnte die Höhe des eingedrungenen Wassers bei den Evern dadurch leicht festgestellt werden, daß der Fußboden im Logis oder in der Kajüte aufgenommen wurde, je nachdem, ob der Ever kopf- oder steuerlastig lag.

19. Kajüte, Logis und Deckhaus.

Bei den Evern mit einem Deck in gebrochener Linie, d. h. mit einem Hauptdeck und einem Kajütdeck, befand sich der Wohnraum des Schiffers, Kajüte genannt, hinten unter dem Kajütdeck, während der Wohnraum des Matrosen (Knecht oder Junge), Logis genannt, unter dem Vordeck angeordnet war. Mitunter wohnte der Matrose ebenfalls achtern, dann wurde das Logis nur für die Unterbringung der Bootsmannsvorräte, Reservesegel u. a. benutzt, oder an Stelle eines Logis war nur ein kleines Kabelgat vorhanden. Ever mit einem durchlaufenden Deck besaßen oft vorn eine Kajüte, oftmals mit einem Kajütsaufbau, indessen sich das Logis, oder nur ein kleiner Raum für die Bootsmannsvorräte, achtern befand. Bei den gedeckten Fischer-Evern lag der Wohnraum für die gesamte Besatzung (Kajüte, auch Logis genannt) stets vorn. Die größeren offenen Ever sowie alle im Vorschiff gedeckten Fischer-Ever hatten vorn ein kleines Logis, das auch P l i c h t , oder K o j e n r a u m , oder Kajüte hieß. Bei den offenen, vorn und hinten gedeckten Stroh-Evern, auch bei einigen Harburger Evern und bei den Dollbaum-Evern, war die Anordnung der Wohnräume wie bei den Evern mit einem Kajütdeck.

Vorwiegend erhielt die Kajüte und das Logis der gedeckten Fracht-Ever nachstehende Abmessungen:

	Kajüte	Logis
Mittlere Länge . .	1,65—3,40 m	1,00—2,60 m
Mittlere Höhe . .	1,00—2,20 m	0,90—1,85 m
Raumgehalt . . .	4,00—17,00 cbm	3,00—11,00 cbm

Die Abmessungen der Wohnräume waren selbst bei gleichgroßen Evern sehr verschieden. Sie wurden häufig sehr klein gemacht, namentlich bei kleinen Evern, um einen möglichst großen Laderaum zu behalten. Die lichte Höhe war vielfach so gering, daß man in der Kajüte und in dem Logis nur gebückt stehen konnte und alle Handreichungen im Sitzen verrichtete.

An der Laderaumseite besaßen die Wohnräume je ein nicht wasserdichtes S c h o t t , von denen das eine V o r - oder L o g i s s c h o t t und das andere K a j ü t s c h o t t hieß. Die Raumschotte bestanden aus 1 bis 1½ Zoll starken, mit Nute und Feder zusammengesetzten kiefernen Brettern. Gewöhnlich ruhten sie auf der Bodenwegerung oberhalb eines Spantes, oder auf einer Bodenwrange, oben befestigte man sie unterhalb eines Deckbalkens. Ueber beide Schotte mußte an der Laderaumseite ein Bandeisen in halber Höhe angebracht werden, des Zollverschlusses wegen. Jedes Schottbrett erhielt ein durch das Bandeisen geschlagenes Niet, damit kein Brett entfernt werden konnte. Mehrere Ever, namentlich die Handels-Ever, d. h. Ever, deren Schiffer z. B. mit Torf, Obst, Gemüse handelten, besaßen eine niedrige Tür im Kajütschott, um bequem aus der Kajüte in den Laderaum zu gelangen. Wenn der Ever eine zollpflichtige Ladung führte, wurde die Tür versiegelt. Einige Ever hatten auch im Logisschott eine Tür. Wenn der Ever mit Holzpforten versehen war, erhielt das Logisschott stets eine Oeffnung, die den Namen S c h o t t l u k e führte.

Bei flachen Evern ruhten die Dielen des Fußbodens, die man L a n e n (Lan, Lonen) nannte, direkt auf den Bodenwrangen, mitunter bildete die Bodenwegerung gleichzeitig den Fußboden. Dagegen ruhten die Dielen bei den tiefen Evern auf zwei oder drei Längsbalken und an der Schottseite auf einem Querbalken; an diesem Querbalken wurde mitunter auch das Raumschott befestigt. Bei diesen Evern war der Fußboden mit einer kleinen Luke versehen. Der Raum unterhalb des Logisfußbodens hieß K e l l e r (auch Plicht, Vorplicht), indes der Raum achtern H e l l (auch Achterplicht) genannt wurde. Dementsprechend bezeichnete man die vordere Luke mit K e l l e r l u k e und die hintere mit H e l l u k e. Diese Räume dienten häufig zur Unterbringung von nur gelegentlich gebrauchten Bootsmannsvorräten.

Der K a j ü t n i e d e r g a n g wurde stets auf der Steuerbordseite des Kajütdecks, zwischen dem Kajütgiebel und dem nächsten Kajütdeckbalken, angeordnet. Die gewöhnlich quadratische Decköffnung hatte einen Durchmesser von 0,60 bis 0,70 m. Sie war mit einem eichenen Süll von $2\frac{1}{2}$ bis 3 Zoll Dicke und 2 bis 6 Zoll Höhe umgeben, oben besaß das Süll einen Falz. Darauf lag eine $1\frac{1}{4}$ bis $1\frac{3}{4}$ Zoll starke kieferne Schiebekappe, deren eichener Rahmen $2\frac{1}{2}$ bis $3\frac{1}{2}$ Zoll hoch und etwa $1\frac{1}{2}$ Zoll stark und die auf zwei eisernen, auf dem Kajütdeck befestigten Stangen von $3/8$ Zoll Durchmesser nach hinten beweglich war. Mitunter wurde der Niedergang nur durch eine gleichstarke Scharnierkappe verschlossen.

Der vom Kajütniedergang nach unten führende Raum hieß W i n d f a n g, seine lichte Weite entsprach der Größe des Niederganges. Er wurde an drei Seiten mit kiefernen Brettern verschalt, auch brachte man hier an der Steuerbordseite mitunter einen kleinen Wandschrank an, der zur Aufbewahrung des Handwerkzeuges diente. Bei den tiefen Evern stand in dem Windfang längs- oder querschiffs und steil eine Treppe. Flache Ever besaßen dafür nur drei Stufen, die man über Eck auf Knaggen befestigte. Vor dem Eingang zur Kajüte war eine niedrige und einteilige, sich nach innen öffnende Tür angebracht.

Innerhalb der Kajüte wurden die beiden Längsseiten vor den Spanten und der Wegerung und die Querseite vor dem Spiegel mit kiefernen Brettern verschalt, die eine Stärke von $5/8$ Zoll (höchstens bis $3/4$ Zoll) hatten und die vom Fußboden bis zur Decke reichten. Der innere Ausbau der Kajüte war sehr verschieden. Einige Ever besaßen auf der Steuerbordseite eine offene, gewöhnlich aber mit Schiebetüren verschließbare Längskoje, auf der Backbordseite befanden sich drei mit einteiligen Türen versehene Schränke, an der Spiegelseite waren ebenfalls Schränke oder nur Kästen angeordnet. Die Schrank- und Kojentüren hatten oft verzierte Füllungen, auch brachte man an der Wandverschalung gelegentlich Zierleisten und Messingbeschläge an. Oder die Kajüte enthielt zwei Längskojen, die Schränke befanden sich dann hinter den Kojen, bis zum Spiegel reichend, auch in der Mitte, an der Spiegelseite, waren Schränke und Kästen vorhanden. Vor den Längsseiten und vor der Spiegelseite wurde je ein Kasten eingebaut, der gleichzeitig als Bank diente. An Stelle der Querbank besaßen einige größere Ever ein Sofa. Die älteren Ever mit Spiegelfenstern (auch die Ever mit Spiegelpfropfen) hatten häufig an der Spiegelseite eine Querkoje, die nach der Kajüte zu stets offen war, so daß man durch die Spiegelfenster sehen konnte. Unter den Spiegelfenstern befand sich ein Schott oder eine Galerie. Einige Ever mit Spiegelfenstern hatten über der Querbank nur einen niedrigen Schrank, keine Querkoje. Das Kajütschott war meistens unterhalb des Kajütdeckgiebels angeordnet, mitunter hatten auch einige Ever eine etwas in den Laderaum hineinreichende Kajüte, dann mußte das Kajütschott entsprechend nach vorn gerückt werden. Auf der Backbordseite der Kajüte und dicht an dem Kajütschott stand ein kleiner eiserner Kochherd, der früher oftmals mit einem hölzernen Schornstein versehen war, der bei kleinen Giek-Evern mitunter gleichzeitig als Giekbaum-Auflage diente. Viele Ever hatten aber schon in der ersten Hälfte des 19. Jahrhunderts ein aus Eisenblech hergestelltes Rauchrohr, das etwa seit 1880 ausschließlich Verwendung fand. Das Rohr wurde durch eine in das Deck eingelassene eiserne Schornsteinbüchse geführt. Wenn der Ever ein Roof oder ein Kochhaus besaß, war in der Kajüte nur ein Heizofen untergebracht. Außerdem war noch ein kurzer und schmaler Klapptisch vorhanden, den man oft auf diese Art aufstellte: An dem hinteren Ende des Tisches befand sich eine Leiste, die man an einem etwas herausgezogenen Schiebekasten festsetzte, der an der Spiegelseite (auch unterhalb der Querkoje) angebracht war; das vordere Ende des Tisches wurde durch eine Klappstütze getragen. Beim Nichtgebrauch wurde der Tisch an der Kajütdecke verstaut.

Zur Lüftung und Erhellung der Kajüte dienten früher zwei kleine Spiegelfenster. Die Spiegelbeplankung war viereckig ausgeschnitten, etwa $5 \times 4\frac{1}{2}$ Zoll groß, sie wurde durch ein Schiebefenster verschlossen, das in dem erwähnten Beispiel mit dem starken Rahmen eine Größe von 9×9 Zoll hatte. Bei Seereisen wurde außen gegen das Fenster ein konisch gearbeitetes vierkantiges Stück Holz eingesetzt, ringsum mit Segeltuch abgedichtet und gegen Herausschlagen gesichert. An Stelle der Spiegelfenster erhielten viele Ever seit dem Ausgang des vergangenen Jahrhunderts eine runde Oeffnung von etwa $2\frac{1}{2}$ bis $4\frac{1}{4}$ Zoll Durchmesser. Diese Oeffnung war entweder an gleicher Stelle wie die Spiegelfenster, oder in der Mitte, oder seitlich angeordnet; sie wurde mittels eines hölzernen und an einer Kette oder Tau befestigten Pfropfen (Spiegelpfropfen genannt) verschlossen. Mehrere Ever, namentlich in neuerer Zeit, hatten keine Spiegelöffnungen.

In der Mitte des Kajütdecks war ein Oberlicht (Scheilicht) angebracht. Auch diese in der Regel rechteckige Decköffnung war mit einem 2 Zoll starken und $1\frac{3}{4}$ bis $2\frac{1}{2}$ Zoll hohen Süll umgeben. Darauf war ein Oberlicht von etwa 3 Zoll seitlicher Höhe, 20 bis 24 Zoll Länge und 12 bis 20 Zoll Breite aufgesetzt, das innen am Süll durch zwei Ueberfallhaken und Augen festgehalten wurde. Die beiden Fenster des Oberlichts konnten nach oben geöffnet werden, auch waren sie zum Schutz mit einer eisernen Gräting versehen. Auf See bei schlechtem Wetter sowie im Winter, wenn der Ever auflag, nahm man häufig das Oberlicht ab. Dafür wurde eine starke hölzerne Kappe aufgesetzt und durch einen Querriegel gesichert; mitunter verwendete man an Stelle der hölzernen Kappe nur einen Persenningbezug.

Dicht hinter dem Ankerspill befand sich der Logisniedergang, auch Logisluke oder Dauhaus (Tauhaus) genannt. Um die mit einem eichenen Rahmen von etwa 4 Zoll Höhe und 2 Zoll Dicke umgebene Decköffnung von 0,50 bis 0,70 m Durchmesser war ein $1\frac{1}{2}$ bis 2 Zoll starkes eichenes Süll befestigt, das z. B. an der Spillseite eine Höhe von 8 Zoll, an der dem Mast zugewandten Seite von 17 Zoll hatte. An der Mastseite war der Lüftung wegen ein loses eichenes Schott angebracht. Als Verschluß diente eine 1 bis $1\frac{3}{4}$ Zoll starke Kappe aus Kiefernholz, die an der unteren Seite durch zwei eichene Leisten von etwa 3 Zoll Breite und 1 Zoll Dicke versteift wurde. Mittels Scharnierbeschlägen konnte die Kappe hochgestellt werden. Einige Ever besaßen eine Schiebeklappe und an Stelle eines Schottes zwei kleine gutschließende Türen. Andere Ever hatten einen Niedergang, dessen Süll ringsum fast gleich hoch war (etwa 6 Zoll hoch). Eine querschiffs und steil gestellte Treppe führte in das Logis hinunter, das gewöhnlich mit zwei offenen oder mit Schiebetüren versehenen Längskojen, zwei vorgebauten Bänken und einigen Schränken oder

Kästen ausgestattet war. Wenn das Logis für den Einbau der Kojen nicht genügend Platz bot, wurden sie in den Laderaum verlängert und hier in einer Nische untergebracht. Falls ein Kabelgat fehlte, war vorn an der Stevenseite eine Oeffnung oder eine kleine Tür angebracht. Ein kleiner eiserner Heizofen mit einem Rauchrohr, früher aus Holz, seit langem aus Eisenblech hergestellt, vervollständigte die Ausrüstung.

Die Bootsmannsvorräte wie Tauwerk, Farben, Teer, sowie die Positionslaternen wurden im Logis oder im Kabelgat verstaut. Die Reservesegel lagen entweder im Logis oder in der Kajüte, hier wurden auch die Lebensmittel aufbewahrt. Wenn die Besatzung des Evers an Land war, oder wenn das Schiff auflag, konnten die Niedergänge vorn und achtern, sowie das Oberlicht (Scheilicht), je durch einen Querriegel und Vorlegeschloß gesichert werden. Die flacheisernen Querriegel waren 1/4 bis 3/8 Zoll stark und etwa 1 1/2 Zoll breit. Ihre mit Haken und Schlitz versehenen Enden wurden an Augbolzen auf dem Deck festgesetzt. Mitunter besaß die Logiskappe an der Mastseite einen flacheisernen Ueberfall, dessen Schlitz über einen Augbolzen gestreift und durch ein Schloß festgesetzt wurde.

Bei vielen See- und Galeaß-Evern befand sich zwischen der Großluke und dem Besahnmast ein D e c k h a u s , H ü t t e oder R o o f genannt, das für die Unterbringung der Besatzung, außer dem Schiffer, der Kombüse und oft auch der Bootsmannsvorräte und Reservesegel diente. In der Regel waren die Deckhäuser breiter als lang, auch war ihre Breite meistens geringer als die der Großluke. Häufig lagerte man neben dem Deckhaus je ein Wasserfaß. Ihre Höhe betrug selten mehr als 1,50 m. Die eichenen Eck- und Mittelstützen sowie die kiefernen Füllungen wurden an einem auf dem Deck verbolzten eichenen Rahmen befestigt. Das kieferne Deck wurde kalfatert, späterhin benutzte man gewöhnlich gespundetes Kiefernholz, bespannt mit bemaltem Segeltuch. Gelegentlich befestigte man das Roof mit eisernen Winkeln auf dem Deck. Das Deckhaus enthielt u. a. zwei Kojen, vorgebaute Bänke, Schränke, einen Tisch, einen Kochherd. An der hinteren Seite befand sich häufig der eingebaute Kompaß, sowie eine der Höhe nach geteilte Tür; darüber war das Roofdeck mit einer Schiebekappe versehen. Vorn, mitunter auch seitlich, war gewöhnlich ein kleines Schiebefenster oder ein Bullauge angebracht. Die Abmessungen der Deckhäuser bei den Evern schwankten zwischen:

		(~ 80 %)
Länge . . .	1,60—3,00 m	1,60—2,50 m
Breite . . .	1,60—3,50 m	2,00—3,00 m
Höhe	1,10—1,50 m	1,20—1,40 m

Seit etwa 1870 erhielten einige in der kleinen Küstenfahrt verwendete Besahn-Ever an Stelle eines Roofs ein kleines K o c h -

h a u s. Entweder wurde das Kochhaus mit eisernen Winkeln auf dem Deck befestigt, oder über dem Deck des Kochhauses lag ein starker Querbalken, dessen Enden mit etwa ¾ Zoll starken Zugstangen auf dem Halbdeck befestigt wurden. Sehr selten, wahrscheinlich erst seit dem Anfang dieses Jahrhunderts wurden Besahn-Ever mit einem kleinen eisernen Kochhaus ausgerüstet. Die Giek-Ever besaßen weder ein Kochhaus noch ein Roof. In der Gegenwart sieht man mitunter auch einmastige Ever mit einem Deckhaus; jedoch handelt es sich stets um ehemalige Besahn-Ever, bei denen der Besahnmast des Motors wegen ausgebaut worden ist.

20. Motoreinbau.

An dieser Stelle soll nur die Einführung des Motors bei den Fracht-Evern, der Einbau, sowie die dadurch häufig verursachte Aenderung der Steuerung und der Takelung behandelt werden. Den ersten Versuch, die Dampfmaschine für den Antrieb eines Evers zu verwenden, unternahm der Reeder Koch in Altenwerder, der im Jahre 1864 in seinem bisher zur Fahrt nach Hamburg benutzten Ever eine Dampfmaschine einsetzen ließ[152]. Das durch eine Schraube angetriebene Fahrzeug, das den Namen „Fortschritt" erhielt, bewährte sich gut. 1897 lief auf der Schedelgarnschen Werft in Moorregerdeich ein großer und mit einem Heck versehener Ever vom Stapel (Anna, LGFT), der einen Schraubenbrunnen besaß. Der Schiffer (W. Wrigge, Uetersen) beabsichtigte, beim Neubau einen Motor einsetzen zu lassen; er hat aber davon Abstand genommen. Kurz vor dem Kriege erhielten als erste einige Rhin-Ever einen Motor[153]. Nach 1918 sind nach und nach zahlreiche kleine Frachtsegler mit Motoren ausgerüstet worden. An dieser Entwicklung haben nur wenige hölzerne Fracht-Ever teilgenommen: 1926 besaßen erst 6 Ever und im Jahre 1930 etwa 30 seegehende Ever einen Motor. Auf den Evern hat man Petroleum-, Benzin- oder Rohölmotoren eingebaut, deren Leistung sich meistens zwischen 15 bis 35 Wellenpferdestärken bewegt. Der Motor wurde entweder in der Kajüte, oder vor der Kajüte im Laderaum mit einer Nische durch das Kajütschott, aufgestellt.

Der Einbau des Motors gab den Anlaß, einige bauliche Veränderungen vorzunehmen, denn einmal mußte das Achterschiff der Schwingungen des Motors halber verstärkt werden und zum anderen mußte ein M o t o r f u n d a m e n t eingebaut werden. Der Einbau wurde auf den kleinen Holzschiffwerften sehr verschieden ausgeführt. Oft pflegte man die Kimmweger bis an den Achtersteven heranreichend zu verlängern, auch wurde unter dem Hauptbalkweger ein Unterbalkweger eingebaut, der vom Spiegel des Schiffes über die Motoranlage hinaus über vier bis sechs Spanten reichte. Andere Werften bevorzugten die Querverstärkung, indem sie auf jeder Seite des Achterschiffes zwei oder drei Zwischenspanten einbauten. Andere Werften wiederum wählten die zuerst erwähnte Längsverstärkung, außerdem brachten sie an jedem durchlaufenden Deckbalken des Achterschiffes ein eisernes Hängeknie an, mitunter wurde noch ein eisernes Rahmenspant eingebaut. Das Mittelkielschwein mußte des Schwungrades wegen mitunter durchgeschnitten werden. Zum Ausgleich für den unterbrochenen Längsverband wurde manchmal jederseits neben dem Kielschwein ein 2½ bis 6 m langes Nebenkielschwein (z. B. von 6½ × 5½ Zoll Stärke) angeordnet.

Auf den Bodenwrangen kamen zwei eichene, etwa 3 m lange Längsträger zu liegen, die nach vorn über den Motorbereich (etwa über vier Bodenwrangen) durchliefen; auf diesen Trägern wurde der Motor befestigt. Gewöhnlich pflegte man den Zwischenraum der Bodenwrangen unter den Längsträgern mit Eichenholz auszufüllen. Die Abmessungen der Längsträger wählte man sehr verschieden: 5 Zoll breit und 5 Zoll dick; oder 9 Zoll breit, vorn 7½ Zoll und hinten 3 Zoll dick. Bodenwrangen und Längsträger wurden oft leicht ausgeklinkt, um ein Verschieben zu verhindern, auch befestigte man gelegentlich an den vorderen Enden der Längsträger seitlich je ein eichenes Knie. Die Verbindung der Längsträger mit den Spanten und Bodenplanken geschah z. B. je durch zwei ⅝ bis ¾ Zoll starke Klinkbolzen, sowie durch je drei gleichstarke Stumpfbolzen mit den Spanten. Nebenkielschweine und Längsträger verbolzte man Ueberkant.

Der Achtersteven mußte beim Durchgang der Schraubenwelle mittels durchgenieteter eiserner Platten verstärkt werden. Mitunter nahm man auch eine Verbreiterung des Achterstevens vor, indem außen auf der ganzen Höhe des Achterstevens ein zweiter Steven an dem Achtersteven verbolzt wurde (s. Abb. 40), um eine genügend große Schraubenöffnung zu erhalten; die flacheisernen Schienen an den Ruderösen mußten dann verlängert werden. Die Inneneinrichtung der Kajüte und der Windfang wurden ausgebaut, das Kajütschott bekleidete man mit Eisenblech, auch fand eine Lenzpumpe Aufstellung. Eine eiserne Leiter oder eine hölzerne Treppe führte in den Motorraum hinab, der mitunter anstatt vom Kajütdeck vom Halbdeck aus zugänglich war.

Nach dem Motoreinbau erhielten mehrere Ever an Stelle der Ruderpinne eine Radsteuerung (Abb. 24). Auf dem Kajütdeck wurde eine eiserne Welle mit hölzerner Trommel angeordnet, deren Enden auf eisernen Böcken lagerten; bei Giek-Evern ohne Takelung ruhte mitunter die Welle hinten auf dem Leitwagen. Querab von der verkürzten Ruderpinne befand sich jederseits am Setzbord ein einscheibiger Block. Um die Trommel lag mit mehreren Törns ein Hanf- oder Stahldrahttau, dessen beide Enden durch die erwähnten Blöcke fuhren und an dem Ende der Ruderpinne festgesetzt waren. Die Bewegung der Welle und damit des Trommelläufers, der Ruderpinne und des Ruders geschah durch ein auf der Welle aufgesetztes eisernes oder hölzernes Ruderrad. Gelegentlich fand ein Patentsteuer Anwendung, d. h. ein Schnecken-steuerapparat, mit zwei Spindeln, von denen die eine ein Rechts- und die andere ein Linksgewinde besaß. Auf dem Ruderstamm wurde ein eisernes Joch aufgesetzt, daran befand sich jederseits eine eiserne Hebelstange, die mit einer Gleitmutter mit den Spindeln in Verbindung stand. Die Bewegung dieses Ruderapparates ge-schah ebenfalls durch ein Ruderrad. Oft brachte man die Rad-steuerung in einem hölzernen, auf dem Halb- oder Kajütdeck stehenden Ruderhaus unter.

Auch auf die Takelung der Ever hat die Einführung des Motors Einfluß gehabt. Mitunter sind bei den Besahn-Evern die Masten verkürzt worden, häufig hat man den Besahnmast aus-gebaut. Einmal ist der Besahnmast durch einen aus Mannesmann-rohr hergestellten ersetzt worden, der gleichzeitig als Auspuff dient. Gelegentlich hat man auch das Bugspriet und die Seiten-schwerter von Bord gegeben, weil der Antrieb des Evers nun vor-wiegend durch den Motor geschieht. Einige ausschließlich in der Binnenfahrt verwendete Motor-Ever, namentlich Obst- und Ge-müsefahrzeuge, besitzen keine Takelung mehr.

V. Takelung.

1. Giek- und Besahn-Ever.

(Abb. 10 und 13.)

Die Takelung der Ever, die man zusammenfassend Fleet nannte, bestand aus den Rundhölzern (wie Masten, Gaffeln, Giekbäume), dem Tauwerk (unterschieden in stehendes und laufendes Gut), den Blöcken und den Segeln. Nach der Art des Hauptsegels erhielten die Ever Namen wie Rah-, Spriet- und Giek-Ever, Ever mit zwei Gieksegeln hießen Besahn-Ever. Weil die Rah- und Spriet-Ever längst verschwunden sind war es nur möglich, wenige Einzelheiten ihrer Takelung zu ermitteln; sie sind deshalb erst am Schluß dieses Hauptabschnittes beschrieben worden.

Im Anfang des 17. Jahrhunderts entstand in den Niederlanden das Gaffelsegel mit einem Giekbaum, das dort *bezaan* oder *gijk- zeil* genannt wurde[154]. Es fand zuerst auf den kleinen Spieljachten und im Laufe des 18. Jahrhunderts auch bei Frachtseglern Verwendung. Von den Niederlanden ausgehend ist seitdem das Gieksegel das Hauptsegel der meisten kleinen Segler Nordeuropas und Nordamerikas geworden. Seit dem Anfang des 18. Jahrhunderts nannte man es in Deutschland Gyk-Sail, Giekseil, Giek- segel[155]. Bei den Elb-Evern wird das Gieksegel zuerst im Jahre 1794 erwähnt[156], obwohl es zweifellos schon einige Zeit früher verwendet worden ist. Dieses Segel verdrängte schon seit dem Anfang des 19. Jahrhunderts mehr und mehr die Rah- oder Spriet- takelung bei den Fracht-Evern.

Die älteren Giek-Ever hatten einen festen oder einen umlegbaren Mast, ein langes Bugspriet und vereinzelt auch einen Jagerbaum. Der Giekbaum reichte etwa bis zur Mitte des Kajüt- decks, die Schot befand sich vor der Ruderpinne. Erst in der zweiten Hälfte des 19. Jahrhunderts wurden längere, etwas über den Spiegel hinausragende Giekbäume gebräuchlich, deren Schot man an einem Leitwagen am Spiegel festsetzte. Vor dem Mast führten sie eine große Stagfock und einen Klüver, vereinzelt besaßen sie auch einen Jager. Giek-Ever mit einem festen Mast setzten gelegentlich eine Breitfock und darüber ein leichtes Toppsegel (Quertoppsegel). Gaffeltoppsegel, die bei kleineren Fahrzeugen erst nach 1800 eingeführt worden sind, lassen sich bei den Elb-Evern erst seit den zwanziger Jahren nachweisen; diese Segel traten an Stelle der Quertoppsegel. Kleine Binnen-Ever besaßen häufig nur ein Gieksegel und eine Stagfock, oft auch ein Gaffeltoppsegel. Einige holsteinische Binnen-Ever führten nur ein Gieksegel. Die neueren Giek-Ever erhielten ein breiteres und niedriges Gieksegel, über dem meistens ein Gaffeltoppsegel gesetzt wurde, auch besaßen sie am Vorgeschirr häufig nur ein Vorsegel, Klüver oder Klüfock genannt.

Die Besahn-Ever sind erst in den zwanziger Jahren des vergangenen Jahrhunderts entstanden und zwar nach dem Vorbild der Galeaß-Ever (Abb. 35)[157]. Zu den ältesten Evern dieses Takelungstyps gehörten „Immanuel", 1825 in Borstel gebaut und „Zufriedenheit", 1825 in Schulau gebaut. Die ältesten Bilder solcher Ever stammen aus den dreißiger Jahren[158], gleichzeitig werden Ever mit zwei Masten in der Literatur erwähnt[159]. Sie hatten feste Masten. An dem Großmast befand sich in der Regel eine feste Stänge, die mit dem leichteren und etwas niedrigeren Besahnmast durch ein Knickstag verbunden war. Ihre Besegelung entsprach der der Giek-Ever, nur kam noch der Besahn hinzu, auch führten sie stets einen Jager, meistens eine Breitfock und oft auch ein Quertoppsegel. Wie die älteren Bilder dieser Ever erkennen lassen, war ihr Besahn sehr hoch, die Gaffel war kurz, der Besahnbaum reichte über den Spiegel hinaus. Gewöhnlich wurde über dem Besahn kein Gaffeltoppsegel gefahren. Die wichtigste Aufgabe des Besahns bestand darin, das Schiff am Winde zu halten und das Anluven zu befördern.

Erst in der zweiten Hälfte des vergangenen Jahrhunderts trat ein neuer Besahn-Evertyp auf. Diese anderthalbmastigen Ever hatten einen kurzen Besahnmast, ein Knickstag fehlte, auch waren die Masten meistens zum Niederlegen eingerichtet (Abb. 13). Der kleine Besahnmast ist von den Fischer-Evern entlehnt worden, bei denen der feststehende Besahnmast zuerst im Jahre 1849 nachzuweisen ist. Ein älterer Ever[160] dieses Takelungstyps war der auf der Bergmannschen Werft in Wilster im Jahre 1861 gebaute kleine Ever „Johanna Christine". Mit der Einführung der neueren Besahn-Ever bezeichnete man den größeren Besahn der älteren Ever mit Everbesahn und den kleineren mit Fischerbesahn. Bei diesen Evern erhielt der Besahn eine längere Gaffel, auch setzte man darüber oft ein Gaffeltoppsegel. Viele der neueren Besahn-Ever führten, wenn sie nur oder vorwiegend auf der Elbe Verwendung fanden, ein Bugspriet mit einem Klüver, mitunter benutzten sie, sowie die Giek-Ever, das Bugspriet überhaupt nicht. Ever mit einem hohen Besahnmast sind weiterhin gebaut worden, doch haben viele ebenfalls umlegbare Masten erhalten, auch hatte ihr Besahn den gleichen Schnitt wie bei den neueren Besahn-Evern. Vereinzelt kam es auch vor, daß Giek-Ever nachträglich durch den Einbau eines kleinen Besahnmastes zu Besahn-Evern umgetakelt wurden. Umgekehrt hat man in der Gegenwart, gelegentlich des Motoreinbaues, den Besahnmast häufig ausgebaut.

Die Maststellung war bei beiden Besahn-Evertypen ebenfalls verschieden. Die Masten der älteren Ever standen etwas weiter auseinander als bei den neueren, in der zweiten Hälfte des 19. Jahrhunderts gebauten Evern. Bei den neueren Evern, sowohl mit festen wie mit umlegbaren Masten, wurde der Großmast etwas zurück und der Besahnmast etwas nach vorn gerückt. Am weitesten zurück stand der Großmast bei den Seefischer-Evern. Die nachstehenden Mittelwerte veranschaulichen diese Entwicklung und zwar sind die Entfernungen der Masten unter sich von den Endpunkten der Ladewasserlinie gemessen und als Teile der Schiffslänge angegeben[161]:

Entfernung von:	Besahn-Ever bis 1860	Besahn-Ever nach 1860	Fischer-Ever
Vorkante Vorsteven bis Mitte Großmast	0,30	0,32	0,35
Mitte Großmast bis Mitte Besahnmast	0,51	0,47	0,45
Mitte Besahnmast bis Hinterkante Achtersteven	0,19	0,21	0,20

1835 bemerkt der Verfasser[162] einer schleswig-holsteinischen Handelsstatistik: „In dem Wedeler Zolldistrikt gehören jetzt 68 Schiffe, lauter Ever, darunter 47 Einmaster und 21 Zweimaster. Die Zahl der Masten bestimmt hier aber nicht die Größe; es giebt viele Fahrzeuge von 7 Lasten, die zwei Masten haben, dagegen größere, von 8 bis 9 Last, mit nur einem Mast." Späterhin erhielten unter 15 Brutto-Registertonnen große Ever nur selten zwei Masten; von 1085 im Jahre 1899 an der Niederelbe vorhandenen Evern hatten nur 5 Besahn-Ever eine Größe von 13 bis 15 Tonnen. Ever von 16 bis 25 Brutto-Registertonnen Größe wurden entweder als Giek-Ever oder als Besahn-Ever getakelt, je nach dem Wunsch des Schiffers (s. S. 22). Ueber 25 Brutto-Registertonnen große Giek-Ever gab es im Jahre 1899 nur 8, davon war der größte Ever 32 Brutto-Registertonnen groß. Nach 1900 hat man über 25 Tonnen große Ever stets als Besahn-Ever getakelt. Während in der Seeschiffahrt meistenteils Besahn-Ever Verwendung fanden, wurden in der Binnenfahrt, außer in Kehdingen und im Ostegebiet, überwiegend Giek-Ever benutzt.

Die Bezeichnung Besahn-Ever hat sich erst allmählich durchgesetzt, zuerst finde ich sie in einer hannoverschen Schiffsliste für das Jahr 1865[163]. Das amtliche deutsche Schiffsverzeichnis führt, seit dem Jahre 1878 bis auf die Gegenwart, Besahn-Ever und Ever mit zwei Masten auf[164]. Man ist deshalb versucht, das für eine Unterscheidung der Everbesahn- und Fischerbesahn-Ever anzusehen, was jedoch nicht zutrifft. Vielmehr ist diese Unterscheidung rein zufällig gewählt; denn sie beruht auf der jeweils eingetragenen Bezeichnung in den handschriftlichen Seeschiffsregistern.

2. Masten.

(Abb. 16.)

Für die Herstellung der Masten fand in früherer Zeit an der Niederelbe vorwiegend Kiefernholz, namentlich für die festen Masten, gelegentlich auch Lärchenholz Verwendung. Späterhin (nach 1870) als langes und starkes Kiefernholz fast eben so teuer als Pitchpineholz wurde, benutzte man an der Elbe auch dieses eben erwähnte Holz, hauptsächlich aber nur für den Großmast der Ever. Für die umlegbaren Masten verwendete man seitdem außer Kiefernholz vielfach Tannen- oder Fichtenholz, beide Holzarten kosteten etwa nur die Hälfte des Kiefernholzes. Vielfach waren die Holzarten der Masten bei einem Ever verschieden, etwa Großmast Pitchpine und Besahnmast Tanne („Amazone" 1878). Die älteren, etwa bis in die achtziger Jahre gebauten Ever, auch die Binnen-Ever, hatten im Verhältnis zur Schiffsgröße vielfach höhere Masten als die neueren Ever, entsprechend der Redensart: Groß von Masten, aber klein von Lasten. Gewöhnlich wurde die Schiffsbreite für die Festsetzung der Mast länge zu Grunde gelegt: Länge des Großuntermastes bis Wantenauflage zwei bis zweieinhalb mal Schiffsbreite; Länge der Großstänge oberhalb Wantenauflage ein bis eineinhalb mal Schiffsbreite; Besahnmastlänge wie Großuntermast und über der Wantenauflage halbe Länge der Großstänge; Durchmesser des Großmastes am Deck 1½ Zoll, des Besahnmastes etwa 1 Zoll für je 4 Fuß Länge. Vielfach wurden die Abmessungen aber nach dem Wunsch des Schiffers bemessen. Die Abmessungen schwankten bei den 15 bis 20 m langen Fracht-Evern zwischen:

	Großmast	Besahnmast
Länge vom Deck bis Wantenauflage	9—14 Meter	7—12 Meter
Länge vom Deck bis Topp	13—20 Meter	9—15 Meter
Größter Durchmesser am Deck . .	10—15 Zoll	6½—10 Zoll

Die ältesten mit einem festen Deck versehenen Binnen-Ever hatten meistens einen zum Niederlegen eingerichteten Mast. Der Mast stand zwischen zwei vierkantigen eichenen Hölzern, die die Bezeichnung Mastkoker, Koker oder Köcher führten. Der Koker ruhte mit einem Zapfen in einer eichenen, auf dem Kielschwein befestigten Mastspur, die über mehrere Bodenwrangen reichte. Mastspur, Kielschwein und Bodenwrangen wurden durch

Klinkbolzen, oder durch eiserne Klammern und Klinkbolzen miteinander verbunden. Oben war der Koker jederseits mit einem eisenbeschlagenen Ausschnitt versehen, diese Ausschnitte bildeten das Lager des Mastbolzens. Ueber dem Mastbolzen wurde ein zum Hochklappen eingerichteter eiserner Beschlag an dem Koker befestigt. Der Mastbolzen war entweder lose, dann hatte er auf dem einen Ende einen Kopf und auf dem anderen Ende eine Mutter, oder der Mastbolzen saß im Mast fest, glatt mit Außenkante Koker abschneidend. Diese Anordnung wählte man, damit der Mast beim Passieren einer niedrigen Brücke herausgehoben werden konnte. Innerhalb des Kokers war der Mast vierkantig geformt. Der Mastfuß (Hiel genannt) reichte entweder bis auf die Mastspur, oder er ruhte auf einer zwischen dem Koker angeordneten hohen Aufklotzung; diese, sowie der Mastfuß, wurde entsprechend abgeschrägt. Ein Kokerbügel (S. 107) hielt den Mast oberhalb des Decks fest. An der Rückseite des Kokers befand sich an dem oberen Ende ein starkes Querholz, Knecht genannt. Dieser Knecht, sowie der Kokerbügel und der Mastbalken gaben dem Mast nach hinten Halt.

Damit der Mast niedergelegt werden konnte, mußte das feste Deck vor dem Mastkoker unterbrochen werden, man baute Lukenschlingen sowie daneben halbe Deckbalken ein. Ueber dieser Decköffnung wurde eine 0,06 bis 0,20 m hohe und 0,50 bis 0,80 m breite Luke angeordnet, Kistluke genannt, deren Länge sich nach der Länge des Mastes unterhalb des Decks richtete. Als Verschluß erhielt die Kistluke eine Kappe oder Lukendeckel. Diese Luke konnte wasserdicht verschlossen werden, auch pflegte man zwischen Mast, Kistluke und Deck zur Abdichtung Werg zu stopfen. Einige Ever führten an Stelle der Kistluke eine in das Vordeck eingelassene Kappe. Diese Mastanordnung, die bei den holländischen Binnenseglern seit der zweiten Hälfte des 17. Jahrhunderts nachzuweisen ist[165], ist bei den einmastigen Binnen-Evern vereinzelt bis in die siebziger Jahre des 19. Jahrhunderts ausgeführt worden.

Der Mast der offenen Ever stand ebenfalls in einem Koker, oder er war an einer Mastducht, auch Segelducht (Segeldeft, Seilducht) genannt, befestigt. Bei den Gemüse-Evern der Vierlande war hinter dem Koker eine Mastducht angebracht. Zwei Kokerbügel hielten den Mast fest, der hinten durch ein auf der Ducht befestigtes Knie noch eine weitere Stütze erhielt.

Die Galeaß-Ever und die älteren Besahn-Ever, auch mehrere seegehende Giek-Ever, besaßen feste Masten, dagegen hatten seit dem Ausgang des 19. Jahrhunderts mehrere der seegehenden Ever auch einige Galeaß-Ever, umlegbare Masten. Der Großmast stand zwischen zwei Mastbalken, oder zwischen einem Mastbalken und dem vorderen Lukenendbalken. Der Besahnmast stand ebenfalls zwischen zwei Mastbalken, bei den Evern mit sehr langer

Großluke meistens aber zwischen einem Mastbalken und dem Deckbalken, auf dem der Kajütgiebel ruhte. Innerhalb der Mastspur war das untere Ende des Mastes, auf ein Drittel oder ein Viertel der Mastdicke verjüngt; dieser Teil hieß M a s t s p u r - z a p f e n. Die beiden Deckbalken vor und hinter dem Mast wurden durch zwei starke M a s t s c h l i n g e n versteift, die in gleicher Höhe mit den Deckbalken lagen. Der Raum in Deckhöhe zwischen den Mastbalken, Mastschlingen und Mast füllte die M a s t u n t e r - l a g e aus, bestehend aus mehreren eichenen Hölzern. Außerdem wurde neben jeder Mastschlinge ein $3/4$ Zoll starker Klink- oder Schraubbolzen durch die Mastbalken getrieben. Oberhalb des Decks wurden die Masten ringsum durch $1/2$ bis 1 Zoll dicke kieferne Holzkeile festgehalten, über die man eine Persenning, M a s t k r a g e n genannt, zur Abdichtung nagelte.

In der Gegenwart enden die umlegbaren Masten der gedeckten Ever oberhalb des Decks. Wahrscheinlich sind diese Masten zwischen 1850 und 1860 eingeführt worden. Der Mastkoker aus Eichenholz stand zwischen zwei Deckbalken, wie bei den Evern mit festen Masten, die Decköffnung vor dem Mast verschwand. Die Befestigung des Kokers geschah auf verschiedene Art. Nur bei den älteren Evern, etwa bis 1870/80, wurde der Koker durch eichene Fische geführt, die eine Dicke von 3 bis $4\frac{1}{2}$ Zoll hatten und die man an den Enden und Seiten auf Deckdicke verjüngte. Späterhin setzte man den Koker gegen die hintere Kante des vor dem Mast liegenden Deckbalkens. Neben und zwischen dem Koker wurden unter dem Deck drei eichene L ä n g s u n t e r - s c h l ä g e mit ihren Enden in beide Mastbalken eingelassen und mit diesen verbolzt. Dicht hinter dem Koker lagen zwei kurze Q u e r u n t e r s c h l ä g e, deren Enden wiederum mit den Längsunterschlägen verbunden wurden. Bei einigen Evern legte man die beiden Deckbalken dicht nebeneinander, so daß der Zwischenraum durch den Koker ausgefüllt wurde und nur Längsunterschläge erforderlich waren. Weil der Kajütsofen an Backbord stand, kam es früher gelegentlich vor, daß aus Unachtsamkeit der Großmast angebrannt wurde, weil der nach Backbord niedergelegte Mast über das Ofenrohr zu liegen kam. Dem half man ab, indem man vielfach den Großmastkoker in der Längsrichtung etwas schief einbaute, damit der niedergelegte Großmast neben die Steuerbordseite des Besahnkokers zu liegen kam (Abb. 16 Nr. 12). Der niedergelegte Besahnmast fiel neben die Backbordseite des Großmastkokers, auch reichte der Besahntopp durchweg nur bis zum Fuß des niedergelegten Großmastes. Das war in neuerer Zeit die Regel. Nur einige Stein-Ever, die nach der Alster fuhren, mußten ihres Lade- und Löschplatzes wegen die Masten umgekehrt legen, also Großmast nach Backbord, Besahnmast nach Steuerbord. Auf guten Werften ordnete man neben den seitlichen Längsunterschlägen der vorbeschriebenen Koker je eine durch die beiden Mastbalken reichende eiserne Zugstange an. Diese Stangen hatten eine Stärke von ⅝ bis 1 Zoll, auf dem einen Ende erhielten sie einen großen Kopf (mitunter nur eine Klinkscheibe) und an dem anderen Ende eine Mutter mit dicker Unterlegscheibe. Manchmal wurden die beiden durchlaufenden Deckbalken in dem Bereich des Kokers weiter auseinander gelegt, mehrere Unterschläge und zwei halbe Deckbalken hielten den dazwischen freistehenden Koker fest (Abb. 16 Nr. 11). Weil die vielen kleinen Unterschläge aus dem vorrätigen Eichenholzabfall hergestellt wurden und halbe Deckbalken sich leichter beschaffen ließen, ersparte man dadurch einen durchlaufenden Deckbalken. Jederseits vom Koker lag ein Längsunterschlag, wie oben erwähnt. Vor und hinter dem Koker befand sich je ein Querunterschlag, deren Enden man in die Längsunterschläge einließ. Zwischen den Deckbalken und den Querunterschlägen wurden mehrere kurze Längsunterschläge eingebaut. Seitlich vom Koker lag je ein halber Deckbalken, dessen inneres Ende in den Längsunterschlag eingelassen und verbolzt wurde.

Ueber dem Deck hatte der Großmastkoker eine Höhe von 0,90 bis 1,20 m. Jede der beiden Stützen war 8 bis 15 Zoll breit und 4½ bis 7 Zoll dick. Meistens erhielt der Besahnmastkoker eine geringere Höhe und Stärke, er war 6½ bis 8½ Zoll breit und 3½ bis 4½ Zoll dick. Unterhalb des Decks wurde der Koker oft nur auf zwei Drittel Breite gearbeitet, um Holz zu sparen. Da es gelegentlich vorkam, daß der Koker nicht auf eine Bodenwrange traf (zwischen Koker und Bodenwrange lag aber das Kielschwein und die Mastspur), so mußte der Koker unterhalb Deck entsprechend hingearbeitet werden. Manchmal verbolzte man an der Vorkante des Kokers unterhalb des Decks je einen starken eichenen Knaggen. Diese hatten eine Länge (Höhe) von 12 bis 17 Zoll, ihre Dicke entsprach gewöhnlich der Dicke des Kokers, mit dem oberen breiten Ende lagen sie gegen die Unterkante des Mastbalkens. Durch drei verschieden starke Stumpfbolzen befestigte man die Knaggen an dem Koker und zwar hatte der obere Bolzen eine Stärke von ⅞ Zoll, der mittlere von ¾ Zoll und der untere von ½ Zoll. Angebracht wurden diese Knaggen deshalb, damit sich der Koker eines auf Grund liegenden Evers nicht in das Deck hochschieben konnte, falls sich der platte Boden durchdrückte; denn mit den Mastbalken oder mit den Unterschlägen war der Koker nicht verbolzt (Abb. 16 Nr. 9).

Der Mastbolzen wurde abweichend befestigt. Der Ausschnitt an den Stützen fehlte, der 1¼ bis 1½ Zoll starke Mastbolzen saß oben am Koker etwas tiefer, auf dem einen Ende hatte der Bolzen einen großen Kopf und auf dem anderen Ende eine Mutter. In gleicher Höhe mit dem Mastbolzen war an der Außenkante des Kokers eine viereckige eiserne Platte von 4 bis 5 Zoll Durchmesser und ¼ Zoll Dicke befestigt, oder man brachte gelegentlich einen flacheisernen Beschlag an, etwa von 6 Zoll Breite und ¼ Zoll Dicke, der vorn, seitlich und hinten den Koker umfaßte, durch diesen Beschlag reichte der Mastbolzen durch. An dem oberen Ende des Kokers brachte man zur Verstärkung ebenfalls flacheiserne Beschläge an, etwa von ¼ Zoll Stärke, die entweder den Koker ringsum einfaßten (z. B. von 1½ Zoll Höhe), oder nur von oben übergelegt wurden, dann erhielt der Beschlag die gleiche Breite wie der Koker dick war. Die seitlichen Enden dieses Beschlages waren so lang, daß man unterhalb des Mastbolzens einen etwa ½ Zoll starken Klinkbolzen durchziehen konnte, der beide Enden verband. Gleiche Beschläge erhielt der Mast innerhalb des Kokers seitlich und um den Fuß.

Etwa in 4 bis 6 Zoll Höhe über dem Deck war an dem Koker seitlich und an der hinteren Kante der Kokerbügel verbolzt, der je nach der Stärke des Mastes eine Breite von 2 bis 2¾ Zoll und eine Dicke von ¼ bis ¾ Zoll erhielt. An der Vorkante des Großmastkokers oder an der Hinterkante des Besahnmastkokers trug der eiserne Bügel jederseits ein Auge. Wenn der Mast aufgerichtet war, wurde durch beide Augen des Kokerbügels ein runder oder vierkantiger 1¼ bis 1½ Zoll starker Bolzen geschoben, mit Kopf und Splint oder mit Kopf und Mutter, der den Mastfuß festhielt. Andere Ever besaßen an Stelle des Bolzens ein Flacheisen von etwa 1½ Zoll Breite und ⅝ Zoll Stärke; das eine Ende war mit einem Auge des Kokerbügels verbunden, das andere Ende trug einen Haken für das andere Auge des Bügels, oder das Flacheisen war nur mit einem Schlitz versehen. Letzterer wurde über das zweite Auge des Bügels gestreift und durch einen gekrümmten und losen Haken (nicht Losenhaken) gesichert.

An der Rückseite des Großmastkokers und an der vorderen Seite des Besahnmastkokers war ein Mastfutter und ein starkes Querholz, Knecht genannt, befestigt; beide dienten als Ruhepunkt für den Mast. Das 1½ bis 2 Zoll starke eichene Mastfutter wurde innerhalb des Kokerbügels an dem Koker angebracht, es reichte etwa bis zur halben Höhe des Kokers oder bis Unterkante Knecht. Der in gleicher Höhe mit der Nagelbank befindliche Knecht aus Eichenholz erhielt eine Breite von 3 bis 5 Zoll und eine Dicke von 4 bis 5 Zoll. Seine beiden kopfähnlich geformten Enden ragten seitlich über den Koker hinaus, sie trugen je einen Belegnagel.

Als Auflage für die Wanten dienten die Mastbacken, auch Träger genannt, sowie die Wantkissen, beide aus Eichen- oder aus Eschenholz bestehend (Abb. 16 Nr. 10). Gleichzeitig hatten die Mastbacken noch die Aufgabe, den Mast an dieser Stelle zu verstärken, weil hier der größte seitliche Zug der Wanten auf den Mast wirkte. Die Mastbacken hatten eine Höhe von 10 bis 17 Zoll und eine Dicke von 1¼ bis 3 Zoll, ihre Breite oben entsprach der Dicke des Mastes, nach unten verjüngte sich ihre Breite. Ihre

Befestigung geschah an dem seitlich flachgearbeiteten Mast durch drei Klinkbolzen. Auf den Mastbacken waren die etwas überstehenden, oben abgerundeten Wantkissen befestigt, die eine Dicke von 2 bis 3½ Zoll hatten. An der Stelle, wo die gesetzte Gaffelklau den Mast umfaßte, wurde oft als Schutz ein eichenes, etwa 1 Zoll starkes Mastfutter angebracht.

Bis weit in die zweite Hälfte des vergangenen Jahrhunderts hinein wurde der Großmast der Ever meistens aus zwei Teilen zusammengesetzt, aus dem langen Untermast und aus der kürzeren Stänge (Abb. 16 Nr. 8). So hatte z. B. der Untermast eines älteren See-Evers eine Länge von 10,30 m (Deck bis Wantenauflage), während die Stänge 5,80 m lang war. Oberhalb der Wantenauflage wurde der Topp des Untermastes an der Vorkante sowie die Hinterkante der Stänge am Fuß derart abgeschrägt, daß die Stänge auf dem Topp ruhte und vorn glatt abschnitt. Einige Besahn- und Galeaß-Ever hatten eine am Fuß ziemlich dick auslaufende Stänge; dann wurde an der Vorkante des Untermastes, bei der Wantenauflage, ein niedriger Sockel als Stängeauflage verbolzt. Die Großstänge der hannöverschen Besahn-Ever, namentlich bei den alten Kehdinger Stein-Evern, stand häufig unten etwas über den Untermast vor, Nase genannt. Mehrere Bolzen und zwei eiserne Bänder von 2¾ bis 3½ Zoll Breite und ⅜ bis ½ Zoll Dicke verbanden Mast und Stänge. Zur weiteren Befestigung dienten die Augbolzen, an denen die Piekfall- und Klüverfallblöcke eingehakt wurden. Der Topp der Stänge, auch der Topp der Pfahlmasten, war immer etwas nach vorn gearbeitet. Kleine, einmastige Binnen-Ever besaßen ehemals gewöhnlich nur eine sehr kurze und leichte Stänge, die man Trommelstock nannte. Eine leichte und lose Besahnstänge hatten nur einige See-Ever, meistens auch die Galeaß-Ever.

Etwa ein Meter oberhalb des Topps des Untermastes trug die Stänge eine 6 bis 8½ Zoll hohe und abstehende Verzierung, gewöhnlich von achteckiger Form, die den Namen Hummer oder Hummel führte. Sie wurde in älterer Zeit aus der Stänge gearbeitet, später angesetzt, um Holz zu sparen. Bis zum Ausgang des vergangenen Jahrhunderts besaßen fast alle Ever diese bei blanken Masten durchweg weiß bemalte Verzierung.

Seit dem Ausgang des vergangenen Jahrhunderts traten an Stelle der Stängemasten mehr und mehr die Pfahlmasten, d. h. Masten, die man in einer Länge anfertigte. Die Länge der zum Niederlegen eingerichteten Großmasten wurde gewöhnlich so bemessen, daß der Topp des niedergelegten Pfahlmastes, der zwischen dem Ruder und der Mittelstütze der Spiegelreling lag, mit der Ruderhacke abschnitt. Eine Zeitlang war es noch üblich, bei Pfahlmasten die angesetzte Stänge durch eine seitliche Einkerbung vorzutäuschen. Gelegentlich kam es auch vor, daß man bei Pfahlmasten wieder eine Stänge ansetzte, wenn der Masttopp brach.

Zum Belegen des laufenden Gutes, etwa der Enden der Klau- und Piekfallen, brachte man an den Masten oder an den Mastkokern einige Belegnägel und Belegklampen an. Ever mit feststehenden Masten erhielten in einer Höhe von 0,70 bis 0,80 m über Deck seitlich je eine starke hölzerne Klampe, deren Enden nach oben und unten zeigten, auch trugen sie je zwei kleine eiserne Belegnägel (längsschiffs); oder sie erhielten statt der Klampen einen starken hölzernen oder eisernen Ring als Nagelbank. Bei den umlegbaren Masten wurde eine Nagelbank jederseits an dem Mastkoker unterhalb des Mastbolzens befestigt. Die aus Eichenholz hergestellte Nagelbank war z. B. 4 Zoll breit und 2½ Zoll dick, ihre Länge entsprach der Kokerbreite; sie trug zwei oder drei Belegnägel. Mitunter befand sich auch an der Vorkante des Großmastkokers eine kurze Nagelbank mit je einem Belegnagel. Einige Ever besaßen seitlich am Koker außerdem noch eine oder zwei hölzerne Belegklampen. Andere Ever hatten eine starke eiserne Klampe an der Hinterkante des Kokers, oder nur eine hölzerne Klampe an dem Mastfutter.

Häufig war an der Vorkante der festen und umlegbaren Masten (oberhalb des Giekbaumes) eine aufwärtsgerichtete, vielfach naturgewachsene Klampe aus Eichenholz verbolzt, die Mastband- oder Krallenfänger hieß. Sie diente zur Aufnahme der Reihleine oder der Mastbänder (Mastringe) des Gieksegels, wenn das Segel festgemacht war (Abb. 16 Nr. 9).

3. Bugspriet und Jagerbaum (Klüverbaum).

(Abb. 14.)

Das Vorgeschirr der Fracht-Ever war sehr mannigfaltig. Die meisten Ever hatten entweder ein loses Bugspriet, oder sie führten ein loses Bugspriet und einen losen Jagerbaum. Einige Fahrzeuge besaßen ein festes Bugspriet mit einem festen Klüverbaum, bei anderen Evern bestand das Bugspriet und der Jagerbaum (Klüverbaum) aus einem Rundholz. Obwohl aber fast alle niederelbischen Fracht-Ever mit einem Vorgeschirr versehen waren, wurde es auf der Elbe bei vielen Giek- und Besahn-Evern zeitweise oder überhaupt nicht benutzt. Man verstaute es an Bord, oder man ließ es an Land. Weil der Segelschwerpunkt bei den Evern ziemlich weit vorn lag, konnten sie allein mit der Stagfock und den Gaffelsegeln gut manövrieren. Wenn der Ever unter Segel ging, setzte man zuerst die Stagfock und den Besahn, erst dann das Großsegel. Im Bereich des Hamburger Hafens manövrierten die Ever häufig nur mit der Stagfock und dem Großsegel, oder mit der Stagfock und dem Besahn, oder nur mit der Stagfock.

Für die Herstellung des Bugspriets und des Jagerbaums (Klüverbaums) fanden die gleichen Holzarten, wie für die Masten,

Verwendung. Außerhalb des Vorstevens hatte das Bugspriet eine Länge von 3 bis 5 m, der größte Durchmesser neben dem Steven schwankte zwischen 6 bis 10 Zoll. Das Bugspriet lag bei den Elb-Evern meistens an der Steuerbordseite (Abb. 14 Nr. 1), seltener an der Backbordseite des Vorstevens, auch dann, wenn die Ever ein kleines Galion besaßen. Neben dem Steven wurde das Bugspriet mittels eines Scharnierbandes von 2 bis 2¼ Zoll Breite und ¼ bis ⅝ Zoll Dicke festgehalten. An dem Scharnierband war ein ¾ bis 1 Zoll dicker Bügel angeschmiedet, der an der Seite oder an der Vorkante des Stevens verbolzt wurde. Bei einigen Evern wurde der 1¼ bis 1½ Zoll starke rund oder vierkant gearbeitete Bügel durch eine eisenbeschlagene, oben quer durch den Vorsteven gehende Oeffnung gesteckt und auf der anderen Seite des Stevens verschraubt; auch erhielt das Scharnierband unten eine seitlich am Steven befestigte eiserne Stütze (Abb. 14 Nr. 4). Das Bugspriet der Fracht-Ever war nicht zum Einholen eingerichtet, wie bei den Fischer-Evern, sondern es konnte, wenn man das Scharnierband öffnete, mittels des Klüverfalls hochgeklappt werden. Deshalb wurde das Scharnierband auch Ringlager mit Klappe genannt. Um ein Schamfielen des Bugspriets zu verhüten, umwickelte man die Klappe des Scharnierbandes mit Schiemannsgarn, oder es wurden bei einem stärkeren Bugspriet vier etwa 12 Zoll lange und 1 Zoll breite flachrunde eiserne Schienen als Schutz angebracht. Die Hauptbefestigung bildete aber ein mindestens 1 Zoll starker Splintbolzen, der seitlich durch den Fuß des Bugspriets und durch das obere Ende des Pallpfostens drehbar fest saß. Falls das Bugspriet losgenommen werden sollte, mußte dieser Bolzen herausgezogen werden. An der Bugsprietnock war ein eisernes Band von 1½ bis 2 Zoll Breite und ⅜ bis ⅝ Zoll Dicke aufgezogen. Dieses sollte das Aufspalten des Bugspriets verhindern, auch diente es zur Befestigung des Bugsprietstages. In älterer Zeit trug das Nockband an der oberen Seite ein angeschmiedetes Auge für das Bugsprietstag, späterhin wurde jederseits und an der unteren Seite des Bandes je ein Auge für die Bugstagen und für die Wasserstagtalje angebracht. Hinter dem Nockband war ein Scheibengat für den Klüverausholer angeordnet.

Während die älteren Giek-Ever vielfach nur einen großen Klüver setzten, erhielten die im Anfang des 19. Jahrhunderts entstandenen Galeaß- und Besahn-Ever, auch die seegehenden Giek-Ever und mehrere Binnen-Giek-Ever, außerdem noch einen Jager. Dieses Vorsegel wurde an einem zum schnellen Einholen und Auslegen eingerichteten Klüverbaum, der gewöhnlich aber Jagerbaum genannt wurde, gesetzt. Der Jagerbaum lag stets entgegengesetzt vom Bugspriet, also meistens an der Backbordseite des Vorstevens. Die Verbindung beider Rundhölzer geschah durch ein hölzernes Eselshaupt, etwa von 4 Zoll Breite und 2 Zoll

Dicke, das oft ringsum durch ein eisernes Band verstärkt wurde. Seit der Mitte des vergangenen Jahrhunderts verwendete man meistens eine Jagerbaumbrille, bestehend aus zwei miteinander verbundenen, aber verschieden großen eisernen Bändern von 2½ bis 2¾ Zoll Breite und ⅝ bis ¾ Zoll Dicke, von denen das an der Bugsprietnock befestigte Band eine achteckige, das um den Jagerbaum greifende Band eine runde Form hatte. Hinter der Jagerbaumbrille befand sich das Scheibengat für den Klüverausholer, indessen das Bugsprietnockband hinter dem Scheibengat aufgezogen war. An der Jagerbaumnock saß ebenfalls ein eisernes Nockband von 1¼ bis 1½ Zoll Breite und ⅜ bis ½ Zoll Dicke, auch war hinter diesem Band ein Scheibengat für den Jagerausholer vorgesehen. Außerhalb der Bugsprietnock hatte der Jagerbaum eine Länge von 1¾ bis 2 m, sein größter Durchmesser betrug 5 bis 5½ Zoll und an der Nock etwa 4¼ Zoll. Ausgeschoben ruhte der Jagerbaum auf der Bugklampe, eingeholt auf einem an der Querbeting des Ankerspilles befestigten Knaggen. Der Jagerbaum mußte so lang sein, daß sein Scheibengat für den Jagerausholer außerhalb der Jagerbaumbrille blieb, wenn der Jagerbaum eingeholt wurde. Meistens entsprach die ausgeschobene Länge des Jagerbaums dem Abstand Querbeting bis Bugklampe der gewöhnlich 1,60 bis 2,00 m betrug. Weil der Jagerbaum eine leichte Spiere war, konnte er ohne Verwendung einer Talje ausgeschoben und eingeholt werden (Abb. 14 Nr. 1).

Seit den dreißiger Jahren des vergangenen Jahrhunderts erhielten mehrere Galeaß- und See-Ever, aber nicht die eigentlichen Elb-Ever, ein festes Bugspriet (Abb. 14 Nr. 9), das nicht neben sondern über dem Vorsteven lag und dessen Länge außerhalb des Stevens etwa gleich der Schiffsbreite war. Das feste Bugspriet hatte die gleiche Stärke wie der Besahnmast, mitunter verwendete man auch ein stärkeres Bugspriet. Oberhalb des Vorstevens war das Bugspriet kantig gearbeitet. Manchmal ruhte das Bugspriet nicht direkt auf dem Vorsteven, sondern auf dem oberen und auf dem Festenbug befestigten Bugband, oder man setzte auf dem Steven ein eichenes Füllstück auf. Jederseits wurde das Bugspriet durch ein 2 bis 2¾ Zoll breites und ⅜ bis ¾ Zoll dickes Flacheisen festgehalten (Abb. 14 Nr. 12). Beide Flacheisen verbanden drei durch den Steven getriebene Schraubbolzen von ⅝ bis ¾ Zoll Stärke. Das obere Ende beider Flacheisen war mit einem Auge versehen, auch waren die Flacheisen auf der oberen Kante des Bugspriets zusammengebogen. Beide Augen wurden durch einen ⅝ bis ¾ Zoll starken Schraubbolzen verbunden. Bei einigen Evern waren die Flacheisen oben rund gearbeitet, etwa ⅝ bis ¾ Zoll stark und mit einem Gewinde versehen (Abb. 14 Nr. 13). Darüber streifte man eine durch zwei Muttern festgehaltene ¾ bis 1 Zoll starke eiserne Klappe. Zwischen der Klappe und dem Bugspriet befand sich als Schutz gegen das Schamfielen ein Futterholz. Binnenbords war das Bugspriet nur mit einem Zapfen in die Vorkante des Pallpfostens eingelassen.

Auch kurz vor dem erwähnten Bugsprietbeschlag blieb das Bugspriet oben noch flach, darauf wurde ein starker Knaggen verbolzt, der als Ruhepunkt für den Klüverbaum diente (Abb. 14 Nr. 10). Die Länge des Klüverbaumes betrug einhalb bis zweidrittel der Bugsprietlänge, sein größter Durchmesser war gleich der Stärke des Bugspriets an der Nock. Der Klüverbaum lag auf dem Bugspriet, sein Fuß lief in einen Zapfen aus, der in den Knaggen hineinpaßte. Ueber dem Knaggen und dem Fuß des Klüverbaumes war ein 2 bis 2³/₈ Zoll breiter und ³/₈ Zoll dicker aufklappbarer flacheiserner Bügel angebracht und seitlich am Bugspriet verbolzt. Dieser Bügel, sowie das an der Bugsprietnock angeordnete hölzerne Eselshaupt, oder nach 1850 meistens eine eiserne Klüverbaumbrille von 2³/₄ bis 3¹/₂ Zoll Breite und ⁵/₈ bis ³/₄ Zoll Dicke, hielt den Klüverbaum fest. Entweder wurde die Klüverbaumbrille mit Schmarting und Schiemannsgarn bekleidet, oder man befestigte einige kurze halbrunde Schienen bei der Lagerstelle auf dem Klüverbaum. An der Klüverbaumnock war ebenfalls ein eisernes Nockband angebracht.

Seit dem Ausgang des 19. Jahrhunderts sind auf den in der Küstenfahrt verwendeten Evern, auch wenn sie umlegbare Masten hatten, selten aber bei den nur auf der Elbe benutzten Evern, Bugspriet und Jagerbaum gelegentlich aus einem Rundholz angefertigt worden (Abb. 14 Nr. 17 und 18). Dieses Vorgeschirr war außerhalb des Vorstevens 5 bis 7 m lang. Es lag entweder an der Steuerbordseite des Vorstevens, seine Befestigung erfolgte durch ein Scharnierband am Steven und durch einen Splintbolzen am Pallpfosten. Oder es ruhte über dem Vorsteven, dann war das Vorgeschirr wie das feste Bugspriet befestigt.

4. Tauwerk

An Bord der Ever wurde für das zur Abstützung der Masten dienende stehende Gut (z. B. Wanten) vierschäftiges Hanftauwerk verwendet, indessen für die Abstützung des Vorgeschirrs (z. B. Klüverstag) dreischäftiges Hanftauwerk Verwendung fand. Nur für die beiden Fallen des Großsegels, sowie für die Schot und Dirk dieses Segels und für die Takel beider Masten wählte man oft vierschäftiges Hanftauwerk. Alles andere zur Bewegung der Rundhölzer und Segel erforderliche laufende Gut bestand aus dreischäftigem Hanftauwerk.

Manilatauwerk, das bei den amerikanischen Seglern schon um 1800 benutzt worden ist[166], ist bei den Evern vielleicht schon um die Mitte des vergangenen Jahrhunderts eingeführt worden, doch läßt sich die gelegentliche Verwendung dieses Tauwerks für das laufende Gut erst seit den achtziger Jahren nach-

Aus: Heimatbuch des Kreises Steinburg, Verlag von J. J. Augustin, Bd. II., Glückstadt 1925

Abb. 21. Oste-Ever „Die zwei Gebrüder", gebaut 1886 (Stör bei Kasenort)

Abb. 22. Deckansicht des Alstermaß-Evers „Metta", gebaut 1889

Abb. 23. Störprahm „Die Freundschaft" von Itzehoe, um 1748 gebaut
Aufnahme von 1909 (Stör bei Itzehoe)

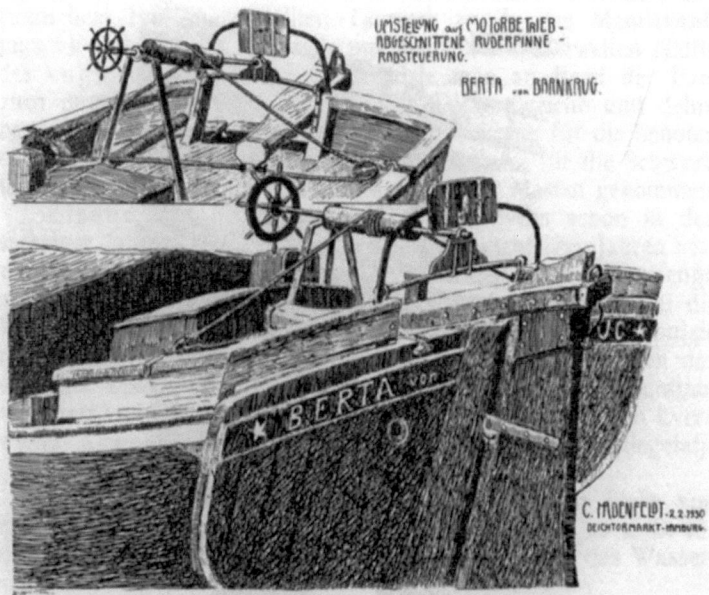

Abb. 24. Elb-Ever „Berta", z. Zeit ohne Takelung

Abb. 25. Elb-Ever „Wanderer", gebaut 1902

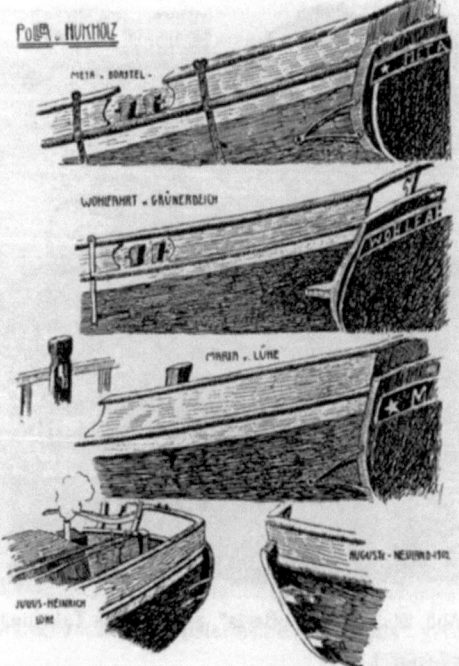

C. Hadenfeldt - 1930

Abb. 26. Poller-Anordnung und Hukholz-Befestigung bei kleinen Elb- und Lühe-Evern

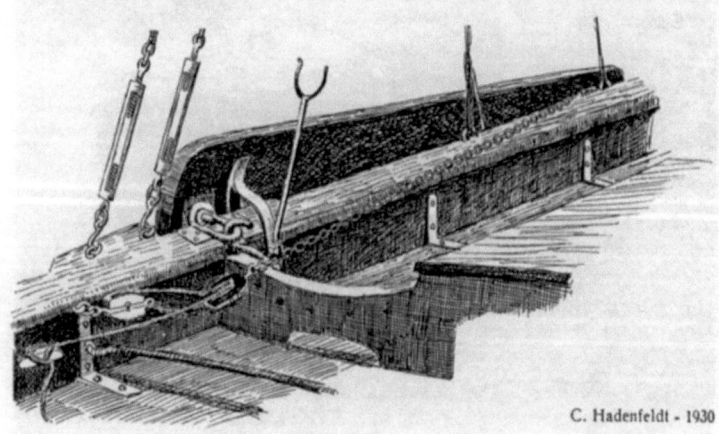

C. Hadenfeldt - 1930

Abb. 27. Schwertbefestigung des Elb-Evers „Auguste", gebaut 1902

weisen. Im Gegensatz zu dem aus europäischem, besonders aus russischem Hanf hergestellten Tauwerk wurde das Manilahanftauwerk nicht geteert, allenfalls nur geölt. Seit der zweiten Hälfte des vergangenen Jahrhunderts benutzte man an Bord der Ever auch ungeteertes Kokostauwerk[167]. Dieses weiche und dehnbare Tauwerk fand z. B. gelegentlich Verwendung für die Schoten der Vorsegel und der Breitfock, häufig wurde es für die Schwerttaljen, mitunter auch für die Takelläufer beider Masten genommen.

Eisendrahttauwerk[168] ist bei den Evern schon in den sechziger Jahren, häufiger aber erst seit den achtziger Jahren verwendet worden. Man nannte es an der Elbe auch Wier (engl. *wire*) oder sogar Wierdraht. Bei einigen Evern bestanden nur die Wanten und das Fockstag aus Drahttauwerk, mitunter benutzte man es nur für das Fockstag. Nach 1900 verdrängte jedoch das verzinkte Eisen- oder Stahldrahttauwerk das stehende Hanftauwerk fast vollständig. Für das laufende Gut fand es bei den Evern wenig Anwendung, am häufigsten noch für die Mastlegetalje (oder Gien).

Außerdem benutzte man an Bord der Ever an Stelle von Hanf- oder Drahttauwerk auch Ketten ohne Stege, so z. B. für die Schwertstander, für die Hanger der Takel und für das Wasserstag.

5. Blöcke.

Einen wichtigen Bestandteil der Ever-Takelung bildeten die vielen ein- oder zweischeibigen Blöcke, dreischeibige Blöcke indes sind nur sehr selten benutzt worden. Beispielsweise gehörten zu der Takelung eines kleinen Giek-Evers etwa 42 Blöcke, zu der eines seegehenden Besahn-Evers sogar etwa 72 Blöcke. Ihre Aufgabe war, das Tauwerk in bestimmter Richtung zu leiten, so daß die Bedienung der Rundhölzer und Segel vom Deck aus geschehen konnte, auch sollten die Blöcke die anzuwendende Kraft vergrößern bzw. das Holen erleichtern.

Die ältesten Blöcke bestanden aus einem Stück Eschen- oder Ulmenholz. Außen war das Gehäuse mit einer Vertiefung (Keep) versehen, die zur Aufnahme eines Taustroppes diente. Seit dem 18. Jahrhundert fanden gelegentlich an Stelle der bestroppten Blöcke solche mit einem außen befestigten eisernen Beschlag Anwendung[169]. Erst um die Mitte des vergangenen Jahrhunderts wurde das Blockgehäuse aus mehreren über und unter dem Scheibengat miteinander verbundenen Teilen zusammengesetzt[170]. Diese Blöcke, entweder mit Taustroppen oder mit äußerem Eisenbeschlag, sind bei den Evern nach 1850 allgemein verwendet worden. Doch haben die mit Eisenbeschlag versehenen Blöcke die bestroppten Blöcke nicht vollständig verdrängt. In den siebziger Jahren kamen die Blöcke mit einem innen liegenden Eisenbeschlag auf, bei denen der Blockbolzen nur noch innen auf dem Beschlag ruht, also das Blockgehäuse nicht mehr beansprucht. Diese in der Gegenwart allgemein üblichen Blöcke hat man auf den Evern in viel geringerem Umfange als die mit Außenbeschlag benutzt. Blöcke und Drahtstroppen, bekleidet mit Schiemannsgarn, fanden in neuerer Zeit ebenfalls Anwendung, so für die Gienblöcke. Blöcke, über denen ein Drahttau oder eine Kette lief, erhielten an Stelle der Pockholzscheiben eiserne Scheiben. E i s e r n e B l ö c k e, die zuerst kurz vor der Mitte des 19. Jahrhunderts hergestellt worden sind, hat man bei den Evern erst in neuerer Zeit benutzt, so für die Gien, mitunter auch für das Wasserstag.

In früherer Zeit wurden auf den Evern an Stelle der gewöhnlichen zweischeibigen Blöcke vielfach die sogenannten V i o l i n - b l ö c k e verwendet, namentlich für den oberen Takelblock, für das Klaufall, für die Großdirktalje und für die Schwerttalje. Diese zierlich aussehenden, entweder bestroppten oder mit Außen- oder mit Innenbeschlag versehenen Blöcke bestanden gewissermaßen aus zwei übereinander gesetzten einscheibigen Blöcken. An dem einen Ende waren sie breiter als an dem anderen, mithin waren auch die Blockscheiben verschieden groß, damit die Parten des Läufers klar liefen und sich nicht scheuerten. Gelegentlich fanden auch aus einem Stück hergestellte und bestroppte Violinblöcke Verwendung, die oben zwei Scheiben nebeneinander und eine dritte darunter besaßen. Die Violinblöcke stammen aus Holland, wo sie schon im 17. Jahrhundert Verwendung fanden[171]. In der Gegenwart sieht man Violinblöcke auf Evern nur noch vereinzelt, auch werden sie nur noch als oberer Takelblock benutzt. Ebenfalls verschwunden sind bei den Evern die mit Außenbeschlag versehenen abgeflachten Blöcke, die man als Klaufall- und als Schwerttaljenblöcke verwendete. Bei diesen Blöcken war die am Mast oder an dem Setzbord (Reling) liegende Seite des Blockgehäuses vollkommen platt gearbeitet. Um die Reibung der Blockscheiben auf dem Blockbolzen zu vermindern, konstruierten die Amerikaner im Anfang der vierziger Jahre die P a t e n t b l ö c k e[172], bei denen die Blockscheibe eine Buchse und sechs metallene Rollen besaß, die sich um den Bolzen drehten. Sie sind bei den Evern erst in der zweiten Hälfte des vergangenen Jahrhunderts eingeführt worden, fanden aber nur Verwendung für das Piekfall, gelegentlich auch für das Stagfockfall.

Die mit Eisenbeschlag versehenen Blöcke trugen auf dem einen Ende einen Haken oder ein festes Auge; an dem Auge wurde ein Schäkel angebracht. Die Haken wurden unterschieden in Steife-, Dreh-, Lose- und Doppelhaken. Die S t e i f e n h a k e n waren fest, die D r e h - oder D r e h w u r z e l h a k e n beweglich mit dem Eisenbeschlag verbunden, L o s e h a k e n sowie die D o p p e l - oder w e i t e Q u e r h a k e n wurden an dem festen Auge oder an einem daran befestigten Ring festgesetzt, sie waren also nach allen Seiten beweglich. Blöcke mit Eisenbeschlag besaßen an Stelle des

Hakens oft einen B ü g e l, entweder nur an einem oder an beiden Enden. Wenn an dem unteren Ende des Blockes die stehende oder feste Part des Läufers festgesetzt werden sollte, trug der Block einen H u n d f u t t, z. B. ein festes Auge mit einer runden oder spitzen Kausche; ebensolche Kauschen befanden sich auch an dem Bügelbeschlag. Die bestroppten Blöcke besaßen die gleichen Haken, mit Ausnahme des Drehhakens. Mitunter wurden die Blöcke auch an dem zugehörigen Tau eingebunden, so z. B. die Mantelblöcke an dem Hanger.

Außer diesen Blöcken sind die J u f f e r n (Want-, Püttings- und Fockstagjuffern), die Wegweiser und die Pockholzkauschen zu erwähnen; erstere sind bei dem stehenden Gut der Masten beschrieben. Mehrere etwa 3 Zoll breite W e g w e i s e r aus Pockholz wurden am Want befestigt, durch deren Oeffnungen die holenden Parten der Klau- und Piekfallen, sowie die Dirktaljenläufer geleitet wurden. Teils, damit sie sich nicht am Mast scheuerten, teils auch des besseren Aussehens wegen. Auch an dem Fockstag der Toppsegel-Ever befand sich mitunter ein Wegweiserblock. Starke P o c k h o l z k a u s c h e n benutzte man häufig an Stelle der Blöcke für die Stagfockschot, sonst z. B. als Leitkauschen für den Stag-focksteert, sowie für die Schoten des Klüvers und Jagers.

L ä u f e r b l o c k hieß der Block, über den die holende Part des Läufers nach einem Belegnagel oder nach einer Belegklampe fuhr. Die aus Eschenholz, seit dem Ende des vergangenen Jahrhunderts auch aus dem schweren und zähen Eisenholz (Grenadilleholz), oder aus Hickoryholz, hergestellten B e l e g n ä g e l hatten eine Länge von 8 bis 15 Zoll und eine Stärke von $3/4$ bis $1^1/4$ Zoll. Eiserne Belegnägel von 10 bis 15 Zoll Länge und $5/8$ Zoll Stärke fanden hauptsächlich nur für das Klaufall und für das Piekfall Verwendung. Angebracht wurden die Belegnägel an der Nagelbank am Mast, mitunter auch an dem eisernen Scharnierband (für die Großbaum-Befestigung) sowie an den Mastklampen (s. S. 109), ferner an den Spretlatten, an der Querbeting und an der Nagelbank zwischen dem Pallpfosten und Vorsteven. Bei den umlegbaren Masten waren sie an der Nagelbank seitlich am Koker und an dem Kokerknecht angeordnet. Die aus Eichenholz hergestellten und verschieden großen B e l e g k l a m p e n waren u. a. angeordnet an dem Mastkoker, an einigen Relingstützen, an der Binnenbugbekleidung, auf dem Halbdeck, mitunter auch an dem Giekbaum, auf der Ruderpinne, an den Ruderbacken, an der Innenkante des Lippbalkens (Spiegelklampe). Ihre Anzahl und Anordnung war bei den einzelnen Evern verschieden.

6. Stehendes Gut, Mast.
(Abb. 13 und Abb. 16.)

Die seitliche Abstützung der Masten geschah in erster Linie durch W a n t e n aus Hanftauwerk, die mit einem langen Auge über der Wantenauflage lagen. Jederseits am Großmast führten die größeren See- und Galeaß-Ever drei oder vier, die Besahn- und Giek-Ever zwei Wanttaue, die kleineren Giek-Ever ein Wanttau. Am Besahnmast hatten die Ever ein Wanttau oder auch zwei. Die Wanten wurden gewöhnlich paarweise hergestellt, Spannwant genannt, derart, indem man das hinreichend lang gekappte Wanttau (Hofttau, Haupttau) mit seinen zwei Enden unten zusammenlegte, indessen die Bucht des Wanttaues durch Bändsel verbunden wurde, so daß das erwähnte lange Auge entstand. Zuerst wurde das Steuerbord-Spannwant, dann das Backbord-Spannwant über die Wantenauflage gestreift. Wenn der Ever jederseits vier Wanttaue besaß, brachte man die beiden anderen Spannwant in der gleichen Reihenfolge auf. Wenn jederseits aber nur ein oder drei Wanttaue vorhanden waren, erhielt das eine oder das dritte ein besonderes Auge, auch wurde das dritte Wanttau immer zuletzt aufgebracht und hinten aufgesetzt.

Hölzerne Wantrüsten, die unten gegen die Schiffsseiten mittels Rüst- oder Püttingseisen abgestützt wurden, hatten die Ever, mit Ausnahme von einigen älteren Galeaß-Evern, nicht. Vielmehr dienten zur Befestigung der Wanttaue an den Schiffsseiten nur flacheiserne Schienen, die man Wantrüsten (Wantenrüsten, Wantenrost), auch Want-, Rüst-, Püttingseisen oder Want- oder Püttingsschienen nannte. Die gewöhnlich bis zur Unterkante Bergholz reichenden Wantrüsten erhielten am Großmast eine Breite von 2 bis 2¾ Zoll (oben) und 2 bis 2⅜ Zoll (unten), oben waren sie ½ bis ¾ Zoll, unten ⅜ bis ⅝ Zoll dick. Die Wantrüsten des Besahnmastes waren etwa ein Drittel schwächer als am Großmast. An dem oberen Ende der Wantrüsten befand sich, eben oberhalb der Reling, ein angeschmiedetes und längsschiffs gestelltes Auge, oder ein nach innen umgeschmiedetes Auge, von ⅝ bis ¾ Zoll Stärke. Die Befestigung der Wantrüsten an den Berghölzern geschah durch zwei oder drei ½ bis ¾zöllige Klinkbolzen, sowie unterhalb der Reling mit einem ½zölligen Klinkbolzen, durchgehend durch das Setzbord und den Dollbaum (Abb. 15 Nr. 18 und 19). Bei Evern mit umlegbaren Masten wurde die vordere Wantrüst gewöhnlich hinter dem Mastbolzen angeordnet, damit der Mast bequem gelegt werden konnte, ohne die Wanten loszunehmen.

Jedes Wanttau trug an dem unteren Ende eine eingebundene Juffer (Joffer) aus Pockholz, Wantjuffer genannt. Die Wantjuffern eines Lägerdorfer Evers hatten z. B. einen Durchmesser von 6 Zoll am Großmast und von 4½ Zoll am Besahnmast. Zu jeder Wantjuffer gehörte in der Regel (s. unten) eine zweite und gleichgroße Juffer, die man Rüst- oder Püttingsjuffer nannte. Die Rüstjuffer war ringsum mit einem Eisenbeschlag versehen, der unten einen starken Steifenhaken besaß. Dieser Haken wurde in das längsschiffs gestellte Auge der Wantrüst eingehakt. Wenn

116

das Auge der Wantrüst nach innen umgeschmiedet war, erhielt die Rüstjuffer einen Bügelbeschlag, oder einen Eisenbeschlag mit zwei Ohrlappen; ein starker Bolzen verband die Ohrlappen mit dem Auge. Beide Juffern waren je mit drei ausgearbeiteten Oeffnungen versehen, oft besaß die Rüstjuffer auch vier Oeffnungen. Zum Aufsetzen der Wanten diente ein starkes, durch die Oeffnungen geschorenes Hanftau, Taljereep (Tallreep) genannt, dessen einzelne Parten zusammengenommen stärker als das zugehörige Wanttau sein mußten. Von Zeit zu Zeit mußte das Taljereep, des Recks wegen, nachgesetzt werden. Mit der Einführung von Wanten aus Drahttauwerk wurde die Befestigung der Wantjuffern meistens geändert. Die Wantjuffer erhielt einen Eisenbeschlag mit zwei langen Ohrlappen, indessen man das Wanttau über eine eiserne Spitzkausche mit zwei oder drei Bändseln auf Tamp setzte. Die Spitzkausche mit dem Wanttau wurde zwischen die Ohrlappen der Juffer geschoben, ein starker Bolzen (mit Mutter) verband dann die Ohrlappen mit der Spitzkausche. Vereinzelt fehlte bei den Evern noch nach 1900 und selbst bei Verwendung von Drahtwanten die Rüstjuffer. Dafür war eine eiserne Kausche vorhanden, die im oberen Ende eines starken Losenhakens eingelassen war. Durch die Kausche wurde das Taljereep geschoren, indessen der Haken in das Auge der Wantrüst einhakte. Diese Art der Wantenaufsetzung läßt sich bei holländischen Schiffen bereits im Anfang des 19. Jahrhunderts nachweisen. In Holland pflegte man das Taljereep auch direkt durch das Auge der Wantrüst zu scheren; die gleiche Takelung habe ich erst kürzlich bei einem pommerschen Fischerfahrzeug („Hinz" von Neuwarp) gesehen. Mehrere Rüst- und Wantjuffern, Wantschrauben und Wantenspanner sind auf Abb. 7 Nr. 17, 18 und 19 dargestellt worden.

Die auf den größeren Seglern schon seit der Mitte des vergangenen Jahrhunderts benutzten Wantschrauben, auch Spannschrauben genannt[173], fanden auf den mit Drahtwanten getakelten Evern erst seit den neunziger Jahren Eingang, ohne daß sie die hölzernen Juffern mit Taljereeps verdrängten. Viele Ever mit Drahtwanten wurden weiterhin nach alter Art getakelt, weil die Verbindung der Wanten mit den Wantrüsten mittels Juffern und Taljereeps nicht so starr ist, als mit Wantschrauben. Die Taljereeps besaßen mehr Reck, d. h. sie gaben nach und brachen deshalb nicht so leicht. Außerdem war ein gebrochenes Taljereep leicht zu ersetzen, eine Wantschraube aber nicht, wenn der Schiffer keine Reserve-Wantschrauben besaß.

Die Wantschrauben bestanden aus zwei eisernen oder stählernen Schrauben und gewöhnlich aus einer geschlossenen Hülse von gleichem Metall. Die obere Schraube hatte ein Rechtsgewinde, die untere ein Linksgewinde, ihr Durchmesser betrug bei einem Lägerdorfer Ever 1 1/8 Zoll für die Großwanten und 3/4 Zoll für die Besahnwanten. Beide Schrauben hatten an dem einen Ende ein langes oder rundes Auge. An dem Auge der oberen Schraube wurde das mit einer eisernen Schmiege versehene Wanttau eingeschäkelt, oder über eine Spitzkausche auf Tamp gesetzt; ein Schäkel verband dann die Spitzkausche mit dem Schraubenauge. Das Auge der unteren Schraube wurde an dem Auge der Wantrüst eingeschäkelt. Bei Evern mit umlegbaren Masten trug das untere Schraubenauge einen starken Losenhaken, oder einige Kettenglieder mit einem Losenhaken; letzterer wurde an der Wantenrüst eingehakt.

Mehrere Ever, namentlich viele hannöversche Ever, hatten viel einfachere Wantschrauben, bestehend aus einer mit einem Auge versehenen Schraube mit Rechtsgewinde, am oberen Ende angeordnet, sowie aus einem offenen D r a h t s p a n n e r. An dem unteren Ende trug der Drahtspanner einen starken Drehhaken für das Auge der Wantrüst. Einige Ever führten diese Wantschrauben an beiden Masten, andere nur am Besahnmast und am Großmast hölzerne Juffern. Sie wurden hergestellt von Bauernschmieden, auch von Schiffsschmieden, die keinen Linksgewindeschneider und Bohrer besaßen.

Ever mit festen Masten hatten noch andere Wantschrauben: Beide Enden beider Schrauben waren gabelförmig geschmiedet. Das Wanttau wurde über eine Spitzkausche auf Tamp gesetzt, Gabel und Spitzkausche verband ein Bolzen mit Mutter. An der Wantrüst erfolgte die Befestigung der unteren Schraube ebenfalls durch einen Bolzen mit Schraube. Ever mit umlegbaren Masten hatten mitunter auch Wantschrauben, deren obere Schraube in eine Gabel auslief, indes die untere Schraube ein Auge mit einem Losenhaken hatte.

Einige Ever mit Drahtwanten erhielten an Stelle von Juffern oder Wantschrauben nur f l a c h e i s e r n e W a n t e n s p a n n e r. Hierzu gehörte ein schmales, mit mehreren Löchern versehenes Flacheisen, gegen dessen Vor- und Rückseite ein etwas breiteres Flacheisen lag, das am unteren Ende mit einem großen Auge zusammengeschmiedet war. Zwischen diese ebenfalls mit mehreren Löchern versehene Schmiege wurde das schmale Flacheisen gesteckt und durch zwei Schraubbolzen festgehalten, die durch die Oeffnungen der Schmiege und des Flacheisens hindurch reichten. Das große Auge der Schmiege trug einen Losenhaken für das Auge der Wantenrüst. Das Wanttau war mit einer durch eine eiserne Schmiege verstärkten Kausche versehen, mittels eines Schäkels setzte man das Wanttau an dem oberen Loch des Flacheisens fest[174].

Sobald die Ever jederseits zwei oder mehr Wanttaue führten, befestigte man dicht über den oberen Juffern oder Wantschrauben eine eichene S p r e t l a t t e (Spreizlatte). Die Spretlatte diente zur Verbindung der Wanttaue, auch sollte sie das Drehen der Wanten verhindern. Die Länge der Spretlatte richtete sich nach der Spannweite der Wanten, ihre Breite betrug 2½ bis 4 Zoll und die Dicke 2 bis 3 Zoll. Sie war aus zwei halbrunden, an den Enden früher verzierten, oder kantigen Längsteilen zusammengesetzt, die man früher durch Bändsel, späterhin meistens durch einige leichte Schraubbolzen miteinander verband. Die Spretlatte trug zwei bis vier Belegnägel. Für die Wanten und die Belegnägel waren an der Spretlatte Ausschnitte vorgesehen.

Ausgewebte Wanten, d. h. Wanten mit Webleinen, waren recht ungebräuchlich. Solche erhielten nur die größeren See-Ever, besonders wenn sie Rahsegel vor dem Großmast setzten. Manche Ever hatten sie selbst dann nur auf einer Seite des Großmastes.

Nach vorn wurde der Großmast durch das Fockstag abgestützt. Bei den älteren mit Gieksegeln getakelten Evern lag das Fockstag mit einem Auge über der Wantenauflage, auch brachte man das Fockstag vor dem ersten Steuerbord-Spannwant auf. Etwa seit dem Ende des ersten Drittels des 19. Jahrhunderts wurde es mehr und mehr üblich, das Fockstag oberhalb der Wantenauflage am Topp des Untermastes aufzusetzen. Dann ruhte das Auge des Stages auf einer an der hinteren Seite des Mastes befestigten Klampe. An dem unteren Ende trug das Fockstag eine in der Längsrichtung eingebundene Juffer, von gleichem oder auch von größerem Durchmesser als eine Wantjuffer. Die Fockstagjuffer war mit drei, vier oder fünf Oeffnungen versehen. Das Aufsetzen des Fockstages geschah mittels eines Taljereeps, auch Schmerreep genannt, für das oben am Vorsteven die gleiche Anzahl Oeffnungen wie bei der Juffer angebracht waren. Damit sich das Taljereep nicht am Steven scheuerte, wurde beiderseits über die Oeffnungen eine halbrunde Leiste angebracht. Diese Stagbefestigung kommt auf holländischen Schiffen bereits im 17. Jahrhundert vor; sie hat sich von hier aus auch auf mehrere Ostseetypen verbreitet. Noch in der Gegenwart sind einige Ever mit einer Stagjuffer getakelt, selbst bei Verwendung eines Drahtstages. Bei diesen Evern trägt die Stagjuffer einen Beschlag mit einem Steifen- oder Losenhaken, während das Fockstag am Ende mit einer angeschmiedeten Schmiege und einer Kausche versehen ist, woran einige Kettenglieder und ein Schäkel befestigt sind; an diesem Schäkel hakt man den Haken ein.

Seitdem an Stelle des Hanftauwerkes Drahttauwerk für das Fockstag Verwendung fand, wurde fast allgemein das Stag an einer am Vorsteven verbolzten flacheisernen Schiene aufgesetzt, wenn das Bugspriet neben dem Vorsteven lag. Wenn der Ever ein kleines Galion besaß, wurde die Schiene am Steven und Außenkante Galion verbolzt. Diese Schiene, Steven- oder Fockrüst genannt, erhielt die gleichen Abmessungen wie die Wantrüsten des Großmastes. Ihr unteres Ende lief gelegentlich in einer herzförmigen Verzierung aus, oder man schmiedete das untere,

schmal verlaufende Ende zur Zierde gewellt. Oben war die Stevenrüst mit einem Auge versehen, das entweder längs- oder quer-
gerichtet war; an dem Auge befand sich ein starker Ring oder
ein Schäkel mit einem Losenhaken (Abb. 7 Nr. 16). Oftmals besaß die Stevenrüst zwei längsgestellte Augen, an denen entweder
ein breiter Schäkel (oft mit einem Losenhaken) befestigt wurde,
oder man steckte durch beide Augen einen starken Bolzen (mit
Kopf und Mutter), an dem ein Loserhaken angebracht war. Das
Fockstag trug eine kurze Stagkette mit langen Kettengliedern,
um den Mast nach vorn trimmen zu können. Diese Kette wurde
entweder an der Kausche des Stages eingeschäkelt, oder an dem
Stag festgesetzt. In diese Kette hakte man den Haken der Stevenrüst ein und zwar entweder an einem Kettenglied oder an einem
Schäkel. Wenn das Auge der Stevenrüst nur mit einem Schäkel
oder einem Ring versehen war, erhielt die Stagkette einen Losenhaken, mitunter aber auch einen Schäkel, den man an dem Schäkel
(oder Ring) der Stevenrüst einschäkelte. Der Losehaken fand gewöhnlich bei den Evern mit umlegbaren Masten Anwendung, dagegen wurde bei den Evern mit festen Masten und mit einem
seitlich neben dem Steven liegenden Bugspriet das Fockstag gewöhnlich nur mit einem Schäkel (mit Stagkette) aufgesetzt. Wenn
aber das Bugspriet über dem Vorsteven lag, befestigte man das
Fockstag an dem Bugsprietband. Gelegentlich ist bei einigen Evern
in neuerer Zeit das Fockstag mit der Stevenrüst durch eine Spannschraube verbunden, die am Stevenschäkel und an der Kausche
des Fockstages eingehakt ist; hierdurch ist die Stagkette entbehrlich[175].

Jederseits nach hinten wurde der Großmast des Evers durch
einen Hanger mit Takel und Mantel, vereinzelt auch Backstag genannt, abgestützt (Abb. 13 und 16). Ueber der Wantenauflage lag mit einem Auge ein Hanger, wofür ein vierschäftiges Hanftau von gleicher Stärke wie die Wanten Verwendung fand. Seit Ausgang des vergangenen Jahrhunderts wurde
der Hanger häufig 1 bis 1½ m über der Wantenauflage, mitunter
auch in gleicher Höhe mit dem Großdirkblock, befestigt. An dem
Ende des Hangers war ein großer einscheibiger Block eingebunden,
der die Bezeichnung Mantelblock führte. Seitdem bei den
Evern Blöcke mit Eisenbeschlag Verwendung fanden, wurde an
dem Tamp des Hangers eine Kausche eingespleißt, mitunter verstärkte man den Hanger an dieser Stelle durch eine eiserne
Schmiege (Abb. 15 Nr. 14). Seit der zweiten Hälfte des 19. Jahrhunderts wurden für die Hanger vielfach Ketten von ¼ bis
⅜ Zoll Durchmesser benutzt, die man seitlich am Mast an einem
Augbolzen, oder an einem eisernen Mastband mit angeschmiedeten
Augen einhakte oder einschäkelte. Späterhin sind auch Hanger
aus Drahttauwerk eingeführt worden, die wie die Hanger aus
Hanftauwerk, meistens aber wie die Hangerketten am Mast be-

festigt waren. Bei allen diesen Hangern wurde der Mantelblock
an der Kausche (oder an einem Kettenglied) eingehakt oder eingeschäkelt. Die Länge des Hangers war je nach der Mastlänge
sowie nach der Befestigung verschieden, sie schwankte zwischen
2½ bis 5½ m, gewöhnlich waren die Hanger aber 4 bis 5 m
lang. Hanger und Mantel (s. u.) mußten so abgepaßt sein, daß,
wenn der Takelblock oben gegen den Mantelblock kam, der
Mantelhaken beim leeren Schiff bis auf das Wasser, noch besser
bis auf den inneren Schiffsboden reichte. Wenn der Hanger kurz
war, mußte der Mantel entsprechend länger sein.

Ueber die Scheibe des Mantelblockes lief ein starkes vierschäftiges Hanftau, Mantel (Mandel) genannt. Beide Enden
des Mantels waren mit einer Kausche versehen, von denen die
Kausche der festen Part einen Losenhaken trug, den man an einer
Mantelrüst (Mantelschiene) einhakte. Mitunter war an dem unteren
Ende des Mantels eine etwa 1 m lange Kette mit einem Losenhaken befestigt, Mantelkette genannt. An der holenden Part des
Mantels war der Takel festgesetzt. Entweder wurde der Mantel
von hinten nach vorn durch den Mantelblock geschoren, dann befand sich der Takel zwischen dem Mantel und den Wanten
(Abb. 16 Nr. 6). Oder der Mantel wurde von vorn nach
hinten durch den Mantelblock geschoren, dann wurde der
Takel hinten aufgesetzt (Abb. 16 Nr. 5). Seit dem Ende des vergangenen Jahrhunderts benutzte man auch Drahttauwerk für
den Mantel, in diesem Fall erhielt der Mantelblock eine eiserne
Scheibe.

Der Takel bestand aus einer drei- oder vierscheibigen Talje,
deren oberer Block in der erwähnten Kausche des Mantels eingehakt oder eingeschäkelt wurde. In früherer Zeit wählte man oft
für die Takelblöcke, namentlich für den oberen Block, Violinblöcke.
Mitunter besaß dieser Violinblock drei Scheiben, indessen als
unterer Takelblock ein gewöhnlicher zweischeibiger Block diente.
Später fanden sehr häufig Blöcke mit äußerem Bügelbeschlag
Anwendung. Der Bügel wurde entweder durch die Mantelkausche
genommen, oder beide verband ein Schäkel. Der untere Takelblock trug einen 1 bis 1½ m langen Taustander mit einem Losenhaken, den man an einer Takelrüst (Takelschiene) einhakte.
Takel- und Mantelrüsten hatten die gleichen Abmessungen
wie die Wantrüsten, doch waren sie meistens nach vorn geneigt
an dem Bergholz verbolzt, auch standen ihre Augen vielfach nicht
längsschiffs, sondern querschiffs. Seit der zweiten Hälfte des vergangenen Jahrhunderts diente als Stander gewöhnlich eine Kette
(Takelkette), die ebenfalls einen Losenhaken (Takelhaken) besaß.
An dem Stander wurde ein aus Eichenholz hergestellter Knebel
von etwa 6 Zoll Länge und 1 Zoll Stärke gebändselt. Die holende
Part des Takelläufers fuhr von dem oberen Takelblock herunter,
man belegte sie an dem erwähnten Knebel.

Takel und Mantel des Besahnmastes waren leichter, oft fehlte der Mantel, so daß der Takel an dem Hanger festgesetzt wurde. Die zugehörige Takelrüst war in der Regel hinter den Pollern des Kajütdecks außenbords verbolzt.

Pardunen, die den Großmast nach hinten abstützten, besaßen nur die größeren seegehenden Besahn-Ever und Galeaß-Ever. Jederseits war eine Pardune angeordnet, die etwa 1½ bis 2 m hoch oberhalb der Wantenauflage mit einem Auge um den Mast (oder um die Stänge) lag. Aus Drahttauwerk bestehende Pardunen befestigte man ebenso, oder an dem Mast (oder an der Stänge) war ein eisernes Band befestigt, seitlich je mit einem Auge versehen, an dem man die Pardune einschäkelte. Unten wurde die Pardune entweder mittels Juffern und Taljereeps, in neuerer Zeit mitunter auch mittels einer Spannschraube, an einer neben den Großwanten angeordneten eisernen Rüst aufgesetzt.

Die älteren Besahn-Ever mit festen Masten und die Galeaß-Ever hatten stets ein Knickstag (eigentlich Genickstag). Das Knickstag war am Topp der Großstänge, etwa auf ein Fünftel ihrer Länge von oben, befestigt und lief abwärts zum Topp des Besahnmastes, eben oberhalb des Besahndirkblockes. An beiden Masten war je ein eiserner Mastring mit einem Auge oder nur Augbolzen angebracht, an dem die mit Kauschen versehenen Enden des Knickstages mittels Bändsel auf Tamp gesetzt oder durch Taljereeps befestigt wurden. Sehr häufig setzte man das Knickstag nur am Großmast fest, indessen das andere Ende über einen am Besahnmast eingehakten, einscheibigen Block nach unten fuhr. Das Knickstag konnte dann vom Deck aus steif gesetzt werden. Letztere Art der Stagbefestigung ist bei den holländischen Kuffen schon in der zweiten Hälfte des 18. Jahrhunderts angewandt worden[176]. Die neueren Besahn-Ever mit dem niedrigen Besahnmast führten kein Knickstag.

7. Legen und Setzen der Masten.

Seit der Einführung der umlegbaren, nur bis auf das Deck reichenden Masten wurde zum Niederlegen und Aufrichten eine Jütte (Jütt) benutzt. Die aus Eichenholz angefertigte Großmast-jütte war 3 bis 4 m lang und 4×4 Zoll bis 6×6 Zoll stark. An dem oberen Ende befanden sich vier oder fünf dünne Scheiben für den Takelläufer und eine dicke Scheibe für den Mantel aus Hanftauwerk, oder späterhin eine eiserne Scheibe, bestimmt für den Mantel aus Drahttauwerk. An dem unteren und etwas verjüngten Ende waren vier keilförmige Knaggen befestigt, die sich gegen den Mast legten. Ebensolche Knaggen befestigte man seitlich an der Jütte, die als Fußknaggen dienten. Dicht oberhalb des Decks war der Mast mit einem viereckigen, ringsum mit Flacheisen verstärkten Ausschnitt versehen, Jüttloch genannt; in diese Oeffnung wurde die Jütte eingesetzt.

Wenn die Masten gelegt werden sollten, nahm man zuerst die Gaffel und den Giekbaum vom Mast und das Fockstag von der Stevenrüst los. Das Niederlegen des Großmastes wurde ausgeführt, indem man den Takelläufer und den Mantel über die Scheiben der Jütte schor, der Mantelhaken wurde an einem etwa 1 Zoll starken Augbolzen eingehakt, der über dem oberen Bugband am Steven eingeschlagen war; mitunter trug der Augbolzen einen starken Ring. Der Takelläufer wurde um den Spillstamm genommen und der Mast etwas gefiert (die Pallen mußten hochgenommen werden, weil das Spill rückwärts lief), bis der Mastfuß von der Vorluke freikam. Dann setzte man die Jütte ein und der Takelläufer wurde weitergefiert, bis der Mast vollständig umgelegt war. Beim Aufrichten wurde zuerst die Jütte mit dem darüber geschorenen Takel und Mantel eingesetzt und der Takelläufer mit dem vorwärtslaufenden Spill durchgeholt; die Jütte mußte rechtzeitig wieder aus dem Jüttloch genommen werden. Der Besahnmast wurde zuerst und zwar nach vorn umgelegt. Gewöhnlich nahm man hierfür das Großgaffeltoppsegelfall, oder man benutzte den am Spiegel eingehakten Besahntakel und eine kleinere Jütte von 2½ bis 3 m Länge und 3½ × 3½ bis 4 × 4 Zoll Stärke.

Nach der Einführung des Drahttauwerks auf den Evern erhielt die Jütte gewöhnlich an Stelle der Scheiben einen mit Flacheisen gefütterten Einschnitt, indessen zum Legen und Aufrichten des Mastes das Fockstag und eine Talje oder Gien benutzt wurde. Die Stagkette, unten am Fockstag, wurde so abgepaßt, daß die Kettenglieder in dem Einschnitt lagen. Der obere Taljenblock wurde in das letzte Kettenglied, der untere in den erwähnten Augbolzen am Steven eingehakt. Je nach der Schwere des Mastes fand eine zwei- oder drei- oder vierscheibige Talje, oder eine fünfscheibige Gien Verwendung. In neuerer Zeit benutzte man für die Mastlegetalje, oder für die Gien, eiserne Blöcke mit einem Stahldrahtläufer (Abb. 7 Nr. 12).

Das Niederlegen mit dieser Jütte geschah wie folgt: Talje angeschlagen (s. oben), Läufer um den Spillstamm genommen, Mast etwas gefiert, Jütte eingesetzt und weiter gefiert[177]. Das Aufrichten des Mastes erfolgte ebenfalls mit dem vorwärts laufenden Spill. Wenn die Talje zublocks war, also der obere Block gegen den unteren Block lag, dann nahm man den Takel und Mantel nach dem Spill. Ihre Haken wurden an den Augbolzen eingehakt, der das Schloßholz oben mit der Beting verband. Mit Hilfe des Takels und Mantels wurde der Mast dann nach vorn gestagt und dann die Stagkette an dem Haken der Stevenrüst eingehakt.

Mitunter benutzte man an Stelle des Fockstages einen Mastlegedraht von ⅜ bis ½ Zoll Stärke, der oberhalb der Wantenauflage an einem Augbolzen eingeschäkelt war. Beim Nichtgebrauch hing dieser Draht neben den Wanten herunter; das mit einer Kausche und Schmiege versehene Ende des Mastlegedrahtes legte man über die Spretlatte. Mehrere Ever besaßen an dem Spillstamm, neben dem Pallring, eine eiserne Scheibe, die zuerst im Jahre 1890 von dem Schiffbaumeister Gustav Junge (Wewelsfleth) eingeführt worden ist. Um diese Scheibe nahm man den Läufer der Mastlegetalje (oder Gien), der sich dadurch bequemer fieren oder anholen ließ. Die Jütte mit einem Einschnitt besaß zuerst an dem oberen Ende einen seitlichen Arm mit einer Taurolle, um das Aufbringen des Fockstages zu erleichtern. Später entfernte man diesen Arm, weil er das Verstauen der Jütte behinderte.

Einige Wilsterau-Ever erhielten nach 1900 ein etwa 2 Zoll starkes Brett, dessen Breite der Mastdicke entsprach, als Jütte. Dieses Brett befestigte man in halber Höhe des Kokers durch einen eisernen Beschlag an dem Mast, so daß das Jüttloch nicht erforderlich war. Das äußere Ende des Brettes besaß einen eisenbeschlagenen Einschnitt mit einem Zapfen. Darüber streifte man ein Flacheisen, befestigt an dem Mastlegedraht, während die Mastlegetalje an einem Ring des Flacheisens eingehakt wurde.

Bei den älteren Giek-Evern, deren Mast bis unterhalb des festen Decks reichte, befestigte man an dem unteren Ende des Mastes als Gegengewicht Eisen oder einen großen Stein, so daß der Mast ohne Verwendung einer Jütte mit den Händen gehoben werden konnte. An dem Steven und dem Spill setzte man den Mantel und Takel fest, dessen Läufer Hand über Hand beim Aufrichten durchgeholt, oder beim Niederlegen gefiert wurde. Vor dem Niederlegen des Mastes mußte die Abdeckung der Kistluke abgenommen und das Fockstag sowie der Stagfockleitwagen losgenommen werden.

Bei sehr kleinen holsteinischen Evern und Prähmen, die nur auf kleinen Auen oder Kanälen Verwendung fanden und die ihren Mast häufig legen mußten, wurde der Mast ehemals mit einer einfachen Stagtalje (Stagnaht, Staffennaht, Stafennaht genannt) gelegt und aufgerichtet (Abb. 7 Nr. 15). Die feste Part der ständig am Mast gefahrenen Talje setzte man am Vorsteven auf, der Läufer fuhr dann aufwärts über einen einscheibigen Block, der etwa ½ bis 1 m oberhalb der Wantenauflage am Mast eingehakt war; dann abwärts über einen zweiten und am Vorsteven eingehakten einscheibigen Block. Wenn dieser Läufer gefiert wurde, legte sich der Mast nach hinten um. An dem leichten Mast war am Fuß ein Gegengewicht angebracht, so daß er sich fast ohne diese Talje aufrichten ließ. Das Fockstag fehlte, die Stagtalje gab dem Mast nach vorn Halt, auch wurde keine Stagfock, sondern nur ein Rahsegel oder ein kleines Gaffelsegel am Mast gefahren. Bei etwas schwereren Masten dieser Binnenfahrzeuge verwendete man eine doppelte Stagtalje (Abb. 7 Nr. 14), bestehend aus drei einscheibigen Blöcken und zwei Läufern mit zwei Parten zum Fieren und Holen. Bei der Wantenauflage wurde ein Block (Nr. 3) eingehakt, die feste Part des über diesen Block geschorenen Läufers trug einen eingebundenen oder eingeschäkelten Block (Nr. 2). Die feste Part des zweiten Läufers saß bis 1 m oberhalb der Wantenauflage am Mast fest, der Läufer lief dann abwärts über einen dritten Block (Nr. 1), von vorn nach hinten, der am Vorsteven eingehakt war und aufwärts (von vorn nach hinten) über den vorerwähnten mittleren Block (Nr. 2). Wenn der Mast aufgerichtet war, befanden sich die Blöcke Nr. 1 und 2 dicht über dem Steven. Beim Mastlegen wurde erst über den Block Nr. 3, oben am Mast gefiert und der Rest über den mittleren Block Nr. 2. So getakelte Ever gibt es jetzt nicht mehr.

Die S c h l e u s e n s c h i f f e oder S c h l e u s e n k r i e c h e r (Slüsenkrüper), d. h. alle Ever mit umlegbaren Masten, die auf den durch Schleusen abgeschlossenen Wasserstraßen im Gebiet der Niederelbe verkehrten, besaßen Pallpfosten und Betingstützen, die etwa 1 Zoll niedriger als der Vorsteven waren. Ueber dem Deck mußte ihr Mastkoker mindestens 2 Zoll niedriger sein als der höchste Punkt des Vorstevens oder der Spiegelreling. Und zwar deshalb, um bei einem hohen Wasserstand das leere Schiff unter einer festen Brücke dumpen zu können. Man ging dabei so vor, daß zuerst das Vorschiff heruntergedrückt wurde, bis der Koker von der Brücke freikam; wenn das Vorschiff durch war, mußte das Achterschiff ebenfalls heruntergedrückt werden. Wenn die Höhe der Schleusen oder Brücken sehr knapp war, wurde der Mast aus dem Koker gehoben und seitlich daneben gelagert. Oft nahm man auch den Leitwagen am Spiegel sowie den Ruderkopf ab, um eine Beschädigung zu verhüten.

Wenn aber auf diese Weise ein leeres Fahrzeug eine niedrige Brücke nicht passieren konnte, so mußte Wasser in den Ever eingelassen werden, freilich ungern, um den Tiefgang des Evers zu vergrößern. Zu diesem Zweck war achtern an Steuerbord und unterhalb der Leerwasserlinie in der Kahnplanke eine $1\frac{1}{4}$ bis $1\frac{1}{2}$ Zoll weite Oeffnung vorgesehen, T a p p l o c h (Zapfloch) genannt, die mit einem Holzpfropfen verschlossen werden konnte. Um eine Beschädigung des Holzpfropfens zu verhüten, brachte man das Tapploch im Windfang der Kajüte hinter der V e r - s c h a l u n g an. Bei den kleineren eisernen Evern und Segelschuten war an dieser Stelle ein Ventil eingebaut.

8. Stehendes Gut, Bugspriet und Jagerbaum (Klüverbaum).

(Abb. 14.)

Die Abstützung des Bugspriets geschah bei den älteren Giek-Evern, bis eben nach 1850, nach altem holländischem Vorbild nach oben[178], seitlich und nach unten wurde es nicht abgestützt. Diese Ever besaßen ein loses B u g s p i e t s t a g, das aber nicht zur Befestigung des Klüvers diente. Das Stag wurde an dem Auge des Bugsprietnockbandes eingehakt, über einen am Mast oberhalb des Hummers eingehakten einscheibigen Block geführt und unten am Mast belegt. Diese Abstagung nach oben ist ursprünglich von den großen Seglern entlehnt worden, denn selbst die vollgetakelten Schiffe mit einer Bugsprietstänge erhielten erst seit den neunziger Jahren des 17. Jahrhunderts ein Wasserstag, also eine Abstützung nach unten. Bei den kleineren Frachtseglern ist das Wasserstag erst in der zweiten Hälfte des 18. Jahrhunderts eingeführt worden.

Das Wasserstag ist zuerst bei den im Anfang des 19. Jahrhunderts entstandenen Galeaß-Evern nachzuweisen, auch erhielten es die Besahn-Ever und nach 1850 alle niederelbischen Fracht-Ever. Das aus einem starken Hanftau hergestellte Wasserstag wurde durch eine Oeffnung des Vorstevens, unterhalb der Klüsbacken, geschoren. In einiger Entfernung vom Vorsteven wurden beide Parten des Wasserstages zusammengespleißt und mit einer Kausche versehen. Das Steifsetzen des Wasserstages erfolgte durch eine an der Kausche des Stages eingeschäkelte kurze dreischeibige Talje, Wasserstagtalje genannt, deren oberer und zweischeibiger Block gewöhnlich an einem Auge des Bugsprietnockbandes eingehakt wurde. Mitunter wurde der untere Taljenblock in das Wasserstag eingebunden. Der Läufer der Wasserstagtalje fuhr längs des Bugspriets binnenbords, wo man die holende Part an der Querbeting oder an der Nagelbank am Pallpfosten belegte. Seit den dreißiger Jahren wurde es mehr und mehr üblich, für das Wasserstag eine Kette von $1/4$ bis $3/8$ Zoll Stärke zu verwenden. Die seitlich durch den Vorsteven gehende Oeffnung verstärkte man jederseits durch eine $1/4$ Zoll starke flacheiserne quadratische Platte von $2 1/4$ bis $2 3/4$ Zoll Durchmesser. Durch die Oeffnung wurde ein $5/8$ bis $3/4$ Zoll starker Augbolzen geschoben und verschraubt, an dessen Auge man die Wasserstagkette einschäkelte. Bei den See-Evern, die ihr Bugspriet über dem Steven führten, war der Vorsteven an der vorderen Kante mit einem Schlitz versehen, der seitlich durchgehende Bolzen hatte eine Dicke von $3/4$ Zoll, daran befestigte man vorn eine lange Kettenschake von $5/8$ bis $3/4$ Zoll Dicke, ein Schäkel verband diese Schake mit der Wasserstagkette (Abb. 14 Nr. 2). Drahttauwerk fand für das Wasserstag selten Verwendung. Damit beim Ankeraufholen der Ankerstock nicht unter das Wasserstag hakte, befestigte man an das Wasserstag mittels einer Gleitkausche ein Tau, Knicker genannt (Abb. 14 Nr. 3 und 5), dessen holende Part durch eine Oeffnung der Bugklampe binnenbords lief. Wenn das Wasserstag hoch genommen werden sollte, wurde der Läufer der Wasserstagtalje gefiert und der Knicker angeholt. Der feste Klüverbaum wurde ebenfalls nach unten abgestützt, dagegen besaß der Jagerbaum in der Regel kein Wasserstag; das selten gefahrene Jagerbaumwasserstag war wie das Bugsprietwasserstag geschoren.

Etwa seit dem Ausgang des vergangenen Jahrhunderts wurden die Ever mit einem festen Bugspriet mit Klüverbaum, sowie die Ever mit einem Bugspriet und Jagerbaum aus einem Rundholz, mit einem abweichend geschorenen Wasserstag ausgerüstet (Abb. 14 Nr. 17). Das Wasserstag bestand meistens aus zwei Ketten. Das untere Ende der eigentlichen Wasserstagkette war an der Vorkante des Vorstevens festgesetzt, an dem anderen Ende der Kette war ein einscheibiger Block mit eiserner Scheibe, gewöhnlich aber ein eiserner Block, eingeschäkelt. Die zweite Kette schäkelte man an einem Auge an der unteren Seite des Klüverbaumnockbandes ein, sie fuhr dann abwärts über den erwähnten Block, aufwärts über einen gleichen Block und unter dem Bugspriet entlang. Der zweite Block wurde bei einem zweiteiligen Vorgeschirr an einem Auge der Klüverbaumbrille, bei einem einteiligen Vorgeschirr aber vor dem Klüverstag an einem 2 bis 2 ³/₈ Zoll breiten und ¹/₂ bis ⁵/₈ Zoll starken eisernen Band, eingehakt. An der holenden Part der zweiten Kette saß ebenfalls eine dreischeibige Wasserstagtalje fest. Einige Ever mit einem langen Vorgeschirr führten, außer dem doppelt geschorenen Wasserstag, noch ein zweites Wasserstag mit einer kurzen Talje, Borgwasserstag genannt.

Gleichzeitig mit der Einführung des Wasserstages, nach 1850 gewöhnlich bei allen Evern, fanden zur seitlichen Abstützung des Bugspriets Bugstagen Verwendung. Das Bugsprietnockband erhielt jederseits ein nach hinten gerichtetes angeschmiedetes Auge, an dem ein Bugstag auf Tamp gesetzt oder eingeschäkelt wurde. Die Bugstagen fuhren zum Vorschiff, wo man sie unterhalb des Schandeckels, vor den Pollern, an einem Außenbolzen mittels zwei kauschartig gearbeiteten, dreikantigen Ringen von 2 bis 2 ³/₄ Zoll Weite und einem Taljereep, oder in neuerer Zeit mit einer Spannschraube, aufsetzte. Der Jagerbaum erhielt keine Bugstagen. Bei den Evern mit einem festen Bugspriet und Klüverbaum befestigte man die Bugstage seitlich an dem Eselshaupt, oder an der eisernen Klüverbaumbrille, an nach hinten gerichteten Augen. Seitlich wurde der feste Klüverbaum durch am Vorschiff aufgesetzte Stage abgestützt, die die Bezeichnung Jagergeien führten. Ebenfalls brachte man an dem aus einem Rundholz hergestellten Bugspriet mit Jagerbaum seitlich je ein Bugstag und eine Jagergeie an. Für die Bugstagen und Jagergeien fand Hanftauwerk, späterhin auch Ketten oder Drahttauwerk Anwendung.

Mit der Einführung des festen Bugspriets wurde das Vorgeschirr der Ever nach unten, außer durch das Wasserstag, durch einen Stampfstock mit zwei Geien und einer Talje abgestützt (Abb. 14 Nr. 6). An dem Eselshaupt (oder an der eisernen Klüverbaumbrille) war unten ein quergestelltes Auge angeordnet, daran wurde ein hölzerner, selten ein eiserner, Stampfstock von hinten nach vorn eingehakt. Der hölzerne Stampfstock hatte eine Länge von etwa 0,90 bis 1,20 m, sein größter Durchmesser am oberen

Ende betrug etwa 3 bis 5 Zoll, unten verjüngt auf etwa zweidrittel der angegebenen Stärke. Nach hinten hielten zwei Stampfstockgeien oder Achterholer den Stampfstock fest. Diese Geien wurden mit einem Auge über das untere Ende des Stampfstockes gestreift, jederseits lief eine Gei zum Vorschiff, wo man sie an einem Augbolzen mittels Kauschen und Taljereeps aufsetzte. Vorn war an dem unteren Ende des Stampfstockes, sowie unterhalb der Klüverbaumnock, eine lange zwei- oder dreischeibige Talje befestigt, deren Läufer längs des Vorgeschirrs binnenbords lief. Diese Talje sollte der hebenden Wirkung des Klüvers entgegenwirken. Seit der Mitte des vergangenen Jahrhunderts wurde die als Stampfstag dienende lange Talje aufgegeben. Dafür setzte man an dem unteren Ende des Stampfstockes ein Stag (Stampfstag) fest, das unterhalb der Klüverbaumnock eine sehr kurze Talje erhielt, deren Läufer binnenbords lief (Abb. 14 Nr. 9). Während bei den älteren Evern der Stampfstock lotrecht zum Wasserspiegel stand, pflegte man ihn nunmehr lotrecht zum Bugspriet zu stagen. Ever mit einem Bugspriet und Jagerbaum aus einem Rundholz, sowie die Ever mit einem Jagerbaum, besaßen keinen Stampfstock. Etwa seit dem Ausgang des vergangenen Jahrhunderts erhielten viele Ever mit einem festen Bugspriet an Stelle des Stampfstockes nur noch das doppelt geschorene Wasserstag.

Die vom Großmast zum Vorgeschirr fahrenden Stagen aus Hanftauwerk, späterhin aus Drahttauwerk, waren bei den Evern entweder lose oder fest. Ever mit einem losen Bugspriet besaßen kein Klüverstag, sondern einen zum Einlaufen eingerichteten Klüver. Die älteren Galeaß- und Besahn-Ever und die seegehenden Giek-Ever hatten ein loses Klüverstag, auch Küverleiter genannt, indessen der Jager nur mit einem Jagerfall gesetzt wurde. Das Klüverstag lag mit einem Auge um die Stänge und um den Topp des Untermastes, etwa in gleicher Höhe mit dem oberen Piekfallblock. Weil diese Ever gewöhnlich ein Quertoppsegel über der Breitfock setzten, mußte das Unterliek des Toppsegels, des Klüverstages wegen, stark ausgegillt werden. Oft lief das Klüverstag durch einen Wegweiserblock, der ziemlich hoch am Fockstag angebändselt wurde. Durch eine zweite Oeffnung des Wegweiserblockes fuhr das Klüverfall. Durch den Wegweiserblock wurde das Klüverstag an das Fockstag herangezogen, so daß das Unterliek des Toppsegels frei stand. Ueber das Bugspriet war ein eiserner, meistens mit Schmarting und Schiemannsgarn umsponnener Rackring gestreift, an dem ineinander beweglich fest saßen ein starker Haken, ein kleiner und ein großer Schäkel (Abb. 14 Nr. 8). Der Haken des Rackrings wurde in die Kausche des Klüverstages eingehakt, der kleine Schäkel diente zur Befestigung des Einholers, indessen an dem großen Schäkel der Ausholer festgesetzt wurde. Der Ausholer lief durch das Scheibengat an der Bugsprietnock und unter dem Bugspriet entlang. An dem Ausholer setzte man eine dreischeibige, gelegentlich eine zweischeibige Talje fest, während der innere und stets einscheibige Taljenblock unterhalb des Schandeckels und dicht neben dem Vorsteven, oder an der Vorkante des Vorstevens, an einem Augbolzen eingehakt wurde. Die holende Part des Taljenläufers lief von dem äußeren Block aus durch eine Oeffnung der Bugklampe zur Nagelbank an dem Pallpfosten, oder nach einem Belegnagel an der Querbeting; hier wurde auch der Einholer belegt. Diese Talje diente also zum Ausholen des Rackringes und zum Aufsetzen des Klüverstages.

Nach 1850 erhielten die in der Küstenfahrt verwendeten Elb-Ever sowie die Ever, die bei ihren Fahrten nur gelegentlich Schleusen zu befahren brauchten, oft ebenfalls ein loses Klüverstag. Alle anderen Ever setzten ihre Vorsegel lose, d. h. nur mit den Fallen. Größere in der Küstenfahrt benutzte Elb-Ever, sowie mehrere See-Ever, wurden seit der Mitte des vergangenen Jahrhunderts gelegentlich mit einem losen Jagerstag getakelt. Dieses Stag lag mit einem Auge oberhalb des Hummers um den Mast (Stänge). Falls ein Knickstag vorhanden war, wurden beide Stagen an der gleichen Stelle am Mast angeordnet.

Ever, die mit einem festen Bugspriet sowie mit einem Klüverbaum ausgerüstet waren, führten an ihrem Vorgeschirr in der Regel vier feste Stagen: Fockstag, Klüverstag (Klüverleiter), Jagerstag (Jagerleiter) und Stängestag. Weil das Bugspriet über dem Vorsteven lag, an dem sonst das Fockstag aufgesetzt wurde, mußte das Fockstag bei diesen Evern an dem Bugsprietbeschlag befestigt werden (Abb. 14 Nr. 9). An dem Schraubbolzen, der die beiden seitlich an dem Vorsteven verbolzten Flacheisen oben zusammenhielt (s. S. 111), brachte man eine gußeiserne Rolle oder eine Kausche von 2¼ bis 3 Zoll Durchmesser an, über die das Fockstag geführt wurde. An der Vorkante des Pallpfostens, oder binnenbords auf dem Bugspriet, war ein Augbolzen angeordnet, der einen kauschartigen dreikantigen Ring von 2 bis 2¾ Zoll Weite trug (Abb. 14 Nr. 14). Ein gleicher Ring war an dem Tamp des Fockstages befestigt, die man beide durch ein Taljereep verband. Wenn aber eine Klappe die Flacheisen oben zusammenhielt, war die Klappe mit einem angeschmiedeten, längsschiffs gestellten Auge versehen, an dem das Fockstag mittels eines Schäkels befestigt wurde (Abb. 14 Nr. 12 und 13); zwischen dem Stag und dem Schäkel war eine Stagkette angeordnet.

Das Auge des festen Klüverstages lag um den Fuß der Stänge und um den Untermast dicht über dem Auge des Fockstages, oder das Stagauge befand sich in gleicher Höhe mit dem oberen Piekfallblock. Das feste Jagerstag wurde entweder dicht über das Klüverstag, oder an der Stänge und dem Topp des Untermastes festgesetzt. Die Augen beider Stagen ruhten auf kleinen, an der hinteren Seite des Mastes verbolzten Klampen.

Die beiden Vorsegel so getakelter Ever standen oben dicht zusammen, während sie bei den Evern mit einem losen Jagerbaum mehr auseinander gerückt waren, weil der Jagerfallblock oder das lose Jagerstag sehr hoch an der Stänge befestigt war. Das Auge des festen Vorstängestages lag in gleicher Höhe mit dem Knickstag um die Stänge. Das Klüverstag lief zur Bugsprietnock, das Jagerstag und Stängestag zur Klüverbaumnock. Diese Stagen fuhren über drei Klampen, seitlich am Bugspriet und Klüverbaum befestigt, oder durch drei Oeffnungen des Bugspriets und Klüverbaumes (Abb. 14 Nr. 15 und 16). Jede Klampe war mit einem Scheibengat für das Stag versehen, falls aber die Stagen durch Oeffnungen des Vorgeschirrs liefen, erhielten diese je eine halbe Scheibe. Diese Stagen liefen längs des Vorgeschirrs zum Vorschiff, wo man sie wie die Bugstagen aufsetzte. Erst seit der Mitte des vergangenen Jahrhunderts wurde das Vorstängestag, späterhin auch das Jagerstag von der Klüverbaumnock aus unter eine seitlich am Stampfstock befestigte Lippklampe gelegt und dann erst am Vorschiff aufgesetzt.

Nur einige große See- und Galeaß-Ever führten am Ende des vergangenen Jahrhunderts außer der Stagfock drei an festen Stagen fahrende Vorsegel, die man Klüver, Außenklüver und Jager nannte. Das Fockstag sowohl wie das Klüver- und Außenklüverstag wurde in gleichmäßigen Abständen am Topp des Untermastes festgesetzt, das Jagerstag saß an der Stänge, unterhalb des Hummers fest. Während das Klüverstag zur Bugsprietnock lief, setzte man das Außenklüverstag in der Mitte des Klüverbaumes und das Jagerstag nahe der Klüverbaumnock auf. Außerdem besaßen sie noch ein Vorstängestag mit üblicher Befestigung. Meistens hatten diese Ever einen Stampfstock, auch wurden die drei äußeren Stagen erst unter die am Stampfstock befindlichen Lippklampen geleitet, bevor man diese Stagen am Vorschiff aufsetzte.

Ever mit einem Bugspriet und Jagerbaum aus einem Rundholz hatten entweder lose oder feste Klüver- und Jagerstagen. Das Fockstag war entweder am Vorsteven oder an dem Bugsprietbeschlag aufgesetzt, je nach der Befestigungsart dieses Vorgeschirrs.

Klüver-, Jager- und Stängestagen aus Drahttauwerk sind in neuerer Zeit am Großmast statt mit einem Auge auch an einem Augbolzen oder an einem eisernen Mastband mit Auge befestigt worden. Entweder war an dem oberen Ende des Stages eine Kausche vorhanden, oder man nietete eine eiserne Schmiege an (Abb. 15 Nr. 14); zur Befestigung der Stagen dienten Schäkel.

Zur Bedienung der Vorsegel wurden unter dem Bugspriet, unter dem Klüverbaum, sowie unter dem Bugspriet mit Jagerbaum aus einem Rundholz, einige Fußpeerde angebracht. Mehrere Handpeerde (Quertaue) verbanden die Fußpeerde mit den Bugstagen und Jagergeien. Ever mit einem Bugspriet, an dem nur ein einlaufender Klüver gefahren wurde, hatten gewöhnlich keine Fußpeerde, diese fehlten auch bei dem einlaufenden Jagerbaum.

9. Segel.

Ueber das Segelmachergewerbe an der Niederelbe ist so gut wie nichts bekannt[179], wie überhaupt eine geschichtliche Darstellung dieses wichtigen Gewerbes noch fehlt. In früherer Zeit haben oftmals die Frauen der niederelbischen Schiffer und Fischer aus dem von ihnen angepflanzten oder angekauften Hanf oder Flachs das Garn für die Segel gesponnen, das dann von Handwebern zu Segeltuch verarbeitet und von einem Segelmacher fertiggestellt wurde. Außer dem an der Elbe hergestellten Segeltuch, so in Hamburg, Altona und Neumühlen, bezogen die niederelbischen Segelmacher im vergangenen Jahrhundert aus dem Hannöverschen (so aus Scharmbeck an der Weser), ferner aus Holland und England Segeltuch. In Holland webte man ehemals ein leichtes Segeltuch, das den Namen Evertuch oder Meppeler Evertuch führte[180]. Die im Jahre 1828 gegründete Segeltuchfabrik C. W. Delius & Co. (Versmold) lieferte nach 1850 bedeutende Mengen aus Hanf gewebtes Segeltuch nach Schleswig-Holstein[181]. Seit 1863 stellte diese Fabrik vorwiegend maschinengewebtes Flachstuch her. Späterhin ist das sogenannte Kerntuch und Raventuch von Delius, sowie das aus einer Mischung von Hanf und Flachs angefertigte Schiertuch, an Bord der niederelbischen Segler viel benutzt worden. Seit dem Ende des vergangenen Jahrhunderts fand das Segeltuch der Kasseler Fabriken an der Niederelbe Eingang. Aber auch englisches Segeltuch ist bei den Evern noch nach 1900 verwendet worden; man bezog es hauptsächlich aus Edinburg, Marke *Storm*[182].

Je nach der Schwere führte das Segeltuch eine Nummer, bei Delius von 0 bis 6. Die schwerste Qualität war Nummer 0, sie wog 1,072 bis 1,032 Kilogramm pro Quadratmeter, Nummer 6 wog 0,682 bis 0,659 Kilogramm pro Quadratmeter. Die Stärke und die Größe der auf den Fracht-Evern verwendeten Segel ist nachstehend zusammengestellt:

	Kern	Quadratmeter
Großsegel der Giek-Ever	1 oder 2	40—65
Großsegel der Besahn-Ever	0, 1, 2	50—80
Besahn	1, 2, 3	20—40
Gaffeltoppsegel der Giek-Ever	5, 6, S	10—15
Gaffeltoppsegel der Besahn-Ever	5, 6, S	15—25
Besahngaffeltoppsegel	5, 6, S	10—15
Stagfock	1 oder 2	15—25
Klüver	1, 2, 3	10—20
Jager	3 oder 4	10—15
Ballonklüver	5, 6, S	15—25
Breitfock	3, 4, 5, 6, S	45—65

Die eigentlichen Arbeitssegel des Evers waren die Gaffelsegel und die Stagfock, auch viele Klüver waren aus starkem Tuch hergestellt. Alle anderen Segel waren für leichten Wind bestimmt, sie bestanden aus leichterem Kerntuch oder aus Schiertuch.

Die aus 0,61 m breiten T u c h b a h n e n oder K l e i d e r n zusammengenähten Schratsegel der Ever erhielten fast ausschließlich Segelbahnen, die parallel mit dem Achterliek liefen. Die Vorsegel hatten am Vor- und Unterliek eine Rundung, auch das Unterliek der Gieksegel war gerundet, weil diese Segel bei den Evern nur am Hals- und Schothorn festgesetzt wurden. Je länger der Großbaum war, desto mehr B u c h t oder B a u c h hatte das Gieksegel nach unten. Bei einer Baumlänge von 7 m betrug die Bucht des Segels 0,60 bis 0,90 m, bei einem 12 m langen Baum aber 1,50 bis 2,00 m. Laschesegel und Strahlsegel (Strahlensegel) sind bei den Evern recht ungebräuchlich gewesen. Die aus zwei Hälften zusammengesetzten L a s c h e s e g e l standen zwar platter als die gewöhnlichen Segel, auch hatten sie eine geringere Bucht, dafür waren sie aber auch viel teurer. Deshalb fanden Klüver und Jager dieser Machart nur vereinzelt bei den Evern Verwendung, ein Gaffelsegel habe ich bei den Evern nur einmal gesehen, Besahn des Evers H F 211. S t r a h l s e g e l wurden gelegentlich für die gewöhnlichen Vorsegel und Gaffeltoppsegel gewählt; bei diesen Segeln liefen alle Nähte in dem Schothorn zusammen.

Um das Stocken (Verspaken) der Segel zu verhindern, pflegte man sie bei den Evern rötlichbraun oder dunkelbraun, bei einigen Evern auch rötlich oder gelblich zu t a n e n. Dieses Färben der Segel geschah bei neuen Segeln gewöhnlich erst im zweiten Jahre; jedoch hatten nicht alle Ever farbige Segel. Zum Tanen diente z. B. eine Lauge, gekocht aus Eichenborke, der gelber oder roter Ocker, gelegentlich auch gemahlene Ziegelsteine, hinzugefügt wurden. Nach einem anderen, alten Rezept[183] war für 100 Quadratmeter Segelfläche (gleich 300 Ellen Tuch) ein Quantum von 180 Liter erforderlich, bestehend aus 9 Pfund Leinöl, 5 Pfund Tran, 2 Pfund Holzteer, 8 Pfund Königsocker und 5 Pfund Totenkopf. Dieser Mischung wurde unter ständigem Rühren soviel Wasser zugesetzt, bis das ganze Quantum 180 Liter ergab. An Stelle von Königsocker und Totenkopf konnte man auch andere Erdfarben nehmen, wenn die Segel eine andere Farbe erhalten sollten. In neuerer Zeit verwendete man zum Tanen ein aus den Tropen eingeführten Agavenextrakt[184]. Die festgemachten Gaffelsegel, die Stagfock und die an Stagen fahrenden Vorsegel bedeckte man zum Schutz mit geteerten Segelbezügen.

Die ehemals in der Nord- und Ostseeküstenschiffahrt verwendeten Besahn-Ever, vereinzelt auch einige Besahn-Ever nach 1900, hatten zwei Stell Segel an Bord; mindestens führten sie ein Großsegel, einen Besahn und eine Stagfock zur Reserve mit. Seit dem Anfang des 20. Jahrhunderts besaßen die außerhalb der

Wattfahrt benutzten Ever vielfach nur noch eine Reserve-Stagfock, deren Mitführung die See-Berufsgenossenschaft seit dem Jahre 1903 fordert.

10. Großsegel der Giek-Ever.

(Abb. 10.)

Die Gieksegel der Ever wurden Großsegel und Besahn genannt. Man befestigte sie an dem Mast und zwischen zwei Rundhölzern, von denen das obere Gaffel, das untere Giek- oder Großbaum, kurz Baum oder Giek hieß. Bei den größeren Giek-Evern war der Großbaum 10 bis 12 m und die Gaffel 5 bis 6 m lang. Die Gaffel war häufig einhalb bis dreifünftel so lang wie der Großbaum, mitunter erhielt sie eine geringere Länge. Der größte Durchmesser beider Rundhölzer betrug etwa ⅞ Zoll für je 3½ Fuß Länge. Die Gaffel hatte bis zur Mitte eine fast gleichmäßige Dicke, sie verjüngte sich dann allmählich bis auf einhalb des größten Durchmessers. Dagegen wurde der Großbaum auf beiden Enden auf etwa zweidrittel bis dreiviertel des größten Durchmessers verjüngt. Für die Herstellung beider Rundhölzer diente Kiefern-, Fichten- oder Tannenholz. Um ein Aufspalten zu verhüten waren die äußeren Enden beider Rundhölzer, Nocken genannt, mit je einem aufgezogenen eisernen Band versehen. Das Gaffelnockband hatte eine Breite von 1¼ bis 1½ Zoll und eine Dicke von ⅜ Zoll, das Großbaumnockband war 1½ bis 2 Zoll breit und ½ bis ⅝ Zoll dick.

Die Verbindung des Großbaumes mit dem Mast geschah durch einen Schwanenhals, der die Bewegung des Baumes seitlich und nach oben ermöglichte. Durch das innere Ende des Großbaumes wurde ein mit einem Auge versehener Hackbolzen getrieben und mit einem etwa 8 bis 12 Zoll langen Bolzen, Lümmel genannt, durch ein Gelenk verbunden (Abb. 15 Nr. 1). An der hinteren Fläche des Mastes verbolzte man eine eiserne Platte von 8 bis 12 Zoll Höhe, 2½ bis 4 Zoll Breite und ¼ bis ⁵⁄₁₆ Zoll Dicke. Oben und unten hatte diese Platte je einen kleinen Ausschnitt, durch die zwei platte, mit einem Auge versehene Hackbolzen getrieben wurden. Die Augen dieser Bolzen dienten zur Aufnahme des Lümmels, der oben eine Stärke von ⅝ bis 1¼ Zoll und unten von ½ bis ¾ Zoll hatte; an dem unteren Ende des Lümmels befand sich eine Oeffnung und ein Splint. Das innere Ende des Baumes verstärkte man durch zwei eiserne Bänder von 1 bis 2 Zoll Breite und ¼ bis ⁵⁄₁₆ Zoll Dicke. Andere Ever erhielten an Stelle der Mastplatte und Augbolzen ein eisernes Mastband (Abb. 15 Nr. 2), das je nach der Stärke des Mastes eine Breite von 2¼ bis 2¾ Zoll und eine Dicke von ⅜ bis ¾ Zoll erhielt. Das Mastband war mit einem Scharnier versehen, es wurde durch eine seitliche Verschraubung geschlossen, weshalb man es auch Schraubband nannte. Dieses Schraubband konnte an dem Mast in jeder beliebigen Höhe festgesetzt werden, wenn der Ever eine hohe Decklast geladen hatte. An der hinteren Fläche des Schraubbandes waren zwei eiserne Lappen mit Oeffnungen für den Lümmel angeschmiedet. Vorn war an dem Schraubband mitunter ein Auge vorgesehen, das zur Anbringung eines Belegnagels bestimmt war. Der Großbaum selbst saß in etwa 1,50 bis 1,75 m Höhe über dem Hauptdeck am Mast fest.

Die Gaffel war an der Mastseite mit einer seitlich um den Mast greifenden Klau (Gaffelklau) versehen, bestehend aus zwei eschenen Hölzern, die mit dem etwas zugeschärften Ende der Gaffel durch zwei oder drei $3/4$zöllige Holznägel sowie durch zwei oder drei eiserne Bänder verbunden wurden (Abb. 15 Nr. 8). Die beiden inneren Klaubänder hatten z. B. eine Breite von 4 Zoll und eine Dicke von $3/16$ bis $1/4$ Zoll, das äußere Band war $2 3/4$ Zoll breit und $3/16$ Zoll dick. Oftmals wurde eine aus einem Stück Eschenholz gearbeitete Klau angesetzt. Kleinere Ever besaßen mitunter Gaffeln, bei denen die Klau und die Gaffel aus einem Stück Eschenholz hergestellt war. Innerhalb der Klau befand sich ein um einen $5/8$ bis $3/4$ Zoll starken Bolzen bewegliches rechteckiges Schloßholz, auch Schlitten genannt, das gegen den Mast lag und das Gleiten der Gaffel erleichterte. Beide Enden der Gaffelklau hatten eine kleine Oeffnung, durch die ein Taustropp gezogen und befestigt wurde. Dieser oftmals mit kleinen hölzernen Kugeln, sogenannten Klotjes, besetzter Stropp, Gaffelrack genannt, hielt die Gaffel am Mast fest.

Gesetzt wurde die Gaffel durch zwei Fallen, Klaufall und Piekfall genannt. Gaffelgerden, die die Gaffel seitlich stützten, hatten die Ever nicht. Das Klaufall bestand aus einem Läufer und zwei Blöcken mit Losehaken. Der obere und zweischeibige Block wurde unterhalb der Wantenauflage eingehakt. Der untere und einscheibige Block, bei größeren Segeln auch ein zweischeibiger Block, saß an einem starken Augbolzen oben an der Gaffel fest. Seit dem Ende des vergangenen Jahrhunderts fand an Stelle des Augbolzens ein kurzer, etwa $5/8$ bis $3/4$ Zoll starker eiserner Bügel Anwendung, der auf der Gaffel zwei Bunde trug und der an der unteren Seite der Gaffel verklinkt wurde (Abb. 15 Nr. 9). In diesem Fall trug der untere Klaufallblock keinen Haken, sondern einen Zapfen; ein starker Schäkel verband dann den Block mit dem Bügel. In früherer Zeit wurde für den oberen Block (oder auch für beide) oft ein an der Mastseite abgeflachter Block verwendet, der sich dicht an den Mast legte (Abb. 15 Nr. 11). Oder man verwendete für den oberen Block (oder für beide) einen Violinblock, zeitweilig fanden sogar dreischeibige Violinblöcke Anwendung. Seit dem Ausgang des vergangenen Jahrhunderts benutzte man für das Klaufall ausschließlich gewöhnliche Blöcke. An dem Mast wurde eine Eisenplatte von 12 Zoll Höhe, $2 1/4$ bis $2 3/4$

Zoll Breite und ³⁄₁₆ bis ¼ Zoll Dicke befestigt, durch die ein 1 bis 1¼ Zoll starker, etwa 4¾ Zoll weit vorstehender Augbolzen geschlagen wurde; dieser erhielt an der Vorderseite des Mastes eine ⁵⁄₈ Zoll dicke Klinkscheibe. Das Bolzenauge wurde durch eine angeschmiedete, ³⁄₄ Zoll starke Stange versteift, die man unten an der Eisenplatte und an dem Mast mittels eines ⁵⁄₈ zölligen Stumpfbolzen befestigte (Abb. 15 Nr. 11). Nunmehr hing der Block nicht mehr dicht an dem Mast. Von diesem Block aus fuhr die holende Part des Klaufalläufers zur Nagelbank am Mast.

Der Läufer des Piekfalles lief über drei oder vier einscheibige Blöcke mit Steifehaken, die seit der Mitte des vergangenen Jahrhunderts gewöhnlich Patentblöcke waren. Am Mast wurden sie an Augbolzen, oder an eisernen Mastbändern von 2 bis 2¼ Zoll Breite und ½ bis ⁵⁄₈ Zoll Dicke, die mit angeschmiedeten Augen versehen waren, eingehakt. Bei der Verwendung von drei Piekfallblöcken ordnete man stets zwei in gleichmäßiger Entfernung untereinander am Topp des Untermastes, nicht an der Stänge an. Der dritte Block, sowie die feste Part des Läufers befand sich an der Gaffel. Die feste Part des Läufers saß mit einem Haken, Doppelhaken oder Schäkel an einem Auge des Gaffelnockbandes, oder an einem etwas einwärts an der Gaffel befindlichen Stropp fest. Von hier aus fuhr der Läufer über den oberen Mastblock, zurück zum Gaffelblock, der auf etwa zweidrittel der Gaffellänge (von der Klau ab) an einem Stropp eingehakt wurde, dann über den unteren Mastblock und zur Nagelbank am Mast (Abb. 16 Nr. 4). Dieses ist die ältere, in der ersten Hälfte des 19. Jahrhunderts vorherrschende, heute aber bei den Evern wenig angewandte Takelungsart. Seit der zweiten Hälfte des vergangenen Jahrhunderts wurden an Stelle der Stroppen gewöhnlich eiserne Gaffelbänder benutzt, die eine Breite von 1½ bis 2 Zoll und eine Dicke von ³⁄₈ bis ½ Zoll hatten. Nach der neueren Takelungsart setzte man die feste Part des Piekfalles etwa in der Mitte der Gaffel (oder etwas mehr auswärts) fest, während der Gaffelblock an der Nock oder etwas einwärts eingehakt wurde. Von der Gaffel aus lief der Läufer über den unteren Mastblock, dann über den Gaffelblock, von dort über den oberen Mastblock und zur Nagelbank (Abb. 10 Nr. 1). Der Unterschied beider Piekfallen bestand darin, daß nach der älteren Art der untere Mastblock, nach der neueren der obere Mastblock der Läuferblock war. Ueber den praktischen Wert beider Takelungsarten gingen die Ansichten der Schiffbauer und Schiffer auseinander, die einen hielten die ältere, die anderen die neuere Takelungsart für besser. Ebenfalls umstritten war die Frage, ob die feste Part des Piekfalles bzw. der Gaffelblock direkt an der Gaffelnock, oder etwas einwärts, festgesetzt werden sollte. Gelegentlich war der Gaffelblock (ältere Takelungsart) oder die feste Part des Piekfalles (neuere Takelungsart) nicht direkt an der Gaffel, sondern an einem Hahnepoot (Tau, in neuerer Zeit Draht) befestigt (Abb. 16 Nr. 3). Beide Enden des Hahnepoots waren an der Gaffel festgesetzt, auch befand sich daran eine Gleitkausche, an der der Gaffelblock oder die feste Part des Piekfalles befestigt wurde.

Wenn aber zu dem Piekfall vier Blöcke gehörten, wie es bei den neueren und größeren Gieksegeln der Ever gebräuchlich war, hakte man stets zwei Blöcke untereinander und zwei an der Gaffel ein. Der obere Mastblock war stets der Läuferblock, indes die feste Part des Läufers auf zwei verschiedene Arten befestigt wurde. Die feste Part saß an dem Hundfutt des unteren Mastblockes fest, der Läufer fuhr dann über den inneren Gaffelblock (von oben nach unten), von dort über den zuerst erwähnten Mastblock, dann über den äußeren Gaffelblock (von unten nach oben) und von diesem über den oberen Mastblock zur Nagelbank (Abb. 16 Nr. 1). Weil aber durch die Befestigung der festen Part an dem Mastblock auf den Blockbeschlag zu viel Kraft kommt, bevorzugten einige Schiffbaumeister die nachstehende Takelungsart, bei der die Angriffspunkte des Piekfalles auf den Mast eine gleichmäßigere Verteilung fanden. Mittels eines Schäkels oder eines Doppelhakens wurde die feste Part des Piekfalles am Mast unterhalb des unteren Mastblocks festgesetzt (Abb. 13). Das Piekfall fuhr dann über den inneren Gaffelblock (von unten nach oben), von dort aus weiter, wie vorstehend beschrieben. Gelegentlich erhielten die Augen der Gaffelbänder je einen starken Ring an dem man die Piekfallblöcke einhakte oder einschäkelte.

Der Großbaum wurde durch eine Schot derart festgehalten, daß er sich je nach der Windrichtung nach beiden Seiten bewegen konnte. Die Großschot der älteren Giek-Ever war vor der Ruderpinne auf dem Halbdeck angeordnet. Der Schotläufer war entweder über zwei Blöcke, einem zwei- und einem einscheibigen Block, oder über drei einscheibige Blöcke geschoren, von denen zwei dicht nebeneinander mit Stroppen am Großbaum hingen, während der dritte als Gleitblock an dem kurzen hölzernen oder eisernen Leitwagen diente. Dieser trug an der Unterkante eine Kausche für den Leitwagen, oder einen Haken, der an einem um den Leitwagen greifenden Ring eingehakt wurde. Die feste Part des Läufers befand sich an der Oberkante des unteren Blockes, sie fuhr über den hinteren Baumblock (von vorn nach hinten), dann nach unten über den Gleitblock (von hinten nach vorn), von dort aufwärts über den vorderen Baumblock (von hinten nach vorn), dann wieder abwärts zum Deck (Abb. 16 Nr. 6). Entweder belegte man die holende Part des Schotläufers vor dem Leitwagen an einer Deckklampe, oder sie wurde an einer seitlich am Block gebändselten Klampe belegt. Diese Schottakelung ist bei den holländischen Seglern nicht nachzuweisen, wohl aber kam sie bei den dänischen und schleswig-holsteinischen Jachten vor[185]. Dänische Jachten führten schon am Ende des

18. Jahrhunderts diese Schot; von hier aus ist sie bei den Giek-Evern eingeführt worden. Sie hat sich bei alten Evern mindestens bis zum Ende des vergangenen Jahrhunderts gehalten, denn die kleinen Giek-Ever auf den Abb. 8 und 9 — die Lichtbilder sind 1897 aufgenommen worden — zeigen alle noch die alte Schottakelung.

Mit der Einführung des längeren Großbaumes, nach 1850, erhielten die Giek-Ever stets eine über zwei Blöcke geschorene Schot. Der obere und zweischeibige Block war oberhalb des Leitwagens am Großbaum an der Kausche eines Baumstropps eingehakt, der Stropp lag zwischen zwei kleinen, am Großbaum befestigten Knaggen. Späterhin wurde für die Aufhängung des oberen Schotblockes entweder ein mit Schiemannsgarn umsponnener Drahtstropp, oder ein festes eisernes Band mit einem angeschmiedeten Auge verwendet. Vielfach benutzte man an Bord der Ever eiserne Schotbänder, die in zwei verschiedenen Ausführungen vorkamen: An der Baumnock war ein festes Band von 1¼ bis 1½ Zoll Breite und ⅜ Zoll Dicke aufgezogen, daran wurde seitlich ein halbkreisförmiger, rundgearbeiteter Bügel von ⅝ bis ¾ Zoll Stärke angeschmiedet (Abb. 15 Nr. 6). An diesem Bügel wurde der obere Schotblock eingehakt oder eingeschäkelt. Bei der anderen Ausführung befestigte man um den Großbaum ein festes eisernes Band von 1½ Zoll Breite und ⁵/₁₆ Zoll Dicke, das jederseits mit einer Führungsschiene versehen war. Innerhalb der Führungsschienen befand sich ein zweites, aber bewegliches Schotband, auch Rutschband genannt, von 1¼ Zoll Breite und ⅜ Zoll Dicke (Abb. 15 Nr. 8). Dieses innere Band war an der unteren Seite offen, die beiden Enden liefen in sogenannte Lappen aus. Der obere Schotblock trug einen Zapfen; Zapfen und Lappen wurden durch einen Bolzen (mit Kopf und Mutter) verbunden. Der untere und einscheibige Schotblock war mit dem Leitwagen (s. u.) durch eine Kausche, einen Stropp oder durch einen Schäkel verbunden, oder dieser Block war mit einem äußeren Bügelbeschlag versehen, der unten einen starken, um den Leitwagen greifenden eisernen Ring erhielt. Die holende Part des Schotläufers fuhr vom Baumblock aus nach einer starken hölzernen Belegklampe, die in der Mitte auf dem Halbdeck angebracht war. Einige neuere Giek-Ever besaßen dafür einen eisernen Kreuzpoller von ¾ bis 1 Zoll Stärke, dessen Mittelstütze in einem nach unten gerichteten Haken auslief. Gewöhnlich hatten diese Giek-Ever noch einen dritten einscheibigen Block (Abb. 10 Nr. 1), der immer mittels eines Taustroppes zwischen zwei Knaggen am Großbaum fest saß. Ueber diesen Block, Leitblock genannt, lief die holende Part des Schotläufers nach der Belegklampe oder nach dem Kreuzpoller. Größere Ever setzten auf See bei raumem Winde den Großbaum auch nach vorn durch eine dreischeibige Talje fest, die binnen der Schot am Baum angriff; sie führte die Bezeichnung Bullentalje (Bollentalje).

Bei den Giek-Evern mit einem langen Großbaum war der Leitwagen für die Großschot an den beiden Mittelstützen der Spiegelreling angebracht (Abb. 15 Nr. 15). Diese Relingstützen erhielten
eine größere Stärke als die seitlichen Stützen, auch reichten sie
tief hinab, weil sie stark auf Zug beansprucht wurden. Mehrere
Klinkbolzen verbanden diese Stützen mit der inneren Spiegelbeplankung. An jeder Stütze war mittels zwei oder drei ⁵/₈ Zoll
starken Schraubbolzen eine flacheiserne, oben rund oder vierkant
und mit einem seitlichen Auge versehene Leitwagenstütze verbolzt.
Die Leitwagenstützen hatten eine Höhe von etwa 8 bis 14 Zoll,
eine Breite von 1½ bis 2½ Zoll und eine Dicke von ¾ bis 1 Zoll.
Sie trugen eine ¾ bis 1½ Zoll starke Stange, Leitwagen genannt,
die auf dem einen Ende einen Kopf, auf dem anderen Ende eine
Mutter besaß, damit der Leitwagen abgenommen werden konnte.
Meistens war der Leitwagen fast gerade, oder schwach nach oben
gebogen, entweder mit der Spiegelreling in gleicher Höhe laufend,
oder sie etwas überragend. Vereinzelt besaßen kleine Fracht-Ever
ziemlich hohe Leitwagen; bei dem Ever „Wilhelmine" (Abb. 11)
ragten die rundgeschmiedeten Enden der Leitwagenstützen etwa
11 Zoll über die Spiegelreling empor. Jederseits trug der Leitwagen
bei den meisten Evern eine eiserne Verstärkung, Bund genannt, die
als Ruhepunkt für den Schotblock diente. Um eine Beschädigung
dieses Blockes beim heftigen Uebergehen der Schot zu verhüten,
befand sich vor dem Bund (auch bei den Besahnschotleitwagen)
gelegentlich ein sogenannter türkischer Bund aus Kokostauwerk.

Der Großbaum wurde durch ein starkes, an der Baumnock
angreifendes Tau getragen, das die Bezeichnung Dirk oder
Kranleine führte. Die feste Part der Dirk war mit einer Kausche
versehen, die einen Haken (oder Doppelhaken oder einen Schäkel)
trug, der an dem mit einem Auge versehenen Großbaumnockband
festgesetzt wurde. Oberhalb des oberen Piekfallblocks war am
Mast ein einscheibiger Block eingehakt, Dirkblock genannt,
über den die Dirk am Mast herunter fuhr (Abb. 13). Um den
Großbaum aufdirken zu können, wurde an der holenden Part der
Dirk eine dreischeibige Dirktalje befestigt, deren zweischeibiger
Block an der Dirkkausche der holenden Part mittels eines Hakens
(oder Doppelhaken, Schäkel, oder am Bügelbeschlag) fest saß.
Den unteren und einscheibigen Dirktaljenblock hakte man neben
dem Großwant ein, entweder an der Reling an einem Augbolzen,
bei größeren Evern an einer Dirkrüst (Dirkschiene). Mitunter
war an dem unteren Dirktaljenblock ein Dirkstander mit einem
Losenhaken befestigt. Die holende Part des Dirktaljenläufers
lief vom oberen Block nach einer Belegklampe (oder Belegnagel) am Großmast (oder Großmastkoker), oder man belegte den Läufer an der Spretlatte. In früherer Zeit fand
für den oberen, zweischeibigen Taljenblock oft ein Violinblock Verwendung. Größere Ever besaßen eine vierscheibige,

kleinere Ever oft nur eine zweischeibige Dirktalje. Bei einigen kleinen Binnen-Evern war in früherer Zeit an der holenden Part der Dirk keine Dirktalje angebracht, sondern an der holenden Part wurde ein einscheibiger Block eingebunden (Abb. 16 Nr. 6). Ueber diesen Block schor man einen Läufer, dessen feste Part neben dem Großwant eingehakt wurde, indessen man die holende Part an der Spretlatte belegte (Abb. 6). Viele Giek-Ever besaßen nur eine Dirktalje, bestehend aus einem Läufer und zwei einscheibigen Blöcken (Abb. 10). Die feste Part des Läufers saß an der unteren Kante des am Mast eingehakten Dirkblockes fest, sie fuhr abwärts über einen zweiten einscheibigen Block (von vorn nach hinten), der an dem Großbaumnockband eingehakt oder eingeschäkelt war, oder dieser Block wurde mittels eines Bolzens an dem Auge des Nockbandes festgesetzt. Von diesem Block aus fuhr der Läufer über den oberen Block, der ebenfalls über dem oberen Piekfallblock angeordnet war, und dann am Mast herunter.

Die Verbindung der oberen Kante des Gieksegels, die die Bezeichnung O b e r - oder G a f f e l l i e k führte, mit der Gaffel geschah auf drei verschiedene Arten. Entweder wurde jedes am Gaffelliek angebrachte Gatchen an der Gaffel durch Bändsel befestigt, oder man führte eine Reihleine durch die Gatchen und um die Gaffel, oder an der unteren Seite der Gaffel war eine hölzerne Leiste verbolzt, J ä c k s t a g genannt, in deren Ausschnitte man das Gaffelliek anbändselte. Die äußere, obere Ecke des Gieksegels, N o c k - oder P i e k o h r genannt, erhielt ein besonderes Bändsel um die Gaffelnock, das sich gegen kleine keilförmige Klampen, S t o ß k l a m p e n genannt, legte. Das K l a u o h r, oder die innere, obere Ecke des Gieksegels wurde an einem unterhalb der Gaffelklau sitzenden Augbolzen mittels eines Bändsels, oder, seit der zweiten Hälfte des vergangenen Jahrhunderts, meistens mittels eines Schäkels befestigt. Mit dem Mast war das V o r - oder M a s t l i e k des Gieksegels in der Regel durch eine R e i h l e i n e verbunden, die mitunter Klotjes trug. Dagegen fanden eschene M a s t b ä n d e r (Mastringe) gewöhnlich nur bei den größeren Evern Anwendung, aber nicht bei allen.

Das U n t e r - oder B a u m l i e k des Gieksegels befestigte man nur an dem H a l s - und S c h o t h o r n. Damit das Vorliek des Großsegels glatt stand, hakte man an dem Hals eine drei- oder vierscheibige Talje ein, H a l s t a l j e genannt (Abb. 10 Nr. 1). deren unterer Block an einem Augbolzen auf dem Deck, dicht am Mast, eingehakt wurde. Der vom oberen und zweischeibigen Block fahrende Läufer wurde am Mast belegt. Die äußere, untere Ecke des Gieksegels, das S c h o t h o r n, wurde mittels eines Taustroppes, oder durch einen eisernen Bügel, mit dem Großbaum verbunden. Bei der Stroppbefestigung waren an der unteren Seite der Baumnock einige kleine keilförmige Klampen (S t o ß - k l a m p e n) angebracht, die zur Festsetzung des Stroppes dienten.

Seit der zweiten Hälfte des vergangenen Jahrhunderts war bei den Evern die Anwendung eines Schothornbügels am gebräuchlichsten (Abb. 15 Nr. 5). Jederseits wurde an der Baumnock eine z. B. 2¼ Zoll breite und ¼ Zoll dicke eiserne Schiene eingelassen, die drei oder vier durch den Großbaum gehende Oeffnungen aufwies. Das Schothorn trug einen ⅝ Zoll starken Rundeisenbügel, der mittels eines gleichstarken Schraubbolzens, oder besser durch einen Splintbolzen, an der Schothornschiene festgesetzt wurde.

Während die bereits erwähnte Halstalje nicht nur den Hals des Gieksegels nach unten festhielt, sondern auch die Aufgabe hatte, den Hals steif zu setzen, wenn der Ever am Winde segelte, mußte man bei raumem Winde den Hals gelegentlich aufholen. Hierfür diente ein leichtes Tau, Halsaufholer genannt (Abb. 10 Nr. 1). Der Halsaufholer wurde an dem Halshorn festgesetzt, aufwärts über einen unterhalb der Gaffelklau eingehakten einscheibigen Block geführt und dann am Mast herunterlaufend an der Nagelbank belegt. Mitunter fand auch die Gaffeltoppsegelschot als Halsaufholer Verwendung (S. 151).

Bei stärkerem Winde konnte das Gieksegel durch Reffbändsel verkleinert werden, die in zwei oder drei Reffbändern angebracht waren. Alle größeren Ever benötigten zum Niederholen und Festhalten des Achterliekes beim Einbinden eines Reffes ein Schmerreep, Reffbacken und eine Refftalje (Abb. 15 Nr. 5). In einem Abstand von 2½ bis 3 Zoll von dem inneren Ende der erwähnten Schothornschiene war jederseits an dem Großbaum eine 21 bis 25 Zoll lange, 2 bis 2½ Zoll dicke und ebenso breite eichene Reffbacke, auch Schmerreepklampe genannt, verbolzt. Jede Reffbacke besaß für jedes Reff eine ausgearbeitete Oeffnung von 1 bis 1¼ Zoll Weite. Das Ende des Schmerreeps (Schmierreep, so genannt, weil man es einfettete) wurde mit einem Knoten durch die Oeffnung der einen Reffbacke sowie durch eine Reffmutte (am Achterliek in gleicher Höhe mit dem Reffband angebracht) geschoren, dann abwärts durch die entsprechende Oeffnung der Reffbacke auf der anderen Seite des Großbaumes geführt. An der Kausche des Schmerreeps wurde eine dreischeibige Refftalje eingehakt, deren inneren und einscheibigen Block man an einem an der unteren Seite des Großbaumes angebrachten Augbolzen einhakte. Die holende Part des Refftaljenläufers wurde an einer Klampe vor dem Augbolzen belegt. Mit Hilfe dieser Talje holte man das Schmerreep durch und damit das Achterliek nieder. Bei dem Einbinden eines Reffes mußte der Schothornbügel losgenommen und an der nächsten, einwärts befindlichen Oeffnung der Schothornschiene wieder festgesetzt werden; ebenso wurde auch der Schothornstropp zurück gesetzt. Mitunter diente ein Klappläufer mit zwei einscheibigen Blöcken als Refftalje, der die Bezeichnung Dördhand (Deerdehand d. h. dritte Hand) führte; dieser Klappläufer wurde erst beim

140

Reffen des Segels angeschlagen, indessen sonst die Refftalje ständig am Großbaum gefahren wurde. Kleinere Ever besaßen wohl ein Schmerreep, aber keine Reffbacken.

Wenn das Großsegel festgemacht war, legte man um den Großbaum und die Gaffel einen starken Stropp, daran wurden die beiden ausgehakten Gaffelblöcke des Piekfalles eingehakt, so daß die beiden Rundhölzer und das Großsegel von der Dirk und dem Piekfall getragen wurden. Dieses geschah aber nur, wenn der Ever im Hafen, nicht auf einer Reede, lag. Wenn jedoch das Großsegel nicht angeschlagen war, wurde der Baum nur durch die Dirk und die Gaffel durch ihre beiden Fallen getragen. Häufig unterstützte man die Großbaumnock noch dadurch, auch wenn kein Segel angeschlagen war, daß man unter dem Baum einen scherenförmigen Bock (M a s t s c h e r e) stellte, oder an dem hinteren Lukengiebel wurde eine oben gabelförmig gestaltete Stange befestigt, oder auf der Großluke wurde ein auf einem Sockel ruhendes, oben halbkreisförmig ausgeschnittenes Brett als Baumstütze gesetzt. In früherer Zeit diente bei den Giek-Evern ge-legentlich der hölzerne Kajütschornstein gleichzeitig als Baum-auflage, doch soll dadurch manches Feuer entstanden sein. Mit-unter wurde der Großbaum (ohne Segel) auch auf die Spiegel-reling, oder auf den Leitwagen am Spiegel, gefiert. An dieser Stelle sei gleich erwähnt, daß bei den Besahn-Evern mit einem Roof, dieses als Baumauflage diente. Der Besahnbaum, auch mit angeschlagenem Segel, wurde ebenfalls oft auf die Spiegelreling gefiert.

11. Großsegel der Besahn-Ever.

(Abb. 13.)

Das Großsegel dieser Ever hatte eine mehr rechteckige Form als das der Giek-Ever, weil der Großbaum im Verhältnis zur Gaffel kürzer als bei den Giek-Evern war. Während das Verhältnis der Baumlänge zur Gaffellänge bei den Giek-Evern im Mittel etwa 1,70 betrug, hatte es bei den Besahn-Evern einen Wert von 1,30. Die Länge des Großbaumes war meistens durch die Maststellung begrenzt, er mußte vom Besahnmast gut frei gehen. Der Großbaum war gewöhnlich 8 bis 10 m, die Gaffel 5 bis 6 m lang, Durchmesser wie bei den Giek-Evern angegeben. Befestigt wurde der Großbaum in einer Höhe von 0,70 bis 1,80 m über Deck, je nach der Größe des Evers. Bei den seegehenden Evern mußte der Großbaum über das auf die Großluke gesetzte Boot und über dem Roof frei schwingen.

Verschieden von dem Großsegel der Giek-Ever war nur die Großschot und die Großdirk getakelt. Die G r o ß s c h o t war eine über zwei Blöcke geschorene drei- oder vierscheibige Talje, deren oberer Block wohl nur in älterer Zeit mittels eines Stroppes, sonst aber an einem eisernen Schotband befestigt wurde. Nur bei den größeren Gieksegeln fand vereinzelt eine fünf- oder sogar sechs-scheibige Schot Anwendung. Der untere Schotblock wurde an einem hölzernen oder an einem eisernen Leitwagen von 1¼ bis 1½ Zoll Stärke festgesetzt, dessen Länge gewöhnlich zweidrittel der Schiffsbreite betrug. An Stelle des Leitwagens benutzte man gelegentlich einen starken, querschiffs gestellten Augbolzen, der auf einer Aufklotzung festsaß. Wenn der Ever ein Roof besaß, befand sich der Leitwagen, oder der Augbolzen, zwischen dem Roof und dem Besahnmast. Die holende Part des Großschotläufers wurde an einer Klampe belegt, die an dem Besahnmast (bei um-legbaren Masten am Besahnmastkoker), oder auf dem Deck an-gebracht war. Oftmals befestigte man an dem Besahnmast oder auf dem Deck eine Pockholzkausche, durch die der Tamp der Großschot genommen und dann an einer Klampe belegt wurde. Besahn-Ever mit umlegbaren Masten besaßen oft an dem Besahn-mastknecht in der Mitte einen Belegnagel für die Schot, oder in der Mitte des Knechtes war nur eine Oeffnung vorgesehen, die dadurch geführte Schot belegte man seitlich an dem Kopf des Knechtes oder an einer Klampe am Koker.

Die Großdirk wurde häufig wie bei den Giek-Evern ge-schoren: Dirk von der Nock des Großbaumes über einen Dirk-block am Großmast fahrend, an der holenden Part war eine zwei-, drei- oder vierscheibige Talje befestigt (Abb. 13). Nach 1850 er-hielten viele Ever eine vom Besahnmast angreifende Großdirk, die man auf vier verschiedene Arten takelte. Gewöhnlich war an der Vorkante des Besahnmastes, oberhalb der Wantenauflage, ein Dirkblock eingehakt, über den die Dirk von der Großbaumnock aus (von vorn nach hinten) lief, an der holenden Part der Dirk, für die in neuerer Zeit gelegentlich auch Stahldraht Verwendung fand, wurde eine zwei- oder dreischeibige Dirktalje festgesetzt (Abb. 16 Nr. 1). Oder an dem oberen Ende der Dirk wurde ein kurzer oder langer Klappläufer angeschlagen, dessen oberer und einscheibiger Block am Besahnmast eingehakt war (Abb. 16 Nr. 4), die holende Part des Läufers fuhr am Besahnmast herab[186].

Größere Ever erhielten einen Dirkstander (Tau, späterhin Kette oder Draht), dessen feste Part an Stelle des Dirkblockes am Besahnmast eingeschäkelt oder eingehakt (mit Doppelhaken) wurde (Abb. 16 Nr. 2). Die holende Part des Dirkstanders trug einen einscheibigen Dirkmantelblock. Ueber diesen Block lief ein Dirkmantel (Tau, von hinten nach vorn geschoren), dessen feste Part neben dem Besahnwant eingehakt wurde, indessen an der holenden Part eine dreischeibige Dirktalje, auch Dirktakel ge-nannt, befestigt war. Der untere und einscheibige Dirktaljenblock war mit einem kurzen Stander (Tau oder Kette) versehen, dessen Kausche einen Losenhaken oder einen Schäkel trug, die zur Be-festigung an dem Auge des Großbaumnockbandes bestimmt waren. Die Befestigung der anderen Blöcke dieser Dirk geschah ebenso wie beim Großmasttakel und Mantel (S. 121). Der Dirktaljenläufer fuhr vom oberen und zweischeibigen Taljenblock zum Besahnmast oder zum Besahnwant, wo man ihn an einer Klampe oder an einem Belegnagel belegte. Einige Ever besaßen einen Dirkstander, an dem eine lange, zweischeibige Talje festgesetzt war (Abb. 16 Nr. 3), deren unterer Block ebenfalls mit einem kurzen Tau- oder Kettenstander an der Baumnock festsaß. Die feste Part des Dirktaljenläufers setzte man an der Unterkante des oberen Blockes fest, der gleichzeitig als Läuferblock diente.

12. Besahn.

Weil der Besahn stets kleiner als das Großsegel war, so zeigt auch sein laufendes Gut sowie die Befestigung des Besahnbaumes größere Abweichungen. Die Stellung des Besahnmastes wurde häufig durch die Länge der Großluke bestimmt. Der Besahnbaum war 4 bis 5 m, die Gaffel 2½ bis 3 m lang. Man befestigte den Besahnbaum in einer Höhe von 1,50 bis 1,75 m über dem Deck. An Stelle eines Baumlümmels war der an dem inneren Baumende hineingetriebene Hackbolzen oft mit einem gebogenen Haken versehen, der in ein schmales Mastband eingehakt wurde (Abb. 15 Nr. 3).

In der Regel war das Schothorn nicht an der Baumnock festgesetzt, wie beim Großsegel, besonders dann nicht, wenn der Besahnbaum weit über den Spiegel hinausragte. Sondern das Schothorn des Besahns wurde an einem um den Baum greifenden Ring mittels eines Hakens festgesetzt. An diesem Ausholring befand sich eine Springschot, die durch ein an der Baumnock angeordnetes Scheibengat fuhr. An der holenden Part wurde eine dreischeibige Talje angeschlagen, die gleichzeitig als Refftalje diente; diese Talje entsprach der bereits beschriebenen Refftalje (Abb. 15 Nr. 10). Am Besahn war ein Reffband, oder zwei, vorgesehen. An Stelle einer Halstalje ordnete man mitunter nur einen festen Tamp an.

Das Besahnklaufall war eine dreischeibige, oft aber nur eine zweischeibige Talje. Das Besahnpiekfall bestand in der Regel, seit dem Anfang des 19. Jahrhunderts bis auf die Gegenwart, aus einem Läufer und zwei einscheibigen Blöcken (Abb. 13). Der Mastblock wurde oberhalb der Wantenauflage eingehakt, er trug einen Steifenhaken und einen Hundfutt für die feste Part des Piekfalläufers. Der andere, ebenfalls mit einem Steifenhaken versehene Block saß an der Gaffelnock, oder auch mehr einwärts, an einem Auge eines Gaffelbandes fest. Von dem Mastblock aus lief der Läufer des Piekfalles über den Gaffelblock (von vorn nach hinten) zurück zum Mastblock (von oben) und an Deck. Seit der zweiten Hälfte des vergangenen Jahrhunderts besaßen vereinzelt

einige Ever drei einscheibige Piekfallblöcke. Dann wurde das Piekfall wie bei den Giek-Evern (nach der neueren Takelungsart) beschrieben geschoren (Abb. 10 Nr. 1), der Läuferblock befand sich
oben am Mast. An der Besahndirk befand sich gewöhnlich nur
eine zweischeibige Dirktalje. Zahlreiche Binnen-Ever, auch mehrere
seegehende Ever, führten an Stelle der Dirk mit Dirktalje nur eine
zweischeibige Dirktalje, die ebenfalls bereits bei dem Großsegel
der Giek-Ever beschrieben worden ist (Abb. 13).

Hier sei gleich die abweichende Besahndirk- und Besahnpiek-
fall-Takelung bei einigen älteren Galeaß- und Seefischer-Evern erwähnt (Abb. 16 Nr. 7). An der hinteren Kante des Besahnmastes
war oberhalb der Wantenauflage ein großer und ungewöhnlich
breiter zweischeibiger Block eingehakt, der an dem unteren Ende
ein Auge (Hundfutt) oder einen Bügel trug. Daran saß die
stehende Part des Piekfalls fest, sie fuhr abwärts durch den einscheibigen, an der Gaffel festgesetzten Block (von unten nach
oben) zurück (von oben) über die Backbordscheibe des Mastblockes und am Mast herunter. Die Besahndirk war am Nockband
des Besahnbaumes eingehakt, sie fuhr aufwärts über die Steuer-
bordscheibe des Mastblockes und abwärts zum Besahnwant. An
der holenden Part der Dirk und des Piekfalls befand sich, aber
nicht immer, je eine leichte zweischeibige Talje, die man Stritscher
(Strecker) nannte.

Eigenartig ist sodann die Befestigung der Besahnschot am
Ruder, für die zwei verschiedene Anordnungen gewählt wurden.
Wenn der Ever einen festen, aus dem Ruderstamm gearbeiteten
Ruderkopf hatte, was vornehmlich bei den älteren See-Evern der
Fall war, wurde seitlich am Ruderkopf ein flacheiserner Beschlag
von 2 Zoll Breite und ½ Zoll Dicke mittels zwei Klinkbolzen derart befestigt, daß der mittlere und rundgearbeitete ¾ Zoll starke
Teil des Beschlages über dem Ruderkopf freistand (Abb. 15
Nr. 12). An diesem Beschlag, Leitwagen oder Leitwagenbügel
genannt, schäkelte man den unteren Besahnschotblock ein. Die
jüngeren Besahn-Ever sowie die Besahn-Ever mit einem losen
Ruderkopf besaßen auf der Ruderpinne, dicht hinter dem Ruderkopf, einen ¾ bis 1 Zoll starken rundeisernen Leitwagenbügel,
der in der Mitte gewöhnlich etwas niedriger als der Ruderkopf
war und der außerdem bei vielen Evern nach hinten gebogen
wurde, um klar vom Ruderkopf zu sein (Abb. 15 Nr. 16). Bei
einigen Evern trug der Leitwagenbügel oben jederseits einen
eisernen Bund, als Ruhepunkt für den Schotblock (Abb. 15
Nr. 17). Seit dem Ausgang des vergangenen Jahrhunderts bevorzugten mehrere Werften glatte Leitwagenbügel, ohne seitliche
Bunde, weil diese mitunter hakten. Die Enden der Leitwagenbügel verklinkte man an der unteren Fläche der Ruderpinne; oben,
dicht gegen die Ruderpinne anliegend, besaßen sie in der Regel
alle zwei eiserne Bunde. Einige Besahn-Ever besaßen rundeiserne

Leitwagenbügel (Abb. 15 Nr. 22), die oft in der Mitte mit einem angeschmiedeten Auge für den Schotblock versehen waren (Abb. 15 Nr. 23); nur dieses Auge ragte über die Ruderpinne empor. Die beiden Enden dieser Leitwagenbügel reichten seitlich bis zur Mitte (der Höhe oder Dicke) der Ruderpinne, ein starker, seitlich durch die Ruderpinne getriebener Klinkbolzen verband beide Enden des Bügels.

Ungebräuchlich war es, bei den Besahn-Evern der Frachtfahrt den an den Relingstützen verbolzten Leitwagen der Giek-Ever anzubringen; nur zwei solcher Ever sind mir bekannt. Mitunter sieht man in neuerer Zeit Giek-Ever (im vergangenen Jahre sah ich drei), die auf der Ruderpinne hinter dem Ruderkopf (der übrigens in der Gegenwart mitunter fehlt) einen Besahnschot-Leitwagenbügel besitzen. Man hat bei diesen Evern nicht etwa den Besahnmast ausgebaut — einen solchen Ever kann man nicht als Giek-Ever bezeichnen, weil z. B. die Stellung des Großmastes und der Schnitt des Großsegels anders ist — sondern diese Ever haben nachträglich das Ruder eines abgewrackten Besahn-Evers erhalten.

Die Besahnschot war stets eine über zwei Blöcke geschorene dreischeibige Talje, deren holende Part außerdem oft über einen am Besahnbaum hängenden, einscheibigen und bestroppten Leitblock fuhr. Der Schotläufer wurde an einer Klampe belegt, die entweder an dem Besahnbaum, oder auf der Ruderpinne, oder auf dem Halbdeck angebracht war. Weil der Besahnbaum meistens über den Spiegel hinausragte, befestigte man den oberen Schotblock gewöhnlich nicht an der Baumnock, sondern oberhalb des Leitwagenbügels an einem Schotring, oder an einem Hahnepoot (Abb. 15 Nr. 10). Als Hahnepoot fand ein Taustropp von 1 bis 1¼ m Länge Verwendung, dessen beide Enden an dem Besahnbaum festgesetzt waren. In der Mitte des Hahnepoots befand sich eine Kausche, an der der obere und zweischeibige Schotblock eingehakt oder eingeschäkelt wurde. An Stelle eines Taustroppes benutzte man in neuerer Zeit oft einen Drahtstropp oder eine Kette als Hahnepoot. Die Besahnschot wurde deshalb am Ruder befestigt, damit beim Wenden des Evers der Besahn back aufdreht, wenn man das Ruder in Lee legt, denn dadurch wird das Achterschiff herumgedrückt. Anders bei der Stagfock, denn diese wurde beim Wenden entgegengesetzt back gehalten, um das Vorschiff herumzudrücken.

Größere See- und Galeaß-Ever besaßen in früherer Zeit an der über dem Spiegel hinausragenden Besahnbaumnock jederseits eine Baumgei. Diese Baumgeien hatten die Aufgabe, den Baum seitlich zu stützen und die Besahnschot zu entlasten. Jederseits war an der Nock ein Taustander festgesetzt, der einen eingebundenen einscheibigen Block trug. Ueber diesen Block wurde ein Läufer geschoren, dessen stehende Part man an einem Augbolzen am Spiegel festsetzte, indessen die holende Part binnenbords an einer Klampe auf dem Kajütdeck belegt wurde.

13. Stagfock.

(Abb. 10.)

Außer dem Großsegel war das wichtigste Segel des Evers die verhältnismäßig große Stagfock, die unter den Vorsegeln das eigentliche Arbeitssegel bildete. Das Vorliek dieses Segels war mit dem Fockstag in früherer Zeit durch eine Reihleine verbunden, die man gegen den Schlag der Kardeele des Stages durch mehrere, 0,72 m voneinander entfernt (auch in einem geringeren Abstand) befestigte Gatchen schor. An Stelle der Reihleine fanden bei den Evern seit den zwanziger Jahren des vergangenen Jahrhunderts meistens eschene Lägel, seit der Einführung des Drahttauwerks stets eiserne Lägel Verwendung. Der Stagfockhals wurde mit einem festen Tamp aufgesetzt, entweder am Vorsteven oder am Galion oder am Fockstag. Eine leichte zwei oder dreischeibige Halstalje besaßen gewöhnlich nur die größeren Ever.

Gesetzt wurde die Stagfock durch ein zweischeibiges Fall, dessen oberen Block man an einem Augbolzen am Mast, unterhalb des Fockstages, einhakte[187], während der untere Block mittels eines Hakens oder Doppelhakens an dem Fallhorn der Stagfock festsaß. Die holende Part des Stagfockfalles wurde am Mast belegt. Als Niederholer des Segels diente ein einfaches Tau, befestigt am Fallhorn, das beim Setzen des Segels mit nach oben ging; belegt wurde der Niederholer neben dem Stagfockfall an der Nagelbank am Mast oder am Mastkoker.

Oberhalb des Schothorns war am Achterliek der Stagfock eine Mutte (große Kausche) eingespleißt, an der man ein etwa 1 bis 1½ m langes und 1 Zoll starkes Tau befestigte, Focksteert genannt. Meistens saß aber ein Focksteert jederseits an dem ersten Belegnagel der Spretlatte fest, dessen Tamp man durch die erwähnte Mutte steckte und an der Spretlatte belegte. In beiden Fällen befand sich jederseits an dem vorderen Wanttau eine Pockholzkausche, die zur Führung des Focksteertes diente. Diese Kausche übertrug den Segeldruck auf das Wanttau, anstatt auf den Belegnagel. Der Focksteert hatte nicht nur die Aufgabe, das Schothorn der Stagfock straff zu setzen, sondern mit dem Steert wurde beim Kreuzen die Stagfock back gehalten. Wenn das Schiff gewendet und somit das Gieksegel wieder Wind gefaßt hatte, kommandierte der Schiffer gaan, d. h. Steert los; die Stagfock ging dann nach der anderen Seite (Leeseite) des Schiffes über und der Steert wurde an der in Lee befindlichen Spretlatte wieder belegt.

Alle Ever, die eine Stagfock führten, besaßen vor dem Großmast einen Leitwagen für die Schot dieses Segels. Die älteren

Ever hatten stets einen aus Eichenholz hergestellten Leitwagen von 5 bis 6 Zoll Breite und 3½ bis 4 Zoll Dicke, mit abgerundeten Kanten, der etwa 5 bis 6 Zoll hoch vom Deck freistand (Abb. 22). Seine Enden ruhten jederseits auf einer Aufklotzung, beide verband ein starker Schraubbolzen, von Unterkante Deckbalken durch das Leibholz, Aufklotzung und Leitwagen durchgehend und oben verschraubt. Nur bei den kleineren Evern befestigte man in früherer Zeit den Leitwagen jederseits am Setzbord. Eiserne Stagfockleitwagen kamen bei den Evern verhältnismäßig spät auf, schon deshalb, weil die hölzernen billiger waren. Dagegen fanden eiserne Leitwagen bei holländischen Seglern schon in der zweiten Hälfte des 17. Jahrhunderts Verwendung[188]. Diese wurden bei den Elb-Evern erst nach 1880 mehr und mehr verwendet, doch gibt es noch in der Gegenwart mehrere Ever mit hölzernen Leitwagen. Bei den See-Evern wurden hölzerne Leitwagen für die Stagfock- und Großsegelschot den eisernen gelegentlich noch bis zum Ausgang des vorigen Jahrhunderts vorgezogen, weil die eisernen Leitwagen leicht rosteten, auch verursachten die auf den eisernen Leitwagen gleitenden Schoten einen ziemlichen Lärm. Aus diesem Grunde wurden auch bei den Seefischer-Evern die Schoten der beiden Gieksegel kurz festgesetzt, um das fortwährende Gleiten des unteren Schotenblockes zu verhindern. Der eiserne Leitwagen bestand aus einer 1 bis 1½ Zoll starken Stange, die entweder ziemlich gerade, oder vor dem Mast nach vorn gebogen war. Oft war der eiserne Leitwagen jederseits mit einem Bund versehen, seine konisch gearbeiteten Enden reichten durch das Leibholz bis Unterkante Deckbalken, wo sie verschraubt wurden. Oder durch den Deckbalken wurde jederseits eine etwa 1¾ Zoll starke und über dem Deck etwa 3½ Zoll hohe eiserne Stütze angebracht, auf der man oben den Leitwagen verschraubte. Bei anderen Evern befestigte man die Enden auf einer Aufklotzung (Abb. 15 Nr. 21 abw. 20). Vereinzelt fanden in neuerer Zeit bei den Evern Leitwagen aus Drahttauwerk Anwendung (Abb. 27). Jederseits war an einem Setzbordwinkel ein Augbolzen angebracht, an denen die mit Kauschen versehenen Enden eines Drahttaues eingeschäkelt wurden.

Als Fockschot diente eine dreischeibige Talje. An dem hölzernen Leitwagen war ein starker Ring mit einem Haken oder Schäkel angeordnet, an dem der untere und einscheibige Schotblock befestigt wurde. Bei einem eisernen Leitwagen war der untere Block mit einem weiten Querhaken, oder mit einer Pockholzkausche versehen. Häufig verwendete man an Stelle der Blöcke nur zwei Pockholzkauschen, beide verbunden durch ein Taljereep, weil die Kauschen kleiner als die Blöcke waren, auch nicht so leicht entzwei schlugen. Die untere Kausche wurde an dem erwähnten Leitwagenring, oder bei einem eisernen Leitwagen an einem Schäkel oder an einem achtförmigen Haken befestigt;

beide saßen an dem Leitwagen fest. Gelegentlich diente als Schot nur ein einfacher Tamp, der mit einem Schäkel an dem Leitwagen festgesetzt wurde, oder man benutzte eine doppelt gebogene Stange als Schot, die am Schothorn eingeschäkelt und unten mit einer Gleitkausche für den Leitwagen versehen wurde.

Die Stagfock konnte durch in zwei oder drei Reihen angeordnete Reffbändsel verkleinert werden. Erwähnt sei noch, daß das Unterliek der Stagfock nicht an einem Baum gefahren wurde, was bei anderen Seglern, z. B. bei mehreren Tjalken, gelegentlich vorkam.

14. Klüver und Jager.

(Abb. 10 und 13.)

Der Klüver wurde entweder lose gefahren, oder man setzte ihn an einem losen oder festen Stag. Zu einem losen Klüver gehörte ein um das Bugspriet greifender Ring, der die Bezeichnung Rackring, auch Aushol- oder Rutschring führte. Dieser Ring unterschied sich von dem bereits beschriebenen Rackring des losen Klüverstages nur dadurch, daß der bewegliche Haken an dem Klüverhals eingehakt wurde, auch war an dem Ausholer nur bei einem großen Klüver eine Talje vorhanden. Diese Einrichtung ermöglichte, den Klüver bei stärkerem Winde auf die Mitte des Bugspriets zu fieren, so daß er länger gefahren werden konnte. Das Setzen und Bergen des Segels geschah vom Deck aus.

Das Klüverfall wurde wie das Stagfockfall über zwei einscheibige Blöcke geschoren. Der obere Block wurde am Mast an einem Augbolzen eingehakt, entweder oberhalb des oberen oder unterhalb des unteren Piekfallblockes. Gelegentlich fand auch ein abweichend geschorenes Klüverfall Anwendung: Man setzte die feste Part des Klüverfalles oberhalb des Fockstages an einem Augbolzen am Mast fest, der Läufer fuhr von hier über den am Fallhorn eingehakten Block (von hinten nach vorn), aufwärts über den Mastblock und dann zur Nagelbank am Mast. Oder die feste Part des Klüverfalles wurde an Stelle des Mastblockes (Läuferblock) am Mast festgesetzt, der Läufer fuhr abwärts über den Block am Segel (von vorn nach hinten), aufwärts über den Mastblock oberhalb des Fockstages und dann an Deck.

Die hintere untere Ecke des Klüvers, Schothorn genannt, wurde durch eine Schot festgehalten. Sie bestand bei den kleineren Evern aus einem langen, in der Mitte am Schothorn befestigten Tau, dessen beide Enden binnenbords liefen, wo man sie an den Pollern belegte. Größere Ever besaßen dafür eine ebenso befestigte kurze Kette oder ein kurzes Tau, doch trugen die beiden Enden je eine Pockholzkausche. Jederseits war am Binnenbug eine Klampe mit einer Oeffnung angebracht, durch die man die holende Part des Schotläufers nahm. Damit die holende Part beim Loswerfen nicht auslief, wenn der Klüver über dem anderen Bug stehen sollte, versah man sie mit einem Knoten. Der Schotläufer fuhr dann aufwärts durch die erwähnte Pockholzkausche und nieder binnenbords, wo der Läufer als feste Part am Poller oder an einem festen Auge belegt wurde.

Der lose Klüver war nicht mit Reffbändern versehen. Viele Ever hatten zwei, selten drei verschieden große Klüver an Bord, die je nach der Windstärke Verwendung fanden. Man nannte sie Groß-, Mittel- und Kreuzklüver. Der dünne Niederholer eines losen Klüvers (und Jagers) war am Fallhorn befestigt, er lief abwärts über einen kleinen einscheibigen Block, der am Halshorn des Vorsegels festsaß, und längs des Vorgeschirrs gewöhnlich zur Querbeting des Ankerspilles.

Das Vorliek eines festen Klüvers war mit dem Klüverstag (Klüverleiter) durch Lägel verbunden. Der Klüverhals wurde an das lose Stag gebändselt. Wenn aber ein festes Klüverstag vorhanden war, setzte man den Hals mittels eines kurzen Taues am Bugspriet fest. Das Klüverfall entsprach dem Stagfockfall. Größere Ever hatten eine durch zwei Pockholzkauschen fahrende Schot, oder sie besaßen ein in der Mitte am Schothorn befestigtes Tau oder eine Kette, deren beide Enden aber je 1 bis 1½ m lang waren und die die Bezeichnung Schotschenkel führten. Die Schotschenkel trugen je einen kleinen eingebundenen einscheibigen Block oder eine Pockholzkausche, über die die Schotläufer wie bei dem losen Klüver beschrieben liefen. Dieser Klüver konnte durch ein Reff (oder auch zwei), verkleinert werden. An dem Fallhorn war ein Niederholer festgesetzt, der längs des Vorlieks, mitunter auch durch einige Lägel, durch einen unten am Stag befestigten einscheibigen Block und längs des Bugspriets durch eine Oeffnung der Bugklampe binnenbords fuhr, wo er neben dem Ausholer des Rackringes belegt wurde. Das innere Ende des Niederholers versah man mit einem Knoten, der gegen die Bugklampe lag, wenn der Klüver gesetzt war. Der niedergeholte Klüver wurde auf dem Bugspriet festgemacht. Der selten vorhandene Außenklüver (nicht Jager) war wie der feste Klüver getakelt, ein Reffband fehlte.

Der Jager wurde entweder lose oder fest gefahren. Der Hals eines losen Jagers war an einem Rackring eingehakt, meistens aber befestigte man an seinem Halshorn ein langes Tau als Ausholer, das über das Scheibengat an der Jagerbaumnock zum Vorschiff lief. Vor dem Setzen des Jagers mußte der Ausholer an dem Jager befestigt werden, dann wurde der Jagerbaum ausgeschoben, das Jagerfall geheißt und der Jagerausholer steifgesetzt. Zum Setzen des Jagers diente ein über zwei einscheibige Blöcke geschorenes Fall, dessen oberer Block oberhalb des Hummers eingehakt wurde. Niederholer und Schoten (meist einfache Taue) vervollständigten das laufende Gut dieses Segels. Der an einem Stag fahrende Jager wurde wie der Klüver an einem Stag getakelt; ein Reffband fehlte.

Einige Ever setzten bei flauem, achterlichem Winde an Stelle des Jagers ein viel größeres und ganz leichtes Vorsegel, das man B a l l o n s t a g s e g e l nannte (Abb. 32). Dieses Segel wurde lose gefahren und mit dem Jagerfall und Jagerausholer gesetzt. Andere Ever führten bei leichtem Winde einen großen leichten B a l l o n - k l ü v e r, der fast vom Topp bis zur Jagerbaumnock und dessen Schothorn bis zum Fockstag reichte. Der Ballonklüver war lose, oder er wurde an dem Jagerstag oder auch Vorstängestag geheißt; Jager und Klüver machte man dann fest.

15. Gaffeltoppsegel.
(Abb. 13.)

Auf den Fracht-Evern sind selten D r e i k a n t - G a f f e l t o p p - s e g e l, sondern fast ausschließlich R a h - G a f f e l t o p p s e g e l verwendet worden, um eine möglichst große Segelfläche zu er- halten, da sie nur als Schönwettersegel dienten. Die älteren Gaffel- toppsegel hatten nur eine kurze Rah, so daß sie am oberen Ende ziemlich schmal waren, indessen ihr Hals ziemlich tief unter die Gaffel reichte. Allmählich machte man die Rah länger, die Segel- fläche wurde größer, die zuerst ziemlich flach vorgeheißte Rah wurde immer schräger und zuletzt steil gesetzt, so daß sie über dem Mast emporragte und unter der Gaffel sich nur noch eine kleine Segelfläche befand. Gelegentlich brachte man dann auch am Schothorn eine kurze Rah an. Die Rah des Großgaffeltopp- segels war 2,00 bis 4,00 m lang, ihr größter Durchmesser betrug 3 bis 4 Zoll, die Rah des Besahngaffeltoppsegels hatte eine Länge von 1,50 bis 2,60 m, ihr größter Durchmesser schwankte zwischen 2½ bis 3 Zoll.

Die Gaffeltoppsegel waren immer lose, d. h. sie wurden vom Deck aus gesetzt und beim Bergen wieder an Deck genommen. Die feste Part des Falls war an der Rah befestigt, sie fuhr über einen dicht unterhalb des Masttopps eingehakten einscheibigen Block zur Nagelbank am Mast oder zur Spretlatte. Wenn der Ever ein Knickstag hatte, so wurde der Fallblock dicht unter dem Knickstag am Mast eingehakt. Der Fallblock saß entweder an einem Augbolzen, oder in neuerer Zeit oft an einem eisernen Mast- band mit angeschmiedetem Auge fest. An der Gaffelnock befand sich an einem Auge des Nockbandes, oder an einem an der hinteren Fläche der Nock angeordneten Augbolzen, oder auch an der Stoßklampe der Gaffel, eine kurze Kette mit zwei oder drei langen Kettengliedern, die einen einscheibigen Schotblock trug. Bei gesetztem Segel stand der Schotblock mit seiner Kette ober- halb der Gaffel, sonst hing der Block unter der Gaffelnock. Unter- halb der Gaffelklau war ein einscheibiger Leitblock mit einem

Taustropp befestigt. Ueber diese beiden Blöcke wurde die G a f f e l -
t o p p s e g e l s c h o t derart geschoren, daß beide Tampen zum
Halshorn des Großsegels oder nach einer Klampe am Großbaum
liefen (Abb. 16 Nr. 4). Die Schot diente dann gleichzeitig als
Gaffelnockniederholer und als Halsaufholer des Gieksegels.
Meistens war aber für den Halsaufholer des Großsegels ein besonderer Block vorgesehen, der auf der anderen Seite der Gaffelklau befestigt wurde. Bei den kleineren Evern fehlte mitunter der
Schotblock, mitunter auch der Fallblock; dann waren am Mast
und an der Gaffelnock je ein kleines Scheibengat für die Schot und
für das Fall angeordnet. Der H a l s des Gaffeltoppsegels bestand
nur aus einem einfachen Tau, das neben dem Fall belegt wurde,
gleichzeitig auch als Niederholer für dieses Segel diente. Das
Besahngaffeltoppsegel hatte die gleiche Form und Zutakelung,
meistens fehlte jedoch der Leitblock für die Schot an der Gaffelklau.

16. Breitfock.

(Abb. 10 und Abb. 5.)

Alle seegehenden Ever führten seit dem Anfang des 19. Jahrhunderts vor dem Winde oder bei raumem Winde an Stelle der
Stagfock eine hohe und leichte Breitfock (Breefock), die vereinzelt noch heute auf den Evern benutzt wird. Die Länge der
B r e i t f o c k r a h betrug durchweg das Doppelte der Schiffsbreite,
ihr größter Durchmesser schwankte zwischen 5 bis 7½ Zoll, der
sich an den Nocken auf zweidrittel des größten Durchmessers verjüngte. Die Rah war nicht am Mast, sondern an einem S t a n d e r
aus Hanftauwerk, späterhin aus Drahttauwerk, befestigt. Beide
Enden des Standers waren mit Kauschen versehen, von denen die
obere mittels eines Schäkels oder Doppelhakens an einem Augbolzen befestigt wurde, der sich unterhalb der Wantenauflage an
der Vorkante des Großmastes befand. Die untere Kausche wurde
mit einem Taljereep, späterhin auch mit einer Spannschraube, an
einem vor dem Mast auf dem Deck angebrachten Augbolzen festgesetzt. In der Mitte der Rah war ein Stropp mit zwei Kauschen
befestigt, von denen die eine Kausche um den Stander griff,
während die andere an der Oberkante der Rah blieb (Abb. 10
Nr. 4).

Der Läufer des B r e i t f o c k f a l l e s lief über zwei Blöcke,
einen einscheibigen (gelegentlich auch zweischeibigen) Block, eingehakt an der eben erwähnten Rahkausche, und einen zweischeibigen Block. Dieser war an einem Augbolzen eingehakt, der
sich in gleicher Höhe mit dem oberen Klaufallblock des Großsegels an der Vorkante des Mastes befand. Belegt wurde der
Läufer des Breitfockfalles an der Nagelbank am Mast. Zum Halten
der Rah, auch um sie im Hafen kaien, d. h. schrägstellen zu
können, brachte man jederseits ein T o p p n a n t an. Die stehende

Part des Toppnants wurde an der Rahnock hinter einem Grummet festgesetzt, sie fuhr aufwärts über einen einscheibigen Block, seitlich am Mast (unter dem Fockstag) an einem Augbolzen eingehakt, und am Mast herab. Zur horizontalen Bewegung der Rah dienten die B r a s s e n; ihre an den Nocken festgesetzten Stander trugen einen eingebundenen einscheibigen Block, über den die eigentlichen Brassen nach dem Kajütdeck, gelegentlich auch nach dem Besahnwant liefen, wo sie belegt wurden. Mitunter wurden an den Rahnocken außerdem auch nach vorn fahrende Brassen angeordnet, B e k a i e r genannt, bestehend aus einem einfachen Tau, das durch einen Block seitlich an dem Eselshaupt (Klüverbaumbrille) binnenbords lief; gelegentlich fuhren die Bekaier von der Rah aus zum Vorschiff.

Bevor die Breitfock gesetzt werden konnte, mußte die Rah an Deck gefiert werden. Die Breitfock wurde dann mit einer Reihleine in Marlschlag an der Rah befestigt. Als S c h o t e n fanden einfache, oft aus Kokostauwerk hergestellte Taue Verwendung. Die bei den dänischen und schleswig-holsteinischen Jachten früher gebräuchliche Spitzbreitfock[189] führten die Ever nicht; bei diesen Schiffen reichte das Rahliek über die Rah hinaus.

Gelegentlich besaßen die größeren Besahn-Ever, sowie die älteren Giek-Ever und die Galeaß-Ever eine f e s t e B r e i t f o c k - r a h, namentlich dann, wenn über der Breitfock noch ein Quertoppsegel stand. Am Mast wurde die Rah durch ein festes Rack, D r e h w u r z e l r a c k genannt, und durch die Toppnanten festgehalten. An jeder Rahnock befand sich ein einscheibiger Block, neben dem Mast hing an der Rah an einem kurzen Tau (Steert) ebenfalls ein einscheibiger Block. Gesetzt wurde die Breitfock vom Deck aus mittels eines dreischeibigen Falles und zweier J o l l e n, letztere waren ständig über die beiden jederseits an der Rah angebrachten Blöcke geschoren (Abb. 10 Nr. 2). Die stehenden Parten der Jolltaue setzte man an den beiden Nockohrlägeln fest, die holenden Parten liefen aufwärts erst über den Block an der Nock und dann über den Block neben dem Mast, von dort am Mast herunter zur Nagelbank. In der Mitte des Segels wurde an einem Mittellägel das Breitfockfall eingehakt. Dann konnte die Breitfock geheißt werden. Die Rah hatte bei dieser Zutakelung nur die Aufgabe, die Breitfock zu spreizen. An der Rah waren ebenfalls Brassen befestigt.

17. Toppsegel (Quertoppsegel).

Bis weit in die zweite Hälfte des 19. Jahrhunderts hinein führten viele kleine Küstenfahrer außer der Breitfock noch ein oder zwei Rahsegel am Großmast, die trotz ihrer geringen Größe richtige Arbeitssegel waren. Auch die Galeaß-Ever, viele der älteren Besahn-Ever sowie vereinzelt auch einige seegehende Giek-

Ever setzten über der festen Breitfockrah, stellenweise bis in die siebziger oder achtziger Jahre hinein, ein Toppsegel, das man an der Elbe spöttisch Bäckerschild nannte (Abb. 37). Mit einem Quertoppsegel getakelte Ever wurden auch Toppsegel-Ever genannt (Abb. 5).

Die leichte Toppsegelrah war durch ein Rack mit der Stänge verbunden, sie wurde mittels eines leichten Falls gesetzt, doch war der Heiß der Rah nur gering; sie bewegte sich zwischen dem Klüverstag und dem Hummer. An der Rah waren Fußpeerde und leichte Brassen befestigt. Die Brassen liefen über zwei einscheibige, am Knickstag befestigte Blöcke zum Besahntopp. Hier befand sich am Ende des Knickstages ein zweischeibiger Block, über dessen Scheiben die Brassen zum Steuerbord- und Backbordwant des Besahnmastes an Deck liefen. Lediglich kleine Toppsegel wurden ohne Brassen gefahren. Das Unterliek des Toppsegels war bei einigen Evern stark ausgegillt, damit es sich nicht an dem Klüverstag scheuerte. Die Schoten des Toppsegels wurden auf der Breitfockrah ausgeholt. Einige Toppsegel besaßen leichte, zum Vorgeschirr fahrende Bulienen. Wenn das Toppsegel festgemacht werden sollte, mußte die Rah bis auf das Klüverstag gefiert werden. Zum Aufholen des Segels waren Geitaue vorhanden, größere Toppsegel besaßen außerdem eine Buggording.

Einige Galeaß-Ever sowie einige seegehende Besahn-Ever setzten bis in das 20. Jahrhundert hinein über der Breitfock, an Stelle des Toppsegels, ein oder zwei dreieckige lose Leesegel. Ihre Schoten wurden auf der Rah ausgeholt, zum Setzen diente je ein einfacher, über einen einscheibigen, am Masttopp hängenden Block geführter Läufer. Ehemals sind mitunter auch über der Toppsegelrah ebensolche Leesegel, aber kleinere, gefahren worden.

18. Kniepsegel.

Kniep oder Kniepsegel nannte man an der Niederelbe ein leichtes, bis 10 Quadratmeter großes Rah- (Lugger-) oder Sprietsegel, das achtern an einem etwa 3 bis 4 m hohen leichten Mast bei einmastigen Evern, gelegentlich auch bei den Altländer Jollen gesetzt wurde. An dem Ruderstamm befanden sich seitlich zwei kleine eiserne Ringe, die zur Aufnahme des Kniepmastes dienten. Die Schot war an dem Ruderkopf oder an einem leichten Baum (Ausrigger) befestigt. Das Segel hatte den Zweck, die hintere Segelfläche zu vergrößern, damit das Fahrzeug namentlich in einem engen Fahrwasser, wenn es eben „in de Kniep" war, leichter drehte. Auch fand es bei den einmastigen Evern Anwendung, die, wie man sagt, beim Segeln „dumm" waren; denn ein Segler soll immer etwas luvgierig sein, auf das Ruder lüstern. Dieses Segel ist bereits bei den alten Rah- und Spriet-Evern in der ersten Hälfte des 19. Jahrhunderts verwendet worden (Abb. 2). Es hat sich bei den Giek-Evern, deren Großbaum nicht über den Ruderkopf hinausragte, vereinzelt bis auf die Gegenwart gehalten. Die älteren Rah- und Spriet-Ever, auch die Giek-Ever mit einem kurzen Giekbaum und vor der Ruderpinne angeordneter Großschot, nannte man oft Kniep-Ever, wenn sie dieses Segel ständig führten. Niederelbischen Ursprungs ist dieser Ruderbesahn nicht, er ist auch bei den Seglern anderer Nationen nachzuweisen[190].

19. Ältere Takelungstypen.

a) Rah-Ever.

Das vor dem Mast gesetzte Rahsegel hat sich bei dieser Schiffsform jahrhundertelang gehalten, am längsten bei den Ilmenau-Evern. Erst um die Mitte des 18. Jahrhunderts wurde das alte Rahsegel durch das seitlich am Mast gesetzte, sehr hohe, dabei aber ziemlich schmale Rahsegel (Art Luggersegel) ersetzt, das auch Eversegel[191] genannt wurde. Dieses Segel unterschied sich von dem älteren Rahsegel vor allem dadurch, daß das Rack und das Fall auf dem dritten Teil der Rah von vorn befestigt wurde, so daß der größere Teil des Segels hinter dem Mast zu stehen kam. Mit diesem Segel konnten die Ever höher am Winde liegen als mit dem alten Rahsegel. Gleichzeitig erhielten viele Ever eine Stagfock, seit dem Anfang des 19. Jahrhunderts gelegentlich auch einen Klüver. Kleine spitz- oder plattgat gebaute Rah-Ever, mitunter ohne Stagfock, sind vereinzelt noch vor fünfzig bis sechzig Jahren verwendet worden. Man nannte sie, seit dem Auftreten der Giek-Ever, Pfahl-Ever (Pool-Ever).

Die Rah wurde an dem Mast durch ein Taurack und einen hölzernen Bügel festgehalten. An der Rah setzte man ein starkes Tau fest, Drehreep (Dregereep) genannt, das über ein am Masttopp angeordnetes Scheibengat geführt und achtern an dem Dollbaum, oder auf dem Deck, mittels einer kurzen zweischeibigen Talje aufgesetzt wurde. Oft befand sich an der Rah eine kurze Kette, an der man das Drehreep befestigte. Das Rahliek war durch mehrere Bändsel an der Rah befestigt, indessen die beiden unteren Ecken des Segels, Hals- und Schothorn genannt, durch zwei Taljen festgehalten wurden, von denen die vordere Halstalje, die andere Schot hieß. Der Schotläufer wurde über zwei einscheibige Blöcke geschoren, der untere Block war an einem hölzernen Leitwagen, gelegentlich auch Laufbaum genannt, befestigt. Mitunter befanden sich am Hals des Rahsegels zwei einscheibige Blöcke. Jederseits wurde an dem Dollbaum ein Halsläufer festgesetzt, über den einscheibigen Block geschoren und neben der festen Part belegt. Je nachdem, über welchem Bug das Segel stand, holte man den Luvhals an, indessen der Leehals gefiert wurde. Das Vorliek dieses hohen Rahsegels setzte man durch eine Bulien steif. An dem Vorliek befestigte man strahlenförmig

154

drei bis sechs leichte Taue, B u l i e n s p r u t e n oder an der Elbe
B o j e n l e i n e n genannt, deren Enden an einem Lägel zusammen-
liefen. An dem Lägel befand sich eine am Vorsteven eingehakte
dreischeibige Talje, mit der die Bulien und damit das Vorliek steif
gesetzt wurde. Oben am Segel waren in drei oder vier Reihen
Reffbändsel angeordnet, so daß beim Reffen die Rah an Deck
gefiert werden mußte. Unterhalb dieser Reffbändsel befand sich
mitunter noch eine Reihe Gatchen, durch die man eine Reihleine
nahm; dieses Reff hieß N o t r e f f. Das gesetzte Segel blieb auch
beim Kreuzen stets auf der gleichen Seite des Mastes, immer aber
wurde der Hals in Luv festgesetzt. Die Abstützung des Mastes
geschah durch ein Stag und einen Takel. An Stelle des Takels verwendete man seit dem Anfang des 19. Jahrhunderts meistens eine
ziemlich weit achtern aufgesetzte P a r d u n e (mitunter auch zwei),
die an der holenden Part mit einer zwei- oder dreischeibigen Talje
versehen war.

b) S p r i e t - E v e r.

Mit einem Sprietsegel getakelte holländische Ever erwähnt
zuerst Witsen im Jahre 1690 (s. S. 190). Dagegen läßt sich die
Verwendung des Sprietsegels bei den Elb-Evern erst am Ausgang
des 18. Jahrhunderts nachweisen[192]. Außer den oberelbischen
Fischer-Evern und den im Nahverkehr mit Hamburg verwendeten
Gemüse-Evern führten auch einige niederelbische Fracht-Ever, vereinzelt noch bis in die siebziger Jahre, ein Sprietsegel[193], letztere
setzten außer der Stagfock auch einen Klüver.

Der lange S p r i e t b a u m, auch Stütze oder kurz Spriet
(Spreet) genannt, wurde an dem Mast durch eine dreischeibige
B a u m t a l j e gehalten, die oberhalb der Wantenauflage und an
dem Sprietbaum (auf dem dritten Teil der Baumlänge von oben)
festgesetzt war (Abb. 10 Nr. 5). Das untere Ende des Sprietbaumes wurde unten am Mast durch ein Taustropp gehalten.
Größere Ever erhielten einen T o p p n a n t, festgesetzt unten am
Baum und oben am Mast unterhalb des Fockstages. Jederseits
befand sich an der Nock des Sprietbaumes eine über einen einscheibigen Block geschorene G e r d e (Gere), die den Baum seitlich stützte.

Mit dem Mast war das Sprietsegel durch eine Reihleine verbunden. An Stelle des Klaufalles war ein dreischeibiges F a l l
vorhanden, eingehakt am Mast und Segel, indes die Segelnock an
der Sprietbaumnock eingehakt oder mittels eines Ausholers befestigt wurde. Außerdem gehörte zu dem Segel eine H a l s t a l j e
(bei kleinen Segeln nur ein Tau) und eine dreischeibige, auf einem
hölzernen Leitwagen gleitende S c h o t. Gewöhnlich blieb das
Segel immer am Mast, es konnte durch mehrere G e i t a u e gleich-
mäßig zusammengeholt werden, auch wurde dann die Sprietbaum-
talje angeholt. Die Geitaue liefen über kleine am Achterliek be-

festigte einscheibige Blöcke zum Ober- und Mastliek und an Deck. Größere Sprietsegel konnten durch in zwei Reihen angeordnete Reffbändsel verkleinert werden. Erwähnt sei noch, daß das Oberliek des Sprietsegels nicht waagerecht war, wie z. B. bei den oberelbischen Kähnen, sondern das Oberliek lief vom Mast aus schräg nach oben zur Sprietbaumnock. Abgestützt wurde der Mast durch das Fockstag und Wanten, bei den niederelbischen Evern jederseits auch durch einen Takel und Mantel.

VI. Ausrüstung.

1. Anker und Ankerketten.

Ueber die Anzahl und das Gewicht der auf den Fracht-Evern in älterer Zeit verwendeten Anker sind keine Angaben erhalten. Nur soviel ist sicher, daß auf den kleineren Fahrzeugen drei- oder vierarmige D r a g g e n , auf den größeren Evern Anker mit einem h ö l z e r n e n A n k e r s t o c k gebräuchlich waren. Wann die Anker mit einem e i s e r n e n A n k e r s t o c k zuerst auf den Evern benutzt worden sind, läßt sich nicht angeben. Solche fanden auf kleinen englischen Seglern schon um die Wende des 18. und 19. Jahrhunderts, auf kleinen holländischen Binnenfahrern bereits im Anfang des 19. Jahrhunderts gelegentlich Verwendung[194], indessen sie als Buganker an Bord großer Segler erst um 1840 benutzt wurden. Anker mit hölzernem Stock sind bei den Fracht-Evern etwa bis zum Jahre 1880 allgemein üblich gewesen, vereinzelt haben sich diese Anker bis in das 20. Jahrhundert hinein gehalten. Gelegentlich erhielt der Plichtanker einen hölzernen und der Tägliche Anker einen eisernen Stock.

Die Schwere der Anker und Ketten sowie die Abmessungen der Ketten waren von der Größe und dem Fahrtbereich des Evers abhängig. Seit den sechziger Jahren wurden die seegehenden Ever mit drei oder vier Ankern ausgerüstet, die ein Gesamtgewicht von 4 bis 10 Zentnern hatten. Zwei davon dienten als Buganker, die man je nach ihrer Schwere mit P l i c h t - und T ä g l i c h e r A n k e r bezeichnete, mitunter hatten beide Anker das gleiche Gewicht. Der erste Anker war 1³/₄ bis 3¹/₂ (vereinzelt bis 6) Zentner schwer, der zweite hatte ein Gewicht von 1¹/₄ bis 3 Zentnern. Als Täglichen Anker verwendete man auf vielen Evern den Backbordanker, auf anderen Evern den Steuerbordanker. Dieser blieb auf der Elbe stets vor der Klüse hängen, klar zum Fallen. Nur die älteren See-Ever waren oft noch mit einem 1¹/₄ bis 2¹/₂ Zentner schweren S t r o m a n k e r ausgerüstet. Die meisten Ever führten außer den Bugankern noch einen oder sogar zwei W a r p a n k e r (Worfanker), die ein Gewicht von ½ bis 1 Zentner hatten; sie dienten z. B. zum Verholen des Schiffes. Die kleineren, hauptsächlich nur zur Elbschiffahrt verwendeten Ever besaßen zwei oder drei leichtere Anker, deren Gesamtgewicht zwischen 2½ bis 4½ Zentner schwankte.

In früherer Zeit waren die Anker an starken kabelweise geschlagenen Hanftauen (Kabeltauen) befestigt. Obwohl die gelegentliche Verwendung von Ankerketten recht alt ist, verdrängten sie erst um 1830 die A n k e r t a u e an Bord großer Schiffe, bald darauf sind sie auch auf kleinen Seglern verwendet worden. Spätestens in den sechziger Jahren wurden sie bei den niederelbischen Evern allgemein benutzt[195]. Die bei den Evern verwendeten K e t t e n waren stets gewöhnliche Ketten, keine Stegketten. Die größeren Ever besaßen zwei Bugankerketten, die eine Gesamtlänge von 70 bis 110 Faden hatten, meistens aber 90 Faden lang waren. Ihr Gewicht schwankte zwischen 18 bis 30 Zentner, der Kettendurchmesser betrug 9/16 bis 13/16 Zoll. Vielfach waren die Ever mit zwei je 45 Faden langen Bugankerketten versehen, andere Ever hatten für den Täglichen Anker eine etwas kürzere Kette, von 25 bis 35 Faden Länge, auch war manchmal diese Kette etwas schwächer. Eine dritte Kette führten häufig die älteren See-Ever, sie war 25 bis 45 Faden lang, 5/8 bis ¾ Zoll stark und 4 bis 12 Zentner schwer; das Gesamtgewicht der Ankerketten bei diesen Evern betrug 23 bis 40 Zentner. Bei den kleineren Elb-Evern fanden zwei Bugankerketten, je von 25 bis 45 Faden Länge, zusammen von 60 bis 95 Faden Länge, Verwendung. Sie hatten einen Durchmesser von 9/16 bis 11/16 Zoll, das Gesamtgewicht erreichte 9 bis 22 Zentner.

Wie verschieden die G r u n d t a k e l u n g bei den Evern war, zeigt nachstehende Aufstellung:

Typ:	Aelterer See-Ever	Neuerer See-Ever	Lägerdorfer Ever
Baujahr . .	1866	1902	1888
Br.-Reg.-To. .	39	43	22
Ausrüstung i. J.	1884	1903	1903
Plichtanker .	150 kg	150 kg	80 kg
Tägl. Anker .	150 kg	100 kg	70 kg
Stromanker .	100 kg	—	—
Warpanker .	50 kg	40 kg	30 kg
1. Kette . .	45 Faden 11/16 Zoll	50 Faden 11/16 Zoll	45 Faden 9/16 Zoll
2. Kette . .	45 Faden 11/16 Zoll	30 Faden ¾ Zoll	30 Faden 11/16 Zoll
3. Kette . .	45 Faden 9/16 Zoll	—	—
Ankergewicht	450 kg	290 kg	180 kg
Kettengewicht	1665 kg	1180 kg	825 kg

Die Ketten verstaute man bei den großen See-Evern vorn im K a b e l g a t, das vom Deck aus (vor dem Spill) durch eine kleine, mit einem eisernen Längsriegel gesicherte Luke zugänglich war.

Diese Ever hatten für die Besatzung meistens ein Roof an Deck. Wenn das Roof fehlte oder nur klein war, befand sich vorn ein Logis, in dem die Ketten verstaut wurden. Bei den kleineren Evern fehlte das Kabelgat, dann war der kleine Raum zwischen dem Steven und Logis vom Logis aus zugänglich. Die Ketten brachte man im Logis, oder im Laderaum am Vorlogisschott oder zwischen dem Großmastkoker unter. Die Ketten lagen in einem oder zwei Kettenkasten aus starkem Eichenholz. Der Kettenkasten eines See-Evers vom Jahre 1901 (54 Brutto-Registertonnen) hatte eine Länge von 1,14 m, eine Breite von 2,14 m und eine Höhe von 1,10 m; dagegen war der Kettenkasten eines im Jahre 1876 gebauten Elb-Evers (24 Brutto-Registertonnen) 0,31 m lang, 0,38 m breit und 1,28 m hoch. Kleinere Elb-Ever hatten und haben dafür gelegentlich einen hölzernen Kettenkasten, der entweder auf dem Vordeck, oder auf dem Deck seitlich neben dem Großmast stand.

Von dem unter dem Deck befindlichen Kettenkasten aus liefen die Ketten jederseits durch eine auf dem Vordeck befestigte eiserne Deckklüse, dann mindestens mit drei Törns um den Spillstamm und durch die Ankerklüsen außenbords. Entweder waren die Deckklüsen, die auch Kettenpiepen (dän. *kædepiber,* engl. *chain=pipe*) oder Deckpiepen hießen, oben gerade oder nach hintengebogene eiserne Rohre. Sie wurden durch einen mit einem Schlitz (wenn gebogen) oder Haken (wenn gerade) versehenen eisernen Deckel geschlossen. Solange als nur Ankertaue Anwendung fanden, bestanden die am Festenbug angebrachten Klüsen aus Eichenholz. Mit der Einführung der Ankerketten wurden bei den Evern ⁵/₈ bis 1¼ Zoll starke eiserne Klüsen benutzt, vom Binnenbug (etwa 1½ bis 4½ Zoll über dem Deckrahmen) schräg nach außen durch die Klüshölzer und Klüsbacken gehend.

Wenn das Ankerspill zum Verholen des Schiffes oder zum Legen und Aufrichten der Masten benutzt wurde, mußten die um den Spillstamm fahrenden Ketten hochgenommen und über die Beting oder an dem Kettenfänger aufgehängt werden (Abb. 7 Nr. 5). Innen an dem oberen Ende der Betingstützen wurden jederseits zwei Augbolzen angebracht, die einen beweglichen Kettenfänger von ½ bis ¾ Zoll Dicke trugen, bestehend aus einer etwa 8 bis 10 Zoll langen Stange, mit einem waagerecht angeschmiedeten Haken von 5½ bis 8 Zoll Armlänge, der wiederum durch eine angeschmiedete Stütze mit der Stange versteift wurde. Beim Nichtgebrauch konnten die Kettenfänger herausgezogen oder an die Beting gedreht werden. Einige Ever besaßen statt dessen jederseits einen festsitzenden starken Haken (Abb. 7 Nr. 5).

Um den vor der Klüse hängenden Anker ganz aufzubringen oder ihn unter den Kranbalken aufzunehmen, benutzte man auf den Evern einen Kranbalken mit einer Rüstleine, oder einen Kattläufer mit einem großen Kattblock. Mittels des Takels oder eines Katt-Takels konnte der Anker binnenbords genommen werden. Entweder lag der Anker auf dem Vordeck, oder Anker-schaft und Ankerhände ruhten auf dem Schandeckel, der Anker-stock stand außenbords auf und nieder. Unterhalb der Anker-hände erhielt der Schandeckel zum Schutz eiserne Schienen, oder ein Eisenblech. Bei größeren Evern befand sich an dieser Stelle eine hölzerne Verstärkung, Schweinsrücken genannt.

An jeder Seite des Stevens war die Bugklampe mit einem vier-eckigen Ausschnitt versehen, der zur Aufnahme des eichenen Kranbalkens bestimmt war. Unterhalb dieses Ausschnittes be-fand sich innen am Festenbug ein starkes eisernes Auge oder ein Augbolzen, daran wurde das innere Ende des Kranbalkens mittels eines Hakens festgesetzt. Außenbords hatte der Kranbalken eine Länge von 0,40 bis 0,60 m, auch war er etwas nach oben ge-krümmt. Der Kranbalken hatte einen quadratischen Querschnitt von 4 bis 6 Zoll Durchmesser. An dem äußeren Ende war ein Scheibengat für die Rüstleine oder für den Kattläufer angeordnet; bei schweren Ankern besaß der Kranbalken zwei (selten drei) Scheiben. Kleine eiserne Kranbalken besaßen die Ever sehr selten.

2. Trossen.

Zur Ausrüstung gehörten mehrere Trossen, die zum Fest-machen, Verholen oder Schleppen der Ever dienten. Ehemals be-nutzte man ausschließlich Hanftrossen, die man Kabeltaue und Pferdeleinen nannte; erstere waren mit Kabel-, letztere mit Trossenschlag hergestellt. Erst seit dem letzten Drittel des ver-gangenen Jahrhunderts wurden Manila- und Kokostrossen, vereinzelt wohl auch Eisendrahttrossen verwendet. Nach 1900 haben außer den Hanftrossen namentlich Kokos- und Stahl-drahttrossen viel Anwendung gefunden. Die leichtesten Schleppleinen, mit denen die Ever getreidelt werden konnten, bestanden aus dünnen geteerten Hanfleinen. Die Anzahl, die Länge, der Umfang und die Art der Trossen waren auf den ein-zelnen Evern außerordentlich verschieden, auch besaß ein und dasselbe Fahrzeug im Laufe weniger Jahre, der starken Abnutzung wegen, eine andere Trossenausrüstung. Die in dem vorhergehenden Abschnitt aufgeführten Ever besaßen gleichzeitig nachstehende Trossen; H bedeutet Hanf-, K Kokos-, M Manila- und S Stahl-drahttrossen, das Zollmaß gibt den Umfang der Trosse an:

Typ:	Aelterer See-Ever	Neuerer See-Ever	Lägerdorfer Ever
Baujahr	1866	1902	1888
Br.-Reg.-To.	39	43	22
1. Trosse	75 Fd. 6 Zoll H	40 Fd. 6 Zoll H	30 Fd. 5½ Zoll K
2. Trosse	60 Fd. 5 Zoll H	45 Fd. 4 Zoll H	30 Fd. 5 Zoll M
3. Trosse	25 Fd. 4 Zoll H	75 Fd. 2½ Zoll H	30 Fd. 3½ Zoll K
4. Trosse	—	25 Fd. 1¾ Zoll S	50 Fd. 2¼ Zoll H
5. Trosse	—	—	15 Fd. 1½ Zoll S

Abb. 28. Alstermaß-Ever „Catharina", gebaut 1891 (Hamburg, Moldauhafen)

Abb. 29. Altländer Ever und Jollen am Deichtormarkt (Hamburg, Oberhafen)

Abb. 30. Rhin-Ever „Holsatia", gebaut 1872
(Engelbrechtsche Wildnis am Herzhorner Rhin)

Abb. 31. Älterer See-Ever (Elbe)

Abb. 32. Lägerdorfer Ever „Forelle" von Wilster, gebaut 1899
(Stör bei Kasenort)

Abb. 33. Neuerer See-Ever (Elbmündung)

Abb. 34. Neuerer See-Ever „Adele", gebaut 1904 (Stettiner Haff)

3. Boot.

Das von den niederelbischen Evern mitgeführte Boot war eine ziemlich breite, auf Kiel gebaute und klinkerbeplankte, seit dem Ausgang des vergangenen Jahrhunderts aber meistens krawellbeplankte, Jolle mit einem Spiegel, die deshalb die Bezeichnung Plattgatjolle führte. Sie hatte zwei oder drei Querduchten, vorn fehlte eine Ducht, nur hinten war außer den erwähnten Querduchten noch eine breite Steuerducht angebracht. Bei einigen Everjollen ruhten die Enden der je zwischen zwei Spanten angeordneten Duchten auf starken Leisten, gewöhnlich aber waren die Duchten in den Duchtenwegern eingelassen. Die Duchtenweger bestanden aus breiten, an den Spanten befestigten Leisten, die vom Spiegel bis zur vorderen Ducht oder bis zum Vorsteven reichten. Die Duchten selber waren entweder lose oder fest. Feste Duchten wurden jederseits durch ein kleines hölzernes Knie, Duchtenknie genannt, mit der Beplankung verbunden. Der obere Rand des Bootes erhielt als Längsversteifung einen Dollbaum, darauf und auf der Beplankung war ein Schandeckel befestigt, der einige Dollklötze (Ruderklampen) für die Befestigung der Dollen trug. Die Inhölzer und die Beplankung bestanden aus Eichenholz, gelegentlich verwendete man für die Beplankung auch Lärchenholz. Oft waren die Jollen zum Segeln eingerichtet. Sie setzten an einem leichten Mast, befestigt an der vorderen Ducht, ein Rah- oder Sprietsegel aus Schiertuch, auch wurde dann mitunter ein Ruder am Spiegel eingehakt. Bei Binnenfahrten sowie bei gutem Wetter auf See, nahe Land, wurde das Boot an einer Fangleine achteraus geschleppt. Sonst aber setzte man das Boot auf die Großluke. Es ruhte hier auf Bootsklampen, auch wurde das Boot an mehreren auf den Wannern oder an den Luksüllen befestigten Ringbolzen gezurrt. Mit Hilfe der Takel konnte das Boot an Bord genommen oder ausgesetzt werden. Zum Einhaken der Takel waren innen am Vorsteven, sowie innen am Spiegel, des Bootes je ein Ringbolzen vorgesehen. Ihre gewöhnlichen Abmessungen betrugen:

		See-Ever (1876)	Elb-Ever (1898)
Länge	3,50—4,70 m	4,30 m	3,72 m
Breite	1,40—1,60 m	1,58 m	1,43 m
Tiefe	0,55—0,65 m	0,66 m	0,60 m
Raumgehalt . .	1,65—2,80 cbm	2,69 cbm	1,92 cbm

Lediglich die größeren Galeaß-Ever besaßen in früherer Zeit außer der Jolle noch eine kleine Gig, für die am Heck hölzerne Davits mit Bootstaljen vorgesehen waren. In der Gegenwart haben einige Ever, so u. a. einige Motor-Ever, die zur Steinfischerei in der Eckernförder Bucht und bis zum Fehmarnsund verwendet werden, keine Plattgatjollen, sondern K ä h n e, wie sie nicht nur bei Binnenschiffen, sondern auch an der deutschen Ostseeküste gebräuchlich sind.

4. Everremen, Haken und Schiebebäume.

Die mittelalterlichen Ever hatten, wie schon erwähnt, 6 bis 20 Remen an Bord, um die Fortbewegung des Schiffes auch bei ungünstigem Winde zu ermöglichen. Auch in späterer Zeit werden Remen gelegentlich erwähnt[196]. Zur Ausrüstung der niederelbischen Fracht-Ever gehörten immer zwei 6 bis 7 m lange Remen, die man E v e r r e m e n (Everriemen) nannte. Jeder Remen ruhte auf einer gabelförmigen oder vierkantigen Dolle, von denen die eine vorn am Setzbord, etwa 1 bis 1½ m vor dem Großwant, oder auch an der Bugspiere, angeordnet war, die andere wurde achtern am Halbdeck an der vorgezogenen Kajütdeckreling befestigt. Wenn die Everremen nicht benutzt wurden, ruhten sie auf den Zeptern der Wannerspiere. Diese Remen verwendete man, um den Ever auf der Elbe bei ganz schwachem Winde auf dem Kurs halten zu können, oder man unterstützte damit die Fahrt des Schiffes, wenn sich der Ever in engem Fahrwasser mit der Strömung treiben ließ und nicht segeln konnte. „Dies Rudern[197] geschieht auf eine eigene Weise mittels eines kurzen ruckartigen Schlages, und schon von weitem hört man diesen klatschenden Ton der aufschlagenden Riemen. Es ist fast immer das gleiche typische Bild: vorne sitzt die Frau oder der Junge, mit dem Rücken zur Fahrtrichtung, den langen Riemen bewegend, während achtern der Schiffer selbst stehend mit dem Gesicht zur Fahrtrichtung rudert und dabei gleichzeitig die erforderliche Steuerung besorgt." Diese wenig beliebte Tätigkeit nannte man scherzhaft L ö f f e l s p e i s e.

Auf einigen schmalen Wasserstraßen wurden zur Fortbewegung an Stelle der Remen H a k e n benutzt, so auf der Wilsterau, Kremperau, oder auf den Hamburger Fleeten und Kanälen, oder die Ever wurden getreidelt, wenn Leinpfade vorhanden waren. Die kleineren Haken hatten eine Länge von 4 bis 6 m, sie dienten hauptsächlich zum An- und Ablegen des Evers, während die eigentlichen zur Fortbewegung verwendeten Haken eine Länge von 6 bis 10 m hatten. Diese hießen S c h i e b e b a u m. Auf dem Hakenstiel saß an dem oberen Ende eine geschnitzte Verstärkung, die ihrer Form wegen T r a u b e (Druw) hieß. Hergestellt wurden die Haken und Schiebebäume aus sogenannten Harburger Spieren, d. h. aus zähem Tannenholz, Eschenholz fand wenig Verwendung, auch nur für kurze Haken.

5. Lichterführung.

Wer am Abend die farbigen Lichter der Schiffe auf der Elbe sieht, die die Fahrtrichtung und die Schiffsseiten kenntlich machen, könnte meinen, diese zweckmäßige Einrichtung sei eine alte Gewohnheit. Dem ist aber nicht so, sind doch die farbigen Lichter und zwar für Dampfschiffe bei uns nach englischem Vorbilde erst um die Mitte des vergangenen Jahrhunderts eingeführt worden[198]. Im Februar des Jahres 1858 bestimmte die englische Admiralität, daß alle in den englischen Gewässern segelnden Fahrzeuge des Nachts ein grünes Licht an Steuerbord und ein rotes Licht an Backbord führen mußten. Diese Verordnung wurde von allen anderen Seestaaten übernommen, von den Elbuferstaaten Dänemark (Schleswig-Holstein), Hamburg und Hannover ebenfalls schon im Jahre 1858. Nach der Begründung des Deutschen Reiches ist die Lichterführung reichsgesetzlich geregelt worden, zuerst durch die Kaiserl. Verordnung „Maßregeln zur Verhütung des Zusammenstoßens der Schiffe auf See" vom 23. Dezember 1871. In dieser Verordnung ist u. a. festgesetzt, daß alle Segler an der Steuerbordseite ein grünes und an der Backbordseite ein rotes Licht führen müssen. Die Laternen müssen an der Binnenbordseite mit Schirmen versehen sein, die mindestens 1 m vor dem Licht vorausragen, damit die Lichter nicht querüber von der anderen Seite her gesehen werden können. Alle Lichter müssen bei jedem Wetter von Sonnenuntergang bis Sonnenaufgang geführt werden. Sie müssen von solcher Helligkeit sein, daß sie in dunkler Nacht bei klarer Luft mindestens zwei Seemeilen weit sichtbar sind. Dieses Gesetz, das auch für die Schiffahrt auf der Niederelbe Geltung hat, ist späterhin mehrfach in einigen Punkten ergänzt worden.

Wo die Laternen an den Seiten des Schiffes angebracht werden sollen, ist jedoch nicht vorgeschrieben. Bei den Evern waren die Laternenschirme oberhalb der Spretlatte am Großwant, mitunter am Besahnwant, häufiger aber 0,50 bis 1,00 m über der Reling am Kajütdeck an zwei ⁵/₈ bis ³/₄ Zoll starken eisernen Stützen abnehmbar befestigt. Je nach der Schiffsseite bemalte man die Lampenschirme grün oder rot, auch erhielten sie gelegentlich an der äußeren Fläche einen weißen Saum, oft schnitzte man auf der äußeren Fläche das Unterscheidungssignal des Schiffes ein. Gelegentlich des Zusammenstoßes eines Dampfers mit einem See-Ever auf der Elbe im Jahre 1886 führte das Seeamt Hamburg[199] aus: „Die Beweisaufnahme hat noch ergeben, daß auf dem Ever die Seitenlaternen am Roof befestigt waren. Wenn auch das Gesetz über die Lichterführung es in das Ermessen des Schiffers stellt, wo er seine Lichter anbringen will, so ist jene Befestigung am Roof jedoch als unzweckmäßig zu bezeichnen, da dieselben zu weit innenbords kommen und durch die verschiedensten Gegenstände an Bord als Wanttaue, Blöcke und Schooten, sowie durch die Vorsegel leicht verdeckt werden können." Bei diesem Ever ersetzten die Seitenwände des Roofs die Laternenschirme.

Die gesetzlich vorgeschriebene Sichtweite von 2 Seemeilen, in dunkler Nacht bei klarer Luft, besaßen die Laternen mitunter nicht[200]. So hatten die Laternen eines im Jahre 1898 bei einem

Zusammenstoß auf der Elbe gesunkenen Evers nur eine Sichtweite von kaum mehr als 400 m! Bei einem anderen Ever, der im gleichen Jahre nach einem Zusammenstoß unterging, betrug die Sichtweite der geborgenen Backbordlaterne nur 0,8 Seemeilen, wobei noch zu berücksichtigen ist, daß die roten Laternen erfahrungsgemäß eine erheblich größere Sichtweite als grüne Laternen besitzen. Seit dem Jahre 1899 müssen alle Positionslaternen von der deutschen Seewarte geprüft und zweckentsprechend befunden sein.

Das Hecklicht kommt zuerst in der „Verordnung zur Verhütung des Zusammenstoßens der Schiffe auf See" vom 7. Januar 1888 vor. Der Artikel 11 bestimmte, daß überholte Schiffe vom Heck aus ein weißes Licht oder ein Flackerfeuer zeigen müssen. Erst in der gleichnamigen Verordnung vom 9. Mai 1897 (Art. 11) wurde die Mindest-Sichtweite des Hecklichtes auf eine Seemeile festgesetzt. Auf den Evern wurde dafür oft die zur Beleuchtung des Kompasses dienende Lampe benutzt, obwohl sie kaum eine Helligkeit von einer Seemeile hatte. Das hintere Brett des Kompaßhäuschens, das die Lampe nach hinten verdeckte, konnte zur Seite geschoben werden. Gelegentlich des Unterganges eines Evers nach einem Zusammenstoß im Jahre 1910 führte das Hamburger Seeamt aus[201], daß bei dem starken Verkehr auf der Elbe und der oft gerügten Angewohnheit der Schiffer, ihre Hecklampen erst bei drohender Gefahr zu zeigen, es wünschenswert erscheint, die Führung eines festen Hecklichtes auf der Elbe vorzuschreiben. Seitdem führen viele niederelbische Fahrzeuge auf Veranlassung ihrer Schiffergilden ein festes Hecklicht; die Schiffergilde „Die Eintracht" in Wilster z. B. schreibt dieses seit dem 4. März 1912 für ihre Mitglieder vor.

Die mit einem Motor versehenen Ever mußten, wenn sie sich mit motorischer Kraft fortbewegten, außer den Seitenlichtern ein weißes Topplicht von fünf Seemeilen Sichtweite führen. Alle Ever hatten ein weißes Ankerlicht, das seit dem Jahre 1871 vorgeschrieben ist. Das in einer kugelförmigen Laterne geführte Ankerlicht von einer Seemeile Sichtweite mußte von Sonnenuntergang bis Sonnenaufgang geführt werden, wenn das Schiff auf einer Reede oder im Fahrwasser vor Anker lag. Das Topplicht wurde am Großtopp, das Ankerlicht am Fockstag geheißt. Beide Lichter wurden mitunter an einer etwa 2 m hohen eisernen Stange, oder an einem Gasrohr, oben mit einer Gabel versehen, geführt (natürlich nicht gleichzeitig). Die Stange (oder Rohr) befestigte man an dem Ankerspill, sie war zum Abnehmen eingerichtet.

Die Kenntlichmachung der Schiffe im Nebel ist in England schon im Jahre 1858, ferner in der deutschen Verordnung vom Jahre 1871 (s. o.) vorgeschrieben. Die deutsche Verordnung bestimmte, daß Segelschiffe in Fahrt ein Schallsignal mit einem Nebelhorn abgeben mußten, lagen sie vor Anker, mußten sie sich einer Glocke bedienen. Auf den Evern fand früher ein Ochsenhorn oder eine große Muschel als Nebelhorn Verwendung; in neuerer Zeit benutzte man meistens ein Nebelhorn mit Mundstück zum Blasen, oder ein größeres Nebelhorn, zum Drücken mit einem Blasebalg. Eine kräftig tönende Glocke hatten die Ever ebenfalls, die aber nur bei einigen großen See- und Galeaß-Evern fest am Ankerspill angebracht war. Für die Abgabe von Notsignalen wurden mitgeführt Petroleumfackeln oder Feuerwerkskörper, oder man verwendete in Oel getränktes Werg, das angezündet wurde.

6. Ladegeschirr.

Dicht hinter dem Großmast der Ever stand eine kleine Ladewinde, auch Handwinde, Ladewinsch oder Winsch genannt. Mit ihrer Hilfe konnte der Everschiffer Stück- und Sackgut oder andere Frachten bequem löschen und laden, weil in vielen Ladeorten keine Kräne vorhanden waren, oder weil die Verwendung des eigenen Ladegeschirrs vorteilhafter war.

Die beiden eichenen Stützen der Winde standen 1,00 bis 1,20 m entfernt, die gleiche Höhe hatten sie über dem Deck, während ihre Dicke zwischen 4 bis 6 Zoll und ihre Breite zwischen 4 bis 7 Zoll schwankte. Die mit einem Zapfen durch das Deck reichenden Stützen wurden in einen in Deckbalkenhöhe liegenden Unterschlag eingelassen. An der Mastseite erhielt jede Stütze ein gleichdickes eichenes Knie von 21 bis 25 Zoll Armlänge, das mittels $\frac{1}{2}$ bis $\frac{3}{4}$ Zoll starker Stumpfbolzen mit der Stütze, dem Mastbalken und Unterschlag verbunden wurde. Auf den Spillstützen befestigte man einen geraden, meistens aber in der Mitte nach oben gebogenen eichenen Galgen von 4×4 bis 6×6 Zoll Stärke als Querverband.

Zwischen den Stützen lagen zwei eiserne Wellen mit hölzernen Trommeln. Die beiden Wellen hatten einen Durchmesser von $1\frac{3}{8}$ bis $1\frac{3}{4}$ Zoll (unten) und $1\frac{1}{4}$ bis $1\frac{3}{8}$ Zoll (oben), ihre Trommeln waren 6 bis $8\frac{1}{2}$ Zoll (unten) und 4 bis 5 Zoll (oben) stark. Beide Wellen hatten einen quadratischen Querschnitt, nur im Bereich der Lager waren sie rund gearbeitet. Die schmiedeeisernen Lager, die man seit dem Ende des vergangenen Jahrhunderts durch gußeiserne ersetzte, hatten eine verschiedene Form; sie wurden an der hinteren Kante der Spillstützen verschraubt. Dicht neben der Steuerbordstütze saß auf der unteren Welle ein eisernes Zahnrad von 20 bis 24 Zoll Durchmesser, das Triebrad von 4 bis 5 Zoll Durchmesser saß auf der oberen Welle. Auf der anderen Seite der Wellen war je ein kleines Sperrad mit Klinke und Feder aufgesetzt, die das Rückwärtslaufen der Wellen verhinderten. Jederseits saßen auf den Wellen kleine Windenköpfe, von denen die unteren eine Länge von $7\frac{1}{2}$ bis

8½ Zoll und eine Dicke von 10 Zoll hatten, indessen die oberen Köpfe 6 bis 7½ Zoll lang und 8½ Zoll dick waren. An den oberen Windenköpfen wurden die eisernen Kurbeln angesetzt.

Mehrere Elb-Ever hatten eine Ladewinde, deren Stützen entweder an dem Knecht des Großmastkokers oder gelegentlich auch direkt an dem Koker verbolzt wurden. Die beiden Stützen endeten auf dem Deck, wo man sie durch je einen eisernen Winkel von etwa ¾ Zoll Dicke und mittels Schraubbolzen befestigte. Der Galgen fehlte mitunter.

Viele kleinere Elb-Ever besaßen eine kleine Ladewinde ohne hölzerne Stützen, bestehend aus einer eisernen Welle mit einer hölzernen Trommel und mit einem kleinen Sperrad, sowie mit zwei hölzernen Windenköpfen, die mittels Kurbeln bewegt wurden. Seitlich am Mastkoker, oberhalb der Nagelbank und an der hinteren Fläche des Kokerknechtes waren kurze eiserne Stützen verschraubt, die oben das Lager für die Welle trugen. An der Backbordseite des Kokers befand sich die Sperrklinke für das Sperrad.

Als Ladebaum diente der Großbaum, doch besaßen einige Ever auch einen besonderen Ladebaum. An der Baumnock befestigte man einen starken Ladeblock oder ein eisernes Löschrad, an dem inneren Ende des Baumes befand sich eine Leitrolle oder ein Block. Ueber beide wurde ein starkes Tau geschoren, in neuerer Zeit ein Drahtseil, das als Lastenseil diente und auch Windenläufer hieß. Den inneren Tamp des Lastenseiles nahm man um die Windentrommel, an dem anderen Tamp befand sich ein starker Ladehaken. Als Hangertalje fand die Großdirk und das Klaufall (oder das Piekfall), oder bei schweren Lasten auch beide Taljen, Verwendung. Mit Hilfe dieser Fallen konnte der Baum in passender Höhe und in geeigneter Ausladung aufgetoppt werden. An der Baumnock befestigte man außerdem noch zwei Geien, einfache Taue, die zum Ausschwingen oder Einholen des Baumes bestimmt waren. Kleine Binnen-Ever, die sogenannten Einhandschiffe, benutzten zum Laden und Löschen leichter Ladungen oft die meist waagerecht vorgeheißte Gaffel, an der man eine Löschjolle, mit zwei einscheibigen Blöcken und einem Ladehaken, befestigte.

7. Sonstige Ausrüstung.

Die Ever führten ein Wasserfaß von 50 bis 100 Liter Inhalt, oder auch zwei, mit sich. Gewöhnlich lagen sie seitlich auf dem Kajütdeck, oder auf dem Halbdeck, oder sie wurden neben dem Roof festgezurrt. Die Wasserfässer ruhten auf einer hölzernen Unterlage, Kopfholz genannt. Oft fanden auch flachrunde Wasserfässer Verwendung, die oben und unten mit Kopfhölzern versehen waren. Jederseits hielt eine durch die Kopfhölzer

geführte, an Deck eingehakte und oben durch eine Mutter verschraubte eiserne Stange die Kopfhölzer zusammen.

Alle niederelbischen Ever besaßen eine hölzerne A u f w a s c h e,
bestehend aus einem kleinen viereckigen Rahmen und aus einem
mit mehreren Löchern versehenen Boden. Die Aufwasche wurde
an der Halbdeckreling (wenn sich die Frau des Schiffers an Bord
befand), oder an der Reling vor dem Großwant eingehakt.

Als F e n d e r benutzte man kurze, an einem Tau befestigte
Rundhölzer, R e i b h o l z (Wriefholz, Wreifholz) genannt, oder zu-
sammengebundenes altes Tauwerk, oder geflochtene Kokosfender
verschiedener Form. Seit einigen Jahren werden häufig alte Auto-
reifen (oder nur Teile davon) als Fender verwertet, solche brachte
man auch zum Schutz am Vorsteven der Everjolle an.

Sonst waren an Bord noch vorhanden: eine starke Planke als
L a n d u n g s s t e g, ein P e i l s t o c k, B a l l a s t s c h a u f e l n,
P ü t z e n, D w e i d e l, einiges H a n d w e r k s z e u g, T a u w e r k,
F a r b e n, P e t r o l e u m, einige B l ö c k e und S c h ä k e l, für jede
Pumpe ein Satz P u m p g e s c h i r r als Reserve (nicht bei den Elb-
Evern), A r z n e i m i t t e l und V e r b a n d s t o f f e, R e t t u n g s -
g ü r t e l und R e t t u n g s r i n g e. Um die rasche Verwendung der
Rettungsringe zu gewährleisten, wurden sie z. B. bei den Giek-
Evern über den Ruderkopf gestreift, bei den Besahn-Evern außenbords an der Spiegelreling aufgehängt und bei den See-Evern seitlich am Roof aufgehängt. Die Rettungsringe waren entweder
schwarz oder weiß oder rot bemalt. Seit dem Jahre 1899 ist von
der See-Berufsgenossenschaft vorgeschrieben, daß sie eine Tragfähigkeit von mindestens 14 kg, sowie einen weißen oder roten
Anstrich haben müssen, seit 1925 werden bei den in der Watt-
und kleinen Küstenfahrt verwendeten Schiffen nur solche von
roter Farbe zugelassen. Die Rettungsringe der Elbsegler müssen
nach der Vorschrift der Elbschiffahrts-Berufsgenossenschaft eine
Tragfähigkeit von 7 kg aufweisen, eine bestimmte Farbe ist nicht
vorgeschrieben.

Kurz möge noch die n a u t i s c h e A u s r ü s t u n g Erwähnung
finden. Der Steuerkompaß war bei den Elb-Evern meistens in
einem Kompaßkasten, oder in einem kleinen, auf dem Halbdeck
stehenden Kompaßhäuschen untergebracht; bei den See-Evern war
der Kompaß oft in dem Roof eingebaut. Alle Elb-Ever besaßen ein
Handlot nebst Leine und ein Fernrohr oder Nachtglas. An Bord
der seegehenden Ever befanden sich außerdem: ein Reserve-
Kompaß, ein Barometer, eine Logge nebst Leine, Loggläser, See-
karten und Segelanweisungen der zu befahrenden Gewässer[202].

8. Flaggen, Namenstander und Flögel.

In früherer Zeit zeigten die niederelbischen Segler ihre Flaggen
hauptsächlich beim Einlaufen in fremde Häfen, vor den Zollwacht-

schiffen auf der Elbe und bei festlichen Gelegenheiten. Die Flaggen wurden bei den Rah-Evern an der Rahnock oder auch am Masttopp gesetzt, bei den Giek-Evern am Masttopp oder an einem am Ruder befestigten langen Flaggenstock geführt — die Heckflagge war oft sehr groß —, bei den Besahn- und Galeaß-Evern heißte man die Landesflagge meistens am Besahntopp, gelegentlich auch an der Besahngaffel. Auf dem Masttopp saß ein Flaggenknopf mit einem Scheibengat für die Flaggenleine. In neuerer Zeit wurde die Reichsflagge stets an der Großgaffel (Giek-Ever) oder an der Besahngaffel (Besahn-Ever) gesetzt. Vor Anker oder im Hafen liegende Schiffe setzten gelegentlich die Reichsflagge mittels eines kurzen Flaggenstockes am Besahn- oder am Großtopp; einige Ever besaßen auch in neuerer Zeit eine Heckflagge, die aber nur im Hafen geführt wurde.

Die Entwicklung der seit dem 18. Jahrhundert an der Niederelbe gebräuchlich gewesenen Schiffsflaggen kann hier nur kurz gestreift werden[203]. Die Schiffe von Kur-Braunschweig-Lüneburg sollen vor dem Jahre 1727 ein weißes Pferd mit darüber schwebender Krone auf rotem Grunde als Flagge geführt haben. Seit 1727 wurde eine rote Flagge eingeführt, die im oberen Viertel das Zeichen der englischen Union, in der Mitte des roten Unionkreuzes aber ein rotes Schild mit dem weißen braunschweigischen Pferd zeigte, wahrscheinlich war über dem Schilde eine Königskrone angebracht. Diese Flagge ist im Laufe des 18. Jahrhunderts sehr verschieden ausgeführt worden[204], so daß am 28. August 1801 eine rote Flagge bestimmt wurde, in deren erstem Viertel das Unionskreuz und in deren Mitte sich auf einem roten Quadratfelde ein weißes springendes Pferd befand[205]. Seit dem 4. Januar 1867 ist an Stelle der hannöverschen Flagge die preußische Flagge getreten[206].

Seit November 1685 war für die Schiffe von Altona, Glückstadt, von Süderdithmarschen, des Amtes Steinburg einschließlich von Itzehoe, Wilster und Krempe und seit 1773 für alle holsteinischen Schiffe die dänische rote ungespaltene Flagge mit dem weißen Kreuz vorgeschrieben[207]. Für die nach dem Mittelmeer segelnden Blankeneser Galeaß-Ever galt auch die am 17. Oktober 1804 von König Christian VII. erlassene Vorschrift[208], daß „die Königliche Namens-Chiffre im Kreuze angebracht seyn solle, um selbige Flaggen dadurch von den Maltesischen Schiffsflaggen genugsam zu unterscheiden." 1848 bis 1867 haben die Schiffe der Herzogtümer sehr verschiedene Flaggen geführt. Im Befreiungskriege der Herzogtümer wurde von der Provis. Regierung seit Mai 1848 die schwarz-rot-goldene Flagge, seit Oktober des gleichen Jahres aber die schon aus dem Jahre 1696 stammende holsteinische Flagge vorgeschrieben: rotes Tuch mit zwei blauen Löwen auf goldenem Felde, von dem weißen holsteinischen Nesselblatt umgeben und mit der Königskrone bedeckt[209]. Vielfach ist daneben die Flagge schwarz-rot-gold weiterhin geführt worden, auf der Elbe wie auch nach dem Mittelmeer[210]. Nach dem Kriege und bis zum Jahre 1864 führten die schleswig-holsteinischen Handelsschiffe wieder die dänische Flagge, anfangs mit dem Nesselblatt in der oberen Ecke. Während des Krieges 1864 setzten die Schiffe die blau-weiß-rote Flagge, entweder mit dem holsteinischen Wappen oder mit einem gelben Feld in der oberen Ecke, oder sie heißten die preußische oder die österreichische Flagge. Seit dem 5. Juli 1867 wurde für die schleswig-holsteinischen Schiffe, an Stelle der seit Februar 1865 vorgeschriebenen Flagge blau-weiß-rot, die preußische Flagge eingeführt[211].

Auch die Flagge H a m b u r g s war früher sehr verschieden. Obwohl im Jahre 1751 der Senat bestimmt hatte, „daß dieser Stadt Bürger und Einwohner auf ihren Schiffen einen roten Flüger und eine rote Flagge mit einem weißen Stadtwappen zu führen gehalten seien", ließ sich die alte Gewohnheit der Schiffer „gegen die Verfassung der Stadt ihre Flaggen und Flüger nach eigenem Bedünken mit allerlei Farben und Zeichnungen einzurichten" nicht ausrotten. Erst seit dem Jahre 1834 besaßen alle hamburgischen Schiffe eine rote Flagge mit weißer Burg. 1861 wurde die Form der Burg geändert.

Die in der Verfassung des Norddeutschen Bundes vom 26. Juli 1867, sowie in dem Gesetz betreffend die Nationalität der Kauffahrteischiffe und in der Verordnung betreffend die B u n d e s - f l a g g e (beide vom 25. Oktober 1867) für die Handelsschiffe vorgeschriebene Flagge schwarz-weiß-rot wurde seit dem 1. April 1868 auf den Elbseglern gesetzt. Am 11. August 1919 wurde diese Flagge geändert, jedoch durfte die alte Handelsflagge noch bis zum 1. Januar 1922 geführt werden (Verordnung über die deutschen Flaggen, vom 11. April 1921). Seit dieser Zeit sind in der oberen Ecke der H a n d e l s f l a g g e die Reichsfarben schwarz-rot-gold zu führen.

Einige Ever besaßen sogenannte N u m m e r - oder S i g n a l - f l a g g e n, die man am Großtopp setzte. Ihre Aufgabe war, die für die Reeder, Assekuradeure und Kaufleute sehr wichtigen Schiffsmeldungen zu vereinfachen[212]. Sie sind auf den hamburgischen Schiffen im Jahre 1823, auf den schleswig-holsteinischen Schiffen im Jahre 1828 und auf den hannöverschen Schiffen wahrscheinlich ebenfalls in den zwanziger Jahren eingeführt worden. Die hamburgischen und holsteinischen Nummerflaggen waren weiß mit schwarzer Nummer. Vor der Nummer hatten die Glückstädter Schiffe als weiteres Unterscheidungszeichen ein W, die von Ottensen, Blankenese, Wedel, Haseldorf und Uetersen ein Z, die Altonaer Schiffe hatten wie die Hamburger nur eine Nummer; erst seit dem Ende der dreißiger Jahre erhielten letztere ein schwarzes H vorgesetzt. Die hannöverschen Schiffe führten im Anfang der dreißiger Jahre, sicherlich auch schon vorher, rote Flaggen mit weißen Nummern. Späterhin hat man die Nummerflaggen hinsichtlich Farbe und Zeichenanordnung mehrfach geändert. Weil sie aber nur eine private Einrichtung waren, setzten sie sich erst allmählich durch. So besaßen im Jahre 1846 von 278 Evern nur 78 eine Nummerflagge, davon gehörten allein 74 nach Blankenese[213], übrigens auch ein Zeichen dafür, wie eng die Blankeneser Schifffahrt mit der Hamburger verknüpft war. Erst im Jahre 1852 schrieb die Landdrostei Stade die Einführung einer Nummerflagge für alle Schiffe des Landdrosteibezirkes einheitlich vor[214]. 1869 traten an Stelle dieser Flaggen die Unterscheidungssignale. Jedes in einem Seeschiffsregister verzeichnete Schiff erhält seitdem ein aus vier verschiedenen Buchstaben bestehendes Signal, das durch vier Flaggen von verschiedener Farbe und Zeichnung kenntlich gemacht wird. Die Unterscheidungssignale beginnen bei den in Hamburg eingetragenen Schiffen mit dem Buchstaben R, bei den hannöverschen in Harburg verzeichneten Schiffen mit K und bei den holsteinischen in Altona oder in Itzehoe eingetragenen Schiffen mit L. Wenn aber z. B. ein holsteinischer Ever nach Hannover verkauft wurde, änderte man das Unterscheidungssignal nicht[215].

Seit der Wende des 18. und 19. Jahrhunderts, namentlich aber nach der Beendigung der napoleonischen Kriege, war es auf den Seeschiffen aller Staaten gebräuchlich, am Großtopp einen weißen oder farbigen Stander mit dem Namen des Schiffes zu setzen. Bei den Evern läßt sich die Verwendung der Namenstander, kurz Stander genannt, zuerst im Jahre 1822 nachweisen[216]. Das zeitgenössische Aquarell eines Blankeneser Galcaß-Evers zeigt einen großen weißen Stander mit schwarzen Lettern (Elsabe), in der oberen Ecke des Standers befindet sich der Danebrog. Bis in das 20. Jahrhundert hinein führten fast alle niederelbischen Fracht-Ever am Großtopp einen Stander, mitunter auch einen Doppelstander. Diese erhielten gewöhnlich eine Länge von 4 bis 6 m und eine größte Breite von 1 bis 1¼ m, doch gab es auch kleinere, auch größere Stander (bis 7 m Länge und 1½ m Breite). Sie waren weiß, rot, hellblau, gelegentlich auch hellgrün, mit abstechenden Lettern und Säumen, etwa hellblau mit weißen Lettern und weißen Säumen, mitunter erhielten sie auch Doppelsäume. Der in Abb. 30 wiedergegebene Rhin-Ever „Holsatia" besaß einen stumpf auslaufenden weißen Stander von 3 m Länge und 1,20 m Breite, die Lettern sind schwarz, die Einfassung rot, in der oberen Ecke befindet sich die schwarz-weiß-rote Gösch. Sonst aber war es in der zweiten Hälfte des vergangenen Jahrhunderts bei den Evern recht ungebräuchlich, im Stander eine Gösch zu führen, auch liefen gewöhnlich die Stander spitz (auch in Doppelspitzen) aus. Die Stander der in Wilster beheimateten Ever schmückte man häufig mit Blumenranken, die in den beiden inneren Ecken und hinter dem Namen am spitzen Ende angebracht wurden. Die Lühe-Ever hatten meistens weiße Stander mit schwarzen Lettern und mit roten Säumen. Auch die Seefischer-Ever besaßen farbige Stander, die man gewöhnlich am Besahntopp setzte.

Alle Ever führten einen Flüger oder Flügel, an der Elbe oft Flögel genannt, als Windweiser auf dem Großmast, gelegentlich auch auf dem Besahnmast. Dieser Flögel bestand aus einer leicht drehbaren eisernen Stange, an der waagerecht ein etwa 12 bis 16 Zoll langes, an der inneren Seite 4 bis 5 Zoll breites und nach vorn schmal verlaufendes Holz oder Eisenblech befestigt war, Flögelschere genannt. Daran wurde ein 0,60 bis 0,80 m langer Tuchstreifen von roter, rot und weißer, meistens aber von blauer Farbe angenäht. Bei den holsteinischen Evern trug der Flögel ehemals gelegentlich in der inneren Ecke den Danebrog, oder ein rotes Kreuz auf weißem Grunde.

Um die Mitte des vergangenen Jahrhunderts trat der Harpunenflögel auf, der aber erst seit dem Ausgang des vergangenen Jahrhunderts bei den Evern fast ausschließlich an Stelle des älteren holländischen Flögels benutzt worden ist. Die drehbare Stange ist gewöhnlich mit einer gefiederten Harpune versehen, an deren hinteres Ende ein kleiner, vorn offener und hinten spitz auslaufender kegelförmiger Beutel von rotem oder blauem Tuch befestigt ist. Mitunter ist die Harpune vergoldet. An Stelle der Harpune führten die Seefischer-Ever mitunter eine eiserne Stange, die vorn (gelegentlich auch hinten) sowie oben auf der Flögelstange einen vergoldeten Stern trug.

Hingewiesen sei noch auf eine Bestimmung der Schiffergilde „Union" in Mittelnkirchen an der Lühe[217]: „Jeder Versicherungsnehmer muß seinem Mitversicherungsnehmer, wenn er ihn in Gefahr sieht, nach möglichen Kräften beistehen; um sich kenntlich zu machen, hat jeder Versicherungsnehmer ein großes weißes U im blauen Flügel (i. e. die Wetterfahne im Top) zu führen."

VII. Bemalung und Namen.

1. Bemalung.

Charakteristisch für das Aussehen der niederelbischen Fracht-Ever waren die blanke Beplankung, der blanke Spiegel, in der Regel mit weißer Einfassung, der weiße oder hellgrüne Halbstab am Setzbord, der farbige und verzierte Ruderkopf, die bemalten Klüsbacken, die geschnitzten Namenbretter am Spiegel und die geschnitzten und bemalten Spiegelfenster. Die bei den Evern vorkommenden Bildhauerarbeiten sind vereinzelt auf den Werften selber angefertigt worden, so z. B. von dem Schiffbaumeister Gustav Junge (Wewelsfleth), sonst aber wurden diese Arbeiten Holzbildhauern übertragen, doch habe ich hierüber leider nichts ermitteln können. Erwähnt sei nur der Bildhauer Bargmann in Glückstadt, der seit dem Ausgang des vergangenen Jahrhunderts oft geschmackvolle Bildhauerarbeiten für die Ever hergestellt hat, auch hat er mehrere Schiffsmodelle für das Altonaer Museum und für das Museum für Meereskunde in Berlin gebaut. Auch manche Schiffsschmiede fertigten früher oft verzierte Eisenbeschläge an, namentlich Schwert- und Ruderbeschläge sowie Stevenrüsten.

Oberhalb der Leerwasserlinie pflegte man die Beplankung zu ölen und mit helle oder mit dunkle Harpeus zu streichen. Die Berghölzer erhielten an der oberen und unteren Kante einen weißen Saum, mitunter wurde nur ihre obere Kante im Bereich des Festenbugs und des Kajütdecks weiß abgesetzt. Einige Ever besaßen in früherer Zeit ein schwarzes oder olivgrünes Bergholz.

Bei mehreren Fracht-Evern wurde seit dem Ausgang des vergangenen Jahrhunderts ein weißer oder hellgrüner Bugkeil angemalt, der von den Fischer-Evern entlehnt worden ist. Der nach hinten schmal verlaufende Bugkeil bedeckte die Seitenplanken im Vorschiff, von der Unterkante des Bergholzes bis zum Wasserpaß, d. h. der Wasserpaß lag bei einem Schiff ohne Ladung vorn etwa 300, in der Mitte 200 und hinten 100 Millimeter über dem Wasserspiegel.

Wie schon erwähnt, besaßen alle gedeckten niederelbischen Fracht-Ever außen um die Klüsen zur Verstärkung starke Bretter, Klüsbacken genannt, die nicht nur farbig bemalt, sondern auch mit aufgemalten oder geschnitzten und bemalten Ornamenten verziert wurden. Die Klüsbacken der Fracht-Ever sind in vier verschiedenen Formen ausgeführt worden, die auf Abb. 18 Nr. 1, 5, 10 und 14 dargestellt sind. Einige Ever hatten nur einfarbige, gewöhnlich weiß (Nr. 1, 5, 10 und 14) oder hellgrün (Nr. 15) bemalte Klüsbacken, aber auch naturfarbene (Nr. 6) kamen vor. Mit Ausnahme der weißbemalten Klüsbacken waren die Klüsbacken häufig mit einem weißen Saum, sehr selten mit einem andersfarbigen Saum, etwa hellrot oder hellgrau, versehen. Dieser Saum, Randstab genannt, fehlte an der Stevenseite fast immer. Die eisernen Klüsen erhielten gewöhnlich eine von den Klüsbacken abstechende Farbe: hellrot, hellgrün, weiß oder schwarz.

Manche Klüsbacken-Ornamente waren ehemals bei den Evern bestimmter Gegenden vorherrschend, doch ließ sich hierüber wenig ermitteln (s. Kap. IX). Die häufigste Schmuckform bildeten Blattzweige und zwar jederseits der Klüse ein Zweig mit in der Regel hell- oder dunkelgrün gemalten Blättern auf schwarzem (Abb. 18 Nr. 12) oder auf weißem Grunde (Abb. 18 Nr. 13); gelb bemalte Zweige kamen wohl nur bei den Evern des Alten Landes, namentlich aber bei den an der Lühe gebauten Evern vor (Abb. 18 Nr. 3). Bei einigen Evern trug jeder Zweig eine Blüte oder mehrere, diese erhielten die gleiche Farbe wie die Blätter, oder sie waren weiß, auch rot und weiß, gelb und rot bemalt. Die Blattzweige und Blüten wurden vertieft oder erhöht geschnitzt und bemalt, oder nur aufgemalt. Andere Ever hatten als Ornament häufig eine Ellipse, die man entweder aufmalte oder erhöht schnitzte, dann wurde auch die Ellipse oft mit einem weißen Randstab versehen. Dieses Ornament erinnert an das sogenannte Drachenauge der Futschou-Dschunken. Häufig angewandte Bemalungen waren: Ellipse hellgrün und Klüsbacken weiß, oder hellrot auf hellgrün (Abb. 18 Nr. 18), hellrot auf dunkelblau (Abb. 18 Nr. 11), hellrot auf grau (Abb. 18 Nr. 16).

Sicherlich stammen die verzierten Klüsbacken der Ever von den größeren schleswig-holsteinischen Schiffstypen her, die sie wiederum von den dänischen oder schwedischen Schiffen übernommen hatten[218]. Vielleicht waren sie bei den Fracht-Evern bereits am Ende des 18. Jahrhunderts vorhanden, während die Klüsbacken bei den Fischer-Evern erst um die Mitte des vergangenen Jahrhunderts eingeführt worden sind.

Das bei einigen Evern vorhandene Galion war jederseits mit einer bemalten Bildhauerarbeit geschmückt, so z. B. mit einem Fisch, mit Blumen (z. B. Rosen), mit einem Füllhorn mit Früchten oder Blättern (z. B. Eichenlaub). Häufig lief das Galion nur in eine geschnitzte und gelb bemalte oder auch vergoldete Krulle aus.

Mehrere Ever besaßen als Galionsbild ein geschnitztes Krokodil. Es ist zuerst bei dem Blankeneser Galeaß-Ever „Frau Anna Elsabe" (1822) nachzuweisen[219], auch besaß es der See-Ever „Activ" von Uetersen (1854)[220]. Auf den Wewelsflether Werften (zuerst bei Junge) fand das Krokodil-Galion in den sechziger Jahren Eingang, auch wurde es später vielfach bei den Evern der Werft Bergmann in Wilster angebracht, so z. B. bei dem Ever „Forelle" (1899), Abb. 32. Das Krokodil wurde in der Regel hellgrün bemalt, die Zähne weiß, der Rachen und die Zunge rot. Bei dem Lägerdorfer Ever „Gustav", Werft Peters in Wewelsfleth (Abb. 20), ist das Galion hellgrün gestrichen, darauf sind die Umrisse des schwach hervortretenden Krokodils, die auf den Steven übergreifen, weiß hervorgehoben, die Zähne sind weiß, der Rachen schwarz. Uebrigens stand bei den Evern das Galionsbild mit dem Schiffsnamen nicht im Zusammenhang. Die kleinen Galionsknie e wurden mitunter ebenfalls leicht geschnitzt und bemalt, etwa ein hellgrünes Krokodil auf weißem Grunde, weiße Blumen auf schwarzem Grunde, ein grüner Blattzweig auf weißem oder braunem Grunde.

Das Setzbord wurde wie die Beplankung blank gefahren, der Schandeckel war naturfarben (geölt), selten weiß bemalt. Unterhalb des Schandeckels besaßen die Fracht-Ever am Setzbord fast immer einen farbigen Streifen von 2½ bis 4 Zoll Höhe, der vom Setzbord durch eine Hohlkehle abgesetzt war und der Halbstab, auch Relingstreifen, hieß. Der Halbstab lief vom Vorsteven bis zum Spiegel durch, achtern befand er sich unterhalb des Kajütdeckleibholzes. In der Regel war der Halbstab weiß. Nur die holsteinischen Ever, hauptsächlich die Ever der Wilster- und Krempermarsch, besaßen oft einen hellgrünen Halbstab, oder sie hatten einen hellgrünen (oder weißen) und unten weiß (oder hellgrün) besäumten Halbstab. Im Bereich der Seitenschwerter fehlte mitunter der Halbstab. Zwei Streifen führten nur die Ever mit einem über dem Setzbord aufgesetzten Schanzkleid, von denen der eine unterhalb des Setzbordschandeckels und der andere unterhalb des Schanzkleidschandeckels von vorn nach hinten durchlief. Die offene Kajütdeckreling blieb naturfarben (geölt), oder man bemalte sie weiß, hellgrün oder braun. Das Setzbord an der Kajütdeckreling war in der Regel innen und außen weiß, vereinzelt auch hellgrau oder oben weiß und unten hellgrau bemalt. Holsteinische Ever hatten ein weißes Setzbord, mitunter aber auch ein hellgrünes oder ein zweifarbiges Setzbord, etwa oben weiß und unten hellgrün, oder man malte es grün-weiß-grün.

Bei der Beschreibung des Spiegels ist bereits die senkrechte Zierbeplankung, das Spiegelfutter, erwähnt worden. Hier ist noch nachzutragen, daß der mit Harpeus gestrichene Spiegel meistens ein helleres Aussehen hatte als die blanke Seitenbeplankung. Und zwar deshalb, weil der Spiegel des starken

Sprunges wegen auch im beladenen Zustande ziemlich hoch aus dem Wasser ragte, auch deshalb, weil für das Spiegelfutter nur schönes, vom gleichen Stamm geschnittenes Eichenholz Verwendung fand. In der Regel setzte man die Enden der Berghölzer und Seitengänge neben dem Spiegelfutter weiß ab und zwar von der Unterkante des Namenbrettes bis unten an den Achtersteven heran laufend.

Außer den Klüsbacken bildeten die mit einer geschnitzten Umrahmung versehenen S p i e g e l f e n s t e r den auffallendsten Schmuck der niederelbischen Fracht-Ever, die ihnen ein besonders volkstümliches Gepräge gaben. Die viereckigen Spiegelöffnungen, auch P f o r t e n (Porten) genannt, sind wahrscheinlich gleichzeitig mit der Uebernahme des Spiegels eingeführt worden, weil damals ein Oberlicht auf dem Kajütdeck noch nicht verwendet wurde.

Die Spiegelfensterumrahmung war zusammengesetzt aus einem Sockel, drei oder vier gedrechselten Säulen oder glatten Pfeilern und einem Giebelfeld, das oben oft einen halbkreisförmigen oder dreieckigen Abschluß aufwies. Befestigt wurde die Umrahmung auf dem Spiegelfutter, dicht unter dem Namenbrett und dicht an den Achtersteven herangerückt. Bei einem Wilsterau-Ever („Wilhelmine", Abb. 11) hatte die eichene Umrahmung nachstehende Abmessungen: Der 25 Zoll lange Sockel war 1¼ Zoll breit und 1½ Zoll dick, darunter lag noch eine schwächere Leiste als Auflage für die Umrahmung. Die vier Säulen waren 7 Zoll hoch, oben 1 Zoll und unten 1¾ Zoll breit. Das mit einer Sonne verzierte Giebelfeld hatte eine Länge von 24¼ Zoll, es war in der Mitte 4¾ Zoll hoch und 1 Zoll stark. Die größte Höhe der Umrahmung von Oberkante Giebelfeld bis Unterkante Sockel betrug 13½ Zoll.

Den Sockel und die Säulen (oder Pfeiler) bemalte man weiß, hellgrün oder hellblau, auch hellgrün oder hellblau mit weißen Säumen. Das mit gleicher Farbe bemalte Giebelfeld war entweder glatt, oder oben mit einem verzierten Rand und seitlich mit zwei geschnitzten Kugeln versehen. Häufig wurde aber das Feld mit Schnitzereien ausgefüllt, entweder mit einer aufgehenden Sonne (Abb. 11), oder mit mehreren Früchten (Abb. 25), oder auch mit anderen Bildhauerarbeiten (Abb. 17). Die Sonne wurde weiß oder gelb bemalt, oder mit Silber- oder Goldbronze gestrichen, die Früchte waren hellgrün oder verschiedenfarbig, etwa rote Kirschen, gelbe Birnen, rote Aepfel und gelbe Füllhörner.

Die mittlere oder die beiden mittleren Säulen (oder Pfeiler) teilten die Spiegelfensterumrahmung in zwei kleine Fenster von gleicher Größe, die in dem erwähnten Beispiel eine Höhe von 7¼ Zoll und eine Breite von 6¼ Zoll hatten. In der Regel war nur das am Achtersteven befindliche Fenster echt, mitunter war dafür nur eine runde, durch einen Holzpfropfen verschlossene Oeffnung von etwa 4 Zoll Weite vorhanden. Das äußere Fenster wurde schwarz gestrichen, darauf malte man eine, mitunter auch zwei, weiße geraffte Gardinen. Wenn das Spiegelfenster vier Säulen hatte, wurde der etwa 1¾ Zoll weite Zwischenraum der beiden inneren Säulen abstechend vom Spiegelfutter gemalt, z. B. schwarz, hellgrün oder weiß, auch malte man dann gewöhnlich auf das blinde Fenster zwei weiße geraffte Gardinen. Eine dritte Anordnung zeigt der Ever „Wanderer" (Abb. 25): die Umrahmung ist durch vier Säulen in drei Felder geteilt, von denen die beiden äußeren die übliche Bemalung aufweisen, indessen das innere weiße Feld ein Bullauge besitzt.

Die bei den Fracht-Evern übliche breite Spiegelfenster-Umrahmung mit einem blinden und einem echten Fenster hatte bereits der aus dem 18. Jahrhundert stammende und erst im Jahre 1911 zerschlagene Störprahm „Die Freundschaft" von Itzehoe (Abb. 23). Sonst aber kam diese Zierform bei keinem deutschen oder fremden Schiffstyp vor. Dagegen führten viele englische Kriegsschiffe seit dem Anfang des 17. und bis in das 18. Jahrhundert hinein ähnlich verzierte, echte Kajütfenster am Achterschiff, nicht aber am Spiegel oder Heck[221]. Das Giebelfeld wurde mit dem Namenzug des Königs, häufig aber mit einem Muschelmotiv ausgefüllt. Vielleicht hat im 18. Jahrhundert ein niederelbischer, auf einer englischen Staatswerft beschäftigter Schiffbauer diese Zierform nach seiner Rückkehr bei den Evern am Spiegel eingeführt, die dann von anderen Elbwerften nachgeahmt und im Laufe des 19. Jahrhunderts auch verschieden ausgeführt worden ist. Vermutlich hatten vorher die Ever nur ein echtes Spiegelfenster mit einer einfachen Umrahmung, wie es bei den holländischen Tjalken im 18. Jahrhundert gebräuchlich war. Die älteste Verzierung des Giebelfeldes bildete das barocke Muschelmotiv, das späterhin als Sonne gedeutet und dementsprechend auch verändert wurde; während die Muschel vertieft geschnitzt war, arbeitete man die Sonne und ihre Strahlen erhöht. Die schwarz gemalten Spiegelfenster mit den weißen Gardinen hat man an der Elbe von den kleineren Seeschiffen entlehnt, vielleicht von den Jachten oder von den Galeassen, die wiederum ihre viereckigen und oft blinden Fenster (ohne verzierte Umrahmung) von den großen Seeschiffen übernommen hatten, bei denen die echten Fenster noch bis in den dreißiger Jahren des 19. Jahrhunderts verwendet wurden. Wie ja auch die Galeaß-Ever im Anfang des vergangenen Jahrhunderts nicht die Fenster der Fracht-Ever, sondern die eben erwähnten viereckigen blinden Fenster führten.

Etwa seit den achtziger Jahren erhielten beide Felder oft einen schwarzen Anstrich mit weißen Gardinen. Allmählich kamen die Spiegelfenster überhaupt aus der Mode, so daß sie nach 1900 nur noch vereinzelt bei den kleinen holsteinischen Binnen-Evern Anwendung fanden. Die an Stelle der Spiegelfenster seitdem verwendeten runden Spiegelöffnungen wurden mit einem weiß bemalten, oder weiß und innen hellgrün gestrichenen Pfropfen verschlossen. Mitunter befand sich um die Oeffnung eine weißbemalte Einfassung

Das Ruder wurde unterhalb der Wasserlinie geteert, manchmal hier weiß abgesetzt, sonst aber mit Harpeus gestrichen. Die Ruderbacken unterhalb der Ruderpinne zeigten früher meistens eine zweifarbige Bemalung, etwa ein weißes, hellrot umsäumtes Feld, oder auf das weiße Feld malte man mehrere kleine oder nur zwei große rote Dreiecke. Seit dem Ausgang des vergangenen Jahrhunderts pflegte man die Ruderbacken gewöhnlich nur einfarbig zu bemalen, in der Regel weiß oder hellgrün, oder sie wurden blank gefahren. Die Ruderpinne war naturfarben, gewöhnlich erhielt sie aber einen weißen, hellgrünen oder hellgrauen Anstrich, die Kanten wurden abstechend gemalt, etwa hellgrün mit weiß. Das innere Ende bemalte man oft ebenfalls abstechend, weiß oder schwarz. Bei einigen Evern, so bei Evern der Werft Junge (Wewelsfleth) lief das Ende der Ruderpinne in einem kleinen, geschnitzten Krokodilkopf aus.

Die glatten, in der Regel aber mit Bildhauerarbeit verzierten Ruderköpfe (Rorkøp) hatten eine verschiedene Form, am gebräuchlichsten waren sie, wie auf den Abb. 11 und 15 dargestellt. Ihre Vorkante lief in zwei, meistens in drei kleine, an den Enden abgeflachte Tonnen aus. Seitlich waren die Ruderköpfe mit geschnitzten Bändern oder mit Ranken, Blumen oder mit einem Füllhorn geschmückt. In früherer Zeit, häufig auch noch in der Gegenwart, bemalte man den Ruderkopf mehrfarbig, etwa weiß mit grünem Ornament und roten Tonnen, oder hellgrün mit weißem Ornament und weißen Tonnen, oder hellblau mit weißem Ornament und gelben Tonnen. Oft erhielt jede Tonne eine besondere Farbe, etwa Kopf weiß, seitliches Ornament gelb und die einzelnen Tonnen hellgrün, gelb und hellrot. In der Regel wurde das hintere Ende der Ruderpinne gleichfarbig mit dem Ruderkopf bemalt. Die gleichen Ruderköpfe lassen sich bei holländischen Seglern seit der zweiten Hälfte des 18. Jahrhunderts nachweisen[222], von dort aus sind sie auf mehrere deutsche Schiffstypen übertragen worden. Manche Everschiffer schützten mitunter den geschnitzten Ruderkopf mit einem Persennigbezug (Abb. 21).

Die Seitenschwerter wurden meistens mit Kohlenteer (früher mit Holzteer), oder mit Harpeus gestrichen. Der hölzerne Schwertkopf wurde häufig weiß abgesetzt. Dagegen bemalte man die eiserne Kopfplatte der Schwerter weiß, hellgrün, hellrot oder schwarz. Die Schwertbeschläge, ferner die eisernen Beschläge am Hukholz, sowie die Steven- und Wantrüsten, die Takel- und Mantelrüsten waren schwarz bemalt, gelegentlich malte man die drei letztgenannten Rüsten auch weiß oder rot.

Poller, Verholklampen, Hukholz, Bugspiere und Kranbalken blieben gewöhnlich naturfarben, sie wurden nur geölt. Die obere

Fläche der Poller war häufig weiß, aber auch zweifarbig bemalt, etwa weiß und rot, oder weiß und grün. Farbige Verholklampen, z. B. weiß bemalte, waren recht ungebräuchlich. Wenn an den eisernen Stützen der Bugspiere eine Planke als Setzbord befestigt war, erhielt sie einen weißen Anstrich, oder sie wurde der Länge nach oben weiß und unten hellgrün (oder hellgrau) bemalt. Die Vorkante des Kranbalkens war weiß, in Holstein gelegentlich auch mit den Landesfarben blau-weiß-rot bemalt, nach 1867 erhielt der Kranbalken mitunter die Reichsfarben schwarz-weiß-rot, oder das Feld wurde vierfach geteilt und mit zwei oder vier Farben bemalt. Häufig befand sich statt dessen auf der Vorkante des Kranbalkens ein geschnitzter und bemalter Stern oder eine Rosette oder häufig nur das Monogramm des Schiffers.

Das Bratspill (Pallpfosten, Beting, Querbeting, Betingknie, Schloßholz) und die Ladewinde (Stützen und Galgen) wurde häufig nur geölt, gelegentlich mit Holzteer gestrichen, oft auch weiß, hellgrün, hellgrau oder braun bemalt. Gelegentlich setzte man die blanke Beting und den Pallpfosten oben weiß oder gelb ab, mitunter blieb das Spill blank und nur der Pallpfosten wurde hellgrün oder schwarz bemalt. Die äußeren Flächen der Spill- und Windenköpfe waren weiß, hellgrün, hellgrau oder hellrot, vereinzelt bemalte man die Köpfe vollkommen, dann gewöhnlich weiß oder hellgrau. Mitunter befand sich an der Querbeting, gelegentlich auch an dem Galgen der Ladewinde, eine geschnitzte und gelb gemalte (oder vergoldete) Inschrift, etwa „Gott Mit Uns" oder „Emanuel" (Immanuel) oder auch der Schiffsname. Der auf Deck stehende Kettenkasten wurde hellgrün oder braun gemalt oder geteert. Bei Ankern mit einem hölzernen Ankerstock gab man den eisernen Bändern oft eine weiße Bemalung.

Die Binnenbugbekleidung, die innere Seite des Setzbords und die hölzernen Relingstützen waren blank oder weiß hellgrün, hellgrau, vereinzelt (in neuerer Zeit) auch blau oder rot gemalt. Die Luksülle wurden außen geölt oder mit Holzteer gestrichen, innen mitunter auch bemalt, etwa hellgrau. Die Deckplanken pflegte man öfters zu ölen. Lediglich bei den alten Evern erhielt das Kajütdeck eine Bemalung: weiß, hellgrün oder hellgrau. Der Logis- und Kajütniedergang sowie das Kajütoberlicht blieb blank, oder man malte sie weiß, hellgrün oder hellgrau. Die inneren Seiten der Niedergangskappen waren häufig weiß. Weiß bemalte man meistens auch das Roof, die Eckstützen blieben oft blank, indessen das Roofdeck oft eine hellgrüne oder hellgraue Bemalung zeigte. Der hölzerne Kajütschornstein war blank oder hellgrün. Die Wasserfässer waren blank, auch weiß, hellgrün, hellgrau oder hellblau bemalt, die eisernen Tonnenbänder wurden meistens weiß oder hellrot, auch mit Silberbronze gestrichen. Mitunter erhielten die Seitenteile eine abstechende Bemalung, etwa Wasserfaß hellgrün und Seitenteile hellrot oder weiß, oft waren auf den beiden Seitenteilen Sterne oder andere Ornamente aufgemalt. Die Wandbekleidung, Schränke, Kojen, Bänke, Decke und der Windfang in der Kajüte wurden lackiert oder bemalt, z. B. weiß, hellgrau, hellblau. Viele Schiffer ließen in der Kajüte allerlei Zierleisten und Messingbeschläge anbringen; ähnlich, aber viel einfacher war das Logis gemalt.

In früherer Zeit wurden die Masten, das Bugspriet und der Jagerbaum (Klüverbaum) stets gelb gefahren, d. h. blank geschrapt oder abgeseift und dann geölt. Nur die Bugspriet- und Jagerbaumnock (gelegentlich auch der Bugsprietfuß), sowie die Toppen der Masten erhielten einen weißen Anstrich, weiß war auch der Hummer an der Großstänge. Die eisernen Mastbänder wurden weiß oder schwarz bemalt. Der Mastkoker war blank, oder hellgrün oder braun bemalt. Die Gaffeln und Giekbäume ließ man ebenfalls blank (geölt), oft aber wurden sie weiß, hellgrün oder hellgrau bemalt. Häufig setzte man die Nocken dieser Rundhölzer (oder nur ihre äußere Fläche) weiß ab; auch die inneren Enden erhielten mitunter eine weiße Bemalung. Haken und Schiebebäume wurden geölt, an dem unteren Ende schwarz bemalt oder mit Steinkohlenteer gestrichen.

Nicht alle Ever hatten (haben) seitlich an den Steven eine Ahming (Tiefgangmarken). In früherer Zeit wurde bei den seegehenden Evern der Tiefgang in Fuß, gewöhnlich in Hamburger Fuß, durch eingekerbte und weiß bemalte römische Zahlen, oder durch eingeschlagene und weiß bemalte Punkte kenntlich gemacht, etwa 4 Punkte gleich 4 Fuß, lotrecht vom Boden. In neuerer Zeit und bis auf die Gegenwart ist bei den Evern entweder der hamburgische oder der englische Fuß als Ahming benutzt worden, schwarz auf weißem Grunde gemalt. Bei einigen Evern wurde der Tiefgang vorn in Hamburger Fuß und achtern in Dezimetern kenntlich gemacht. Seit dem Jahre 1903 müssen die außerhalb der Wattfahrt verwendeten Ever eine Ahming am Vor- und Achtersteven führen, die auf der einen Seite in Dezimetern, auf der anderen Seite in englischen Fuß fest anzubringen ist.

Das Boot wurde geölt oder mit Harpeus gestrichen, es hatte oft unterhalb des Dollbords einen weißen Halbstab. Mitunter erhielt der Spiegel eine weiße Einfassung, auch malte man gelegentlich einen weißen Bugkeil an.

•

Alte Ever oder solche, bei denen die Beplankung frühzeitig unansehnlich wurde, wurden oft nicht mehr mit Harpeus, sondern mit Holzteer gestrichen, oder bemalt. Häufig erhielten sie einen dunkel- oder rotbraunen Anstrich, oder man malte sie hellgrau, auch hellgrün. Gewöhnlich wurde selbst dann der Spiegel blank gelassen; so sah ich vor zwei Jahren im Köhlfleet einen grün gestrichenen Ever mit einem naturfarbenen und weiß eingefaßten Spiegel. Vereinzelt bemalte man den Spiegel gleichfarbig mit den Seiten, etwa hellgrau oder braun. Einige Ever besaßen einen abstechenden Bugkeil: weiß bei hellgrauen Seiten, oder hellgrün bei rotbraunen Seiten. Gelegentlich wurde bei diesen Evern das Setzbord ebenfalls bemalt, z. B. hellgrau oder hellgrün. Mehrere Ever hatten eine zwei- oder dreifarbige Beplankung: Bugkeil hellgrün, Berghölzer rotbraun, Seitenplanken schwarz, oder Berghölzer dunkelbraun und Seitenplanken hellgrau. Häufig sieht man in der Gegenwart Ever, bei denen die verzierten Ruderköpfe einfarbig, meistens weiß oder hellgrün, übermalt sind. Vielfach besitzen diese Ever nur noch einfarbige, fast immer weiß oder hellgrün bemalte Klüsbacken, meistens mit abstechenden Klüsen. Das in neuerer Zeit aufgesetzte Ruderhaus war entweder naturfarben, oder es wurde weiß, hellgrün oder hellgrau gestrichen.

2. Namen.

Einen guten Einblick in die Psychologie der Everschiffer gewähren die Namen ihrer Ever, die größtenteils dem Familienkreise entnommen wurden[223]. Die meisten Ever trugen immer F r a u e n n a m e n, am häufigsten Anna, Catharina, Maria und Margareta. Weniger zahlreich, aber öfter vorkommende Namen waren: Adele, Auguste, Bertha, Christine, Dorothea, Elisabeth, Emma, Frieda, Gesine, Helene, Henriette, Hertha, Ida, Johanna, Louise, Martha, Meta, Rebecka, Sophie, Wilhelmine. Viele dieser Namen wurden in verschiedenen Formen verwendet, wie Adeline, Dora, Elise, Magretha, Metta. Unter den M ä n n e r n a m e n waren sehr häufig: Emanuel (Emmanuel) — die hannöverschen Ever hießen oft Imanuel oder Immanuel —, Heinrich (Hinrich) und Johannes; mehrere Ever führten Namen wie Amandus, Christian, Diedrich, Hermann, Julius und Wilhelm. Die Frauennamen, sehr selten die Männernamen, wurden sehr häufig in Zusammensetzungen gewählt, etwa Anna Maria oder Catharina Margaretha. Dagegen waren D o p p e l n a m e n wie Christine und Dore, oder Jonas und Jenny wenig gebräuchlich.

In der ersten Hälfte des 19. Jahrhunderts führten die Ever, vorwiegend die holsteinischen Ever, vielfach Namen, die ein persönliches Gepräge hatten. Der Ever wurde häufig z. B. nicht einfach Anna getauft, sondern er erhielt den Namen Frau Anna oder Die Frau Anna Margretha. Damals taufte man den Ever oft auch auf den Namen eines Kindes, namentlich auf den Namen des Erstgeborenen: Die junge Anna oder Der junge Wilhelm. Auffallend ist, daß die männlichen Vornamen mit dieser Altersbestimmung viel häufiger vorkamen, als die weiblichen Vornamen. Andere hierher gehörende Namen waren: De junge Franz fohrt in Hoffnung (Rhin-Ever) 1828), Die junge Magdalena fährt in Hoffnung und

Die Jungfer Anna Elsabe, beides Wedeler Ever, 1845 verzeichnet. Die Jungfrau Catharina Margaretha (Ever von Hoyer, 1845 verzeichnet). Alle diese Namen sind nach 1850 allmählich ungebräuchlich geworden. Von den Familienbezeichnungen sind noch anzuführen: Die zwei Gebrüder, bis Die sieben Gebrüder, Die zwei Schwestern (1845 waren in Elmshorn drei Ever mit diesen Namen beheimatet) und Die brüderliche Harmonie (Wedeler Ever, 1845 verzeichnet). Vornamen mit hinzugefügten Familiennamen, etwa Hans Oestmann (Blankeneser Ever, 1845 verzeichnet), oder nur Familiennamen, sind sehr selten benutzt worden. Solche Namen führten sonst lediglich die Harburger Fähr-Ever (s. S. 304).

Recht häufig wählte man auch Namen, die die Erwartung ausdrückten, durch das Schiff das Auskommen zu finden wie Fortuna und Hoffnung, ehemals auch Die Hoffnung und Die gute Hoffnung. Andere Namen dieser Art waren: (Die) Erndte oder Ernte, Die Unternehmung, Der Versuch, Der Verdienst, Der Kampf, Vorwärts, Glaube, Zutrauen. So pessimistisch wie einige holländische Schiffer, die ihre Schiffe Nieuwe Zorg tauften, sind die Everschiffer nicht gewesen. Erwähnt möge noch der Name eines dänischen Evers werden: Den nye Prøve (1845 in Thisted beheimatet).

Wenn nach Theodor Fontanes Urteil die Leichtbegnüglichkeit einen Grundzug märkischen Wesens bildet, so kann man das ehemals auch von den niederelbischen Schiffern sagen, das ergibt sich schon aus den Namen ihrer Ever wie: (Die) Dankbarkeit, Freiheit, (Die) Wohlfahrt und (Die) Zufriedenheit. Die beiden letzten Namen kamen im Jahre 1845 bei 17 kleinen holsteinischen Evern vor; es versteht sich, daß solche längst ungebräuchlich geworden sind. Ebenfalls längst verschwunden sind Namen wie: (Die) Freundschaft, (Die) Einigkeit, Die Liebe (1845 dreimal) und Freund Georg (Blankeneser Ever, 1845 verzeichnet).

Die Namen Gloria Deo oder Deo Gloria, zweimal auch Soli Deo Gloria, sowie abgekürzt Gloria, führten mehrere Ever, aber fast ausschließlich hannöversche Ever. Mehrere Ever hießen Hosianna. Aus der Mythologie entlehnte man öfters: Achilles, Aurora, Ceres, Diana, Flora, Genius, Minerva, Venus, aus der Dichtkunst Preciosa (1899 führten neun Ever diesen Namen). Etwa seit dem Ausgang des vergangenen Jahrhunderts sind häufiger auch aus dem Naturreich Namen gewählt worden, so: Albatroß, Möve, Schwalbe, Taube, Delphin, Perle, Blume, aus der Astronomie stammten Nadir und Nordstern. Geographische Namen, selbst solche aus dem Gebiet der Niederelbe, waren recht ungebräuchlich. Lediglich (Die) Elbe und die Staatsbezeichnung Germania kamen öfters vor.

Namen berühmter Männer führten die Ever sehr selten. In den von mir benutzten Quellen sind enthalten: Anscharius (Hamburger Ever, 1831), Columbus (Glückstädter Ever, 1878), Copernicus (Pellwormer Ever, 1853 und Burger Ever, 1866), Franklin (Cuxhavener Ever, 1858), Lassalle (Borsflether Ever 1872), Magalan (Wilster Ever, 1878), Schiller (Otterndorfer[?] Ever, 1846 verzeichnet) und Wilhelm I. (Friedrichstädter Ever, 1871). Zwei Wedeler Ever (1854 und 1899 gebaut) hießen nach dem alten Wahrzeichen von Wedel: Roland.

Einigen Schiffsnamen wurde der Name des Heimathafens hinzugefügt: Die Wohlfahrt von Mühlenberg (Mühlenberger Ever, 1813). Gelegentlich ließ man diesen Namen bestehen, wenn der Ever inzwischen den Heimathafen gewechselt hatte, z. B. Margarethe von Itzehoe, 1892 nach Itzehoe, 1913 aber nach Hochdonn gehörend. Niederdeutsche Namen führten die Ever sehr selten, etwa De twe Gebrœder (Wedeler Ever, verzeichnet 1845). Ein Elmshorner Ever hatte im Jahre 1845 den merkwürdigen Namen „Anna Maria lat em so". Aus neuester Zeit ist der hübsche Name des Finkenwärder Seefischer-Evers H F 287 Noberslüd anzuführen. An ein bedeutsames Ereignis erinnerte der Name eines im Jahre 1813 gebauten Hamburger Evers: Die Hoffnung des edlen Friedens. Vielleicht den ansprechendsten Namen führte ein im Jahre 1860 gebauter Burger Ever: Venti Amica (Des Windes Freundin).

Zeitweise waren in manchen Häfen viele gleichnamige Ever beheimatet: 1845 hießen von 39 Wedeler Evern 7 Die zwei Gebrüder, 4 Der junge Hinrich, 3 Die Zufriedenheit, 2 Die gute Hoffnung und 2 Die Wohlfahrt.

Erwähnt sei noch, daß es bei den Evern selten vorkam, daß der einmal gewählte Name beim Verkauf oder aus sonst einem Grunde geändert wurde.

•

Gleichzeitig mit der Einführung des Spiegels wurde oben am Spiegel auf beiden Seiten des Achterstevens der Name des Evers angebracht. Neben den Namen ließ der Schiffer oft das Baujahr setzen. Dieser Brauch hat sich bei den Evern vereinzelt bis nach 1900 gehalten:

Metta / Metta
Katie 19 / 02 Katie

Wann aber zuerst der Name des Heimathafens am Spiegel eingeführt worden ist, ließ sich nicht ermitteln. Im Anfang des 19. Jahrhunderts war er bei den Evern schon gebräuchlich und zwar wurde der Name des Heimathafens stets auf der Steuerbordseite des Spiegels angebracht. Da behördliche Vorschriften ihn nicht forderten, so ist der Name des Heimathafens sicherlich aus dem Sprachgebrauch hervorgegangen. Man sagte z. B. „Hoffnung von Hetlingen", deshalb lag es nahe, diese nähere Bezeichnung des Schiffes auch am Spiegel zu führen. In älterer Zeit behielt man daneben das Baujahr sowie das verbindende Wort „von" bei, erst späterhin wurde beides mehr und mehr unterdrückt, ohne daß man den alten Brauch ganz aufgab:

18 Anna Catrina	/	von Elmshorn 24
18 Die Hoffnung 44	/	18 von Büsum 44
Welle von 19	/	01 Assel
Grete 19	/	07 Cranz
Metta von	/	Gräpel
Kosmopolit	/	Beidenfleth

Gelegentlich wurden für den Schiffsnamen zwei verschiedene Schriftgrößen verwendet. So besaß der auf Abb. 9 wiedergegebene Ever Namenbretter mit der Anordnung:

18 De junge Hermann / Blankenese 66

Abweichend war der Brauch bei den an der Lühe beheimateten Evern. Während die Ever von Grünendeich und Steinkirchen diesen Heimathafen am Spiegel führten, wählte man bei den Evern von Höhen, Hohenfelde (Mittelnkirchen), Neuenkirchen und Guderhandviertel in der Regel den Namen des heimischen Flusses als Heimathafen:

Johanna von	/	Lühe
Frida von der	/	Lühe

Bei Bauernhäusern, so z. B. im Alten Lande kommt es häufig vor, daß die Jahreszahl am Hause nicht das Baujahr, sondern das Jahr der Uebernahme durch einen neuen Besitzer angibt; man entfernte dann die alte Jahreszahl. Das war bei den Evern sehr ungewöhnlich, auch ist mir nur ein einziger Ever mit einer solchen Jahreszahl bekannt: „Helga Adele" von Krautsand (jetzt von Altona), Abb. 12. Bei diesem Ever ist, entgegen der sonstigen Gewohnheit, nur auf dem Steuerbordbrett, dicht am Achtersteven, die Zahl 08 eingeschnitzt. Dieser im Jahre 1902 gebaute Ever hieß zuerst „Meta", von Lüheort; vielleicht hat man das Fahrzeug im Jahre 1908 oder schon vorher umgetauft und 1908 die Jahreszahl angebracht.

An der Oberkante des Spiegels befand sich auf jeder Seite ein Namenbrett aus Eichenholz, das eine Höhe von 4 bis 6 Zoll und eine Stärke von ⅞ bis 1 Zoll hatte. Jedes Namenbrett besaß gewöhnlich einen erhöht geschnitzten Randstab, entweder nur oben, oder oben und unten, oder ringsum. Vorherrschend bemalte man die Namenbretter schwarz, die stets eingeschnitzten Lettern und Zahlen sowie der Randstab waren gelb oder weiß, oder sie wurden mit Gold- oder Silberbronze gestrichen. Die äußere Ecke, mitunter auch die innere Ecke, wurde oft mit einem eingeschnitzten Blattzweig mit Blüten oder mit einem Stern verziert; diese erhielten die gleiche Farbe wie die Lettern, mitunter malte man sie zweifarbig. Gelegentlich kamen auch andersfarbige, aber ebenso verzierte Namenbretter vor, etwa weiß mit schwarzen, hellroten oder hellblauen Lettern, oder hellgrün mit weißen Lettern. Am Vorschiff führten die Ever vor dem Jahre 1873 keinen Namen.

Ueber die Anbringung des Schiffsnamens hatten in früherer Zeit die für die niederelbische Schiffahrt zuständigen Regierungen keine Vorschriften erlassen. Erst in dem Reichsgesetz betreffend die Registrierung und die Bezeichnung der Kauffahrteischiffe vom 28. Juni 1873 (§ 3) wurde verfügt, daß jedes in das Schiffsregister (d. h. Seeschiffsregister) eingetragene Schiff seinen Namen an jeder Seite des Bugs und seinen Namen und den Namen des Heimathafens in gut sichtbaren und fest angebrachten Schriftzeichen am Heck führen muß. Nach den ergänzenden Vorschriften dieses Gesetzes, vom 13. November 1873 (§ 5), mußten die „von den Schiffen zu führenden Namen hell auf dunkelem Grunde in lateinischer Druckschrift" angebracht werden, auch wurde die kleinste Höhe (50 mm) der Buchstaben festgesetzt; 1899 wurde das Gesetz geändert und die Vorschrift hell auf dunkelem Grunde aufgegeben. Nach den Unfallverhütungsvorschriften der See-Berufsgenossenschaft galten diese Bestimmungen für Schiffe von über 50 Kubikmeter Brutto-Raumgehalt, wenn sie in der Seefahrt, mit Einschluß der Wattfahrt, Verwendung fanden[224]. Tatsächlich besaßen aber nicht alle seegehenden Ever am Bug ihren Namen, noch am Spiegel den Namen ihres Heimathafens, mitunter sind sie erst nach vielen Jahren angebracht worden. Welche Abneigung die Schiffer gegen diese Bestimmung hatten, zeigt das nachstehende Beispiel: Bei einem im Jahre 1873 gebauten Ever wurde erst im Jahre 1899 der Name vorn und der Name des Heimathafens am Spiegel angebracht; 1910 stellte man fest, daß der Schiffsname am Vorschiff inzwischen wieder entfernt war. Der Schiffsname vorn wurde am Festenbug mit möglichst kleinen Lettern angebracht. Entweder wurden die Lettern innerhalb des Halbstabes eingeschnitten und schwarz ausgemalt, oder man schnitzte die Lettern dicht unter dem Halbstab ein und malte sie gelb oder weiß aus. Oftmals waren die Lettern nur angemalt. Andere Ever besaßen innerhalb des Halbstabes z. B. ein kleines schwarz bemaltes Namenbrett mit weißen Lettern. Selten aber war der Schiffsnamen so groß, wie bei dem hier abgebildeten Ever „Gustav" (Abb. 20); das schwarze Feld mit den weißen Lettern ist nur gemalt. Wenn aber am Spiegel zweimal der Schiffsname stand, so entfernte man gewöhnlich nicht das Steuerbord-Namenbrett, sondern man befestigte dicht darunter ein kleines schwarz bemaltes Brett (mit weißem oder gelbem Randstab), darauf wurde mit weißen oder gelben Lettern der Name des Heimathafens angebracht. Endlich gibt es noch jetzt Ever, bei denen am Spiegel noch der frühere Heimathafen, an Stelle des gegenwärtigen Heimathafens, steht.

VIII. Verbreitung.

1. Niederelbe.

Das Hauptverbreitungsgebiet des Evers war seit dem Mittelalter das Gebiet der Niederelbe. Zwar sind aus älterer Zeit nur wenige Angaben überliefert worden. Ebenso aber, wie dieser charakteristische Schiffstyp der niederelbischen Segelschiffahrt in dem vergangenen Jahrhundert fast ausschließlich in den hannöverschen und holsteinischen Elbmarschen, ferner in Hamburg und Dithmarschen beheimatet war, wird es auch in früherer Zeit gewesen sein. Andererseits ist es sehr wahrscheinlich, daß überhaupt erst durch die steigende Bedeutung Hamburgs im 17. und 18. Jahrhundert der Ever der am meisten benutzte Schiffstyp der ländlichen Schiffahrt der Elbmarschen und Dithmarschens geworden ist.

Seit dem Anfang des vergangenen Jahrhunderts lagen die Heimathäfen der gedeckten Fracht-Ever am holsteinischen Elbufer von Altona bis Büttel, in Dithmarschen von Brunsbüttel bis Büsum, am hannöverschen Elbufer von Cranz-Neuenfelde bis Altenbruch im Lande Hadeln, sowie in Ritzebüttel-Cuxhaven. Binnenlands lief die Verbreitungsgrenze, nicht die Verkehrsgrenze, in Holstein von Wedel nach Holm (Schiffsstede am Bullenfluß), Moorrege und Uetersen (Pinnau), Elmshorn (Krückau), Wildnisse bei Glückstadt (Rhine), Krempe (Kremperau), Münsterdorf und Itzehoe (Stör), Wilster (Wilsterau) bis Burg (Burgerau) in Süderdithmarschen. In Hannover bildete binnenlands Buxtehude (Este) Neuenkirchen und Guderhandviertel (Lühe), Stade (Schwinge), Bremervörde (Oste) und Otterndorf (Medem) die Verbreitungsgrenze. Erst in der zweiten Hälfte des 19. Jahrhunderts lagen die Heimathäfen weniger und kleiner Ever noch weiter binnenlands: Süderau (Kremperau), Kellinghusen (Stör), Lägerdorf (Breitenburger Schiffahrtskanal), Dükerswisch und Eggstedt (Holstenau), sowie Bülkau am Hadelner Kanal. Die südliche Grenze der gedeckten Ever bildete Hamburg und Hbg.-Finkenwärder sowie

Harburg. Erst am Ende des vergangenen Jahrhunderts sind einige niederelbische Ever nach Kirchwärder (Oberelbe) verkauft worden.

Ebenfalls ist nichts über die Anzahl der in früherer Zeit vorhandenen Ever bekannt. Selbst für das 19. Jahrhundert ist es nicht möglich, den vollständigen Bestand der niederelbischen Fracht-Ever für irgendeinen Zeitpunkt anzugeben. Gedruckte Schiffsverzeichnisse mit Angabe der Schiffstypen gibt es erst seit den vierziger Jahren des 19. Jahrhunderts. Alle Verzeichnisse der deutschen Handelsschiffe, sowohl die älteren wie die neueren, haben das miteinander gemein, daß in ihnen immer nur ein Teil der jeweils vorhandenen kleinen Segler aufgeführt ist. Entweder wurden nur Schiffe von einer bestimmten Größe ab verzeichnet, oder ihre Aufnahme war davon abhängig, ob die Fahrzeuge einen Seepaß oder eine Nummerflagge oder (seit 1869) ein Unterscheidungssignal führten. Die erste, einigermaßen brauchbare Schiffsliste der Herzogtümer Schleswig und Holstein veröffentlichte im Jahre 1845 C. H. Mossin[225]. In dieser Liste sind 374 holsteinische Ever von 7 Kommerzlasten und darüber enthalten. Alle kleineren Fahrzeuge sind nur summarisch verzeichnet, so z. B. Burg 98 mit 300¼ K.-L., Glückstadt 96 mit 442¾ K.-L., Krempe 28 mit 98¾ K.-L. und Wilster 58 mit 156¾ K.-L. Sicherlich waren die Ever unter 7 Kommerzlasten ebenso zahlreich als die registrierten größeren Fahrzeuge. Dieses geht schon aus einer Bestimmung in den Artikeln der Schiffergilde „Die Eintracht", gegründet im Jahre 1861 in Wilster, hervor: „Jedoch werden nur solche Fahrzeuge (Ever oder Kähne) zur Versicherung angenommen, welche nicht über 6 dänische Commerzlasten groß sind..." Unbrauchbar für die Ermittelung des Schiffsbestandes ist dagegen das erste niederelbische Schiffsverzeichnis, das unter dem Titel „Handels-Marine der Nieder-Elbe" am 1. Januar 1846 erschienen ist. Hiernach besaß Hamburg 10, Hannover 67 und Holstein 174 Ever, ohne die Galeaß-Ever. Dagegen gehörten nach einer amtlichen Angabe im Jahre 1848 nach Holstein 495 und nach Schleswig 101 Ever[226]. 1864 zählte die holsteinische Elbflotte 135 Ever, je über 10 Kommerzlasten groß, in dem gleichen Jahre besaß Hannover in seiner Seeschiffsflotte 21 Ever[227]. 1869 waren in Hannover 10 See-Ever und 136 Küsten- und Watten-Ever vorhanden[228].

Kurz vor der Jahrhundertwende (1899) umfaßte die niederelbische Everflotte fast 1100 hölzerne Frachtfahrzeuge, von denen 633 nach Hannover, 428 nach Holstein und 24 nach Hamburg gehörten[229]. Die Verbreitung der Ever im Jahre 1899 geht aus der nachstehenden Aufstellung hervor. Der Schiffsbestand ist aber nur für die wichtigsten Heimathäfen angegeben, andere, ehemals bedeutende Everhäfen sind durch einen * hervorgehoben:

Elbufer von Altona bis Blankenese 8 Ever:
Altona 6, Blankenese* 2, Mühlenberg* —, Teufelsbrücke* —.

Wedel und die Haseldorfermarsch 35 Ever:
Haseldorf 19, Holm* —, Schulau 9, Spitzerdorf* 1, Wedel* 2.

Seestermüher-, Kollmar- und Krempermarsch 153 Ever:
Borsfleth 3, Elmshorn 17, Glückstadt 10, Kollmar 26, Krempe 6, Münsterdorf 12, Uetersen 35, Wildnisse 31.

Wilstermarsch 128 Ever:
Beidenfleth 9, Büttel 19, Heiligenstedten 3, Itzehoe 25, St. Margarethen 5, Wewelsfleth 23, Wilster 43.

Dithmarschen 104 Ever:
Brunsbüttel 7, Buchholz 3, Büsum* 1, Burg 64, Dükerswisch 3, Neufeld 19.

Land Hadeln 21 Ever:
Altenbruch 3, Bülkau und Hadelner Kanal 5, Otterndorf 13.

Ostegebiet 172 Ever:
Basbeck 17, Bremervörde 17, Brobergen 4, Geversdorf 23, Gräpel 14, Großenwörden 3, Hechthausen 10, Iselersheim 3, Kleinwörden 5, Laumühlen 6, Neuhaus 10, Oberndorf 20, Osten 5, Ostendorf 12, Ottendorf 3, Warstade 12.

Land Kehdingen 267 Ever:
Abbenfleth 13, Assel 38, Barnkrug 9, Bützfleth 18, Dornbusch 36, Drochtersen und Mühlenhafen 7, Freiburg 14, Gauensiek 20, Krautsand 47, Neuland 4, Ritsch 5, Stade 18, Wischhafen 35.

Alte Land 173 Ever:
Borstel 23, Cranz 28, Estebrügge 16, Grünendeich (mit Sandhörn) 33, Königreich 3, Lühe (Höhen, Guderhandviertel, Neuenkirchen, Hohenfelde, Mittelkirchen) 26, Mojenhörn 6, Moorende 3, Neuenfelde 17, Steinkirchen 6, Twielenfleth 5.

Hamburg 24 Ever:
Cuxhaven 6, Finkenwärder* 3, Hamburg 15.

2. Oberelbe.

Das Verbreitungsgebiet der stets offenen oberelbischen Ever, die in Gemüse-, Milch- und Stroh-Ever unterschieden wurden und die mit zu den ältesten Evertypen gehörten, waren die Elbinseln bei Hamburg, die Billwärder- und Ochsenwärdermarsch, die Vierlande, das Amt Harburg, die Vogtei Neuland, die Winsermarsch bis Drennhausen und Bardowiek an der Ilmenau. Auch die ehemals auf der Bille und Alster beheimateten Ever gehörten wahrscheinlich zu dieser Evergruppe. Bei gewöhnlichem Wasserstand endet bei Geesthacht die Flut, hier war auch im allgemeinen die

Verbreitungsgrenze der oberelbischen Fracht-Ever. Viel weiter binnenlands lag aber die Verbreitungsgrenze der oberelbischen Fischer-Ever; ihre Verbreitung ist an anderer Stelle behandelt worden (s. S. 252), weil über das Alter dieser Ever sich mit Sicherheit nichts sagen läßt. Die Verkehrsgrenze der Ever endete bei Geesthacht nicht; denn Altländer Ever gelangten bereits in der ersten Hälfte des 19. Jahrhunderts bis nach Berlin, Moorburger Ever lieferten ehemals Torf bis in die Magdeburger Gegend, Altländer und Rhin-Ever holten im vergangenen Jahrhundert Kartoffeln aus der Mark Brandenburg und aus dem südlichen Hannover.

Oberhalb von Geesthacht, zum Teil bereits in der Winsermarsch unterhalb von Drennhausen und an der oberen Ilmenau, zeigten ehemals die Schiffsformen noch einige Merkmale der niederelbischen Segler, so z. B. scharfe Enden, namentlich im Unterwasserschiff, sowie das am Achtersteven befestigte, sonst aber abweichend gebaute Ruder. Von diesen Binnenschiffstypen führten einige ebenfalls die Bezeichnung Ever. Im Anfang des 16. Jahrhunderts wurden zur Schiffahrt auf der Schale und dem Schalsee Prähme und Ever von Lüneburger und Boizenburger Schiffern benutzt[230]. Lüneburger Ever werden sonst seit dem Jahre 1585 bis in die zweite Hälfte des 19. Jahrhunderts hinein erwähnt (s. S. 219). Die Zollrolle des Amtes Tangermünde vom Jahre 1589 führt nach der Größe geordnet acht verschiedene Kahn- und Schiffsarten auf[231], an erster Stelle „ein Schiff oder Ever, das 80 Wispel und darüber trägt". Lauenburger Ever lassen sich zuerst in der Zeit des Dreißigjährigen Krieges nachweisen, auch sie haben sich bis in das vergangene Jahrhundert hinein gehalten (s. S. 218). Meistens sind die Ever elbabwärts nicht weiter als bis Hamburg, Altona, Harburg gekommen. Nur einige Lüneburger Ever segelten im 16. und 17. Jahrhundert bis Kehdingen, indessen die Lauenburger gelegentlich bis nach Hadeln gelangten. Diese Fahrzeuge sind aber als Uebergangstypen der nieder- und oberelbischen Schiffahrt zu bezeichnen. Hierher gehörten ferner die Elbgellen, die Lauenburger Schuner, die Stecknitzkähne und die ebenfalls auf der Stecknitz verwendeten Polkakähne, die Jeetzelkähne, die kleinen Elbkähne verschiedener Bauart, z. B. von Bleckede und Hitzacker und noch andere mehr[232]. Ebenso haben auch mehrere Schiffstypen des Niederrheins, die pommerschen Haffkähne, namentlich die jetzt fast verschwundenen pommerschen Stevenkähne, die kurischen Reisekähne u. a. m. einige Baueigentümlichkeiten der Küstenfahrzeuge übernommen.

3. Deutsche Nordseeküste.

Die zwischen der Ems und Weser wohnenden Schiffer haben nur vereinzelt Ever verwendet. Im Anfang des 16. Jahrhunderts gehörten nach Emden einige Ever, so ist von einem J a c h e v e r

1526 die Rede, der mit einer Ladung Muschelschalen in Emden einlief[233]. 1513 und 1530 kommt ein Emder Bürger Albert m y t t e n j a c h e v e r vor[234]. Erst 1771 lassen sich in diesem Gebiet wieder Ever nachweisen. Damals hatten die Schiffer der oldenburgischen Vogtei Burhave außer Kuffen, Tjalken, Schniggen auch einige O e f e r[235]. Auch im 19. und 20. Jahrhundert war die Zahl der Fracht-Ever zwischen der Ems und Weser gering[236]:

		1870	1888	1908	1931
Bremen	1840: 4	1	0	1	0
Oldenburg . . .	1846: 2	3	2	2	2
Hannover . . .	1860: 6	2	8	2	1

Zweimal werden im vergangenen Jahrhundert Ever des Harlingerlandes erwähnt, die man dort zur Kanalschiffahrt benutzte[237].

Nördlich der Elbe waren die Ever ehemals auch an der Westküste von Schleswig-Holstein beheimatet, so 1567 auf Nordstrand[238] und im Anfang des 17. Jahrhunderts auf Sylt[239]. Bald darauf wurden die Ever von den ostfriesischen Schiffstypen verdrängt, hauptsächlich durch Schmacken und Galioten, aus denen sich die Bojer, Schniggen, Kuffen und Galioten der Eider entwickelten. 1790 gehörten nach Föhr einige Ever[240], 1797 waren in Husum drei Ever beheimatet[241], 1801 besaß ein Schiffer der Hallig Langeneß einen Ever[242]. Erst im Laufe des vergangenen Jahrhunderts sind hier Ever wieder öfters benutzt worden, namentlich in Husum, Föhr, Sylt, Nordstrand und Pellworm. An der Eider waren nur wenige Ever beheimatet, erst nach 1850 wurden sie zeitweise häufiger angekauft[243]:

	1845	1870	1888	1908	1931
Westküste Schlesw.-Holst.	13	6	6	6	3
Inseln an der Westküste	13	43	18	16	8
Eider	1	6	12	9	1

4. Deutsche Ostseeküste.

Nach dem „Verzeichnis aller Schiffe der Herzogthümer Schleswig und Holstein 1797" waren an der Ostküste noch keine Ever beheimatet[244]. 1807 gehörte ein „Ever-Schiff" nach Eckernförde[245], seitdem haben einige in diesem Gebiet ansässige Schiffer auch Ever verwendet. 1786 wurde in Lübeck ein „Everschiff" gebaut (s. S. 15). Sonst aber waren die Ever bis vor wenigen Jahren an der Ostseeküste selten heimisch:

	1845	1870	1888	1908	1926	1931
Ostküste Schlesw.-Holst.	7	14	7	6	5	6
Mecklenburg	?	0	1	1	3	3
Pommern	(1852: 1)	1	1	0	8	13
Ost- und Westpreußen .	?	0	0	0	1	1

In neuerer Zeit ist die steigende Verwendung alter Ever in Pommern auffallend, 1913 gehörte nur ein Ever hierher. Mehrere Ever werden jetzt von Kiel, Laboe und Heiligenhafen aus in der mühseligen Steinfischerei zwischen Schleimünde und Fehmarn-Sund verwendet. Am weitesten von seinem alten Heimatgebiet entfernt beheimatet ist jetzt der See-Ever „Catharina", der nach Tolkemit am Frischen Haff gehört.

5. Holland.

Ueber die Verwendung von Evern in Holland nach 1500 liegen nur wenige Angaben vor[247a]. 1504 unternahmen Einwohner von Geldern mit ihren Fischerfahrzeugen, die man nach Witsen K o c h e v e r nannte, einen Ueberfall auf die holländische Küste von Waterland[247b]. Aus dieser Angabe hat man später den naheliegenden Schluß gezogen, daß Koch oder Kogge und Ever enge Beziehungen zueinander hatten. Leider steht aber in dem lateinischen Original des Chronisten Hermszoons nicht kochever, sondern t o c h e n e r, womit wiederum das im Jahre 1636 bezeugte Wort t o c h e v e r zusammenhängt. Tochener oder Togenaars waren an der Südersee Fahrzeuge, die mit einem Treibnetz fischten[248].

Eine englische Schrift aus dem Jahre 1601 behauptet stark übertreibend, die Holländer hätten damals über 4300 Fischerfahrzeuge besessen, darunter allein 400 Ever; nach einer anderen Stelle dieser Schrift brachten G a y n e s a n d E v e r s Heringe nach Yarmouth[249]. In den Handvesten von Enkhuizen vom Jahre 1631 kommen E v e r o f t e S c h u y t e n vor, die ebenfalls zum Heringfang dienten[250]. 1666 soll Enkhuizen 170 Fahrzeuge(?) von 7 oder 8 Last Größe besessen haben, die man s t a e l e v e r s nannte[251]; die Fischer dieser Ever benutzten an Pfählen (staal) befestigte Netze.

Zuletzt erwähnt Witsen[252] zweimal Ever im Jahre 1690: „Doch de Vlaamsche Pleiten, Tjalken, E v e r s, Arben, Krayers en Snauwen schoon [obwohl] Binnenlandts-vaarders zijn, begeven sich dikmal [öfters], al of maar drie eters voeren [drei Esser, also drei Mann Besatzung], over zee. Het zijn lange platte schepen met luiken overdekt, nevens welke ein voet-gang komt: zij voeren smakzeils, die de gemeene in lengte overtreffen." Die andere Stelle lautet: „Evers[253] seien kleine visschersschuiten tot Enkhuizen."

Seit dem Beginn des 18. Jahrhunderts scheint der Ever in Holland ausgestorben zu sein. Erst im vergangenen Jahrhundert waren hier zeitweilig wieder Ever beheimatet[254], die aber aus Deutschland stammten: 1859 strandete an der dänischen Küste der Ever „De Kooger Polder, 1875 gehörte nach Alkmaar der Galeaß-Ever „Johannes", der im Jahre 1845 auf der Schedelgarnschen Werft in Klevendeich gebaut worden ist.

6. Rußland und Dänemark.

Weniger bekannt ist, daß Peter der Große holländische Ever nach R u ß l a n d eingeführt hat[255]. Sie wurden in Rußland durch holländische Schiffbaumeister gezimmert und den fremden Kaufleuten in Petersburg für den Güterverkehr nach Kronslot (Schlüsselburg, am Ausfluß der Newa aus dem Ladogasee), Wiborg und Narwa zur Verfügung gestellt. Für die Schiffahrt auf der Wolga nach dem Kaspischen Meer ließ der Zar in den Jahren 1697 bis 1723 Tjalken und Ever in Kasan bauen, „sailing with one mast, and requiring little water, plying constantly to and from to transport passengers and merchandise betwixt Persia and Astrakhan." Ueber die spätere Verwendung von Evern fehlen Angaben[256].

Mindestens seit dem Anfang des 19. Jahrhunderts besaß auch die Westküste von D ä n e m a r k Ever. Sie wurden in der ersten Hälfte des Jahrhunderts vorwiegend auf Fanoe gebaut, später aber meistens von der Niederelbe angekauft. Vornehmlich waren sie auf Fanoe beheimatet, 1845 gehörten 30 Ever, je über 7 Kommerzlasten groß, hierher. Nach 1850 wurden Ever an der dänischen Ostküste und vereinzelt auf einigen Inseln heimisch. Die Anzahl der dänischen Ever, die man E v e r t nannte, betrug[257]:

1845	1889	1928
43	34	1

•

Auch G r i e c h e n l a n d und K a n a d a besaßen je einen Ever. Der Blankeneser Galeaß-Ever „Louise", Unterscheidungssignal L D K F, 1862 auf der Werft von Wriede (Finkenwärder) gebaut, unternahm von der griechischen Insel Syra aus Küstenfahrten im östlichen Mittelmeer[258]. Nach einer Eintragung im Seeschiffsregister Altona wurde der Ever im Jahre 1882 gelöscht, weil das Fahrzeug seit mehreren Jahren in griechisches Eigentum übergegangen war. Dieser Ever ist ein schöner Beweis, daß die größeren Fahrzeuge dieser flachbodigen Schiffsform den Anforderungen der großen Küstenfahrt durchaus gewachsen waren.

Etwa um 1911 wanderte der Wittenberger Fischhändler Friedrichs, der zeitweise sechs Ever besessen hatte, nach Kanada aus. Er ließ einen Wittenberger Ever hinüberschaffen, auch stellte er einen dort ansässigen Fischerknecht an, um auf dem St. Lorenzstrom die Aalfischerei nach Elbmethode aufzunehmen. Die gefangenen Aale sandte Friedrichs auch nach der Elbe. Dieses währte aber nur wenige Jahre; weil der Deutsche zuviel Aale fing, wurde ihm der Fischfang mit Hamen verboten[259].

IX. Typen.

1. Allgemeines.

Obwohl die Marschen längs der Niederelbe ein geschlossenes niedersächsisches Kulturgebiet bilden, so weisen doch die Elbmarschen neben vielen Uebereinstimmungen viel Gegensätzliches auf. Verschieden ist in den hamburgischen, holsteinischen und hannöverschen Marschen die Stammesart ihrer Bewohner, die Bodenbenutzung und auch die materielle Kultur, die am charakteristrischsten in den Abwandelungen des niedersächsischen Bauernhauses zum Ausdruck kommt. Der breite Elbstrom scheidet aber nicht nur die hamburgischen und holsteinischen Marschen von den hannöverschen, sondern auch die nebeneinander liegenden Marschen, etwa das Alte Land, das Land Kehdingen und das Land Hadeln, heben sich durch viele Besonderheiten scharf voneinander ab. Auch die Ever der holsteinischen und hannöverschen Marschen schied der Elbstrom, obwohl die Elbe ihr gemeinsames Verkehrsgebiet war.

Das Gemeinsame aller Evertypen geht auf den niederelbischen Ursprung zurück, die Verschiedenheit indes ist durch mehrere Ursachen hervorgerufen worden. Der holländische Einfluß machte sich nicht nur dadurch geltend, daß die Holländer sich auch in späterer Zeit, in der zweiten Hälfte des 16. und im Anfang des 17. Jahrhunderts, in Holstein niedergelassen hatten, sondern größeren Einfluß noch auf die Formgebung der niederelbischen Segler hatten die zahlreichen nach der Elbe segelnden kleinen holländischen Schiffe. Aus der Fülle der vorliegenden Angaben mögen einige Erwähnung finden. Im Jahre 1642 berichtete der holländische Resident in Hamburg nach Amsterdam, man erzähle ihm, daß wohl an 3000 Kauffahrteischiffe jährlich zwischen Hamburg und den Niederlanden verkehrten[260a]. 1661 bis 1667 liefen über 1000 holländische Schiffe den Harburger Hafen an, um hier Holz und Getreide zu laden[260b]. Etwa 200 Schmacken und andere Fahrzeuge segelten im Herbst des Jahres 1675 von Hamburg nach

Holland ab; im Mai 1704 gingen 150 und im Juni 200 bis 250 Segler mit holländischem Konvoi von Hamburg ab[261]. Am Ende des 18. Jahrhunderts kamen oft holländische Schiffe nach Wewelsfleth (s. S. 266) und nach Elmshorn (s. S. 289), dort luden sie Getreide, Störkringel u. a., hier Holzkohlen. Noch im Anfang des vergangenen Jahrhunderts verfrachteten holländische Schiffe aus dem Herzogtum Bremen Getreide (s. S. 270). Alles das sind Gründe genug, warum die Ever viele Uebereinstimmungen mit den älteren holländischen Fahrzeugen zeigen: die volle Form des Vorschiffes, die offene Kajütdeckreling, den Ruderkopf, die Seitenschwerter, das Spriet-, Schot- und Gieksegel, die Fockstagjuffer, das Bugsprietstag, die Violinblöcke, den älteren Flögel u. a. m. Doch ist das holländische Formgut oftmals nur mit Abwandelungen von den niederelbischen Schiffbauern übernommen worden.

Durch die Zugehörigkeit der Herzogtümer Schleswig und Holstein zu Dänemark sind aber auch dänische Besonderheiten in der Bauart und Takelung bei den Evern nachzuweisen: der Spiegel und zwar der eigentliche große Spiegel wie auch der halbe Spiegel, die schwächeren Farbegänge über den Berghölzern, die doppelte Schot bei den älteren Giek-Evern, wahrscheinlich auch die verzierten Klüsbacken u. a. m. Die von den dänischen Seglern entlehnten Neuerungen haben auch auf den hannöverschen Werften Eingang gefunden. In der Form unterschieden sich die holsteinischen Ever oft von den hannöverschen, namentlich ist das Verhältnis der Schiffslänge zur Schiffsbreite zu erwähnen. Selbst die holsteinischen Ever, deren Breite nicht an enge und niedrige Schleusen gebunden war, baute man gewöhnlich etwas schmaler im Verhältnis zur Länge, so daß die holsteinischen Ever oft eine zierlichere Form hatten als die breiten hannöverschen Ever, wie ja überhaupt die dänischen Schiffsformen mit zu den schönsten gehören. Die zierliche Form der dänisch-schleswig-holsteinischen Schiffe wurde noch unterstrichen durch die Vorliebe der Schiffer für Bildhauerarbeiten und sparsam verwendete Farben. Abgesehen von den Lühe-Evern des Alten Landes war das Aeußere der hannöverschen Ever viel einfacher. Selbst kleine holsteinische Ever besaßen vielfach ein mit Bildhauerarbeit geschmücktes Galion, die Klüsbacken und die Ruderköpfe waren fast immer geschnitzt und farbig bemalt; indessen die hannöverschen Ever auch glatte, einfarbig bemalte Ruderköpfe und Klüsbacken besaßen. Andere Eigenarten der Ever sind aber von den niederelbischen Schiffbauern entwickelt worden, so die steile Kahnplanke und die Spiegelfenster.

Typen bildend war ferner das Fahrwasser einiger Nebenflüsse der Niederelbe, die Beanspruchungen der Schiffe im Seegang, die Anforderungen der vorwiegend zu befördernden Frachten, sowie die Kenntnisse einiger Schiffbauer. Als Vertreter dieser Gruppen sind zu bezeichnen: die älteren Wilsterau-Ever, die See-

Ever, die Milch-Ever und die seit 1875 auf Kiel gebauten See-fischer-Ever, konstruiert von E. Kühl, Blankenese. Außer diesen Evern gab es zahlreiche, fast gleichartige Fracht-Ever, aber mit verschiedenen Abmessungen, die über große Gebiete der Nieder-elbe verbreitet waren. Leider ist es in der Gegenwart nur noch möglich, die Beschreibung einiger Evertypen zu geben.

2. Spitzgat-Ever.

Die ältesten Ever waren spitzgat gebaute Fahrzeuge[262], die deshalb auch im Achterschiff Kantspanten besaßen. Die im Unter-wasserschiff scharf geformten Fahrzeuge hatten gewöhnlich ein hohes, völliges Vorschiff mit einem gekrümmten Vorsteven, der gerade, nach hinten geneigte Achtersteven war niedriger als der Vorsteven. Nur die kleineren Ever waren ganz offen, die anderen hatten entweder im Vorschiff ein kurzes Deck, darunter lag die Kajüte, oder sie besaßen ein durchlaufendes Deck. Bald nach der Einführung des Spiegels gab man bei den Fracht-Evern die Spitz-gat-Bauart auf, doch ist diese vereinzelt bis um die Mitte des vergangenen Jahrhunderts angewendet worden. Ein solches offenes, vermutlich im Vorschiff gedecktes Fahrzeug war der Hamburger Rah-Ever „Die Hoffnung des edlen Friedens", ge-baut im Jahre 1813 von dem Schiffszimmermeister Johann Chr. Puttfarken auf seiner auf dem Billwärder Neuen-Deich belegenen Werft. Die Abmessungen dieses Evers betrugen: Länge über Steven 17,04 m, Länge im Boden 14,61 m, Breite über die Berg-hölzer 4,82 m, Tiefe im Raum 1,31 m, gemessen von der Boden-wegerung bis Unterkante Segelducht. Im Laufe des 19. Jahr-hunderts erhielten diese Ever an Stelle eines Rahsegels gelegent-lich ein Spriet- oder ein Schot- oder ein Gieksegel. In der Fischerei wurden die spitzgatten Ever ebenfalls bis um die Mitte des vergangenen Jahrhunderts verwendet. Dagegen kommen sie in den Vierlanden (Gemüse-Ever) noch in der Gegenwart ver-einzelt vor.

3. Dollbaum-Ever.

Diese Ever, die eine Uebergangsform zwischen den offenen und gedeckten Evern bildeten, stellten außer den offenen Evern vielleicht den ältesten Typ dar. Nach der schleswig-holsteinischen Schiffsvermessungsinstruktion vom Jahre 1848 wurden sie zu den offenen Evern gerechnet[263]. Die größeren, etwa bis zum Jahre 1860 gebauten Dollbaum-Ever hatten eine Länge von 16 bis 17 m, eine Breite von 4 bis 5 m und eine Raumtiefe von 1,40 bis 1,50 m. Kleine Dollbaum-Ever sind vereinzelt noch am Ende des vergangenen Jahrhunderts gebaut worden. Hierzu gehörte der Ever „Blume", der im Jahre 1880 auf der alten Werft von Schedelgarn in Klevendeich (Uetersen) gezimmert worden ist. Dieser Spiegel-Ever hatte ein Deck in einer Flucht, eine Länge von 9,09 m, eine Breite von 2,79 m, eine Raumtiefe von 0,85 m und einen Brutto-Raumgehalt von 6 Tonnen.

Weil die Dollbaum-Ever ausschließlich in der Binnenfahrt beschäftigt wurden, hatten sie meistens einen sehr schwachen Sprung, oft auch keinen aufgezogenen Boden. Man baute sie gerade wie ein S t r i e k i e s e n (d. i. Bügeleisen), so wurden und werden an der Niederelbe Schiffe genannt, die wenig Sprung haben. Ihre Takelung war sehr verschieden. Alle bei den Elb-Evern gebräuchlichen Takelungsarten kamen auch bei den Dollbaum-Evern vor, immer aber hatten sie umlegbare Masten. Einmastige, mit einem Rahsegel getakelte Ever (Dulbaum-Ever) besaß Wischhafen noch am Ausgang des 19. Jahrhunderts.

Vorn und hinten lag bei diesen Evern ein festes Deck, das bis an die Giebel der Großluke reichte. An Stelle des Festenbugs hatten sie vorn ein Setzbord, auch hinten war ein beplanktes Setzbord angeordnet. Dieses Setzbord mit Schandeckel nannte man V e r b o s t e l (Verbossel). Das Achterdeck lag nicht höher als das Vordeck, das Kajütdeck fehlte also, obwohl diese Fahrzeuge meistens einen Spiegel besaßen. Im Bereich der Großluke waren sie offen: halbe Deckbalken, Leibholz, Deckplanken neben der Luke, Setzbord und Lukenlängssülle fehlten. Auf den Spantköpfen war hier ein starker, nach außen abgeschrägter D o l l b a u m (Dulbaum) befestigt, der an der Außenkante eine niedrige, mit Wasserlöchern versehene, hochkant befestigte Leiste trug, die die Bezeichnung W a n n e r n l e i s t e führte. Die dreieckigen Lukengiebel reichten über die Breite des Schiffes. Innerhalb der Luke befanden sich bei den größeren Evern gewöhnlich zwei nach oben gekrümmte, schwere eichene R a u m b a l k e n. Diese ruhten seitlich auf den Balkwegern, mit je einem starken eichenen Hängeknie waren die Raumbalken fest mit den Spanten, Balkwegern und Außenhaut verbunden, so daß die Raumbalken gleichzeitig als Querverband dienten. In der Längsrichtung der Luke lag ein G i e b e l b a l k e n, der an den Innenseiten der Lukengiebel lose auf Knaggen und auf den Raumbalken ruhte. Auf dem Giebelbalken und Dollbaum lagen mehrere lose Querbalken, R i n n s p a r r e n oder M e r k l i n g e genannt. Diese waren an der oberen Fläche mit einer Hohlkehle versehen, in die das durch die Fugen der Lukendeckel eindringende Wasser nach den Seiten ablief. Hierauf wurden mehrere schmale Lukendeckel, in zwei oder drei Längen, längsschiffs und klinkweise gelegt. Der untere Lukendeckel lag gegen die erwähnte Wannerleiste. Als Abschluß der ziemlich steil und dachartig gelegten Lukendeckel diente oben ein breiter Lukendeckel, S t ü l p e genannt. Die Lukendeckel wurden durch mehrere, querschiffs liegende G e g e n s p a r r e n festgehalten. In der zweiten Hälfte des vergangenen Jahrhunderts erhielten diese Ever gelegentlich auch querschiffs und glatt nebeneinander gelegte Lukendeckel.

4. Elb-Ever.

Sicherlich könnte man die als Elb-Ever zusammengefaßte Gruppe — für die die Abmessungen von 550 Evern benutzt worden sind — noch in mehrere Gruppen auflösen, wenn diese Arbeit mindestens vor einem Menschenalter unternommen wäre; jetzt aber ist dieses nicht mehr möglich. Es gab in dem vergangenen Jahrhundert zwei Arten von Elb-Evern, kleine und unter 4,20 m breite Fahrzeuge, die fast ausschließlich für die Binnenfahrt bestimmt waren, und größere, bis 5,00 m breite Fahrzeuge. Diese wurden zum Teil ebenfalls nur in der Binnenfahrt verwendet, viele unternahmen aber auch Seereisen, so daß man sie ebensogut als kleine See-Ever bezeichnen könnte. Eine Trennung der kleinen See-Ever von den großen Elb-Evern ist aber nach den vorhandenen Angaben nicht möglich. Alle hatten ein festes Deck und einen Spiegel.

Die kleinen Elb-Ever sind fast ausschließlich auf den holsteinischen Werften gezimmert worden, so in Haseldorf, Moorrege, Uetersen, Spiekerhörn, Elmshorn, Glückstadt, Wewelsfleth und Itzehoe. Auf den hannöverschen Werften baute man kleine Ever öfters namentlich an der Oste, in Achthöfenerdeich und Bremervörde. Abgesehen von wenigen sehr kleinen Evern hatten diese Ever eine Länge von 11,50 bis 15,50 m, eine Breite von 3,00 bis 4,20 m, eine Raumtiefe von 0,75 bis 1,25 m. Der Brutto-Raumgehalt bewegte sich zwischen 8 bis 20 Tonnen. Das Verhältnis der Schiffslänge zur Schiffsbreite (L : B) betrug 3,10 bis 4,40, im Mittel aber 3,75. Sie hatten große Luken von 4,00 bis 5,60 m Länge und 1,80 bis 3,10 m Breite. Ueberwiegend takelte man diese Fahrzeuge als Giek-Ever, nur 15 von 120 bearbeiteten Evern waren Besahn-Ever. Alle führten umlegbare Masten, viele besaßen kein Bugspriet.

Die Heimathäfen dieser kleinen Ever lagen hauptsächlich in Holstein: Wedel, Hetlingen, Uetersen, Elmshorn, Kollmar, Glückstadt, Borsfleth, Krempe, Wewelsfleth, Itzehoe, Büttel, Brunsbüttel, Neufeld, Büsum. Im Hannöverschen waren sie zu finden in Neuhaus an der Oste, im Lande Hadeln in Otterndorf und Altenbruch, in Kehdingen von Freiburg bis Stade, sowie im Alten Lande: an der Lühe und Este und in Borstel. Nach 1900 sind diese kleinen Fahrzeuge kaum noch gezimmert worden. Typische Fahrzeuge waren die nachstehenden Ever, von denen nur der Ever „Marie" zwei Masten hatte (Tabelle s. Seite 197):

Als Beispiel der allerkleinsten Ever kann der im Jahre 1884 bei Detlef Schwarz in Haseldorf gebaute Giek-Ever „Anna Maria" gelten. Das Fahrzeug besaß ein durchlaufendes Deck, eine Ladeluke, einen überfallenden Vorsteven und einen Spiegel. Seine Abmessungen waren: 8,14 m Länge, 3,01 m Breite, 0,92 m Raumtiefe bei einem Raumgehalt von 4,81 Brutto-Registertonnen.

Name	Die Elbe	Cicilia	DieDemuth	Marie
Baujahr	1848	1867	1870	1887
Bauort	Wewelsfleth	Krempdorf	Moorrege	Achthöfenerdeich
Werft	H. Stelling	J. Hein	H. Jacobs	P. Wilkens
Br.-Reg.-To.	15	10	11	15
Länge	14,01 m	12,93 m	12,23 m	14,48 m
Breite	4,01 „	3,26 „	3,50 „	3,40 „
Raumtiefe	1,09 „	0,86 „	1,04 „	1,11 „
L:B	3,49	3,96	3,49	4,25
Heimatshafen(1895)	Wewelsfleth	Borsfleth	Uetersen	Altenbruch

Die größeren Elb-Ever hatten folgende Abmessungen:
Länge 13,00 bis 18,25 m, Breite 4,25 bis 5,00 m, Raumtiefe 1,20
bis 1,60 m; über 1,60 m tiefe und gleichzeitig unter 5 m breite
Ever sind nur vereinzelt gebaut worden. Der Brutto-Raumgehalt
war 15 bis 35 Tonnen. Das Verhältnis L:B lag zwischen 2,75
bis 4,20, im Mittel 3,25. Im allgemeinen waren aber die hannöverschen Ever im Mittel etwas breiter als die holsteinischen
Fahrzeuge, so daß der Mittelwert L:B bei den hannöverschen
Evern 3,15 gegen 3,37 bei den holsteinischen Evern betrug.
Schmale Elb-Ever mit einem Verhältnis L:B von mehr als 3,80
bauten nur die Werften in Wewelsfleth, Itzehoe und Burg nach
1890. Man takelte sie entweder als Giek-Ever oder als Besahn-
Ever; von 430 bearbeiteten Evern hatten 320 zwei Masten. Einige
führten feste Masten, doch waren bei vielen Evern die Masten
zum Niederlegen eingerichtet, damit sie auf den durch Schleusen
abgeschlossenen hamburgischen Binnengewässern verkehren
konnten. Die größten Elb-Ever hießen Alstermaß-Ever; sie waren
~ 4,70 bis 5,00 m breit, ihr Tiefgang betrug bis 1,65 m. Meistens
hatten die Elb-Ever große Luken von 4,00 bis 7,00 m Länge und
2,50 bis 3,60 m Breite. Einige dieser Ever besaßen ein Roof. Gebaut wurden sie hauptsächlich in Schulau (bis 1872), Haseldorf,
Uetersen, Moorrege, Spiekerhörn, Elmshorn, Wewelsfleth, Itzehoe,
Burg (seit 1877), Brunsbüttel; Cranz, Buxtehude (bis 1863),
Höhen, Grünendeich, Stade, Gauensiek, Dornbusch, Krautsand,
Wischhafen, Neuhaus, Achthöfenerdeich, Gräpel und Bremervörde.

Die Verbreitung der großen Elb-Ever war die gleiche wie die
der See-Ever. Außer in den auf Seite 221 verzeichneten Orten ge-
hörten große Elb-Ever nach Otterndorf (Hadeln), Glückstadt,
Wewelsfleth, Beidenfleth, Itzehoe, Büttel, Brunsbüttel und seit
dem Ausgang des vergangenen Jahrhunderts auch nach Burg.
Die meisten Ever dieser Bauart besaßen die Schiffer des Landes
Kehdingen. Große Elb-Ever mit Besahn-Ever-Takelung waren
(Tabelle s. Seite 198):
Kleine, namentlich aber große Elb-Ever sind in der Gegen-
wart noch mehrere vorhanden.

Name	Aurora	Antilope	Catharina	Catharina
Baujahr	1832	1844	1871	1891
Bauort	Stade	Schulau	Bremervörde	Haseldorf
Werft	J. Peters	J. Behrens	C. Breuer	D. Schwarz
Br.-Reg.-To.	21	24	25	28
Länge	14,83 m	15,66 m	14,59 m	16,28 m
Breite	4,62 „	4,48 „	4,97 „	4,80 „
Raumtiefe	1,30 „	1,37 „	1,48 „	1,44 „
L:B	3,21	3,49	2,93	3,39
Heimatshafen(1895)	Assel	Otterndorf	Estebrügge	Grünendeich

5. Lühe-Ever.

Das Zentrum des Obstbaues im Alten Lande ist das
Mündungsgebiet der Lühe, von Grünendeich, Steinkirchen bis
Borstel. Deshalb nannte man die von Altländer Schiffern be-
nutzten Obstfahrzeuge Lühe- (Lüher) oder Olander (Altländer)
Jollen und Lühe-Ever, auch F r u c h t - E v e r oder K i r s c h e n -
(Kasbeer-) E v e r. Die Lühe-Ever gehörten hauptsächlich nach den
Ortschaften an der Lühe wie Grünendeich, Steinkirchen, Guder-
handviertel, Neuenkirchen, Mittelnkirchen, Höhen, ferner nach
Twielenfleth, Mojenhörn, Neuenschleuse, Borstel, sowie nach der
Este, z. B. Leeswig, Königreich, Estebrügge und Cranz. Mehrere
Lühe-Ever waren auch im Besitz von Kehdinger Obstbauern und
Schiffern.

Die Lühe-Ever sind in dem vergangenen Jahrhundert vorwiegend in Grünendeich, Mittelnkirchen (Hohenfelde), Höhen,
Borstel, auch sonst in Hannover gebaut worden. Es waren 11,50
bis 15,50 m lange, 3,80 bis 5,00 m breite und 1,10 bis 1,60 m
tiefe Fahrzeuge, die einen Brutto-Raumgehalt von 12 bis 28
Tonnen hatten. Im Verhältnis zur Länge waren sie breit gebaut,
das Verhältnis L:B lag bei ihnen zwischen 2,70 und 3,50, betrug
im Mittel aber nur 2,98. Meistens hatten sie einen schönen Sprung,
ihr Unterwasserschiff (besonders an den Enden) war oftmals
ziemlich scharf geformt, mehr zum schnellen Segeln als zum Last-
tragen bestimmt. Wie viele kleine Ever besaßen die älteren Lühe-
Ever oft nur ein breites Bergholz, erst in der zweiten Hälfte des
vergangenen Jahrhunderts erhielten sie zwei oder drei Bergholz-
gänge, die aber nur wenig stärker als die Seitengänge waren. Ihre
Großluke war im Verhältnis zur Schiffsgröße meistens klein:
Länge 3,60 bis 5,50 m, Breite 2,60 bis 3,30 m. Vereinzelt reichte
der vordere Lukengiebel bei kleinen Evern nicht über die ganze
Schiffsbreite. Gewöhnlich takelte man diese Fahrzeuge als Giek-
Ever, mit einem umlegbaren Mast, oft war (und ist) das Fockstag
nach alter Art mit einer Stagjuffer aufgesetzt, auch besaßen sie in
neuerer Zeit in der Regel kein Bugspriet. Nur einige außerhalb
der Elbmündung segelnde Fahrzeuge hatten zwei Masten.

Gelegentlich hat man an der Lühe auch kleine Ever gezimmert, die das charakteristische Vorschiff der Lühe-Jollen erhielten, auch gab es Lühe-Jollen mit dem breiten Vorschiff der Ever. Für die Obstfahrt nach den Orten, die an durch Schleusen abgeschlossene Wasserstraßen lagen, wurden schmale Ever gebaut. Seit dem Ende des vorigen Jahrhunderts haben einige Altländer Schiffer ihre Frucht-Ever auch in Holstein bestellt, diese unterschieden sich kaum (Klüsbacken) von den eigentlichen Lühe-Evern. Seit dieser Zeit kauften die Altländer oftmals kleinere und ältere holsteinische Ever, die ihrer Form wegen aber nicht als Lühe-Ever zu bezeichnen sind, obwohl sie als Obstschiffe verwendet werden. So waren in neuerer Zeit an der Lühe beheimatet: Wilsterau-, Rhin-, Lägerdorfer und kleine Elb-Ever. Als typische Lühe-Ever sind zu bezeichnen:

Name	Elbe	Adeline	Emmanuel	Frida
Baujahr	1845	1860	1873	1907
Bauort	Grünendeich	Höhen	Hohenfelde	Grünendeich
Werft	J. Brösing	F. Vorwerk	H. Rathjens	H. Sietas
Br.-Reg.-To.	28	17	16	20
Länge	14,55 m	13,16 m	13,08 m	13,77 m
Breite	4,78 „	4,22 „	4,32 „	4,26 „
Raumtiefe	1,53 „	1,27 „	1,30 „	1,36 „
L:B	3,04	3,11	3,02	3,23
Heimatshafen(1895)	Lühe	Lühe	Guderhandviertel	Grünendeich (07)

Die Beplankung der Lühe-Ever blieb meistens naturfarben, sie wurde geölt und mit Harpeus gestrichen, der Halbstab am Setzbord war weiß. Ehemals besaßen sie oft verzierte Spiegelfenster, die aber bei diesem Schiffstyp längst ungebräuchlich geworden sind. Ein Galion hatten sie nicht, allenfalls nur ein bemaltes Galionsknie. Als Klüsbackenornament fanden geschnitzte, gelb oder grün bemalte Kirschzweige, meistens mit einigen gelb oder rot bemalten Kirschen auf schwarzem Grunde Verwendung, der Randstab fehlte, oder er war weiß (Abb. 18 Nr. 3, 4), selten rot bemalt. Gelegentlich fanden auch weiße Klüsbacken mit einem aufgemalten grünen Kirschzweig und roten Kirschen Anwendung. Wohlhabende Obstbauern ließen auf den Klüsbacken ihrer Fahrzeuge ehemals auch vergoldetes Eichenlaub oder vergoldete Füllhörner anbringen. Der oben verzeichnete Ever „Adeline" hatte blaue Klüsbacken mit weißen Sternen, als Ruderkopf besaß er einen geschnitzten und grau bemalten Walfisch. Bei den angekauften holsteinischen und hannöverschen Evern änderte man die Verzierung der Klüsbacken nicht. Jetzt sieht man häufig Obst-Ever, die glatte, weiß oder hellgrün bemalte Klüsbacken besitzen. Eine weitere Eigentümlichkeit einiger Lühe-Ever bildete das schwarze Namenbrett am Spiegel, dessen weißer Randstab an den Spiegelseiten bandförmig und am Ende in einen weiß bemalten Entenkopf auslief (Abb. 12). Diese hübsche Verzierung war das Merkmal der bei Rathjens in Mittelkirchen (Hohenfelde) gebauten Ever; Spiegelfenster hatten diese Ever nicht. Mehr ließ sich über die Schmuckformen der Lühe-Ever nicht ermitteln, obwohl ehemals jede Werft an der Lühe bestimmte Ornamente bevorzugte.

6. Rhin-Ever.

Die in der Umgebung von Glückstadt beheimateten Giek-Ever dienten zur Beförderung des in der Engelbrechtschen und Blomeschen Wildnis angebauten Gemüses. Man nannte sie R h i n - (Rhyn-) oder R h i n e r - E v e r, auch K o h l - oder G l ü c k s t ä d t e r E v e r. Es waren flachgehende gut segelnde Fahrzeuge mit umlegbaren Masten, auch fanden sie ausschließlich in der Binnenfahrt Verwendung. Im Verhältnis zur Länge waren die Rhin-Ever niedrig und schmal, das Verhältnis L : B betrug 3,70 bis 4,20, im Mittel 3,87. Gewöhnlich hatten sie nachstehende Abmessungen: Länge 12,50 bis 15,20 m, Breite 3,30 bis 4,00 m, Raumtiefe 0,90 bis 1,15 m, der Brutto-Raumgehalt schwankte zwischen 10 bis 18 Tonnen. Sie hatten meistens eine Kistluke und eine große Ladeluke von 4,50 bis 5,70 m Länge und 2,40 bis 2,75 m Breite. Gebaut wurden die Rhin-Ever in Glückstadt, an den Rhinen, in Wewelsfleth, vornehmlich aber bei Elmshorn.

Die Rhin-Ever sind stark von holländischen Schiffstypen beeinflußt worden, wie ja auch das Land um Glückstadt von holländischen Ansiedlern eingedeicht und bebaut worden ist. Ihr Spiegel, die steile Kahnplanke und manches andere stammt von den Elb-Evern her. Dagegen geht die offene Kajütdeckreling, ebenso wie die der Lühe-Ever, auf holländisches Vorbild zurück. Holländischen Ursprungs ist bei den älteren Evern die feste, aber verhältnismäßig kurze Großstänge, die man auch Trommelstock nannte, ferner die Aufsetzung des Fockstages mit einer Juffer am Vorsteven, sowie bei den älteren Fahrzeugen die Abstagung des Bugspriets nach oben, durch ein Bugsprietstag, auch fuhren ihre Schwerttaljen gelegentlich nach achtern, wie bei holländischen Seglern.

Weil die Rhin-Ever gewöhnlich nur leicht beladen wurden, pflegten die Gemüsebauern sie mit lebhaften Farben zu bemalen. Der Halbstab am Setzbord wurde hellgrün, auch hellgrün mit weißem Saum oder weiß mit hellgrünem Saum, gemalt, denn hellgrün ist in den holsteinischen Elbmarschen, namentlich in der Kremper- und Wilstermarsch eine beliebte Farbe. Die Klüsbacken zeigten geschnitzte und bemalte oder nur aufgemalte, grüne Blätterzweige mit weißen oder farbigen Blüten auf schwarzem oder weißem Grund (Abb. 18 Nr. 12 und 13). Dieses Ornament hieß Kartoffelblüte. Die Stevenrüst war am unteren Ende oft schlangenförmig geschmiedet, wie bei den Wilsterau-Evern, mitunter befanden sich darauf farbige Ornamente, denn stets wollten die Gemüsebauern mit ihren Evern etwas vor den anderen Evern voraus haben. Sie hatten meistens verzierte Spiegelfenster und zweifarbige Ruderbacken, auch war der Ruderkopf immer geschnitzt und bemalt. Die geteerten Schwerter erhielten gelegentlich unterhalb des Schwertkopfes weiße Bänder oder weiß gemalte Halbkreise. Außenbords wurde die Beplankung mit Harpeus gestrichen, nur das Bergholz wurde oben und unten weiß abgesetzt. Die getanten Segel hatten gelegentlich eine rote oder tiefgelbe Farbe[264].

Erwähnung verdient der Ruderschmuck des Evers „Holsatia", der als einziger Rhin-Ever nicht den sonst gebräuchlichen Ruderkopf besaß, sondern dafür einen geschnitzten, liegenden Löwen hatte, wie er häufig bei den holländischen Tjalken, auch bei den deutschen aus Holland stammenden Tjalken vorkommt (Abb. 30). Man nannte deshalb diesen Ever „de Löw". Der Löwe war ursprünglich vergoldet, später gelb bemalt[265].

Ehemals verwendeten die Rhinbauern auch Prähme (Dollbaumfahrzeuge); der letzte und mit einem Sprietsegel getakelte Prahm wurde Anfang der achtziger Jahre abgeschafft. Auch von den Spiegel-Evern ist keiner mehr an den Rhinen vorhanden, nur drei hölzerne Rundgat-Ever sind außer eisernen Fahrzeugen noch am Herzhorner Rhin (Engelbrechtsche Wildnis) beheimatet. Von den nachstehenden Evern gehörten 1895 die „Christine" nach der Blomeschen Wildnis, die anderen drei nach der Engelbrechtschen Wildnis:

Name	Der junge Joachim	Bertha	Holsatia	Christine
Baujahr	1815	1860	1872	1880
Bauort	Haseldorf	Glückstadt	Wisch	Wewelsfleth
Werft	?	J. Schröder	J. Krämer	J. Peters
Br.-Reg.-To.	13	13	18	14
Länge	13,77 m	14,88 m	15,11 m	14,12 m
Breite	3,67 „	3,59 „	3,99 „	3,66 „
Raumtiefe	1,05 „	1,08 „	1,14 „	1,10 „
L : B	3,75	4,14	3,78	3,85

7. Wilsterau-Ever.

Zu den kleinsten Fracht-Evern gehörten die ehemals in und hinter der Stadt Wilster, sowie in Burg und Umgebung beheimateten Ever. Die in Wilster und Burg nach Hause gehörenden Lägerdorfer Ever, sowie die seit dem Ausgang des vergangenen Jahrhunderts in Burg beheimateten größeren Elb- und See-Ever, sind an anderen Stellen beschrieben worden.

In früherer Zeit bildete die flache Wilsterau, zusammen mit der Burger- und Holstenau, für kleine Fahrzeuge eine wichtige Verkehrsstraße zwischen Süderdithmarschen und der Stör. Bei Kasenort mündet die Wilsterau in die Stör, hier errichtete man schon im Jahre 1438 und zwar auf der Nordseite, wo die Feldschleuse jetzt liegt, eine Deichschleuse. 1835 soll die Schleuse nur 3,60 m breit gewesen sein[266], doch ist sie bereits in der ersten Hälfte des 19. Jahrhunderts auf eine nutzbare Breite von 4,20 m vergrößert worden. Dagegen hatte das von den Evern zu befahrende Schott in der Sielwettern und die Straßenbrücke über dem alten Auarm beim alten Rathaus in Wilster die alte Breite noch lange Zeit behalten[267]. Die Ever durften deshalb nur eine geringe Breite und Seitenhöhe haben, auch waren sie vielfach mit Tapplöchern versehen, damit im Notfall Wasser in das leere Schiff eingelassen werden konnte, um den Tiefgang zu vergrößern. Wegen der geringen Breite und Tiefe konnte späterhin der alte Auarm in Wilster nicht mehr für die Schiffahrt benutzt werden, dafür wurde die Sielwettern erweitert, die jetzt der Schiffahrtsweg auaufwärts ist. Das bei der Schottbrücke befindliche, zum Aufstauen des Wassers dienende Schott hat man entfernt; jetzt befindet sich hier die Verlatschleuse mit zwei Ebbetoren.

Bis zum Jahre 1870 hatten die Wilsterau-Ever eine Länge von 11,00 bis 15,00 m, eine Breite von 3,00 bis 3,60 m, eine Raumtiefe von 0,75 bis 1,10 m und einen Brutto-Raumgehalt von 8 bis 15 Tonnen. Ihre Großluke war im Verhältnis zu den Abmessungen des Evers sehr groß, etwa 4,50 bis 6,00 m lang und 2,20 bis 2,60 m breit. Das Verhältnis L : B betrug 3,60 bis 4,50, im Mittel 4,17. Diese kleinen Fahrzeuge sind nach 1870 in Burg vereinzelt, in Wilster mehrfach bis zum Jahre 1890 gebaut worden. Es waren fast alles Giek-Ever mit umlegbaren Masten; von 56 mir bekannten Evern waren nur zwei als Besahn-Ever getakelt. Den ersten Besahn-Ever baute Fr. Bergmann in Wilster im Jahre 1861: „Johanna Christine", 14 Brutto-Registertonnen groß. 15 von diesen Evern besaßen eine volle Wegerung, weil sie vielfach mit Dünger befrachtet wurden.

Die in der Zeit von 1870 bis Anfang der achtziger Jahre (zuletzt 1900) gebauten Wilsterau-Ever erhielten meistens größere Abmessungen, sie waren bis 15,20 m lang, bis 4,17 m breit und bis 1,27 m tief. Der Brutto-Raumgehalt schwankte zwischen 12 bis 19 Tonnen. Im Verhältnis zur Länge waren die jüngeren Ever etwas breiter, das Verhältnis L : B schwankte zwischen 3,50 bis 4,10, hatte aber einen Mittelwert von 3,75 gegen 4,17 bei den älteren Evern. Die Luken hatten die gleichen Abmessungen, weil aber diese Ever größer waren, war das Verhältnis der Lukenabmessungen zu den Schiffsabmessungen etwas günstiger. Auch diese Ever erhielten überwiegend nur einen umlegbaren Mast; unter 55 Evern dieser Größe befanden sich nur drei Besahn-Ever, von denen der erste in Burg im Jahre 1875 gebaut worden ist. Mehrere auf der Wilster-, Holsten- und Burgerau verwendete Ever haben die hier wohnenden Schiffer auch in Itzehoe, Wewelsfleth, Elmshorn, Spiekerhörn und anderen Orten bestellt, doch sind die meisten Ever in Wilster und Burg gezimmert worden. Mehrere in Wilster gezimmerte Ever, namentlich aber die in Burg vor der Anlegung des Nord-Ostsee-Kanals gebauten Ever hatten nur wenig Sprung, man nannte sie deshalb scherzhaft Plätteisen. Typische Ever der älteren Zeit waren:

Name	Ida	Hosianna	Ditmarsia	Fortuna
Baujahr	1856	1860	1874	1879
Bauort	Wilster	Burg	Burg	Wilster
Werft	H. Fack	H. Barowsky	C. Fjordland	F. Bergmann
Br.-Reg.-To.	9	12	18	17
Länge	13,61 m	14,42 m	14,65 m	14,99 m
Breite	3,25 „	3,40 „	4,12 „	3,93 „
Raumtiefe	0,82 „	1,00 „	1,22 „	1,21 „
L:B	4,18	4,24	3,55	3,81
Heimatshafen	Wilster (95)	Burg (80)	Burg (80)	Wilster (95)

Größere Ever als Lägerdorfer Ever haben die Werften in Wilster nicht gebaut. 1878 lief in Burg der erste Ever vom Stapel, der die Kasenorter Schleuse nicht befahren konnte. Es war dies der Giek-Ever „Rosaline", gebaut bei Chr. Fjordland, der eine Breite von 4,64 m erhielt. Nach 1880 sind solche und noch breitere Ever in Burg vielfach gebaut worden. Diese Ever gingen durch die Bütteler Schleuse in die Elbe über. Seit 1890 zimmerten die Burger Werften auch Ever mit Alstermaß, nach 1898 entstanden hier die ersten über 5 m breiten und 18 bis 19 m langen Ever.

Die vorwiegend auf der Wilsterau verwendeten Ever besaßen nur einen sogenannten Aumast, die anderen Wilsterau-Ever hatten außer ihrem Großmast vielfach noch einen Aumast[268]. Dieser hatte eine Höhe von 4 bis 5 m über Deck. Er ruhte in dem Jüttloch des niedergelegten Großmastes, oder er stand in dem Mastkoker. Einige Ever verwendeten auf der Au auch ihre Jütte als Mast. An dem Aumast setzte man kein Gaffelsegel, sondern das Gaffeltoppsegel, da auf der schmalen Wilsterau nur bei günstigem Winde gesegelt werden konnte. Sonst mußten die Ever bis Dükerswisch, etwa 22 Kilometer von Kasenort entfernt, getreidelt oder gestakt werden.

Die Schiffer von Wilster legten viel Wert auf den Schmuck ihrer Fahrzeuge, sie machten damit fast einen Wettbewerb. Vornehmlich wurden die Fahrzeuge jedes Jahr zu dem im August stattfindenden Jahrmarkt in Wilster geteert, geölt und harpeust, sowie gemalt. Seit der zweiten Hälfte des vergangenen Jahrhunderts trug der Vorsteven oft ein Galion mit einem geschnitzten

und grün bemalten, oder nur grün aufgemalten Krokodil. Gleichzeitig übernahmen die Wilsterau-Ever, sowie überhaupt die meisten
holsteinischen Ever als Klüsbacken-Ornament die sogenannte Kartoffelblüte der Rhin-Ever (Abb. 18 Nr. 12, 13). Vor der allgemeinen
Verwendung dieses Ornamentes hatten die holsteinischen Ever
vielfach ebenfalls eine Ellipse, doch kamen bereits in der ersten
Hälfte des 19. Jahrhunderts bei ihnen auch Blattzweige oder
Blumenranken vor. Am Spiegel befanden sich häufig mit einer
aufgehenden Sonne geschmückte Spiegelfenster (Pforten). Der
Halbstab am Setzbord war weiß, oder mit der Lieblingsfarbe der
Wilstermarsch, hellgrün, bemalt oder hellgrün bzw. weiß besäumt.

Einige Ever dienten nur zur Schiffahrt auf der Wilsterau,
Holsten- und Burgerau, sowie auf der Stör. Einige wurden zur
Frachtfahrt auf der Elbe und zum Schellen in der Elbmündung
verwendet. In der kleinen Küstenfahrt, so nach der Jade und nach
der westlichen Ostseeküste sind sie erst seit der zweiten Hälfte
des vergangenen Jahrhunderts gelegentlich gesegelt. Mitunter
haben dänische Schiffer kleine in Wilster oder Burg gezimmerte
Ever erworben, 1889 gehörten z. B. fünf solcher Ever nach Fanoe.
In der Gegenwart sind an der Wilsterau keine Ever mehr beheimatet, doch sind einige Wilsterau-Ever noch in Fahrt, so als
Obst-Ever des Alten Landes.

Außer den Evern wurden auf der Wilsterau auch hölzerne
ein- oder zweimastige Segelschuten benutzt, von denen einige einmastige Fahrzeuge kein Gaffelsegel, sondern ein Luggersegel
führten. Bis zum Ende des vergangenen Jahrhunderts gab es hier
noch einige kleine Spiegel-Ever, die einen offenen Laderaum
hatten. Gewöhnlich wurden sie durch Treideln oder Staken fortbewegt, gelegentlich führten sie auch ein leichtes Luggersegel an
dem Aumast. Diese Ever holten Torf von Dithmarschen, in Wilster
nahmen sie als Rückfracht Dünger ein.

8. Torf-Ever.

Die mit Torf-Ever bezeichneten Fahrzeuge waren kein ein-
heitlicher Schiffstyp. Da aber die meisten Torf-Ever seit längerer
Zeit ausgestorben sind, auch zeitgenössische Beschreibungen
fehlen, so können die Angaben über diese viel benutzten Ever nur
dürftig sein. Die größten Torf-Ever waren an der Oste beheimatet.
Hier fanden vielfach über 5,00 m breite, dabei aber verhältnismäßig flache Besahn-Ever mit hohen (der Ostedeiche wegen) und
festen Masten Verwendung[269]. Die Oste-Ever indes, die ihre
Ladung in den Hamburger Fleeten absetzten, hatten eine geringere Breite und umlegbare Masten. Vielfach benutzte man an
der Oste sowie in anderen an der Elbe liegenden Häfen zur Torfschiffahrt auch alte See-Ever, gewöhnliche Elb-Ever und Dollbaum-Ever. Die vorwiegend zur Torf- und Strohbeförderung be-

stimmten niederelbischen Ever baute man möglichst breit und flach, soweit sie nicht an Schleusenmaße gebunden waren, damit sie eine hohe Decklast laden konnten. Auch standen die Spanten bei diesen Torf-Evern gewöhnlich weit auseinander, etwa 24 Zoll, während sie bei den anderen Fracht-Evern mit einem Zwischenraum von 10 bis 18 Zoll eingebaut waren.

Ueber die Größe der im Ostegebiet in den siebziger Jahren verwendeten Torf-Ever macht Reinick[270] einige Angaben: „Die Tragfähigkeit variiert von 10 Tonnen bis 60 Tonnen. Die Mehrzahl der den Torftransport vermittelnden Ever hat 30 bis 40 Tonnen Tragfähigkeit. Von den kleineren Evern (10—20 Tonnen) sind die aus holsteinischen Orten und aus Hamburg darauf eingerichtet, daß sie den Mast niederlegen können (sogenannte Schleusenkriecher).... Bis kurz oberhalb der Brücke von Stotel fahren auf der Lune Ever bis zu 24 Tonnen Tragfähigkeit, 3,70 m breit und 13,00 m lang,... Die auf der Geeste und den genannten Kanälen [Hadler und Geeste-Kanal] verkehrenden Schiffe sind abgesehen von den kleinen Kähnen, nur kleine Ever bis zu 16 Tonnen Tragfähigkeit, ausnahmsweise auf der Hadler-Kanalstrecke auch von 20—24 Tonnen Tragfähigkeit, sämmtlich Schleusenkriecher, Holsteiner Heimath.... Die [auf der Medem] bis Otterndorf verkehrenden Schiffe sind dieselben Ever wie die auf der Oste."

Seit Anfang der achtziger und bis zum Ende der neunziger Jahre baute Wilkens in Achthöfenerdeich und Junge in Wewelsfleth mehrere für die Schiffahrt auf dem Hadelner Kanal bestimmte Ever, bei denen entweder Bülkau oder der Kanal als Heimathafen angegeben ist. Es waren kleine Giek-Ever von 12,30 bis 14,40 m Länge, 3,20 bis 3,40 m Breite, 1,00 bis 1,15 m Raumtiefe. Das Verhältnis L : B betrug 3,83 bis 4,27. Ihr Brutto-Raumgehalt schwankte zwischen 10 bis 12 Tonnen. Sie hatten große Ladeluken, auch umlegbare Masten.

Ueber die Bauart der Torf-Ever, die ehemals in der Herrschaft Pinneberg beheimatet waren, namentlich an der Pinnau und Krückau, fehlen Angaben. Die kleinsten Torf-Ever gehörten nach

Name	Elbe	Ernte	Irene	Maria
Baujahr	1860	1872	1884	1890
Bauort	Burg	Bremervörde	Neuhaus	Achthöfenerdeich
Werft	C. Fjordland	C. Breuer	J.Tiedemann	P. Wilkens
Br.-Reg.-To.	10	30	19	10
Länge	14,80 m	15,88 m	14,75 m	12,90 m
Breite	3,37 „	5,23 „	4,15 „	3,26 „
Raumtiefe	1,04 „	1,41 „	1,21 „	0,99 „
L : B	4,39	3,03	3,55	3,95
Heimatshafen(1895)	Kudensee	Neuendamm	Neufeld	Bülkau

Süderdithmarschen und zwar nach Burg, Dükerswisch, Eggstedt, Buchholz und Kudensee, sowie nach Wilster; diese Fahrzeuge sind in dem vorhergehenden Abschnitt beschrieben worden.

9. Stein=Ever.

Für die Beförderung von Mauersteinen wurden außer den gewöhnlichen Elb-Evern auch besonders stark gebaute Ever verwendet. Charakteristisch waren die großen Kehdinger Ever. Häufig gehörten sie reichen Bauern, die gleichzeitig eine Ziegelei besaßen. Da die Kehdinger Süderelbe bei mittlerem Niedrigwasser teilweise trocken fällt, baute man die Stein-Ever meistens im Verhältnis zur Länge kurz und tief, damit sie beladen das Aufgrundliegen bei Ebbe aushielten, ohne ihre Form zu verändern. Diese Ever hatten zwei feste Masten mit einem Knickstag. Am Großmast führten sie eine feste Stänge, deren Fuß etwas vor dem Großmast vorstand. Ein Galion besaßen sie nicht, wohl aber verzierte Spiegelfenster. Auf den bunten Klüsbacken war, wie an der Oste, vorherrschend eine Ellipse angebracht, Form wie Abb. 18 Nr. 7, 11, 16, 18, oder sie waren glatt und einfarbig. Als einzige Ever führten diese, wenn sie Bauern gehörten, in früherer Zeit oben am Großtopp einen vergoldeten Jagerfallblock, der weithin in der Sonne funkelte. Vielfach wurden in Kehdingen auch stark gebaute hölzerne Segelschuten und Dollbaum-Ever für die Verfrachtung von Mauersteinen verwendet. Meistens wurden die Kehdinger Stein-Ever bei Mahler in Dornbusch und Wischhafen, bei Funcke in Gauensiek, Tiedemann in Wischhafen, Siems in Dornbusch, Ropers in Stade, Sietas und Claußen in Cranz gebaut. Auch von der Oste bezogen die Kehdinger mehrere Stein-Ever, weil hier für die Steinschiffahrt ebenfalls große Ever benutzt wurden. Die Elb-Ever vom Alstermaß, namentlich die in Hannover beheimateten Ever, soweit sie umlegbare Masten hatten, ferner die in Stade und Gräpel nach 1900 gebauten Rundgat-Ever, waren vielfach ebenfalls in der Steinschiffahrt tätig. Zu den älteren Stein-Evern gehörten:

Name	Die Biene	Adele	Amandus	Anna
Baujahr	1841	1858	1863	1883
Bauort	Oberndorf	Wischhafen	Stade	Gräpel
Werft	Oltmann	P. Mahler	J. Ropers	J. Steffens
Br.-Reg.-To.	24	27	32	29
Länge	16,02 m	14,90 m	15,82 m	15,31 m
Breite	5,19 „	5,06 „	5,25 „	5,32 „
Raumtiefe	1,59 „	1,57 „	1,60 „	1,63 „
L : B	3,08	2,94	3,01	2,87
Heimatshafen (1895)	Freiburg	Wischhafen	Assel	Assel

10. Lägerdorfer Ever.

Diese Ever wurden für die Schiffahrt nach Lägerdorf, einem Standort der niederelbischen Zementindustrie, benutzt, sie unterschieden sich von den Elb-Evern hauptsächlich durch ihre Abmessungen. Mit Lägerdorfer Ever werden aber nur die Ever bezeichnet, die für die Schiffahrt auf dem Breitenburger Kanal gebaut worden sind, nicht die kleineren Ever, die den Kanal ebenfalls befahren konnten.

Ursprünglich hatte die Breitenburger Stördeichschleuse bei Münsterdorf eine Durchfahrtsweite von ~ 4,20 m, erst 1903/04 ist sie durch eine größere ersetzt worden, deren Weite 5,30 m beträgt. Innerhalb des Stördeiches befindet sich ein kleiner Hafen, Kessel genannt, der an der Kanalseite durch einen hölzernen Zwinger abgeschlossen ist, dessen lichte Weite zwar 5,08 m mißt, jedoch durch die vorgesetzten Diekdallen auf ~ 4,20 m verengt wird. Weil hier ständig viel Schiffsraum Frachten fand, sind den Zwingerabmessungen entsprechende hölzerne Ever viel gebaut worden, ich kenne 36 Giek-Ever und 36 Besahn-Ever, doch gab es noch mehrere Lägerdorfer Ever. Bis um die Jahrhundertwende waren auf dem Kanal die hölzernen Ever vorherrschend, doch wurde schon in den achtziger Jahren der erste eiserne Lägerdorfer Ever gebaut („Diana", Schiffer H. Lübers). Nach 1900 verdrängten die eisernen Segler (Ever, Segelschuten und Tjalken) die hölzernen Schiffe. 1928 waren noch zwei Lägerdorfer Ever in Fahrt, 1930 nur noch einer („Frieda" von Assel). Mehrere Lägerdorfer Ever sind in der Gegenwart noch vorhanden; sie werden als Fracht-Ever oder als Obstschiffe des Alten Landes aufgebraucht. Einer wird seit dem vergangenen Jahr, von Heiligenhafen aus, zur Steinfischerei in der westlichen Ostsee verwendet.

Die Größe der Schiffe sowie der Schiffahrtsbetrieb auf dem Kanal ist durch Reglements des Grafen zu Rantzau-Breitenburg, zu dessen Besitz diese Wasserstraße gehört, geregelt[271]. Bis zum Jahre 1912 galt die Bestimmung, daß der Kanal nach erteilter Erlaubnis des Schleusenwärters (die Schiffer erhalten zuvor einen Zulassungsschein) nur von Fahrzeugen befahren werden durfte, deren Länge im Boden 14,90 m, die größte Breite 4,15 m und der Tiefgang 1,43 m nicht überschritt. Größere Fahrzeuge, namentlich 1 bis 1½ m längere und bis 4,20 m breite Ever, wurden nur mit besonderer Erlaubnis zugelassen. Bei breiteren Evern mußten die Seitenschwerter und der Schwertstoß abgenommen werden. Da nur die Länge im Boden festgelegt war, versuchten einige Schiffer die vorgeschriebenen Abmessungen dadurch zu umgehen, daß sie die Ever mit stark ausfallenden Steven bauen ließen, wie sie sonst bei diesem Schiffstyp nicht gebräuchlich waren. Die Ever wurden dadurch größer, sie konnten mehr laden. Seit April 1912 wurde die Länge über Deck mit 17 m, die Länge im Boden mit 15,40 m, die größte Breite mit 4,20 m und der Tiefgang mit 1,45 m festgesetzt, der Brutto-Raumgehalt darf 85 Kubikmeter (= 30,00 Tonnen) — ohne Wegerung — nicht überschreiten. Die alten und die neuen Abmessungen nannte man L ä g e r d o r f e r M a ß.

Die Lägerdorfer Ever sind vom Ende der siebziger Jahre bis nach 1900, zuletzt im Jahre 1907, gebaut worden, hauptsächlich in Wilster, Burg, Wewelsfleth, Itzehoe und Spiekerhörn. Sie hatten eine Länge von 14,40 bis 18,00 m, eine Breite von 4,00 bis 4,20 m, eine Raumtiefe von 1,10 bis 1,50 m, ihr Brutto-Raumgehalt schwankte zwischen 17 bis 27 Tonnen. Im Verhältnis zur Länge waren sie schmal gebaut und zwar betrug das Verhältnis L : B 3,50 bis 4,30, im Mittel 3,82. Im Jahre 1888 baute man die ersten über 15 m und ein Jahr später die ersten über 16 m langen Ever; nach 1890 folgten einige über 17 bis etwa 18 m lange Lägerdorfer Ever. Sie hatten ziemlich lange Großluken, von 4,80 bis 6,70 m Länge und 2,80 bis 3,30 m Breite. Einige Lägerdorfer Ever der Werft Junge (Wewelsfleth) besaßen einen muldenförmigen Boden (s. S. 39), der erste war der Giek-Ever „Heinrich", gebaut 1888 für den Schiffer Joh. Laacken in St. Margarethen. Mehrere in Wewelsfleth (Junge und Peters) und Wilster (Bergmann) gezimmerte Lägerdorfer Ever hatten ein Krokodil-Galion.

Man takelte diese Ever entweder als Giek-Ever oder als Besahn-Ever, stets aber erhielten sie umlegbare Masten. Auf dem Kanal durfte nur mit dem Gaffeltoppsegel gesegelt werden, Motorfahrzeugen ist das Befahren des Kanals mit motorischer Kraft verboten. Die Lägerdorfer Ever, von denen einige hier verzeichnet sind, gehörten vorwiegend nach Burg, Wilster, Münsterdorf, Itzehoe, Beidenfleth, Büttel, St. Margarethen, Kollmar, vereinzelt auch nach dem Land Kehdingen.

Name	Heinrich	Jakobine	Terror	Frieda
Baujahr	1888	1893	1900	1901
Bauort	Wewelsfleth	Wilster	Wewelsfleth	Spiekerhörn
Werft	J. Junge	M. Bergmann	J. Peters	M. Klüver
Br.-Reg.-To.	22	25	27	22
Länge	15,52 m	16,41 m	16,65 m	15,84 m
Breite	4,20 „	4,15 „	4,18 „	4,06 „
Raumtiefe	1,33 „	1,37 „	1,48 „	1,30 „
L : B	3,69	3,95	3,98	3,90
Heimatshafen	St. Margarethen (95)	Wilster (95)	Hamburg (1900)	Kollmar (1901)

11. Watten- und Föhringer Ever.

In dem vergangenen Jahrhundert waren auf den nordfriesischen Inseln und an der Westküste von Schleswig, nördlich von Dithmarschen, hauptsächlich drei Arten Ever beheimatet: Elb-, Watten-

C. FADENFELDT, 2. * 5. 1930.

SPIEGEL des GALEASS-EWERS

ANNACATHARINA v. BLANKENESE.

geb. 1827 bei SCHEDELMANN-ÜTERSEN.

gez. nach dem MODELL im ALTONAER MUSEUM.

Abb. 35. Spiegel eines Galeaß-Evers, gebaut 1827

C.HADENFELDT-KOPIE nach CHR. FERD. MOLLER "CYCLUS von SCHIFFEN aller NATIONEN"-Text von ROELOFF ROELOFFS - HAMBURG 1839 - TAFEL 32 - ORIGINAL im BESITZE der HAMBURGER KUNSTHALLE

Abb. 36. Altenwerder Milch-Ever, gezeichnet 1839

BESAHN-EWER mit TOPP-SEGEL KOPIE einer BLEISTIFTZEICHNUNG von W.H.WULFF (um 1840) aus dem MUSEUM für HBG. GESCHICHTE

C. HADENFELDT. 20.3.1930

Abb. 37. See-Ever, gezeichnet um 1840

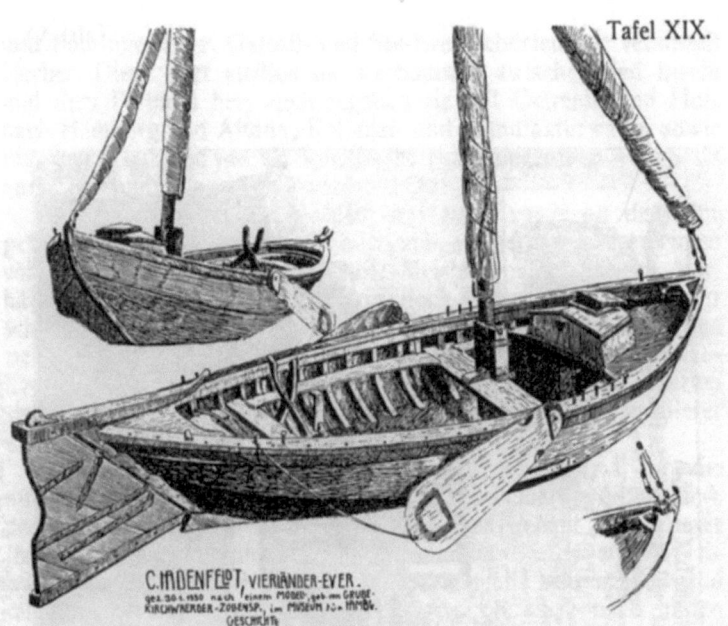

Abb. 38. Vierländer Gemüse-Ever

Abb. 39. Vorsteven eines Vierländer Evers (Hamburg, Oberhafen)

Abb. 40. Rundgat-Ever „Meta", gebaut 1907 (Elbe bei Altona)

und Föhringer Ever. Galeaß- und See-Ever gehörten nur vereinzelt hierher. Diese Ever stellten die Verbindung zwischen den Inseln und dem Festland her, auch segelten sie mit Getreide und Holz nach Hamburg und Altona; Kolonial- und Manufakturwaren sowie Stückgüter nahmen sie als Rückfracht ein, gelegentlich holten sie auch Torf und Ziegelsteine von der Oste.

Die Watten-Ever wurden in Husum sowie an der Elbe gebaut. Es waren gedeckte, oft auch vollgewegerte Ever, mit einem völligen, hochgezogenen Vorschiff. Meistens waren sie im Verhältnis zur Länge breit und niedrig, doch gab es auch einige sehr schmale Fahrzeuge. Mit Rücksicht auf die seichten Priele erhielten sie einen geringen Tiefgang. Gewöhnlich besaßen die Watten-Ever nur einen Mast, oft einen feststehenden, mitunter führten sie Besahn-Ever-Takelung. Sie hatten einen Spiegel, der in älterer Zeit mit Spiegelfenstern geschmückt war.

Eine andere Form zeigten die kleinen Föhringer Ever, die nur von F. Lorenzen in Wyk auf Föhr gezimmert worden sind, der aber gelegentlich auch große See-Ever gebaut hat. Dieser Inseltyp hatte eine ähnliche Form wie die Seefischer-Ever. Es waren kleine und flachgehende, im Achterschiff sehr schmal und scharfgebaute Ever, mit einem niedrigen, oft stark nach hinten geneigten Spiegel. Dieser Spiegel hatte große Aehnlichkeit mit dem des Galeaß-Evers „Oceana" (1835)[272]. Während sonst bei den Fracht-Evern die weiße Einfassung am Spiegel unten in gebogener Form an den Achtersteven herangeführt ist, wurde bei den Föhringer Evern die Unterkante des halben Spiegels horizontal weiß abgesetzt, auch wurde der weiße Saum in gleicher Höhe am Ruderstamm angemalt. Die Kajütdeckreling war offen. Man takelte diese ebenfalls mit Seitenschwertern versehenen Ever mit einem festen und verhältnismäßig sehr hohen Mast, an dem ein Gieksegel gesetzt wurde.

Die Föhringer Ever wurden durchweg gemalt, nicht naturfarben gefahren: Beplankung schwarz, Setzbord hellgrün mit weißem Halbstab, Setzbord innen weiß, Spiegel schwarz mit weißer Einfassung, übliche Namenbretter. Mitunter bemalte man

Name	Packet v. Nordstrand	Ingeborg v. Halebüll	Maria	Dorothea v. Nordstrand
Baujahr	1859	1878	1880	1876
Bauort	Elmshorn	Husum	Husum	Wyk a. F.
Werft	?	A. Schau	A. Schau	F. Lorenzen
Br.-Reg.-To.	9	24	19	20
Länge	10,84 m	18,76 m	14,25 m	14,34 m
Breite	3,46 „	4,28 „	4,48 „	4,58 „
Raumtiefe	0,94 „	1,25 „	1,13 „	1,18 „
L:B	3,13	4,38	3,09	3,13
Heimatshafen (1895)	Hallig Hooge	Husum	Hallig Langeneß	Hallig Nordstrand

den Spiegel ähnlich wie bei den Fischer-Evern. Ein Galion und Spiegelfenster hatten sie nicht. Die Klüsbacken zeigten entweder Blumen und Blätter, oder sie waren glatt und einfarbig, einige führten die gleichen Klüsbacken wie die Fischer-Ever. Die Watten-Ever malte man wie die Elb-Ever.

In der Gegenwart sind die eigentlichen Watten- und Föhringer Ever fast alle verschwunden. Dafür werden jetzt am Wattenmeer gewöhnliche Elb-Ever benutzt. Die vorstehenden ersten drei Fahrzeuge sind Watten-Ever, das letzte ein Föhringer Ever.

12. Rundgat-Ever.

Den jüngsten Elb-Evertyp bilden die Rundgat-Ever. Von diesem Typ gab es zwei Arten, die sich durch Form und Größe unterschieden. In Hannover sind sie, soweit mir bekannt, nur in Stade (bei Ropers) und in Gräpel (bei Wilh. tom Wörden) in den Jahren 1900 bis 1909 vereinzelt auf Stapel gesetzt worden. Von den Elb-Evern unterschieden sich diese Ever lediglich durch die Form des Achterschiffes, das im unteren Teil ziemlich scharf, sonst aber Rundgat geformt war. Ihr Boden war flach, die Kimm kantig. Achtern besaßen diese Ever mehrere Kantspanten, auch Heckbänder, den Bugbändern entsprechend. Einige hatten ein Deck in einer Flucht. Sie hatten die gleiche Größe wie die Alstermaß-Ever, ihre Luken waren 6,00 bis 7,00 m lang und 3,00 bis 3,40 m breit. Ihr mittleres Verhältnis L : B betrug 3,64. Alle führten Besahn-Ever-Takelung; erst in neuerer Zeit hat man bei einigen Evern, nach dem Motoreinbau, den Besahnmast entfernt. Der in Abb. 40 wiedergegebene Rundgat-Ever „Meta" (seine Bodenplanken sind 5 Zoll dick) ist außenbords hellgrau bemalt, auch fehlt der sonst fast immer vorhandene Halbstab am Setzbord.

Einige kleine Rundgat-Ever baute in den Jahren 1890 bis 1899 der Schiffbaumeister August Both, der damals der Werkmeister der Werft von J. & H. Gehlsen in Glückstadt war. Obwohl sie alle nach einer Zeichnung gezimmert worden sind, waren sie hinsichtlich der Form und den Abmessungen, auch sonst in Kleinigkeiten, voneinander etwas verschieden. Abweichend von allen anderen Evertypen war ihr Unterwasserschiff, sie hatten einen niedrigen Kiel, einen ganz schwach aufkimmenden Boden und eine runde Kimm. Ihre Seitenwände waren gerade, wogegen die der plattbodigen Ever stets ausfallend sind. Das Achterschiff dieser vollgewegerten Ever war Rundgat, sonst aber hatten diese Fahrzeuge die richtige Everform. Alle besaßen ein festes Deck und ein Kajütdeck mit offener Reling. Bei einigen Evern waren beide Lukengiebel der etwa 4,80 m langen und 2,90 m breiten Großluke bis zum Leibholz durchgeführt. Ruder, Ruderkopf, Klüsbacken und Seitenschwerter waren wie bei den Elb-Evern beschaffen. Ein Galion hatten sie nicht. Die mit einem umlegbaren

Mast versehenen Fahrzeuge führten die übliche Giek-Ever-Takelung. Einige hatten das Fockstag mit einer Stagjuffer aufgesetzt.

Die Glückstädter Rundgat-Ever wurden von den Gemüsebauern der Engelbrechtschen Wildnis an Stelle der Rhin-Ever zur Beförderung ihrer Bodenerzeugnisse nach Hamburg benutzt. Weil die Gemüsebauern ihre Fahrzeuge stets sauber unter Farbe hielten, wurden diese Ever nachträglich mit einer starken hölzernen W a l l s c h i e n e versehen, damit sich die Beplankung beim Liegen in Hamburg nicht scheuerte. Die Wallschiene befand sich dicht unter dem Leibholz, sie war mit einer Halbrundschiene versehen. Einige dieser Fahrzeuge, so die Ever „Hans" und „Henry" erhielten bereits im Jahre 1915 amerikanische Motoren von 20 PS Stärke. Gleichzeitig, oder späterhin, wurde die Takelung und die Seitenschwerter entfernt. Von diesen kleinen Schiffen habe ich im Jahre 1930 drei am Herzhorner Rhin gesehen: „Hans", „Henry" und „John".

Bemerkenswert ist die abweichende Bemalung dieser sehr gut aussehenden Ever. Der Rumpf des „Henry" war unterhalb der Leerwasserlinie mit Steinkohlenteer, oberhalb mit Harpeus gestrichen. Neapelgelb bemalt war der Schandeckel von vorn bis achtern sowie seine Stützen achtern (ein Setzbord fehlt hier), ferner die Innenseite des Setzbords, die Verholklampen, Poller, Luksülle, Pallpfosten und Betinge und das Ruderhaus. Weiß bemalt war die Außenkante Leibholz, das Kajütdeck, die Spillköpfe und die obere Fläche der Poller. Der Halbstab am naturfarbenen Setzbord war blaugrün, unten weiß besäumt. Blaugrün war auch der Ruderkopf, die Ruderbacken und die abgeschnittene Ruderpinne. An den Kanten war die Ruderpinne weiß abgesetzt, hinten aber schwarz-weiß-rot bemalt. Gelb hatte man das Ornament am Ruderkopf gestrichen, während die drei Tonnen hellrot bemalt waren. Die Klüsbacken zeigten jederseits von der Klüse einen blaugrünen Blattzweig mit je einer roten Blüte auf schwarzem Grunde, der Randstab war weiß. Auch die beiden anderen Ever zeigten überall Farbe, jedoch war ihre Beplankung nicht naturfarben: „Hans" besaß einen blaugrünen, „John" einen hellgrünen Anstrich. Rundgat-Ever der drei erwähnten Werften waren:

Name	Henry	Germania	Amalie
Baujahr	1899	1906	1906
Bauort	Glückstadt	Stade	Gräpel
Werft	A. Both	D. Ropers Ww.	W. tom Wörden
Br.-Reg.-To.	18	30	34
Länge	14,78 m	17,31 m	17,65 m
Breite	4,26 „	4,77 „	4,75 „
Raumtiefe	1,23 „	1,43 „	1,43 „
L : B	3,46	3,62	3,71
Heimatshafen	Engelbr. Wildnis (99)	Wischhafen (06)	Wischhafen (06)

13. Gemüse-Ever.

Die Gemüse- oder Grünwaren-Ever gehörten nach Bardowiek, nach der hannöverschen Vogtei Neuland (zwischen Seeve und Luhe), nach der Bill- und Ochsenwärdermarsch, nach den Vierlanden sowie ehemals nach einigen Elbinseln. Es waren alles offene Fahrzeuge, die gewöhnlich im Vorschiff ein kurzes Deck, bei größeren Ausmaßen eine kleine Kajüte hatten. Einige Ever hatten auch hinten eine kleine Plicht. Meistens besaßen sie ein langes Vorschiff mit einem stark gebogenen Vorsteven, sowie ein niedriges Achterschiff mit einem geraden, nach hinten geneigten Achtersteven. Um hinten mehr Platz zu gewinnen waren einige kleine Gemüse-Ever mit einem sehr kleinen Spiegel versehen. Die flach gehenden Ever hatten einen an den Enden aufgezogenen Boden, der achtern mit einem Strak versehen war. Die Kahnplanke stand steil, um die Segeleigenschaften zu verbessern. Auf der Kahnplanke folgten zwei bis vier Seitengänge und ein breites Bergholz. Im Unterwasserschiff waren sie scharf gebaut, in der Wasserlinie und im Oberwasserschiff aber breit und völlig, jedoch mit scharfen Enden. An Stelle des Balkwegers hatten sie einen Dollbaum, darauf und auf den Spanten lag ein Schandeckel. Zu ihren sonstigen Quer- und Längsverbänden gehörten die Kimm- und Duchtenweger, die Mast- oder Segelducht, sowie die Einbauten an den Enden. Größere Ever erhielten mehrere Raumbalken. In der Regel erhielten die Gemüse-Ever einen guten Sprung (Abb. 38).

Das in zwei oder drei Fingerlingen hängende Ruder war breiter als bei den Elb-Evern, es wurde oft durch eiserne Beschläge versteift. Wegen des sehr schrägen Achterstevens war die Ruderpinne oft auf einem Galgen zum Gleiten eingerichtet, damit sie sich beim Ruderlegen vorn hob. Sie führten schmale Seitenschwerter, eingehakt am Dollbaum, zu ihrer Bedienung diente meistens ein einfaches Tau. Die Schwerter hatten bei den Gemüse-Evern mehr die Aufgabe, das Steuern und Drehen des Schiffes zu erleichtern, als die Abtrift zu vermindern. Ein Galion hatten sie nicht. Klüsbacken waren nur bei den größeren Evern vorhanden, auch dann waren sie oft nur zur Zierde angebracht. Meistens führten sie Draggen, die mit der Hand, oder mittels einer leichten eisernen Ankerwinde aufgeholt wurden.

Die Gemüse-Ever führten einen umlegbaren, ziemlich hohen Mast, der bis zur Wantenauflage eine Höhe von 8,00 bis 9,00 m hatte. Der stets nach hinten geneigte Mast stand entweder in einem Koker, oder man befestigte ihn bei kleinen Evern an der Mastducht. Zur Abstützung des Mastes diente das Fockstag, das mitunter mittels einer Talje aufgesetzt wurde, sowie jederseits ein Wanttau. An dem Mast wurde entweder ein Rahsegel oder, seit dem Ausgang des 18. Jahrhunderts, ein Spriesegel und eine Stagfock gefahren[273]. Im Anfang des 19. Jahrhunderts erhielten viele Gemüse-Ever das sogenannte S c h o t s e g e l, ein Gaffelsegel, dessen Unterliek nicht an einem Giekbaum gefahren wurde[274]. Die Gaffel hatte eine Länge von 4 bis 5 m, am Unterliek war das Schotsegel etwa nur 1/2 bis 1 m breiter als am Oberliek. Mit dem Mast war das Segel durch eine Reihleine verbunden. Das Schotsegel erforderte einen breiten Leitwagen, der entweder vor oder auch oberhalb der Ruderpinne angeordnet wurde; in letzterem Fall ragte der Leitwagen seitlich über das Schiff hinaus, er wurde außenbords am Bergholz verbolzt. Die mit einem Schotsegel getakelten Ever führten ebenfalls eine Stagfock, aber kein Gaffeltoppsegel, auch ein Bugspriet besaßen sie nicht. In der Regel zeigten die Segel bei den Gemüse-Evern eine rötliche oder auch eine dunkelbraune Farbe[275]. Bei ungünstigem Winde konnten sie durch Remen oder Staken fortbewegt werden. Bereits vor dem Kriege sind bei den Evern von Bardowiek, Vogtei Neuland und Kirchwärder (Elbseite) die Segel abgeschafft worden. Sie ließen sich durch kleine Dampfer nach Hamburg schleppen. Inzwischen hat man auch bei den anderen Gemüse-Evern Mast, Segel und Schwerter entfernt. Die wenigen noch nach Hamburg kommenden Gemüse-Ever besitzen meistens einen Motor.

Meistens wurden die Gemüse-Ever nur blank geschrapt und mit Harpeus oder mit Holzteer, im Unterwasserschiff mit Steinkohlenteer gestrichen. Oftmals hatten sie am Vor- oder Achterschiff oben ein hellnaturfarbenes, schwarz und weiß abgesetztes Dreieck, wie es bei den kleinen hölzernen Binnenschiffen gelegentlich angebracht wird (Abb. 39). Einige Ever zeigten unterhalb des Schandeckels einen weißen oder schwarzen Halbstab. Verzierte Ruderköpfe waren nur gelegentlich vorhanden.

In einem Bericht über die hamburgische Fischerei auf der Elbe vom Jahre 1740 werden vier in Altengamme und sieben in Kirchwärder beheimatete Fahrzeuge verzeichnet[276], die eine Länge von 5,70 m und eine Breite von 1,14 m hatten; beide Maße sind wahrscheinlich im Boden gemessen. Diese Fahrzeuge werden „Schiffe" oder „Fischer-Bote" genannt, vielleicht hatten die kleineren Gemüse-Ever der Vierlande ähnliche Abmessungen. Ein großer Gemüse-Ever war der Ever „Frau Anna Margaretha", der im Jahre 1823 von dem hamburgischen Schiffszimmermeister Johann A. Fick auf der Veddel erbaut worden ist. Ueber die Steven gemessen hatte der Ever eine Länge von 16,22 m, die Breite über die Segelducht betrug 4,33 m, die Tiefe 1,69 m. In dem vergangenen Jahrhundert baute man Gemüse-Ever in Hoopte, Drennhausen, Wuhlenburg, Fliegenberg, Ochsenwärder, wahrscheinlich auch in den Vierlanden und auf Altenwerder. Am Ausgang des vorigen Jahrhunderts hatten die Gemüse-Ever z. B. eine Länge von 12 bis 16 m, eine Breite von 4 bis 5 m und eine Tiefe von 1 bis 1½ m, genaue Angaben ließen sich leider nicht ermitteln[277]. In den Vierlanden[278] gab es neben Evern, die bis 45 Tonnen tragen konnten, auch kleinere, die eine Tragfähigkeit von nur 5 Tonnen hatten.

An dieser Stelle mögen die an der Bille beheimateten Ever Erwähnung finden, über deren Bauart und Takelung sich ebenfalls nichts ermitteln ließ[279]. Um die Mitte des vergangenen Jahrhunderts hatten sie eine Länge von 5,73 bis 6,88 m, offenbar im Boden gemessen, und eine Breite von 2,29 bis 2,58 m, beladen gingen sie 0,50 m tief. Die mit Frachten von Hamburg nach der Bille bestimmten Ever und Schuten waren ebenfalls kleine Fahrzeuge, deren Abmessungen sich nach der Durchlaßweite der Brandshöfer Schleuse richten mußten. Diese Ever hatten eine (Boden-)Länge von 5,16 bis 7,45 m, ihre Breite durfte nicht mehr als 3,00 m betragen, beladen gingen sie 0,86 bis 1,00 m tief, die Tragfähigkeit betrug ~ 12 bis 14 Tonnen.

14. Milch-Ever.

Die eigentlichen Milch-Ever, auch Melk-Ever genannt, waren überwiegend kleinere Fahrzeuge als die Gemüse-Ever, denen sie sonst in Form, Bauart und Takelung glichen (Abb. 36). Ballauf[280] erwähnt im Jahre 1803, daß die Altenwerder Milch-Ever kleiner als die Altenwerder Fischer-Ever gewesen sind. Moeller[281] hebt im Jahre 1839 die Aehnlichkeit der Blankeneser Ever mit den Milch-Evern hervor, nur waren die Blankeneser Ever „breiter, tiefer und stark gebaut, auch haben sie meistenteils einen platten Spiegel". 1864 kamen die kleineren Milchfahrzeuge mit 2, 4 bis 12 Mann und die größeren mit 20 und 30 Mann besetzt nach Hamburg[282]. In der ersten Hälfte des 19. Jahrhunderts erhielten viele Milch-Ever, wie die Gemüse-Ever, ein rötlich getantes Schotsegel und eine gleichfarbige Stagfock, doch haben einige Ever die alte Spriettakelung bis zur Mitte des Jahrhunderts behalten. Die spitzgatten Milch-Ever der Elbinseln und von Moorburg waren in der Regel vorzügliche Segler[283] (s. S. 283—285).

Eine anschauliche Schilderung dieser Ever gibt der bekannte Zeichner Carl Reinhardt[284]: „Fast auf gleiche Weise erkämpften sich die Milchewer ihren Weg gegen den Sturm, der übrigens als ein triftiger Grund vermehrter Groggläser von seiten der Milchleute angenommen ward. Es war interessant zu sehen, wie die aufgezogenen roten Segel vom Wind gepackt wurden, sobald sie ihm ihre Flächen darboten, und wie sie dann das spitze Fahrzeug auf die Seite legten. Das rührte die harten Milchleute jedoch nicht im geringsten, und sie gaben dem Sturm keinen Zoll breit nach, sondern hielten Schot und Steuer fest, bis das Fahrzeug wie rasend durch das Wasser rannte und stromab gegen den Wind ankreuzte. Ob auch die Wellenköpfe über Bord hereinguckten und sprühten, das Wasser ward mit einer Schaufel wieder hinausgeworfen. Ja, die verwegene Gesellschaft warf es sogar hoch in die Segel, damit sich das Gewebe zusammenzog und sie mehr Wind faßten. Man konnte von der Seite sehen, wie das angeworfene Wasser zuerst als Sprühregen durch die Leinwand flog, bis sie endlich dicht war. Wenn dann das Fahrzeug einen Gang an den Wind abgesegelt und so nahe als möglich an das Land gekommen war, warf der Steuermann das Steuer herum und drehte das Schiff durch den Wind, wobei das dreieckige Segel vorn von einigen Männern gepackt, erst an den Wind gehalten, und wenn das Fahrzeug mit der Spitze hindurch war, an die andere Seite festgelegt wurde. Ebenso ging es mit dem hintern Segel, während einige das Schwert auf der Leeseite hinunterließen und das auf der Windseite heraufzogen."

Ueber die Moorburger Melk-Ever veröffentlichte Alfr. Aust[285] einige wertvolle Angaben. Diese Ever hatten mitunter ungewöhnliche N a m e n wie: Kater, Jäger, Krone, Aufgehende Sonne, Jungfrau, Hoffnung. Gewöhnlich erhielt der erwählte Schiffer einer Milchleute-Kompagnie seinen Namen nach dem von ihm geführten Ever, so gab es u. a. einen Katerschipper, Kronenschipper. Noch heute führen einige Enkel jener Schiffer diese Beinamen. Jeder Moorburger Ever setzte bei jeder Fahrt am Heck eine F l a g g e , deren Zeichnung mit dem Schiffsnamen übereinstimmte. Von diesen Flaggen ist nur eine einzige mit dem Bilde der Jungfrau erhalten geblieben, die in der Moorburger Kirche aufbewahrt wird. Das Großsegel dieser Ever wurde „Schapschinken" genannt. Mit S c h a f s c h e n k e l bezeichnete man an der Elbe das alte Sprietsegel, dessen Sprietbaum über den Mast hinausragte und dessen Oberliek schräg vom Mast zur Sprietbaumnock lief; dieses Segel hieß in Holland *hognokzeil*. Bei Windstille mußten die Milchleute den Ever mittels langen und schweren Remen fortbewegen, bei dieser Arbeit wurden sie oft von den mitfahrenden Gemüsefrauen unterstützt.

Wenn im Winter die Milchleute der Elbinseln und von Moorburg mit ihren Evern nicht mehr durch die Eisschollen hindurch kamen, dann benutzten sie E i s k ä h n e , flache und leichtgebaute Fahrzeuge mit Kufen an den Seiten[286].

15. Stroh=Ever.

Die mit einem Spiegel gebauten Stroh-Ever waren am hannöverschen Elbufer von Neuland (Harburg) bis Hoopte beheimatet. Außer Stroh und Heu brachten sie auch andere landwirtschaftliche Erzeugnisse nach Hamburg und Altona. In der Gegenwart werden für die Stroh- und Heubeförderung vorwiegend sehr kleine eiserne Elbkähne von gleicher Form wie die großen Elbkähne oder eiserne Schuten benutzt. Von den Stroh-Evern soll in der Gegenwart nur noch einer vorhanden sein: „Immanuel" von Over. Der andere, von mir früher erwähnte Ever „Martha", ist inzwischen verbrannt[287]. Dieser zuletzt in Altona beheimatet gewesene Ever ist im Jahre 1890 zu Fliegenberg gebaut worden, seine Länge war 19,96 m, die Breite 5,16 m und die Tragfähigkeit 52 Tonnen. Fast die gleiche Größe hat der in Hoopte gezimmerte Ever „Immanuel". Diese großen offenen Ever, die nur vorn und hinten gedeckt sind, sehen fast genau so aus, wie die im nächsten Abschnitt beschriebenen Harburger Ever der Renckschen Werft, doch ist das Vorschiff der Stroh-Ever schärfer, auch hat ihr Vorsteven mehr Ueberhang. Der Achtersteven mit dem kleinen Spiegel ist wie bei den Fischer-Evern stark nach hinten überfallend gebaut, über der waagerecht befestigten Spiegelbeplankung fehlt das Spiegelfutter. Während der Spiegel des „Immanuel" glatt ist, hatte der Spiegel des Evers „Martha" in der Mitte einen waagerechten Knick. Dicht unter dem Namenbrett dieses Evers befand sich jederseits ein niedriges, nach innen zu vertieftes Fenster ohne Umrahmung.

Ueber dem Logis hatten die Stroh-Ever einen kleinen Aufbau. Davor war eine kleine eiserne Ankerwinde angeordnet, die Kette des vierarmigen Draggen fuhr über die Reling. Das Kajütdeck war mit einer offenen Reling umgeben. Früher führten diese Ever, der hohen Decklast wegen, ein niedriges Gieksegel und eine Stagfock sowie Seitenschwerter. Nach dem Kriege erhielten sie einen Motor; Takelung, Schwerter und das am Achtersteven befestigte Ruder entfernte man. Der Motor wurde in der Kajüte eingebaut, der Achtersteven erhielt eine Aufklotzung für die Schraubenwelle. Das neue Ruder besteht aus einem eisernen Ruderblatt mit einem eisernen Ruderschaft. Letzterer ist durch den Achtersteven und durch das Kajütdeck geführt. Gesteuert werden diese Ever mit einer kurzen eisernen Ruderpinne. Die beladenen Ever wurden von der Decklast aus gesteuert. Mit dem Ruderschaft, dicht oberhalb des Kajütdecks, war ein mit mehreren Löchern versehenes Flacheisen verbunden, so daß die etwa 5 m lange hölzerne Ersatzpinne verstellbar und unter verschiedenen Winkeln befestigt werden konnte. Die seitlich überstehende Ladung wurde mittels Persenningstreifen, die an beiden Enden hölzerne Rollen hatten, abgedeckt und festgezurrt. Als Beiboot diente ein gewöhnlicher Handkahn.

Die Beplankung und der Spiegel war naturfarben, der Spiegel hatte eine weiße Einfassung, unterhalb des Schandeckels befand sich ein schwarzer Halbstab. Die Klüsbacken der Stroh-Ever waren viel schmaler als bei den Elb-Evern, die darauf angebrachte Klüse ist blind: „Martha" besaß naturfarbene, weiß besäumte Klüsbacken mit einer hellgrün bemalten Klüse, „Immanuel" besitzt hellgrüne Klüsbacken, darauf eine weiße Ellipse und eine rote Klüse. Sie hatten oben am Spiegel, wie die Elb-Ever, Namenbretter.

Trotz ihres altertümlichen Aussehens sind die Stroh-Ever kein alter Schiffstyp, denn ihr Spiegel stammt von den auf Finkenwärder gebauten Blankeneser Evern her, bei denen der Spiegel erst im Anfang des 19. Jahrhunderts eingeführt worden ist.

16. Fähr=Ever.

Obwohl die Fähr-Ever jahrhundertelang einen großen Teil des Elbverkehrs vermittelt haben, fehlen zeitgenössische Beschreibungen. Die Fähr-Ever sind offene, nur im Vorschiff gedeckte spitzgatte Fahrzeuge gewesen[288]. Unter dem Vordeck befand sich eine kleine Kajüte, Ducht (Dugt) genannt. Sie führten nur ein Segel[289], offenbar ein Rahsegel, auch waren sie mit mehreren Remen und Staken versehen.

Die Ordnung für die Everführer der Stadt Hamburg vom Jahre 1640 enthält die Bestimmung: „Es soll auch der Bestätter fleißige Aufsicht haben, daß in einem jeden Ever zum höchsten nicht mehr als 40 Sch ʒ nach Gelegenheit eines jeden Evers, weil nicht alle Ever 40 Sch ʒ tragen und ohne Gefahr liefern können, geladen werden...“, mithin luden sie etwa 5½ Tonnen[290]. In Stade scheint man größere Ever verwendet zu haben. Denn aus der Zeit, in der die Merchant Adventurers ihren Sitz in Stade hatten, stammt die Nachricht, daß im Jahre 1603 mehrere mit Tuch beladene englische Schiffe vor Stade ankamen, deren Ladung von acht Evern nach der Stadt geschafft wurde. Darunter waren Ever, die eine Tragfähigkeit von etwa 19 bis 27 Tonnen hatten[291]. Vermutlich gehörten einige dieser Ever zu den Stader Fährschiffen. 1754 betrug die Tragfähigkeit der großen Harburger Ever etwa 11 bis 17 Tonnen[292], im Jahre 1839 etwa 20 Tonnen[293]. Die Buxtehuder Fähr-Ever konnten im Jahre 1839 10 bis 16 Tonnen laden[294]. 1824 besaß ein Hamburger Everführer, der hauptsächlich mit Harburg in Verbindung stand, vier Ever, die eine Tragfähigkeit von 9 bis 54 Tonnen aufwiesen[295].

Ueber die Abmessungen der Fähr-Ever ist nur eine Angabe überliefert[296], nach der in der zweiten Hälfte des 18. Jahrhunderts die großen Harburger Ever eine Länge von 16,94 m und eine Breite von 4,09 m hatten. Die Hamburger Fähr-Ever sollen kleiner und nicht so gut zum Warentransport eingerichtet gewesen sein, auch war ihr Ladegeschirr schwächer als bei den Harburger Evern[297].

Wie aus dem „Schiffer-Reglement für die Stadt Haarburg“ vom 4. August 1788 hervorgeht, legte die hannöversche Regierung großen Wert auf die Befähigung der Fährschiffer, auf den Zustand der Fährschiffe (s. S. 36) und auf den geordneten Fährbetrieb (s. S. 304). An dieser Stelle möge noch die Bestimmung des § 29 Erwähnung finden: „In einem jeden großen Ever sollen 2 gut gepichte Schlag- oder Regenlaken wie auch haarene Decken gehalten werden, um die Kaufmannsgüter auch Frachten dadurch für Regen und Nässe auf das Sorgfältigste zu bewahren. Diejenigen Schiffer die nicht damit versehen sind, sollen, bis sie solche angeschaffet, von der Einladung am Kaufhause ausgeschlossen werden. Damit dergleichen Deckzeug nicht auf mehre Ever gebraucht werden könne, so soll ein jeder seine eigene mit des Evers Namen bezeichnete Decklaken haben, ..."

In meinem Besitz befindet sich ein aus den vierziger Jahren des vergangenen Jahrhunderts stammender Linienriß, darstellend einen „Harburger Ever" der Renckschen Werft in Harburg[298]. Dieser im Vor- und Achterschiff gedeckte und mit einem Spiegel versehene Ever ist im Verhältnis zur Länge schmal und niedrig gebaut. Er hatte ein hohes, langes Vorschiff mit einem gekrümmten Vorsteven, der Achtersteven war stark nach hinten geneigt, die Kahnplanke stand steil. Auf dem Vordeck stand ein Ankerspill. Der Ever besaß den üblichen Ruderkopf, sowie mit Ranken verzierte Klüsbacken. Das kurze Achterdeck hatte eine offene Reling. Die Takelung bestand aus einem Mast, aus der Maststellung geht hervor, daß daran ein Rahsegel gefahren wurde. Während bei den Giek-Evern der Mast auf etwa 0,30—0,34 der Schiffslänge von vorn stand, war der Standort des stark nach hinten geneigten Mastes dieses Evers viel weiter nach hinten gerückt und zwar auf 0,40 der Schiffslänge. Sicherlich führte der Ever auch eine Stagfock. Die Abmessungen dieses schön geformten Evers waren: Länge über den Steven 19,80 m, größte Breite 4,90 m, Tiefgang 1,14 m. Abgesehen von dem Spiegel, kann dieser Riß nicht nur für die älteren Fähr-Ever sondern auch für die größeren Gemüse-, Milch- und Stroh-Ever als Beispiel dienen.

17. Lauenburger Ever.

Während des Dreißigjährigen Krieges bauten oder kauften Leute, die in der Umgebung der Stadt Lauenburg wohnten, kleine Schiffe oder Ever, mit denen sie auf der Elbe und nach Hamburg hin Schiffahrt trieben[299]. 1741 wird erwähnt, daß die Lauenburger Amtsschiffer einige Ever von 24 Tonnen Tragfähigkeit anschafften, die man auch Amts-Ever nannte[300]. Wenige Jahre später wurden diese durch größere Ever ersetzt. 1759 waren sechs Ever vorhanden, die jeder 36 Tonnen laden konnten. 1780 besaßen die Schiffer des Lauenburger Schiffamtes nur noch fünf große Elbschiffe, aber acht Ever, darunter befand sich ein Ever von 48 Tonnen Tragfähigkeit. 1813 reichten die Lauenburger Schiffer der hannöverschen Regierung ein Verzeichnis ihrer Fahrzeuge ein, die von den Franzosen beschädigt oder unbrauchbar gemacht waren. In dieser Liste werden die großen Fahrzeuge Schiffe, einmal auch „der große Elbbukker" genannt, auch ein Ever wird aufgeführt[301]. Ueber die Bauart, Takelung und Abmessungen dieser Ever ist nichts bekannt[302]. „Späterhin nannte man in Lauenburg auch eiserne Kähne Ever, nur mit Rücksicht darauf, daß sie annähernd die alte Größe hatten"[303].

18. Ilmenau-Ever.

Einen Uebergangstyp zwischen den niederelbischen und oberelbischen Schiffstypen bildeten die Ilmenau-Ever. Auf der Ilmenau verkehrende Ever werden zuerst im Jahre 1585 erwähnt[304]. Damals wünschte der Rat der Stadt Lüneburg, daß jährlich 8 bis 12, mindestens aber 5 Lüneburger Ever mit Gerste aus den Elbmarschen beladen nach ihrer Stadt segeln durften, ohne in Hamburg anzulegen; dieses gestattete Hamburg nicht.

Ueber das Aussehen der älteren Ilmenau-Ever geben drei aus dem 18. Jahrhundert stammende Modelle Aufschluß, die das Lüneburger Museum und Herr W. Bardowicks in Bardowiek besitzt[305]. Diese Modelle stellen spitzgatte, offene Fahrzeuge dar, mit einem kleinen Logis im Vorschiff, achtern befindet sich eine kleine Plicht. Der Vorsteven ist gerade und stark überfallend, der gerade Achtersteven ist nach hinten geneigt. Vorn und achtern sind sie im Boden und an den Enden ziemlich scharf gebaut, wie die niederelbischen Segelschuten, die Beplankung ist nach außen geneigt, der Sprung ist mäßig. Der Querverband wird durch mehrere Bodenwrangen, Spanten und Raumbalken hergestellt. Gegen den flachen, an den Enden aufgezogenen und achtern mit einem Strak versehenen Boden ist die Kahnplanke schräg verbolzt. Darauf folgen bei den Lüneburger Modellen vier, bei dem Bardowieker Modell drei klinkerweise befestigte Seitengänge. An Stelle eines Balkwegers ist ein Dollbaum eingebaut, darauf und auf der Außenhaut ist ein Schandeckel befestigt. Auf den Bodenwrangen liegen Bodenweger, vermutlich waren auch Kimmweger vorhanden.

Der starke, fast in der Mitte des Schiffes stehende und zum Niederlegen eingerichtete Mast wird durch ein Vorstag und eine Pardune (wahrscheinlich mit einer Talje) abgestützt. Vor dem Mast wird ein großes, dunkelgetantes Rahsegel gefahren, das durch in vier Reihen (oben am Segel) angeordnete Reffbändsel verkleinert werden kann. Zum laufenden Gut gehörten zwei leichte Brassen, die Schoten und ein Drehreep. Der verzierte Masttopp trägt einen großen, roten Flögel. Seitenschwerter fehlen bei allen Modellen.

Eine ganz abweichende Form hatte das Ruder. Das mit drei Fingerlingen am Achtersteven befestigte Ruder wurde mit einer übergestreiften Ruderpinne bewegt, es bestand aus einem Ruderstamm und aus einem niedrigen und langen Ruderblatt, das Ende des Ruderblattes war mit dem oberen Ende des Ruderstammes durch ein Krummholz verbunden. Es ist also kein Everruder. Bereits auf einer Hamburger Hafenansicht von A. Pietersen aus dem Jahre 1690 sind mehrere oberländische Fahrzeuge, vielleicht Ilmenau-Ever, mit einem derartigen Ruder dargestellt[306]. Im 18. Jahrhundert führten die Stecknitzschiffe sowie die Elbgellen das gleiche Ruder, das sich übrigens bei einigen Schiffstypen bis auf die Gegenwart gehalten hat[307].

Am Ende des 18. Jahrhunderts besaßen die Lüneburger Schiffer 60 bis 70 größere Fahrzeuge, ohne die kleinen Anhänge, mit denen der Frachtverkehr zwischen Lüneburg, Hamburg und Lauenburg unterhalten wurde[308]. Die größeren Schiffe hatten eine Länge von rund 15,80 bis 17,50 m und eine Bodenbreite von 3,20 bis 3,50 m.

Im Jahre 1841 veröffentlichte der hannöversche Wasserbauinspektor H. Blohm einiges über die Bauart und die Abmessungen der damals gebräuchlichen Ilmenaufahrzeuge[309]. Vorhanden waren 77 Ever und 45 Jagden, außerdem als Anhänge 12 Schuten, 4 Schneider und 54 Kähne. Auch in dem vergangenen Jahrhundert wurden die Ilmenaufahrzeuge gewöhnlich noch klinker beplankt. Der Boden der Ever bestand aus vier 4 Zoll dicken Planken, die Seitengänge waren 2 Zoll, der Vorsteven 7 Zoll, der Achtersteven 6 Zoll dick, der Schandeckel hatte eine Breite von 10 Zoll. Sie führten ein Rahsegel und Seitenschwerter. Bei einem Tiefgang von 0,68 m konnten die Ever 16 bis 24 Tonnen, bei einem Tiefgang von 0,88 m aber 36 bis 40 Tonnen laden. Auf der Elbe mußten sie einen Freibord von 0,44 m innehalten[310]. Zu ihrer Bedienung gehörten drei Mann. Stromaufwärts ließ man die Fahrzeuge durch sieben bis neun Mann treideln. Diese Ilmenau-Schiffszieher oder Tregger wurden „Uennerögsbuern" genannt[311]. Die Fahrt nach Hamburg währte im Mittel zwei bis drei Tage, von Hamburg nach Lüneburg drei bis vier Tage.

Die Abmessungen der Ilmenau-Ever betrugen nach Blohm:

Länge über die Steven	24,23 m
Länge im Boden	22,26 m
Größte Breite	4,52 m
Breite im Boden	3,06 m
Seitenhöhe	1,31 m.

Abgesehen davon, daß nur wenige niederelbische Ever eine Länge von mehr als 20 m und höchstens bis 20,85 m hatten, zeigt ein Blick auf diese Abmessungen, daß die Ilmenau-Ever auch nicht die geringste Aehnlichkeit mit den niederelbischen Evern besaßen. Das Verhältnis L : B beträgt 5,36, während es bei den Elb-Evern nur vereinzelt den Wert 4,53 erreichte. Noch ungünstiger ist das Verhältnis der Seitenhöhe zur Schiffslänge. Vermutlich war der erwähnte Freibord von 0,44 m gleichzeitig ein Festigkeitsfreibord, denn Tiefgang und Festigkeit stehen in enger Beziehung. Die wahrscheinlich bei der Stadt Lüneburg gebauten Ever, sollen sich bis zum Ende des vergangenen Jahrhunderts gehalten haben.

19. See-Ever.

(s. Nachtrag S. 332.)

Die im Anfang des 19. Jahrhunderts entstandenen Besahn-Ever waren für die Anforderungen der Küstenschiffahrt gebaut. Man nannte sie See-Ever oder Ostsee-Ever, weil sie vielfach dorthin segelten, oder auch Ever der nach Draußen fährt, Fahrten außerhalb der Elbmündung unternahm. Von den Elb-Evern unterschieden sie sich vor allem durch die größere Breite und Raumtiefe, auch waren sie stärker gebaut. Entweder erhielten sie eine steile Kahnplanke, oder man baute sie mit unten eingezogenen Spanten auf einem schmalen Boden. Die Abmessungen von etwa 300 großen See-Evern betrugen: Länge 15,00 bis 20,85 m, Breite 5,00 bis 6,15 m, Raumtiefe 1,50 bis 2,20 m, ihr Brutto-Raumgehalt schwankte zwischen 24 bis 60 Tonnen. Im Gegensatz zu den seegehenden Tjalken baute man diese Ever im Verhältnis zur Länge gewöhnlich kurz und hoch. Das Verhältnis L:B war 2,60 bis 3,60, im Mittel 3,00. Durchweg erhielten die See-Ever eine kleinere Großluke als die Elb-Ever, sie war 3,00 bis 5,00 m lang und 2,75 bis 3,70 m breit. Oft waren sie mit einem hohen durchlaufenden Schanzkleid versehen. Vielfach hatten die See-Ever ein Roof. Außer den Seitenschwertern führten sie häufig Kimmkiele, wenn die Kahnplanke nicht steil stand, auch war am Vorsteven oft ein Luvklotz befestigt.

Ihre Besegelung war größer als die der Elb-Ever. Durchweg führten sie einen Jager, gelegentlich setzten sie sogar drei Vorsegel an dem losen, meistens aber festen Vorgeschirr. Alle besaßen eine Breitfock, über die man in früherer Zeit oft ein Toppsegel, am Ende des vorigen Jahrhunderts oft zwei dreieckige Leesegel setzte. Der hohe Großmast wurde häufig jederseits durch eine Pardune abgestützt. Nach 1850 erhielten mehrere See-Ever eine lose Besahnstänge, wie die Galeaß-Ever. Die Masten waren fest. In der zweiten Hälfte des 19. Jahrhunderts rüstete man die größeren Ever mit Pumpspillen aus.

Hinsichtlich der Bemalung entsprachen sie den Elb-Evern. Wie diese besaßen sie verzierte Klüsbacken und einen verzierten, aber festen Ruderkopf, so daß die Besahnschot oft am Ruderkopf befestigt wurde. Gelegentlich hatten sie ein großes, mit Bildhauerarbeit geschmücktes Galion, sonst besaßen sie alle ein kleines geschnitztes oder nur bemaltes Galion. Die Spiegelfenster sind bei diesem Evertyp zuerst aufgegeben worden. Querab vom Besahnmast war ehemals bei einigen See-Evern an dem Schanzkleid ein Namenbrett befestigt, wie es bei den größeren Seeschiffen damals üblich war; außerdem führten diese Ever am Spiegel die üblichen Namenbretter.

Gebaut wurden die See-Ever hauptsächlich in Holstein in Schulau, Haseldorf, Uetersen, Spiekerhörn, Elmshorn und Wewelsfleth, an der Oste in Neuhaus, Oberndorf, Achthöfenerdeich, Gräpel und Bremervörde, in Kehdingen in Wischhafen, Dornbusch, Krautsand, Gauensiek und Stade, im Alten Lande in Grünendeich, Höhen, Borstel und Cranz, sowie auf Finkenwärder (Hamburger und Lüneburger Anteil). Nachstehend sind einige See-Ever aufgeführt, die übrigens alle ein Roof besaßen:

Name	Catharina	Maria	Johanna	Gebrüder
Baujahr	1847	1862	1885	1900
Bauort	Achthöfenerdeich	Wisch	Haseldorf	Gräpel
Werft	P. Tiedemann	J. Thormählen	D. Schwarz	J. Steffens
Br.-Reg.-To.	38	36	59	42
Länge	17,15 m	16,73 m	19,28 m	17,29 m
Breite	5,30 „	5,08 „	5,84 „	5,52 „
Raumtiefe	1,71 „	1,67 „	1,97 „	1,65 „
L:B	3,23	3,29	3,30	3,13
Heimatshafen (1895)	Drochtersen	Tönning	Haseldorf	Bremervörde (00)

Bei den nach 1890 gebauten See-Evern schwankte das Verhältnis L:B zwischen 2,60 und 4,12, der Mittelwert war 3,47. Einige dieser Ever hatten schwächere Längs- und Querverbände als die älteren See-Ever, auch waren die Abmessungen der Luken abweichend: Länge 4,30 bis 7,50 m, Breite 3,30 bis 3,70 m; ein Ever hatte sogar eine Großluke von fast 8,50 m Länge. Mehrere dieser Ever besaßen umlegbare Masten, häufig führten sie ein Bugspriet mit Klüverbaum in einer Länge.

In der zweiten Hälfte des vergangenen Jahrhunderts waren die großen See-Ever vorwiegend beheimatet an der Oste von Neuhaus bis Bremervörde, in Kehdingen von Freiburg bis Stade, im Alten Lande in Twielenfleth, Grünendeich, Borstel, Cranz, Neuenfelde und Estebrügge, ferner Hbg.-Finkenwärder, Hamburg und Altona, in Wedel, Schulau, Spitzerdorf, Haseldorf (Scholenfleth), Uetersen, Elmshorn, Kollmar und Neufeld in Dithmarschen. Von den See-Evern sind noch mehrere vorhanden, die teils in der kleinen Küstenfahrt, teils zur Binnenfahrt auf der Elbe benutzt werden. See-Ever wurden ehemals auch in der Torf- und Steinschiffahrt von der Oste und Kehdingen aus nach Hamburg verwendet.

20. Galeaß-Ever.[312]

Die ältesten Nachrichten über deutsche Galeaß-Ever stammen aus den zwanziger Jahren des vergangenen Jahrhunderts. Das älteste und sehr sorgfältig gemalte Bild[313] eines solchen Fahrzeuges trägt die Unterschrift „Der Gallias Ewer genannt Die Frau Elsabe von Blankenese, geführt vom Schiffer Dierck Stehr An° 1822". Der nächstälteste Galeaß-Ever ist im Schiffsregister des „Bureau Veritas" vom Jahre 1852 verzeichnet: „Minerva", gebaut im Jahre 1826 in Finkenwärder, vermutlich auf der Werft von Joachim Wriede. Aeltere Nachrichten liegen über dänische Galeaß-Ever vor. Sie sind vorwiegend auf Fanoe gebaut worden, der erste im Jahre 1815 („Frue Henrica" von Sönderhö auf Fanoe). Die Blütezeit des Galeaß-Ever-Baues währte von den zwanziger Jahren bis Mitte der siebziger Jahre. In dieser Zeit sind, soweit ich ermitteln konnte, 145 Galeaß-Ever vom Stapel gelaufen, nach 1880 und bis zum Jahre 1904 aber nur noch 9. Gebaut wurden die Galeaß-Ever auf den Werften, die sich mit dem Bau von See-Evern befaßten, am häufigsten aber in Schulau, Haseldorf, Uetersen, Elmshorn, Achthöfenerdeich, Wischhafen, Dornbusch, Cranz und auf Hamburgisch-Finkenwärder. Sie hatten eine Länge von 16,00 bis 20,00 m, eine Breite von 5,20 bis 6,20 m, eine Raumtiefe von 1,50 bis 2,50 m und einen Brutto-Raumgehalt von 35 bis 60 Tonnen. Es waren verhältnismäßig breite Fahrzeuge, das Verhältnis L:B betrug 3,10 bis 3,50, im Mittel 3,24. Beispiele von Galeaß-Evern sind:

Name	Hoffnung	Eunomia	Courier	Laguna
Baujahr	1850	1861	1879	1884
Bauort	Achthöfenerdeich	Wisch	Cranz	Haseldorf
Werft	P. Tiedemann	H. Thormählen	H. Sietas	D. Schwarz
Br.-Reg.-To.	59	37	49	54
Länge	19,19 m	16,92 m	18,23 m	19,76 m
Breite	5,98 „	5,24 „	5,92 „	6,12 „
Raumtiefe	2,21 „	1,66 „	1,86 „	1,83 „
L:B	3,20	3,22	3,07	3,22
Heimatshafen (1895)	Hamburg	Altona	Hamburg	Schulau

Alle Galeaß-Ever hatten den flachen, an den Enden aufgezogenen Boden der Elb-Ever, für den mitunter Buchenholz Verwendung fand. Dieser Boden war aber sehr schmal, wie bei den Blankeneser Evern, auch wurde die Kahnplanke steil gegen den Boden verbolzt. Die Form ihres Rumpfes zeigte häufig den Einfluß der Galeassen, sie hatten im Unterwasserschiff scharfe Wasserlinien, im Oberwasserschiff jedoch völligere Wasserlinien als die Elb-Ever. Der Vorsteven war entweder everähnlich gekrümmt, oder mehr gerade, wie bei den Galeassen, in der zweiten Hälfte des 19. Jahrhunderts erhielten sie mitunter einen ähnlichen Steven wie die Klipper. Während einige Galeaß-Ever den flachen Spiegel der Ever besaßen, hatten andere den halben Spiegel der Galeassen. Dieser reichte nur bis zur Unterkante der Berghölzer, indessen die Seitenplanken in einem scharfen Knick an den Achtersteven heranliefen[314]. Bei beiden Spiegelformen befand sich das Ruder außenbords, wie bei den Evern beschrieben. Die Ruderhacke war aber kürzer, weil das Ruder bei diesen Evern tiefer herabreichte. Seit dem Ende der zwanziger Jahre baute man viele Ever mit einem überstehenden und platten Heck[315]. Dann wurde der Querverband achtern durch Heckbänder hergestellt, die den Bugbändern im Vorschiff entsprachen. Das Ruder dieser Ever, die auch Heck-Ever hießen, hing in zwei oder drei Fingerlingen am Achtersteven, aber anstatt außenbords bis oben zu reichen, wurde der Ruderstamm binnenbords durch das Heck geführt. Zur Handhabung des Ruders diente eine Ruderpinne. Die in der zweiten Hälfte des vergangenen Jahrhunderts gezimmerten Galeaß-Ever hatten ein kleines plattes oder ein leicht gerundetes Heck.

Die in der ersten Hälfte des 19. Jahrhunderts vom Stapel gelaufenen Galeaß-Ever besaßen entweder die gleiche Beplankung wie die Elb-Ever, oder sie führten oberhalb der beiden Bergholzgänge noch zwei oder drei schmale und schwächere Farbegänge, darüber in Deckhöhe noch ein drittes Bergholz[316]. Diese Bauweise ist von den kleineren Ostseeseglern (Galeassen, Jachten, Schlupen) entlehnt worden. Einige Galeaß-Ever hatten eine volle Wegerung, andere nur die halbe Wegerung der Elb-Ever und andere wiederum besaßen zwischen der Balk- und Kimmwegerung Latten. Meistens erhielten diese Ever im Vorschiff Schlaghölzer. Bei dem Galeaß-Ever Matthias, 1857 bei J. Funcke in Gauensiek gebaut[317], hatten die Schlaghölzer eine Dicke von 8 Zoll und eine Breite von 9 Zoll, seine Spanten waren 8×8 Zoll und beim Deck 6×8 Zoll stark. Während einige Galeaß-Ever nur mit dem Setzbord und der offenen Kajütdeckreling der Elb-Ever versehen waren, besaßen die meisten ein hohes, von vorn bis hinten durchlaufendes Schanzkleid mit Wasserpforten und Speigatten. Dieses Schanzkleid wurde im Bereich des Kajütdecks noch durch eine offene oder beplankte Reling erhöht. Meistens erhielten sie ein Roof, weil sie außer dem Schiffer häufig eine Besatzung von drei oder vier Mann hatten; erst nach 1890 segelten mehrere Galeaß-Ever nur noch mit einer Besatzung von insgesamt zwei oder drei Mann. Ihre Großluke war meistens klein, 2,90 bis 4,50 m lang und 2,70 bis 3,70 m breit; die am Ausgang des vorigen Jahrhunderts gezimmerten Ever hatten gelegentlich eine größere Großluke. Einige Galeaß-Ever waren mit großen Seitenschwertern versehen, andere besaßen nur Kimmkiele. Doch sind Galeaß-Ever mit oder ohne Seitenschwerter bis zum Ende des 19. Jahrhunderts nebeneinander verwendet worden. Weil der vordere durchlaufende Lukengiebel bei diesen Fahrzeugen meistens fehlte, mußte der Schwerthaken an einer starken auf dem Deck verbolzten Aufklotzung befestigt werden. Am Ausgang des vorigen Jahrhunderts zimmerte man einige Galeaß-Ever auf einem niedrigen Kiel, an der kantigen Kimm wurden außerdem noch Kimmkiele verbolzt.

Die Takelung der Galeaß-Ever war mit einigen Abweichungen die gleiche wie die der Besahn-Ever. Der Großmast wurde außer durch Wanten, Takel und Mantel jederseits durch eine Pardune und mitunter noch durch ein B a c k s t a g abgestützt, weil sie außer der Breitfock noch ein Toppsegel und ein niedriges Bramsegel führten. Das Backstag war am Topp des Untermastes befestigt und weit hinten mittels einer vierscheibigen Talje aufgesetzt; letztere wurde an einer Schiene eingehakt, den Taljenläufer belegte man an einer Klampe, die an einer Relingstütze verbolzt war. Die stets ausgewebten Großwanten waren vereinzelt nicht an eisernen Wantenrüsten befestigt, sondern, wie bei größeren Seglern, an kleinen hölzernen Rüsten mit Püttingseisen. Feste Stage am Vorgeschirr hatten die älteren Galeaß-Ever nicht, nur der Klüver wurde an einem losen Stag gefahren. Seit den dreißiger Jahren erhielten die Galeaß-Ever einen höheren, weiter nach vorn gerückten Besahnmast, mit einer leichten, l o s e n S t ä n g e und mit einer Quersaling. An dieser Stänge wurde aber nur selten ein Gaffeltoppsegel gefahren, sie diente zur Zierde und als Flaggenstock. Die Besahnstänge wurde häufig durch zwei K n i c k s t a g e n abgestützt. Das zweite Knickstag setzte man an der Großstänge, in gleicher Höhe mit dem anderen Knickstag auf, es lief schräg zum Topp der Besahnstänge. Ever mit einer losen Besahnstänge nannte man in Holstein E v e r m i t v e r s c h o t n S t ä n g, in Hannover E v e r m i t s c h o t n S t ä n g, beides bedeutet lose Stänge. Das Bugspriet mit Klüverbaum war fest, die Vorsegel setzte man an festen Stagen. Die Gaffelsegel waren größer als bei den älteren Galeaß-Evern, auch war ihr Bramsegel größer. Die Besahnschot wurde binnenbords an einem Augbolzen festgesetzt, nur bei den mit einem Spiegel versehenen Evern saß der untere Schotblock an dem Ruderkopf fest. Neben der Breitfock und dem Quertoppsegel konnten an leichten Spieren Leesegel gesetzt werden, um die Segelfläche vor dem Winde zu vergrößern. Mehrere Galeaß-Ever führten über dem Toppsegel noch ein B r a m s e g e l, dessen laufendes Gut dem des Toppsegels entsprach. Gelegentlich besaß die Bramrah nur ein Fall und leichte, auf den Toppsegelbrassen festgesetzte Brambrassen, auch fehlten mitunter die Geitaue; beim Festmachen wurde das Bramsegel auf die Toppsegelrah gefiert. Mit Bramsegeln getakelte Galeaß-Ever sind noch bis zum Ausgang der siebziger Jahre verwendet worden. Die in der zweiten Hälfte des 19. Jahrhunderts gebauten Galeaß-Ever führten oftmals außer der Breitfock keine Rahsegel mehr. Ueber der Breitfock wurden zwei dreieckige Leesegel gefahren. Am Großmast, gelegentlich auch am Besahnmast setzte man ein Gaffeltoppsegel, oftmals hatten diese Ever am Vorgeschirr drei Vorsegel: Klüver, Außenklüver und Jager. Einige Galeaß-Ever der neueren Zeit besaßen die gewöhnliche Besahn-Ever-Takelung mit umlegbaren Masten.

Ueber die Bemalung dieser Ever fehlen genügende Angaben. Einige waren naturfarben, mit schwarzem Bergholz und farbigem Halbstab am Setzbord. Andere Galeaß-Ever waren schwarz oder grau bemalt, mit naturfarbenen, weiß besäumten Berghölzern, bei einigen Evern ließ man die Farbegänge naturfarben, bei anderen nur das Schanzkleid. Das platte Heck der älteren Ever wurde durchweg bunt bemalt und mit farbigen Bildhauerarbeiten geschmückt (Abb. 35). Jederseits vom Ruder waren zwei viereckige Fenster angeordnet, wie es bis zur Mitte des vergangenen Jahrhunderts auf großen und kleineren Seeschiffen Mode war. Das kleine Heck der jüngeren Ever trug keine Fenster, es wurde gleichfarbig mit der Beplankung bemalt, aber mit Bildhauerarbeit verziert. Alle Galeaß-Ever besaßen farbige und verzierte Klüsbacken, das kleine oder große Galion, letzteres auch mit Galionsbrettern, wurde stets verziert.

Die meisten Galeaß-Ever besaß in der ersten Hälfte des 19. Jahrhunderts Blankenese. Sonst wurden sie noch viel verwendet von den Schiffern von Hamburg, Altona, Haseldorf, Elmshorn, Wischhafen, Cranz-Neuenfelde, Estebrügge und Hamburgisch-Finkenwärder. Im Jahre 1852 gehörten von 69 niederelbischen Galeaß-Evern 29 nach Blankenese, Cranz besaß 8, Hamburg und Estebrügge je 4, je 3 waren in Finkenwärder und in Wischhafen beheimatet. Diese großen Ever wurden überwiegend in der Nord- und Ostseefahrt verwendet. Aeltere Fahrzeuge dienten nur noch zur Elbschiffahrt, sowie zu Fahrten nach der schleswig-holsteinischen Westküste.

21. Sonstige Fracht-Ever.

Vereinzelt wurden in dem vergangenen Jahrhundert die Bezeichnungen Kutter-, Schlup-, Jacht-, Schuner- und Galiot-Ever gebraucht. Der von E. Kühl (Blankenese) für die Seefischerei konstruierte Kutter-Ever, auch Ever-Kutter, genannt, ist zuerst im Jahre 1878 gebaut worden. Diese Bezeichnung kommt aber schon 60 Jahre früher vor. Im Jahre 1817 baute der hamburgische Schiffszimmermeister Gottfried Heinrich Stamann auf seiner auf dem Grasbrook liegenden Werft den Kutter-Ever „Schwalbe", der eine Länge von 14,56 m über Deck, eine Breite auf Außenkante Berghölzer von 4,92 m und eine Raumtiefe von 1,72 m hatte[318]. Vielleicht besaß dieses Fahrzeug den flachen Boden und die steile Kahnplanke der Ever, aber den geraden Kuttersteven, keinen Spiegel, sondern ein plattes Heck, wie es damals die Kutter führten. 1865 wurde der Kutter-Ever „Friederike Amalie" gebaut, der eine Größe von 13 Netto-Registertonnen hatte und der bis zum Jahre 1898 nach Sylt gehörte. Wodurch sich dieses Fahrzeug von den Elb-Evern unterschied, ist mir nicht bekannt. In dem Verzeichnis der deutschen Kauffahrteischiffe wurde dieser Ever bis zum Jahre 1876 als Kutter-Ever, später abwechselnd als Ever, Zweimast-Ever und Kutter-Ever geführt.

Die an der Ostseeküste gebräuchlichen Schlupen wurden um 1830 und späterhin vereinzelt an der Elbe und an der dänischen

Westküste gezimmert. Gelegentlich baute man sie mit einem flachen Boden und kantiger Kimm, anstatt auf Kiel und mit aufkimmenden Boden. Sie hießen dann S c h l u p - E v e r (Sloop-Ever) oder Everslup[319].

In dem Schiffsregister des „Bureau Veritas" vom Jahre 1852 ist der J a c h t - E v e r „Johanna Christina" von Fanoe verzeichnet, der dort im Jahre 1837 gebaut worden ist. Dieser Ever hatte eine Größe von 26 Tonnen, auch besaß er Seitenschwerter. Vielleicht hatte dieses Fahrzeug die Form der dänischen Jachten, aber den flachen Boden der Ever, oder der Ever war auf Kiel aber mit schwach aufkimmendem Boden und mit kantiger Kimm gebaut. Aehnliche Fahrzeuge kommen in der schleswig-holsteinischen Schiffsmessungsinstruktion vom Jahre 1848 vor[320]: „Auf dem Kiel gebaute (dänisch: kjölbyggede) Fahrzeuge, welche den Namen Ever führen, und keinen ganz flachen Boden haben, sind nach den in Art. 1 angegebenen Regeln als Schiffe mit Einem Verdeck zu messen", ferner „Die Messung nach diesem § [handelt von offenen Evern] muß bloß angewendet werden auf wirkliche Ever mit flachem Boden, und nicht auf Kielfahrzeuge (kjölbyggede Fartöier), welche den Namen ‚Ever' führen."

S c h u n e r - E v e r werden in der Zeit von 1840 bis 1866 erwähnt[321]. Es waren große, an der Niederelbe, Weser und in Ostfriesland beheimatete Fahrzeuge. Es ist aber kaum anzunehmen, daß es sich um einen besonderen Typ handelt, vielmehr werden die an der Elbe nach Hause gehörenden Fahrzeuge Galeaß-Ever und die anderen Schunerkähne, d. h. große Weserkähne gewesen sein.

Sehr selten ist von G a l i o t - E v e r n die Rede, die aus den fünfziger Jahren stammen und die ebenfalls größere Fahrzeuge gewesen sind[322]. Vielleicht waren das rundgat gebaute flachbodige Ever.

Die im nächsten Abschnitt beschriebenen B l a n k e n e s e r Ever sind mehrfach als Frachtsegler benutzt worden. Auch sonst kam es gelegentlich vor, das Seefischer-Ever zu Frachtschiffen umgebaut wurden[323]. Andererseits hat man an der Elbe vereinzelt auch Fracht-Ever von gleicher Form wie die Seefischer-Ever gezimmert. Mitunter sind auch Gemüse-Ever nach der Niederelbe verkauft worden, sie erhielten dann ein festes Deck und eine Großluke. Ein solcher Vierländer Ever verkehrt zur Zeit noch auf der Stör, einen anderen sah ich vor einiger Zeit im Altonaer Hafen.

22. Blankeneser Ever.

Die älteste Darstellung eines Blankeneser Evers besitzt das Thaulow-Museum in Kiel. Das mit der Unterschrift Hanß Kröger 1692 versehene Schiff ist auf einer kleinen, bleigefaßten Glasplatte gemalt, die außerdem noch fünf andere Bilder (Wappen, Sprüche,

Frauenbildnis) Blankeneser Familien zeigt. Das spitzgatte Fahrzeug hat ein Seitenschwert, vorn und achtern befinden sich kleine Einbauten (Plichten), der hohe Mast steht in einer breiten Ducht, hinter der sich ein kleiner Aufbau (Bünnschornstein?) erhebt. Vor dem Mast ist ein großes Rahsegel gesetzt, das unten mit einem Reffband versehen ist. Nach vorn wird der Mast durch ein Stag gestützt, sonst sind von dem laufenden Gut nur die Schoten und das Drehreep (fehlerhaft) dargestellt. Am Masttopp weht die dänische Flagge. Das Schiff hat zwei Mann Besatzung. Während fünf Bilder die Jahreszahlen 1670—1692 tragen, hat eines aber die Jahreszahl 1772. Weil aber um diese Zeit die Blankeneser Ever das seitlich am Mast gesetzte Rahsegel führten, möchte ich vermuten, daß das Bild 1772 erst nachträglich hinzugefügt worden ist.

Am Ausgang des 18. Jahrhunderts verwendeten die Seefischer von Blankenese offene spitzgatte Ever, mit einem völligen Vorschiff und scharfen Achterschiff. Der stark gekrümmte Vorsteven hatte eine Höhe von 2,86 bis 3,44 m, der gerade und nach hinten geneigte Achtersteven war aber nur 1,43 bis 1,72 m hoch[324]. Gegen den flachen, an den Enden aufgezogenen und sehr schmalen Boden, der achtern mit einem Strak versehen war, wurde die Kahnplanke fast lotrecht verbolzt. Ueber der Kahnplanke, die bei den Fischer-Evern Schore, Scharte oder Scharplanke hieß, waren einige Seitengänge und ein breites, kantig aufgesetztes Bergholz befestigt. Nach 1800 wurde über dem Bergholz noch eine Oberplanke, von gleicher Stärke wie die Seitengänge, angeordnet. Für die Außenhaut fanden breitere Planken als bei den Fracht-Evern Anwendung. Weil man vorn mit der Plankenbreite nicht auskam, wurden zwischen den einzelnen Plankengängen einige kurze Planken eingesetzt, die Kropfstücke (Krobstücke) hießen. Diese Ever hatten kantige Spanten und deshalb auch eine kantige Rumpfform. An Stelle des Balkwegers war ein Dollbaum vorhanden, auf dem ein Schandeckel lag. Die Kimmweger reichten nur bis zu den Bünnschweften (s. u.). Im Vorschiff lag ein kurzes Deck, das in einiger Entfernung vor der Mastducht endete. Darunter lag eine Kajüte für die gewöhnlich aus drei Mann bestehende Besatzung, Schiffer, Knecht und Junge. Die Kajüte war mit einigen Kojen und vorgebauten Bänken, einem Klapptisch, mehreren eingebauten Schränken und mit einem Kochherd ausgestattet.

Fast den dritten Teil des Raumgehalts des Evers nahm der Fischraum ein, der die Bezeichnung Bünn (Büne 1787 genannt) trug. Im Bereich der Bünn fehlten die Spanten. Dafür waren vier oder fünf von Bord zu Bord reichende und mit der Scharplanke verbundene eichene Schotte vorgesehen, die man Schwefte (Sweft) nannte. Auf den Schweften ruhte das Bünndeck, auch Börddeck genannt, das den oberen Abschluß des Fischraumes bildete. In der Mitte des Bünndecks befand sich eine rechteckige Oeffnung, damit die Fische eingesetzt und herausgenommen werden konnten. Die Bünnöffnung war mit einem schwach nach innen geneigten und 12 Zoll hohen Süll umgeben, Schornstein (Bünnkiste) genannt. Der etwa 4,30 m lange und 0,86 m breite Bünnschornstein sollte das Uebertreten des im Bünn befindlichen Wassers auf das Bünndeck verhindern. Auf dem Bünnschornstein lagen Lukendeckel. Zur Verstärkung des Querverbandes waren jederseits mehrere starke Kniee (Bünndeckknie oder Bördknie genannt) angebracht, die vom Bünnschornstein bis zum Dollbaum reichten und die man mit der Beplankung und den Schweften verbolzte. Auf diesen Knieen lag als weiterer Längsverband eine starke und breite Planke in gleicher Höhe mit dem Schandeckel; sie war mit eisernen Klammern befestigt und hieß loser Dollbaum. Um die Fische lebend an den Markt bringen zu können, war die Kahnplanke (Scharplanke) und der Boden im Bereich der Bünn mit in mehreren Reihen angeordneten Löchern (Bünnlöchern) versehen, so daß der Fischraum stets voll Wasser stand. Deshalb schwamm der Ever auf dem Bünndeck, auch hatte er aus diesem Grunde mittschiffs nur einen geringen Freibord. Hinter der Bünn war der Ever offen.

Die Takelung bestand aus einem umlegbaren, etwa 17 m hohen Pfahlmast, der an einer niedrigen und breiten Mastducht, dicht vor der Bünn, befestigt war. Gehalten wurde der Mast nach vorn durch das Fockstag, nach hinten durch einen Takel, Wanten fehlten; nach 1800 wurde der Mast durch zwei Takel abgestützt. An dem Mast wurde ein etwa 14,70 m hohes und 7,30 m breites Rahsegel und eine Stagfock mit hochgeschnittenem Schothorn gefahren. Um die Bedienung des großen Rahsegels zu erleichtern, verfertigte man es aus Flachs, nicht wie bei den meisten Fahrzeugen aus Hanf. Außerdem waren die Ever mit einigen langen Everremen versehen. Zur weiteren Ausrüstung gehörten die beiden schmalen Seitenschwerter, eingehakt am Dollbaum, das in zwei oder drei Fingerlingen am Achtersteven befestigte Ruder, das Boot, sowie ein kleines Bratspill mit Zapfen am Bugschanzkleid angeordnet. Die Ever führten 5 Draggen und einen Packdraggen, „der erste derselben wiegt etwa 100 Pfund, wenn der leztere 20 bis 30 Pfund im Gewichte hält. Die dazu gehörige Tauen sind alle 36 bis 40 Klafter oder 196 bis 250 Fuß lang, und das erste derselben hält etwa 4 Zoll im Umfange, wenn das leztere 3 Zoll Umkreis hat"[325]. Die Ankertaue fuhren nicht durch Klüsen, sondern über Lippen am Bugschanzkleid.

Gebaut wurden die Blankeneser Ever ursprünglich nur auf den holsteinischen Werften, vornehmlich in Blankenese, Neumühlen und Schulau, seit dem Ausgang des 18. Jahrhunderts aber hauptsächlich in Lauenbruch und auf Hamburgisch-Finkenwärder. 1734 hatten die größten Blankeneser Ever eine Länge von 36 Fuß, sicherlich im Boden gemessen, das würde auf Hamburger

Fuß umgerechnet etwa 10,30 m ergeben[326]. 1787 verzeichnet Schrader: „Die größesten dieser Ever sind zwischen 50 bis 55 Fus lang, und oben über den Bord, an der breitesten Stelle, über die Mitte des Fahrzeugs gemessen, 15 Fus breit. Sie verjüngen sich aber nach unten zu so stark, daß ein Ever an eben der oben gemessenen Stelle im Boden nur 8 Fus Breite liefert." Mit 50 bis 55 Fuß Länge ist nicht die Bodenlänge, sondern die Länge oben zwischen den Steven gemessen gemeint, die wiederum auf Hamburger Fuß umgerechnet etwa 14,30 bis 15,75 m betragen hätte. Die größte Breite war etwa 4,30 m, die Bodenbreite 2,30 m, der Tiefgang 0,86 m.

Die von Schrader im Jahre 1787 verfaßte Beschreibung der Blankeneser Ever ist im 19. Jahrhundert durch mehrere, bislang noch nicht verwertete zeitgenössische Angaben vervollständigt worden[327]. In der „Instruction für die Hafenmeister am Nieder- und Oberhafen hierselbst, über die Art und Weise, wie sie das Aichen der Schiffe zu bewerkstelligen zu haben", Hamburg, Oktober 1819, heißt es § 1 Abschnitt III: „Die Blankeneser Fischer-Ever, welche zuweilen Kaufgüter zwischen hier und Holland fahren, aber wegen ihrer Bünne (Fischbehälter) nach obigen Regeln nicht können geaicht werden, sind von zweierlei Art, entweder hinten spitz und niedrig, oder etwas höher und platt mit einem Spiegel. Jene sollen entweder auf 3½ oder auf 6 Last à 6000 Pfund; diese die Spiegel-Ever, entweder auf 5½ oder auf 8 Last à 6000 Pfund geaicht und ins Aichregister notirt werden, je nachdem sie bei geladenen Gütern ihre Bünnen voll Wasser oder trocken haben."

Auch für den Lotsendienst in Cuxhaven fanden Blankeneser Ever Verwendung. Im Jahre 1820 war der Staats-Ever sehr baufällig, so daß erwogen wurde, entweder den alten Ever zu reparieren, oder einen neuen Ever zu bauen[328]. Der Lotsinspektor Joh. Chr. Jansen berichtete am 6. Oktober 1820 an den Senator Abendroth in Ritzebüttel, daß nach allen Erkundigungen ein neuer Rah-Ever, wie es der alte ist, am geeignetsten für den Lotsen- und Tonnendienst sei. Er habe mehrere kürzlich gebaute Blankeneser Ever besichtigt, bei denen das Vordeck bis über die Segelducht reichte. Hinter der Segelducht war auf den beiden vorderen Bünndeckknieen ein leichter Deckbalken verbolzt, auf dem die Enden der Decksplanken befestigt wurden. Hinten aber sollte der zu erbauende Lots-Ever „ganz offen sein, wie die gewöhnlichen Blankeneser Ever und spits sein." Bei dieser Gelegenheit führt der Lotsinspektor die Abmessungen einiger Bauteile auf, die wohl kaum von denen der Fischer-Ever abwichen: Spantenentfernung 15 Zoll, Spanten 4½ × 5 Zoll, Schwefte und die Kniee auf den Schweften je 6 Zoll, Dollbaum 4 Zoll, loser Dollbaum 5 Zoll, Bodenplanken 3 Zoll, Kahnplanke 3 Zoll, Kropfstücke und Seitengänge 2 Zoll, Bergholz 3 Zoll, Oberplanke („der breite Gang")

2½ Zoll, Vordeck 1¾ Zoll, Bünndeck 3 Zoll, Bünnschornstein 3 Zoll. Als wünschenswert bezeichnete der Lotsinspektor noch, daß die Außenhautplanken nicht so breit sein sollten, wie bei den Blankeneser Evern, der Ever sollte einen festen Binnenbord (Festebug) mit einem Schandeckel, ringsum eine Wallschiene und zwischen den Bünndeckknieen noch Zwischenspanten von 5 Zoll Dicke erhalten. Gebaut wurde aber damals ein neuer Ever nicht.

Im Anfang des 19. Jahrhunderts wurde bei den Fischer-Evern über dem Bünndeck ein loses Deck angeordnet, bestehend aus mehreren Lukendeckeln, die vom Dollbaum aus schräg nach dem Bünnschornstein reichten, so daß alles überkommende Wasser in die Bünn lief[329]. Die mit einem Spiegel gebauten Blankeneser Ever erhielten achtern eine offene Reling, wie die Fracht-Ever, außerdem wurden alle Ever mit einem niedrigen Setzbord versehen. In den dreißiger Jahren hatten die meisten Blankeneser Ever einen Spiegel[330]. Dagegen waren die in Finkenwärder und Altenwerder beheimateten Ever spitzgatte Fahrzeuge, die man auf Finkenwärder S p i t z e nannte[331]. Seit dieser Zeit führten die Blankeneser Ever ein leichtes Bugspriet, an dem zwei verschieden große Klüver, je nach der Windstärke, gefahren wurden. Wenn der Ever vor dem Winde segelte, wurde einer dieser Klüver mittels einer Spiere seitlich vom Mast als Leesegel gesetzt. In den dreißiger Jahren besaß der Finkenwärder Seefischer Carsten Rülicke sogar einen Ever mit drei Masten, an jedem Mast wurde ein Rahsegel (Luggersegel) gefahren[332]. Der letzte Finkenwärder Fischer-Ever mit einem Rahsegel segelte im Jahre 1845 aus, indessen der letzte Blankeneser Rah-Ever 1853 kondemniert wurde[333]. Beispiele dieser Blankeneser Ever waren die nachstehenden, auf Finkenwärder gebauten Fahrzeuge[334]:

Name	Anna Maria	Die Sonne
Baujahr	1824	1830
Werft	Joachim Wriede	Carsten Wriede
Gr. Länge im Boden	14,32 m	15,70 m
Gr. Breite im Boden	3,08 m	3,72 m
Gr. Breite über die Berghölzer	5,03 m	5,61 m
Höhe in der Mitte	1,75 m	2,13 m

Die guten Segeleigenschaften der Blankeneser Ever sowie die Seemannschaft der Blankeneser Fischer werden in der zeitgenössischen Literatur oft gerühmt[335]. Im Jahre 1813 segelte ein englischer Seemann[336] mit einem Blankeneser Ever seewärts, er wählte hierzu *„one of the fleetest-looking of those very fleet boats."* 1831 veröffentlichte der holländische Seeoffizier Le Comte eine Beschreibung (mit Abbildung) dieser Ever[337]. Er gibt an, daß die Blankeneser Ever zur Ueberfahrt von Amsterdam nach Hamburg drei bis fünf Tage gebrauchten, wenn alles aber mitläuft [Wind und Wetter] erreichten sie Hamburg bereits in 48 Stunden.

„Zij zeilen op 3½ streek bij den wind; in deze positie bestaat er geen vaartuig dat hen beloopen kan. Om vóór of ván den wind te zeilen zijn zij minder geschikt en het moet al eenige stevige koelte zijn, indien zij zeven mijlen vaart loopen..." In einem solch spitzen Winkel bei dem Winde zu segeln war sicherlich nur wenigen Fahrzeugen dieser Bauart möglich, denn Clement[338] bemerkt im Jahre 1840, wahrscheinlich auf Angaben von Blankenesern gestützt: „Kein Schiff segelt so hoch, als der Fischer-Ever von Blankenese bei Hamburg, nemlich auf 4½ Strichen. Ist z. B. Südwind, so kann es SW ½ W steuern, das sind 4½ Strich auf dem Kompaß, die anderen Schiffe höchstens WSW. Die Ursache ist sein hoch und wohlstehendes Rahsegel und seine 4 Fuß langen [unterhalb des Bodens] grad hinabstechenden Schwerden."

23. Seefischer-Ever.

a) Aeltere Ever (Abb. 44, 45, 47).

Seit dem Ende der dreißiger und Anfang der vierziger Jahre erhielten alle Neubauten für die Blankeneser und Finkenwärder Seefischerflotte einen festen Mast, an dem nicht mehr ein Rahsegel, sondern ein Gieksegel gefahren wurde[339]. 1849 wurde der erste Besahn-Ever gebaut. Dieser Unterschied in der Besegelung ist auch auf die Benennung der Finkenwärder Tracht übertragen worden. H. Wriede berichtet[340], daß er in seiner Jugend das alte Finkenwärder Zeug öfter Rootüch und das modische Gigtüch nennen hörte. Alte Fischer erklärten diese Bezeichnungen so, daß die Trachten in der Blütezeit des Rah-Evers, das modische Zeug aber in der des Evers mit Gieksegeln getragen wurde.

Im Gegensatz zu den Rah-Evern besaßen die Giek-Ever stets ein festes, durchlaufendes Deck, sowie ein niedriges, mittschiffs über dem Leibholz freistehendes, von vorn bis hinten durchlaufendes Setzbord mit Reling[341]. Die mit kantigen Spanten versehenen Giek-Ever waren spitz- oder plattgat gebaut. Seit den vierziger Jahren erhielten diese Ever einen niedrigen, unten sehr schmalen und stark nach hinten geneigten Spiegel, der seitdem für die Fischer-Ever charakteristisch ist (Abb. 45). Das Spiegelfutter sowie die Spiegelfenster der Fracht-Ever hatten die Fischer-Ever nicht. Seit den fünfziger Jahren baute man viele Ever mit abgerundeten Spanten. Der Bünn wegen wurde die steile Kahnplanke und der schmale, an den Enden scharf zulaufende Boden beibehalten. Diese Ever hatten ein völliges, im Unterwasserschiff scharfes Vorschiff, der hohe Vorsteven stieg in schöner (konvexer) Krümmung nach oben, die größte Breite des Schiffes lag weit vorn, das schmal zulaufende Achterschiff war scharf geformt, dadurch sollte der Ever besser segeln. Außerdem erhielten die seit der Mitte des vergangenen Jahrhunderts gezimmerten Ever eine größere Seitenhöhe als die Rah-Ever. Achtern besaßen die Spiegel-

Ever vor der Ruderpinne eine Versenkung im Deck, die für den Rudersmann bestimmt war. Diese Versenkung, auch Ruderstand genannt, hatte z. B. bei dem auf Seite 235 verzeichneten Ever „Rebecca" (H. F. 24) eine Länge von 0,50 m, eine Breite von 2,90 m und eine Tiefe von 0,40 m. Bei mehreren seit den sechziger Jahren gebauten Fischer-Evern fehlte der Ruderstand. Das mit drei Fingerlingen am Achtersteven befestigte Ruder wurde mit einer übergestreiften Ruderpinne (Helmholz) gehandhabt, die niedrige Ruderhacke hatte eine Breite von 1,00 bis 1,20 m. Die Seitenschwerter waren in der Regel 4,00 bis 4,50 m lang und 1,00 bis 1,20 m breit, also schmaler als bei den Fracht-Evern. Weil der durchlaufende Lukengiebel fehlte, befestigte man die Schwerter an einer starken Aufklotzung. Der Schwertkopf, stets ohne Eisenplatte, lag nicht gegen einen Schwertstoß, er wurde durch eine Kette gehalten. Die Schwerttaljen liefen stets nach hinten.

Mittschiffs befand sich auf dem Hauptdeck und über dem Bünndeck eine Großluke, die eine Länge von 3,30 bis 4,50 m, eine Breite von 2,40 bis 2,90 m und eine Höhe von 0,15 bis 0,25 m erhielt, alle Maße innen gemessen. Die Lukengröße im Verhältnis zur Schiffsgröße war bei den nach 1860 gebauten Evern günstig. Die Mittelwerte waren: Lukenlänge zur Schiffslänge 0,21; Lukenbreite zur Schiffsbreite 0,50; Lukenlänge zur Lukenbreite 1,50. Die Lukendeckel lagen in zwei oder drei Reihen querschiffs auf den Luksüllen und auf zwei Längsbalken. Die halben Deckbalken neben der Großluke, wie überhaupt alle durchlaufenden Deckbalken waren mit eichenen Horizontalknieen versehen. Der Bünnschornstein hatte eine Länge von 4,00 bis 5,50 m und eine Breite von 1,00 bis 1,50; er reichte nicht bis zum festen Deck. An der Steuerbordseite war die obere Planke des Bünnschornsteins zum Herabklappen eingerichtet, um die Fische vom Bünndeck aus bequem herausnehmen zu können. Diese Bünnklappe konnte durch Verschraubung gesichert werden, auf See wurde sie stets geschlossen gehalten[342]. Auf der Großluke fand auf See das festgezurrte, etwa 4,60 m lange Boot, seinen Platz. Seit dem Anfang der siebziger Jahre erhielten alle Ever vor der Bünn eine Eiskiste (Eisplicht), zur Aufbewahrung der gleich nach dem Fang geschlachteten Fische[343]. Erwähnt sei noch, daß die Finkenwärder Fischer die Fracht-Ever Dreuch-Ever nannten, weil diese keine Bünn hatten, also trocken waren.

Das Ankerspill war am Festenbug angebracht, doch wurde schon vor 1850 ein größeres Bratspill mit Beting gebräuchlich, seit den siebziger Jahren trat an Stelle dieses durch Handspaken bewegten Spills ein Pumpspill. Um die Mitte des vorigen Jahrhunderts wurden Ankerketten eingeführt, als Anker dienten vierarmige Draggen. Die Ketten fuhren durch eiserne Klüsen, die außen durch Klüsbacken verstärkt wurden. Erst seit den sechziger(?) Jahren wurden die doppelten Klüsbacken angeordnet, die nur die Elb- und Seefischer-Ever führten. Diese hatten eine Länge von 24 bis 28 Zoll, eine Höhe von 12 bis 15 Zoll und eine Dicke von 2 bis 3 Zoll.

Die älteren Rah-Ever, die nur mit Treibnetzen oder mit Hamen fischten, besaßen keine Winde zum Einholen der Netze[344]. Als man aber im Anfang des 19. Jahrhunderts zum Gebrauch der Kurre überging, wurden alle Ever auf dem Vordeck mit einem hölzernen Pfahlspill (Gangspill) ausgerüstet. Die ersten eisernen Plattspille benutzten die Finkenwärder Fischer Joh. Plaas (1861) und Gerd Mewes (1865 oder 66). Seit den sechziger Jahren sind bereits mehrere Seefischer-Ever mit aus England bezogenen eisernen Plattspillen versehen worden, seit dem Ende der sechziger Jahre erhielten alle Ever Plattspille, späterhin auch eiserne Kopfspille, die vor dem Großmast standen. Hinter dem Großmast befand sich außerdem eine Winde (Winsch) mit hölzernen Stützen, einem Galgen, zwei eisernen Wellen ohne hölzerne Trommeln, sowie mit zwei großen hölzernen Windenköpfen an der unteren Welle, die obere Welle trug zwei kleine, die untere zwei große Zahnräder; die beiden kleinen Zahnräder konnten seitlich verschoben werden, um einen schnellen oder langsamen Gang der Winde einzustellen. Diese Winde benutzte man z. B. zum Segelsetzen und zum Aufholen des mit Fischen gefüllten Netzsteerts.

Von ihrer sonstigen Ausrüstung sind noch hervorzuheben die beiden Pumpen, querab vom Großmast, die Poller und zwar jederseits je einer vorn, vor dem Großwant und achtern, sowie das Kompaßhäuschen (Nachthaus) hinter dem Besahnmast.

Unter dem Vordeck lag die Kajüte, die bei den älteren Giek-Evern durch eine im Deck eingelassene runde Glaslinse, bei den Besahn-Evern aber durch ein Oberlicht (Scheilicht) erhellt wurde. Die Kajüte des Blankeneser Evers „Therese" (1868) hatte eine mittlere Länge von 3,23 m und eine mittlere Höhe von 1,46 m, die des Kiel-Evers „Gesine" H. F. 3 (1875), von dem ein schönes Modell im Altonaer Museum vorhanden ist, hatte eine mittlere Länge von 3,27 m, eine mittlere Höhe von 1,78 m und einen Raumgehalt von 21,78 cbm. Achtern war ein durch eine kleine Luke zugänglicher Aufbewahrungsraum für die Netze und Bootsmannsvorräte vorhanden. Die Segelkoje lag gewöhnlich im Vorschiff.

Die flachbodigen Seefischer-Ever sind bis zum Ende der siebziger Jahre überwiegend auf den Finkenwärder Werften von Cölln und Wriede, namentlich aber auf der Werft Wriede, gezimmert worden[345]. Einige Ever sind auch bei J. Koch, Altenwerder, H. Sietas, Cranz, J. Finck, Blankenese, C. Albers, Finkenwärder, H. Klintwort, Finkenwärder, A. Wolkau, Neuhof, Eggers, Cuxhaven, sowie in Lauenbruch vom Stapel gelaufen.

Ueber die Abmessungen der vor 1860 gebauten Fischer-Ever fehlen genügende Angaben. Die Abmessungen der nach 1860 vom Stapel gelaufenen Seefischer-Ever schwanken fast ausschließlich zwischen 17,40 bis 18,90 m Länge, 5,00 bis 6,00 m Breite 1,75 bis 1,95 m Raumtiefe; der Brutto-Raumgehalt ohne den Inhalt der Bünn betrug 26 bis 40 Registertonnen. Das Verhältnis L : B bewegte sich zwischen 3,00 bis 3,60, der Mittelwert war L : B 3,40. Beispiele dieser ausgestorbenen Ever sind:

Name	Anna	Welle	Willi	Rebecca
Baujahr	1869	1869	1869	1872
Bauort	Finkenwärder	Cranz	Altenwerder	Finkenwärder
Werft	C. Wriede	H. Sietas	J. Koch	B. v. Cölln
Br.-Reg.-To.	31	31	34	31
Länge	17,99 m	17,26 m	18,16 m	17,94 m
Breite	5,23 „	5,11 „	5,47 „	5,13 „
Raumtiefe	1,81 „	1,85 „	1,85 „	1,79 „
L : B	3,43	3,37	3,31	3,49
Fischerzeichen	H. F. 78	H. F. 93	H. F. 77	H. F. 24

b) N e u e r e   E v e r (Abb. 46,48,49).

Die neuere Entwicklung der niederelbischen Seefischerfahrzeuge ging seit Mitte der siebziger Jahre nicht mehr von Finkenwärder, sondern von Holstein aus. Im Jahre 1875 kam ein neuer Evertyp auf, der von dem Konstrukteur E. Kühl (in Firma Tiemann & Kühl, Schaluppenbauer und Jachtwerft in Blankenese) entworfen und auf der Werft von Johann Junge in Wewelsfleth zuerst gebaut worden ist. Dieser Typ unterschied sich von dem im vorhergehenden Absatz beschriebenen Evern vor allem durch die Form des Unterwasserschiffes. Sie waren auf Kiel mit einem aufkimmenden Boden und mit kantiger Kimm gebaut, achtern befand sich zwischen dem Kiel und der Kahnplanke ein aus zwei Planken zusammengebautes Todholz. Derart gebaute Ever nannte man K i e l - E v e r[346].

Bei den auf der Werft von Junge (Wewelsfleth) gezimmerten Evern S. B. 13, S. B. 18 und S. B. 59 hatten die einzelnen Verbände folgende Abmessungen (Hbg. Zoll):

Kiel	12×17 —19	Berghölzer .	3
Steven . . .	10×12½	Oberplanke .	2½
Bodenwrangen	9×12½	Leibholz . .	2½
Spanten . .	6×8	Balkweger .	4×17 —21
Todholz . .	3	Kimmweger .	2½–3×12½–17
Bodenplanken	4–5	Kielschwein .	5–6×12½–17
Kahnplanke	3	Mittelschweft . .	8½
Seitenplanken	2½	Endschwefte . . .	12

Mastbalken	. . .	6×12	Luksülle	4
Durchl.			Lukendeckel . . .	1½
Deckbalken	. .	6×9	Bünndeck	5
Halbe Deckbalken	.	6×6	Bünnschornstein	. 4
Deckkniee	. . . .	4	Bünndeckkniee .	. 8½—12
Deckplanken	. . .	2½	Ruderstamm .	. 5×17—21

Der Vorsteven war etwa 5,00 m, der Achtersteven 3,50 m lang. Die Spanten waren mit einem Zwischenraum (Mall bis Mallkante) von 17 bis 19 Zoll eingebaut, die Deckbalken lagen mit einem Zwischenraum von 20 bis 25 Zoll. Die Lukenendbalken hatten die gleiche Stärke wie die Mastbalken. Die Breite des Balkwegers verjüngte sich an den Enden. Ein Kielschwein war nur vor der Bünn angeordnet. Das Setzbord war dicht auf das Leibholz gesetzt, es war mit Speigatten und Wasserpforten versehen. An dem unteren Ende hatte der Ruderstamm mit der Ruderhacke eine Breite von 1,00 bis 1,20 m. Das Todholz befestigte man an dem Kiel und Achtersteven mit 1¼ bis 1½ Zoll starken Bolzen, sonst fanden ½, ⅝ oder ¾ Zoll starke und verzinkte Stumpf- und Klinkbolzen Verwendung.

Weil aber die Seefischer sich erst allmählich an diese neue Form gewöhnten, waren nicht alle Kiel-Ever gleichartig gebaut. Die meisten Kiel-Ever erhielten ein Mittelschwert, auch Bünnschwert genannt, und zwar entweder ein eisernes (stählernes) Klapp- oder ein Senkschwert, um die Seitenschwerter entbehrlich zu machen. Für das vorn in der Bünn angeordnete Schwert war im Kiel eine Oeffnung vorgesehen. Zuerst, so bei dem ersten Kiel-Ever S. B. 13 (Werft Junge) kam das Klappschwert zur Einführung. Dieses hatte die Form eines Viertelkreisbogens, die untere und vordere Kante war gerade. An dem vorderen, unteren Ende befand sich an dem Schwert ein Gleitschuh, der an einer bis zum Deck reichenden Gleitschiene beweglich festsaß, außerdem wurde an dem Gleitschuh eine Kette befestigt, die längs der Gleitschiene zum Deck lief. An dem oberen, vorderen Ende des Schwertes saß das Schwertfall. Wenn das Schwertfall gefiert wurde, drehte sich das Schwert um den Gleitschuh, es kam sodann unterhalb des Kiels zu stehen. Das Fall sowie die ebenfalls zum Aufholen des Schwertes dienende Kette lief nach der Winde hinter dem Großmast. Das Schwert hatte einen größten Durchmesser von etwa 1,50 m, die Dicke betrug ¾ bis 1 Zoll. Diese sehr praktische Schwertanordnung wurde aber den Fischern zu teuer. Statt dessen kam meistens das Senk- oder Stechschwert zur Anwendung, bestehend aus einer gleichstarken Platte von 0,70 bis 1,20 m Breite und bis 2 m Länge. Das Senkschwert wurde senkrecht durch den Kiel geführt, auch brachte man hier zwei Gleitschuhe an. An dem oberen Ende des Schwertes saß das Schwertfall fest, das ebenfalls zur Mastwinde geführt wurde (vgl. S. 247).

Einige Kiel-Ever, z. B. S. B. 13, führten gleichzeitig Seitenschwerter und ein Mittelschwert, andere nur ein Mittelschwert. Einige Ever baute man nur mit aufkimmendem Boden ohne Kiel, aber mit einem Strak. Die Kiel-Ever hatten rundgearbeitete Spanten, wie mehrere der älteren Ever, doch gab es auch Kiel-Ever mit den alten kantigen Berghölzern, dementsprechend also mit kantiggearbeiteten Spanten.

Hinsichtlich der Hauptabmessungen unterschieden sich die Kiel-Ever wenig von den nach 1860 gebauten flachbodigen Seefischer-Evern. Dieses geht aus den nachstehenden Mittelwerten hervor, für die 60 ältere und 60 neuere Ever verglichen wurden:

	Aeltere Ever	Neuere Ever
Länge	17,97 m	18,20 m
Breite	5,25 m	5,58 m
Raumtiefe	1,83 m	1,84 m
Brutto-Register-Tonnen	31	33

Die Kiel-Ever sind gezimmert worden bei J. Junge, Wewelsfleth, J. C. Wriede, Finkenwärder, J. Behrens, Lünebg. Finkenwerder, J. Koch, Altenwerder, H. Sietas, Cranz, J. Sietas, Cranz, J. Thormählen, Wisch (Elmshorn), J. Krämer, Elmshorn, J. Peters, Wewelsfleth, J. Brand, Neuhof, D. W. Kremer, Elmshorn.

Typische Kiel-Ever waren:

Name	Maria	Michael	Schwan	Carstine
Baujahr	1879	1880	1882	1887
Bauort	Wewelsfleth	Finkenwerder	Finkenwärder	Cranz
Werft	J. Junge	J. Behrens	J. C. Wriede	H. Sietas
Br.-Reg.-To.	34	33	33	28
Länge	18,68 m	18,64 m	17,76 m	17,34 m
Breite	5,40 „	5,52 „	5,65 „	5,55 „
Raumtiefe	1,89 „	1,83 „	1,96 „	1,82 „
L:B	3,45	3,37	3,14	3,12
Fischerzeichen	H. F. 211	H. F. 166	S. B. 22	S. B. 4

In der Zeit von 1875 bis 1887 hat man etwa 75 bis 80 Kiel-Ever gebaut. Von diesen sind an der Niederelbe noch sechs vorhanden, von denen fünf nach Hambg.-Finkenwärder gehören: „Maria" H. F. 31 (1880), „Meta" H. F. 141 (1878), „Anna Auguste" H. F. 143 (1878), „Mathilde" H. F. 278 (1884) und H. F. 287 „Noberslüd" (1887); dieser Ever war bis 1926 in Blankenese („Carstine" S. B. 4) beheimatet. In Schulau ist der Ever „Preciosa" S. S. 152 (1879) beheimatet, der früher zur Finkenwärder Fischerflotte (H. F. 41) gehörte. Alle diese Ever besitzen jetzt einen Motor. Die anderen Kiel-Ever sind verloren gegangen, als Leichter- oder Arbeitsfahrzeuge aufgebraucht worden, oder man

hat sie abgewrackt. In wenigen Jahren wird dieser schöne Evertyp, vielleicht der schönste, verschwunden sein.

Im Jahre 1878 konstruierte E. Kühl (Blankenese) einen neuen
Schiffstyp für die Hochseefischerei, den Kutter-Ever. 1879
waren erst 4 Kutter-Ever vorhanden, vier Jahre später gab es
bereits 25 [347]. Die Kutter-Ever erhielten die gleiche Bodenform
wie die Kiel-Ever, sonst aber waren sie von den Evern durchaus
verschieden. Ihr gerader Kuttersteven war steil oder etwas überfallend gebaut, das überstehende Heck war platt oder leicht gerundet, an Stelle der bei den Evern gebräuchlichen breiten Planken
hatten die Kutter-Ever schmale Außenhaut-Planken. 1883 lief der
erste scharfgebaute Kutter vom Stapel, seitdem wurden die
Kutter-Ever auch platte Kutter genannt. Während aber neben den
Kutter-Evern noch viele Ever gebaut worden sind, verdrängten die
scharfgebauten Kutter zuerst den Neubau der Kiel-Ever — 1884
bis 1887 liefen die letzten 10 Kiel-Ever vom Stapel — und
schließlich auch den der Kutter-Ever[348].

c) Takelung.

Der erste anderthalbmastige Seefischer-Ever wurde im Jahre
1849 auf der Werft von Carsten Wriede in Finkenwärder gebaut.
Dieser Ever, der den Namen „Brigitta" führte, gehörte dem
Blankeneser Seefischer Engelbrecht Mewes; das Bild dieses Fahrzeuges ist noch vorhanden[349]. Seitdem hat man mehrere der
älteren Giek-Ever durch den Einbau eines kleinen Besahnmastes
zu Besahn-Evern umgetakelt. Erst um 1860 wurden die mit einem
feststehenden Mast versehenen Giek-Ever von den Blankeneser
und Finkenwärder Seefischern aufgegeben. Manche dieser Fahrzeuge führten am Ruder gelegentlich ein leichtes Segel, oft das
Bootssegel, das man nicht Kniepsegel sondern Fleitsch (Flöte)
nannte[350 a].

Die Besahn-Ever besaßen zwei feste Pfahlmasten, nur die zu
Besahn-Evern umgetakelten Ever führten mitunter am Besahnmast eine leichte Stänge, die aber nur als Flaggenstock und zur
Zierde diente. Bei den neueren Besahn-Evern war in der Regel
der Besahnmast so hoch, wie der Großmast vom Deck bis zur
Wantenauflage. Der nach vorn gestagte Großmast war nicht nur
stärker als bei den Fracht-Evern, sondern er stand auch etwas
weiter vom Vorsteven entfernt (s. S. 102). Eine hübsche Schilderung dieser Masten gibt Gorch Fock[350b]: „Da stand die Besahn,
der kleine Achtermast, zierlich wie der kleine Finger eines Riesen,
so keck und troß wie ein Fischerjunge, der sieben Jahre im Ever
gefahren hat und jetzt Knecht werden kann, wie es in der alten
Finkenwärder und Blankeneser Schollenfängerei Brauch war. Die
Besahn war der kleine Bruder des Großmastes und brauchte längst
nicht so viel zu tun als er, deshalb guckte sie auch meistens

geradeaus in den blauen Heben hinein oder nach den weißen Wolken hinauf. Der große Mast aber stand vornübergebeugt da wie ein Atlas und trug Schiff und Schiffer samt Knecht und Jungen von der Elbe nach Helgoland und Terschelling und Fanö, nach Juist und List, nach Weser und Eider, er war es, der das Grundnetz, die schwere Kurre, über den weichen oder steinharten Meeresboden schleppte. Gebeugt von so vieler, großer Arbeit, blickte er über die Fock in das unruhige Wasser hinein."

Die Abmessungen der Masten betrugen:

	Ever ~ 1860	Ever ~ 1875
G r o ß m a s t :		
Länge vom Deck bis Wantenauflage . .	8,80 m	10—11 m
Länge des Topps	3,40 m	4—4½ m
Größter Durchmesser am Deck	-	17—18 Zoll
B e s a h n m a s t :		
Länge vom Deck bis Wantenauflage . .	5,90 m	8—9 m
Länge des Topps	2,40 m	1—2 m
Größter Durchmesser am Deck	-	12½ Zoll

Nach vorn wurde der Großmast durch das Fockstag gehalten, aufgesetzt mit einem Schäkel an dem nach hinten gebogenen Auge der Stevenrüst. Mitunter lag das Stag nicht mit einem Auge oberhalb der Wantenauflage um den Mast, sondern statt dessen diente zur Befestigung ein Kettenstropp. Klüver- und Knickstagen besaßen diese Ever nicht.

Die seitliche Abstützung des Großmastes geschah durch zwei oder drei Wanttaue, ohne Webleinen, die des Besahnmastes durch ein Wanttau, gelegentlich auch durch zwei. Die Wanten wurden immer mittels Juffern und Taljereeps aufgesetzt, nie mittels Spannschrauben (Wantschrauben). Schon im Anfang der siebziger Jahre fanden Wanten aus Eisendrahttauwerk Verwendung, die aber nicht die Zustimmung der Finkenwärder Seefischer-Kasse fanden. In der handschriftlichen Satzung vom Jahre 1876 (Art. 7) heißt es: „Diejenigen Interessenten, welche auf ihrem Ewer Wanten aus Eisendraht haben, sind verpflichtet, sobald dieselben verbraucht sind, solche durch Hanftauwerk zu ersetzen und darf in Zukunft kein Ewer mit Eisendraht-Wanten betakelt werden." Späterhin ist man wieder anderer Meinung geworden, denn im Art. 6 der Statuten vom Jahre 1893 steht: „Ein Fahrzeug ist durch zwei Eisendraht-Wanten genügend betakelt und muß mit einem Seitentakel versehen sein."

Bei den Evern wurde der Großmast außerdem jederseits durch einen Takel und Mantel und der Besahnmast gewöhnlich durch Seitentakel abgestützt. Mittels der Großmasttakel wurde auch der Steert des vollen Netzes auf Deck gehoben. In den neunziger Jahren wurden diese meistens aufgegeben, dafür führte man eine an der Vorkante des Mastes bei der Wantenauflage oder dicht darunter festgesetzte schwere Fischtalje ein, die nach beiden Seiten benutzt werden konnte; dadurch wurde die Takelung vereinfacht und verbilligt. Der aus Hanf- oder Drahttauwerk oder aus einer ½ Zoll starken Kette bestehende Hanger der drei- oder vierscheibigen Fischtalje wurde an einem starken Augbolzen eingeschäkelt, der wie der neuere Klaufallblock (S. 135) durch eine am Mast verbolzte eiserne Stütze versteift wurde.

Das zum Einholen eingerichtete Bugspriet lag fast immer an der Backbordseite des Vorstevens, wo es durch einen Bugsprietring fuhr. Erst seit dem Auftreten der Kiel-Ever wurde das Bugspriet gewöhnlich durch eine auf dem Festenbug verbolzte Aufklotzung oder durch einen starken Eisenbügel mit Holzfutter geführt und festgehalten. Der vierkantige Fuß war mit einem 2¼ bis 2¾ Zoll breiten und ⅜ bis ⅝ Zoll dicken, vierkantigen Bügel mit Ueberfall am Pallpfosten befestigt. Das Bugspriet hatte außerhalb des Vorstevens eine Länge von etwa 4,00 m bei den älteren Evern und von 5,00 bis 5,50 m bei den neueren Evern. Bei diesen Evern hatte das Bugspriet einen größten Durchmesser von 10½ bis 12½ Zoll, die Gesamtlänge betrug 7,00 bis 7,50 m. Mit Ausnahme der älteren Ever führten die Fischer-Ever in der Regel kein Wasserstag, weil ihr Bugspriet sehr stark war.

Die Giek-Ever setzten ein Gieksegel, ein Gaffeltoppsegel, eine große und unten sehr breite Stagfock und einen losen Klüver, die Besahn-Ever hatten außerdem noch einen Besahn. Das Besahngaffeltoppsegel, in Finkenwärder Nackenhut genannt, wurde erst Mitte der siebziger Jahre eingeführt. Meistens besaßen die Fischer-Ever ein großes Großgaffeltoppsegel mit einer langen Rah, die ziemlich steil oder senkrecht vorgeheißt wurde, nur selten hatte das Toppsegel eine sehr kurze Rah. Immer besaßen die Ever zwei, die neueren drei verschieden große Klüver, von denen jeweils einer nach der Windstärke gesetzt wurde. Das Vorliek der Gieksegel war fast immer mit dem Mast durch eschene Mastringe (Mastbänder) verbunden, nicht durch eine Reihleine. Das Großsegel konnte durch zwei oder drei, der Besahn und die Stagfock durch zwei Reffe verkleinert werden. Die Stärke und die Größe der Segel, wie sie am Ende des vergangenen Jahrhunderts gebräuchlich waren[351], zeigt die nachstehende Zusammenstellung:

	Kern	Quadratm.		Kern	Quadratm.
Großsegel	0	50 – 80	Stagfock	0	20 – 25
„ gaffeltoppsegel	3 oder 4	15 – 25	Großer Klüver	4, 5, 6	15 – 25
Besahn	1	25 – 40	Mittel „	2	12 – 20
„ gaffeltoppsegel	4 oder 5	10 – 15	Kleiner „	0 oder 1	10 – 15

Die Finkenwärder Fischerfahrzeuge hatten fast immer dunkel-
oder rotbraun getante Segel, die Blankeneser vielfach weiße, nicht
getante Segel.

Hinsichtlich des laufenden Gutes zeigten die Fischer-Ever
manche Abweichungen gegenüber den Fracht-Evern. Die Großschot der Giek-Ever befand sich vor der Ruderpinne. Nur bei den
älteren Besahn-Evern fuhr die Großschot auf einem eisernen Leitwagen, sonst wurde sie an einem starken, querschiffs gestellten
Augbolzen festgesetzt; der Augbolzen war auf einer starken Aufklotzung angebracht und unterhalb des Deckbalkens verschraubt.
Die Besahnschot fuhr durchweg an einem über das Setzbord
emporragenden 1½ bis 1¾ Zoll starken eisernen Leitwagen
(Abb. 15 Nr. 13); der Leitwagen wurde an dem Lippbalken verbolzt. In der Mitte des Leitwagens befanden sich zwei Bunde,
oder es war ein starkes Auge angeschmiedet. Zwischen den
Bunden oder am Auge saß der untere und einscheibige Besahn-
schotblock fest. Ein Leitblock am Besahnbaum fehlte. Für die
Stagfockschot war ein hölzerner, nach 1850 ein eiserner Leit-
wagen vorhanden. Die Enden des Leitwagens waren hinter dem
Mast auf dem Leibholz oder am Setzbord verbolzt, in diesem
Fall brachte man unterhalb des Leitwagens und dicht am Setzbord einen Klotz an. In der Mitte war der Leitwagen vor dem
Großmast nach vorn gebogen.

Das Piekfall des Großsegels war wie bei den Fracht-Evern
geschoren, teils also über drei, teils über vier einscheibige Blöcke
(Patentblöcke), immer aber diente der obere Mastblock als Läuferblock. Seit den siebziger Jahren wurde die feste Part des Piekfalles oder der innere Gaffelblock oft an einem Hahnepoot festgesetzt. Das Besahnpiekfall wurde über zwei einscheibige Blöcke
geschoren, wie bei den Fracht-Besahn-Evern, oder (selten) über
drei einscheibige Blöcke, wie bei den Giek-Evern. Die Großdirk
griff stets vom Besahnmast an, sie bestand gewöhnlich aus einem
Dirkstander (Tau oder kurze Kette), einem Dirkmantel, einem
dreischeibigen Dirktakel (auch zweischeibige Talje), sowie einer
kurzen, an der Großbaumnock eingehakten Kette. Die Besahndirk
entsprach der der Fracht-Giek-Ever. An dem Klüverring befand
sich ein Ein- und Ausholer. Der Ausholer bestand oft aus einer
Kette, die über das Scheibengat an der Bugsprietnock fuhr; mitunter war daran eine zweischeibige Talje befestigt. Der obere
Klüverfallblock war meistens dicht oberhalb, seltener dicht unterhalb des oberen Piekfallblocks am Mast eingehakt, auch kam die
bei den Fracht-Evern beschriebene abweichende Takelungsart
bei den Fischer-Evern vor, bei der man die feste Part des Klüverfalles oben am Mast festsetzte (Abb. 46). Gelegentlich war der
obere Stagfockfallblock nicht an einem Augbolzen befestigt,
sondern man brachte an dem großen Stagauge einen kurzen
Stropp an, woran der obere Fallblock eingehakt wurde.

d) Bemalung.

Die alten Rah-Ever waren schmucklose Fahrzeuge, deren Beplankung unterhalb der Wasserlinie geteert und oberhalb mit dunkle Harpeus gestrichen wurde, mitunter erhielten die Ever auch oberhalb der Wasserlinie einen schwarzen Teeranstrich. Hellnaturfarben blieben oft die Steven, das Setzbord und die Seitenschwerter. Auch schwarz geteerte Schwerter, die man mit weißen oder hellblauen Streifen verzierte, kamen vor. Der späterhin eingeführte Spiegel war naturfarben und farbig abgesetzt.

Bei den mit Gaffelsegeln getakelten Evern pflegte man die Seitenplanken und das Bergholz oder nur das Bergholz schwarz zu bemalen. Setzbord und Oberplanke sowie die Steven wurden mit helle Harpeus gestrichen. Einige Ever sind auch vollständig schwarz bemalt worden. Meistens war das Bergholz oben weiß besäumt, auch die Außenkante Leibholz wurde oft farbig (weiß, gelb, schwarz) abgesetzt. Der Halbstab am Setzbord fehlte stets. Unterhalb der Wasserlinie hatten diese Ever einen Teeranstrich, einige besaßen eine farbig abgesetzte Wasserlinie, etwa hellrot oder hellgrün. Ihr Spiegel war meistens schwarz, seitlich weiß besäumt und in dem unteren Teil hellgrün oder weiß bemalt. Der obere Teil des Spiegels trug ein breites, weiß umrandetes hellgrün, hellblau oder hellgrau gemaltes Feld. Darunter oder darüber, auch innerhalb des Feldes, stand mit weißen oder gelben Lettern der Name des Schiffes und des Heimathafens. Gelegentlich ist auch der Spiegel vollkommen schwarz bemalt worden. Fast alle Seefischer-Ever hatten wie die Fracht-Ever einen geschnitzten und farbigen (festen) Ruderkopf, der meistens hellgrün oder weiß bemalt wurde, mit roten, grünen oder weißen Verzierungen. Das Ruder wurde geteert, oberhalb der Wasserlinie farbig abgesetzt und darüber geölt, die Ruderbacken waren naturfarben oder weiß oder hellgrün bemalt, die Ruderpinne erhielt oft eine hellgrüne Bemalung, mit weißen Kanten. Das Setzbord innen war naturfarben oder weiß, das Spill oft hellgrün oder weiß (ebenso die Mastwinde), der Logisniedergang hellnatur oder weiß, das Oberlicht (Skylight) hellgrün. Die Masten waren blank, Toppen schwarz, Mast vom Deck bis Lümmel weiß oder hellgrün, das Bugspriet war ebenfalls blank, die Nock weiß, der Fuß schwarz, weiß oder hellgrün, die Gaffeln und Giekbäume waren blank oder weiß oder hellgrün, die Enden oft schwarz abgesetzt. Die Wantenrüsten bemalte man schwarz oder weiß oder hellrot, die Klüsen schwarz, hellgrün oder hellrot. Das eiserne Gestell für den Flögel wurde vergoldet, oft auch mit vergoldeten Sternen geschmückt, der Flögel war hellrot oder weiß und hellrot.

Die großen, doppelten Klüsbacken, die heute das charakteristischste Merkmal aller niederelbischen Fischer-Ever bilden, bei den Kutter-Evern und scharfen Kuttern aber fehlen, sind erst nach der Mitte des vergangenen Jahrhunderts nachzuweisen. Sie hatten stets die gleiche Form (s. Abb. 18 Nr. 19 und Abb. 49), stets bemalte man sie hellgrün, mit weißem Randstab. Mitunter erhielt die obere Klüsbacke, die nur zur Zierde bestimmt war, eine blinde Klüse.

Ein anderes Merkmal der Fischer-Ever war der farbige Bugkeil, auf Finkenwärder Bost (Brust) genannt, der erst seit dem Uebergang zum Kutterbau am Vorschiff der Ever und Kutter von Finkenwärder, Blankenese und Altenwerder, auch bei den Buttjollen, angemalt wurde. Das farbige Dreieck reichte von der Unterkante des Bergholzes bis dicht über die Ladewasserlinie, auch bedeckte es den Steven. Die untere Klüsbacke saß im Bugkeil, die obere war am Bergholz befestigt. Vorherrschend wurde für den Bugkeil bei den Evern eine weiße, gelegentlich auch hellgrüne, seltener eine hellrote Bemalung gewählt, bei schwarzen Seiten kam gelegentlich ein naturfarbener Bugkeil zur Anwendung. Mit der Herkunft der Fischer hat jedoch die Wahl der Farben nichts zu tun[352].

Wie die Fracht-Ever, so trugen auch die Fischer-Ever meistens Frauennamen, am häufigsten Anna, Catharina, Margaretha, Maria, Meta, oder zusammengesetzte Namen, wie Anna Maria oder Emma Gesine. Sonst kamen häufig nur vor: Hai und Welle. Von den nur gelegentlich vorkommenden Namen sind zu erwähnen: „Austernpacket" (S. M. 3), „Der Friese" (H. F. 4), „Seelust" (H. F. 105), „Kleiner Heinrich" (S. B. 19) und „Nelson" (L. F. 2). Die älteren Ever hatten nicht alle Namen, sondern oft nur eine Nummer, wenigstens die Blankeneser Ever. So führten im Jahre 1864 von 49 Blankeneser Fischer-Evern 12 keinen Namen. Auch in der Gegenwart ist auf Finkenwärder z. B. H. F. 287 viel bekannter als der Schiffsname „Noberslüd".

Eine verdienstliche Arbeit für einen Finkenwärder und Blankeneser wäre eine Abhandlung über die in der Kajüte unterhalb der Kojen angebrachten Sprüche, die bei den Fracht-Evern fehlten[353]. Einige Beispiele sind:

„Bi scheeben Wind un Slackersee
Is't garnich scheun up Deck,
Doch is dat good dat man denn kann
Upseuken düsse Eck."

•

„In Sturm und Wetter,
Ist Gott uns Retter."

•

„Hüt Klüt, morgen Fisch,
vergnögt got wi to Disch."

•

„Hier eben öber hin [d. h. in der Koje]
is beter als op'n Bünn."

*

Seit dem Anfang des 19. Jahrhunderts führten die holsteinischen Seefischer-Ever von Blankenese und Umgebung am Vorschiff eine Nummer und achtern den Namen des Heimathafens; leider habe ich die entsprechende Vorschrift nicht ermittelt. Sonst ist von registrierten Seefischereifahrzeugen erst im Jahre 1843, in den Zusatzartikeln des Seefischerei-Abkommens zwischen England und Frankreich, die Rede[354]. Auf jeder Seite des Vorschiffes und des Großsegels mußte ein Buchstabe (der Anfangsbuchstabe des Fischereibezirkes) und eine Nummer angemalt werden. Am 11. Dezember 1869 erließ der Senat der Stadt Hamburg die Bekanntmachung betreffend die Numerierung der Hamburgischen Seefischer-Ever[355], deren § 1 lautet: „Sämmtliche in der Stadt Hamburg und im Hamburgischen Gebiete zu Hause gehörigen, zum Seefischerei-Betrieb bestimmten und benutzten Ever sind mit fortlaufenden Nummern zu versehen, welche mit deutlichen mindestens ein Fuß großen Ziffern und unter Hinzufügung des Namens „Hamburg" mit mindestens sechs Zoll großen Buchstaben an beiden Seiten des Vorderstevens in Farbe (nicht auf einem Blechschilde) anzubringen sind."

Die neuere Kennzeichnung der Fischerfahrzeuge ist durch den Internationalen Vertrag, betreffend die polizeiliche Regelung der Fischerei in der Nordsee, außerhalb der Küstengewässer, vom 6. Mai 1882 (§ 5 bis 9 und 11), festgesetzt[356]. Alle Fischereifahrzeuge mußten die für jeden Fischereihafen bestimmten Buchstaben und eine laufende Nummer am Vorschiff und auf beiden Seiten des Großsegels führen. Die niederelbischen Seefischer-Ever erhielten die Zeichen: S. B. Blankenese, S. M. Mühlenberg, H. F. Hamburgisch - Finkenwärder, L. F. Lüneburgisch - Finkenwerder, P. C. Cranz, H. C. Cuxhaven und als jüngstes Zeichen S. S. Schulau. Die Buchstaben und Nummern wurden am Vorschiff mit weißer Farbe, dicht hinter den Klüsbacken, auf dem Bergholz und der Oberplanke gemalt. Rotbraun oder dunkelbraun getänte Großsegel erhielten weiße und weiße Segel schwarze Buchstaben und Nummern. Während des Krieges führten die niederelbischen Seefischerfahrzeuge im Großsegel jederseits eine aufgemalte schwarzweiß-rote Gösch.

e) Umbauten.

Mit der Einführung der Kiel- und Kutter-Ever, sowie der scharfen Kutter, wurden die älteren Ever nicht außer Dienst gestellt. Obwohl aber die neueren Fahrzeuge offenbar bessere Formen, auch größere Abmessungen aufwiesen, ist ihre Seetüchtigkeit dadurch nicht vermehrt worden; das geht aus den

Totalverlusten dieser Fahrzeuge hervor. Während in der Zeit von 1835 bis Ende 1881 13 Finkenwärder Ever untergegangen sind (über die Schiffsverluste der Blankeneser fehlen Nachrichten), fielen in den Jahren 1882 bis 1910 89 Finkenwärder Ever und Kutter und von 1885 bis 1910 11 Blankeneser Fahrzeuge allein den Nordseestürmen zum Opfer[357].

Diese großen Schiffsverluste werden in der Fischereiliteratur aus zwei Ursachen erklärt. Einmal hat man die Ursache in der steigenden Verwendung von Fischdampfern gesehen, die die Finkenwärder Fischer, weniger die Blankeneser Fischer, zwangen, auch die gefährliche Winterfischerei zu betreiben. Ein Blick auf die von K. Talg übersichtlich bearbeiteten Schiffsverluste der Finkenwärder Flotte lehrt, daß sich die Sturmverluste hauptsächlich auf die Monate September bis April verteilten, die man nicht alle als Wintermonate bezeichnen kann. Beispielsweise fuhren im Jahre 1889 erst drei Fischdampfer von der Elbe aus, davon der erste seit Dezember 1886 („Solea"). Von 1882 bis 1889 sind aber 22 Ever und Kutter in Stürmen verlorengegangen, und zwar in den Monaten September, Oktober, November, März und April. Von diesen Fahrzeugen sind allein 15 in den Jahren 1882 bis 1884 gesunken oder gestrandet, also in einer Zeit, als es weder an der Weser noch an der Elbe Fischdampfer gab!

Dann hat man geglaubt, daß die niederelbischen Ever und Kutter zum Befischen der hohen Nordsee schon deshalb nicht geeignet waren, weil sie zu kleine Hauptabmessungen, namentlich einen zu geringen Tiefgang, hatten. Doch ist immer übersehen worden, daß die Blankeneser mit ihren kleinen und nur im Vorschiff gedeckten Evern nicht nur die Nordseeküsten von Holland bis Fanoe befischten, sondern auch mit diesen Fahrzeugen Lotsendienst bis zum Englischen Kanal ausübten, vor allem machten sich die Blankeneser als Berger einen Namen; denn je schlechter das Wetter, desto größer der Lohn. „De Ever is alom bekend als een van de stoutste zeebouwers; niet minder zijn deszelfs bevaarders als onverschrokken zeelieden bekend", schreibt Le Comte im Jahre 1831[358]. Die Blankeneser Ever müssen demnach absolut seetüchtige Fahrzeuge gewesen sein, auch wäre sonst ihre Zahl von 80 bis 90 im Jahre 1735 schwerlich auf 140 im Jahre 1787 gestiegen.

Der Hauptmangel der gedeckten niederelbischen Seefischereifahrzeuge lag sicherlich in der Art ihrer bereits beschriebenen Bünnkonstruktion. Viele Fahrzeuge sind sicherlich nur deshalb gesunken oder gekentert, weil entweder ihre Großluke von überkommender See eingedrückt worden ist (denn man schalkte sie selten ordnungsgemäß) und die Schiffe dadurch vollgelaufen sind, oder weil bei größerer Schlagseite das Bünnwasser über den Bünnschornstein auf das Bünndeck getreten ist und dadurch das Wiederaufrichten des Fahrzeuges verhindert wurde.

Schon im Jahre 1887 befaßte sich auf Veranlassung der Section für Küsten- und Hochsee-Fischerei (späterhin Deutscher Seefischerei-Verein) eine Kommission — bestehend aus den Schiffbauern E. Kühl (Blankenese), Johann Junge (Wewelsfleth, unterstützt von seinem Sohn Gustav Junge), C. Wriede (Finkenwärder), J. Krämer (Elmshorn), Seefischer K. Weiß (Blankenese) und dem Oberfischmeister W. Decker (Blankenese) — mit der Verbesserung der Bauart dieser Fischerfahrzeuge[359]. Ihre Vorschläge gingen u. a. dahin, die End- und Seitenwände des Bünnschornsteins bis zum Hauptdeck hochzubauen, das Deck bis an den Bünnschornstein heranzulegen und das Bünndeck ganz zu beseitigen. Den Beifall der Seefischer fand das nicht; denn nur ein Fahrzeug, der Kutter H. F. 200, dem Seefischer J. v. Eitzen gehörend, ist derart gebaut worden.

Erst im Jahre 1904 gelang es dem um die Förderung der deutschen Seefischerei hochverdienten Deutschen Seefischerei-Verein (Berlin), gemeinsam mit der im Jahre 1904 eingesetzten hamburgischen Fischereibehörde, die niederelbischen Seefischer zu veranlassen, die Bünn- und Lukeneinrichtungen ihrer Ever und Kutter umbauen zu lassen[360]. Die beiden zuerst umgebauten Fahrzeuge waren der Kiel-Ever H. F. 211 und der Kutter H. F. 164. Ueber dem Bünnschornstein wurden zwei durchlaufende, auf den Balkwegern ruhende Deckbalken angeordnet, der Bünnschornstein an Backbord sowie an den Enden bis unter das Deck hochgebaut, während man an der Steuerbordseite die Bünnklappe beibehielt. Man entfernte das alte Luksüll und legte das Deck bis an den Bünnschornstein heran. An beiden Seiten des Bünnschornsteins wurde je eine kleine Luke angeordnet, um den Zugang zum Bünndeck und zum Eisraum zu ermöglichen. Als Verschluß erhielt jede Luke eine durch Längsriegel gesicherte Lukenkappe. Der Bünnschornstein wurde oberhalb des Decks durch einen niedrigen Rahmen abgeschlossen und mit Lukendeckeln geschlossen. Das Reichsamt des Innern stellte die erforderlichen Mittel zur Verfügung, so daß mit einigen Ausnahmen in den Jahren 1905 bis 1909 die gesamte Finkenwärder und Blankeneser Seefischerflotte umgebaut werden konnte. Die Luke über dem Bünnschornstein war innen gemessen z. B. 4,05 m lang, 0,97 m breit und 0,11 m hoch, die zwei kleinen Luken waren je 0,85×0,85 m groß und 0,12 m hoch. Wenn es auch zuerst den Anschein hatte, als ob nunmehr die größte Gefahrenursache dieser Fahrzeuge beseitigt worden, so vernichtete doch im Dezember 1909 ein orkanartiger Sturm acht Ever und Kutter, obwohl alle mit der neuen Bünn- und Lukeneinrichtung versehen waren.

Die Segeleigenschaften der Seefischer-Ever[361] waren offenbar nicht mehr so gut als die der Rah-Ever, die dichter an den Wind herangehen konnten, auch geringer als die der scharfgebauten Kutter, weil unter den in der Zeit von 1882 bis 1902 gestrandeten

Finkenwärder Fahrzeugen sich nur drei Kutter, aber zwölf Ever befanden, letztere hatten außerdem eine geringere Stabilität als die Kutter. Vielleicht ist der offene, namentlich aber der bis zum Mast gedeckte Blankeneser Ever doch ein besseres Seeschiff gewesen als der vollständig gedeckte und mit Gaffelsegeln getakelte Fischer-Ever.

An Stelle der Seitenschwerter erhielten seit den achtziger Jahren viele der flachbodigen Ever einen etwa 19 Zoll hohen Kiel, oder nur einen vorderen Strak und ein eisernes Mittelschwert. Seinerzeit hielt man das Mittelschwert für eine Verbesserung, es ist aber nicht nur beim Auskätschern der Fische im Wege, sondern das Senkschwert war nur da zu gebrauchen, wo keine Untiefen waren, auf denen das Schwert Grund nehmen konnte. Das Mittelschwert ist vielfach ausgebaut worden, hat sich vereinzelt aber noch bis in das 20. Jahrhundert gehalten, da die Bauvorschriften der Unterelbe-Versicherungskasse[363] vom Jahre 1906 die Bestimmung enthielten: „Ein vorhandenes Mittelschwert ist, wo es immer möglich erscheint, zu ersetzen durch Anbringung: a) von Kimmkielen, oder b) von einem Mittelkiel. Stößt die Beseitigung auf zu große Schwierigkeiten, so müssen die vorhandenen Einrichtungen so verbessert werden, daß das Fahrzeug bei schwerer See und bei Grundberührung durch das Schwert möglichst wenig gefährdet wird."

Bei den älteren Evern hatte das Setzbord mittschiffs nur eine Höhe von 14 Zoll und achtern von 7 Zoll. Es wurde schon vor dem Umbau der Fischerflotte mittschiffs auf 24 Zoll und hinten entsprechend erhöht. Außerdem versah man es mit Speigatten und Wasserpforten. Hinten wurde eine Notreling angeordnet, bestehend aus mehreren eisernen Stützen mit einem Strecktau oder mit einer Kette.

f) Motoranlage.

Kurz sei noch die Einführung der Motoren bei den niederelbischen Seefischereifahrzeugen gestreift, soweit sie zur Fortbewegung der Schiffe dienten[364]. Bei einem im Jahre 1877 auf Amrum gestrandeten Fischer-Ever ließ in dem gleichen Jahre der neue Besitzer, Kapitän Quedens (Amrum), eine Dampfmaschine von 6 PS achtern einsetzen, indem man die Bünn verkürzte. Der durch eine Schraube fortbewegte Ever behielt achtern durch das Gewicht der Maschine einen zu geringen Freibord, während sich das Vorschiff übermäßig aus dem Wasser hob, so daß die Maschine schon nach der ersten mißglückten Reise wieder entfernt wurde. 1891 baute Gustav Junge (Wewelsfleth) den ersten deutschen Hochseefischerkutter mit einem Hilfsmotor („Matador", für Fr. Schellhaß, Bremen), 1894 wurde in den Kutter H. F. 207 eine Dampfmaschine eingesetzt, doch kehrte dieses Fahrzeug von seiner ersten Reise nicht mehr zurück, 1901 erhielt ein Kutter von Cranz einen leichten Petroleummotor. Auf Veranlassung des Deutschen Seefischerei-Vereins wurden im Frühjahr 1903 drei Finkenwärder Fahrzeuge mit Petroleummotoren, mit Schrauben, zum Antrieb der Fahrzeuge versehen. Es waren dies: Kiel-Ever H. F. 211 „Maria", der Kutter-Ever H. F. 164 und der Kutter H. F. 260. Als nächster Ever erhielt der flachbodige Ever H. F. 78 „Anna" einen Petroleummotor von 4 PS, während der des Evers H. F. 211 eine Stärke von 8 PS aufwies. Bei Kriegsende waren aber erst acht niederelbische Fischerfahrzeuge mit Motoren ausgerüstet. Seitdem vollzog sich der Uebergang zum Motorbetrieb rasch, so daß am Ende des Jahres 1924 alle von der Niederelbe aus zur Seefischerei verwendeten Ever und Kutter mit Motoren versehen waren. Nach dem Motoreinbau hat man den Besahnmast nicht entfernt, wie es bei den Fracht-Evern häufig der Fall war.

24. Altenwerder Ever.
(Abb. 50.)

Die Altenwerder Fischer „haben Schiffe, die größer sind, als die hiesigen Milchever, und in denen ordentliche Cajüten sich befinden, in welchen sie sich ihre Speisen zubereiten und schlafen", bemerkt H. Ballauf[365] im Jahre 1803. Die am Ende des 18. und bis um die Mitte des 19. Jahrhunderts auf Altenwerder beheimateten spitzgatten Fischer-Ever waren kleinere Fahrzeuge als die Blankeneser Ever. Erst im Jahre 1850 erhielt der erste Ever ein bis zum Mast reichendes Vordeck, wie es bei den Blankeneser Evern schon dreißig bis vierzig Jahre früher gebräuchlich gewesen war. Ein Ankerspill besaßen sie ursprünglich nicht, damit wurden sie erst im Anfang des 19. Jahrhunderts ausgerüstet, doch hatte das Bratspill keine Beting. Hinter dem Mast befand sich eine kleine Handwinde. Der umlegbare und sehr hohe Mast stand in einer Segelducht, hier war der durch einen Ueberfall gesicherte Mast etwa 12½ Zoll stark. An dem Mast wurde nur ein seitliches Rahsegel gefahren, wie es die Blankeneser Ever führten. Das Rahsegel besaß nur einen einfachen Hals (Tau), auch die Schot bestand nicht aus einer Talje, sondern nur aus einem einzelnen Tauende.

Anfangs der sechziger Jahre wurde an Stelle des Rahsegels die Giek-Ever-Takelung eingeführt. In den siebziger Jahren ließ der Altenwerder Fischer Six den ersten Ever mit einem durchlaufenden Deck bauen. Seitdem wurde das Deck bei allen Altenwerder Evern gebräuchlich, auch baute man gleichzeitig einen feststehenden Großmast ein. Diese Altenwerder Ever waren kurze, im Verhältnis zur Länge breite Fahrzeuge von sehr schöner Form. Das Verhältnis L : B betrug 2,78 bis 3,30, im Mittel 3,10. Das völlige Vorschiff mit dem gekrümmten Vorsteven hatte einen schönen Sprung, im Unterwasserschiff waren sie scharf gebaut, mit steiler Kahnplanke. Im Achterschiff besaßen sie eine sehr scharfe Form, der niedrige Achtersteven war stark nach hinten geneigt, der kleine Spiegel hatte die gleiche Form wie bei den Seefischer-Evern, denen sie auch sonst hinsichtlich der Bauart glichen. Das niedrige Setzbord war nur vorn und achtern auf dem Leibholz dicht, sonst mit einem Zwischenraum aufgesetzt. Jederseits befanden sich drei starke Poller, vorn, vor dem Großwant und achtern. Vor der Ruderpinne war ein vertiefter Steuergang eingebaut. Das Ruder wurde jederseits mit dem Achtersteven durch eine kurze Sorgkette gesichert. Ihre ziemlich weit hinten eingehakten Seitenschwerter hatten z. B. eine Länge von 2,50 m und eine größte Breite von 0,70 m, Schwertschienen und Schwertstoß fehlten. Seit den neunziger Jahren wurden die Seitenschwerter bei vielen Fahrzeugen durch ein eisernes Bünnschwert ersetzt, doch führten noch vor wenigen Jahren einige Altenwerder Ever Seitenschwerter. Wie die Seefischer-Ever besaßen sie ein größeres Bratspill mit Beting, aber kein Pumpspill. Die an Ketten befestigten Draggen fuhren durch Klüsen, auch hatten sie zwei Klüsbacken. An Stelle eines Netzspills auf dem Vordeck waren die Ever mit einer eisernen Handwinde versehen, die durch eiserne Ringe am Mast festgehalten wurde. Im Vorschiff lag eine Vordiele, für die Aufbewahrung von Tauen, Proviant usw., dahinter lag die Kajüte (Logis, Kojenraum), mit üblicher Ausstattung, für die gewöhnlich zwei Mann starke Besatzung. Auf dem Ever „Anna" (1864 gebaut) hatte die Kajüte eine mittlere Länge von 3,42 m und eine mittlere Höhe von 1,47 m. Der eiserne Herd wurde bei diesen Fahrzeugen erst nach 1865 gebräuchlich. Hinter dem Großmast war die Bünn angeordnet, die etwa eine Länge von 4,00 m, eine Breite von 1,40 m und eine Tiefe von 0,83 m hatte. Auf dem festen Deck war eine kleine Luke angeordnet.

Der starke, etwa 16,00 m hohe und nach vorn gestagte Mast wurde seitlich durch ein Wanttau von 12,00 m Länge und 1¼ Zoll Umfang, gelegentlich auch durch zwei Wanttaue abgestützt. Zum Aufsetzen der Wanten dienten Juffern mit Taljereeps, keine Wantschrauben. Die Püttingsjuffer wurde an der Wantenrüst eingehakt. Als Fockstag verwendete man eine eiserne Stange, von ⅝ bis ⅞ Zoll Durchmesser, die an beiden Enden ein Auge trug. Am oberen Ende wurde eine Kette eingeschäkelt und mit einer Schlinge um den Mast befestigt, etwa in gleicher Höhe mit dem unteren Piekfallblock. Am unteren Ende der Stange schäkelte man eine kurze Kette an, die mit einem starken Losenhaken versehen war. Dieser Haken wurde in das Auge der Stevenrüst, hier Stevenband genannt, eingehakt. Diese Ever besaßen zwei schwere Seitentakel, ohne Mantel, aber mit großen Blöcken. Oberhalb des oberen Piekfallblockes war seitlich am Mast ein Augbolzen oder ein eisernes Band mit zwei Augen (Joch

genannt), befestigt. Daran wurde ein kurzer Kettenhanger eingehakt, der den dreischeibigen Seitentakel trug. Der untere und
einscheibige Block wurde an einer Takelschiene (Takelrüst) eingehakt. Dieser Takel war ungewöhnlich lang, weil er auch zum
Heben des vollen Hamens und zum Trocknen des Hamens am
Mast Verwendung fand.

Die Altenwerder Ever führten ein sehr großes Gieksegel,
dessen Giekbaum z. B. 7,70 m und dessen Gaffel 4,28 m lang war.
Das Vorliek dieses Segels war mit dem Mast durch eine Reihleine
verbunden, in neuerer Zeit oft auch durch eschene Mastringe. Das
Schothorn saß mit einem eisernen Bügel an der eingelassenen
eisernen Schiene an der Giekbaumnock fest, Reffbacken fehlten.
Der Läufer des Piekfalles wurde über drei einscheibige Blöcke
geschoren, von denen stets zwei untereinander am Mast eingehakt
wurden. Die feste Part des Läufers saß direkt an der Gaffelnock
fest, dann war der untere Mastblock der Läuferblock, oder der
Gaffelblock wurde an der Nock eingehakt, die feste Part des Piekfalles aber auf etwa zweidrittel der Gaffellänge festgesetzt, dann
diente der obere Mastblock als Läuferblock. Das Klaufall wurde
über zwei zweischeibige Blöcke geschoren. Als Dirk diente meistens
ein Läufer mit zwei einscheibigen Blöcken, von denen der untere
an dem Giekbaumnockband, der andere am Mast oberhalb des
Klüverfallblocks am Mast eingehakt wurde. Die dreischeibige, auf
einem kurzen Leitwagen gleitende Großschot war vor der Ruderpinne angeordnet. Erst seit einigen Jahren sind mehrere Ever mit
einem am Spiegel befestigten Leitwagen versehen worden. Auf
diesem Leitwagen kann aber der untere Schotblock gleiten, wie
bei den Fracht-Evern, während er sonst bei den Fischer-Evern und
Fischer-Kuttern kurz festgesetzt ist. Ueber dem Gieksegel setzte
man ein Rahgaffeltoppsegel und vor dem Mast eine große, unten
sehr breite Stagfock. Der Stagfockleitwagen war vor dem Mast
stark nach vorn gebogen, wie bei den Seefischer-Evern. An der
Backbordseite des Vorstevens lag das Bugspriet, das neben dem
Steven durch einen eisernen Bügel fuhr und an dem Pallpfosten
ebenfalls durch einen Bügel festgehalten wurde. Bugstagen fehlten,
ein Wasserstag führten lediglich die älteren Ever. Der sehr große
Klüver war lose, sein Hals war an einem Rackring befestigt. Alle
Segel wurden dunkel getant. Das Großsegel und die Stagfock
konnte durch je drei Reffe verkleinert werden. Ihr sonstiges
laufendes Gut war von dem der Fracht-Giek-Ever nicht verschieden. Mit ihrer großen Segelfläche waren diese Ever ausgezeichnete Segler.

Außenbords wurden die Ever unterhalb der Wasserlinie geteert, die Beplankung wurde mit Harpeus, das Bergholz schwarz
gestrichen. In neuerer Zeit malte man die Ever schwarz, Oberplanke und Setzbord blieb naturfarben. Gewöhnlich wurde die
Oberplanke unterhalb des schwarzen Leibholzes sowie unten

weiß abgesetzt. Schon um die Mitte des vergangenen Jahrhunderts übernahmen die Altenwerder die Klüsbacken, aber ohne Klüsen, weil damals noch die Ankertaue oder Ketten über Bord fuhren. Erst die gedeckten Ever führten doppelte Klüsbacken, mit einer Klüse in der unteren Klüsbacke. Die hellgrün bemalten Klüsbacken waren meistens mit weißem Randstab versehen, man nannte sie hier Brillen. Der ebenfalls von den Seefischer-Evern entlehnte Bugkeil erhielt einen weißen Anstrich. Der schwarze Spiegel trug ein mit hellgrüner Farbe aufgemaltes, ovales Spiegelfeld, der darüber angebrachte Name des Schiffes und des Heimathafens war weiß oder golden. Oberhalb der Wasserlinie erhielt mitunter der Spiegel im unteren Teil und die Seitenbeplankung achtern, in gleicher Höhe auch das Ruder, einen weißen Anstrich. Die Ruderbacken und das Helmholz waren hellgrün bemalt, oft mit weiß abgesetzten Kanten. Entweder besaßen die Altenwerder Ever den festen Ruderkopf der Fracht-Ever oder den dicken Ruderkopf der Buttjollen; meistens wurde er hellgrün bemalt, mit weißen oder hellroten Verzierungen. Mast und Rundhölzer waren blank, der Masttopp schwarz, darauf ein Harpunenflögel. Der Giekbaum und das Bugspriet wurde auch weiß bemalt, die Bugsprietnock und der binnenbords befindliche Teil des Bugspriets war schwarz. Want- und Takelrüsten erhielten oft einen weißen Anstrich. Die Seitenschwerter wurden geteert oder nur geölt, mitunter erhielten sie unterhalb des Schwertkopfes ein weißes Band. Bei dem Ever Alt. 243 war die Spillbeting hellgrün, der Stamm geteert, der Pallpfosten hellnaturfarben, mit weißem Herz an der hinteren Kante. Bis zum Jahre 1914 (?) führten die Altenwerder Ever das Zeichen L. L., später Alt., sowie eine laufende Nummer. Die klein gemalten Buchstaben und Nummern malte man mit weißer Farbe auf das Bergholz oder auf die Oberplanke.

Die Altenwerder Ever, die auch Hamen- oder Stint-Ever hießen, hatten seit den sechziger Jahren — ältere Angaben fehlen — eine Länge von 13,60 bis 14,60 m, eine Breite von 4,10 bis 4,60 m, eine Tiefe von 1,40 bis 1,60 m, sowie einen Brutto-Raumgehalt von 14 bis 17 Tonnen. Sie wurden gebaut bei Wriede (Hamburgisch-Finkenwärder), Sietas (Cranz), Koch (Altenwerder), Behrens (Lüneburgisch-Finkenwerder), Wolkau und Brand (Neuhof).

Die nachstehend verzeichneten Ever „Catharina" und „Marie" waren gedeckte Spiegel-Ever, die Ever „Anna" und „Rudolph" aber gedeckte Spitzgat-Ever; bei den letztgenannten Fahrzeugen ist das in einer Flucht durchlaufende Deck erst nachträglich eingebaut worden (Tabelle s. Seite 252).

Ende der achtziger Jahre wurden die letzten Altenwerder Ever gebaut, jedoch waren von diesem Typ August 1931 noch 7 Ever in Altenwerder beheimatet. Mehrere Ever besitzen auch die Fischer von Brake und Umgebung; dort sind sie seit 1894 heimisch. An

Name	Anna	Rudolph	Catharina	Marie
Baujahr	1864	1870	1876	1880
Bauort	Neuhof	?	Altenwerder	Finkenwärder
Werft	A. Wolkau	?	J. Koch	J.C.Wriede
Br.-Reg.-To.	14	16	14	14
Länge	13,70 m	14,10 m	13,90 m	13,60 m
Breite	4,20 „	4,35 „	4,60 „	4,50 „
Raumtiefe	1,45 „	1,55 „	1,50 „	1,45 „
L : B	3,26	3,24	3,02	3,02

ihre Stelle traten seit 1891 die einmastigen Elbkutter. Diese von
Gustav Junge konstruierten Kutter sind zuerst auf der Werft von
J. Junge (Wewelsfleth), später auch bei J. C. Wriede (Finken-
wärder) und A. Wolkau (Neuhof) gezimmert worden[366].

Am Ende der achtziger Jahre bauten einige holsteinische
Werften einige kleine einmastige Fischer-Ever, die ein durchlaufendes Deck und über der Bünn eine Luke hatten, auch besaßen
sie einen Spiegel. Zu diesen Elbfischerfahrzeugen gehörte der Ever
„Maria" von Haseldorf, 1888 bei Klüver in Spiekerhörn gebaut.
Seine Abmessungen waren: Länge 9,14 m, Breite 2,96 m, Raumtiefe 0,99 m, Raumgehalt 6 Brutto-Registertonnen.

25. Oberelbische Fischer-Ever.

Aus den oberelbischen Gemüse-Evern haben sich, wahrscheinlich aber erst im Laufe des vergangenen Jahrhunderts, die
an der Oberelbe beheimateten kleinen Fischer-Ever entwickelt.
Noch im Jahre 1914 waren in Hannover von Neuland (Harburg)
bis Fliegenberg 32 Ever und in Hamburg von Moorfleth bis
Kirchwärder 9 Ever beheimatet[367]. Ursprünglich verwendete man
sie wohl nur im Verkehrsbereich der Gemüse-Ever, also auf der
Niederelbe bis Blankenese-Wedel. Dann aber sind sie nicht nur
durch weiter elbaufwärts wohnende Fischer oder Fischhändler
aufgekauft worden, so in Boizenburg, Bleckede, Hitzacker, Wittenberge und noch in anderen Elborten, sondern man hat sie auch
in diesen Gegenden gebaut, so in Hitzacker, Damnatz bei Dömitz,
Gorleben (vor 1900) und in Wittenberge (seit 1906). Im Gegensatz zu den mit einem schön gerundeten Oberwasserschiff und
schönem, lang ausgezogenen Vorschiff sowie mit steiler Kahnplanke gebauten Gemüse-Evern baute man die Fischer-Ever ohne
steile Kahnplanke, mit lehnenden Seiten und mit schärferen Enden.
Mitunter ging man noch einen Schritt weiter, indem einige ein
abweichendes Achterschiff mit dem üblichen Wippruder der Elbkähne erhielten, doch sind solche Fahrzeuge nicht mehr als Ever
zu bezeichnen. Von Wittenberge aus sind vor einigen Jahren ein

oder zwei Ever nach Brandenburg an der Havel verkauft worden, auch kommen Wittenberger und Brandenburger Ever mit Fischen gelegentlich bis Berlin. Ebenso übrigens, wie die Ever vereinzelt binnenlands bis Berlin gelangen, mit Fischen oder Obst befrachtet, so dringen durch die Einführung von Motoren auch von der Oder her pommersche Haff-Fischerfahrzeuge binnenlands vor. Zur Zeit gehören von den kleinen und meistens klinkergebauten Fischerfahrzeugen zwei nach Eberswalde, indessen bis nach Berlin im letzten Winter mehrere in Alt- und Neuwarp beheimatete Fahrzeuge gekommen sind, um hier ihre lebenden Fische an mehreren Brücken im Kleinhandel abzusetzen.

Eingehendere Angaben konnte ich nur über die nach Wittenberge und Brandenburg gehörenden Ever ermitteln[368], die auf der Oberelbe und Nebengewässern nicht zum Fischfang dienen — das geschieht mit einem kleineren Kahn — sondern die nur zur Aufnahme der gefangenen Fische oder lediglich zum Fischhandel bestimmt sind. Bis zum Jahre 1922 besaßen mehrere Wittenberger Fischhändler 12 oder 15 Ever, im Frühjahr 1928 zählte ich noch 8, im Frühjahr 1932 nur noch 5. Die meisten Ever hatten nachstehende Abmessungen: Länge über Steven 12,00 m, größte Breite 2,50 m (mitunter 2,80 m), größte Bodenbreite 1,20 m, Bordhöhe 1,10 m, Tiefgang höchstens 0,60 m. Die aus Eichenholz mit einem kiefernen Boden gezimmerten Fahrzeuge kosteten vor dem Kriege etwa 800 Mark.

Die aus einer Länge hergestellten Bodenplanken waren 2 bis 2½ Zoll stark. An den Enden wurde der Boden g e h o b e n, vorn etwa 4 Zoll und hinten 3 bis 3½ Zoll. Achtern befand sich unter dem Boden ein 8 bis 9 Fuß langer Strak, hier R u d e r k e i l genannt. Der Vorsteven hatte eine Breite von 9¾ Zoll und eine Dicke von 7½ Zoll. Sein Kopf war oft wie bei den Elbkähnen geformt, nur war er zierlicher, weil kleiner. Nur bei einigen Evern erhielt der Vorsteven außerhalb der Beplankung eine abgerundete Form, sonst war er vierkant gearbeitet. Während die in Wittenberge gezimmerten Ever gerade Vorsteven hatten, zeigten einige oberelbische Ever auch gekrümmte Vorsteven. Bei allen Evern aber besaß der Vorsteven einen starken Ueberhang (Fall). Der niedrigere Achtersteven war stets gerade und nach hinten geneigt. Er war 3½ Zoll stark, unten 15 Zoll und oben 6 bis 7½ Zoll breit. Ehemals verband je ein eichenes Knie die Steven mit dem Boden, dafür hatten die Wittenberger Ever nur je ein Flacheisen oder ein Winkeleisen. Die Bodenwrangen, B l ä t t e r genannt, erhielten eine Breite von 6 Zoll und eine Dicke von 3½ Zoll; sie waren mittels ½ Zoll starker Bolzen mit den Bodenplanken verbunden. Gewachsene Spanten besaßen ebenfalls nur die älteren Fahrzeuge, die neueren erhielten wegen mangels an Krummholz eiserne Spanten, an denen die Planken mittels ⅜ bis ½ Zoll starker Schloßbolzen befestigt wurden. Auf dem Boden folgten zwei Plankengänge von 1¾ Zoll Dicke, B o r d genannt, auf die eine schmale, außen vorstehende Planke von 2½ bis 2¾ Zoll Dicke befestigt wurde, die man S c h e u e r l e i s t e nannte. Als Schutz erhielt sie eine Halbrundschiene. Auf der Scheuerleiste stand wiederum eine breite Planke, das R i e s b o r d. Den Abschluß bildete ein 2 Zoll starker S c h a n d e c k e l.

Im Vorschiff befand sich ein kurzes Deck und eine kleine K a j ü t e. Das Riesbord wurde etwas über das Deck hochgezogen, so daß hier ein niedriges Schanzkleid entstand. Jederseits war ein starker hölzerner Poller vorhanden, der bei mehreren Fahrzeugen mit einem eisernen Längsstab versehen war. Die Kajüte ragte etwa 0,40 m über das Deck empor, seitlich neben dem Kajütsaufbau befand sich ein schmaler Gang in Deckhöhe. Die Kajüte war vor dem Mastkoker durch eine Tür zugänglich, auch war das Aufbaudeck mit einer Schiebeklappe versehen. Jederseits, mitunter nur vorn, erhielt der Aufbau ein kleines rundes oder viereckiges Fenster. Die für die Unterbringung eines Mannes bestimmte Kajüte enthielt eine Koje, einen Kochherd, Schrank, Klapptisch und Bank. Im Achterschiff befand sich eine kurze Plicht, H e c k p l i c h t genannt. In gleicher Höhe mit der unteren Bordplanke war zwischen der Kajüte und der Heckplicht der 3,50 m lange, oben mit einem Deck abgeschlossene Fischkasten angeordnet. Um die Fische sortieren zu können, wurde der Fischkasten durch Schotte in drei oder vier Abteilungen geteilt. Im Bereich des Fischkastens erhielt der Boden und die Bodenplanke mehrere Oeffnungen, die den Zutritt des Wassers ermöglichten. Dadurch schwamm dieser Evertyp ebenfalls auf dem Fischkastendeck. In der Mitte dieses Decks war eine gleichlange, etwa 8½ Zoll hohe und 21 Zoll breite Luke angeordnet.

Das Ruder hing in zwei Fingerlingen am Achtersteven, es wurde mit einer übergestreiften Ruderpinne gehandhabt. Die Ruderpinne erhielt einen rechteckigen Querschnitt, nur am Ende wurde sie rund gearbeitet, auch lief sie in einen Knauf aus. Wie bei den Gemüse-Evern bewegte sich die Ruderpinne auf einem Galgen, R e i t e r oder S t e u e r r e i t e r genannt. Die eichenen Schwerter hatten eine Länge von 2,30 m, sie waren oben 0,40 und unten 0,80 m breit. Sie bestanden aus einer, oder auch aus zwei oder drei etwa 2 Zoll starken Planken, je nachdem, wie das Holz paßte. Bei einigen Evern hatten die Schwerter ringsum eine eiserne Schiene auf der Außenfläche, andere erhielten nur Bandeisen. Eingehakt wurden die Schwerter querab vom Mast am Schandeckel, als Schwertstander diente ein einfaches Tau.

Die Takelung der Ever bestand aus einem 8 bis 10 m langen umlegbaren Mast, an dem nur ein Sprietsegel, H a u p t s e g e l genannt, gesetzt wurde. Der eichene Mastkoker stand in einer starken, unterhalb des Fischkastendecks angebrachten Segelducht, an der der Koker mittels ½ Zoll starker Bolzen befestigt wurde.

254

Die Höhe des Kokers vom Boden ab gerechnet betrug 2,80 m, er war 7½ Zoll breit und 5 Zoll dick. Oben erhielt der Koker einen darüber gelegten eisernen Beschlag, darunter befand sich der Mastbolzen. Zwei eiserne Kokerbügel, oben und unten, hielten den Mast fest. Seitlich sowie an der Hinterkante des Kokers war je eine eichene Belegklampe verbolzt. Wanten fehlten, doch war ein Vorstag (Drahttauwerk) vorhanden, das auf dem Vordeck an einem Augbolzen aufgesetzt wurde. Falls der Mast gelegt werden sollte, wurde das Stag mit einer Talje, Scheerzeug genannt, verbunden. Das Sprietsegel besaß die übliche Zutakelung, ein Toppnant fehlte, auch war das Segel an dem Sprietbaum, hier Beistange genannt, angebunden.

Jeder Ever besaß einen 30 bis 40 Pfund schweren Draggen, dessen Kette mit der Hand aufgeholt wurde. Nur selten hatten diese Fahrzeuge eine leichte eiserne Ankerwinde. Beim Schleppen des Fahrzeuges fand ein etwa 10 m langes Kokostau von etwa 6 Zoll Umfang Verwendung, es hieß Dampftau. Einer der Wittenberger Ever besitzt einen Motor, er hat achtern einen großen eisernen und grün gestrichenen Motor- und Steueraufbau erhalten.

Boden- und Bordplanken wurden mit Steinkohlenteer, Scheuerleiste, Riesbord, Steven und Ruderblatt oberhalb der Wasserlinie mit Kienteer gestrichen. Mitunter wurde das Oberbord ebenfalls mit Kienteer gestrichen oder auch hellgrün bemalt. Gelegentlich bemalte man das Riesbord hellgrau. Auch gab es Ever, die vollständig mit Steinkohlenteer gestrichen waren, nur die Steven ließ man blank. Alle Ever hatten vorn und achtern unterhalb der Scheuerleiste (mitunter auch am Riesbord) einen blanken oder bemalten Keil, Spiegel genannt. Der schwarze oder blanke (geölte) Spiegel wurde weiß gegen die Seitenbeplankung abgesetzt. Innerhalb des weißen Spiegels hatten einige Ever vorn ein Besitzerzeichen, z. B. einen roten Draggen mit roten Lettern J S (Johannes Schliephack, Wittenberge), oder ein grünes Viereck (Hermann Schröder, Brandenburg). Die Kajüte war blank oder hellgrün, der Rahmen und die Eckstützen weiß. Seitlich am Kajütsaufbau befand sich auf einem Blechschild (schwarz auf weiß oder umgekehrt) der Name des Besitzers. Der Koker war geölt, braun oder grün bemalt. Grün bemalte man häufig auch die Ruderpinne, den kleinen Ruderkopf und den Steuerreiter. Einer der Wittenberger Ever besaß am Steuerreiter mit weißen Lettern den Namen „Erna". Am Masttopp führten einige Ever einen rot und weiß gestreiften Flögel. Einige Ever hatten unterhalb des Schandeckels einen schmalen weißen Streifen, entweder ringsum oder nur am Vorschiff.

Besonderen Hinweis verdient endlich noch der Ruderschmuck eines zur Zeit in Brandenburg an der Havel beheimateten Evers. Er hat auf der Ruderpinne einen geschnitzten, etwa 12 Zoll langen liegenden und gelb (früher hellgrün) bemalten Löwen wie vormals der Rhin-Ever „Holsatia". Ursprünglich gehörte dieser Ever nach

Bleckede, er wurde dann nach Wittenberge und vor einiger Zeit von hier nach Brandenburg verkauft. Solange der Ever in Bleckede und Wittenberge beheimatet war, war der Löwe mit Goldbronze gestrichen. Jedoch befand sich bei diesem Ever der Löwe nicht oberhalb des Ruders, sondern binnenbords oberhalb des Steuerreiters, wie das bei kleinen holländischen Seglern des 17. bis 19. Jahrhunderts gelegentlich üblich war. Ob hier aber eine alte holländische Beeinflussung vorliegt[369], oder ob der ursprüngliche Besitzer den Löwen vielleicht von einer abgewrackten oder gestrandeten holländischen Tjalk erhalten hat, ist fraglich.

Abb. 41. Wilsterau- und Lägerdorfer Ever im Hafen von Wilster (Winter 1892),
rechts hinten liegt die Werft Bergmann

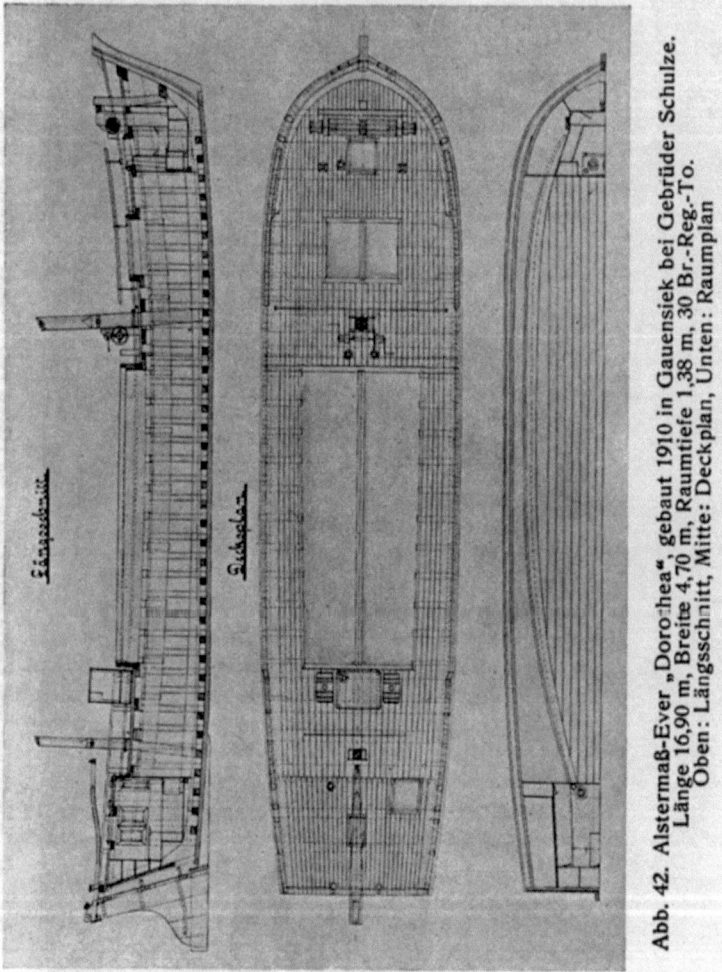

Längsschnitt

Deckplan

Abb. 42. Alstermaß-Ever „Dorothea", gebaut 1910 in Gauensiek bei Gebrüder Schulze.
Länge 16,90 m, Breite 4,70 m, Raumtiefe 1,38 m, 30 Br.-Reg.-To.
Oben: Längsschnitt, Mitte: Deckplan, Unten: Raumplan

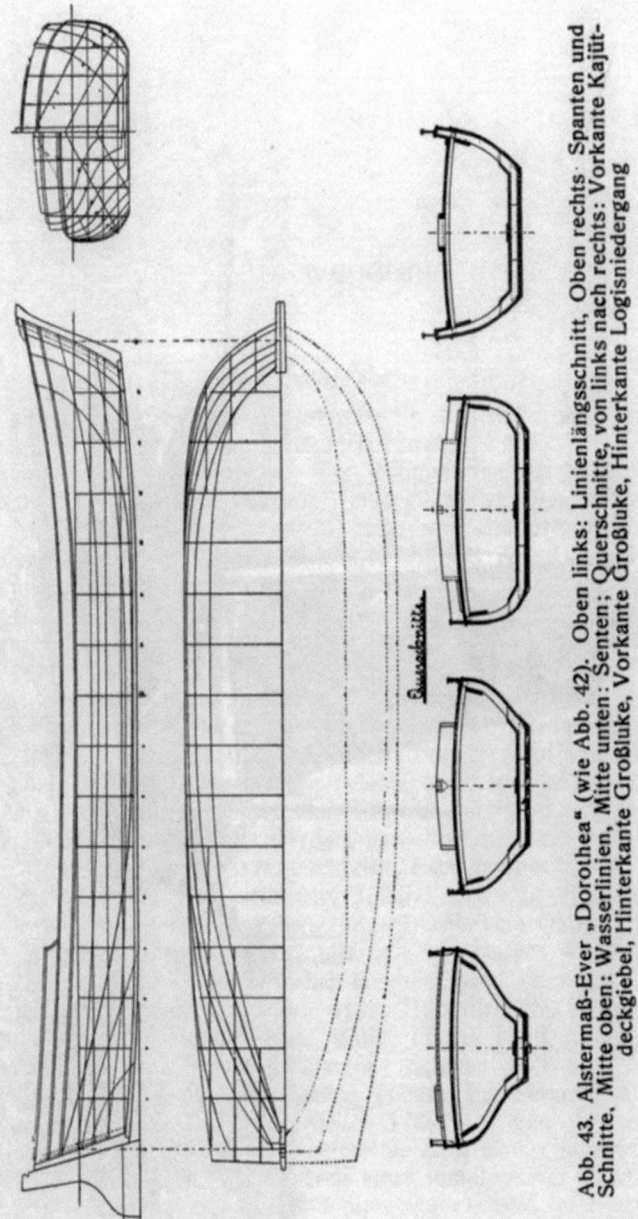

Abb. 43. Alstermaß-Ever „Dorothea" (wie Abb. 42). Oben links: Linienlängsschnitt, Oben rechts· Spanten und Schnitte. Mitte oben: Wasserlinien, Mitte unten: Senten; Querschnitte, von links nach rechts: Vorkante Kajüt-deckgiebel, Hinterkante Großluke, Vorkante Großluke, Hinterkante Logisniedergang

Techno-Photographisches Archiv (Hans Herzberg) Berlin-Friedenau, Fregestr. 65/66

X. Verwendung.

1. Elbschiffahrt.

Die Entwicklung und Ausbreitung der niederelbischen Schifffahrt ist eng mit dem Emporkommen Hamburgs verknüpft. Zwar
dienten die Bodenerzeugnisse der Elbmarschen und der angrenzenden Geest nicht nur zur Versorgung der Ortschaften an
der Niederelbe mit Lebensmitteln, Bau- und Brennstoffen usw.,
sondern gaben auch zum auswärtigen Handel Anlaß. Aber der
Hauptabnehmer war doch Hamburg, so daß seit Jahrhunderten
die Elbmarschen das Hinterland Hamburgs bildeten[370]. Die Bedeutung Hamburgs als wirtschaftlichen Mittelpunktes für die niederelbischen Lande kennzeichnen einige ältere Angaben: 1773 bemerkt Büsching[371] u. a.: „Man sehe die erstaunlich vielen Fahrzeuge an, welche sich alle Morgen, wenn der Niederbaum er-
öfnet wird, in den Hamburger Hafen drengen, und mit Milch,
Obst und anderen Lebensmitteln beladen sind, und bedenke, daß
sie aus den benachbarten Landen kommen: so wird man schon
dadurch lebhaft überzeuget ·werden, daß diese benachbarte Lande
von Hamburg leben." 1787 schreibt Norrmann[372]: „Mit dem
benachbarten Holstein, Schleswig, Jütland, den dänischen Inseln
in der Nordsee, dem Bremischen, Oldenburgischen, Ostfriesischen
und anderen Gegenden hat Hamburg einen starken Verkehr zu
Wasser, die Schiffe, welche daher kommen, sind zwar nur klein,
und bringen vornehmlich: Korn, Holz, Hülsenfrüchte, Backsteine,
Kalk, Butter, Käse, Häute, Felle, Wolle, Flachs, Hanf, Oel, Speck,
Haar, Garn, Talg u. m. a. Waaren; nehmen aber eine große
Menge Kramwaaren, Kaffee, Zucker, Toback, Farbewaaren, Manu-
fakturen und dergleichen zurück." 1789[373]: „Was die einzu-
führenden Waren [in Holstein] betrift, so sieht man, einige wenige
Artikel ausgenommen, fast nirgends einen unmittelbaren Handel...
Die Nähe von Hamburg und daß diese Stadt einmal im Besiz der
Handlung und des Gewerbes sei, wogegen kein anderer Ort auf-
kommen könne, wird insgemein zur Entschuldigung gebraucht,

um die Hände in den Schoß zu legen." 1816[374]: „... die Bewohner der Elb- und Weserufer (der wohlhabende Teil der Bremenser) seit langer Zeit in der Gewohnheit sind, die Waren, deren sie bedürfen, directe von Hamburg oder Bremen zu ziehen, ...Je leichtern Absatz die Bewohner des Bremenschen für ihre Producte in Hamburg, oder Bremen fanden, um so mehr verloren sie die Neigung eigene Handlungs-Speculationen zu unternehmen." 1840[375]: „...für Holstein liegt dieser Markt an der Elbe dagegen so viel vorteilhafter und bequemer als das Ausland, daß die mehrsten holsteinischen Producte nach Altona-Hamburg gehen." 1842 lehnte der hannöversche Finanzminister einen Antrag der Landdrostei Stade auf allgemeine Einführung von Schiffbauprämien ab[376], „er ging dabei von der Ansicht aus, daß der Schiffahrtsbetrieb der hannöverschen Untertanen in engsten Verhältnisse zu den benachbarten Hansestädten stehe und deshalb der Ermunterung nicht bedürfe".

Der Wasserverkehr hatte den Vorrang vor dem Landverkehr. Nicht nur deshalb, weil es mit den Wegen in den Marschen sehr schlecht bestellt war, sondern weil der Absatz einiger Bodenerzeugnisse der Entfernung, der Menge oder des Gewichtes wegen nur auf dem Wasser erfolgen konnte, wenn sich der Verkauf lohnen sollte. Mehrere Elbarme und mehrere Nebenflüsse der Niederelbe, einige Auen der Stör und einige Kanäle gestatteten den Verkehr mit kleinen Segelschiffen weit binnenlands[377]. Einige Wasserstraßen standen mit kleinen Wasserläufen in Verbindung, auf denen die Bodenerzeugnisse auf kleinen Kähnen, Prähmen, Bollen an die Ladestellen der Ever herangeschafft wurden. Als die wichtigsten von den niederelbischen Evern befahrenen Wasserstraßen sind zu bezeichnen in H o l s t e i n: Wedelerau bis Wedel, holsteinische Binnenelbe, Pinnau bis Uetersen (kleine Fahrzeuge bis Esingen und Pinneberg), Krückau bis Elmshorn, Herzhorner und Kremper Rhin, Stör bis Münsterdorf (kleine Fahrzeuge früher bis Arpsdorf), Kremperau bis Krempe (kleine Fahrzeuge früher bis Steinburg), Wilster und Holstenau bis Dükerswisch und Eggstedt, Burgerau (seit 1868 Burg-Kudenseer Schiffahrtskanal), ferner der Bullenfluß (bis Holmer Berg) und der Breitenburger Schiffahrtskanal bis Lägerdorf; in H a n n o v e r: Este bis Buxtehude, Lühe bis Horneburg, Schwinge bis oberhalb Stade, Kehdinger Süderelbe, Oste bis Bremervörde, Medem bis Otterndorf (kleine Fahrzeuge bis Ihlienworth), Mehe bis Abbenseth, Hadelner und Geestekanal, auf denen aber nur kleine Ever verkehren konnten, beide Kanäle führten übrigens bei den Elbschiffern den gemeinsamen Namen Otterndorfer Kanal; in der U m g e b u n g v o n H a m b u r g wurden u. a. befahren die Norder-, Süder- und alte Süderelbe, der Reiherstieg, Köhlbrand, Köhlfleet, die Alster (bis zur Winterhuderbrücke) und viele Fleete und Kanäle im Bereich der Stadt Hamburg. Einige kleinere Ever befuhren die Dove- und Goseelbe, Bille, Seeve, Luhe und Ilmenau.

Das vergangene Jahrhundert brachte für die Kleinschiffahrt mehrere Veränderungen, so daß die Handelsverbindungen nicht mehr allein durch die Segelschiffahrt aufrecht erhalten wurden wie in früherer Zeit bei den mangelhaften Marschwegen, die im Frühjahr und Herbst oft gar nicht benutzt werden konnten. Mit der Anlegung von K u n s t s t r a ß e n wurde in Holstein in den dreißiger Jahren und in den hannöverschen Elbmarschen in den vierziger Jahren begonnen, doch hat sich der Ausbau der Haupt- und Nebenlandstraßen bis weit in die zweite Hälfte des vergangenen Jahrhunderts hingezogen[378]. Größeren Einfluß auf den niederelbischen Schiffsverkehr hatten die E i s e n b a h n e n, von denen hier nur die wichtigsten erwähnt sind[379]. Am 18. September 1844 übergab man die erste Eisenbahn, die König Christian VIII.-Ostseebahn, dem Verkehr; sie führte von Altona über Elmshorn, Neumünster nach Kiel. 1845 wurde die Strecke von Elmshorn nach Glückstadt und 1857 die Strecke Glückstadt nach Itzehoe eröffnet. Seit März 1847 war Harburg an die von Hannover kommende Eisenbahn angeschlossen. Aber erst am 16. Juli 1866 erhielt Hamburg die Verbindung mit der Altonaer Eisenbahn, während die Anschlußbahn Hamburg—Harburg, über die neue Eisenbahn-elbbrücke gehend, erst am 1. Dezember 1872 in Betrieb kam. Im Jahre 1878 wurde die Altonaer Eisenbahn von Itzehoe nach Wilster, St. Margarethen (wofür seit 1920 Burg in Süderdithmarschen getreten ist) nach Heide verlängert. Linkselbisch entstand die erste Eisenbahn im Jahre 1881; am Geestrande liegend verbindet die Unterelbe-Bahn Harburg, Buxtehude, Horneburg und Stade mit Cuxhaven. Schließlich wurde am 13. Juni 1899 die Kehdinger Kreisbahn, von Stade über Freiburg nach Itzwörden, eröffnet. Die Eisenbahnen waren für den Absatz der Bodenerzeugnisse der Marschen von großer Bedeutung. Denn nunmehr gelangten die Erzeugnisse nicht nur rascher und bequemer an den Hamburger Markt, sondern das Absatzgebiet, namentlich für Getreide, Mehl, Gemüse, Obst, Milch, Fettwaren, Fleisch, Fische u. a. m. wurde dadurch über Hamburg hinaus bis weit in das Innere von Deutschland erweitert. Auch die niederelbische D a m p f s c h i f f a h r t, besonders in Verbindung mit Schleppschiffen, hat seit der zweiten Hälfte des vergangenen Jahrhunderts der Segelschiffahrt manchen Abbruch getan, als erstes verdrängte die Dampfschiffahrt schon vor 1850 die Fährschiffahrt mit Evern. Am Ausgang des 19. Jahrhunderts kamen die e i s e r n e n S e g e l f a h r z e u g e auf, die von den Elbschiffern mehr und mehr bevorzugt wurden[380]:

	1880	1890	1900	1913	1931
Ever	1	5	61	388	370
Tjalken	0	0	20	80	153
Galeaßen	0	1	8	62	115

Nach dem Kriege erfuhr das niederelbische Verkehrswesen abermals eine Veränderung. Auf dem Wasser wurden mehr und mehr M o t o r f a h r z e u g e eingeführt, namentlich die aus Holland stammenden Motorleichter, auch wurden zahlreiche der kleinen Elb-Segler durch den Einbau eines Motors verbessert. Auf den Landstraßen der Elbmarschen entwickelte sich ein Fracht- und Reisendenverkehr mit K r a f t w a g e n, der von Jahr zu Jahr eine größere Ausdehnung erlangt.

Nachstehend ist die Elb-Segelschiffahrt von Hamburg (elb-aufwärts bis Geesthacht), Holstein, Dithmarschen, Hannover (zwischen Cuxhaven und der Vogtei Neuland, einschließlich Bar-dowiek) dargestellt worden. Zeitlich beginnt die Darstellung im allgemeinen erst mit dem 16. Jahrhundert, sie endet, sobald an Stelle der hölzernen Ever andere Schiffstypen oder Verkehrsmittel traten. Die Darstellung beruht fast ausschließlich auf gedrucktem Material[381], das durch einige mündliche Angaben ergänzt worden ist. Leider ist die gedruckte Ueberlieferung sehr dürftig, man muß froh sein, wenigstens für einige Orte und Gegenden einige Angaben über den Schiffsverkehr zu finden. Ueberdies war lediglich beabsichtigt, den engen Zusammenhang der Ever mit der nieder-elbischen Wirtschaft zu zeigen, denn ehemals war der hölzerne Ever das wichtigste und in vielen Gegenden das einzige Verkehrs-mittel zwischen den Elbmarschen und Hamburg.

2. Niederelbische Frachten.

a. Getreide.

In dem Gebiet der Niederelbe war der Anbau von Getreide am bedeutendsten in Dithmarschen, in Hadeln und Kehdingen, in der Kremper-, Seestermüher- und Haseldorfermarsch. In der Wilstermarsch bildete die Milchwirtschaft den wichtigsten Betriebs-zweig, die von jeher große Mengen Butter und Käse auf den Markt brachte. In der Ostemarsch war der Kornbau namentlich im Amt Neuhaus und im Gericht Osten ansehnlich, doch hatten außer den Halmfrüchten noch andere Erzeugnisse, vor allem Torf und Mauersteine, große Bedeutung. Neben dem Obstbau wurde im Alten Lande der Getreidebau betrieben, der erst in neuerer Zeit gegen den Obstbau in den Hintergrund getreten ist. In den Hamburger Marschen, namentlich in der Billwärder- und Ochsenwärdermarsch sowie in den Vierlanden, wurde außer Ge-treide viel Gemüse, auch Obst, für den Hamburger Markt an-gepflanzt. Erst in dem vergangenen Jahrhundert fand der Markt-gartenbau in den größeren Bauernwirtschaften Eingang, der heute den Vierlanden das charakteristische Gepräge gibt. Auf den Elb-inseln bei Hamburg hatte der Kornbau keine große Ausdehnung, hier nahm die erste Stelle die Milchwirtschaft ein, die überhaupt neben dem Gemüsebau in der engeren Umgebung Hamburgs weit verbreitet war und noch ist.

Bis zum Ende des 16. und vereinzelt bis zum Anfang des 17. Jahrhunderts machte H a m b u r g für das aus den Elbmarschen verschiffte Getreide sein viel umstrittenes Stapelrecht geltend[382]. Bewaffnete Fahrzeuge dieser Stadt wachten darüber, „dat nemant korn, garsten, noch molt, von der Elue schepen mochte von Stade, Buxtehude efte vt anderen orden an der Elue belegen, nemant buten bescheden, yt were Holste, Dytmarsche, Hadeler, Kedinger ofte Oldelander" schreibt ein Hamburger Chronist im Jahre 1555[383]. Die Vorbeifahrt der Kornschiffe an Hamburg, auch wenn sie ihren Weg durch die Süderelbe nahmen, verhinderte Hamburg noch bis in die zweite Hälfte des 17. Jahrhunderts. Ueber den Kornhandel hat der Rat von Hamburg mehrfach Bestimmungen erlassen, in denen auch Ever erwähnt werden[384]. In dem Hamburger Rezeß vom Jahre 1483 wurde verfügt, daß der Verkauf des von außerhalb nach Hamburg gebrachten Getreides und anderer Eßwaren nur auf der vom Rat bestimmten Marktstätte geschehen solle, von den Getreideschiffen und Evern soll man nichts kaufen. Nach dem Rezeß vom Jahre 1529 wurde das zu Schiff nach Hamburg gelangte niederelbische Korn in dem Hause der Brauergesellschaft und auf den Kajen verkauft. 1596 verbot der Rat den Bürgern von Hamburg, mit ihren Evern nach Krauel oder anderen Orten zu segeln, um dort Getreide von den ankommenden magdeburgischen oder brandenburgischen Schiffen entgegenzunehmen. In der neuen Korn-Ordnung der Stadt Hamburg vom 22. März 1737 wurden nach der Herkunft drei Kornarten unterschieden (Art. III)[385]; das von der Oberelbe stammende hieß „Oberwärtisches Korn", das „von unten die Elbe heraufkommende Korn" wurde „Niederwärtsches Korn" genannt, „Vorländisches Korn" stammte von der Westküste Schleswig-Holsteins, nördlich von Dithmarschen, her.

Ehemals bildete die Beförderung des Getreides eine wichtige Einnahmequelle für die niederelbische Schiffahrt, auch waren früher viele Schiffer gleichzeitig Kornhändler. 1623 wird erwähnt, daß holsteinische Schiffer in Hamburg Geld aufnahmen und sich verpflichteten, dafür Korn zu liefern[386]. 1756 wohnte in dem lüneburgischen Anteil von Kirchwärder ein Schiffer und Kornhändler[387]. Um die Abfuhr des Korns sicherzustellen, besaßen in früherer Zeit manche Landleute ein Schiff. So war um 1567 ein Dithmarscher Landmann mit einem Viertelpart an einem Schiff beteiligt[388]. 1577 erwarb ein Herzhorner Bauer ein „halue Schipp mit sampt der haluen thobehöringe, also tho dem Schepe van nöden is vnd gebruketh wert"[389]. 1663 waren in Kehdingen ansäßig die Erbexen und Everführer Wilken Böse (Bützfleth), Cl. Schwarte und Cl. Whiste (Hamelwörden)[390]. 1682 wohnte im Flecken Freiburg der Köter (Kätner) und Schiffer Berend Breckwoldt, ein Angehöriger des großen Blankeneser Seemanngeschlechtes der Breckwoldts, die vom Lande Kehdingen nach Holstein gekommen sind[391]. Auch auf einigen Gütern hielt man kleine Schiffe wie Ever, Schuten und Prähme[392].

Die auf Hamburg und Altona gerichtete niederelbische Getreideschiffahrt, auch die Beförderung von Heu und Stroh, ist nachstehend dargestellt worden, und zwar in geographischer Reihenfolge, beginnend rechtselbisch mit Wedel. Auch haben hier einige allgemeine Angaben über die Schiffahrt einiger Elbhäfen Aufnahme gefunden.

Zu den Heulieferanten Hamburgs und Altonas gehörten in dem vergangenen Jahrhundert W e d e l, H e t l i n g e n und H o l m. In der schleswig-holsteinischen Handelsstatistik vom Jahre 1835 wird erwähnt[393]: „Heu und Stroh sind die vorzüglichsten Ausfuhrartikel Wedels, ... es kommt wohl von keiner Gegend soviel von dem Producte nach diesen Städten, als von hier." Außerdem lieferte Wedel damals etwas Roggen und Kartoffeln. Die Schiffer von Holm, wahrscheinlich auch die von Hetlingen, hatten zum Zweck der Heugewinnung Wiesen gepachtet[394]. Der Hetlinger Hafen heißt übrigens noch heute Heuhafen. Im Jahre 1735 waren in Wedel 11 und in Schulau 3 Ever beheimatet[395]. 1835 gehörten nach dem Wedeler Zollbezirk (Wedel, Schulau, Holm, Spitzerdorf, Hetlingen) 21 Besahn-Ever und 47 Giek-Ever. „Regelmäßig segelt diese Flotte im Frühjahr von Wedel[?] leer aus, 5 davon gehen auf Frachten von Hamburg oder Altona nach der Ostsee oder allenfalls nach England; die übrigen fahren mit Holz, Torf und Mauersteinen von St. Margarethen oder auch von der Oste im Hannöverschen nach Hamburg und Altona, bis sie im Spätherbste gewöhnlich leer wieder zu Hause anlegen."

Obwohl im 18. Jahrhundert die Landwirtschaft in der H e r r s c h a f t   P i n n e b e r g den Haupterwerb ihrer Bewohner bildete, hatte die Ausfuhr von Getreide keine große Bedeutung[396]. Wichtiger war die Torfschiffahrt auf der Pinnau und Krückau, die die Schiffer früher und noch in der Gegenwart Ueterser- und Elmshornerau nannten. Kornhandel nach Hamburg und Altona trieben besonders die Einwohner des Fleckens und der Amtsvogtei U e t e r s e n sowie Elmshorns (Vormstegen). Bis etwa 1720 kamen auch holländische Schmacken nach Uetersen, um dort Getreide zu laden. Während noch am Ende des 18. Jahrhunderts der Reichtum an Getreide längs der Pinnau hervorgehoben wurde[397], ist in den dreißiger Jahren des 19. Jahrhunderts wenig Getreide, am meisten Rapssaat, von Uetersen ausgeführt worden[398]. Damals mußten größere Schiffe die auf der Pinnau nicht fahren konnten, aber Bestimmung nach oder von Uetersen hatten, auf der Elbe mittels hiesiger Ever löschen oder laden. 1735 besaß Uetersen 12 Ever, 1835 aber 29 ein- und zweimastige Ever[399]. Nach E l m s h o r n gelangte durch zahlreiche ländliche Fuhrwerke aus der Umgebung und aus der Grafschaft Rantzau Korn, um auf der Krückau verfrachtet zu werden[400]. 1735 gehörten nach den südlich von Elmshorn liegenden Ortschaften Klostersande 22, nach Vormstegen 16 und nach Wisch 6 Ever, außerdem waren 2 Ever in Langelohe beheimatet[401]. Diese Ever beförderten hauptsächlich Torf, ebenso wie die im Jahre 1787 in Elmshorn und Umgebung beheimateten 100 Fahrzeuge größtenteils „zur Betreibung des Torfhandels nach Hamburg" dienten[402]. Im Anfang des 19. Jahrhunderts besaß Elmshorn mit Neuendorf, Seester und Seestermühe gegen 150 Ever[403]. 1840 gehörten 106 Fahrzeuge hierher[404]: „Die Fahrzeuge sind größtenteils Ever, jedoch sind auch einige seehaltige Fahrzeuge vorhanden." In der ersten Hälfte des 19. Jahrhunderts bestand die Ausfuhr Elmshorns hauptsächlich aus Rapssaat, Mehl, Heu, Stroh, etwas Schiffsbrot, sowie aus Torf, Brennholz, Holzkohlen und Ziegelsteinen. Zu Zeiten holten die Schiffer für die Mühlen in Elmshorn auch Getreide von Dithmarschen und von den dänischen Inseln an der Westküste. Allmählich entwickelte sich Elmshorn zu einem bedeutenden Getreidehafen mit großen Mühlenanlagen. An Stelle der hölzernen Ever traten eiserne Ever und große Leichter.

In der Kollmarmarsch war der Sitz der Kleinschiffahrt Kollmar. Im Jahre 1836 wurde die Schiffahrt[405] „vorzüglich von den Collmarschen Gütern aus betrieben, beschränkt sich aber hauptsächlich auf Binnenlandfahrten kleiner Fahrzeuge. Es werden jetzt 24 Ever und Jollen gehalten von zusammen 167 C.-Lasten." Am Ende des vergangenen Jahrhunderts besaß Kollmar 26 und Bielenberg 1 Ever. 1901 teilte Rave[406] mit: „Einen wichtigen Theil des Handels [des Amtsbezirks Kollmar] bildet die Schiffahrt, welche sich nicht mehr allein auf Binnenlandfahrten kleiner Fahrzeuge beschränkt, sondern sich auf Fahrten nach den Ostseehäfen erweitert hat. Wenn auch die meisten Schiffer Frachten für auswärtige Fabriken und Handelshäuser befördern, so treiben doch mehrere Schiffer einen selbstständigen Handel mit Torf, Sand, Mauersteinen, Kalk, Cement, Steinkohlen."

Eingangs ist bereits ein Herzhorner Schiff vom Jahre 1577 erwähnt worden. Im Anfang des 18. Jahrhunderts handelten die Herzhorner Bauern mit Vieh und Korn nach Hamburg, Holland und anderen Gegenden[407]. Erst mit dem Bau der Chausseen und der Eisenbahn hat die Beförderung des Korns auf dem Wasserwege aufgehört. Glückstadt bezog das für den eigenen Bedarf benötigte Korn auch von der Stör; denn im Jahre 1711 gestattete König Friedrich IV. den Glückstädtern, das auf der Geest eingekaufte Getreide ungehindert durch den Störbaum zu verschiffen[408]. 1789/90 wird berichtet, daß von Glückstadt aus etwas Getreide ins Ausland ausgeführt wurde; das Getreide wurde aus dem mittleren Holstein (Kremper- und Wilstermarsch) bezogen[409]. Eine Stelle aus der Glückstädter Marktordnung vom 17. März 1640 möge hier noch Platz finden[410]: „soll allen und jeden aus den benachbarten diß- und jenseits der Elbe belegenen Orten und Einwohnern, auch fremden Schiffern... freystehen, alle Tage... mit ihren Schiffen und Evern in den Haven zu legen, und ihre Waaren zu verkaufen."

Der nächste holsteinische Getreideausfuhrort war die Stadt K r e m p e an der Kremperau, die bei Borsfleth in die Stör mündet. Ursprünglich vermittelte Krempe den Handel mit der inneren Landschaft, deren Korn von Steinburg und Süderau her auf der Au verschifft wurde[411]. Von der alten Seefahrt dieses Städtchens im 16. Jahrhundert ist schon oft die Rede gewesen. 1613 berichtete Krempe aber selbst, daß ihre und der Nachbarn Schiffe allermeist nach Hamburg segelten, dort lieferten sie das Getreide an die großen seegehenden Schiffe, doch fuhren einige Kremper Schiffe auch nach Bremen und Holland. Der große Seehandel hörte spätestens im Jahre 1636 auf. Damals baute man einen festen Steindamm zwischen Krempe und Glückstadt, der die Kremperau zwischen der Wirtschaft Springhirsch und Krempdorf übersprang[412]. Gleichzeitig wurde die Verlatschleuse (Schutzschleuse) eingebaut, die nur noch sehr kleine Schiffe befahren konnten. Inzwischen versandete der Fluß mehr und mehr[413], 1716 stellte man fest, „daß die Fahrt besagten [Cremp-]Flußes bei hohlem Wasser fast unbrauchbar, sowol, weil der Strohm ganz flach, als auch an beyden Seiten dergestalt zugewachsen,... daß die Fahrzeuge einander nicht vorbey kommen können, sondern zum öfteren ganze Zeiten auf dem Schlick liegen bleiben müssen..." 1758 verlegte man die Verlatschleuse nach dem Kirchdorf Borsfleth, weil auf dieser Strecke oft die Audeiche durchbrachen und die Marsch überschwemmten. Am Ende des 18. Jahrhunderts erwähnt Norrmann[414]: „Krempe treibt guten Getreide- und Viehhandel und hat viel Wohlstand." Im Jahre 1824 hatte die Stadt nur noch vier Schiffe[415] „welche es wagen können, die Elbe bis Hamburg und hinab bis zu ihrer Mündung zu besegeln." Der schlechten Landwege halber gelangte auf der Au außer Getreide auch Fleisch, sowie eine Zeitlang Ziegelsteine zur Ausfuhr. In früherer Zeit war die Kremperau bis Steinburg, am Ende des vergangenen Jahrhunderts bis Süderau schiffbar. Seitdem kommen die Ever nur noch bis Krempe hinauf. Auf der Au konnte nicht gesegelt werden, man stakte oder treidelte, weil die Au einen sehr krummen Lauf hat; sie hieß deshalb in früherer Zeit auch Krummbek. Eingeführt wurden in neuerer Zeit u. a. Korn, Sand und Steine (nach Borsfleth), Holz, Torf, Heu und Manufakturwaren. Bis vor wenigen Jahren sind auch Häute und Leder für die Lederfabrik in Krempe mit Evern befördert worden, was jetzt aber mit Lastautos geschieht. Der letzte hölzerne Kremper Ever soll während des Krieges abgewrackt worden sein, auch in B o r s f l e t h ist nur noch ein Ever beheimatet, der die Kremperau befahren kann.

Heute ist die Schiffahrt durch die im Jahre 1907 massiv ausgeführte Borsflether Schleuse unbedeutend; sie wird wöchentlich durchschnittlich von einem Schiff befahren.

Ueber die Schiffahrt der K r e m p e r m a r s c h ist noch zu erwähnen, daß im Jahre 1580 Friedrich II. einen Vorschlag der Bauern in der Krempermarsch zurückwies, die selber Roggen aus Dänemark holen wollten[416], „weil sie nicht sonderliche Seefahrt brauchten und keine Schiffe zu schicken hätten." Als aber im Jahre 1650 die Stadt Krempe die Schiffahrt der Landleute der Krempermarsch zu verhindern suchte, verfügte König Friedrich III.[417], daß „ein jedweder sein eigen Korn, sowol an fremde als einheimische Kaufleute verkaufen, und auf dem Fluß Crempe durch die Stadt mit Schiffen zu jederzeit durchführen, auch zu Lande durchbringen mögen." 1895 gehörte nach S ü d e r a u noch ein kleiner Giek-Ever („Heinrich I.", Schiffer J. Pahl).

Von Itzehoe bis zur Mündung der Stör galt seit 1260 das Stapelrecht der Stadt I t z e h o e[418]. Alle Schiffer von der Elbe und Wilsterau, die mit ihren Schiffen auf der Stör bis Itzehoe hinaufkamen, mußten hier ihre Waren ausladen und feilbieten. Erst im Jahre 1609 bewilligte König Christian IV. den Einwohnern der Stadt Wilster die freie Schiffahrt auf der Stör von Wilster aufwärts bis Itzehoe[419]. Das von der Stadt Itzehoe schroff durchgeführte, inhaltlich aber sehr anfechtbare Stapelrecht ist zwar mehrfach durch Verordnungen der dänischen Könige durchbrochen worden, es hat aber für die Bürger dieser Stadt den Anlaß gegeben, einen ausgedehnten Getreide- und Holzhandel zu betreiben. Von einigen Ausnahmen abgesehen, durften von Itzehoe aus nur die Prahmführer dieser Stadt Waren ausführen. Großhandel zu treiben war ihnen nicht erlaubt. Das Getreide ging meistens nach Hamburg, gelegentlich aber auch nach Bremen und Amsterdam, außerdem wurde Vieh, Fleisch und Holz ausgeführt[420]. In der ersten Hälfte des 19. Jahrhunderts kauften Itzehoer Schiffer in der Umgebung Fettwaren auf und lieferten sie direkt nach Hamburg. Im Jahre 1846 wurde das Stapelrecht von Itzehoe aufgehoben. Ueber die Getreideschiffahrt dieser Stadt nach 1850, wie auch von vielen anderen Orten, fehlen Angaben.

Der Hauptort der fruchtbaren Wilstermarsch war die kleine Stadt W i l s t e r. Bei der Regelung des Deichwesens der Wilstermarsch im Jahre 1438 wurde bestimmt, daß die Brücken in Wilster über die Au und das Fleet so beschaffen sein mußten, daß ein beladener Prahm durchfahren konnte[421]. Damals hat auch die Ueberdeichung der Wilsterau und die Anlegung der Kasenorter Schleuse stattgefunden. Weil aber Fahrzeuge von Wilster bereits im Jahre 1571 nach Norwegen segelten, darf man vermuten, daß hierfür größere Schiffe Verwendung fanden, die außerhalb des Deiches ankerten[422]. 1656 erließ Friedrich III. gegen die Stadt Wilster eine Verordnung[423], nach der allen Einwohnern des Kirchspiels Wilster die Schiffahrt durch Wilster „ohne jemands Hinderung" freistand, aber nur mit dem auf ihren Höfen gewachsenen Korn, Futter, Vieh. 1721 wurde dem Amtmann von Steinburg mitgeteilt, daß die Einwohner der Wilstermarsch aus dem Stift Bremen und anderen auswärtigen Ortschaften Mehl einführten oder Korn aus der Wilstermarsch ausführten, ohne es auf den Mühlen der Wilstermarsch mahlen zu lassen[424]. Der Amtmann gab deshalb den Everführern und Fuhrleuten nachdrücklich die Anweisung, „sich aller Zufuhr und Handels mit Mehl von auswärtigen Oertern gänzlich zu enthalten". Bis zur Verlängerung der Eisenbahn über Itzehoe hinaus (1878) wurde auf der Wilsterau ein großer Teil der Stapelgüter der Wilstermarsch wie Hafer, Butter, Käse, Vieh, Felle u. a. nach Hamburg, Altona, Itzehoe und Glückstadt verschifft[425]. Sonst ist noch die Torfschiffahrt und zeitweise die Brennholzverschiffung hervorzuheben. Die auf der Wilstermarsch verkehrenden Ever und andere Fahrzeuge waren in der Stadt Wilster, die Mehrzahl aber im Kirchspiel Wilster, sowie auch in Süderdithmarschen beheimatet. Seit der Eröffnung des Nord-Ostsee-Kanals ging die Schiffahrt auf der Wilstermarsch immer mehr zurück, indessen die Schiffer von Burg seitdem durch den Kanal zur Elbe segelten. In der Gegenwart ist die Schiffahrt oberhalb von Wilster bedeutungslos. Vereinzelt werden noch Kohlen für das Neuendorf-Sachsenbander-Entwässerungswerk in Averfleth und Gerste für die Mühle in Ecklack befördert[426]. Hölzerne Ever sind hier nicht mehr vorhanden.

Auch Wewelsfleth war durch seine Lage nahe der Störmündung ein Ausfuhrort der Wilstermarsch[427]. In diesem Ort ist seit alters die Schiffahrt bedeutend gewesen, namentlich nach Hamburg hin. 1673 errichtete König Christian V. hier eine Zollstelle, bei der alle auf der Stör verkehrenden Schiffe, Schmacken, Ever oder andere Fahrzeuge anlegen und den Zoll entrichten mußten[428]. Im Jahre 1802 wohnten in Wewelsfleth u. a. 11 Schiffer, 1 Schiffbauer, 1 Segelmacher, 3 Kornhändler und 4 Bauholzhändler. Nicht selten sah man damals holländische Schiffe im Hafen laden und löschen, namentlich holten die Holländer die gleich zu erwähnenden Störkringel ab. In der zweiten Hälfte des vergangenen Jahrhunderts bis nach 1900 gab es u. a. in Wewelsfleth, Beidenfleth, Wilster und Burg mehrere Schiffer, die mit ihren kleinen Evern einen selbständigen Handel mit Korn, Fettwaren u. a. betrieben. Teils besuchten diese Schiffer die Orte an der Niederelbe und ihren Nebenflüssen, teils segelten sie nach den Nordfriesischen Inseln, so nach Föhr, Sylt, Amrum und nach der Westküste von Schleswig-Holstein, mitunter handelten sie auch nach den Ostfriesischen Inseln[429]. Erwähnung verdient dann noch der im Jahre 1878 gebaute Miniatur-Ever „Johannes" von Wewelsfleth (s. S. 22); mit diesem Ever handelte der Schiffer Carsten

Suhr mit Hafer, Feldbohnen, Rapssaat, Kartoffeln, Torf u. a. Waren störaufwärts nach Kellinghusen und nach den kleinen Auen oberhalb dieses Ortes. 1898 waren in Wewelsfleth noch 23 hölzerne Ever beheimatet, jetzt aber besitzt dieser Ort keinen mehr.

Eine andere, aber nur auf wenige Wewelsflether Schiffe sowie auch auf andere Schiffe der Wilstermarsch beschränkte Fracht bildeten seit dem 18. Jahrhundert die S t ö r k r i n g e l. Hähnsen[430] hebt hervor, daß in früherer Zeit in Schleswig-Holstein offenbar nur zwei ländliche, handwerksmäßig betriebene Gewerbe mit Fernabsatz in größerem Umfange bestanden haben: Die Sensenschmiede in Nordschleswig und die Störkringelbäcker in den größeren Elbdörfern der Wilstermarsch. Für die Störkringelbäcker war der Fernabsatz die hauptsächlichste Existenzgrundlage. Ursprünglich sind die Störkringel wohl nur in Wewelsfleth hergestellt worden, auch waren sie, wie die Wewelsflether noch in der Gegenwart sagen, „einzig hier berühmt". Am Ende des 18. Jahrhunderts war der Hauptsitz des Gewerbes Wewelsfleth mit Störort, ferner Beidenfleth und Neuenkirchen an der Stör, auch in Brockdorf und in St. Margarethen, sowie in Teufelsbrücke bei Altona stellte man sie her. „Im vorigen Zeiten wurden die Kringel fast alle von den holländischen und anderen Schiffern unmittelbar aus den Häusern und oft sogar vor dem Backofen weggekauft", schreibt H. Schmidt[431] im Jahre 1799 über die Wewelsflether Kringelbäckerei. „Ein reicher Schiffer aus Westfriesland pflegte von einem dortigen Bäkker mehrere Jahre hindurch und einige Male im Jahre zur Zeit 50, 60, auch wohl 80 Tonnen Kringel an Bord zu nehmen, womit er dann in seinem Vaterlande einen bedeutenden Handel trieb. Dieser starke Abgang... hat aber lange aufgehört und man mus nun diese Ware selbst wegbringen und versenden. Auf dem Stoerorte pflegte auch ein dortiger Bäkker selbst ein ansehnliches Schif zu halten, mit welchem, von Kringeln voll geladen, er nach Ameland u. s. w. segelte, und andere Waren wieder zurück brachte." In einem Bericht eines Wewelsflether Kirchspielvogts vom Jahre 1800 heißt es[432], daß die Herstellung der „überall so berühmten Wewelsflether oder Störer Annies- und Pfefferkringel" viele Hände beschäftige, auch „ist der Absatz hiervon auf den Schiffen der Stör und Elbe und auf den Hamburger zwei Freimärkten und nach Holland in ganzen Tonnen und Schiffsladungen ein überaus wichtiger und recht eigentümlicher Nahrungszweig dieses Ortes." In eigenen, sehr kleinen Evern brachten die Bäcker von Wewelsfleth und Störort diese sich über Jahr und Tag haltende Ware an die auf der Elbe segelnden Schiffe, auf denen die Kringel als Dauerproviant Verwendung fanden. Schon vor dem Jahre 1780 lieferten die Ever der Wewelsflether und Störorter Bäcker, sicherlich auch Ever der bereits aufgeführten Orte, die Störkringel nach den Gasthäusern bei und um Hamburg, „da sie in Hamburg außer der

Zeit der Freimärkte Kontrebande sind", wie der schon erwähnte H. Schmidt (1799) bemerkt[433]. Wann die Kringelbäckerei als Gewerbe mit Fernabsatz aufgehört hat, ist unbekannt. Störkringel als landesübliches Gebäck sind noch heute in der Wilstermarsch bekannt, auch werden sie von Wewelsfleth aus noch in der Gegenwart verschickt. Vorläufer des Schiffszwiebacks waren die Störkringel natürlich nicht, wie einmal gesagt worden ist; denn „tweebackenbrod..., dat hebben meest deel alle scepe" heißt es schon im Jahre 1387[434]. Schiffszwieback ist bereits in der ersten Hälfte des 19. Jahrhunderts auch in Elmshorn und Uetersen hergestellt worden[435]. Diese Orte lieferten ihre Ware nach Hamburg und Altona, sowohl auf dem Land- wie auf dem Wasserwege.

Weitere Ausfuhrhäfen der Wilstermarsch waren B r o c k d o r f und S t. M a r g a r e t h e n. Gelegentlich der Einrichtung der Wewelsflether Zollstelle im Jahre 1673 gestattete König Christian V. den Schiffern dieser Orte weiterhin die Ausfuhr, doch sollten sie bei ihrer Abfahrt und Ankunft bei ihren Kirchspielvögten Zoll und Lizent richtig machen[436]. 1720 erfuhr der Amtmann von Steinburg, daß Schiffer und Everführer in dem Arendseer Außendeich eine Einfahrt(!) gemacht hätten, „so fast einem kleinen Haven ähnlich, auch verschiedene Schiffer von Brocktorf und St. Margrethen ihre Ever dahin einlegen sollen"; er verbot dieses bei 50 Rthlr. Strafe[437]. In St. Margarethen war die Zahl der Schiffer von jeher groß[438]. Welche Bedeutung die Schiffahrt für diesen Ort hatte, zeigt ein Streit, den das Kirchspiel gegen einen Einwohner von St. Margarethen führte, der im Jahre 1770 das Ankern der Schiffe auf seinem Gelände verboten hatte[439]. Das Kirchspiel beschritt den Rechtsweg, „weil ihm an der Konservation der hiesigen Schiffer und deren Schiffe gar sehr gelegen, indem selbige wegen Transportierung ihres Viehes sonst übrigen Landesprodukten ihnen unentbehrlich wären." Zwei Jahre später wurde der Hafenplatz am ·Außendeich von Büttel angelegt, über den seit 1776 dem benachbarten Süderdithmarschen die zollfreie Einfuhr zugestanden wurde. Die Ausfuhr der einheimischen Erzeugnisse von Brockdorf wie Butter, Käse, Speck, Wurst, Ochsen u. a. beschäftigte mehrere Schiffe. 1802 waren im Kirchspiel Brockdorf nur noch zwei Everführer und vier Jollenführer ansässig[440]. „Vor 30 bis 40 Jahren sind zwölf bis sechzehn Schiffe hier gewesen. Damals haben sie nämlich in dem vor dem Deiche gelegenen Vorlande, oder Außendeich, einen bequemen Hafen gehabt. Da dieser Außendeich aber seitdem ganz weggespült ist, so fehlt ihnen nun ein naher sicherer Zufluchtsort, daher rührt vorzüglich die Verminderung der Schiffe."

Einige Schiffe D i t h m a r s c h e n s, besonders aus Meldorf, segelten in den siebziger Jahren des 16. Jahrhunderts mit Getreide nach Emden, auch holten bis zum Ende des 16. Jahrhunderts Emder Schiffe aus Dithmarschen Korn[441]. Sonst liegen über die Getreideschiffahrt von Dithmarschen erst seit dem Ende des 18. Jahrhunderts wieder einige Angaben vor. Als wichtigster Ausfuhrhafen Süderdithmarschens für Getreide und Fettwaren ist B r u n s b ü t t e l [442] zu bezeichnen, dessen Hafen sich am Brunsbütteler Neuenkoog befand. Für die Dithmarscher Kooge bildete Marne den Getreidehandelsplatz, der Hafen dieses Ortes war N e u f e l d , von wo aus viel Korn verschifft wurde. In den dreißiger Jahren des vergangenen Jahrhunderts wurde der Hafen von M e l d o r f [443], abgesehen von einem Fähr-Ever, fast nur zur Zeit der Kornladungen im Herbst aufgesucht. Der Ein- und Ausfuhrhafen für Heide war der W ö h r d e n e r H a f e n . Die Schiffahrt von B ü s u m war für die Landwirtschaft von Norderdithmarschen von großer Wichtigkeit. 1788 gehörten nach Büsum nur vier Schiffe von einiger Bedeutung, auch holten holländische und Altländer Schiffe viel Getreide von Büsum [444]. „Bisweilen laufen auch Schiffe ein mit schwarzen Töpfen und anderen Steingut, mit Kalk, Ziegelsteinen und Dachpfannen, sonderlich von der Oost her." Keine Bedeutung hatten damals der Hafen von Warwerort und der zum Schülpersiel, während der Hafen von Norddeich fast nur von Torffahrzeugen angelaufen wurde. Um die Mitte des vergangenen Jahrhunderts dienten die Schiffe von Büsum, größtenteils Ever, teils zur Ausfuhr der Erzeugnisse Norderdithmarschens, namentlich von Korn, sowie zur Einfuhr von Manufaktur- und Kolonialwaren nach und von Hamburg und Altona [445]. Mit der Verlängerung der Marschbahn von Itzehoe nach Heide und weiter nördlich, sowie mit der Anlegung ihrer Nebenlinien nach Brunsbüttel, Friedrichskoog (über Marne) und Büsum haben die Häfen Dithmarschens mit Ausnahme von Brunsbüttel und Büsum (Fischerei) ihre Bedeutung verloren [446]. Das Getreide aus der Umgebung von B u r g in Süderdithmarschen wurde durch die Schiffer von Burg auf der Wilsterau durch die Schleuse von Kasenort nach Itzehoe, Hamburg und Altona geschafft, auch Schiffer von Wilster beteiligten sich dabei, oder man verschiffte das Getreide über Büttel zur Elbe. In dem vergangenen Jahrhundert besaß von den holsteinischen Orten, außer Elmshorn, Glückstadt (Wildnisse) und Wilster, Burg die meisten Ever, die aber vorwiegend zum Torftransport Verwendung fanden.

Der Ueberschuß an Getreide, Heu und Stroh im Gebiet der O s t e gab schon frühzeitig Anlaß zu einem ansehnlichen, auch die Kleinschiffahrt belebenden Handel [447a]. Um das Jahr 1600 wurde bei dem Gut Brobergen eine Brücke über die Oste gebaut, die bei der Durchfahrt eines Evers aufgezogen werden mußte, wofür ein Zoll zu entrichten war [447b]. In der vom Gutsbesitzer der Regierung im Jahre 1715 mitgeteilten Zollrolle heißt es: Ever, die in Bremervörde Korn geladen haben, müssen bei der Vorbeifahrt für jeden Wispel Roggen, Gerste oder Hafer dem Gut 1 Mark zahlen; mit einen oder zwei Faden Holz in Bremervörde be-

frachtete Ever schulden 2 Schilling; Krämer, wenn sie nach Bremer-
vörde zu Markte fahren, müssen von einer jedweden Ecke einer
Kiste 1 Schilling geben. Erst 1821 wurde dieser Zoll abgelöst,
einige Jahre später brach man die Zugbrücke ab. Von dem A m t
N e u h a u s berichtet de Roth im Jahre 1718, daß die Einwohner von
Neuhaus, Belum, Geversdorf und Oberndorf mit eigenen Schiffen
von 12 bis 15 Last ihr Korn, auch Mauersteine und Töpferwaren
nach Hamburg schafften. 1773 schreibt Büsching: „Auch ein
Theil des Herzogthums Bremen lebet von Hamburg, denn das
Amt Neuhaus führet dahin einen großen Theil seines Getreides,
und seine Fische, viel Torf, viel irdene Töpfe und Mauersteine..."
Auch sonst wird am Ende des 18. Jahrhunderts die Getreideschiffahrt dieser Gegend nach Hamburg mehrfach erwähnt. Die
Schiffahrt dieser Gegenden ist beträchtlich, bemerkt Norrmann
im Jahre 1787, „und die Ausfuhr der Landesprodukte wird eben
dadurch so viel vortheilhafter, weil sie mit eigenen Schiffen geschieht." 1816 behauptet dagegen ein ungenannter Verfasser:
„Das Bremensche hat viele Einwohner, die sich der Schiffahrt
ergeben, aber wenige eigene Schiffe. Nicht einmal die Produkte
des Bremenschen werden mit eigenen Schiffen verfahren. Dänische
Schiffe holen größtenteils den Torf aus dem Bremenschen, Holländische das Getreide." In den dreißiger Jahren des 19. Jahrhunderts waren jedenfalls an der Schiffahrt auf der Oste die holsteinischen Ever fast zur Hälfte beteiligt. Wie lebhaft damals
(1838) die Schiffahrt auf der Oste und auf den anderen hannöverschen Nebenflüssen der Niederelbe gewesen ist, lehrt die nachstehende Tabelle[448]:

	Eingelaufen:		Ausgelaufen:	
Oste . . .	5807 Schiffe	44570 Lasten	5491 Schiffe	43184 Lasten
Medem . .	231 „	2013 „	210 „	1858 „
Schwinge .	1382 „	6675 „	1404 „	6665 „
Lühe . . .	2106 „	10029 „	2002 „	11310 „
Este . . .	2507 „	22500 „	2454 „	21333 „

Angaben über die Getreideschiffahrt des Ostegebietes aus
späterer Zeit fehlen.

H a d e l n lieferte Weizenmehl, Hafer, Hülsenfrüchte und Fettwaren auf eigenen Schiffen nach Hamburg und Bremen, auch
war am Ende des 18. Jahrhunderts der Handel mit Rapssaat und
Korn nach Holland ansehnlich[449]. Die Hadelner Schiffer wohnten
hauptsächlich in und bei O t t e r n d o r f an der Medem, „wegen
der Schiffahrt und Kornhandels, ein volckreicher und nahrhaffter
Ort", bemerkt Bilkau im Jahre 1722. Zu Gunsten der Schiffer
dieses Ortes bestimmte Herzog Heinrich von Sachsen im Jahre
1582, daß kein fremdes Schiff hier beladen werden durfte, bevor
nicht die hiesigen Schiffe befrachtet, doch mußten die Ottern-

dorfer Schiffer für ebenso billige Fracht fahren als andere Schiffer[450]. Dieses Privileg, das am 26. September 1639 von August, Herzog von Niedersachsen und Herren zu Lauenburg bestätigt wurde, ist erst 1843 aufgehoben worden. Hadeln gehörte bis zum Jahre 1689 den Herzögen von Lauenburg; in dieser Zeit waren die Mitglieder des Lauenburger Schiffamtes verpflichtet, für den herzoglichen Haushalt in der Zeit von Ostern bis Michaelis Fahrten nach Hadeln zu machen und Korn zu holen[451]. Nur wenige Schiffe waren in A l t e n b r u c h , wegen der doppeltürmigen Kirche den nach Hamburg kommenden Seefahrern bekannt, beheimatet, doch konnte die Altenbrucher Schleuse nur von sehr kleinen und schmalen Evern befahren werden. Im Anfang des vergangenen Jahrhunderts brachten Schiffer des Amtes R i t z e b ü t t e l das Korn des benachbarten Landes Wursten nach Hamburg[452].

Im 16. und 17. Jahrhundert waren Schiffer des E r z s t i f t e s B r e m e n an der Beförderung des an der Westküste von Schleswig-Holstein angebauten Getreides ebenfalls beteiligt[453]. 1615 bis 1624 verkehrten im Hafen von Tönning außer Seeschiffen und anderen Fahrzeugen auch „binnen und buten Landes Ewere"[454]. In dem Jahre 1624 liefen 73 niederelbische Schiffe Tönning an[455], davon stammten 43 aus dem Alten Lande, sonst kamen aus Ritzebüttel 2, Otterndorf 1, Kehdingen 5, Stade 3, Buxtehude 7, Hamburg 8, Glückstadt und von der Stör 4 Schiffe. Es waren vielfach wohl Bauernschiffer, die mit ihren Evern das Wattenmeer befuhren, wie die 1663 und 1682 erwähnten Kehdinger Schiffer (s. S. 261). 1481 holten Kehdinger Ever aus der Störgegend Hafer[456], sonst aber wird die Beteiligung hannöverscher Schiffer an der Getreideausfuhr der holsteinischen Elbmarschen nicht erwähnt. 1651 waren im A l t e n L a n d e 44 Schiffer[457] und 1663 im L a n d K e h d i n g e n 75 Schiffer ansässig[458]. Von den Kehdinger Schiffern wurden 21 ausdrücklich mit Everführer bezeichnet, die sich auf die Kirchspiele Bützfleth, Assel, Drochtersen, Hamelwörden und Freiburg verteilten. Außer den drei oben verzeichneten Bauernschiffern befanden sich unter den Kehdinger Schiffern noch ein Schiffer und Krüger (Hamelwörden), drei Schiffer und Handelsleute (1 in Assel, 2 in Bützfleth), sowie ein Handelsmann und Everführer (Bützfleth). Groß war damals die Zahl der Kehdinger Kornhändler, die sicherlich ebenfalls Schiffe besaßen; von diesen wohnten 12 im Kirchspiel Assel (hier waren 40 Schiffer ansässig), 6 im Kirchspiel Freiburg und einer in Balje. 1718 erwähnt de Roth die günstige Schiffahrtslage Kehdingens sowie den Reichtum an Korn, Vieh und Obst[459]. Am Ausgang des 18. Jahrhunderts bemerkt Norrmann[460]: „Außerdem aber haben diese Länder [Kehdingen und Altes Land] auch einen sehr reichen Getreide- und starken Gartenbau, ziehen vielen Weizen, Hafer, sonst alle Getreidearten, ungemein viel Kartoffeln und andere Gartengewächse... und verführen von diesen genannten Produkten ohne Ausnahme jährlich eine außerordentlich große Zahl von Schiffsladungen nach Hamburg, so daß im Sommer die Elbe von ihren Fahrzeugen nach diesen Ort hin immer voll ist." Wie bereits erwähnt, holten um diese Zeit Altländer Schiffer auch von Büsum Korn. 1790 berichtet Scharf[461], „daß die Altländer nicht allein ihre selbst erzielete Producte mit ihren eigenen Schiffsgefäßen nach Dännemark, Holstein und Mecklenburg verfahren, sondern sie kaufen auch Kornfrüchte von der Eider, im Lande Hadeln, von der Oste, aus dem Lande Wursten, imgleichen, besonders im Frühjahr, von den Blankenesern und den Bewohnern von der Insel Helgeland Fische, und verschiffen solche hinwiederum auf eigene Rechnung in alle an der Elbe belegene Häfen." 1847 schreibt von Zesterfleth[462] ergänzend über die Schiffahrt dieser Marsch: „Die Alten-Länder Fahrzeuge befahren nicht allein die Elbe bis Magdeburg, und noch weiter, und die Havel bis Berlin hinauf, nicht bloß die norddeutschen Seeküsten, sondern auch die Nordsee, Holland, England, Norwegen und die Ost-See bis St. Petersburg." Neben dem Getreide- und Obstbau, der Viehzucht (Kehdingen) und der Ziegeleiindustrie war das Hauptgewerbe der Altländer und Kehdinger die Schiffahrt, die sich auf der Elbe und längs der deutschen Küsten bis auf die Gegenwart gehalten hat[463]. Erwähnt möge noch werden, daß man von der Elbinsel K r a u t - s a n d seit langer Zeit Stroh nach Hamburg (Altona, Heumarkt) verschifft; das geschieht jetzt aber mit eisernen Fahrzeugen. Größere Mengen Stroh und Heu liefern aber noch in der Gegenwart die Schiffer der Oberelbe nach Hamburg, beginnend etwa von Lenzen ab.

Die H a r b u r g e r Schiffahrt auf der Niederelbe war unbedeutend. 1659 stellte die lüneburgische Regierung in Celle fest[464], daß von den Harburger Schiffern „noch niemand die Elbe herunter Hamburg vorbey nach der Sehewerts gefahren" sei, nur nach Glückstadt und Stade waren sie späterhin vereinzelt mit ihren Evern gekommen. 1752 heißt es in einer Harburger Denkschrift[465]: „Besteht dieser Stadt Nahrung hauptsächlich in der Passage und Schiffahrth nach und von Hamburg und Altona, auch sonsten hin und wieder auf der Elbe, mit Getreyde."

In größerem Umfange bestand dann noch Kornhandel von B i l l w ä r d e r, O c h s e n w ä r d e r und den V i e r l a n d e n nach Hamburg[466]. Das Getreide, sowie das Heu und Stroh, auch aus der lüneburgischen V o g t e i N e u l a n d, kam mit Evern zur Stadt.

*

Anschließend möge noch die Verschiffung von B i e r auf der Elbe Erwähnung finden. Bereits im 16. Jahrhundert bezogen die linkselbischen Marschen viel Bier von Hamburg[467]. Sonst wird Bier als Schiffsfracht nur gelegentlich erwähnt[468]. Im Anfang des 18. Jahrhundert luden holländische Schiffe in Wewelsfleth Bier[469].

1743 gestattete Christian VI. den Bierbrauern in der Wilster- und Krempermarsch, Bier an die auf der Stör und Elbe segelnden Schiffe zu verkaufen, wie ihnen auch die Ausfuhr nach unverwehrten Orten freistand[470]. Um 1800 lieferten Brauer von Brockdorf nach Hamburg Bier, das unter „vielen anderen Sorten sehr berühmt" war[471]. Damals schafften auch Wedeler Brauer Bier nach Hamburg und Altona[472]. „Das Wedeler Bierschiff [sicherlich ein Ever] war in steter Bewegung und einzig zu dieser Fracht bestimmt."

b. Gemüse.

Die Landwirtschaft in der engeren Umgebung von Hamburg lieferte nicht nur Getreide, Vieh, Geflügel, Fettwaren u. a., sondern sie diente seit Jahrhunderten zur Versorgung dieser Stadt mit leicht verderblichen Lebensmitteln wie Milch, Gemüse und Obst. Mit der steigenden Einwohnerzahl Hamburgs, späterhin auch anderer Orte, dehnte sich der Gemüsebau in der Umgebung von Hamburg auf Kosten des Getreidebaues immer mehr aus[473].

Am ältesten war der Gemüsebau in Bardowiek, wo er auch in der Gegenwart noch den Haupterwerb des Ortes bildet[474]. Von hier aus gelangte schon im ausgehenden Mittelalter, zuerst 1445 erwähnt, Gemüse nach Hamburg[475]. Die Gemüselieferungen waren so bedeutend, daß die Stadt Hamburg für die Bardowieker im Jahre 1535 eine Warenniederlage, das Zippelhaus, errichtete, in dem sie ihre Gemüse lagern und verkaufen konnten. Außer nach Lüneburg ging das Gemüse nur nach Hamburg, so daß die Bardowieker „wohl mit gutem Fug die Hamburger Kohl-Gärtner genennet werden mögen", schreibt Heinr. Gude[476] im Jahre 1707. Während im 17. Jahrhundert die Bardowieker mit ihren Evern nur ihre Grünwaren nach Hamburg bringen durften, haben sie späterhin auch Frachten zwischen Hamburg und Lüneburg befördert. Am Ende des 18. Jahrhunderts wurden in Hamburg die Bardowieker und Winser Schiffe den Lüneburger Schiffen sogar vorgezogen[477]. 1841 wohnten in Bardowiek acht Schiffer[478]. Seitdem mit Hamburg die Eisenbahnverbindung besteht, wird nur noch in den Sommermonaten der Wasserweg benutzt[479]. Schon vor dem Kriege sind an Stelle der Gemüse-Ever Kähne getreten.

Ein ausgedehnter Marktgartenbau hat sich in der oberelbischen Marsch entwickelt, die den Namen Vierlande führt[480]. Hierzu gehörten ehemals nur die Gemeinden Neuengamme, Kirchwärder, Altengamme und Curslack, jetzt auch die Gemeinde Ost-Krauel. Die Anfänge des Gemüsebaues in den Vierlanden reichen bis zum Ende des 16. Jahrhunderts zurück. Aber erst seit dem Ende des 17. und dem Anfang des 18. Jahrhunderts brachten die Kleinbauern (Kätner, Grünhöker) in steigendem Maße ihre Erzeugnisse nach Hamburg. Die Nähe Hamburgs mit seiner dauernd wachsenden Nachfrage nach Gemüse, Obst und Blumen rief die

Entwicklung des Gartenbaues der Vierlande hervor, indessen der Absatz durch die Wasserverbindung ermöglicht wurde.

Die Vierlande werden ihrer Länge nach durchflossen von zwei alten Elbarmen, der Dove- und Goseelbe, die sich in der Landschaft Billwärder vereinigen und in die Norderelbe fließen. Sie bilden zwar eine schwierige und lange, aber immerhin für die Beförderung der Bodenerzeugnisse zum Hamburger Markt doch eine bequeme Wasserverbindung. Der Hauptverkehrsweg ist jedoch die eigentliche Elbe und nach ihrer Teilung bei Moorwärder die Norderelbe.

Zahlreiche Ever brachten die Bodenerzeugnisse der Vierlande nach Hamburg, jedoch liegen nur über die Ever von Kirchwärder einige Angaben vor. Um 1860 waren hier 12 bis 16 Gemüse-Ever vorhanden[481], „und zwar fuhr eine Hälfte an einem Tag nach Hamburg, während die andere Hälfte zurückkam. Jeder Ever hatte seine bestimmte Anzahl Stationen, wohin die in der Nähe wohnenden Gärtner ihre Ware brachten. Die Schiffer signalisierten ihr Kommen durch Tuten auf einem Kuhhorn oder auch wie die Tritonen auf einer großen Schneckenmuschel. Wenn das Signal ertönte, eilte alles zum Anlegeplatz. Die [in Körbe verpackte] Ware wurde von Hand zu Hand in die Schiffe hinuntergereicht und hier vom Schiffer kunstgerecht verstaut. An der letzten Station stiegen die Passagiere ein, und nun steuerte das Schiff mit vollen Segeln dem Ziel entgegen. Kam der Ever in Hamburg zu spät [bis zum 1. Januar 1861 bestand die Torsperre], dann war ihm der Weg ins Innere der Stadt versperrt; er mußte bis zum andern Morgen am Deichtor liegen."

Seit dem Ausgang des vergangenen Jahrhunderts wurden die an der Elbe beheimateten Ever Kirchwärders durch Dampfer in 2 bis 3 Stunden nach Hamburg geschleppt, während die Ever der Anwohner der Goseelbe bei östlichen Winden mitunter stecken blieben; selbst unter normalen Verhältnissen benötigten diese Ever etwa 16 Stunden zur Fahrt nach Hamburg[482]. Im Jahre 1910 waren in Kirchwärder in der Haupterntezeit täglich 8 Gemüse-Ever von 25 bis 40 Tonnen Tragfähigkeit mit der Beförderung von Obst und Gemüse beschäftigt[483]. Außerdem brachten zwei Ever von je etwa 5 Tonnen Tragfähigkeit wöchentlich zweimal die Erzeugnisse nach dem Altonaer Gemüsemarkt. In der Gegenwart werden zur Gemüsebeförderung der Vierlande nach dem Deichtormarkt hölzerne Motor-Ever und andere Motorfahrzeuge benutzt. Ein Teil des Gemüses, auch Blumen, kommen mit der Eisenbahn und neuerdings auch mit Lastautos nach Hamburg.

An dieser Stelle sei noch ein anderes Erzeugnis der Vierlande erwähnt, die Blumen. Abgesehen von dem Anbau der Maiblume hat sich die eigentliche und im Großen betriebene Blumenzucht zuerst in der Gemeinde Neuengamme am Ende des 18. Jahrhunderts entwickelt[484]. „Oft werden ganze Ever voll

[Blumen] zur Stadt gebracht," schreibt im Jahre 1808 der hamburgische Ortshistoriker Pastor Hübbe[485]; später berichtet er: „ganze Schiffsladungen von Blumen, Rosen, Nelken, Levcojen, Goldlack erfüllen die Luft mit Wohlgeruch, wenn die Schiffe am Abend mit der Ebbe nach Hamburg treiben." Im 19. Jahrhundert ist dann neben Neuengamme auch in der Gemeinde Curslack die Aufzucht von Schnittblumen vorherrschend geworden.

Das zweite hamburgische Marschgebiet umfaßt die Landschaften Billwärder und Ochsenwärder[486]. Hierzu gehören Billwärder an der Bille, Moorfleth und Allermöhe, die man beide früher als Billwärder an der Elbe zusammenfaßte, Reitbrook, sowie Ochsenwärder, Spadenland und Tatenberg. Der jetzt in dieser Gegend ausgedehnte Gemüsebau begann vielleicht schon im 14. Jahrhundert, obwohl der große Aufschwung im Gemüsebaubetrieb erst um die Mitte des vergangenen Jahrhunderts einsetzte. In diesen Marschlanden werden vor allem die eigentlichen Gemüse wie Wurzeln, Erbsen, Kohl, Salat, Sellerie u. a. angebaut, indessen in den Vierlanden außer dem Gemüse viele Früchte, Blumen und andere feine Erzeugnisse gezogen werden. Vor dem Anbau der Kartoffeln in der zweiten Hälfte des 18. Jahrhunderts wurde hier der Kohlbau so stark getrieben, daß durch eine Polizeiverordnung untersagt war, den Weißkohl aus den Marschlanden mit Wagen zur Stadt zu bringen, um die Deichwege zu schonen. Deshalb besaß in älterer Zeit ein Gemüsebauer nur selten Fuhrwerk. Das meiste Gemüse und fast immer die Milch wurde auf der Dove-, Gose- und Norderelbe — wenn der Wasserstand hier ungenügend war, ehemals auch auf der Süderelbe — nach Hamburg gebracht. Ueber den Schiffsverkehr der Gemüsebauern schreibt Hübbe[487] im Jahre 1808: „Die Grünhöker... segeln mit der nächtlichen Ebbe ab, und liegen dann, oft in stürmischen und regnigtem Wetter bis zur Oeffnung am Baume, um ihren Gewerbe sogleich nachgehen und bald wieder absegeln zu können. Ist die Elbe nicht mehr fahrbar, so müssen sie ihre Reise zu Fuß machen..." In der zweiten Hälfte des 19. Jahrhunderts sind die Wege verbessert worden, die Doveelbe wurde überbrückt, man richtete Dampfschiffslinien ein, die die mit Milch und Gemüse befrachteten Ever nach Hamburg und Altona schleppten. Gemüse-Ever sind aber noch in diesem Jahrhundert benutzt worden. Von Ochsenwärder wird im Jahre 1910 erwähnt[488], daß die Bewohner der Südseite (Elbe) ihr Gemüse meistens mit Evern beförderten, während die Anwohner der Goseelbe ihre Erzeugnisse mit Wagen nach Hamburg lieferten.

Ueber den Beginn des Gemüsebaues in der zwischen der Seeve und Luhe liegenden Vogtei Neuland, namentlich in den Gemeinden Rosenweide, Wuhlenburg, Achterdeich und Hoopte, ist wenig bekannt[489]. Im größeren Umfange hat sich der Gemüse- und Obstbau hier und in der Winsermarsch erst nach der künstlichen Entwässerung des Landes entwickeln können, d. h. erst in der zweiten Hälfte des 19. Jahrhunderts. Seit jeher wurden die Bodenerzeugnisse auf dem Wasserwege verfrachtet. Wie in den Vierlanden gab der Everschiffer mit einem Kuhhorn oder mit einer Muschel ein Rufzeichen, damit die Bauern ihre in Körbe verpackte Ware zum Ever brachten. Schon seit längerer Zeit sind bei den Gemüse-Evern dieser Gegend die Segel abgeschafft worden. Nachdem die Ever ihre Ladung an ihren Sammelorten eingenommen hatten, wurden acht bis zehn zu einem Schleppzug zusammengestellt und durch einen Dampfer nach Hamburg geschleppt. Bereits im Jahre 1839 wurde in Hoopte eine Dampfschiffs-Gesellschaft gegründet, die mit ihrem Dampfer „Delphin" an dem Transitverkehr zwischen Lüneburg (von der Ilmenaumündung abfahrend) und Hamburg beteiligt war, auch benutzte man das Schiff zum Bugsieren der Ilmenau- und Winser Fahrzeuge[490]. Ebenfalls verkehrte der von den Harburger Fährschiffern im Jahre 1840 in Dienst gestellte Dampfer „Primus" täglich zwischen Hoopte—Harburg—Hamburg und umgekehrt[491].

Die Einwohner der zwischen der Seeve und Harburg an der Elbe liegenden Gemeinden N e u l a n d , O v e r und B u l l e n - h a u s e n haben sich ebenfalls auf den Gemüsebau gelegt, auch von hier segelten Gemüse-Ever nach Hamburg[492]. 1755 wohnten in Neuland drei, in Over fünf und in Bullenhausen zwei Schiffer[493]. Von diesen Orten lieferte Neuland bereits im Anfang des 19. Jahrhunderts Gemüse nach Hamburg[494].

Auf den Hamburg gegenüberliegenden E l b i n s e l n , von denen besonders A l t e n w e r d e r und W i l h e l m s b u r g hervorzuheben sind, ferner in der an der Süderelbe liegenden hamburgischen Gemeinde M o o r b u r g ist der Gemüsebau neben der Milch-wirtschaft schon seit langem betrieben worden[495]. „Die Einwohner der kleinen Inseln sind lauter Gärtner, so sich auf Obst und grüne Waare befleißigen," schreibt Chr. von Griesheim[496] im Jahre 1760. Alle Tage, die Sonn- und Festtage ausgenommen, lieferten die Gemüsebauern ihre Waren nach Hamburg und Altona. Meistens wurde das Gemüse und Obst mit den Milch-Evern befördert, wie ja auch viele Milchhändler sich nebenberuflich mit dem Anbau von Gemüse und Obst beschäftigten. Im Vorschiff der Ever ver-staute man das Gemüse und dahinter die in einer Pyramide auf-gestapelten Milcheimer. Gelegentlich besaßen die Gemüsebauern auch ein eigenes Schiff. So wird im Einwohnerverzeichnis von Altenwerder vom Jahre 1755 ein Schiffer und Köhlker aufgeführt[497]. Im Anfang des vergangenen Jahrhunderts und bis zur Einführung der Dampfschiffahrt im Jahre 1866 besaßen einige Altenwerder Schiffer Ever, die nur mit Grünwaren, Fischen, auch mit Reisenden nach Hamburg und Altona fuhren[498].

Seit dem Ausgang des 18. Jahrhunderts baute man überall im A l t e n L a n d e Kartoffeln für den Hamburger Markt an[499].

Die dritte Meile des Alten Landes lieferte weniger Baumobst, dafür aber mehr Getreide, Weißkohl (auch in der zweiten Meile angebaut) und andere Gemüse, ferner Meerrettig, Hanf und Flachs. Am Ende des 18. Jahrhunderts gingen ganze Schiffsladungen Meerrettig ins Ausland, so nach Holland und England. 1787 wird erwähnt, daß ein Blankeneser Ever mit einer Ladung Meerrettig die Holtenauer Zollstätte passierte[500]. Auch Buxtehude, damals noch nicht zum Alten Lande gehörend, führte Meerrettig aus. In der Gegenwart ist der Gemüsebau namentlich in der Nähe Hamburgs, in der Estegegend, noch sehr ausgedehnt. Doch wird seit langer Zeit das Gemüse mit Dampfern, neuerdings auch mit Motorfahrzeugen nach Hamburg geschafft.

Seit der zweiten Hälfte des 19. Jahrhunderts kauften Altländer Schiffer auch an der unteren Oste, so z. B. bei Sanddamm und Kranenburg, Frühkartoffeln auf, um sie in Hamburg wieder abzusetzen; das geschieht vereinzelt noch in der Gegenwart. Ebenfalls in der zweiten Hälfte des vergangenen Jahrhunderts, etwa von den sechziger bis zu den neunziger Jahren, holten einige Altländer mit ihren Evern Frühkartoffeln von der Oberelbe, namentlich von Hitzacker und Gorleben nach Hamburg und Altona. Der auf Seite 199 erwähnte Ever „Adeline" (Schiffer Hinrich Drewes) war vorwiegend in dieser Fahrt beschäftigt[501].

Sonst war im Gebiet der Niederelbe ein ausgedehnter Marktgemüsebau nur noch in der Umgebung von G l ü c k s t a d t und zwar in den sogenannten Wildnissen zu Hause[502]. Die Wildnis, die heute in die E n g e l b r e c h t s c h e W i l d n i s (von Herzhorn bis nahe an Glückstadt reichend) und B l o m e s c h e W i l d n i s (jenseits von Glückstadt liegend, ostwärts begrenzt durch den Altendeich) geschieden wird, ist bereits im Jahre 1615 eingedeicht worden[503]. Zuerst hat man wohl in der Nähe des Herzhorner und Kremper Rhins Gemüse angepflanzt, doch liegen sichere Nachrichten über den Gemüsebau in älterer Zeit nicht vor. Der ausgezeichnete Kenner der schleswig-holsteinischen Landwirtschaft, Herr Dr. Th. Engelbrecht (Obendeich) teilte mir freundlichst mit: „ich vermute, daß sich der Gemüsebau schon im 17. Jahrhundert entwickelt hat, begünstigt durch den Absatz in dem nahen Glückstadt, wo viele höhere Beamte wohnten". An den beiden Rhinen, die sich bei Glückstadt vereinigen, lagen die gartenartig bearbeiteten Ländereien kleiner Gemüsebauern, die vor allem Weißkohl und Möhren, auch viele andere Gemüse anpflanzten, auch sind die Wildnisse durch den ausgedehnten Anbau von Frühkartoffeln bekannt. Späterhin lagen die meisten Gemüsebaubetriebe nicht nur an den Rhinen, sondern auch am Neuendeich.

1788 erwähnt Tetens[504]: „Es wird in diesen Gegenden viel Gartengewächs und Obst gebaut. Man sagte mir, daß über 30 offene Fahrzeuge und einige kleine Schiffe, allein darauf [auf dem

Herzhorner Rhin] gehalten werden, es von hier nach Hamburg zu bringen." Viele Landleute, Köhlker genannt, besaßen ein Schiff, oder mehrere, so daß auch dieser niederelbische Gemüsebau auf das engste mit der Kleinschiffahrt verknüpft war. Um 1800 gehörten nach den beiden Rhinen bereits 57 kleine Ever, die für die Fahrt nach Hamburg bestimmt waren[505]. Schon im Jahre 1840 gründete man in der Engelbrechtschen Wildnis eine Schiffergilde, die im Jahre 1863 erweitert wurde. Seitdem gab es zwei Gilden, die eine hieß „Die Einigkeit", die die Schiffe ihrer Mitglieder versicherte, die andere Gilde war für die Versicherung der Ladung bestimmt, sie führte den Namen „Nebengilde". Mitglieder der Gilden konnten nur Gemüsebauern werden, keine anderen Frachtschiffer. Zeitweise gehörten den Gilden über 60 und als Höchstzahl 80 Schiffer an. Es gab Gemüsebauern, die sechs bis acht Ever besaßen. In den siebziger Jahren und späterhin gehörten dem Gemüsebauer Joachim Hauschildt am Herzhorner Rhin acht Ever. Eine solche Ever-Reederei hat niemand an der Niederelbe weder vorher nach später besessen. Die vielen Ever wurden aber nicht alle ausschließlich für die Beförderung des in den Wildnissen angepflanzten Gemüses benötigt. Vielmehr betrieben mehrere Gemüsebauern einen schwunghaften Handel mit Kartoffeln nach Hamburg. Der erwähnte H. Hauschildt ließ z. B. mit seinen Evern Kartoffeln aus der Mark Brandenburg und von der mittleren Elbe nach Hamburg schaffen. Mit der Ausbreitung des Eisenbahnnetzes ging der Kartoffelhandel allmählich in die Hände von Großhändlern über, so daß sich die Gemüsebauern auf den Verkauf ihrer Frühkartoffeln beschränken mußten. Seitdem die Altonaer Eisenbahn mit den Stationen Herzhorn und Glückstadt im Jahre 1845 sowie Krempe im Jahre 1857 eröffnet wurde, übernahm diese einen Teil der Gemüsebeförderung. Der Schiffsverkehr trat schon in der zweiten Hälfte des vergangenen Jahrhunderts mehr und mehr zurück, doch waren kurz vor der Jahrhundertwende hier noch 31 Ever beheimatet. Die Hauptliegeplätze dieser Schiffe waren die Hamburger Fleete und der Altonaer Fischmarkt. Nachdem aber im Jahre 1911 der Handel in den Fleeten aufgehoben wurde, nahm die Zahl der Schiffe rasch ab, auch lösten sich im Jahre 1913 die Gilden auf. Jetzt gehören nach dem Herzhorner Rhin nur noch drei hölzerne Rundgat-Ever mit Motoren, die nach wie vor Gemüse und Kartoffeln nach Hamburg bringen (Deichtormarkt). Außerdem sind an beiden Rhinen noch einige eiserne Motorfahrzeuge beheimatet. Außer der eigenen Ware befördern die Schiffer dieser Fahrzeuge auch noch die Erzeugnisse anderer Gemüsebauern[506]. Die Bauern aber, die den Wasserweg nicht benutzen können, schaffen ihre Waren mit Lastautos nach dem Deichtormarkt. Auch sonst hat man den Gemüsebaubetrieb seit langem modernisiert. So brachten z. B. kleine Feldbahnen vom

Acker das Gemüse an die Ladestellen der Rhin-Ever, oder an einen festen Weg; Dünger wurde auf dem gleichen Wege ans Land gebracht.

*

Die nach Hamburg kommenden Gemüse- und Obst-Ever bevorzugten seit altersher einige bestimmte Landungsplätze[507], als solche werden z. B. in der zweiten Hälfte des 18. Jahrhunderts genannt die Kajen, das Schaartor, der Rödingsmarkt, Hopfenmarkt und Meßberg, ferner die Vorsetzen, die Brooksbrücke, Dovenfleet, Brauerstraße und Kattrepel. Die Waren wurden aus den Schiffen verkauft, auch auf den Straßen und Marktplätzen (so auf dem Schaarmarkt) zum Kauf angeboten und durch Ausruf bekanntgegeben. In einigen Straßen, namentlich in der Umgebung des Meßbergs, des Hauptlandeplatzes der Vierländer Ever, gab es eine bestimmte Art Keller, die zum Einkehren und zur Warenniederlage der Schiffer, Bauern und Händler aus den nahen Gemüse- und Obstbaugegenden dienten. Diese Keller besaßen einen Ausgang nach dem angrenzenden Fleet, auch legten hier die mit Torf und Brennholz handelnden Ever an. Seit der zweiten Hälfte des 19. Jahrhunderts wurden hauptsächlich der Hopfenmarkt und der Meßberg, sowie die angrenzenden Fleete, in geringerem Umfange auch der Altonaer Fisch- und Heumarkt von den Gemüse-Evern angelaufen. Viele mit Gemüse, Kartoffeln, Obst, Torf und Holz befrachtete Ever, deren Schiffer die Ladung im Kleinhandel absetzten, lagen ständig überall dort in den Hamburger Fleeten (auch an der Alster), wo kleine Gassen oder schmale Gänge zwischen den Brandmauern zweier Häuser aus der angrenzenden Straße, oder Brücken mit Treppen zu den Fleeten hinabführten. Mit der Ausdehnung Hamburgs zur Großstadt entwickelten sich allmählich die Gemüsemärkte auf dem Hopfenmarkt und dem Meßberg zu großen Märkten, vorzugsweise für den Groß- und Zwischenhandel, so daß der Raum für die Fahrzeuge und Händler nicht mehr ausreichend war. Man begann deshalb, einen großen Zentralmarkt für Gemüse, Obst und Blumen am Deichtor anzulegen, der am 1. Oktober 1911 so weit fertiggestellt war, daß der gesamte Obst- und Gemüsemarkt nach hier verlegt und die beiden alten Märkte aufgehoben werden konnten; der Hopfenmarkt dient seitdem dem Kleinhandel. Gleichzeitig fand auch der Handel in den Fleeten sein Ende. Für die Gemüse- und Obstfahrzeuge sind durch eine über 500 m lange Pontonanlage Löschplätze geschaffen, die für etwa 100 kleine Fahrzeuge Platz bieten; zeitweise liegen die Fahrzeuge in mehreren Reihen (bis acht Reihen) nebeneinander. Kurz vor dem Kriege wurde der Deichtormarkt jährlich von etwa 7000 Fahrzeugen mit einer Gesamttragfähigkeit von etwa 178 000 Tonnen angelaufen, die rund 15 Millionen Kilogramm frisches Obst, 15 Millionen

Kilogramm frisches Gemüse und 7 Millionen Kilogramm Kartoffeln löschten.

•

Eine begehrte Fracht für die abgegrabenen Torfmoore, besonders aber für die Gemüsebaugebiete bildeten seit jeher die Abfuhrstoffe der niederelbischen Städte und die Dungmassen der niederelbischen Viehwirtschaft. 1735 wird von den Everschiffern des Fleckens Uetersen und des Dorfes Vormstegen erwähnt, daß sie von Hamburg und Altona D ü n g e r für das Geestland mit zurückbrachten[508]. Von Wilster schafften in früherer Zeit mehrere Schiffer ständig Dünger und Abfallstoffe nach den Torfmooren oberhalb dieser Stadt[509]. Hier war bis zum Ausgang des vergangenen Jahrhunderts der Tauschhandel vorherrschend; die kleinen Torfbauern gaben den Schiffern für den Dünger Torf, Kartoffeln und Getreide, die Schiffer wiederum verkauften diese Erzeugnisse in Wilster. Als Rückfracht brachten die Fahrzeuge auch Sand und Kies von Hochdonn und Burg mit. Für den Düngertransport fanden Torfkähne, kleine offene Ever und die Wilsterau-Ever Verwendung. Von den gedeckten Evern waren in Wilster allbekannt „Die zwei Gebrüder" (Schiffer Claus Thiessen) und der buntbemalte sehr kleine Ever „Nico" (Schiffer Hinrich Thiessen). Die Wildnisse bei Glückstadt erhielten seit langer Zeit die Abfuhrstoffe Glückstadts, auch wurde mit Evern von Wilster und Stade Dünger herangeschafft[510]. Zeitweise verschiffte man auch die in Hamburg und Altona nicht abgesetzten Fische als Dünger nach den Wildnissen. Große Mengen Dünger bezogen die hamburgischen Marschlande, besonders die Vierlande, auf dem Wasserweg von Hamburg[511]. Mehrere Altländer Schiffer beförderten mit ihren Evern Dünger, den sie im Hannöverschen, namentlich auf der Elbinsel Krautsand, und in Holstein aufkauften und in den Wildnissen und in den Vierlanden absetzten[512].

Die für die Düngerbeförderung benutzten Ever besaßen entweder eine volle Seitenwegerung, oder sie erhielten eine lose Tafelwegerung aus Kiefernholz, damit zwischen die Spanten kein Dünger gelangte und man das Schiff bequem reinigen konnte. Vielfach wurde der Dünger nach Schiffsladungen verkauft. Deshalb war eine abstehende Tafelwegerung für den Schiffer günstig, denn Ladung war Ladung, sie kostete gleich viel.

c. Obst.

In dem Gebiet der Niederelbe ist seit Jahrhunderten im Alten Lande ein im großen betriebener Obstbau heimisch[513]. Schon um 1390 gab es im Kirchspiel Twielenfleth Obsthöfe[514]. Mit der zunehmenden Absatzmöglichkeit dehnte sich der Obstbau über das Alte Land aus, so daß Hamburg gelegentlich eines Streites mit dem Erzstift Bremen 1613 erklärte[515], „die Unmasse von

Obst, die nach Hamburg geschleppt werde, schädige die Stadt finanziell." 1674 wird das Alte Land in einem Reisehandbuch ein „lauterer Obst-Garten" genannt[516]. Die Entwicklung des Obstbaues wurde nicht nur gefördert durch die Nähe aufnahmefähiger Orte, unter denen Hamburg am wichtigsten war, sondern auch durch die günstige Lage dieser Marsch an schiffbaren Flüssen. Die Elbe, Lühe und Este waren die Lebensadern des Alten Landes. Daneben hatten in früherer Zeit aber auch die vielen Wassergräben und größeren Wetterungen für die Obstbeförderung Bedeutung. „Was mir am besten gefällt, ist die innländische Wasserfahrt", schreibt Tetens[517] im Jahre 1788. „Kein Ohllander braucht Obst weiter in Körben zu tragen, als bis an die Grenze des Grabens, oder des Ackers, worauf es wächst. Von da wird es mittelst der Graben, die an einigen Stellen große Prahms, an allen Böte tragen, weiter hinunter an die Elbe gebracht." Als die eigentlichen Träger des Obstbaues sind der Kleinbesitz und die zahlreiche, an der Elbe, Lühe und Este ansässige Schifferbevölkerung zu bezeichnen. Viele Obsthofbesitzer besaßen ein Schiff, mit dem sie ihr Obst in die benachbarten Gegenden brachten. Wer kein Schiff hatte, gab seine Ware dem Nachbar mit, der sie in Kommission verkaufte. Aus diesem Verkauf entwickelte sich langsam der Obsthandel. Eine andere sehr alte und noch heute übliche Handelsform war die, daß die Schiffer Obst aufkauften und den Absatz für eigene Rechnung ausführten. Oft betrieben auch die Obstschiffer im Nebenberuf Obstbau. Hauptsächlich wurden Kirschen, man nennt das Alte Land deshalb auch Kirschenland, Pflaumen, Zwetschen, Aepfel und Birnen angepflanzt.

In den angrenzenden Ortschaften im Lande Kehdingen, bis Krautsand hinauf, ist der Obstbau ebenfalls alt. 1718 berichtet de Roth[518], daß das Kehdinger Obst „nicht nur in die benachbarten Provincien, sondern auch nach Holland" verschifft wurde. Sicherlich haben damals die Altländer ihr Obst ebenfalls schon außerhalb der Elbgegend abgesetzt. Ueber die Ausdehnung der Altländer Obstschiffahrt liegen seit dem Ausgang des 18. Jahrhunderts mehrere Angaben vor. Das Alte Land „ist insonderheit wegen seiner starken Obstkultur merkwürdig, die vorzüglich aus Hamburg, auch aus Altona, Glückstadt und dem Holsteinischen jährlich ungemein große Summen ins Land zieht" (1787)[519]. 1788 erwähnt H. Wolf, daß einige Altländer in Norderdithmarschen mit Kirschen, Aepfeln, Walnüssen und Flachs handelten[520]. 1790 ging die Schiffahrt bis Dänemark und Mecklenburg[521]. 1808 bemerkt Hübbe[522]: „Sie [die Altländer] verkaufen aber nicht bloß bei Pfunden und Körben, sondern übernehmen auch größere Lieferungen zur Verschiffung nach den Häfen an der Ostsee." Abgesehen von Hamburg und den holsteinischen Elbhäfen[523] war um die Mitte des vergangenen Jahrhunderts das Hauptabsatzgebiet der Altländer die Weser- und Emsgegend des Königreichs

Hannover[524]. „Dort sieht man im Herbst in den Städten Bremen, Bremerhaven, Emden, Amsterdam, wo sie seit alten Zeiten ihre bestimmten hergebrachten Anlegeplätze haben, ihre mit Obst gefüllten Schiffe in Reih und Glied nebeneinander liegen, und sich in Fülle ihrer rothwangigen wohlgefälligen Waare gegenseitig überbieten." Auch nach England, Schweden, Norwegen und sogar bis St. Petersburg segelten einige Obstschiffe, darunter befanden sich Lühe-Jollen und Ever, wahrscheinlich aber See-Ever[525]. Einige Altländer Ever brachten das Obst bis nach Magdeburg und Berlin, das geschieht noch in der Gegenwart. Noch in den achtziger Jahren lieferten einige Altländer Fahrzeuge Obst nach Rußland, Skandinavien und England. Allmählich hörten diese weiten Fahrten auf, die Fahrzeuge und damit der Verdienst waren zu klein.

Die Altländer Schiffer verkauften aber nicht nur das im Alten Lande angebaute Obst. 1833 erwähnt Gudme[526] über den Obstbau in der Kremper- und Wilstermarsch: „In ergiebigen Jahren wird von hier aus Obst nach Dithmarschen gefahren, das Meiste aber von Schiffern aus dem Altenlande für den Hamburger Markt angekauft." Etwa seit vierzig oder fünfzig Jahren holen die Altländer Schiffer auch Obst von der Oste, etwa bis 10 Kilometer oberhalb von Osten, vor dem Kriege kauften einige Altländer Schiffer auch in der Umgebung von Sonderburg Aepfel auf, ferner werden seit Jahren aus Lenzen in der Priegnitz Aepfel mit Altländer Evern geholt[527]. Im Herbst und Winter findet man die hölzernen Obst-Ever des Alten Landes fast überall in den kleinen Städten und größeren Ortschaften an der Niederelbe, am meisten aber in Hamburg, wo sie ihre Ladung im Kleinhandel, in Hamburg am Deichtormarkt auch im Großhandel, verkaufen. Binnenlands findet man sie in Lüneburg, mitunter in Magdeburg, einige kommen bis nach Berlin; hier lagen im Winter 1931/32 gleichzeitig drei hölzerne Ever. Einige Altländer Fahrzeuge, darunter auch hölzerne Ever, bringen in der Gegenwart noch Obst nach den Städten Oldenburg (Hunte), Wilhelmshaven und Bremerhaven, auch nach Kiel fährt noch eine Lühe-Jolle. Vor hundert Jahren umfaßte die Altländer Flotte 127 Ever und 175 Lühe-Jollen[528], um 1899 aber 173 Ever, 100 Lühe-Jollen und 1 kleine Galiot; heute sind z. B. an der Lühe kaum 20 hölzerne Ever und zwei oder drei Lühe-Jollen vorhanden. An Stelle der hölzernen Fahrzeuge sind eiserne Ever, Segelschuten, Tjalken, Motorfahrzeuge und große Elbkähne getreten.

In den Vierlanden begann der Obstbau und der Handel mit Aepfeln und Birnen nach Hamburg schon im 17. Jahrhundert[529a]. Die wichtigste und verbreitetste Frucht der Vierlande war und ist aber die Erdbeere, deren Anbau seit 1693 in Kirchwärder bezeugt ist. Schon um 1700 wurde diese Frucht in beträchtlichen Mengen zu Schiff auf den Hamburger Markt gebracht. Späterhin fanden hier Pflaumen, Pfirsiche, Buschobst u. a.

Eingang. Ebenso wie das Gemüse wurde das Obst der Vierlande mit den Gemüse-Evern nach Hamburg geliefert.

Auch die Heidelbeeren (Bickbeeren) mögen Erwähnung finden, die mindestens seit dem 17. Jahrhundert und bis weit in das 19. Jahrhundert hinein über Harburg nach Hamburg gelangten[529b]. Sie wurden von den Einwohnern der lüneburgischen Aemter Harburg und Moisburg in großen Mengen gesammelt. Diese Ausfuhr war durchaus nicht unbedeutend, denn 1796 schätzte man den Wert der Heidelbeeren-Ausfuhr aus dem Lüneburgischen auf 20 000 Rthl. Allein in den Erntemonaten 1780 bis 1787 kamen 217 große, mit Heidelbeeren beladene Harburger Ever in Hamburg an[530]. 1841 erwähnt Blohm, daß der Handel mit Heidelbeeren nicht mehr über Harburg ging.

d. Milch.

Unter den aus der Umgebung herangebrachten und zur Versorgung Hamburgs dienenden Nahrungsmitteln hatte die Milch eine große Bedeutung[531]. Ueber die Zufuhren von Milch liegen aus älterer Zeit keine Angaben vor. Die älteste Erwähnung eines zur Milchbeförderung verwendeten Evers stammt aus dem Jahre 1634. Sie ist enthalten in den Rechnungsbüchern des Hospitals zum Heiligen Geist in Hamburg: „Claus der Milchführer aus dem Reigerstiege auf Ostern 1635 wegen dessen, daß er mit seinem Ever an den Waschsteg des Hospitals anlege, anderthalb Reichstaler zahlen solle." Die tägliche Beförderung von Milch auf dem Wasserwege mit Segelfahrzeugen — denn mit Fuhrwerk geschah dies erst viel später — konnte nur aus den Ortschaften stattfinden, von denen aus Hamburg und Altona in täglicher Hin- und Rückfahrt erreichbar war. Wie bedeutend diese Zufuhr um die Mitte des vergangenen Jahrhunderts gewesen ist, geht daraus hervor, daß im Jahre 1863 in Hamburg insgesamt 12 000 Milchfahrzeuge angekommen sind. Mit dem Transport und dem Absatz der Milch befaßten sich in der Regel die Bauern nicht, sondern die Milchhändler, die oft auch eigene Kühe hielten. Mancher Milchhändler besaß einen Ever, oder es waren mehrere daran beteiligt, Milchhändler ohne Schiffsanteil zahlten Frachtgeld. Viele Milchfahrzeuge luden gleichzeitig auch Gemüse, so daß der Schiffsbesitzer, wenn er nicht selbst nebenbei Gemüsebau betrieb, noch eine weitere Nebeneinnahme hatte. Auch wurden gelegentlich Rückfrachten sowie oft Reisende mitbefördert.

Ein lebhafter Milchhandel hat sich namentlich auf den am Reiherstieg, Köhlbrand, Köhlfleet und Süderelbe liegenden Elb-inseln: Altenwerder, Dradenau, Waltershof, Roß Neuhof und Wilhelmsburg, entwickelt. „Die in der Elbe belegne Insuln und Werder versorgen die Einwohner täglich mit frischer Milch und Butter," schreibt Gude[532] im Jahre 1707. Ever der hamburgischen

Insel D r a d e n a u werden schon im Jahre 1644 erwähnt. Damals zeigte der Altenwerder Vogt an, daß die Dradenauer auf dem neuen Sand zwischen den beiden Inseln Soden stächen und in Evern wegführen. Harburg ordnete an, die mit Soden beladenen Ever nach Altenwerder zu bringen, hier auszuladen und die leeren Ever den Dradenauern unbeschädigt zurückzugeben, was auch geschah[533]. Auf A l t e n w e r d e r wohnten im Jahre 1755 acht Milchhöker und vier Schiffer[534]. 1803 gehörten 7 Milch-Ever hierher. Bei offenem Wasser segelten jeden Morgen drei oder vier Schiffe nach Altona, die dort am Fischmarkt anlegten und ebensoviele nach Hamburg, deren Landungsplatz bei den Kajen und bei der Schaartorsbrücke lagen, auch fuhren einige Schiffe nach Harburg. Mit der Indienststellung der Altenwerder Schraubendampfer „Altenwerder" (nach Hamburg) und „Union" (nach Altona) im Jahre 1866 wurden die Milch-Ever sämtlich verkauft. Von W i l h e l m s b u r g schaffte man seit dem 17. Jahrhundert Milch nach Hamburg. Seitdem im Jahre 1853 die Wagenfähre zur Vermittlung des Verkehrs zwischen Hamburg und Harburg über Wilhelmsburg in Betrieb kam, begannen einige Händler die Milch auf Karren auf dem Landwege nach Hamburg zu bringen. Die Mehrzahl der am Reiherstieg wohnenden Milchhändler setzten jedoch die Wasserfahrt bis Mitte der siebziger Jahre fort; seitdem benutzen fast alle Milchhändler statt der Ever die hier verkehrenden Dampfschiffe. Mitte der neunziger Jahre wohnte am Reiherstieg noch ein Milchhändler, der seit fast fünfzig Jahren täglich, so lange das Wasser eisfrei war, mit seinem kleinen Milch-Ever bis Steinwärder segelte[535]. Im Jahre 1902 stellte das letzte Milchfahrzeug, das zwischen Georgswärder und dem hamburgischen Stadtteil Rothenburgsort verkehrte, seine Fahrten ein.

Später als auf den Elbinseln ist in der hamburgischen Gemeinde M o o r b u r g[536], sowie in dem lüneburgischen L a u e n - b r u c h, beide an der Süderelbe liegend, der Milchhandel aufgenommen worden. Die Milch-Ever beider Orte werden im 18. Jahrhundert häufig erwähnt, weil mit ihnen oft Reisende befördert worden sind (S. 306). 1814 wohnten in Moorburg 44 Milchhöker und 8 Schiffer[537]. Die Zahl der Milch-Ever in Moorburg schwankte im Laufe der Jahre zwischen 6 und 12. Je vier bis zwölf Milchleute waren die Eigner eines Evers, sie bildeten eine Interessengemeinschaft (Kompagnie), auch wählten sie aus ihren Reihen einen Schiffer, der ständig den Ever führte. Zur Ueberfahrt nach Hamburg brauchten die Ever zwei bis drei Stunden, sie legten an den Butenkajen an. 1862 erwarben die Kompagnien der Hamburgfahrer einen Dampfer, „Moorburg" genannt, der für die Beförderung der Milch und des Gemüses bestimmt war. Seitdem verschwand ein Milch-Ever nach dem andern, weil die Kompagnien zu klein wurden, um die Fahrt lohnend zu gestalten.

1755 wohnten in den zum Amt Harburg gehörenden Ge-
meinden Neuland zwei und in Bullenhausen fünf Milchhändler[538].
Im 19. Jahrhundert segelte von Over, Bullenhausen, Moor-
wärder (erst seit 1840) und Ochsenwärder je ein Milch-
Ever nach Hamburg; ihr Landungsplatz lag in der Nähe des
Meßbergs, bei der Fischerbrücke. Mit der Indienststellung des
Dampfers „Fortuna" im Oktober 1867, der den oberelbischen
Milchhändlern gehörte, gab man die Milch-Ever auf. Auch von
den längs des Südufers der Norderelbe belegenen hambur-
gischen Pachthöfen wurde noch während langer Zeit mit Evern
Milch nach den nahen Landungsplätzen der Stadt geschafft. Bald
nach der Fertigstellung des Steindammes über den Billwärder
Elbdeich im Jahre 1862 wurden auch die wenigen Milch-Ever, mit
denen man von der Doveelbe her nach Hamburg fuhr, außer
Betrieb gesetzt[539].

Aus Eppendorf und Winterhude kamen mehrere Milch-
Ever alsterabwärts, in den Sommermonaten sogar zweimal täglich; sie legten am Westende des alten Jungfernstiegs an. 1811 erwähnt v. Heß[540]: „Die Alster wird gewöhnlich nur von Schuten,
die Holz oder Torf, oder solchen die Steine und Kalk bringen,
größtenteils aber von Lustböten und Milchevern befahren." 1847
waren an der Alster 12 bis 16 kleine Milch-Ever beheimatet[541].
1878 wurde die Milchbeförderung auf der Alster eingestellt.

e. Holz.

In früherer Zeit wurde auf der Niederelbe viel Holz verschifft. Beträchtlich war der Holzverbrauch in den Marschen, deren
Deichbauten und die ständig notwendigen Uferbefestigungen
sowie die vielen Schleusen, Siele und Brücken große Mengen Bauholz erforderten[542]. Viel Bauholz benötigte man auch für den
Hausbau. Während in den kleinen Landstädten im Gebiet der
Niederelbe der reine Ziegelbau schon seit längerer Zeit bevorzugt
wurde, hat der Ziegelbau auf dem Lande erst in der zweiten
Hälfte des vergangenen Jahrhunderts Anwendung gefunden, ohne
aber den Fachwerkbau vollständig zu verdrängen. In Hamburg
hat man den Fachwerkbau sogar erst nach dem großen Brand
im Jahre 1842 verboten. Die Holzfeuerung wurde erst im 17. und
namentlich im 18. Jahrhundert, der Holzknappheit wegen, mehr
und mehr durch die Torffeuerung ersetzt. Daneben benutzte man
als Brennstoff auch Holzkohlen und in den Elbmarschen u. a.
Stroh (Bohnen- und Rapsstroh). Geringe Bedeutung für den
Hausbrand und für das Gewerbe hatten die englischen Steinkohlen[543], die schon im 14. Jahrhundert nach Hamburg gelangten, auch durch Ever. So wurde im Jahre 1387 in der Nordsee ein mit Steinkohlen befrachteter Hamburger Ever gekapert[544].
Gegen Ende des 17. Jahrhunderts kamen Braunkohlen von Halle
auf dem Wasserwege nach Hamburg[545]. Während aber in Ham-

burg im Haushalt bereits in der zweiten Hälfte des 18. Jahrhunderts Steinkohlen neben Holz, Holzkohlen und Torf häufiger verbraucht sein sollen[546] — die breite Masse der Bevölkerung wird kaum Steinkohlen gebrannt haben, denn der Torf war billiger — wurden noch im Anfang des vergangenen Jahrhunderts in Schleswig-Holstein, sicherlich ebenso in Hannover, Steinkohlen wenig im Haushalt, sondern meistens nur von den Schmieden verwendet[547].

Bereits im Jahre 1271 holten Schiffe der Stadt K r e m p e von der oberen Stör Holz[548]. Wahrscheinlich war das Dorf Arpsdorf, in dem Störprivileg von Itzehoe genannt (Erstorpe), der ursprüngliche Ort des Holzhandels. Später gelangte der Holzhandel dann in die Hände der Einwohner von K e l l i n g h u s e n [549]. Während Chr. Kuß annimmt, daß Kellinghusen dem Holzhandel sein Entstehen verdankt, glaubt A. Gloy erst von etwa 1700 ab dem Holzhandel eine größere Bedeutung für diesen Ort beimessen zu können. Im Nordischen Kriege, in den Jahren 1712 und 1715, besaßen die Kellinghuser drei flachgehende Fahrzeuge, sogenannte Bollen, die wohl kaum zu einem anderen Zweck als zur Holzschiffahrt dienten. Nachdem Kellinghusen im Jahre 1740 zu einem Flecken erhoben und im Jahre 1751 das alleinige Schiffahrtsrecht oberhalb' des Fleckens bis Bünzen erhalten hatte, hob sich der Holzhandel und damit die Holzschiffahrt bedeutend. Die Kellinghuser Holzhändler kauften das Bau- und Brennholz und zwar Buchen-, Birken-, Hagebuchen- und Ellernholz aus den Hölzungen der Kirchspiele Schenefeld, Bramstedt, Nortorf und Hohenwestedt. Die Bauern schafften das Holz von den meisten Orten nicht direkt nach Kellinghusen, sondern auf Wagen nach mehreren von den Holzhändlern gemieteten und am Wasser liegenden Plätzen: an der Bünzerau bei Bünzen, an der oberen Stör bei Heften (das war der alte Ladeplatz von Arpsdorf), Fizbeck und Rade, an der Bramau bei Förn und Hitzhusen. Von diesen Sammelplätzen holten die Bollen, die meistens den Holzhändlern gehörten, das Holz ab, um es Kellinghusen vorbei nach Grönhude zu schaffen. Bis Grönhude kamen die Störprähme und E̦ver, um hier das Holz zu laden, weiter hinauf konnten sie des geringen Wasserstandes nicht segeln. Die Kellinghuser Fahrzeuge andererseits durften nicht weiter als bis Itzehoe segeln, die Vorbeifahrt verhinderte das bereits erwähnte Stapelrecht dieser Stadt. Nur das Holz, das die Kellinghuser an die Einwohner der Stadt Itzehoe zu deren eigenen Gebrauch verkauften, beförderten sie mit ihren Bollen, 1830 waren 16 oder 18 vorhanden, nach Itzehoe.

Mit diesem von der Stör kommenden Holz versorgten in älterer Zeit lediglich die privilegierten Schiffer von I t z e h o e Hamburg und die Elbmarschen[550]. Holz für den eigenen Bedarf von der oberen Stör zu holen war auch den Einwohnern der Städte Krempe, Wilster und Glückstadt erlaubt[551]. Erst im Jahre 1691 wurde allen holsteinischen Orten das Recht zugestanden, für den eigenen Bedarf Bauholz von der Stör zu holen. Nur vier Prahmführer von Glückstadt erhielten am 20. Juli 1691 von König Christian V. das Privileg, ebenfalls mit Brennholz in den Orten seines Reiches Handel zu treiben[552]. Gegen die Holzausfuhr in das Ausland sind mehrfach Verbote erlassen worden, aus denen man vielleicht schließen kann, daß sie doch stattgefunden hat[553]. Seit dem Ende des 18. Jahrhunderts bis um die Mitte des 19. Jahrhunderts lieferten die Itzehoer Prähme viel Bau- und Brennholz nach Elmshorn, Altona und Hamburg[554]. 1771 besaß Itzehoe 21 Schiffe, darunter 18 Prähme[555], mit Rücksicht auf den Holztransport „stark gebaute everartige Fahrzeuge"[556], sowie einen kleinen Ever. 1798 gehörten etwa 25 Schiffer hierher, die mit ihren Prähmen auch den Holzhandel betrieben[557]. 1830 bemerkt Kuß[558], daß außer 4 Glückstädter Prähmen 22 Itzehoer Prähme die Stör bis Grönhude befuhren. Jeder Prahm konnte 40 bis 50 Faden Holz laden, indessen die Kellinghuser Bollen nur 12 bis 15 Faden Holz trugen. Die Glückstädter sowohl als die Itzehoer Schiffer waren aber nicht Frachtfahrer, sondern Eigentümer ihrer Ladungen. Außer diesen Schiffen kamen damals noch zwei Kremper Kähne, d. h. kleine Ever, nach Kellinghusen, um Holz zu holen.

Im Jahre 1740 versuchten die Hauptleute der Wilstermarsch Einwohnern von Süderdithmarschen, wahrscheinlich Schiffern aus Burg, „anmaßlich vermehrten Transports einigen Holtzes durch die Casenorer Schleuse" die Durchfahrt zu verbieten[559]. Dieses veranlaßte König Christian VI. zu der Erklärung: „Was dann den streitigen Passum wegen der Fahrt durch die Casenöhrer Schleuse anlanget, so erhellet zur genüge, daß die Wilster-Marsch nicht befugt ist, der Landschaft Süder-Dithmarschen selbige für ihre Eingessene zu verwehren." Der Bau des Eiderkanals (Schleswig-Holsteinischer Kanal) in den Jahren 1777 bis 1784 gab die Veranlassung, viele Waldungen auf den nahe liegenden Gütern zu fällen, hiervon wurde namentlich das Gut Hanerau betroffen[560]. Man verschiffte dieses Holz auf der Eider und Wilsterau. Schiffer von Wilster, sicherlich auch von Burg, holten in großen Mengen Brennholz aus den Waldungen von Hanerau, um es nach Hamburg zu liefern[561]. Um die Mitte des 19. Jahrhunderts hörte die Holzschiffahrt auf der Wilsterau wieder auf, denn Wilster bezog sein Brennholz wie in früherer Zeit von Kellinghusen. Die Handelsverbindung Wilsters mit Kellinghusen ist übrigens alt. Abgesehen von dem Recht der Holzschiffahrt (1607) war den Einwohnern von Wilster seit dem Jahre 1609 nur gestattet, mit ihren mit Käse beladenen Schiffen die Stör über Itzehoe hinaus ungehindert zu befahren[562]. 1732 beschlagnahmte der Rat von Itzehoe ein mit Hafer beladenes Schiff von Wilster, das durch den Störbaum nach Kellinghusen segeln wollte; zwar klagte die Stadt Wilster vor der Kanzlei in Glückstadt, doch verlor sie den Prozeß gegen Itzehoe[563].

Die Wälder in der Nahzone von Hamburg gaben schon frühzeitig Gelegenheit zu einem einträglichen Bau- und Brennholzhandel nach Hamburg. Erst in der ersten Hälfte des vergangenen Jahrhunderts wird erwähnt, daß über Elmshorn auf dem Wasserwege Bundholz, d. h. gebündeltes Brennholz, nach Hamburg geschickt wurde, doch ist dieser Handel sicherlich viel älter[564]. Die Alsterschiffer lieferten Bau- und Brennholz schon im Mittelalter, namentlich aber im 18. und 19. Jahrhundert nach Hamburg. Vornehmlich stammte das Holz aus den Waldungen zwischen Poppenbüttel und Hude her[565]. Aus dem Sachsenwald schaffte man besonders Brennholz nach Bergedorf, von wo aus es durch Bergedorfer Ever nach Hamburg gelangte[566]. Bereits ein Einwohnerverzeichnis von Bergedorf vom Jahre 1570 verzeichnet sechs Schiffer[567]. 1847 wohnten hier dreizehn Schiffer mit 16 Fahrzeugen, ferner besaßen die Anwohner der Bille etwa 10 sehr kleine Ever[568]. Auch die Geesthachter und die Lauenburger Schiffer handelten mit Brennholz nach Hamburg[569]. Letztere holten von der Stecknitz und aus der Mark Brandenburg bis zum Anfang des 19. Jahrhunderts Brennholz.

Ueber die linkselbische auf Hamburg gerichtete Holzschiffahrt sind die Angaben sehr mangelhaft. Bau-, Schiffbau- und Krummholz, ferner Masten und Brennholz lieferte das Fürstentum Lüneburg nach Hamburg[570]. Namentlich seit dem 17. Jahrhundert war der Holzhandel Harburgs bedeutend, das Holz ging teils nach Hamburg, teils auch direkt nach Holland, aber nicht auf Evern, sondern auf holländischen Schiffen. Aus dem Lande Hadeln, vor allem aber aus dem Herzogtum Bremen (Ostegebiet) wurde im 18. und bis in die zweite Hälfte des 19. Jahrhunderts Bau- und Schiffbauholz nach Bremen und Hamburg gebracht[571a]. Die Holzfahrt von Bremervörde im 17. Jahrhundert ist bereits erwähnt worden (S. 269). 1803 bis 1810 klagten vier Schiffer von Itzwörden, Osten und Geversdorf gegen den damaligen Besitzer des Gutes Brobergen wegen der Zollerhebung[571b]. Das Bremen- und Verdensche Hofgericht zu Stade erkannte 1810 für Recht, „daß die Kläger schuldig, von ihren mit Holz beladenen Evern, womit sie das Gut Brobergen vorbei die Oste herunterfahren, 2 Schilling Zoll zu entrichten." In der ersten Hälfte des 19. Jahrhunderts wurde durch hannöversche und holsteinische Schiffer aus den Waldungen in der Umgebung von Bremervörde vorwiegend Brennholz nach Hamburg und Altona verfrachtet.

In der zweiten Hälfte des 18. Jahrhunderts erwähnt Büsching die Ausfuhr von Holzkohlen aus dem lauenburgischen Amt Schwarzenbek nach Hamburg[572]. Bedeutend war die Holzverkohlung im holsteinischen Amt Segeberg, namentlich im Kirchspiel Kaltenkirchen[573]. Mindestens seit der zweiten Hälfte des 18. Jahrhunderts wurden viele Holzkohlen nach Elmshorn gefahren, dort holten sie holländische Schiffe ab. Bis in die zweite Hälfte des 19. Jahrhunderts schaffte man außerdem die Holzkohlen mit Wagen oder auf der Krückau mit Evern nach Hamburg. Holzkohlen sind in früherer Zeit auch im Amt Steinburg gebrannt worden, da im Jahre 1705 König Friedrich IV. die Ausfuhr von Holzkohlen auf der Stör nur dann gestattete, wenn sie aus Ellernholz bestanden[574].

Sonst beförderten die Ever noch Schnittholz, Bandholz, Buschwerk und gemahlene oder ungemahlene Borke. Während auf Wilhelmsburg schon im Jahre 1698 eine S ä g e m ü h l e angelegt wurde[575], sind in Holstein erst um die Mitte des 18. Jahrhunderts windgetriebene Sägemühlen entstanden[576], die erste 1743 in Itzehoe, ihr folgten Mühlen in Beidenfleth, Bielenberg, Kellinghusen, Krempe, Glückstadt, Uetersen, Elmshorn und Altona. Nach der Anlegung des Schleswig-Holsteinischen Kanals gingen diese Mühlen mehr und mehr zurück, sie konnten mit dem von der Ostsee stammenden Schnittholz nicht Preis halten. Im Anfang des 19. Jahrhunderts bestanden nur noch die Mühlen bei Uetersen und Elmshorn (Vormstegen), alle anderen waren inzwischen in Kornmühlen umgewandelt oder abgebrochen worden. Statt dessen kamen in vielen Hafenorten die wirtschaftlich besser arbeitenden Handsägemühlen auf. Bedeutend als Holzhandelsplätze blieben Glückstadt, Itzehoe, Kellinghusen und Wilster.

B a n d h o l z, d. h. Tonnenbänder, hergestellt aus gespaltenen Weidenruten, bezog Holstein aus Holland und aus dem Hannöverschen[577]. Im Beginn des 17. Jahrhunderts entwickelte sich die Weidenzucht in den Vierlanden, die später für Geesthacht eine große Bedeutung erhielt[578]. Von Geesthacht aus ist in der zweiten Hälfte des 18. Jahrhunderts die Weiden- und Haselnzucht in der Haseldorfermarsch eingeführt worden, hier hat sich das Bandreißergewerbe, namentlich in Hetlingen, bis auf die Gegenwart gehalten. Noch jetzt bringen hölzerne Motor-Ever Bandholz von Hetlingen und Haseldorf nach Hamburg.

Auch B u s c h w e r k, das für die Deich- und Stackbauten benötigt wird, beförderten oft die Ever. Von diesen Fahrzeugen verbrannte der mit einem Motor ausgerüstete ehemalige See-Ever „Hoffnung" (1896 gebaut) im Herbst 1930 mit einer Ladung Buschwerk auf der Elbe. Buschwerk holt man jetzt namentlich von der Oste (Basbeck) und von Stade. In den Satzungen der Schiffergilde „Emanuel" von Uetersen (Ausgabe 1924, § 8) heißt es: „Die Decksladung von Stroh-, Busch- und Bandholzschiffen darf nur eine Höhe haben, welche die halbe Breite des Schiffes beträgt... eine solche Ladung [darf] nur 3 Fuß nach jeder Seite über Bord ausgeladen werden."

Schließlich sind noch die L o h m ü h l e n als Frachtvermittler für die niederelbische Schiffahrt zu erwähnen[579]. Von diesen gab es im Anfang des 19. Jahrhunderts allein in der Umgebung von Itzehoe zehn. Die Eichenlohe wurde namentlich nach den Lohgerbereien in Itzehoe, Wilster, Krempe, Elmshorn und Altona verfrachtet, auch führte Kellinghusen gelegentlich ungemahlene Eichenborke aus. Zu Gunsten der holsteinischen Gerbereien wurde die Ausfuhr von Eichenborke und Lohe aus Holstein mehrfach verboten, so 1721 und 1792[580]. Industrielle Gerbereien entstanden im Kreis Steinburg (Kellinghusen, Wilster, Krempe u. a.) und im Kreis Pinneberg (Uetersen, Elmshorn u. a.) erst um die Mitte oder in der zweiten Hälfte des 19. Jahrhunderts. Im vergangenen Jahrhundert holten mehrere Ever von Dükerswisch in Süderdithmarschen Eichen-, Buchen- und Birkenrinde, die in der Lohmühle von Averfleth gemahlen und dann von den Gerbereien in Wilster verarbeitet wurde. Von den seit dem Ausgang des vergangenen Jahrhunderts benutzten und aus Uebersee stammenden Gerbmitteln sind noch Dividivi, Myrabalanen, Valonea und das Quebrachoholz anzuführen. Diese Produkte wurden in der Blütezeit der Gerbereien von vielen in Wilster und Burg beheimateten Evern in Hamburg geladen und nach Buxtehude, Elmshorn, Krempe, Wilster und Kellinghusen befördert[581].

f. Torf.

Obwohl die Verwendung des Torfes als Brennstoff weit zurückreicht, hat sich die Torffeuerung an der Niederelbe erst verhältnismäßig spät allgemein verbreitet[582]. Erst im 17. Jahrhundert und besonders seit dem 18. Jahrhundert wurde der Torf in großen Mengen in Handwerk und Gewerbe sowie im Haushalt verbraucht. Die Moore im Gebiet der Niederelbe hatten deshalb für die Schiffahrt eine große Bedeutung, weil die Beförderung des Torfes auf weite Strecken nur auf dem Wasserwege möglich war, wenn sich der Verkauf lohnen sollte.

Bereits am Ende des 17. Jahrhunderts lieferten Kleinbauern von W e d e l mit Evern Torf nach Hamburg, die 60, 70 und 80 Fuder Torf laden konnten[583]. Wie aus mehreren aus dem Jahre 1735 stammenden amtlichen Berichten über die H e r r s c h a f t P i n n e b e r g hervorgeht, war der Torf das wichtigste Ausfuhrprodukt[584]. Der in der Umgebung von Schulau, Wedel, Uetersen und Elmshorn gegrabene Torf wurde von den Schiffern dieser Orte aufgekauft und mit ihren Evern — 1735 waren 72 vorhanden — nach Altona und Hamburg, auch nach Glückstadt und Krempe geschafft. Auf Wagen brachte man den Torf der binnenlands liegenden Ortschaften nach Elmshorn und Uetersen. Auf der Pinnau verkehrten die kleineren Torf-Ever über Uetersen hinaus bis Esingen und Appen. Auch bei Holm wurde Torf gegraben, den aber damals fremde Fahrzeuge abholten; späterhin vermittelten nach Holm gehörende Ever die Ausfuhr.

1787 bemerkt Norrmann[585]: „Die großen Moordistrikte [in Holstein] sind durch den Torf, teils zur Ersparung des Holzes im Lande, insonderheit aber wegen des ungemein starken Absatzes desselben nach Hamburg wichtig. Der Transport des Torfes dahin beschäftigt beständig eine Menge Menschen und Fahrzeuge." Auch in der ersten Hälfte des 19. Jahrhunderts hatte die Torfschiffahrt von Uetersen und Elmshorn eine große Bedeutung[586]. Namentlich wird von den Elmshorner Schiffern berichtet, daß viele von ihnen sich vorwiegend mit dem Torf- und Brennholzhandel nach Hamburg beschäftigten. Wie lange diese Torfschiffahrt in größerem Umfange betrieben worden ist, ließ sich nicht feststellen. Um die Mitte des vergangenen Jahrhunderts verarbeiteten die Muschelkalkbrennereien von Uetersen außer dem aus der Umgebung auf Wagen herbeigeschafften Torf bereits hannöverschen Torf.

Das zweite holsteinische Moorgebiet lag in der Umgebung des Kudensees, das sich bis Burg, Bebeck, Eggstedt und Dükerswisch ausdehnte[587]. Mit offenen Kähnen oder kleinen Evern schaffte man den Torf auf der Burger-, Holsten- und Wilsterau nach Wilster. Entweder wurde der Torf bei der Kasenorter Schleuse in größere Ever umgeladen, oder die kleinen Ever segelten mit ihrer Ladung nach Itzehoe, Glückstadt, Altona und Hamburg. Der Torf gelangte aber noch auf einem kürzeren Weg zur Elbe[588]. 1765 erhielt der Kudensee durch den Bütteler Kanal nach der Bütteler Elbschleuse einen Abfluß. Sogenannte Kudenseekähne brachten den Torf bis an die Schleuse heran. Wenn die Torf-Ever in dem Bütteler Außenhafen eintrafen, die die alte Schleuse nicht befahren konnten, fanden Auktionen statt. Der Torfhandel lag in Händen einiger Großhändler in Büttel und Kudensee, die den Torf von den Bauern kauften. In den Jahren 1868 bis 1874 verbesserte man diese Wasserverbindung. Die Burgerau wurde kanalisiert und durch den Kudensee in den erweiterten Bütteler Kanal geführt. Büttel erhielt eine größere Schleuse, auch wurde im Kattenstieg bei Bebeck eine Kammerschleuse errichtet. Seitdem konnten die Torf-Ever Dithmarschens auch durch die Bütteler Schleuse in die Elbe gelangen, die gute Zeit der Torfhändler war vorbei. Die meisten Torf-Ever besaß Burg[589]. Die bei der Einverleibung Schleswig-Holsteins in Preußen eingegangene Zollstelle in Burg führte in ihrem Schiffsregister 85 kleinere und größere Ever auf, die hauptsächlich für den Torftransport Verwendung fanden. Nach der Eröffnung des Nord-Ostsee-Kanals hat die Torfschiffahrt allmählich aufgehört. Heute ist der Bütteler Kanal verschlammt, auch gräbt man kaum noch Torf für den eigenen Bedarf. Auf der Wilsterau wurde die Torfschiffahrt, wenn auch nur noch vereinzelt, bis 1914 betrieben. Nach dem Kriege lebte die Torfschiffahrt auf der Au infolge Brennstoffmangel noch einmal auf, jetzt aber ist es damit gänzlich vorbei[590].

Außer auf der oberen Stör wurde ehemals auch auf der Bramau Schiffahrt betrieben[591]. Bis Hitzhusen sind noch am Ende der vierziger Jahre des vergangenen Jahrhunderts bei hohem Wasser kleine Schiffe hinaufgekommen. Von der Scheepsstell in der Gemeinde Stellau verschiffte man einst viel Torf mit Bollen nach Itzehoe. Diese bereits bei der Holzschiffahrt Kellinghusens erwähnten Bollen faßten etwa 12 gute Fuder Torf. Auf der Bramau mußten die Schiffe treideln. Nach dem Bau der Altona-Kieler Eisenbahn (1844) wurde ein Hafen mit Winde und Krahn bei dem Wrister Bahnhof angelegt, der mit Itzehoe eine regelmäßige Schiffsverbindung hatte. Allmählich versandete aber der Fluß, so daß etwa im Jahre 1862/63 das letzte Schiff nach Stellau gelangte.

Von den hannöverschen Torfmooren waren für die niederelbische Schiffahrt am wichtigsten die Moore im Gebiet der Oste[592]. Erst in der zweiten Hälfte des 18. Jahrhunderts sind von der hannöverschen Regierung hier die ersten Moorkolonien auf fiskalischem, bis dahin unbenutztem Hochmoore gegründet worden, zuerst Ottendorf und Ostendorf im Jahre 1768. In der zweiten Hälfte des 18. und weit bis in das 19. Jahrhundert hinein war Torf der wichtigste Ausfuhrgegenstand des Herzogtums Bremen[593], „dessen Werth auf mehr als 100 000 Rthl. angeschlagen werden kann", schreibt Patje im Jahre 1796. Die Hauptausfuhrorte waren Bremervörde und Sanddamm. Aus den Moorkolonien oberhalb von Bremervörde wurde der Torf auf Kähnen nach Bremervörde geschafft und hier in Ever geladen. Ebenso brachten kleine Torfkähne auf dem Sanddammer Kanal, der zwischen Ostendorf und Ottendorf in die Oste mündet, Torf an die Ladestellen der Ever heran. Neben den hannöverschen Evern waren fast zur Hälfte die kleineren holsteinischen Ever an der Torfschiffahrt auf der Oste beteiligt. Wie auch überhaupt mehrere Schiffer, die nicht im Gebiet der Torfmoore ansässig waren, sich mit dem Torfhandel befaßten[594]. So wird gelegentlich erwähnt: 1789 wohnte in Altona ein Torfschiffer. Blankenese besaß 1835 153 Schiffe, von denen ständig 10 Fahrzeuge, sicher Ever, Torf von der Oste oder von Büttel holten; 1847 waren hier noch 6 Torf-Ever beheimatet. Auf Hamburgisch-Finkenwärder wohnten im Jahre 1847 außer den See- und Elbfischern, elf Frachtschiffern noch sieben Torfschiffer. Am Ende des vergangenen Jahrhunderts beschäftigten sich mehrere Schiffer aus Kollmar und Seestermühe mit dem selbständigen Handel mit Torf, sowie mit Sand, Mauersteinen, Kalk, Zement und Steinkohlen.

Ueber die von der Oste kommenden Torf-Ever schreibt C. Reinhardt[595] im Jahre 1856: „Man sieht bisweilen ganze Flotten mit schwarzem Torf beladen die Elbe hinaufsegeln, was besonders in den Herbstmonaten der Fall ist, wo die Schiffer in Hamburg schnelle Abnahme finden." In den achtziger Jahren ging der Torfabsatz unter der Konkurrenz der Steinkohle zurück, obwohl noch damals der Wert der Torfausfuhr von der Oste, größtenteils nach Hamburg, aber auch nach der Westküste Schleswig-Holsteins gehend, jährlich etwa 1 Million Mark betrug[596]. Schon kurz vor dem Kriege ist der Torfversand von der Oste nach Hamburg zum großen Nachteil für die Everschiffahrt und auch der Bremervörder Kaufleute, die früher aus dem Schiffsverkehr mit Torf sehr gute Einnahmen hatten, fast gänzlich eingestellt worden[597]. Außer den Evern wurden in früherer Zeit auf der Oste zum Torf- und Kartoffeltransport bis Neuhaus noch die sogenannten Osteprähme und Ostebullen benutzt.

Ferner sind noch die Moore an der Medem, Lune und Geeste, sowie am Hadelner Kanal (1854 vollendet) und Geestekanal (1856 vollendet) zu erwähnen[598]. Torf aus dem bei Buxtehude liegendem Moor scheint erst in der ersten Hälfte des 19. Jahrhunderts nach Hamburg gekommen zu sein, da am Ende des 18. Jahrhunderts der Torf noch nicht an Fremde verkauft werden durfte[599].

Die Bauern von Moorburg (Süderelbe) stachen bereits vor dem Jahre 1548 Torf[600], den sie sicherlich schon damals nach Hamburg brachten. 1792 wird erwähnt, daß die Bewohner von Moorburg meistens Milch- und Torfbauern waren[601]. Die Torfhändler, auch „Mullhäuhner" genannt, wohnten im unteren Moorburg, dort gibt es noch heute einen Evergraben, in dem ehemals die „Törf-Ever" festmachten[602]. Den Torf holten sie zum größten Teil aus der Neugrabner Feldflur. Ihre Ever fuhren die Landscheide und Landwetter hinauf, bis weit in das Moor hinein. Elbabwärts erstreckte sich der Torfhandel Moorburgs bis Glückstadt und Stade, elbaufwärts bis in die Magdeburger Gegend, auch nach Lüneburg segelten ihre Torf-Ever. Bis zu welcher Zeit diese Torfschiffahrt betrieben worden ist, wird nicht angegeben, nur soviel ist sicher, daß man Torf noch brannte, als in den Städten die Kohle schon längst Eingang gefunden hatte.

Seit der zweiten Hälfte des 18. Jahrhunderts lieferten einige Ortschaften des Amtes Harburg, vor allem Over, sowie Dörfer des Amtes Winsen Torf mit Schiffen nach Hamburg[603].

Auf der Alster verschiffte man ebenfalls Torf[604]. Der Torf- und Holzladeplatz der Alsterschiffe war Hude, eben oberhalb der Schleuse von Heidekrug. Borsteler Schiffer brachten von hier aus Torf und Holz, auch rohe Kalksteine nach Hamburg. In Heidekrug lag noch am Ende des 18. Jahrhunderts das Königl. Ablademagazin für den Segeberger Kalk. Eben nach 1800 hörte der Transport der Segeberger Kalksteine nach Hamburg auf. Die Schiffahrt auf der Alster wurde hauptsächlich mit den Alsterbarken, auch Schuten oder Prähme genannt, betrieben. 1813 sollen aber an der Alster 20 Torf-Ever beheimatet gewesen sein[605]. 1826 waren 48, 1847 noch 23 Alsterbarken vorhanden[606]. In den siebziger Jahren fuhren wöchentlich 4 bis 5 Fahrzeuge beladen mit Holz, Torf, Feld- und Ziegelsteinen nach Hamburg[607]. Ihre Rückfracht bestand häufig aus Straßenabraum, auf hamburgisch Gassenkummer genannt, und Dünger. In den achtziger Jahren fand die Torfzufuhr auf der Alster ihr Ende.

Torf gelangte bis zum Anfang des 19. Jahrhunderts auch aus H o l l a n d nach Hamburg[608]. 1808 schreibt Hübbe: „Wohlhabende, welche sich ihren ganzen Wintervorrath auf einmal anschaffen, ... nehmen Torf aus Holland, von der Oste im Bremischen, oder vom Over aus dem Lüneburgischen, von Elmshorn u. s. w." 1816 wird erwähnt: „Noch auffallender ist, daß holländische Schiffer Torf nach dem alten Lande und nach dem Lande Kehdingen bringen, während große Torfmöre wenige Meilen von diesen Provinzen entfernt sind..."

Die Hauptmenge des an der Niederelbe gewonnenen Torfes ging nach Hamburg und Altona. Weil Torf eine leichte Ladung ist, segelten die Ever gewöhnlich mit hoher Decklast. Innerhalb des Schiffes stapelte man den Torf bis zur Oberkante der Luksülle, die Luken wurden dann mit den Lukendeckeln verschlossen und geschalkt. Auf der Großluke und dem Hauptdeck wurde außerdem noch eine ein bis zwei Meter hohe Torflast aufgesetzt, oben gesichert durch Bretter oder eine Persenning und Verschnürung. Manchmal beförderten die Ever ihre Ladung auch mit offenen Luken; in diesem Fall wurde die Decklast mittels der daraufgelegten und festgezurrten Lukendeckel niedergehalten.

In neuerer Zeit, in der die Beförderung der Kohle mit der Bahn und zu Schiff und damit die Heizung mit Kohle und Gas leichter und billiger geworden ist, hat der Torfstich immer mehr an Bedeutung und Ausdehnung verloren. Längst ist die Zeit dahin, wo im Herbst die Torf-Ever auf der Elbe dominierten und ihre Ladung in Hamburg ein gesuchter Artikel war[609]. In der Gegenwart sieht man deshalb nur noch gelegentlich einen hölzernen, mit Torf beladenen Ever.

g. Ziegelsteine.

Schon im Jahre 1293 errichtete die Stadt Hamburg eigene Ziegeleien, teils für den eigenen Bedarf und teils für den Verkauf an Bürger, die erst im Jahre 1624 ihren Betrieb einstellten. Diese Ziegeleien konnten aber den Bedarf der Stadt allein nicht decken, so daß schon im Mittelalter Ziegelsteine in größeren Mengen aus Boizenburg, Horneburg (Lühe), aus dem Stift Bremen (Oste), auch aus Friesland und Groningen nach Hamburg gelangten[610].

Der in dem niederelbischen Marschboden enthaltene Ton hat seit langer Zeit die Anlegung von Ziegeleien ermöglicht. Im 18.

Jahrhundert lagen die meisten Ziegeleien an der unteren Oste,
im Gericht Osten und vor allem im Amt Neuhaus[611]. Erst im Beginn des 18. Jahrhunderts wird die Steinschiffahrt der Bewohner
des Amtes Neuhaus nach Hamburg erwähnt, doch ist sie viel älter.
Ever von Uetersen holten von hier in den dreißiger Jahren des
18. Jahrhunderts Mauersteine[612]. 1796 waren allein im Amt Neuhaus 26 Ziegeleien vorhanden. Späterhin, bis auf die Gegenwart,
befanden sich Ziegeleien fast in allen Ostehäfen von Neuhaus bis
Hechthausen. Die an der Oste hergestellten Ziegelsteine und
Dachpfannen wurden und werden größtenteils nach Hamburg,
Holstein, Dithmarschen und Hannover geschafft. Leider ist über
die Steinschiffahrt der einzelnen Orte, ebenso in Kehdingen und
dem Alten Lande, nichts bekannt.

In Kehdingen ist die Herstellung von Ziegelsteinen jüngeren
Ursprungs[613]. Erst im Jahre 1839 erwähnt v. Reden, daß außer
den Ziegeleien an der Oste sich auch einige bedeutende Betriebe
im Lande Kehdingen befanden. Nach dem großen Brand von
Hamburg im Jahre 1842 entwickelten sie sich in dieser Gegend
rasch, so daß diese Gegend vor Jahren als das eigentliche niederelbische Ziegelland galt. Die Ziegeleien wurden teilweise als land-
wirtschaftliches Nebengewerbe betrieben, sie brachten ihren Besitzern viel Geld ein, entwerteten aber den Boden stark. Bei der
Entwicklung der niederelbischen Städte und Ortschaften war die
Nachfrage nach Ziegelsteinen groß. Längs der Kehdinger Süderelbe ist, der guten Absatzverhältnisse wegen, von der unteren
Schwinge bis Freiburg eine Ziegelei neben der anderen errichtet
worden. 1882 waren im Regierungsbezirk Stade 294 Ziegeleien
vorhanden, davon 88 allein im Amt Freiburg. Die Ziegeleien
pflegte man so anzulegen, daß die Beförderung der Steine bequem auf dem Wasserwege erfolgen konnte. Teils lagen die
Ziegeleien auf Wurten in den Außendeichländereien, teils aber
auch in der eingedeichten Marsch. Späterhin trennte man meistens
die Ziegeleien vom landwirtschaftlichen Betriebe, sie wurden ein
besonderer Erwerbszweig. Durch die steigende Verwendung des
Betons (sowie der Kalksandsteine) sind die Ziegeleien stark zurückgegangen, schon kurz vor dem Kriege ruhte in vielen Betrieben die Arbeit.

Ueber die Ziegelindustrie im Alten Lande, die namentlich
an der Este ihren Standort hatte, liegen erst aus der ersten Hälfte
des vergangenen Jahrhunderts einige dürftige Angaben vor[614].
Auch hier war die Herstellung von Mauersteinen bedeutend, weil
die Steine auf dem Wasserwege nach Hamburg abgesetzt werden
konnten.

Gegenüber den Ziegeleien in den hannöverschen Elbmarschen
war die Anzahl der holsteinischen Betriebe unbedeutend, auch
lagen die Ziegeleien meistens einzeln. Außerdem arbeiteten die
hannöverschen Ziegeleien vielfach billiger, so daß in den hol-

steinischen Elbmarschen wie in Hamburg, vielfach die Mauersteine der Oste und Kehdingens vorherrschten. Von den holsteinischen Ziegeleien sind an dieser Stelle nur die erwähnt
worden, die nachweislich Steine auf dem Wasserwege ausgeführt
haben.

In der Haseldorfermarsch standen ehemals zwei
Ziegeleien am Holmer Berge, von denen die erste aus dem Jahre
1842 stammte[615]. Auf einem kleinen Fluß, Bullen oder Bullenfluß
genannt, der bei Hetlingen durch eine Schleuse in die Binnenelbe
fließt, konnten die kleinen Ever bis nahe an das Dorf Holm heran-
kommen. Als die erste Ziegelei angelegt wurde, erhielt der Inhaber vom Haseldorfer Hofe die Erlaubnis, die nötige Erde aus
dem Bullenfluß zu entnehmen, der für die Schiffahrt freigehalten
werden mußte. Wegen des regen Schiffverkehrs nannte man den
Ladeplatz bei dem Holmer Berg Schiffsstede. Während im Jahre
1735 in Holm nur ein Ever beheimatet war[616], gehörten im vergangenen Jahrhundert zeitweise zwölf Schiffer hierher, die alle
eigene Ever besaßen. Sie beförderten hauptsächlich Torf, Holz,
Heu, später auch Kartoffeln und Ziegelsteine nach Hamburg.
Bereits am Ausgang des vergangenen Jahrhunderts hat die Schifffahrt hier aufgehört.

Bis gegen das Ende des vergangenen Jahrhunderts lag eine
Ziegelei auf dem zu Elskopp gehörenden Gerhof nahe Süderau
und dicht an der Kremperau, deren Steine man mit Evern
verfrachtete, auch sind Ländereien in Eltersdorf (Gemeinde Borsfleth) abgeziegelt worden[617]. Erst im Anfang des 19. Jahrhunderts
entstanden in der Wilstermarsch Ziegeleien, so im St. Mar-
garethener Neuenkoog und im Kirchspiel Wilster[618]. Von St. Margarethen holten in den dreißiger Jahren Ever von Wedel Steine.
In Wewelsfleth wurde um 1840 eine Ziegelei angelegt, die, wie
die vor 1850 gegründete Hodorfer Ziegelei, auch Störschlick verarbeitete. Heiligenstedten besaß seit 1870 zwei Ziegeleien, die
jenseits der Stör im Heiligenstedter Kamp lagen. Die an der Stör
angefertigten Steine der Wilster- und Krempermarsch wurden in
der Umgebung verarbeitet, aber auch störaufwärts und abwärts
verschifft. Am Ende des 19. Jahrhunderts legte man die St. Mar-
garethener Ziegelei still, um 1900 folgte die Wewelsflether, 1912
die in Hodorf, auch von den Heiligenstedter Ziegeleien arbeitet
nur noch eine. Die letzte in Betrieb befindliche und in der Wilstermarsch liegende Ziegelei besitzt Rumfleth bei Wilster; sie ist erst
Mitte der achtziger Jahre gegründet worden.

Im Jahre 1710 lag bei Kellinghusen eine Ziegelei, einem
Italiener Pelli gehörend, die u. a. Steine für den Festungsbau von
Glückstadt lieferte[619]. Die Stadt Itzehoe, die selber eine Ziegelei
besaß, verbot die Durchfuhr auf Kellinghuser Fahrzeugen. Erst
auf Veranlassung des dänischen Königs gestattete Itzehoe im
Jahre 1714 dem Pelli, gegen eine Abgabe jährlich zweimal die

freie Durchfahrt. In den dreißiger Jahren des 19. Jahrhunderts waren bei Kellinghusen zwei Ziegeleien vorhanden, die ihre Mauersteine nicht nur am Ort und in der Umgebung absetzten, sondern sie auch nach der Marsch lieferten, vermutlich durch Itzehoer Schiffer[620].

Der größte Abnehmer der niederelbischen Ziegeleien war Hamburg[621]. Nach dem großen Brand von Hamburg, vom 5. bis 9. Mai 1842, wurden ungeheure Mengen Mauersteine zum Wiederaufbau benötigt. „Die Elbe war täglich mit einer Flotte von Evern bedeckt, welche Ziegelsteine von der Oste, Este und Stoer zur Stadt schafften"[622]. Der Ausbau der Häfen, die Bauten des Zollanschlusses, sowie die allgemeine Ausdehnung von Hamburg sicherte der Ziegelindustrie ein gutes Absatzgebiet. Auch die anderen Städte und Orte im Gebiet der Niederelbe benötigten große Mengen Ziegelsteine, so daß zahlreiche Ever dauernd in der Steinschiffahrt tätig waren. Seit dem Ausgang des vergangenen Jahrhunderts holten viele Ever von der Jade die oldenburgischen Klinker, ferner von Südschweden Kantsteine, die u. a. zum Straßen- und Chausseebau Verwendung fanden.

Mauersteine sind bekanntlich eine unbequeme, das Stoßen des Schiffes fördernde Ladung, auch ziehen die Steine beim Wassermachen an und erhöhen dadurch das Gewicht der Ladung. Deshalb kam es bei älteren Fahrzeugen mitunter vor, daß sie den Beanspruchungen dieser Schwergutfracht nicht gewachsen waren, leck sprangen und untergingen. Auch ist es vorgekommen, daß Stein-Ever, die außerhalb des tiefen Fahrwassers bei fallendem Wasser vor Anker gegangen waren, bei einsetzender Flut nicht wieder vom Boden freigekommen sind[623]. Die vorwiegend zur Steinschiffahrt benutzten Ever sind in der Gegenwart fast ausgestorben, denn an ihre Stelle sind längst eiserne Fahrzeuge, Segler und Kastenschuten getreten.

Gelegenheit sind auch F e l d s t e i n e aus Holstein ausgeführt worden, denn im Jahre 1734 verordnete König Christian VI. „bei Strafe der Confiscation der Steine und der damit beladenen Fahrzeuge, daß sich niemand unterstehen solle, einige Feld-Steine überhaupt und ohne Unterscheyd auf der Eyder und dem Stör-Strohm, sodann die Elmshorner und Ueterser-Aue [Krückau und Pinnau], auch anderen in die Elbe und Eyder-Strohm gehenden Flüssen, [in die Fremde] wegzubringen oder wegzuschiffen", weil man diese dringend für den Uferschutz, namentlich für die Elbdeiche längs der Wilstermarsch benötigte[624]. Dagegen wird erwähnt, daß am Ende des 18. Jahrhunderts die an der Bille wohnenden holsteinischen Bauern an die Bergedorfer Schiffer Feldsteine verkauften, die sie auf ihren Feldern gegraben hatten[625]. Die Bergedorfer lieferten mit ihren Schiffen die Feldsteine nach Hamburg, hier wurden sie an holländische Schiffer verkauft. Die Holländer nahmen die Steine in erster Linie als Ballast ein, verkauften sie aber dann in Holland, wo man sie für die Deichbauten verwendete. Den Einwohnern des Herzogtums Lauenburg wurde der Handel mit Feldsteinen schon im Jahre 1768 untersagt[626a]. Auch einige Geesthachter handelten am Ende des 18. Jahrhunderts mit Feldsteinen; diesen war der Handel nicht direkt verboten, doch sollten die Steine offenbar nicht an Holländer verkauft werden[626b].

h. Muschelschalen.

Der als Baustoff für Hamburg und andere Orte wichtige Kalk wurde ehemals bei Lüneburg, Segeberg, Helgoland, seit dem Ende des 18. Jahrhunderts auch bei Itzehoe gewonnen[627]. Außerdem wurde seit altersher Kalk aus Muschelschalen gebrannt[628]. Das Sammeln von Muscheln auf den Watten in der Elbmündung und bis zur Wesermündung, sowie im schleswig-holsteinischen Wattenmeer, bildete für viele Elbschiffer im Frühjahr und Sommer einen lohnenden Erwerb[629]. Gesammelt oder gegraben wurden die Korbmuschel, die große Sandmuschel und die eßbare Herz- und Miesmuschel. Diese Beschäftigung nannte man an der Elbe Schellen (Schällen, Schillen) oder Schellfahren, abgeleitet von Schale „Schelle" engl. *shell* = Muschel. Die Schiffer der Elbmarschen verwendeten hierfür kleine flachgehende Ever. Mit halber Hochwassertiede setzte man die Schiffe auf den Watten auf Grund. Wenn Ebbe war, wurden die Muscheln mit Körben zusammengetragen und in das Schiff geworfen. In fünf bis acht Tagen, auch länger, je nachdem wie reichlich man Muscheln fand, war der Ever beladen. Die Schalen wurden dann an die in Holstein und Hannover an der Elbe liegenden Kalkbrennereien verkauft, die hieraus sehr bindigen Muschelkalk herstellten. Der Muschelkalk wurde in der Umgebung der Kalköfen, sowie nach allen anderen Städten und Orten an der Elbe verschifft.

Eine interessante Angabe enthalten die Artikel für die Schiffergilde „Die Eintracht" von Wilster, vom Jahre 1861: „Ebenfalls fallen alle Ansprüche auf Entschädigung fort, ... wenn bei Stein- oder Muschelladungen die Fahrzeuge nicht gehörig mit Persenningen versehen und geschalkt waren, oder wenn der Muschelschiffer seine Luken geblöckt hatte." Luken blöcken bedeutet, die Ladung liegt im Laderaum und innerhalb der Großluke so hoch, daß die Lukendeckel nicht auf den Lukensüllen und dem Lukenlängsbalken aufliegen. Bei plötzlich auftretendem schlechten Wetter bestand dann die Gefahr, daß der Ever voll Wasser geschlagen wurde, ehe ein Teil der Ladung wieder über Bord geworfen war, damit man die Luken ordnungsgemäß schalken (schließen) konnte.

Am Ende des 18. Jahrhunderts wird von den Hadelner Schiffern berichtet, daß sie die in großen Mengen bei Neuwerk vorkommenden Muscheln sammelten und nach der Kalkbrennerei bei Otterndorf lieferten; von hier aus wurde der Kalk nach Bremen und Hamburg befördert[630]. Im Anfang des 19. Jahrhunderts betrieben mehrere Einwohner von C u x h a v e n , D ö s e und D u h n e n mit ihren Fahrzeugen das Schellen auf dem Watt zwischen Ritzebüttel und Neuwerk[631]. Die gesammelten Schalen verkauften sie nach Uetersen und anderen Orten, wo man Kalkbrennerei betrieb. 1818 wurden von Cuxhaven aus sechs Fahrzeuge zum Schellen benutzt. Eine anschauliche Schilderung gibt der Hamburger Senator Abendroth[632] im Jahre 1818: „Alte Schiffer kaufen gemeinschaftlich ein zu ihrem Alter passendes Schiff und treiben dieses Gewerbe. Bey der Fluth segeln sie aufs Watt, und bleiben dort, bis sie bei der jedesmaligen Ebbe hinlänglich Muschelschaalen, die in den Bänken angeschwemmt sind, geladen haben. Stürme können weder diese Menschen noch ihre Schiffe aushalten; da dieses Geschäft nur im Sommer getrieben wird, so sind sie diesen nur selten ausgesetzt."

Längs der Küste von D i t h m a r s c h e n soll seit altersher das Schellen betrieben worden sein, doch liegen ebenfalls erst seit dem Ausgang des 18. Jahrhunderts Angaben vor[633]. Damals wurde am Ende der achtziger Jahre in Büsum eine Muschelkalkbrennerei angelegt. Mehrere Schiffer Dithmarschens beschäftigten sich ständig mit dem Schellen. „Weil aber der Unternehmer ein Schiffer ist, so komt es ihm sehr zu Statten, daß, wenn sonst nichts mit Fracht zu verdienen ist, er den [zum Brennen benötigten] Torf von dem Ostefluße oder von St. Margarethen bei Gelegenheit mitbringen, den hier nicht abgesetzten Kalk nach Helgoland oder sonst wohin verfahren, und allenfalls auch die Muscheln selbst holen kann." Im Jahre 1802 war in ganz Dithmarschen nur noch eine unbedeutende Muschelkalkbrennerei, zu Epenwörden bei Meldorf, vorhanden; die ältere Büsumer war kurze Zeit vorher wieder eingegangen[634]. Um die Mitte des vergangenen Jahrhunderts erwähnt Boysen, daß das Schellen in der Nähe von Büsum mehr von fremden Schiffern als von den Büsumern betrieben wurde[635].

S t . M a r g a r e t h e n besaß zwei Muschelkalkbrennereien, von denen die eine bereits im Jahre 1750 nachzuweisen ist[636]. Für die Schiffer dieses Ortes bildete seitdem das Schellen, namentlich auf der Cuxhavener Elbseite, mit eine Haupteinnahmequelle. Zu Beginn des 19. Jahrhunderts wurde die Kalkbrennerei nach dem Kanalsteg bei Büttel verlegt. Schon seit den achtziger(?) Jahren hat die Kalkbrennerei und das Schellen hier aufgehört. Auch mehrere Schiffer von B u r g und W i l s t e r haben sich bis in die achtziger Jahre mit dem Schellen auf den Watten bis zur Weser und Eider beschäftigt. Der letzte Muschelschiffer in Wilster war Joh. Thiessen, der den kleinen Giek-Ever „Germania" besaß. Von der Stör aus betrieben ebenfalls mehrere Schiffer dieses Gewerbe, in W e w e l s f l e t h etwa bis in die sechziger Jahre. Diese Schiffer übten gewöhnlich das Schellen nur im Sommer aus. Im Herbst begannen dann die Schiffer Korn zu verschiffen, oder mit Korn eigenen Handel zu treiben. Auch in der Umgebung der Stör lagen mehrere Muschelkalkbrennereien, am Ende des 18. Jahrhunderts werden Kalkbrennereien bei Kasenort und Krempe erwähnt[637]. In den dreißiger Jahren des 19. Jahrhunderts besaß Itzehoe eine[638], „welche sehr guten Fortgang hat". Der Kalkofen in Wilster hörte Mitte der achtziger Jahre auf zu arbeiten. Außerdem lagen nach 1850 noch je eine Muschelkalkbrennerei in Vaalermoor und Kellinghusen.

Große Mengen Muschelkalk stellten mindestens seit dem Ausgang des 18. Jahrhunderts die Brennereien in U e t e r s e n her[639]. Hier arbeiteten am Neuendeich drei Betriebe. Schiffer von Uetersen und anderen Orten holten mit ihren kleinen Evern die Muschelschalen, die von den Watten bei Neuwerk und von der Küste Süderdithmarschens herstammten. Der zum Brennen erforderliche Torf kam teils aus dem nahen Esinger und Heidgrabener Moor, seit der Mitte des 19. Jahrhunderts auch auf Schiffen aus dem Hannöverschen. Seit dem Ende des 18. Jahrhunderts lag eine Muschelkalkbrennerei bei E l m s h o r n (Vormstegen)[640]. Mehrere Elmshorner Ever waren Schellfahrer. Als man im Jahre 1774 die erst in den sechziger Jahren gegründete Ziegelei von D o c k e n - h u d e n stillegte, die trotz ihrer günstigen Lage unmittelbar an der Elbe nicht florierte, wurde dafür das Brennen von Muschelschalen aufgenommen, die von Helgoland herkamen; den hier hergestellten Kalk lieferte man nur nach Altona und Hamburg. Bis zu welcher Zeit diese Betriebe arbeiteten und bis zu welcher Zeit die in dieser Gegend wohnenden Schiffer sich mit dem Schellen beschäftigten, ist nicht bekannt. In den vierziger Jahren waren noch Muschelkalkbrennereien in Uetersen, Elmshorn, Haseldorf, Neumühlen vorhanden; in den achtziger Jahren soll noch je eine in Elmshorn und Wedel im Betrieb gewesen sein.

i. Kreide, Zement, Ton.

Im Jahre 1737 begann man bei L ä g e r d o r f „weiße Erde" zu graben, die von der Breitenburger Gutsherrschaft größtenteils im rohen Zustande nach Wilster, Krempe und Hamburg verkauft wurde[641]. Nach 1827/28 ließen sich in Lägerdorf mehrere Kreidefabrikanten nieder, die gegen Leistung einer jährlichen Abgabe die Kalkerde entweder gemahlen als Düngemittel oder verarbeitet als Schlämmkreide in den Handel brachten. Erst in den dreißiger und vierziger Jahren trieben auch die Einwohner von Lägerdorf damit Handel, so nach Hamburg und Bremen. Da der größte Teil der gewonnenen Kreide auf dem Wasserwege zur Ausfuhr gelangte, versuchte die Stadt Itzehoe ihr Stapelrecht auch für dieses Bodenprodukt geltend zu machen. Doch wurde auf Grund einer Beschwerde der Gutsherrschaft bei der Regierung entschieden, daß das Stapelrecht für Kreide keine Gültigkeit habe, es vielmehr allen Lägerdorfer Eingesessenen freistehe[642], „ihre Kreideerde durch jeden beliebigen Schiffer und ohne Vermittelung eines Itzehoer Bürgers direkt an der Fähre durch den Störbaum verschicken zu lassen." Eigentliche Kreidefabriken entstanden in Lägerdorf erst in den fünfziger Jahren, sie stellten die sogenannte Maler- und Düngerkreide her. Ebenso ist auch die am rechten Störufer in Oelixdorf-Kratt bei Itzehoe durch einen Erdrutsch im Jahre 1780 freigelegte Kreide damals schon verwertet und nach Hamburg geschickt worden. Seit 1783 bis zum Ende der siebziger Jahre des vergangenen Jahrhunderts wurde hier Kalk gebrannt.

Industrielle Verwendung fanden die mächtigen Kreidelager des Geestbodens in der Umgebung von Itzehoe im Jahre 1862 mit der Begründung der Portlandzementfabrik von Fewer, der im nächsten Jahre die noch heute bestehende Alsensche Fabrik folgte[643]. Für die Elbschiffahrt hatte die Z e m e n t i n d u s t r i e eine große Bedeutung, umsomehr, weil der Zement sich allmählich zum wichtigsten Baustoff der modernen Bautechnik, neben dem Eisen, entwickelte. Zur besseren Verwertung der Kreidelager auf dem Breitenburger Gelände wurde in den Jahren 1875 bis 77 ein Moorkanal zum B r e i t e n b u r g e r S c h i f f a h r t s- k a n a l ausgebaut, der von der Breitenburger Schleuse bei Münster- dorf bis Lägerdorf reicht. Obwohl dieser Kanal nur eine Länge von 7 Kilometern hat, ist er eine lebenswichtige Verkehrsader für die Zement- und Kreideindustrie. Seine Bedeutung hob sich mit der Anlegung der Breitenburger Portlandzementfabrik bei Läger- dorf. Den größten Vorteil von dieser Fracht hatten die zahlreichen Schiffer von Wilster, weil das Kasenorter Schleusenmaß genau mit dem Breitenburger Schleusenmaß übereinstimmte. Deshalb fuhr der größte Teil der Ever von Wilster, auch viele Burger Ever, ehemals für die Breitenburger Zementfabrik in Lägerdorf Zement nach Hamburg. Von Hamburg brachten sie Kohlen, Koks und Gips zurück. Einige Ever (auch von Wewelsfleth) brachten den Lägerdorfer Zement nach der Ostküste von Schleswig-Holstein. Einige Ever von Wilster und Burg beförderten Kreide von Itzehoe (Alsens Zementfabrik) nach Uetersen für die dortige Zement- fabrik, auch Ton von Kellinghusen und Umgebung wurde dort- hin verschifft. Bis 1900 wurde auch Kreide von Lägerdorf für die Zementfabrik in Buxtehude gefahren. Auch aus diesem Verkehrs- gebiet sind die hölzernen Ever verschwunden (1930 nur noch ein Ever). Ebenfalls haben früher auch Ever Zement für die A.-G. Hemmor in Hemmor an der Oste befördert.

Das große T o n l a g e r an der oberen Stör bei Kellinghusen, Rensing und Overndorf förderte ebenfalls die Schiffahrt[644]. Die bei Kellinghusen befindlichen Ziegeleien sind bereits erwähnt worden. Mitte der sechziger Jahre des 18. Jahrhunderts wurde hier die erste F a y e n c e f a b r i k angelegt, der mehrere folgten. 1765 bat einer der Inhaber das Landes-Oekonomie- und Commerzkollegium, daß sein Privileg auch die Zusicherung enthalten solle, die Waren seiner Fabrik zu Wasser durch Itzehoe frei durchzuführen[645], wogegen Itzehoe Einspruch erhob. Ob das Gesuch genehmigt wurde, ist nicht bekannt, doch sind jedenfalls auf dem Land- wie auf dem Wasserwege die Fertigwaren der Fayencefabriken versandt worden[646]. 1846 stellte man die Herstellung der heute sehr geschätzten Kellinghuser Fayencen wieder ein.

1830 erwähnt Kuß in seiner ausgezeichneten Beschreibung von Kellinghusen, daß der rohe, bei Overndorf gegrabene Fayenceton ebenfalls ein Handelsartikel war, indem jährlich gegen 200 Fuder durch Itzehoer Prähme nach Hamburg verschifft wurden[647]. Die Entwicklung der Zementindustrie belebte die Tongruben dieser Gegend nochmals. Während anfangs der zur Bereitung des Zements benötigte Ton bei Lägerdorf gegraben oder mit Evern von Uetersen und Basbeck (Oste) hergeholt wurde, schaffen seit dem Ausgang des vergangenen Jahrhunderts flachgehende Schuten und Segler von den oben erwähnten Tonlagern Ton nach Lägerdorf[648].

3. Fährschiffahrt.

Fähr-Ever hießen seit alters die privilegierten Ever, die die regelmäßige Beförderung von Reisenden, Frachtgütern, Wagen, auch lebendem Vieh zwischen Hamburg, Harburg, Buxtehude, Stade und Glückstadt vermittelten. Von diesen Fähren war die Harburger Fähre die wichtigste. Von Harburg aus bestanden Wagenverbindungen bis Hannover (Stadt) und Mitteldeutschland, während der über Buxtehude und Stade gehende Verkehr auf Bremen und Verden gerichtet war[649]. Diese Fährschiffahrt mit Evern hörte in der ersten Hälfte des 19. Jahrhunderts auf, Dampfschiffe nahmen ihre Stelle ein. Abgesehen von den aus der Umgebung von Hamburg stammenden Evern, die täglich mit Milch, Gemüse, Obst u. a., auch mit Reisenden zur Stadt kamen, stand Hamburg noch mit vielen anderen niederelbischen Orten in regelmäßiger Schiffsverbindung, teils täglich, teils einmal oder mehrmals wöchentlich. Auch diese Ever wurden öfters Fähr-Ever genannt.

Die älteste niederelbische Reihefahrt wurde im Jahre 1442 zwischen H a m b u r g und S t a d e eingerichtet[650]. Die hamburgische Ordnung schrieb vor, daß die Fährschiffer zu der Fahrt e u e r nehmen sollten, wenn sie eines Sturmes wegen mit ihren 24 Personen fassenden Booten nicht fahren konnten, „uppe dat nemend in sinen reisen werde getogherd vnde vorsumed." Außer den Hamburger Fährschiffen fuhren auch Stader Schiffe nach Hamburg. 1664 teilte Stade an Harburg mit, daß seine Schiffer in Hamburg keine Kaufmannswaren oder Reisende ohne Zustimmung der hamburgischen Fährschiffer, wie auch nur unter

Errichtung der halben Fracht, übernehmen durften[651]. Zeitweilig hatten die hamburgischen Barsenmeister das Lehen der Stader Fähre[652]. Im Jahre 1714 übertrug der hamburgische Pächter die Fähre an die Stader Schiffer, die dann einige Jahre später vollkommen in Stader Besitz überging. Die Fähre von Stade nach Hamburg und umgekehrt ging nun vom Rat zu Stade zu Lehen[653]. Stade besaß sieben Fährschiffe und vierzehn Fährgerechtigkeiten, die einige Besitzer nur durch Verpachtung benutzten. Außerdem gehörten zu der Fähre noch die „Nacheverfahrer", die die Reisenden an das gewöhnlich vor der Schwingemündung abgehende Fährschiff brachten. So lange das Wasser offen war, fuhr täglich ein Schiff nach Altona und Hamburg. Auch nach Glückstadt bestand in beschränktem Maße eine Fähre. Dagegen unterlagen alle anderen Fahrten von Stade aus keiner Beschränkung. 1796 wohnten in Stade acht Fährschiffer und sechs Everfahrer[654]. Die Stader Fährschiffer, die auch den Postdienst versahen, trugen als Abzeichen ein silbernes, mit dem Stader Wappen geschmücktes, ovales Brustschild[655]. Im Jahre 1840 kauften die Stader Fährschiffer ihren ersten Dampfer, „Gutenberg", der am 4. September seine Fahrten aufnahm[656]. 1843 hob die hannöversche Regierung die Fährgerechtigkeit der Stadt Stade ohne Entschädigung auf[657].

Zwischen H a m b u r g und H a r b u r g hat seit dem 16. Jahrhundert, besonders aber seit dem 17. Jahrhundert ein reger Waren- und Reisendenverkehr bestanden, weil Harburg sich allmählich zu einem bedeutenden Speditionsort entwickelte[658]. Der Verkehr über den Strom hinweg lag in Händen der beiderseitigen Schiffer oder Everführer. In H a m b u r g besorgten den Güterverkehr die Everführer beim Alten Kran, indessen die Reisenden von den Everführern am Niederbaum und an den Vorsetzen befördert wurden. Von den letztgenannten Everführern waren im Jahre 1631 vierzehn vorhanden (s. S. 314). 1640 erließ der Rat der Stadt Hamburg eine Ordnung für die Everführer von und nach Harburg[659]. Alle Everführer mußten sich in eine Rolle eintragen lassen, sie mußten Bürger sein, auch mußten sie eigene Ever haben, kein Ever durfte mehr als 40 Schiffspfund Fracht (~ 5½ Tonnen) laden. Eine weitere Verfügung vom Jahre 1662 bestimmte[660], „daß jeder sein Gut, so er an benachbarte Oerter mit Evern zu führen hat, durch hiesige Krahn-Everführer, die sich dann auch wegen des Lohnes gerne zur Billigkeit schicken wollen, überführen lassen soll." Diese Bestimmung richtete sich hauptsächlich wohl gegen die Fährschiffer von Harburg, Buxtehude und Stade. Im Anfang des 19. Jahrhunderts bildeten die Hamburger Everführer zwei Brüderschaften, die vom Alten Kran und die vom Neuen Kran. Zu der erstgenannten Brüderschaft gehörten 16 oder 18 Schiffer, die die Reihefahrt nach Harburg ausübten[661]. Die 18 Schiffer vom Neuen Kran betrieben die Beurtfahrt nach

Buxtehude. Abgesehen von den Streitigkeiten mit den Schiffern Harburgs, die sich fast über zweieinhalb Jahrhunderte ausdehnten, ist über die hamburgische Fährschiffahrt wenig bekannt.

Die Harburger Schiffer schlossen sich, wann ist unbekannt, zu einer Gilde zusammen[662]. Die älteste Nachricht bietet das Protokollbuch der „Schypgilde tho Harborch", dessen erste Eintragung aus dem Jahre 1518 stammt. 1564 erließ Herzog Otto II. zu Harburg die erste Schifferordnung. 1585 wurde bestimmt, daß kein Schiffer sollte „twe Ewer holden, eynen grothen vnd ock eynen klenen". Die Harburger Schiffergilde teilte sich in zwei Genossenschaften, die die Bezeichnung große und kleine Fähre führten. Im Jahre 1616 gehörten zu der Gilde vierzehn Schiffer, die 9 große und 5 kleine Ever besaßen. Seit dem September des Jahres 1616, damals nahmen die Schiffer der großen Fähre noch 3 kleine Ever hinzu, bis zum Jahre 1844 gehörten den Gildeschiffern ständig 17 Ever. Nach ihren ersten Besitzern erhielten die Fähr-Ever Namen, die bei dem Verkauf oder Neubau nicht geändert werden durften[663]. Die großen Ever hießen: Bosfels, Breden, Jürgens, Külper, Lüders, Meyer, Rohrs, Sellenschloß und Tanke; die kleinen Ever führten die Namen: Bösch, Funken, Lohmann, Meyer, Quast, Otto Tanke, Hans Tanke und Völschen. Am 16. Januar 1709 verlieh Kurfürst Georg von Hannover, der gleichzeitig Herzog von Braunschweig-Lüneburg war, den Harburger Schiffern ein Privileg[664]: „daß niemand, als denen Schiffern und Eberführern deren itzigen Neun großen und Acht kleinen Ebern Unserer Stadt Haarburg und deren Erben, mit Ueberfahrung dero Passagires, Gütern, Viehes, Gutschen, Wagen... nacher Hamburg, Altona, und was die Elbe auf und nieder gehet... befugt sein solle..." Am 23. Oktober 1737 wurde das Privileg vom König Georg II. von Groß-Britannien, Kurfürst von Hannover, bestätigt. 1788 erließ König Georg III. ein ausführliches „Schiffer-Reglement für die Stadt Haarburg".

Die Ever der kleinen Fähre waren zunächst für die Ueberfahrt von Reisenden und deren Reisegepäck bestimmt (§ 36, 38). Das Schiffer-Reglement vom Jahre 1788 (§ 42) bestimmte: „In den Passage-Evern, ob gleich selbige von Zeit zu Zeit größer als vorhin erbauet worden sind, sollen auf der Hin- und Rückfahrt nicht mehr als höchstens 70 Personen eingenommen werden." Seit 1788 (§ 52, 53) erhielten sie die Erlaubnis, bis zu 7 Schiffspfund Waren aus der Umgebung von Harburg zu befördern, auch durften sie Eilgüter bis zu 7 Schiffspfund laden. 1842 erklärte der hannöversche Regierungsbevollmächtigte bei den Verhandelungen der zweiten Revisionskommission der Elbschiffahrtsakte zu Dresden, daß die Ever der kleinen Fähre „in Koncurrenz mit der großen Fähre Eilgut bis zu 16 Schiffspfunden und gewisse andere Gegenstände, welche nicht zu den eigentlichen Handelsgütern gehören," laden durften[665]. Regelmäßig verkehrten täglich zwei

Techno-Photographisches Archiv (Hans Herzberg) Berlin-Friedenau, Fregestr. 65/66

H. Dührkoop phot.

Abb. 47. Dreifacher Flyer „Personen-Joachim", S. B. 46,
gebaut 1898, Reichenfelsiger Flyer (Flöe bei Blankenese)

H. Lübbert phot.

Abb. 46. Seefischer-Ever „Maria", H. F. 211
gebaut 1879, Kiel-Ever (Elbmündung)

H. Lübbert phot.

Abb. 47. Seefischer-Ever „Petrovine Joachine", S. B. 40,
gebaut 1869, flachbodiger Ever (Elbe bei Blankenese)

Abb. 48. Seefischer-Ever „Carstine" S. B. 4,
gebaut 1887 [jetzt H. F. 287], Kiel-Ever, (Elbmündung)

Abb. 49. Seefischer-Ever „Maria",
H. F. 31, gebaut 1880, Kiel-Ever
(Altona, Fischmarkt)

Abb. 50. Altenwerder Fischer-
Ever L. L. 8, Aufnahme von 1896
(Köhlbrand bei Altenwerder)

dieser Ever zwischen Harburg und Hamburg, wo ihr gewöhnlicher Landungsplatz beim Baumhaus war. Zur Ueberfahrt brauchten sie etwa drei Stunden.

Mit den Evern der großen Fähre wurden der Reihe nach vorzugsweise die eigentlichen Fracht- und Handlungsgüter, auch Wagen und Vieh zwischen Harburg, Hamburg und Altona befördert. Auch holten diese Ever die für Harburg bestimmten Waren von den Seeschiffen ab, die auf der Elbe, besonders bei Neumühlen, leichterten. Nach dem Reglement vom Jahre 1788 (§ 35) waren die Schiffer der großen Ever verpflichtet, in Hamburg zwei kleinere Fahrzeuge zu halten, mit denen auch die engen und kleinen Fleete befahren werden konnten. Außerdem mußten die großen Ever, seit 1608 auch die kleinen Ever, für den herzoglichen Haushalt unentgeltlich die sogenannten Herrenreisen ausführen, und nur bei diesen Fahrten kamen diese offenen Binnen-Ever gelegentlich bis nach Stade, Glückstadt, Lauenburg und Lüneburg.

Eine besondere Eigentümlichkeit des Harburger Fährverkehrs bildete die Verbindung mit dem Postwesen. Die Schiffer der kleinen Fähre mußten dem Postamt zu Harburg einen Ever zur Verfügung stellen, der an den beiden Posttagen (Sonntag und Donnerstag) die Ueberfahrt der Reisenden besorgte, die mit den fahrenden Posten von Lüneburg, Celle, Stade, Bremen usw. ankamen oder dorthin wollten. Dieser Ever, der wöchentlich der Reihe nach wechselte, hieß Post-Ever; er stand unter der Aufsicht des Postmeisters, während der Schiffer für die Postsachen einstehen und haften mußte (§ 56, 63). An den anderen Tagen war der Schiffer des regelmäßig verkehrenden kleinen Fähr-Evers verpflichtet, bis kurz vor der Abfahrt eine Bank freizuhalten, damit die Reisenden der ankommenden fahrenden Posten noch Platz fanden. Falls aber beide Ever schon unterwegs waren, so mußte auf Verlangen der Reisenden ein expresser Ever segeln, der bei Strafe innerhalb einer Stunde, nach Ansage des Evermeisters (dieser führte die Aufsicht über alle Fähr-Ever), von dem Schiffer zu stellen war, den die Reihe traf. Die großen wie auch die kleinen Fähr-Ever hatten jeder eine Besatzung von mindestens drei Mann, von denen einer als Steuermann bestellt wurde (§ 8).

Der Güterverkehr zwischen Harburg und Hamburg war, wie schon erwähnt, die Ursache vieler Zwistigkeiten, die sich bis in das 19. Jahrhundert hinein erstreckten. Und zwar handelte es sich hauptsächlich darum, ob die Harburger Ever in Hamburg und die Hamburger Ever in Harburg Waren laden durften oder nicht. Eine Stelle aus einem Schriftsatz der Harburger Fährschiffer vom Jahre 1662 sei hier erwähnt[666], sie ist wegen der Aufzählung mehrerer Ever wichtig: „Auch zeige die tägliche Erfahrung, daß die Glückstädter, Kremper, Wilsterer, Horneburger (Lühe), Estebrügger, ja auch die Bauern der Elbinseln ihre in Hamburg erhandelten oder dorthin gesandten Waren durch ihre eigenen Ever beförderten." Aber auch mit den Schiffern der Harburg benachbarten Orte wie N e u l a n d , L a u e n b r u c h und M o o r b u r g waren Streitigkeiten an der Tagesordnung[667]. Die Schiffer dieser Orte beförderten mit ihren Milch- und Gemüse-Evern oft Reisende, die nach der Auffassung der Harburger Schiffergilde hätten ihre Fähr-Ever benutzen müssen. Dagegen wandte sich schon eine Bestimmung des Harburger Schifferprivilegiums vom Jahr 1709 (ebenso 1737 und 1788): „Ebensowenig soll zur Kränkung des Haarburgischen Schiffer-Amts... weder ober- noch unterhalb der Stadt Haarburg eine Passage aus dem Haarburgischen nacher Hamburg verstattet werden." Besonders richteten sich ihre Angriffe gegen die zu Hamburg gehörenden Moorburger Schiffer. Nur mit den Lauenbruchern einigte man sich im Jahre 1801 dahin, daß die Schiffer der kleinen Fähre die Hälfte des Verdienstes der Lauenbrucher Schiffer vom Personen- und Warentransport erhielten.

Erst im Jahre 1844 wurde das Privileg der Gilde aufgehoben; zwei Jahre später zahlte die hannöversche Regierung den Schiffern der großen Fähre 13 500 und denen der kleinen Fähre 8000 Reichstaler als Abfindung. Inzwischen war auch der Dampfschiffsverkehr zwischen Hamburg und Harburg aufgenommen worden. Vom 1. Juni 1818 an machte das der Hamburger Firma Peter Kleudgen gehörende Dampfschiff „Neptun" „seine freilich nicht vogelschnellen Touren"[668] zwischen Hamburg und Moorburg, späterhin auch bis Harburg. 1828 stellte die Witwe Kleudgen einen neuen Dampfer in Dienst. Später erwarb die Harburger Schiffergilde ebenfalls Dampfschiffe, zuerst im Jahre 1839 den „Kronprinz von Hannover", das war der erste hannöversche Dampfer und 1840 den „Primus"; ersterer gehörte der großen, der andere der kleinen Fähre.

Ueber die Fähr-Ever von B u x t e h u d e ist wenig bekannt. In der Reisebeschreibung eines Engländers aus dem Jahre 1616 ist eine Bemerkung über einen zwischen Hamburg und Buxtehude verkehrenden Ever enthalten[669], aus der freilich nicht hervorgeht, ob ein Hamburger oder ein Buxtehuder Fähr-Ever gemeint ist: „Das Fahrzeug, in welchem wir überfuhren heißet ein *loar* und ist nicht so gut, doch ohngefähr so groß wie eine Barke in Gravesend, und die drei Meilen weiter als von London nach Gravesend; denn ich bin sicher, wir brauchten 9 Stunden bis daß wir gelandet wurden. Unsere Ueberfahrt kostete 4 Schillinge (3 pence) die Person, und Eins weiß ich noch recht gut, nähmlich daß die faulen Schifferleute stille sitzen, wenigstens den größten Theil des Weges, während ihre Passagiere, seien sie noch so reich oder arm, das ist ihnen alles gleich, ob sie Männer oder Frauen sind, der Reihe nach eine Stunde lang oder so ohngefähr rudern müssen." 1664 teilte Buxtehude an Harburg mit, daß

zwischen ihren und den hamburgischen Schiffern eine Verein-
barung bestand, nach der den Buxtehuder Schiffern die alleinige
Beförderung der Frachtgüter von Hamburg, jedoch gegen jedes-
malige Vergütung der halben Fracht, zustand[670]. 1790 besaß
Buxtehude nur drei Schiffer und neun Schifferknechte[671]. Täglich,
außer Sonntags, ging ein Schiff von hier nach Hamburg und eins
von dort zurück. In den dreißiger Jahren des vergangenen Jahrhunderts gehörten zu der nach Hamburg, Altona und Buxtehude
gehenden Fähre neun Ever[672], „deren Einrichtung, sowie die Beschaffenheit der benutzten Schiffe, jedoch Manches zu wünschen
übrig lassen". Damals war das Fahrwasser der Este in einem so
mangelhaften Zustande, daß die beladen 4 bis 4½ Fuß tief-
gehenden größeren Fährschiffe häufig nicht fahren konnten. Die
Fährgerechtigkeit der Stadt Buxtehude ist spätestens 1843 aufgehoben worden. Seit dem Jahre 1853 verkehrte zwischen Hamburg und Buxtehude auch ein Dampfschiff („Primus")[673].

Glückstädter Fährschiffe werden zuerst im Jahre 1681 in
einem Bericht an das Kommerzkollegium in Kopenhagen erwähnt[674]: „Anlangend die schiffahrt dieses orthes, so sein itzo hie
wenige schiffe außer den fehrschiffen auff Hamburg und vier, so
auff Grönlandt gebrauchet werden..." Am 9. Januar 1700 wurde
für die Fährschiffer eine Zunftordnung erlassen[675]. Nur sie durften
Reisende und Waren aus dem Hafen nach Hamburg, Stade, Freiburg und Krempe bringen. Dagegen konnten die anderen Glückstädter Prahmführer Korn und Vieh ausführen, vier andere Prahmführer hatten das Recht der Brennholz-Verschiffung von der
Stoer. Die Fährschiffer waren angewiesen, die Schiffe im Herbst
nicht zu sehr zu beladen, auch sollten sie Raum für die Reisenden
lassen, „damit dieselbe trucken sitzen, und gut accommodiret
werden können." 1746 besaß Glückstadt 11 Fährschiffe und zwar
7 Ever und 4 Prähme[676]. Um 1800 waren nur noch 6 Fährschiffe
vorhanden, diese verkehrten wöchentlich zweimal zwischen Glückstadt und Hamburg; außerdem gehörten damals nach Glückstadt
noch 13 Prähme, 16 Ever und viele Rhin-Ever[677]. 1823 wurde das
Privilegium der Fährschiffer dahin beschränkt, daß auch fremde
Schiffer in Glückstadt Reisende und Frachtgüter mitnehmen
durften, am 9. September 1826 hob die Regierung das Privileg
der Fährschifferzunft überhaupt auf. Seitdem vermittelten den
Fährverkehr mit Hamburg 12 Fähr-Jollen (ähnlich den Lühe-
Jollen?) und seit 1827 auch Dampfschiffe.

∗

Ueber die regelmäßige Schiffsverbindung der anderen an
der Niederelbe liegenden Orte mit Hamburg liegen nur einige
zeitlich und örtlich zusammenhanglose Angaben vor. Im Jahre
1692 wurde den in der Wilstermarsch Eingesessenen „so sich der
Fahrt mit Evern auf der Elbe bedienen", untersagt, aus der Land-

schaft Süderdithmarschen Vieh oder Getreide zu holen, vielmehr sollten nur die privilegierten D i t h m a r s c h e r Fährleute die Ausfuhr besorgen[678]. Für die mit Getreide und Holz nach Hamburg segelnden I t z e h o e r Schiffer wurde im Jahre 1695 eine Schifffahrtsordnung festgesetzt[679]. Zweimal wöchentlich bestand eine regelmäßige Reihefahrt nach Hamburg. Wer frei war, konnte nach der Oste oder nach anderen Elbgegenden segeln, aber ebenfalls nur nach der verabredeten Reihenfolge. Der Verdienst wurde in eine Kasse gelegt und monatlich verteilt. Im Jahre 1791 verbot die hannöversche Regierung auf eine Beschwerde der privilegierten Stader Fährschiffer den Schiffern (Everführern) und Fischern im Kirchspiel T w i e l e n f l e t h fremde, außerhalb des Alten Landes wohnende Reisende sowie Frachtgüter von Twielenfleth aus nach Hamburg und Altona hinzuschaffen oder von dort zurückzubringen; vielmehr stand nur den Fähren „zum Cranz und zur Lühe" das Recht zu, Reisende und Güter zwischen dem Alten Lande, Hamburg, Altona oder anderen Orten zu befördern[680].

Nach einer im Jahre 1800 veröffentlichten, sehr unvollständigen Zusammenstellung stand Hamburg in regelmäßiger Schiffsverbindung mit Harburg, Buxtehude, Stade und Otterndorf täglich, mit Horneburg dreimal wöchentlich, mit Glückstadt, Wilster und Twielenfleth zweimal wöchentlich, sonst noch gelegentlich mit Neuhaus, Oberndorf und Ritzebüttel[681]. 1810 werden als weitere Orte genannt St. Margarethen, Brunsbüttel und Meldorf, mit denen ebenfalls nur gelegentlicher Schiffsverkehr bestand.

Um 1830 wird erwähnt, daß zwischen dem Meldorfer Hafen und Hamburg regelmäßig alle 14 Tage ein Ever verkehrte, indessen zwischen Brunsbüttel und Hamburg wöchentlich mehrere Ever segelten[682]. Von Hamburg und Altona aus gingen viele nach D i t h m a r s c h e n bestimmte Frachtgüter im Herbst nur bis Brunsbüttel auf dem Wasserwege[683]. Dort wurden sie auf Wagen geladen und nach Marne, Heide und anderen Orten geschafft. Dieses geschah aus dem Grunde, weil infolge der ungünstigen Schiffahrtsverhältnisse im Wattenmeer die Assekuranzprämien für die hier benutzten kleinen Segler auf dieser kurzen Entfernung oftmals so hoch und höher waren, als für den Transport nach Amerika. Fahrten von Wöhrden, Büsum und anderen Orten südlich der Eider nach Hamburg und zurück erforderten, mit Einschluß der Lösch- und Ladezeit, in der Regel einen Zeitaufwand von 3 bis 4 Wochen. Reisende benutzten den Wasserweg zwischen Dithmarschen (nördlich von Brunsbüttel) und Hamburg garnicht. Selbst für den Viehtransport wurde der Schiffsverkehr wenig verwendet.

In W e w e l s f l e t h wohnte im Jahre 1799 ein Fährschiffer, der wöchentlich einmal nach Hamburg fuhr[684]. „Früher fuhren von fast allen Städten und Dörfern an der Stör sogenannte Fährschiffer mit Seglern jede Woche nach Hamburg, um Kaufmannsgüter und Kolonialwaren für die ansässigen Kaufleute in den Städten und Dörfern zu holen und Landeserzeugnisse nach Hamburg zu bringen. Die Fährschiffer handelten vielfach selbst mit Korn, Butter und Käse. Es gab auch viele Kaufleute, die mit den Fährschiffen Montags oder Dienstags nach Hamburg segelten, Waren einkauften und erst am Ende der Woche mit diesen wieder zurückkehrten; die Frauen mußten meistens den Laden bedienen. Auch Vieh und anderes wurde mit den F ä h r s c h i f f - E v e r n , die besonders breit aber gute Segler waren, nach Hamburg und anderen Orten gebracht. Nach dem Zollanschluß von Hamburg ging der wirkliche Fährschifferbetrieb nach und nach ein" [685].

Um die Mitte des 19. Jahrhunderts fuhr ein S t. M a r g a - r e t h e n e r Ever wöchentlich zweimal nach Hamburg[686]. In W i l s t e r waren am Ausgang des vergangenen Jahrhunderts zwei Stückgutfahrer beheimatet, die regelmäßig mit Korn, Butter, leeren Gebinden, leeren Petroleumfässern und Sonstigem nach Hamburg segelten[687]. Von Hamburg brachten sie zurück Kaufmannswaren aller Art, Kolonialwaren, Stabeisen, Tabak in großen Fässern und Petroleum in Fässern. Dieses waren die Besahn-Ever „Fortuna" (Schiffer Nic. Bielenberg) und „Helene" (Schiffer Peter Egge). Als besonderes Merkmal besaßen die Ever olivgrün bemalte Berghölzer.

Vor der Eröffnung der Eisenbahn Altona—Elmshorn im Jahre 1844 bestand zwischen Hamburg und E l m s h o r n nicht nur ein lebhafter Frachtwagenverkehr, sondern mehrere Schiffer dieses Fleckens betrieben regelmäßig die Stückgutfahrt von Hamburg nach Elmshorn, ausgehend nach Hamburg luden sie Mauersteine, Torf, Brennholz, Stroh u. a. Mehrere Elmshorner Schiffer übten von Hamburg aus die Beurtfahrt nach Holstein und Dänemark aus. Von diesen Stückgutfahrern hat Christoffer Suhr ein schönes Bild überliefert: „In dem bunten Straßenbilde des alten Hamburgs mögen auch die Elmshörner Schiffer durch ihre eigenartige Tracht leicht die Aufmerksamkeit auf sich gezogen und die Veranlassung gegeben haben, sie dem Hamburgischen Trachtenwerke einzureihen..." [688].

1796 besaßen die Schiffer von R i t z e b ü t t e l 4, 1811 aber 8 kleine Schiffe, die man S c h l e u s e n s c h i f f e nannte, weil sie dort bei der Schleuse anlegten[689], „womit die hiesigen Schiffer, deren wohl 30 bis 40 sind, Reihe-Weise nach Hamburg fahren." Seit der Einrichtung des Seebades in Cuxhaven im Jahre 1816 wurden zwei schnellsegelnde Paketboote für die Beförderung der Badegäste in Dienst gestellt[690]. Als letzter ist der C u x h a v e n e r Fähr-Ever zu erwähnen, der in den zwanziger Jahren des vergangenen Jahrhunderts wöchentlich zweimal zwischen Cuxhaven und Hamburg verkehrte; er legte am Steinhöft an[691].

In der zweiten Hälfte des 18. Jahrhunderts (so 1767) fuhr ein Hamburger Ever auf W i n s e n ; er wurde Hamburg-Winsener

Ever genannt[692]. Viele oberhalb von Hamburg liegende Orte standen mit Hamburg in regelmäßiger, vielfach in täglicher Schiffsverbindung. Ob aber außer den Schiffern, die mit Milch, Gemüse, Obst, Federvieh, Heu, Stroh, Brennholz, Feldsteinen u. a. auch gelegentlich mit Reisenden nach Hamburg kamen, noch andere Reihefahrer (Fährschiffer) in diesen Orten beheimatet waren, geht aus den mir zur Verfügung stehenden Quellen nicht hervor. Wahrscheinlich haben die oberelbischen Schiffer die für ihren Wohnsitz bestimmten Frachtgüter, Kaufmanns- und Kolonialwaren, soweit sie nicht durch Frachtwagen befördert worden sind, mit zurückgenommen.

*

Außer den bereits erwähnten Fährverbindungen von Stade nach Glückstadt, Buxtehude nach Blankenese und von Glückstadt nach Stade und Freiburg kreuzten noch andere Fähren den Elbstrom, so von Brunsbüttel nach Neuhaus und Cuxhaven, von Brockdorf, St. Margarethen und der Bösch nach dem Hannöverschen, namentlich nach Freiburg, von Kollmar nach dem Hannöverschen, von Schulau nach Borstel, von Cranz nach Blankenese. Ueber alle diese Fähren, sowie über die verwendeten Fahrzeuge ist wenig bekannt, wie auch die Aufzählung keineswegs vollständig ist[693].

Mehrere Angaben liegen über die Fähren von B l a n k e n e s e und W e d e l vor[694]. Diese besaßen mehrere große Prähme — d. h. kastenförmige Fahrzeuge, nicht Segler wie die Prähme von Itzehoe und Glückstadt — mit denen bis zur Mitte des 18. Jahrhunderts hauptsächlich der Viehtransport des Wedeler Ochsenmarktes nach Buxtehude und Stade bewerkstelligt wurde. Außerdem gehörten zu diesen Fähren noch einige Ever. Bereits in der Blankeneser Fähr-Ordnung vom Jahre 1649 kommen Ever vor, mit denen Reisende übergesetzt wurden. 1718 war in Blankenese ein großer und in Wedel ein kleiner Fähr-Ever beheimatet. 1776 besaß Blankenese keine Prähme mehr, sondern nur einen alten Fähr-Ever und einen neuen Post-Ever; in Wedel waren überhaupt keine Fährschiffe mehr vorhanden. Erst im Jahre 1835 ist die Fährgerechtigkeit von Blankenese abgelöst worden.

4. Leichterschiffahrt.

Die Untiefen im Fahrwasser der Elbe waren insofern für die kleinen Segler günstig, weil die Sandbänke bei Krautsand, Schulau, Blankenese von den ständig größer gebauten, deshalb auch tiefer gehenden, nach Hamburg oder Altona bestimmten oder von dort ausgehenden Seeschiffen gewöhnlich erst dann passiert werden konnten, wenn sie vorher einen Teil der Ladung an kleinere Fahrzeuge abgegeben hatten[695]. Ausgehend erhielten die größeren Seeschiffe ihre volle Ladung meistens erst hinter dem Stadersand bei

Twielenfleth. Hierüber schreibt v. Reden[696] im Jahre 1839: „Die sogenannten Lichterschiffe, etwa 70—80 (fast nur Hamburger), halten sich gewöhnlich in der Nähe von Krautsand oder vor Brunshausen auf. Es pflegen Ever, Kuffen, Tjalken, Prähme von 10—20 C.-L. Größe zu sein...“ Seit der zweiten Hälfte des vergangenen Jahrhunderts ist das Fahrwasser der Elbe allmählich verbessert worden. Soweit noch eine Leichterung auf dem Strom bei Glückstadt oder Brunshausen nötig war, traten an Stelle der Ever und anderer Typen große, durch Dampfer geschleppte Leichter und Schuten.

Gelegentlich dienten Ever ehemals auch als Bugsierfahrzeuge. So erzählt der Kapitän Jens Eschels in seiner bekannten Lebensbeschreibung[697], daß er im Jahre 1781 seinen Westindienfahrer mit Hilfe eines B u g s i e r - E v e r s über den Stadersand warpte. Die Neumühlener Lotsen besaßen außer ihren Lotsjollen mehrere große Bugsier-Jollen, „mit denen sie bei flauem Winde den aufkommenden Schiffen entgegenfuhren, um sie an den engen Stellen des Fahrwassers zu bugsieren; auch die abwärts segelnden Schiffe wurden damit assistiert“ [698]. Baggerarbeiten sowie Schleppdampfer haben diesem Erwerbszweig längst ein Ende gemacht.

Erst im Jahre 1862 wurde in Hamburg mit dem Bau von Hafenbecken und Kaianlagen begonnen, 1866 erfolgte die Eröffnung des ersten Hafenbeckens, des Sandthorhafens[699]. Bis dahin ankerten die Seeschiffe entweder auf dem offenen Elbstrom, oder sie mußten an den in natürlichen Buchten und Seitenarmen der Elbe hergestellten Pfahlgruppen festmachen. Löschvorrichtungen waren im Hafen nicht vorhanden, die Güterbeförderung zwischen den Seeschiffen und den Kaufmannshäusern und Warenspeichern an den Fleeten geschah durch Ever, Schuten und andere Leichterfahrzeuge. Nach der Hamburger Zollordnung vom Jahre 1636 durften in „Schüten, Leuchter, Böten, Ever, Kahne oder Prahme“ keine aus- oder eingehende Waren ohne Zollzettel geladen werden[700]. Die „Revidirte Wein Accise-Ordnung“ der Stadt Hamburg vom Jahre 1706 enthielt die Bestimmung[701], daß die Schiffer mit ihren eigenen Booten Wein, Branntwein usw. nicht von Bord bringen durften, „sondern alles durch ordentliche Ever- und Lüchtenführer abführen lassen, bey Strafe der Confiscation, was betroffen wird...“ Am Ende des 18. Jahrhunderts machte sich in Hamburg die Notwendigkeit geltend, im Interesse der Befrachter und Empfänger die Leichterschiffahrt zwischen den Seeschiffen und Speichern sowie auch zwischen Seeschiffen und Elbseglern behördlich eingehender zu regeln. 1786 bestimmte der Senat, daß jeder Leichterschiffer sich bei dem Wasserschout der Admiralität zu melden habe; hier erhielt der Schiffer einen Zulassungsschein und eine Nummer, die hinten an dem Schiff angebracht werden mußte[702]. „Ohne ein numerirtes Schiff zu haben und ohne einen solchen Schein darf kein Leichter-Schiffer selbst fahren, noch jemand in seinen Dienst nehmen." In der Hamburger Hafenordnung vom 15. Februar 1815 ist die Bestimmung enthalten[703]: „Kein Schiff soll in einem Leichterschiff, einem Ever, einer Jolle, oder irgend einem anderen Fahrzeuge, löschen, oder aus selbigen laden, wenn das Fahrzeug nicht abseiten der Stadt mit einer Nummer versehen ist ... bei Strafe der Confiscation desselben." 1835 erließ Hamburg eine Verordnung[704], betreffend die alljährliche Besichtigung der patentierten Leichterschiffe auf der Elbe, vom 27. April, „daß alle Schiffer, welche ein Patent und dadurch die Erlaubniß erhalten haben, mit ihren Leichterschiffen von Hamburg nach Cuxhaven oder nach einer anderen Gegend der Elbe und zurück Waren zu bringen ... sich zur abermaligen Untersuchung ihrer Schiffe bei den Capitän der Zolljacht zu melden, um das Patent zu erneuern." Diese Verfügungen hatten aber nur Geltung für den Hamburger Hafenverkehr und auf der Elbe für die nach Hamburg bestimmten oder von dort versegelnden Schiffe[705].

Bereits im November 1786 wurde von dem Oberpräsidium in Altona bestimmt, nach dem Vorbild der hamburgischen Verordnung vom März des gleichen Jahres, alle im Altonaer Hafen tätigen Leichterschiffe haben sich eintragen zu lassen, auch mußten sie hinten am Schiff eine Nummer führen[706]. Nach der Bekanntmachung des Oberpräsidiums vom Mai 1817 galt diese Bestimmung für alle Leichterfahrzeuge[707], „welche von den Handelnden hieselbst zum Ein- und Ausladen der Waaren in und aus den im Rummelhafen oder an einer anderen Stelle auf dem Elbstrome liegenden Schiffe gebraucht werden ... [auch] sind die erwähnten Fahrzeuge, außer der Nummer, annoch sämtlich mit dem Namen der hiesigen Stadt, wo sie zu Hause gehören, nämlich Altona, und der Qualität, welche ihnen beigelegt wird, als Ever, Jolle u. s. f. zu bezeichnen, und diese Bezeichnung an einer passenden Stelle auf dem Fahrzeuge anzubringen." Eine einfachere Art Ever wird in der Zollordnung für die Herzogtümer Schleswig und Holstein (vom 1. Januar 1839) aufgeführt[708]. Nach dieser Zollordnung waren alle vom Auslande angekauften Schiffe abgabenpflichtig. Befreit von der Abgabe waren alle Schiffe von 16 Kommerzlasten und darunter „wenn sie nur zum inländischen Verkehr dienen, sowie alle Schouten und Ever ohne Verdeck und Steuerruder, wenn sie allein zum Warentransport im Altonaer Hafen, sowie zwischen Altona und Hamburg benutzt werden."

Die ehemalige Verwendung der Ever als Leichterfahrzeuge im Hamburger Hafen ergibt sich auch aus der noch in der Gegenwart üblichen Bezeichnung E v e r f ü h r e r. Auf den ersten Blick scheint diese Bezeichnung sonderbar zu sein, weil der Everführer keinen Ever, sondern eine Schute fährt, aber das war nicht immer so. Bis zum Ausgang des 18. Jahrhunderts bedeutete Everführer fast stets Führer eines Evers und zwar läßt sich diese

Bezeichnung zuerst im Jahre 1630 nachweisen (s. S. 329). In der bereits erwähnten Hamburger Zollordnung vom Jahre 1636 ist die Rede von Everführern und Everleuten, auch die Bezeichnung Evermann wird angeführt[709]. Aus dem Jahre 1640 stammt die Hamburger Ordnung für die Everführer von und nach Hamburg (s. S. 303), in der Ever, nicht aber Schuten oder andere Fahrzeuge erwähnt werden. 1662 erließ der Senat das „Mandat, daß die Kaufmanns-Güter so mit Evern an benachbarte Oerter zu bringen, durch hiesige Krahn-Everführer übergeführt werden sollten" (s. S. 303). 1651 wohnten in Hasselwerder u. a. zwei Schiffer, die Everführer und Everfahrer genannt wurden[710]. Das Kehdinger Kopfschatzregister vom Jahre 1663 verzeichnet 21 Everführer, außerdem wurden noch drei Bauern (Erbexen) und ein Handelsmann Everführer genannt[711]. 1692 untersagte der Amtmann von Steinburg den Everführern der Wilstermarsch, mit ihren Evern aus Dithmarschen Vieh oder andere Waren zu verschiffen[712]. In dem Privileg der Harburger Schiffergilde vom Jahre 1709 werden Eberfahrer (Reglement 1788 § 53 Everfahrer) aufgeführt, die bekanntlich nur Ever besaßen (s. S. 304). 1716 beklagte sich der Fährmann von Wewelsfleth, daß „die den Stoer-Strohm auf- und niedersegelnde Schiffer, auch Ever- und Prahm-Führer sich nicht des rechten Fahr-Wassers mitten in der Stoer bedienten, sondern fast nahe am Lande, und also das Fähr-Tau entzwey zu segeln sich gelüsten", was der Amtmann von Steinburg bei Strafe verbot[713]. Ebenso kommen in mehreren Berichten an die dänische Regierung, betreffend die wirtschaftlichen Zustände in der Herrschaft Pinneberg im Jahre 1735 mehrfach Everführer und Everfahrer als Besitzer von Evern vor[714]. Endlich ist noch eine Eingabe der hamburgischen Everführer an die Commerzdeputierten im Jahre 1718 bemerkenswert[715]. Damals unterlagen die beiden Hafenbäume am Nieder- und Oberhafen den gleichen Oeffnungs- und Schließungszeiten wie die Stadttore, auch mußten für die Durchfahrt der Bäume an Sonn- und Feiertagen Passierscheine gelöst werden. Die Everführer klagten, daß man ihnen sogar mit leeren Evern in den Niederhafen an Festtagen einzufahren verweigere, wenn sie keine Passierscheine hätten, sie verlangten umsomehr, ohne Passierscheine, mit leeren Fahrzeugen an Sonn- und Festtagen ein- und ausgelassen zu werden, als man den Harburger Evern hier dieses gestatte.

Erst um die Wende des 18. und 19. Jahrhunderts scheint sich in Hamburg der Bedeutungswandel vollzogen zu haben, wie aus einigen sich widersprechenden zeitgenössischen Angaben hervorgeht. Roeding, der freilich über die niederelbische Schiffahrt sehr mangelhaft unterrichtet war, verzeichnet in seinem bekannten Marine-Wörterbuch[716]: „Everführer. So werden in Hamburg diejenigen genannt, welche die Kaufmannsgüter mit Schuten von den Schiffen holen oder dorthin bringen." Dagegen erwähnt 1787

v. Heß in seiner Topographie von Hamburg[717], daß die Waren aus den großen Schiffen durch Schuten und Ever in die an den Fleeten liegenden Speicher geschafft werden. „Hier ist nur von den unten platten Evern, die von den sogenannten Everführern gefahren werden, die Rede. Es sind länglichte und geräumige Fahrzeuge, die viele Waaren einnehmen können, ohne mehr als einige Fuß Wasser nötig zu haben. Sie unterscheiden sich von den Torf- und Milchevern dadurch, daß sie weder Kajüten und Verdecke, wie jene, noch Maste, wie diese, haben. Schuten (Schüten, Schuiten) sind den Evern sehr ähnlich, außer daß sie kein Steuerruder haben." Diese an sich sehr wertvolle Angabe ist aber dahin zu verbessern, daß es zwei Arten von Leichter-Evern gab. Außer den offenen und ohne Takelung versehenen Leichter-Evern wurden in Hamburg auch Elb-Ever benutzt, die ihrer festen Bauart und Takelung wegen gleichzeitig für die Leichterschiffahrt auf der Niederelbe, die als Wattenschiffahrt anzusehen ist, verwendet werden konnten. Schütze[718] verzeichnet in seinem holsteinischen Wörterbuch im Jahre 1800: „Everförer, der Schiffer, welcher den Ever besitzt oder fährt." Offenbar wurde es um diese Zeit mehr und mehr üblich, für den engeren Hafenverkehr fast ausschließlich Schuten zu benutzen, seitdem bürgerte sich der Name Everführer auch für die Schutenführer ein[719]. Der Everführer eines Evers war der Schiffer und Eigentümer, selten war er nur Setzschiffer. Dagegen war der Everführer einer Schute sehr selten der Besitzer, sondern der Angestellte eines Everführerbaases, der meistens mehrere Schuten besaß, deren Gesamtheit man Everführerei nannte. Diese Everführer sind sozusagen die Rollkutscher auf dem Wasser.

Die Anfänge der mit Angestellten (Knechten oder Schiffern) betriebenen Hamburger Everführerei gehen auf das 17. Jahrhundert zurück. Während des Dreißigjährigen Krieges begannen mehrere Schiffer, 1631 waren es 14, mit Frachtgütern und Reisenden vom Niederbaum aus nach Harburg zu fahren[720]. Die Harburger Everführer behaupteten beschwerdeführend, daß einige Hamburger Everführer drei Ever besaßen, auch ließen sie ihre Ever (die Harburger nicht) durch gedungene Knechte fahren. Andere Hamburger Everführer waren im Jahre 1639 in dem Besitz mehrerer Fischer-Ever, die die Fischerei durch am Fang beteiligte Knechte ausübten[721].

Im Laufe des 19. Jahrhunderts, namentlich nach dem Ausbau der hamburgischen Hafenanlagen und Zollanschlußbauten, wurden die Ever als Hafenleichter immer seltener benutzt. Zu den wenigen Leichter-Evern der neueren Zeit gehörte der im Jahre 1873 gebaute und 1881 als Hafenleichter eingerichtete Galeaß-Ever „Matthias". Jederseits erhielt dieses Schiff zum Schutz beim Anlegen eine starke Wallschiene, die in älterer Zeit nur bei den Cuxhavener Lotsen-Evern und in neuerer Zeit lediglich bei den mit

Gemüse und Kartoffeln vom Herzhorner Rhin nach Hamburg kommenden Rundgat-Evern vorhanden war. Ein anderer Galeaß-Ever („Hoffnung", gebaut 1850) wurde vor dem Kriege von Hamburg aus als S e e l e i c h t e r verwendet. 1895 gehörte der A.-G. Hemmoor in Hemmoor/Oste der frühere Cranzer Seefischer-Ever „Margaretha Maria". Dieser im Jahre 1879 gebaute Ever diente mit der Bezeichnung „No. I" als Elbleichter; statt der einen Fischluke versah man das Schiff mit zwei Luken, an Stelle der Besahn-Ever-Takelung war nur ein Lademast vorhanden.

5. Elb- und Seefischerei.

Die Elbfischerei und die von der Niederelbe aus betriebene Küsten- und Hochseefischerei zur Versorgung Hamburgs und anderer Elborte ist nachstehend nur insoweit berücksichtigt worden, als dabei nachweislich Ever Verwendung fanden[722].

Gelegentlich der Streitigkeiten des H a m b u r g e r Fisch-amtes[723] mit den Fischern von A l t o n a im Jahre 1585 wird berichtet, daß von den hamburgischen Fischern einige 4 bis 5 Ever besaßen[724]. 1589 verkaufte der Fischer Lüdeke Wrie in F i s c h e r - b o d e n (dem späteren Oevelgönne) sein Haus, aber den „But Ever mit seinem Zubehör soll Lütke Wrie behalten" [725]. 1604 fanden Verhandlungen statt, nach denen jeder Hamburger Amts-fischer zwei Ever und einen Manger-Ever, je zwei Altonaer Fischer zusammen aber höchstens drei Ever halten sollten[726]. Dieses Abkommen ist kaum innegehalten worden, denn im Jahre 1611 hinterließ ein Altonaer Fischer fünf Ever und zwei Kähne[727], 1628 ein Fischer aus Fischerboden „vier Ever alt und neu" [728]. Ebenso wie die Hamburger Fischer besaßen die Altonaer einige größere Ever, die man Manger- oder Kauf-Ever nannte[729]. Mit diesen Evern wurden die Fische von den auf der Niederelbe fischenden Evern abgeholt und an den Hamburger Markt gebracht. 1632 setzte die Gräflich Schauenburgische Regierung die Zahl der Fischergerechtigkeiten in Altona und Fischerboden auf 18 fest. Damals waren in diesen Orten 36 Ever vorhanden, von denen 6 große und einige kleinere nach Fischerboden gehörten[730]. Bald darauf hat die Fischerei in Altona aufgehört, die Fischer siedelten nach Neumühlen und Fischerboden über. Diese Fischer fischten nicht nur auf der Elbe, sondern auch in der Elbmündung. In den Kirchenbüchern von Ottensen finden sich späterhin mehrfach Eintragungen, die von Fischern berichten, die hinter Neuwerk (1702), bei Cuxhaven (1747) oder bei Helgoland (1760) verunglückt sind[731]. 1735 wohnten in N e u - m ü h l e n sechzehn Fischer, die mit ihren Evern elbabwärts und in See fischten[732].

Hamburgische Fischer-Ever werden späterhin nur gelegentlich erwähnt, so in der Hamburger Pilotage-Ordnung[733] vom

Jahre 1668: „Weilen die Hamburger und andere Fischer zuweilen den Haven zu Ritzebüttel, daß kein Schiff aus oder ein kann, mit ihren Evern zulegen... So sollen hinführo die Fischere... Befehl mit Einholung ihrer Ever... zu pariren schuldig seyn." Eine hamburgische Urkunde vom Jahre 1669 enthält die Bemerkung, daß sich die Fischerei von Elbfischern bis in die „solte See" hinein erstreckt habe[734].

Aelter als die Altonaer Fischerei war die Blankeneser[735], doch werden erst in der ersten Hälfte des 17. Jahrhunderts (1631) Hamen-Ever erwähnt[736], so nach dem hauptsächlich benutzten, auf dem Grund verankerten beutelförmigen Netz benannt. Erst am Ende(?) des 17. Jahrhunderts sollen die Blankeneser die Seefischerei aufgenommen haben. Im Laufe des 18. Jahrhunderts entwickelte sich Blankenese zum Hauptsitz der niederelbischen Fischerei. In einem Bericht an die dänische Regierung vom Jahre 1735 heißt es[737]: „Das Dorf Blankenese ist in schlechtem Zustande. Da Korn-, Wiesenland und Torfmoor gänzlich fehlen, ist die Fischerei der einzige Erwerb. Die Fischerei wird aber von Jahr zu Jahr schlechter. Im Orte sind 80—90 Ever beheimatet, deren Besitzer Fischer sind." 1741 bestimmte König Christian VI., daß im Sommer ein und im Winter zwei Blankeneser Ever wöchentlich in Glückstadt anlegen sollten[738], um dort ihre Fische feilzubieten, was ja auch um so leichter geschehen könne, weil „ihrer gegen 100 zur See fahren". 1787 waren in Blankenese bereits 140 Fischer-Ever beheimatet[739]. Die Blankeneser fischten damals mit Treibnetzen in der Nordsee, westlich bis vor der holländischen Küste; ihre Fänge verkauften sie nicht nur in Hamburg und anderen Elborten, sondern auch vielfach in Holland, einige segelten bis nach London[740]. Solange die Eisverhältnisse es gestatteten, betrieben sie im Spätherbst und im Winter den Fischfang in der Elbmündung und auf der Elbe mit Hamen. Während der napoleonischen Kriege ging die Blankeneser Seefischerei sehr zurück. Um ungestört fischen zu können, siedelten in den neunziger Jahren einige Fischer nach der Westküste von Schleswig-Holstein über. 1795 schreibt Volkmar[741] in seiner Beschreibung von Eiderstädt: „Alle unseren hiesigen Fischer bleiben mit ihren Netzen am Ufer... In und um Tönning hingegen wohnen mehrere Helgolander und Blankeneser Fischer, die mit ihren Evern weit in den Strom hinaus und ins Meer hinein fahren, und die größeren und kostbaren Seefische hereinbringen." Erst im Jahre 1814 konnten die Blankeneser die Nordseefischerei ungehindert wieder aufnehmen. Inzwischen waren aber mehrere Fahrzeuge nach Finkenwärder und Cuxhaven verkauft worden, andere Ever als Frachtschiffe umgebaut. Zwar zählte die Blankeneser Flotte noch im Jahre 1803 gegen 200 Ever[742] und 1822 noch 168, doch wurde ein sehr großer Teil nicht mehr zum Fischfang benutzt. 1835 war die Zahl der Fischer-Ever schon auf etwa 80 gesunken, 1864 sogar auf 49 (dazu noch 3 Ever in Ottensen). In der zweiten Hälfte des vergangenen Jahrhunderts vermehrte sich die Fischer-Everflotte etwas: 1870 60 und 1883 65 Ever. Seitdem sind die Ever allmählich zurückgegangen: 1897 43 (und 24 Kutter), 1902 33 (und 17 Kutter), 1908 16 (und 12 Kutter), 1914 7 (und 3 Kutter); seit 1928 sind in Blankenese keine Ever mehr beheimatet, die letzten Fahrzeuge kauften Finkenwärder Fischer. Damit hat die Blankeneser Seefischerei, die die erste im großen betriebene deutsche Hochseefischerei gewesen ist, abgesehen vom Walfang, ihr Ende gefunden.

Neben Blankenese war der Hauptsitz der mit Evern und Buttjollen betriebenen Elbfischerei Finkenwärder und zwar fast ausschließlich Hambg.-Finkenwärder[743], sowie Altenwerder. Ueber die Fischer dieser beiden Elbinseln liegen aus der Zeit vor 1800 nur wenige Nachrichten vor. Zur Seefischerei sollen die F i n k e n - w ä r d e r mit angekauften älteren Blankeneser Evern erst nach 1800 übergegangen sein. 1819 wohnten dort 15 Seefischer, 1860 waren schon 68 Seefischer (und 50 Elbfischer) in Finkenwärder ansässig[744]. Ebenso wie die Blankeneser Fischer beschränkten sich die Finkenwärder in älterer Zeit (vor 1850) nicht allein auf den Fischfang; sie brachten Badegäste nach den Nordseebädern, fuhren zu Zeiten mit Obst nach England und brachten Steinkohlen mit zurück, auch waren sie als Lotsen und Berger tätig[745]. Ihre Fänge setzten sie ab in Hamburg, in den Weserhäfen, in Holland (einmal lagen im Hafen von Enkhuizen im Jahre 1885 41 Finkenwärder Fahrzeuge) und gelegentlich selbst in England. Aus neuerer Zeit ist noch zu erwähnen, daß im Jahre 1904 die gesamte Finkenwärder und ein Teil der Blankeneser und Cranzer Seefischerflotte vom Baumnetz zum Schernetz übergegangen ist, letzteres hat eine viel größere Fangkraft. Die Zahl der Finkenwärder Seefischer-Ever betrug: 1820 19(?), 1849 42, 1870 74 (und 5 Ever in Lünebg.-Finkenwerder), 1883 150, 1897 93 (und 66 Kutter), 1902 70 (und 62 Kutter), 1908 49 (und 65 Kutter), 1914 14 (und 56 Kutter)[746]. Im Frühjahr 1931 gehörten nach Finkenwärder nur noch 5 Ever und etwa 40 Kutter (s. S. 237).

Nach 1800 erwarben in C u x h a v e n ansässige Fischer mehrere Blankeneser Ever, die zum Fischfang und zur Frachtfahrt dienten[747]. Die von hier aus betriebene Fischerei ist ebenfalls viel älter als die erste Erwähnung von Fischer-Evern. Bereits im Jahre 1762 schlugen die Hamburger Commerzdeputierten dem Rat vor, man möge 40 Cuxhavener Fischer oder Fischerknechte, die des Elbstroms kundig, annehmen, die im Fall des Mangels an Lotsen die Schiffe aufwärts bis Hamburg und wieder hinab lotsen könnten[748]. 1818 gehörten nach Cuxhaven 18 Fischer-Ever, doch wandten sich die Fischer in der Hauptsache dem Lotsendienst zu, so daß die Fischerei wieder aufgegeben wurde[749]. Seit Ende des vergangenen Jahrhunderts wählten einige Finkenwärder

Fischer Cuxhaven als Heimathafen, z. B. gehörte im Jahre 1908 ein Ever und 1909 zwei Ever hierher.

Altenwerders Fischerei ist seit jeher Elbfischerei gewesen, die sich bis Brunsbüttel, bis zur Oste und dem Norderwatt erstreckte[750]. In den siebziger Jahren fischte man viel in der Falschen Tiefe, querab von der Elbinsel Trischen. Am Ende des vergangenen Jahrhunderts segelten einige Altenwerder zum Störfang nach der Eidermündung und bis nach Röm. Während des Krieges sind einige Fahrzeuge auch nach See zum Schollenfang gegangen. 1755 wohnten auf Altenwerder erst sechs Fischer[751]. 1800 waren bereits 24 Ever vorhanden, 1850 61, 1890 53, 1902 aber nur noch 22 Ever; außerdem besaßen die Altenwerder Fischer Buttjollen und seit 1891 auch Kutter[752]. 1914 fischten 21 Ever, 1931 (August) waren noch 7 richtige Ever, außerdem mehrere andere Fischerfahrzeuge auf Altenwerder beheimatet.

Am Ende des 18. Jahrhunderts legten die Elb- und Seefischer-Ever in Hamburg bei der Holzbrücke an. Entweder verkaufte man die Fische aus den Evern, oder man brachte die Fische auf dem Hopfenmarkt zum Verkauf. Seitdem die Fischer-Ever feste Masten erhielten, machten die Fahrzeuge an der Hohenbrücke (Kajen) oder am Schartor fest. Nach dem Bau der Niederbaumbrücke verlegte man die Liegeplätze nach den Vorsetzen und schließlich nach der Hafenstraße in St. Pauli, hier wurde im Jahre 1871 eine Fischhalle errichtet; 1886 bis 1896 wurde der Altonaer Fischereihafen angelegt[753].

Ehemals waren an der Küste von Dithmarschen und auf Sylt ebenfalls Fischer-Ever vorhanden[754]. Am Ausgang des 16. Jahrhunderts fischten die Büsumer mit ihren Evern auf der Elbe und Eider, auch segelten sie bis Helgoland[755]. Sylter Fischer-Ever werden im Anfang des 17. Jahrhunderts zuerst erwähnt: 1607 gingen 14 Ever unter[756]. 1611 führten die Sylter in einer Eingabe an die Regierung u. a. aus: „Also daß Unser armes Landt jetzt nicht mehr denn 4 Vischer-Schiffe oder Evers haben, da wir für wenig Jahr über 20 gehabt, die übrigen aber mit Unserm besten Volcke und ihren angewandten Gute und Nahrung in erbermlicher Waßers-Noth umbkommen." Diese Küstenfischerei mit Evern ist in der ersten Hälfte des 17. Jahrhunderts wieder eingegangen. Erst in der zweiten Hälfte des 19. Jahrhunderts sind wieder einige Fischer-Ever hierher gekommen. 1864 gehörte ein Ever nach Föhr, ein anderer war in den Jahren 1876 bis 80 in Büsum beheimatet[757]. 1888 gehörten nach Husum, Röm, Amrum und Pellworm 7 Ever. Seit dem Anfang dieses Jahrhunderts sind an der Westküste Fischer-Ever nicht mehr beheimatet.

Fischer-Ever sind aber auch sonst in anderen Orten an der Niederelbe vorhanden gewesen, doch fehlen darüber genaue Angaben[758]. 1796 wird erwähnt[759]: „Man zählet im Kehdingschen etwa 40 bedeckte Fahrzeuge, welche Fracht fahren, hauptsächlich nach Hamburg, und 30 offene, als Evers, die mehrenteils Fische fahren." Die Bremer Heringsfischerei-Co. vom Jahre 1806 besaß bei ihrer Auflösung im Jahre 1821 außer 9 Büsen und 2 Jagerschiffen auch einen Ever[760]. In den achtziger Jahren fischten auf der Niederweser einige kleine spitzgatte Ever[761]. Braker Fischer kauften im Jahre 1894 15 alte Altenwerder Ever an, von denen mehrere noch in Fahrt sind[762]. Seit dem Ausgang des vergangenen Jahrhunderts sind auch einige alte Seefischer-Ever von der Elbe nach der Weser verkauft worden, die von hier aus zur Küstenfischerei benutzt wurden. 1902 waren an der Weser insgesamt 37 und im Jahre 1914 31 Fischer-Ever beheimatet[763].

An der Ostseeküste sind die Fischer-Ever nicht heimisch geworden. Nur von Stralsund aus wurde in den Jahren 1865—69 der Versuch gemacht, mit Hilfe von Blankeneser Evern die hohe Ostsee mit dem Grundschleppnetz zu befischen[764]. Das Ergebnis entsprach jedoch nicht den Erwartungen, weil die Netze oft an den großen Steinen zerrissen.

Während des Krieges sind auch mehrere Frachtschiffe von der Elbe aus in der Nordseeküstenfischerei benutzt worden, so vom Alten Lande aus die See-Ever „Hinrich", der Lühe-Ever „Magreta" und die Lühe-Jolle „Gesina"[765].

Eine kurze Erwähnung mögen noch die niederelbischen Versicherungskassen für Fischereifahrzeuge finden, von denen die erste im Jahre 1809 in Blankenese entstand[766]. Später errichtete man: 1835 die Finkenwärder Seefischerkasse, 1877 die Altenwerder Kasse, 1887 die Kassen in Altona und in Cranz, 1889 die Kasse für Küstenfischereifahrzeuge in Finkenwärder. Im Jahre 1907 wurden die Kassen in Cranz, Altona und die Seefischerkasse in Finkenwärder zu der noch heute bestehenden Versicherungskasse für Fischerfahrzeuge der Nordsee (Unterelbe-Versicherungskasse) mit dem Sitz in Hambg.-Finkenwärder zusammengeschlossen. Diese Kassen, besonders die Finkenwärder Seefischerkasse, haben den Fischern über viele Schiffsverluste und sonstige Schäden hinweg geholfen. Ihre Weiterentwicklung verdanken die Kassen aber zum guten Teil der im Jahre 1885 gegründeten Sektion für Küsten- und Hochseefischerei, aus der später der Deutsche Seefischerei-Verein Berlin hervorgegangen ist.

6. Küstenschiffahrt.

In der Zeit vom 16. bis zum Ausgang des 18. Jahrhunderts ist über die von der Niederelbe aus in der Küstenschiffahrt verwendeten Schiffstypen fast nichts bekannt. Wahrscheinlich waren es nicht nur Ever, sondern auch Prähme, Schuten, Bojer, Schmacken, Jollen u. a. In den Abschnitten Getreide und Obst ist die vom Alten Lande, Kehdingen und Dithmarschen, Itzehoe, Stoerort, Krempe und Herzhorn aus betriebene Küstenschiffahrt im 17. und 18. Jahrhundert bereits erwähnt worden. Seit der zweiten Hälfte des 16. und bis zum Anfang des 17. Jahrhunderts, sicherlich auch in späterer Zeit, segelten mehrfach Schiffe aus Itzehoe, Krempe, Beidenfleth, Wilster, Glückstadt (seit 1623) und Dithmarschen durch den Sund[767]. 1708 kam ein Schiff von Wedel, vermutlich ein Ever, nach Lübeck[768]. Nachweisen läßt sich die Verwendung von Evern in diesem Zeitraum aber nur einmal: 1535 wollte ein Stader Schiffer mit einem Ever und vier Mann Besatzung nach Dänemark segeln, um dort Roggen und Fische zu laden[769]. Der Ever kam aber nur bis Neuwerk, dort wurde das Schiff von dem Hamburger Vogt Bernd Beseke, der ebenfalls einen Ever besaß, weggenommen.

Am Ende des 18. Jahrhunderts betrieben die Blankeneser Fischer mit ihren Evern nicht nur die Fischerei sowie das Lotsen und zu Zeiten das Bergen von Schiffen (S. 325), sondern sie beförderten gelegentlich auch Frachtgüter[770]. Seit der Eröffnung des Eiderkanals segelten mehrere Blankeneser nach der Ostküste von Schleswig-Holstein. So passierte im Mai 1785 der Schiffer P. Breckwoldt aus Dockenhuden die Holtenauer Zollstätte mit einer Ladung Eichenholz, von Eckernförde nach Friedrichstadt bestimmt; im Juni des gleichen Jahres brachte er Roggen von Kiel nach Glückstadt. Ein anderer Ever holte im Jahre 1786 Stückgüter von Tönning ab, um sie nach Kappeln zu bringen. Weil die Blankeneser häufig ihre Fische in Amsterdam verkauften, so entwickelte sich in einem geringen Umfange auch eine Frachtfahrt nach Holland. Zuerst wird im Jahre 1789 der Blankeneser Fischer Jürgen Breckwoldt erwähnt, der mit einer Ladung Weizen nach Amsterdam kam. In der Zeit der napoleonischen Kriege betrieben mehrere Fischer die Frachtfahrt nach Holland, seitdem aber Dänemark mit in den Krieg verwickelt wurde, fuhren sie nur noch auf dänische Häfen. Aus dem Jahre 1806 ist ein Verzeichnis der in Blankenese und in dem benachbarten Mühlenberg beheimateten Frachtschiffe erhalten geblieben[771]. Während in Mühlenberg 14 Ever, je von 4 bis 8½ Kommerzlasten Größe beheimatet waren, besaß Blankenese 9 Ever von 3 bis 8 Kommerzlasten und 1 Ever von 14½ Kommerzlasten, außerdem gehörten nach Blankenese eine Tjalk (11 K.-L.), zwei Kuffen (11 und 12 K.-L.) sowie ein unbezeichnetes Schiff (15 K.-L.). Nach der Beendigung des Krieges nahmen mehrere Blankeneser die Frachtschiffahrt in der Nordsee wieder auf, so daß im Jahre 1816 die Statuten der Blankeneser Everkasse einen Zusatz erhielten, in dem gesagt wurde, daß viele Fischer-Ever Frachtfahrten machten und davon einen guten Verdienst hätten. Seit dieser Zeit hatten die Blankeneser Seefischer mehrere Erwerbsmöglichkeiten. Viele wurden Frachtschiffer, die von holsteinischen oder hannöverschen Häfen aus, meistens aber von dem großen Frachtmarkt Hamburg aus zuerst die Nord- und Ostsee befuhren, späterhin auch mit Schunern nach Uebersee segelten. Andere Blankeneser blieben mit ihren Schiffen auf der Elbe, oder sie beschäftigten sich weiterhin mit dem Fischfang, auch mit dem Lotsen, andere aber waren bis in die dreißiger Jahre gleichzeitig Fischer und Frachtfahrer.· Charakteristisch sind einige Angaben in den Kirchenbüchern wie[772]: „Tobias Breckwoldt gestorben 1795, Schiffer und Fischer" oder „Tobias Breckwoldt [Sohn des vorigen] gestorben 1829, Schiffer und Fischer." Der nach dem Jahre 1815 wieder angeknüpften Schiffahrtsverbindung Blankeneses mit Holland ist es zu danken, daß über die Blankeneser Ever zwei kurze Beschreibungen vorliegen, und zwar in der hamburgischen Schiffsvermessungs-Instruktion vom Jahre 1819 (s. S. 230) und von Le Comte, der im Jahre 1831 mehrere Ever in Amsterdam gesehen hatte[773]. Dieser erwähnt u. a.: Die Ever gehören nach Teufelsbrücke und Blankenese nach Hause, sie führen alle die dänische Flagge. Es sind alles Bünnfahrzeuge, die für den Fischfang bestimmt sind, doch fahren die meisten Frachten, Stückgüter, Getreide und anderes nach Holland, Emden, England und nach der Ostsee.

Nach 1820 sind in der Blankeneser Frachtschiffahrt an Stelle der Rah-Ever vielfach Galeaß-Ever. und Galeassen eingeführt worden. Um diese Zeit war das größte Schiff der Galeaß-Ever „Die Frau Anna Elsabe", 1822, noch größer war der im Jahre 1827 in Husum gebaute Galeaß-Ever „Anna Elsabe"; dieses Schiff besaß ein plattes Heck, der ältere Ever aber einen Spiegel[774]. Die Galeaß-Ever waren in der ersten Hälfte des 19. Jahrhunderts für Blankenese ebenso charakteristisch wie die alten Rah-Ever, auch Pfahl-Ever oder Blankeneser Ever genannt. 1846 gehörten 17, 1852 sogar 28 Galeaß-Ever hierher, dann aber nahm ihre Zahl rasch ab, sie verringerte sich auf 4 im Jahre 1864[775]. Diese Ever wurden zuerst in der Stückgutfahrt nach England verwendet, von dort brachten sie Steinkohlen mit zurück. Um das Jahr 1830 begannen die ersten Blankeneser Galeaß-Ever und Galeassen nach dem Mittelmeer zu segeln, um in Sizilien Südfrüchte, namentlich Apfelsinen für Hamburg zu laden. Bald darauf bauten die Blankeneser auch Schaluppen, meistens aber Toppsegelschuner, für die Fruchtfahrten nach Italien. Bis zu welcher Zeit die Galeaß-Ever regelmäßig in der Fruchtfahrt Verwendung fanden, ist nicht bekannt. Sicher bezeugt ist nur, daß noch in der zweiten Hälfte des 19. Jahrhunderts ein Blankeneser Galeaß-Ever in der Mittelmeerfahrt beschäftigt war (s. S. 191).

Abgesehen von den Obstschiffen des Alten Landes ist sonst die Seefahrt mit Evern in älterer Zeit nur von Wedel bezeugt. 1835 gehörten nach dem Zolldistrikt Wedel 68 Ever, von denen nur 5 in der Frachtfahrt von Hamburg oder Altona nach der Ostsee oder allenfalls nach England beschäftigt waren[776].

Um die Mitte des vergangenen Jahrhunderts wurden von 47 niederelbischen Hafenorten aus etwa 260 Ever in der Seefahrt verwendet, dagegen waren am Ende des Jahrhunderts an der Seefahrt beteiligt 73 Hafenorte mit etwa 460 Evern, von insgesamt etwa 1100 nach 114 niederelbischen Häfen gehörenden Evern[777]. Die wichtigsten Heimathäfen dieser seegehenden Ever waren:

	1852	1899		1852	1899		1852	1899
Altona	2	6	Estebrügge	15	11	Neuhaus	9	10
Assel	2	13	Gauensiek	2	9	Oberndorf	8	17
Barnkrug	—	7	Geversdorf	6	22	Osten	3	5
Basbeck	—	17	Gräpel	—	14	Ostendorf	2	10
Blankenese	57	—	Hamburg	—	14	Otterndorf	—	11
Borstel	13	19	Haseldorf	9	16	Schulau	—	6
Bremervörde	—	13	Hechthausen	—	6	Twielenfleth	9	3
Büttel	2	8	Itzehoe	1	7	Uetersen	3	18
Bützfleth	—	10	Kollmar	3	17	Warstade	2	12
Burg	—	32	Krautsand	1	25	Wedel	8	—
Cranz	19	22	Lühe	12	15	Wewelsfleth	6	9
Dornbusch	9	18	Neuenfelde	4	10	Wilster	—	8
Elmshorn	7	11	Neufeld	—	19	Wischhafen	17	22

Außer den 460 Evern haben um die Jahrhundertwende noch einige kleinere, unter 17 Brutto-Registertonnen große Ever gelegentlich auch Küstenfahrten unternommen. Da für diese kleinen Schiffe der gesetzliche Zwang zur Eintragung in ein Seeschiffsregister nicht besteht, so konnten diese Ever bei der Aufstellung nicht berücksichtigt werden.

Bis zum Anfang der neunziger Jahre waren mehrere See-Ever in der Frachtfahrt nach der Ostküste von England beschäftigt. Der Ever „Johannes" von Twielenfleth (früher von Blankenese, 1855 gebaut) z. B. diente jahrelang ausschließlich zur Beförderung von Kohlen zwischen West-Hartlepool und den schleswig-holsteinischen Häfen[778]. Diese Reisen legte der Ever durchschnittlich in sechs bis acht Wochen zurück, einschließlich der Lösch- und Ladezeit. Obwohl der Ever nur eine Größe von 67 Netto-Registertonnen hatte, beförderte er mitunter bis zu 150 Tonnen Kohlen. Vermutlich hat man den Ever auf seiner letzten Reise im Oktober 1882 in West-Hartlepool ebenfalls wieder überladen, denn der Ever blieb mit seiner vier Mann starken Besatzung auf See. Sonst fanden die Ever in der Nordsee von Emden bis Esbjerg, vereinzelt bis Antwerpen Verwendung. In der Ostsee verkehrten die Ever von Danzig bis Kiel und bis Aarhus, ferner wurden die dänischen Inseln und die südschwedischen Häfen aufgesucht, von denen man namentlich Kantsteine nach Hamburg brachte. Oftmals segelten die an der Elbe beheimateten Ever direkt von einem Ostseehafen nach einem Nordseehafen. Nachstehend sind einige Fahrten niederelbischer Ever zusammengestellt.

Von	Nach	Ladung	Ever	Br.- Reg.-To.	Reise
Hamburg	England	Oelkuchen	Amazone [779]	36	1893
„	Kopenhagen	Mais	Wilhelm	36	1892
„	Klintehamn	„	Peter	53	1890
Itzehoe	Flensburg	Zement	Gustav	22	1898
„	Aarhus	„	Erndte	42	1884
Stade	Stralsund	Salz	Gesine	34	1887
Hemmoor	Flensburg	Zement	Adeline	38	1904
Geversdorf	Esbjerg	Mauersteine	Anna Rebecca	34	1897
Hoyer	Bremen	Hafer	Wilhelm	36	1907
Bremen	Flensburg	Stückgut	Meteor	44	1909
„	Altona	Reismehl	Christine	39	1881
Hartlepool	Hamburg	Steinkohlen	Matthias	56	1881
Karlshamn	Barth	Kantsteine	Gloria	43	1911
„	Hamburg	„	Johannes	58	1897
Warberg	Elmshorn	Mauersteine	Emanuel	53	1894
Königsberg	Flensburg	Holz	„	53	1882
Danzig	Bremen	„	Citadelle	53	1890
Wismar	„	Weizen	Peter	53	1911
Rostock	„	„	Elisabeth	39	1883
Flensburg	Hamburg	Alteisen	„	39	1892
„	„	Mauersteine	Dorothea	36	1880

Nach dem Kriege sind die wenigen von der Elbe aus in der Seefahrt verwendeten hölzernen Ever nur noch zu Fahrten bis zur
Jade, nach der West- und Ostküste von Schleswig-Holstein, nach
den dänischen Inseln, sowie nach Südschweden und längs der
deutschen Ostseeküste bis Stettin benutzt worden.

•

Von den Elbhäfen aus, abgesehen von Hamburg und Altona,
ist im 19. Jahrhundert aber nicht nur mit Evern Küstenfahrt betrieben worden, sondern es wurden auch größere Segler in der
europäischen Küstenfahrt und in der großen Seefahrt verwendet[780].
Während im Jahre 1846 in den hannöverschen und holsteinischen Elbmarschen (mit Einschluß von Blankenese) 90 Schiffe,
davon 70 in Blankenese beheimatet waren, und zwar 2 Vollschiffe,
1 Bark, 2 Briggen, 68 Schuner, 9 Galeassen und 1 Galiot, gehörten im Jahre 1870 hierher: 1 Vollschiff, 2 Barkschiffe, 16
Briggen, 13 Dreimast-Schuner, 167 Schuner und Schunerbriggen,
18 Galeassen und 3 Galioten. Von diesen 220 Schiffen gehörten
allein nach Blankenese 116, sowie nach Elmshorn 13, Cranz 21,
Estebrügge 12, Neuenfelde 9 Schiffe. Briggen, namentlich Schuner
und Schunerbriggen besaßen sonst noch Mühlenberg, Uetersen,
Kollmar, Glückstadt, Itzehoe, Brunsbüttel, zusammen 9 Schiffe,
ferner Harburg, Borstel, Steinkirchen, Grünendeich, Twielenfleth,

Stade, Gauensiek, Dornbusch, Krautsand, Neuland, Wischhafen, Neuhaus, Geversdorf, Oberndorf, zusammen 30 Schiffe. Dreißig Jahre später (1900) waren außer den Galeassen, Tjalken, Evern und anderen kleinen Schiffstypen hier nur noch 3 Schuner vorhanden. Ende 1930 besaßen die Schiffer der Elbmarschen wieder größere Küstenfahrer: 60 Schuner und 37 Fracht-Logger, die aber überwiegend in Hamburg registriert waren.

7. Sonstige Verwendung.

a. Baggerwesen.

Ueber die Verwendung von Evern als Baggerfahrzeuge im Hamburger Hafen liegen erst aus dem Anfang des 19. Jahrhunderts Angaben vor. Zwar besaß Hamburg bereits im Jahre 1634 ein aus Holland bezogenes „Düpeschiff"[781], aber mit welch einfachen Mitteln der Versandung des Hafens entgegengearbeitet wurde, erfahren wir im Jahre 1826 durch R. Woltmann, der damals das hamburgische Baggerwesen leitete[782]. Außer einigen staatlichen Schuten, von denen aus mittels Baggerbeuteln Sand aus dem Fahrwasser entfernt wurde, waren drei auf Evern aufgestellte Baggermaschinen vorhanden. Zur Verbesserung des Fahrwassers trugen auch die Ballastschiffer bei, die den Ballastsand für die aus dem Hafen segelnden Schiffe lieferten[783].

Die Bagger-Ever, die man ihrer Baggermaschine wegen auch Dreh-Ever nannte, unterschieden sich in der Bauart von den niederelbischen Spiegel-Evern hauptsächlich nur dadurch, daß bei ihnen die Wannern, die Großluke und die Vorluke fehlten, auch hatten sie keine Takelung. 1826 hatten diese Ever eine Bodenlänge von 16,33 m, eine größte Breite von 4,20 m und eine Seitenhöhe von 1,36 m. Zwischen dem Logis und dem Halbdeck vor der Kajüte war die etwa 6,90 m lange Sand- oder Schlammkiste angeordnet, die etwa 17 Kubikmeter Sand fassen konnte. Das Hauptstück der Baggermaschine bildete der Bagger, ein etwa 30 Liter fassender Lederbeutel, den man mittels einer Winde (mit Drehkurbel) bewegte. Je nachdem, ob der Grund mehr oder minder hart war, konnte die Sandkiste von der sechs Mann starken Besatzung innerhalb von zwei bis vier Stunden gefüllt werden. Von diesen Evern arbeiteten zwei ständig im Niederhafen und eine dritte zuweilen auf dem Strom.

Mit dem Anwachsen des Verkehrs sowie durch die Zunahme der Dampfschiffahrt genügten diese einfachen Hilfsmittel nicht mehr, so daß Hamburg im Jahre 1833 den ersten Dampfbagger von der Form der heutigen Eimerbagger anschaffte, 1837 folgte ein größerer, 1845 ein dritter und 1859 wurde ein vierter Dampfbagger gebaut. Neben diesen Dampfbaggern fanden aber die Dreh-Ever im Hamburger Hafen, in den Fleeten, weiterhin Verwendung. 1847 waren 6 etwas größere Dreh-Ever vorhanden, die je etwa 23 Kubikmeter Sand aufnehmen konnten[784]. Noch heute sind in den Fleeten und auf der Bille Dreh-Ever in Tätigkeit, wo wegen der geringen Wassertiefe, der zahlreichen Brücken und sonstigen örtlichen Hindernisse größere Bagger nicht benutzt werden können. Diese Bagger gehören aber Privatleuten, die die Baggerei gepachtet haben. Außerdem besitzt die Stadt Hamburg die Dreh-Ever Nr. I und II. Diese in den Jahren 1880 und 1885 gebauten eisernen Fahrzeuge sind keine Ever, sie haben ihren Namen nur nach altem Brauch erhalten[785].

b. Lotsen- und Seezeichenwesen.

In einem großen Umfange beteiligten sich ehemals die nieder-elbischen Seefischer, auch die Altländer Schiffer, mit dem Lotsen von ein- und ausgehenden Seeschiffen, weil sie mit den Untiefen der Elbe und Elbmündung hinreichend vertraut waren[786]. Während die Seefischer von Neumühlen und Oevelgönne schon um die Mitte des 18. Jahrhunderts und die Fischer von Cuxhaven im Anfang des 19. Jahrhunderts die Seefischerei aufgaben, um sich ausschließlich als Lotsen zu betätigen, blieb für die Blanke-neser Seefischer der Lotsen- und vor allem der Bergungsdienst bis in das vergangene Jahrhundert hinein ein gewinnbringender Nebenverdienst[787]. Gewöhnlich gaben die Fischer, die in ihrem Großsegel den gemalten Namen „Cuxhaven" führten, die von ihnen gelotsten Schiffe bei der Lots-Galiot an die hamburgischen Lotsen ab. 1818 schrieb der Senator Abendroth[788], der seinerzeit der hamburgische Resident in Cuxhaven war: „Nun schwärmen die Cuxhavener, Blankeneser und Helgolander mit ihren zum Theil offenen Evern in der ganzen Nord-See und die Küsten von Holland und England herum, um ihre Dienste anzubieten, die, da noch keine gesetzliche Taxe besteht, desto theurer bezahlt werden, je größer die Gefahr ist; ein Lohn von 200 Thl. ist nicht selten; zur Zeit eines Sturms und eines gefährlichen Zustandes des See-Schiffes ist er viel höher, bey ruhigem Wetter geringer. Bey der Geistes-Gegenwart und Geschicklichkeit dieser Leute hört man selten von Unglücksfällen; um indeß dem Unwetter noch mehr trotzen zu können, sind schon viele Ever mit einem Verdeck ver-sehen, sodaß sie nicht bey Sturm voll Wasser schlagen." Immerhin sind aber auch manche Blankeneser Ever in der Nordsee verloren-gegangen, wie Th. Mügge[789] im Jahre 1846 erwähnt, „und dies soll sie erschreckt haben, wenn man es so nennen kann. Wenigstens sollen viele es vorziehen, statt der empörten See zu trotzen und Beutezüge nach Schiffen zu machen, lieber Fische zu fangen und mit dem kleinen sichern Gewinn vorlieb zu nehmen." In der ersten Hälfte des 19. Jahrhunderts nahmen auch die Finkenwärder Seefischer am Lotsen- und Bergungsdienst teil. Späterhin hörte dieser Lotsendienst auf, staatliche Lotsen oder Lotsen unter Staatsaufsicht traten an ihre Stelle. Als Lotsenfahr-

zeuge fanden schleswig-holsteinische Ostsee-Jachten (so in Blankenese), Lühe-Jollen (Altes Land) und Schniggen (Helgoland) Verwendung, die Blankeneser, Cuxhavener und Finkenwärder Seefischer benutzten ihre Rah-Ever, die Neumühlener Lotsen besaßen
im 18. Jahrhundert Rah-Ever, wofür im 19. Jahrhundert kleine
Giek-Ever, hauptsächlich aber die sogenannten Lots-Jollen (Art
Lühe-Jollen) eingeführt wurden.

Auch der h a m b u r g i s c h e L o t s e n d i e n s t in Cuxhaven
verfügte über Ever[790]. 1674 wurde bestimmt, daß im Winter,
wenn die Lots-Galioten des Eises wegen nicht kreuzen konnten,
die Lotsen mit Evern und Jollen an die einkommenden Schiffe her-
angebracht werden sollten. Um die Wende des 18. Jahrhunderts
wurden häufiger Fischer, Everführer und Jollenschiffer zur Aus-
hilfe herangezogen, die man Beilotsen nannte. Seit der zweiten
Hälfte des 18. Jahrhunderts hielt die hamburgische Admiralität
auf ihre Kosten einige Ever und Jollen. 1793 wurden dem
Lotsinspektor zwei Ever zugeteilt, die nicht nur den Verkehr mit den Lots-Galioten vermittelten, sondern auch Lotsen
versetzten.

Mit dem Lotsenwesen hing die Beaufsichtigung und Unter-
haltung des h a m b u r g i s c h e n T o n n e n - , B a k e n - u n d
L e u c h t f e u e r w e s e n s zusammen. Hierfür waren mehrere Fahrzeuge erforderlich, zu denen auch Ever benutzt wurden[791]. Sie
gehörten teils der Stadt Hamburg, teils waren sie Eigentum der
Tonnenleger, oder man charterte bei besonderen Gelegenheiten
Fahrzeuge. Der Tonnenleger zu Cuxhaven brauchte nach 1814
keinen eigenen Ever mehr zu halten, sondern er konnte den in
Cuxhaven stationierten Staats-Ever benutzen, dieses Schiff diente
später als ständiges Tonnenschiff. Um die Mitte des Jahrhunderts
war der Staats-Ever aber kein halbgedeckter Fischer-Ever mehr,
wie in früherer Zeit, sondern ein gedeckter Ever mit drei Luken
(Logis-, Groß- und Banjerluke), auch besaß der Ever ein dicht auf
das Leibholz aufgesetztes Schanzkleid, da er mit sechs kupfernen
Speigatten versehen war[792a]. Im Jahre 1855 wurde der Staats-Ever
„Argonaut" durch einen eisernen Dampfer („Neuwerk") ersetzt.
Seit 1857 kam als Reservefahrzeug ein hölzerner Ever in Dienst,
der 1895 wieder abgeschafft worden ist. Der hamburgische
Tonnenleger auf der Norderelbe erhielt im Jahre 1880 einen staat-
lichen Ever, später aber eine Motorbarkasse.

Selbst unter der Kriegsflagge des Deutschen Reiches segelte
ein Ever: „Schillig", 1878 gebaut, Deplacement 31 Tonnen. Dieses
zuerst in der Rangliste der Kaiserl. Marine für das Jahr 1880 als
Zwischenfahrer verzeichnete und in Wilhelmshaven stationierte
Fahrzeug ist sicherlich ein ehemaliger Seefischer-Ever gewesen.
Die Bedeutung des Wortes „Zwischenfahrer" ergibt sich aus den
(lithographierten) „Vorschriften für die Schiffsführer der Lotsen-

Fahrzeuge" vom 11. Februar 1883, § 63: „Der Zwischenfahrer dient dem besonderen Zweck, die Verbindung mit den ausliegenden Jade-Feuerschiffen, ferner mit den (in oder vor der Jade befind-lichen) Lotsen-Fahrzeugen, mit den Stationen zu Varelersiel, zu Schillighörn und auf der Insel Wangeroog, von Wilhelmshaven aus zu vermitteln... wenn erforderlich [hat er] die Seezeichen in den-jenigen Fahrwassern auszulegen oder zu wechseln, welche dem Tonnenleger ihrer geringen Wassertiefe wegen nicht zugänglich sind." Die Besatzung bestand aus einem Lotsen als Schiffsführer, einem Aspiranten und einem Matrosen. Bis zu welcher Zeit der Ever „Schillig" verwendet worden ist, ließ sich leider nicht er-mitteln[792b].

Gegenwärtig finden an der Westküste von Schleswig-Holstein noch einige Segelfahrzeuge im Frühjahr und Herbst als nicht staatliche T o n n e n l e g e r Verwendung, darunter auch der höl-zerne Besahn-Ever „Marie" von Husum (1903 gebaut).

c. Kriegsmäßige Verwendung.

Unter den vielfachen Verwendungsmöglichkeiten der Ever ist auch ihre Tätigkeit als Kriegsfahrzeuge hervorzuheben, obwohl diese Ever meistens nur behelfsmäßig mit Geschützen ausgerüstet und mit stärkerer Besatzung versehen waren. An anderer Stelle ist bereits erwähnt worden, daß die Stadt Hamburg zur Ueber-wachung der niederelbischen Kornschiffahrt mehrere bewaffnete Fahrzeuge besaß. In erster Linie wurden hierfür die Tonnenschiffe, und zwar hauptsächlich Bojer benutzt, außerdem verfügte die Stadt noch über mehrere Ever, teils eigene, teils gecharterte[793]. In der Hamburger Chronik vom Jahre 799 bis 1559 wird zum Jahre 1555 erzählt[794], daß ein städtischer „houetman vp enen e u e r" namens Reyneke gemeinsam mit einem anderen Schiffsführer beabsichtigte — es hatte gerade eine größere Soldzahlung stattgefunden — die anderen Auslieger der Stadt zu berauben: „Wen se auerst de e u e r also ynne vnd vnder ere gewalt gebrocht hadden, wolden se... eynen boyert na dem anderen yngenommen vnd dat volk auer bort geworpen hebben vnd darna tor seewert rucken vnd nemen, wat ene vor steunen qweme..." Der Kommandant der hamburgischen Auslieger, der Gewalt über alle Bojer und Ever hatte, erfuhr dies und ließ Reyneke und seine Gesellen festnehmen; sie wurden bald darauf in Hamburg hingerichtet.

Die Aufgaben der hamburgischen Auslieger gehen aus einem am 15. Februar 1566 ausgestellten Schiffspaß für den Führer eines Evers hervor; gleichzeitig und gleichlautend wurde ein zweiter Schiffspaß für den Schiffer einer Barse ausgefertigt: „Wy Burger-meistere und Rathmanne der Stadt Hamburgk dhon kundt hirmit und in crafft dusses briefes, dath wy jegenwardigen Hinrik Rut-gers unsern burger mit synem thogeordenten folcke affgefertigt hebben, baven en benedden unser Stadt, up unserem Elbstrom tho liggende und de affhur des korns upwarts und nedderwarts unser Stadt ohres besten vormugens und utersten flytes tho behinderen, und de schepe, so sej betredden werden, mit korne, weiten, garsten und sunst beladen, nha oldem gebrucke, gewonheit und hebbender gerechticheit up unse Stadt tho wysen ... jedoch scholen se in solcher behinderung der abfuhr des korns und sonst sick aller beschedenheit vorholden und sick nicht understan, de geladene Schepe und E i v e r e in den frombden Haven, dar sie liggen, tho rechtferdigen, vel weiniger uth densulvigen haven mit gewalt edder sunst henweg tho nemende..."[795]

Diese beiden Schiffe, der Ever und die Barse, sind wenige Monate später auf der Süderelbe auf Befehl des Herzogs Otto von Braunschweig-Lüneburg durch mehrere bewaffnete Harburger Ever gekapert und samt Besatzung und Geschützen im Triumph nach Harburg gebracht worden. 1577 nahmen die Harburger abermals einen hamburgischen Staats-Ever weg[796]. Ueber die Armierung der hamburgischen Staats-Ever gibt eine Notiz aus dem Jahre 1653 Aufschluß[797]: „Claus Schmidt hat auf meiner Herren Ever zum Buntenhause [dort teilt sich die Elbe in die Norder- und Süderelbe] 2 metallene Falkonetten, 4 eiserne Puthunde, 12 eiserne Steerthaken, 9 Flint- und 7 holsteinische Büchsen und 2 Morgensterne." In der zweiten Hälfte des 17. Jahrhunderts ist dann der Kleinkrieg im Frieden auf der Elbe allmählich eingeschlafen.

Bewaffnete Hamburger Schiffe mußten gelegentlich gegen Piraten auf der Elbe eingesetzt werden. So steht in der oben erwähnten Chronik[798]: „Anno [15] 35 den 20. Junii is dat tunnenscip mit twe e u e r e n vtgemaket vmme to halende etlicke serouere, de hir vp der Elue nemen. Vnd herder hir to hus vnd hadden hir einen euer gehuret vnd gesecht, se wolden herrupwerts varen hen na Gesthacht vnd wolden holt halen, auerst se sint dalwerts geuaren vnde hebben op der Elue etlicke Denen genamen. Darna den 26. Junii sint de twe euers weddergekamen vnd hebben der serouer oren euer medegebrocht."

Der am 9. April 1630 vom König Christian IV. zu Glückstadt errichtete Elbzoll führte zu einem Streit zwischen Hamburg und Dänemark[799]. Die Hamburger rüsteten mehrere Schiffe aus, darunter auch Ever, die seit dem 5. August der Bürgermeister Albrecht von Eitzen führte. Mehrfach wies der Flottenführer in Briefen an den Rat auf die Mängel in der Ausrüstung der Flotte hin[800]: „Imgleichen habe ich 10 e v e r e begheret, werdt abgeschlagen, wasz kan ich nhun dakegen" (2. Sept.). Dieses Schreiben kreuzte sich mit dem des Rates an von Eitzen, das ebenfalls das Datum des 2. Sept. trägt: „... was die begerten 10 ever anbelangen thut, ist in consilio nicht rathsam befunden worden, das dieselbe hinunter geschaffet werden, sollte man deren nötig haben, wurde man sie in der Kuckshaffen können mächtig werden." Am 4. September entwickelte sich zwischen Krautsand und Glückstadt ein Gefecht der Hamburger mit den Schiffen des dänischen Königs. Als am 5. September das Schiff des hamburgischen Flottenführers von drei dänischen Schiffen angegriffen wurde, ließ sich von Eitzen durch einen mit Toten beladenen hamburgischen Ever ans Land setzen[801]. Am 7. September zog sich die Hamburger Flotte nach Kollmar zurück. Hier wurden die Schiffe durch einige bei der Kollmarer Schleuse aufgestellte Geschütze beschossen: „Die zwei halbe Cartaunen aber haben offt so auff die Hamburger Schiffe getroffen, daß viele durchlöcherig geworden und die Leute jemmerlich darinnen geschreiet", wie der Kollmarer Chronist Marcus Friese berichtet[802], „die Hamburger aber haben ihre Schiffe mit Evern wegbuxiren lassen, weil ihnen die volle Fluht gemangelt, bis sie an das Stader Sand gekommen, und also almehlig wieder nach Hamburg geschlentert." Nun übernahm der Ratsherr von Spreckelsen das Kommando, der am 2. Oktober an den Rat mitteilte, daß er einen „everfuhrer" nach Ritzebüttel und Neuwerk zur Kundschaft ausgesandt habe[803]. Damit enden die Nachrichten über die Verwendung von Evern.

Bewaffnete Ever sind auch sonst nachzuweisen (s. S. 4). Schon die erste Emder Stadtrechnung verzeichnet im Jahre 1505 die Ausrüstung von mehreren Evern zur Verfolgung eines Freibeuters, 1551 wurde ein Emder Kaperschiff durch einen von der ostfriesischen Behörde ausgerüsteten Ever eingebracht[804]. 1564 besaß Graf Anton von Oldenburg mehrere kleine Kriegsschiffe[805]: ein Gravel, ein Weit- oder Seitenschiff und einen kleinen „Effer".

Erst im Anfang des 19. Jahrhunderts, in der Franzosenzeit, ist wieder und gleichzeitig zum letztenmal von behelfsmäßig armierten Evern die Rede. Seit dem Ende des Jahres 1809, besonders aber seit 1810, führten französische Kanonenboote und Kaperschiffe an der Ostseeküste den Kampf gegen den Schmuggel. Unter den Wachtschiffen, die im Jahre 1810 dem holländischen Admiral Verhuell unterstellt wurden, befanden sich auch zwei Ever mit zwei Kanonen[806]. In Hamburg schuf der französische Admiral L'Hermité im Juli des Jahres 1813 eine Elb- und Alsterflottille[807]. Die Art der Fahrzeuge ist nur bei der Alsterflottille angegeben, sie bestand aus 20 mit leichten Geschützen armierten Torf-Evern, jeder Ever hatte eine Besatzung von 30 Mann. Diese Flottille ist nie in Tätigkeit getreten, so daß einige Ever im September 1813 der Elbflottille zugeteilt wurden. Eine Zeitlang lagerte in Cuxhaven ein französischer Vorposten, der ebenfalls über mehrere Blankeneser Ever verfügte[808]. Endlich erwähnt der russische Oberst Baron Waldemar von Löwenstern in seinen Erinnerungen, daß er vom Anfang bis Mitte Dezember 1813 Dockenhuden besetzt hielt[809]. Er hatte einige Kähne — soll heißen Ever — bemannt und bewaffnet, um damit die Elbe auf seiner Strecke zu überwachen und zu verhindern, daß auf dem Wasserwege Zufuhren in das eingeschlossene Hamburg gelangten. Seine Fahrzeuge führte ein „gewandter und muthiger Hamburger Schiffer, namens Kohl".

•

Hier sei noch die Verwendung eines Evers als Jacht erwähnt[810]. Um die Mitte des vergangenen Jahrhunderts weilte der Großherzog von Oldenburg alljährlich (bis 1854) im Sommer auf der Insel Wangeroog, „wo ihm ein Fischerever von der Elbe zur Verfügung stand, mit welchem er gelegentlich kürzere Seefahrten unternahm".

8. Gegenwart.

Um die Jahrhundertwende besaß Deutschland an kleinen hölzernen Frachtseglern rund 40 Kuffen und Kufftjalken, 75 Schniggen, 85 Lommen (ohne die geeichten Lommen), 90 Weser- und Everkähne, 90 pommersche Klinkerfahrzeuge (Galeassen, Jachten, Schaluppen), 95 Galioten, 100 Lühe-Jollen, 100 Schuner (bis 100 Brutto-Registertonnen groß), 120 Jachten, 125 Galeassen, 130 pommersche Schaluppen, 160 Tjalken und 300 Mutten (ohne die sogenannten Dorfschiffe), doch sind hierbei nur die auf deutschen Werften gezimmerten Fahrzeuge berücksichtigt worden. Dagegen waren damals fast 1100 Ever an der Niederelbe beheimatet.

Der hölzerne Ever war in dem vergangenen Jahrhundert nicht nur der meistgebaute deutsche Segelschiffstyp, sondern ohne ihn ist die Schiffahrt auf der Niederelbe in früherer Zeit nicht zu denken; E v e r u n d N i e d e r e l b e g e h ö r t e n z u s a m m e n . Vor dem Kriege waren die Ever in Hamburg auf den Fleeten und Kanälen, auf der Alster und im Bereich der Hafenanlagen von Hamburg, Altona und Harburg überall zu finden. Namentlich am Meßberg, im Nikolaifleet (Hopfenmarkt), am Steinhöft (Binnenhafen), an den Vorsetzen (Niederhafen) und längs der Großen Elbstraße in Altona lagen die Ever oft in ganzen Flotten, die beladen oder auf Fracht wartend, zu Zeiten ihre weißen oder getanten Segel trockneten.

Heute haben kaum noch 100 Ever an der niederelbischen Frachtschiffahrt Anteil, so daß man in der Gegenwart in Hamburg lange suchen muß, ehe man noch einen Ever findet. Jetzt beherrschen die kleinen eisernen Segler und Motorfahrzeuge die Wasserseite von Hamburg und Altona. Nur am Deichtormarkt liegen sie oft noch in größerer Zahl. Viele Ever, namentlich die als Obst- oder als Gemüselagerschiffe verwendeten Ever, besitzen aber nicht nur keine Takelung mehr, dafür sind sie häufig mit einem Motor versehen, sondern wesentliche Ausrüstungsgegenstände sind entfernt worden, oder man hat sie durch Aufbauten (Ruderhaus, Logisaufbau) verändert. Aber selbst auf der Niederelbe sieht man selten noch Ever unter Segel. Ebenso wie in Hamburg und Altona sind die Ever auch in dem Hafenbilde aller Orte an der Niederelbe in den Hintergrund getreten oder ganz verschwunden.

1887 lief der letzte Seefischer-Ever und 1910 der letzte Fracht-Ever vom Stapel. Jahr für Jahr werden Ever abgewrackt, so daß dieser auf Elbe und See bewährte Schiffstyp in wenigen Jahren verschwunden sein wird.

Abb. 51. Blankeneser (Pfahl-) Ever, um 1820

Für ergänzende Mitteilungen sowie für die Ueberlassung von Lichtbildern von Evern, namentlich auch von Ansichten niederelbischer Hafenorte mit Evern, wäre der Verfasser sehr dankbar.

Nachtrag z. S. 221. See-Ever.

Auf S. 42 ist bereits erwähnt worden, daß mancher zur Schifffahrt nicht mehr taugliche Ever als Wohnschiff aufgebraucht wurde, bevor man den Ever abwrackte. Diese Wohnschiffe waren gelegentlich Ever, von denen man sagte: in ihnen geht Ebbe und Flut, d. h. sie waren nicht mehr dicht. Ein anderes Wohnschiff bildet aber der ehemalige See-Ever „Louise" (K. L. R. S.), der auf der Havel bei Schwanenwerder vor Anker liegt. Dieser zuerst von Bützfleth aus auch in der Steinschiffahrt verwendete Ever ist im Jahre 1909 auf der bewährten Werft von Garlef Rancke in Höhen an der Lühe gezimmert worden (statt 1905 auf S. 12 ist 1909 zu lesen). Seine Abmessungen sind: 18,86 m Länge, 5,18 m Breite, 1,47 m Raumtiefe, bei einem Raumgehalt von 39 Brutto-Registertonnen. Noch heute ist der Ever ein gutes Fahrzeug, dessen Unterdeckraum seit 1927 gefällig als Wohnung für den jetzigen Besitzer (Schiffer Ernst Rissmann) eingerichtet ist. Das Wohnzimmer schmücken Schiffsbilder und ein Modell eines Vollschiffes, auf denen der Schiffer einst gefahren hat, dessen Seefahrt Anfang der neunziger Jahre auf dem Cranzer See-Ever „Courier" begonnen hat.

Ursprünglich besaß der Ever zwei umlegbare Pfahlmasten. Zuerst hat der jetzige Eigner eine lose Besahnstänge mit Quersahling und Knickstag aufgesetzt, später erhielt auch der Großmast eine lose Stänge. Dieser wurde am Fuß verkürzt, so daß jetzt der Ever das Aussehen eines Gaffelschuners hat, jedoch sind Segel und Schwerter nicht mehr vorhanden, auch ist das feste Vorgeschirr (Bugspriet und Klüverbaum aus einem Rundholz bestehend) stark verkürzt worden.

Die Beplankung oberhalb der Leerwasserlinie, ferner Spiegel, Steven, Setzbord, Klüsbacken, Ruderkopf sind nun weiß bemalt. Auch der Topp des Untermastes, die Stänge am Fuß, das Eselshaupt, die Sahling und die Mastbacken beider Masten sind ebenfalls weiß gestrichen.

Der Ever „Louise" dient nicht nur als Wohnschiff, sondern er findet bei den Havel-Regatten des Deutschen Segler-Bundes, insbesondere für die Regatten des Jacht-Klubs „Wannsee", als Start- und Zielschiff Verwendung. An Stelle der Vorstänge (eigentlich Großstänge) wird dann eine leichte Stänge mit einem roten Startball aufgebracht.

Der sehr sorgfältig und stark gebaute Ever zeigt in Bauart und Takelung einige Besonderheiten, von denen einige erwähnenswert sind:

(z. S. 52) Die zweiteiligen Bugbänder, mindestens aber das Deckband, wurden im Bereich des Vorstevens durch eine Lasche, in neuerer Zeit durch ein starkes Flacheisen, miteinander verbunden, doch fanden vielfach auch einteilige Bugbänder aus Eichen-Krummholz Verwendung. Der Ever „Louise" war unterhalb des Decks mit drei Bugbändern versehen. Das durch ein Flacheisen verbundene zweiteilige Deckband war 5 × 10½ Zoll stark, darunter befand sich ein etwa 2½ m langes und 10½ × 9¾ Zoll starkes Krummholz, indessen das untere und 3¾ × 8½ Zoll starke Bugband seitlich am Steven eingelassen war. Das vierte Bugband oben am Binnenbug bestand aus einem 6¼ × 8½ Zoll starken Krummholz; alle Maße beim Steven gemessen, an den Enden verjüngt. (z. S. 56) In der Mitte des Evers lagen eichene Deckplanken, die auf dem Vordeck eine Gesamtbreite von 1,90 m und auf dem Halbdeck von 1,36 m hatten. Die Plankengänge seitlich daneben bestanden aus Kiefernholz. (z. S. 58) Die Enden der Setzbordwinkel dieses Evers waren durch eine ⅛ Zoll starke rundeiserne Stütze versteift. Die Befestigung der Stütze erfolgte durch einen Schraubbolzen mit dem Setzbord und durch einen Stumpfbolzen mit dem Leibholz. (z. S. 61) Oberhalb des Setzbords befand sich in 17 Zoll Höhe eine zweite Reling (1¾ × 5½ Zoll), die vom Spiegel bis zur Vorkante der Großluke reichte. Die Reling wurde durch eichene Stützen (3¾ × 5 Zoll) mit dem Setzbord verbunden. An der Außenfläche der Stützen war ein Schanzkleid befestigt, das lediglich im Bereich der Schwerter fehlte. Hinter dem Festenbug befand sich eine beplankte Bugspiere. (z. S. 70) An Stelle der Roofluke war auf dem Halbdeck, zwischen Besahnmast und Kajütdeck, eine runde Decköffnung von etwa 18 Zoll Durchmesser vorgesehen, die durch einen mit einem Gewinde versehenen Deckel verschlossen wurde. (z. S. 81) Auf dem Kajütdeck war jederseits nur ein Poller vorhanden, der eine nach unten gerichtete Klampe trug. (z. S. 84) Die Betingstützen und der Pallpfosten besaßen an ihrer Vorkante unterhalb des Decks einen eichenen Knaggen (s. S. 106), ebenso auch die Mastkokerstützen. (z. S. 92) Hinter dem Großmast standen zwei Pumpen, auch war dazwischen ein Peilrohr eingebaut.

(z. S. 106) Die Mastkoker der See-Ever mit umlegbaren Masten hatten gelegentlich andere Abmessungen als im Text angegeben. Bei dem See-Ever „Louise" betrug die Höhe des Großmastkokers über dem Deck 1,32 m, die Stärke 6¼ × 11 Zoll. Der Besahnmastkoker war 1,41 m hoch und 4¾ × 8¾ Zoll stark. (z. S. 109) Eine Nagelbank besaß der Besahnmastkoker nicht, dafür waren jederseits zwei eichene Belegklampen vorgesehen. (z. S. 109) Oberhalb der Pallpfostenstütze (s. S. 84) befand sich jederseits am Bugspriet eine 23 Zoll lange und 2½ Zoll starke Nagelbank, die je drei eiserne Belegnägel trug. (z. S. 121) Obwohl der Ever erst im Jahre 1909 gebaut worden ist, hat man nach alter Art für die oberen Takelblöcke beider Masten bestroppte Violinblöcke gewählt. (z. S. 122) Auch für die Besahnhanger wurden Ketten genommen. Die Besahntakelrüst war oft mit zwei Augen versehen, so bei dem Ever „Louise", an denen die Takel- und Mantelhaken eingehakt wurden. (z. S. 141) Der Großbaum dieses Evers besaß keine Reffbacken, sondern nur eine Schothornschiene (s. S. 140) mit fünf Oeffnungen für den Schothornbügel. (z. S. 142) Einige See-Ever hatten in neuerer Zeit eine doppelte Besahnschot, bestehend aus zwei dreischeibigen Taljen, um im Seegang den Besahnbaum „stüttig" (stetig) zu halten. Entweder setzte man die unteren Schotblöcke an Augbolzen fest, die auf dem Kajütdeck angeordnet waren, oder, so bei dem Ever „Louise", an den Relingstützen seitlich neben der Ruderpinne war eine eiserne Schiene mit einem Auge befestigt. Die oberen Schotblöcke saßen an dem eisernen Schotband fest.

Anmerkungen.

<Erläuterung der Abkürzungen siehe das Literaturverzeichnis.>

1. HUB. I Nr. 432: „Navis, que dicitur envare, que habet remex retro pendens, debet comiti 4 d. et feodatis 4 d.; si vero remex in latere navis pendeat, navis debet comiti 2 d. et feodatis 2 d." Vgl. Vogel, Seeschiffahrt I S. 486. Diese Stelle lautet in der in Anmerkg. 2 verzeichneten Urkunde (van Dale S. 54): „Een scip dat men heet e e n e v a r e dat achter heeft den roeder hanghende es sculdich den graue. iii j. d. eende den leenknecht. iii j. d. Es dat zake dat die roeder hanghet an die side so eist den graue sculdich. i j. d. ende den leeknecht [leenknecht]. i j. d." Die Schreibart e e n e v a r e statt e n v a r e beruht wohl darauf, daß man die altertümliche Form e n v a r e im 14. Jahrhundert nicht mehr recht verstanden hat und an eine Fähre dachte. Dementsprechend erklärte van Dale (S. 21) „eene vare, d. i. een vaarboot, vaarschip".

2. Reglement voor de scheepvaart en de heffing der tollen op het Zwin van den jare 1252, hrsg. von J. van Dale, in Bijdragen tot de oudheidkunde en geschiedenes van Zeeuwsch-Vlaanderen, Deel 5 (Middelburg 1860) S. 26: „Voort alrande scepe. kocghen. hulke. e e u e r s. tortscepe of naueele met doorgaenden balken sijn sculdich elc scip. x i j. d. par' der toolne ende den leenknechten iii j. d."

3. Koppmann I S. LXXVII (Liber pignorum et pactorum): „Hermannus des Bisle impignoravit de consensu socii sui mediam partem navis sue, que e n v a r dicitur, ... pro 13 ℔ et 7 β denariorum."

4. Abb. bei Vogel, Seeschiffahrt I S. 67. Vgl. Crone S. 216 und Romola & R. C. Anderson, The Sailing-Ship, six Thousand Years of History, (London 1927) S. 77.

5. Abb. bei Hagedorn Tf. V u. VI; vgl. Crone S. 58.

6. Nanninga, Handelsverkeer der Oosterlingen door Holland (Bussum 1921) S. 30 f.

7. Zuerst erkannte A. Muchall-Viebrook (Seglers Handbuch, 2. Aufl., Berlin 1889, S. 39) den niederländischen Ursprung des Evers. Konijnenburg I S. 69: „Wir finden dort auch noch einen sehr alten Typ eines Handelsschiffes, das von den alten Fischerbarken [d. h. Fischerschuten von Alkmaar] abstammt; es heißt ‚Ever' und ‚Bremerkahn'."

8. Abb. bei Konijnenburg III Nr. 89, 137, 138, 140 u. 141.

9. W. Stieda, Revaler Zollbücher und -Quittungen des 14. Jahrhunderts, Hansische Geschichtsquellen 5. Bd., Halle a. S. 1887 S. LXXVI; Hagedorn S. 44 Anmerkg. 1; Vogel, Seeschiffahrt I S. 499 f.; Crone S. 211 f.

10. Koppmann I S. 190, 262, 298, 314.

11. Koppmann I S. 211, 262. 298.

12. Koppmann I S. 281; 1386 wurde ein e v a r verkauft, ebd. S. 417.

13. Koppmann I S. 192, 315.

14. Koppmann I S. 231.

15. Koppmann I S. 190, 263.

16. R. Häpke, Niederländ. Akten und Urkunden zur Geschichte der Hanse I (München 1913) Nr. 326 Anmerkg. 1.

17. HUB. II Nr. 384.

18. HUB. III Nr. 414; die gleiche Reihenfolge der Schiffstypen kommt auch im Jahre 1344 (Zoll auf der Maas) vor. HUB. III Nr. 41.

19. HUB. V Nr. 509.

20. Crone S. 216 (Keurboek van Amsterdam).

21. HR. 2, II Nr. 209.

22. J. Wagenaar, Amsterdam in zyne opkomst (Amsterdam 1760) I S. 141.

23. A. Telting, De Friesche Stadrechten ('s Grav. 1883) S. 120.

24. HUB. V Nr. 95.

25. HR. 1, V Nr. 512.

26. HUB. VI Nr. 398; Häpke [Anmerkg. 16]; HUB. VIII Nr. 487.

27. K. Kunze, Hanseakten aus England 1275 bis 1412, Hansische Geschichtsquellen 6. Bd., Halle a. S. 1891, Nr. 345 § 3.

28. HR. 1, II Nr. 343 § 31 u. 36; HR. 1, III Nr. 334 § 34 b.

29. HUB. V Nr. 95.

30. Bremisches UB. (Bremen 1866) IV Nr. 249 Anmerkg. 1.

31. Fr. v. Bremen, Der Schiffbau in Bremen, Dissert. v. Würzburg 1922 (Maschinenschrift) S. 22; nach dem Ratsdenkelbuch der Stadt Bremen.

32. HUB. VI Nr. 511 Anmerkg. 2.

33. HUB. VIII Nr. 1255.

34. T. Hirsch, Danzigs Handels- und Gewerbegeschichte (Leipzig 1858) S. 264.

35. HUB. VIII Nr. 469 Anmerkg. 1 und Nr. 487.

36. HUB. VIII Nr. 969 Anmerkg. 1.

37. HUB. X Nr. 787. Vgl. noch HUB. VI Nr. 565 (Ever von Groningen, 1424) und Nr. 866 (Ever von Stavoren 1430).

38. De Rekeningen der Grafelijkheid van Holland, uitg. door H. Hamaker I (Utrecht 1875) S. 410; vgl. S. 353: „Item van den selven scepe [e v e r s c i p, 1345] te voren ende te zeylen van Markerhoefde te Vredelant ende weder tot Aemstelredamme,..."

39. Koppmann I S. 190.

40. Koppmann II S. 377.

41 a. Rijmkronijk van Melis Stoke, hrsg. v. B. Huydecoper II (Leyden 1772) S. 587. Kluge (Seemannssprache S. 230) erwähnt eine oldenburgische Urkunde vom Jahre 1420, nach der ein nicht näher bezeichneter Müller einen e u e r halten sollte.

41 b. Enqueste ende Informacie.. over de landen van Hollant ende Vrieslant, gedaen in den jaere MCCCXCIII. Uitg. van wege der Maatsch. der Nederland. Letterkunde door R. Fruin (Leiden 1876) S. 93.

42. F. Kluge, Etymol. Wörterb. d. deutschen Sprache, 7. Aufl. (Straßburg 1910) S. 321; M. Heyne bei Stenzel S. 106; Kluge, Seemannssprache S. 229; Vogel, Seeschiffahrt I S. 499 f. Goedel (Seemännisches Wb.

S. 128 und Klar Deck überall, Hambg. 1916 S. 15 f.) vermutet, daß der Ever ursprünglich, nicht mehr im Jahre 1252, am besten durch Wricken fortbewegt wurde, deshalb der Name Einfahrer. Diese kaum wahrscheinliche Vermutung hatte schon Breusing (Anmerkg. 47) geäußert.

43. Ordbog over det Danske Sprog IV (Köbenh. 1922) S. 564.

44. Heyne bei Stenzel S. 106; Weigand, Deutsches Wörterbuch, 5. Aufl. I (Gießen 1909) S. 481; Woordenboek d. Nederland. Taal III ('s Grav. 1920) S. 4307.

45. B. Dahl & H. Hammer, Dansk Ordbog (Köbenh. 1907) S. 160; H. Falk & Torp, Norweg.-dän. Wörterb. I (Heidelberg 1910) S. 198.

46. F. Kluge, Etymol. Wörterb. d. deutschen Sprache, 7. Aufl. (Straßb. 1910) S. 321; Hagedorn S. 44 Anmerkg. 1.

47. A. Breusing, Die Sprache des deutschen Seemannes, Sonderdruck a. d. Jahrb. d. Ver. f. niederdeutsche Sprachforschung 1880, S. 2 f. und Nachtrag S. 1. Wahrscheinlich hat Breusing die Anregung zu dieser Erklärung durch einen Aufsatz über deutsche Schiffstypen in der Zeitschrift „Hansa" 1874 S. 63 erhalten; hier steht, Ever könnte „vielleicht mit Eber zusammenhängen". Vgl. auch v. Eggers, Neues Kriegs-... Lexikon (Dresden 1757) S. 711: „Eber oder Ever"; Adelung, Wörterb. der hochdeutschen Mundart I (Leipzig 1774) S. 1495: „Eber. Im Niedersächs. lautet dieses Wort Ever"; T. Heinsius, Wörterb. d. deutschen Sprache I (Hannover 1818) S. 881: „Eber, in der gemeinen Aussprache gewöhnlich Ewer" [!]; W. & J. Grimm, Deutsches Wörterb. III (Leipzig 1862) S. 1200 (sachlich falsch). Der Name Eber kommt auch im Harburger Schifferprivileg vom Jahre 1709 vor, s. Benecke, Chronik S. 6. In der Finkenwärder Mundart heißt Ever Eber, was aber mit der sprachlichen Bedeutung des letzteren nichts zu tun hat.

48. W. Vogel, Hansische Geschichtsblätter 1914 S. 381, vgl. Seeschiffahrt I S. 89. Weil Schiller & Lübben (Mittelniederdeutsches Wörterb. I Bremen 1875 S. 710), Lübben (Mittelniederdeutsches Wörterb. Norden 1888 S. 101) und Verwijs & Verdam (Middelnederl. Woordenb. II 's Grav. 1889 S. 755) es für fraglich hielten, ob die Namen envare und ever überhaupt identisch waren, so sei auf die zahlreichen Namenformen aus der Zeit von 1374 bis 1386 bei Koppmann (I. Bd.) hingewiesen: eenvare, eevar, eever, envar, envare, enwar, evar, ever, ewar, eware.

49. Baasch, Seeschiffbau S. 30.

50. L. H. Schmid, Histor. Beschreibung der Stadt Altona (Altona 1747) S. 289.

51. Baasch, Seeschiffbau S. 119. Offenbar sind die Ever in Altona und Elmshorn, die Prähme in Itzehoe und Holland gebaut worden. Die an der Stör beheimateten Prähme stammen von den spitzgatten Prähmen von Meppeln (Groningen) her, die man wie die Störprähme für die Holzbeförderung verwendete (s. Crone S. 207). Erst im Laufe des 18. Jahrhunderts erhielten die Störprähme den Spiegel und die steile Kahnplanke der Ever.

52. Niemann, Forststatistik S. 366.

53. Baasch, Seeschiffbau S. 120.

54. Baasch, Seeschiffbau S. 89.

55. Timmermann S. 18.

56. Forststatistik S. 367; hiernach Gudme I S. 250, der aber die Ever-Bauorte falsch abgeschrieben hat.

57. Die Schiffsvermessungsprotokolle besitzt das Reichskommissariat für Seeschiffsvermessung, Berlin. Mit Ausnahme von Hamburg, das eine

besondere Schiffsregisterbehörde hat, werden die Schiffsregister an der Niederelbe von mehreren Amtsgerichten geführt, die Seeschiffsregister seit 1867, die Binnenschiffsregister seit 1896. Das nach den Angaben der Seeschiffsregister bearbeitete amtliche Handbuch für die deutsche Handelsmarine führt erst seit 1909 die Bauorte der Schiffe, nicht aber die Bauwerften, auf. Die erwähnten Handprotokolle befinden sich im Staatsarchiv Hamburg, sie enthalten u. a. viele wertvolle Angaben über den Bau und die Ausrüstung von großen in Hamburg gebauten Seeschiffen, s. auch F. Buek, Handb. d. hambg. Verfassung (Hambg. 1828) S. 411. Außerdem wurde das erste Schiffsregister des „Bureau Veritas" (Paris 1852) für einige in den Anmerkungen erwähnte Everbauten verwertet.

58. Das gilt namentlich für die Werften: Fack in Itzehoe, Burg und Wilster, Schedelgarn in Uetersen, Tiedemann in Achthöfenerdeich, Sietas in Cranz, Rancke in Höhen und Wriede in Hambg. Finkenwärder. Auch die Namen der Schiffbaumeister sind in den angegebenen Quellen gelegentlich verschieden verzeichnet, so u. a. Burg: Fjordtlandt, Elmshorn: Krämer, Haseldorf: Schwartz, Spiekerhörn: Lüdermann & Stredler, Gauensiek: Funk, Geversdorf: Petersen. Cranz: Classen, Großenwörden: Leifermann, Wischhafen: Tiemann. Weil aber die Zusammenstellung der Ever-Werften keine Geschichte der niederelbischen Werften bildet, konnte auf die umständliche Berichtigung verzichtet werden.

59. Ueber den Schiffbau in Schleswig-Holstein s. Lehmann, Reederei; Baasch, Seeschiffbau S. 98 f. und Niemann, Forststatistik S. 356 f.

60. Zwei Ever sind 1824 und 1838 in Altona gebaut worden. Johann Beenck besaß eine zweite Werft auf der Insel Neuhof. Die sonst in Altona und in Hamburg vorhanden gewesenen Werften sind auch in den Anmerkungen nicht angeführt, wenn sich keine Angaben über den Bau von Evern ermitteln ließen.

61. 1735 wohnte in Blankenese ein Schiffszimmermann (offenbar ein Werftbesitzer), s. Ehlers S. 267. In der ersten Hälfte des vergangenen Jahrhunderts lagen hier noch die Werften von Jacob Finck und Kremer, s. Kirsten Bl. 28 u. Timmermann S. 31. Fracht-Ever sind in Blankenese noch in der Zeit von 1836 bis 1842 gebaut worden. Bei Joachim Finck sind bis 1877 auch einige Fischer-Ever vom Stapel gelaufen.

62. Die Werft von C. Hölck bestand nur kurze Zeit, außer dem Ever „Martha" hat sie nur Boote gebaut. Am Bütteler Kanal auf dem „Bruthoff" wohnte vor fünfzig Jahren der Schiffszimmermann Detlef Hölck, der die in großer Zahl auf dem Büttel-Burgerkanal laufenden „Kudenseer Kähne" für die Torfbeförderung nach Büttel baute; frdl. Mitteilg. des Herrn Dr. W. Jensen (St. Margarethen).

63. Schon im Jahre 1809 besaß Elmshorn zwei Werften, s. Niemann, Forststatistik S. 367. Die Werft von Joachim Finck begann ihre Tätigkeit im Jahre 1809; über diese sowie über die beiden Werften von Kremer (auch Krämer geschrieben) s. Statistik d. Handels (1835) S. 84. Lehmann (Reederei S. 52) erwähnt noch eine Werft Kelting. 1878 bis 1887 baute J. Hein einige Seefischerfahrzeuge, darunter einen Ever, s. Lindemann, Statistik S. 134. Neuere Seefischer-Ever bauten auch J. Kremer (1877—1880), D. W. Kremer (1881) und J. Thormählen (1875—79).

64. Ueber den Schiffbau in Glückstadt s. Baasch, Seeschiffbau S. 118 f. 1640 wohnte hier ein Schiffbauer Wolter Neuhaus, 1776 bis 1803 (?) baute der Schiffbauer Meinerts mehrere Schiffe. Die erwähnte Werft von Schröder wurde 1799 gegründet. 1809 bemerkt Niemann

(Forststatistik S. 366): „Auf beiden [Bauplätzen], demjenigen in der Stadt und dem in ihrer Nähe, werden meistens kleine Fahrzeuge, Ever und Pramen, selten größere von bedeutender Lastträchtigkeit gebaut." Kurze Angaben bieten Lucht S. 96 und v. Baggesen II S. 306. Die am Binnenhafen liegende Werft von Brammann kaufte im Jahre 1856 Höger, seit 1874 besaß sie Trede, von dem sie August Both im Jahre 1882 erwarb, s. Lehmann, Reederei S. 55. 1887 erwarb die Holzhandlung Gehlsen diese Werft, auf der A. Both Geschäftsführer blieb. A. Both war der Konstrukteur der für die Rhinbauern in den 90er Jahren entworfenen Rundgat-Ever; in den Meßbriefen dieser Fahrzeuge ist übrigens nicht Gehlsen, sondern A. Both als Werft angegeben. Die Werft von Julius Both (Bruder von August Both) lag bis 1890 am neuen Rhin, später an der Schleuse. Bis 1885 lag am neuen Rhin auch die Werft von Eckardt. Am Herzhorner Rhin baute seit 1865 Harms, zuletzt (bis 1912) Nikolaus Harms, am Kremper Rhin lag die Werft von Schütt, beide bauten Rhin-Ever (s. Lehmann, Reederei S. 55), doch kommen diese Werften in den von mir eingesehenen Schiffsakten nicht vor.

65. 1809 lag hier bereits eine Werft, s. Niemann, Forststatistik S. 367 (anstatt Haseldorf ist irrtümlich Haselau gedruckt). 1815 bis 1840 sind in Haseldorf einige Ever gebaut worden.

66. Jägermann, Itzehoe S. 83: „Die Schiffsbauerei in der Neustadt, die früherhin von Herm. Wulf, gegenwärtig aber von dem Schiffbauer Schmidt betrieben wird, beschränkt sich nur auf die Erbauung kleiner Fahrzeuge, so wie selbige für die Stromfahrt erforderlich sind." 1856 verlegte Hans Fack seine Werft nach Wilster und später nach Burg. Zwei Söhne übernahmen späterhin die Werften in Wilster und Burg, ein dritter errichtete wieder in Itzehoe eine Werft und der vierte Sohn, Wilhelm Fack, legte in Rethwisch bei Lägerdorf eine Werft an (gehört heute H. Drexel), die aber keine hölzernen Ever, sondern nur mehrere hölzerne Tonschuten (1909—11) und einige eiserne Lägerdorfer Ever baute.

67. 1847 wurde in Kollmar ein Ever gebaut.

68. Bei einigen Evern der Werft Hein ist als Bauort Borsfleth angegeben.

69. 1735 wohnten in Neumühlen zwei Schiffbauer, s. Ehlers S. 264. Die Werft von Diercks wurde 1824 angelegt, s. Volckens-Hoppe S. 60 u. Mathies S. 69.

70. 1735 wohnte in Schulau ein Schiffbauer, s. Ehlers S. 266. Schiffbauer in Schulau erwähnt Schrader 1787 (S. 538). Kurze Angaben bieten Niemann, Forststatistik S. 367; Statistik d. Handels (1835) S. 287; v. Baggesen II S. 340; Lehmann, Reederei S. 43. In der Zeit von 1800 bis 1831 sind mehrere Ever in Schulau gebaut worden.

71. Nach der schlesw.-holst. Berufszählung vom Jahre 1840 gab es hier zwei Schiffbauer, s. Stat. Tabellenwerk 1. Heft (Kopenh. 1842), Herr Dr. W. Jensen (St. Margarethen) teilte mir freundlichst mit, daß in St. Margarethen nach ziemlich unklaren Erinnerungen früher hin und wieder am Neuen Hafen Ever gebaut worden sind.

72. Schiffbauer in Teufelsbrücke erwähnt Schrader 1787 (S. 538). 1809 befanden sich hier zwei Werften (Niemann, Forststatistik S. 367), 1847 nur eine (v. Baggesen II S. 342). Einige Ever sind in den Jahren 1800 bis 1837 hier vom Stapel gelaufen. Eine Radierung von C. Schultz (1835) stellt eine Werft am Elbstrand von Flottbek dar; im Vordergrund des Bildes befindet sich ein aufgeschleppter, spitzgatter Fischer-Ever, s. Hamburgs Vergangenheit u. Gegenwart, hrsg. v. J. Wendt & C. Kappelhoff (Hambg. c. 1896) I Abb. S. 111.

73. 1735 wohnte in Klevendeich ein Schiffszimmermann, s. Ehlers S. 268; v. Baggesen (II S. 340, 1847) erwähnt zwei Werften für kleine Schiffe.

74. 1802 waren in Wewelsfleth zwei Werften vorhanden (Schlesw.-Holst. Vaterlandskunde 1802 S. 72), 1847 nur eine (v. Baggesen II S. 328). 1825 wurde die alte Werft von Wallstrum durch eine Sturmflut vernichtet. Die Werft Saß arbeitete seit 1860, sie wurde nach 1868 von J. Hein erworben. Stelling baute von 1830 bis 1874, s. Lehmann, Reederei S. 55. Seit 1889 leitete der Schiffbaumeister Gustav Junge die väterliche Werft, die bis zum Jahre 1918 bestanden hat, s. Nordischer Kurier (Itzehoe) v. 16. Nov. 1931 und Die Yacht (Berlin) 1931 Nr. 48. Hunderte von Bauzeichnungen und etwa 60 Halbmodelle von besonders charakteristischen auf dieser Werft gebauten hölzernen und seit 1896 auch eisernen Fahrzeugen besitzt Herr Junge noch. Diese Sammlung ist eine wertvolle Quelle zur Geschichte des deutschen Kleinschiffbaus. Auf den Werften Junge (bis 1879) und Peters (bis 1878) sind auch mehrere Fischer-Ever vom Stapel gelaufen.

75. Einige Angaben über die Werften in Wilster gibt F. Carstens (1928). Miteigentümer der Werft Engel soll Wilhelmsen gewesen sein, dessen Name in den Schiffsvermessungsprotokollen nicht vorkommt.

76. Schiffbauer in Wittenbergen erwähnt Schrader (1787, S. 538) und Niemann (Forststatistik S. 367). 1806 bis 1843 sind hier mehrere Ever gebaut worden.

77. Ueber den Schiffbau Hannovers (Elbe) s. Patje S. 459; v. Reden, Hannover, II S. 274 f.; v. Zesterfleth S. 67; v. Reden, Deutschland u. das übrige Europa (Wiesbaden 1854) S. 537; Baasch, Seeschiffbau S. 88 f.

78. In den Schiffsvermessungsprotokollen werden die Vornamen der Schiffbauer Tiedemann sehr verschieden angegeben: Peter T. 1830—81, Johann T. 1845—71, Peter u. Johann T. 1856. Vielleicht gab es zwei Werften Tiedemann?

79. Nach Baasch (Seeschiffbau S. 90) ließen am Ende des 18. Jahrh. die Cuxhavener Schiffer ihre kleinen Fahrzeuge u. a. in Altenbruch zimmern.

80. 1755 besaß der Schiffbauer Albert Reckmann auf Altenwerder eine Werft, s. Laue-Meyer I S. 492. Der Schiffbaubetrieb auf dieser Insel wird in den Jahren 1796 (Patje S. 459), 1803 (Ballauf S. 78) und 1839 (v. Reden, Hannover II S. 273) kurz erwähnt. Wahrscheinlich sind hier nur Milch- und Gemüse-Ever, auch kleine Fischer-Ever und sonstige Fahrzeuge gezimmert worden. Nach 1860 bis 1885 sind auf der Werft Johann Koch mehrere Seefischer- und Altenwerder Ever vom Stapel gelaufen.

81. Eine Werft in Borstel erwähnt Patje (1796) S. 459. Borstelmann (Altes Land S. 106) verzeichnet für das Jahr 1821 einen Schiffszimmermann Hartje; das ist sicherlich die im Text erwähnte Werft Hartje. 1825 bis 1834 sind in Borstel Ever gebaut worden.

82. Einige Ever wurden in den Jahren 1837 bis 1844 in Bremervörde gebaut.

83. 1790 war in Buxtehude ein Schiffbauer ansässig, s. Rotermund S. 419. Außer der Werft Alb. Wilh. Bröhan verzeichnet v. Reden (Hannover II S. 274) noch die Werft Heinrich Wilh. Bröhan; letztere wird in den Schiffsvermessungsprotokollen Heinrich G. Bröhan genannt.

84. Eine Werft in Cranz erwähnt Patje (1796 S. 459). Bei mehreren in der Zeit von 1848 bis 1880 gebauten Evern ist als Baumeister Jakob Sietas (Cranz) angegeben; dieser ist auf S. 11 nachzutragen, da auch bei Borstelmann (Altes Land S. 218) für das Jahr 1864 zwei Schiffbauer Sietas aufgeführt sind; als Wohnort steht hier aber Cranz und Hasselwerder. Heinrich Sietas (bis 1887) und Jakob Sietas (bis 1880) bauten auch mehrere See- und Elbfischer-Ever. Nach Borstelmann (S. 64 u. 155) wohnten im Jahre 1864 die Schiffbauer Claußen

und Meyer in Hasselwerder. In den von mir benutzten Schiffsakten und Schiffsverzeichnissen kommt Hasselwerder als Bauort nicht vor.

85. Die Werft Mahler wurde 1845/46 nach Wischhafen verlegt.

86. In der Vogtei Neuland und in der Winsermarsch waren am Ausgang des 18. Jahrhunderts drei Werften vorhanden, die in Hoopte, Drennhausen und Wuhlenburg lagen, s. Patje S. 459, vgl. v. Reden, Hannover II S. 273. 1781 besaß Claus Stüven die Werft in Drennhausen, s. Reinstorf, Elbmarschkultur S. 164. Am Ausgang des vergangenen Jahrhunderts gehörte diese Werft Peper. Auf den Werften in Drennhausen, Hoopte, ferner in Fliegenberg und Over, sind noch bis etwa 1900 Gemüse- und Stroh-Ever, gelegentlich auch oberelbische Fischer-Ever, auf Stapel gesetzt worden.

87. In der „Beschreibung des Altenlandes" (Blank. 1882) wird angegeben (S. 75), daß sich früher auf dem Grundstück des Gastwirts Johs. Behnecke in Estebrügge eine Werft befand, auf der im Jahre 1841 der Schuner „Diana" vom Stapel lief. „Es war dies das erste größere Seeschiff, welches an der Este gebaut wurde."

88. Behrens baute bis 1882 viele Seefischer-Ever.

89. Vgl. Anmerkung 86.

90. Die Werft von Peters (Petersen) erwähnt schon v. Reden, Hannover II S. 274.

91. Die Werft von Brösing bestand schon 1821, s. Borstelmann, Altes Land S. 261 (schreibt aber Brosig) und v. Reden, Hannover II S. 274; hier ist auch eine Werft J. H. Dochtermann verzeichnet, die nach meinen Aufzeichnungen im Jahre 1833 eine Lühejolle gebaut hat.

92. Aus einer beiläufigen Bemerkung in dem Harburger Schiffer-Reglement 1788 (§ 3) könnte man vielleicht entnehmen, daß damals in Harburg ein Schiffbauer ansässig war. Sonst aber läßt sich der Werftbetrieb erst im Jahre 1838 nachweisen. Renck baute außer einigen offenen Evern auch einige niederelbische Fracht-Ever und größere Seeschiffe.

93. Friedrich Rancke hatte drei Söhne, von denen Johann R. die väterliche Werft übernahm; seine Brüder Heinrich und Garlef R. errichteten neben der alten Werft eine neue, die noch heute besteht, indessen die alte Werft längst eingegangen ist.

94. Vgl. Anmerkung 86.

95. 1651 wohnte hier der Schiffbauer Peter Möller, s. Borstelmann, Altes Land S. 159. Die Lage der Werft Stehr wird verschieden angegeben: Königreich, Estebrügge (Schiffsvermessungsprotokolle) und Hove (1864) s. Borstelmann S. 226.

96. 1787 erwähnt Schrader (S. 538): „daß alle Blankeneser Ever, welche vorzeiten meistens auf einheimischen Werften gebaut wurden, jezt sämtlich außer Landes, vorzüglich aber zu Lauenbrok und Finkenwerder verfertigt werden, weil man von der Geschiklichkeit einländischer Schiffbauer in diesem Fache keine Beweise mehr hat, und niemand gern der erste sein will, welcher die Gefahr, einen unbrauchbaren Ever zu erhalten, bestehen will." 1839 waren in Lauenbruch zwei Werften vorhanden, s. v. Reden, Hannover II S. 273. Nach dem Schiffsregister des „Bureau Veritas", 1852, sind in den Jahren 1821 bis 1842 12 Fracht-Ever in Lauenbruch gebaut worden. Jetzt ist dieser Ort verschwunden, er wurde vom Spülsand verschüttet und zu Hafenbecken ausgebaut.

97. Die Werft von Jürgen Brösing bestand schon im Jahre 1821, s. Borstelmann, Altes Land S. 261 (schreibt Brosig); vgl. v. Reden, Hannover II S. 274.

98. Bereits am Ende des 18. Jahrhunderts besaß Neuhaus eine Werft, s. Patje S. 386 u. 459.

99. 1782 legte der Altonaer Schiffbaumeister Johann Beenck und dessen Bruder auf Neuhof am Reiherstieg eine zweite Werft an, s. F. Nippold & E. Reinstorf, Die Insel Neuhof (Harburg-Wilhelmsburg 1927) S. 22 und Niemann, Forststatistik S. 366. Nach 1845 übernahm der Schiffbaumeister Ernst Dreyer die Werften von Beenck. 1860 wurde die Werft von August Wolkau (Neuhof am Reiherstieg) und 1874 die Werft von Johann Brandt (Neuhof am Köhlbrand) angelegt; F. Nippold & E. Reinstorf S. 17 und frdl. Mitt. des Herrn Reinstorf (Wilhelmsburg). Beide Werften haben zwar keine Fracht-Ever, aber in den siebziger (Wolkau schon in den sechziger) Jahren einige Seefischer- und Altenwerder Ever gezimmert.

100. 1755 lag in Neuland bei Harburg die Werft von Johann Wenthe, s. Laue-Meyer I S. 492.

101. Eine Werft in Oberndorf erwähnt Patje (1796) S. 459. 1839 befand sich hier die Werft von Claus Hinrich Dähn, s. v. Reden, Hannover II S. 274. Die Werft von Gooß kommt nach 1870 erst wieder im Jahre 1901 in den Schiffsvermessungs-Protokollen vor, damals baute F. Gooß Ww. den Galeaß-Ever „Hinrich" (jetzt „Helene Marie").

102. Die Stader Werft, die bis zum Jahre 1855 fiskalisches Eigentum war, führte am Ende des 18. Jahrhunderts der Schiffzimmermeister Behrmann, s. Baasch, Seeschiffbau S. 89 und Patje 346. Vielleicht hat im Anfang des 19. Jahrhunderts Sietas in Stade Schiffe gebaut, der später nach Grünendeich gezogen ist, weil ein in meinem Besitz befindlicher, nicht ausgefüllter „Byl-Brief" (Stahlstich) beginnt: „Ich, der Schiffszimmer-Meister Diederich Sietas in der Stadt und Festung Stade..." Ueber die Werft Ropers verdanke ich Herrn Schiffbaumeister Heinrich Ropers einige Angaben.

103. 1651 wohnte in Steinkirchen (Lühe) der Schiffbauer Johan Rave, s. Borstelmann, Altes Land, S. 184.

104. Auf dieser Insel wurde am Reiherstieg im Jahre 1698 die erste industrielle Anlage, eine Sägemühle errichtet, s. Oehrkens S. 71. 1706 erwarb diese Mühle der Hamburger Reeder Lucas Cramer, der damit gleichzeitig eine Werft verband. 1731 heiratete der Hamburger Reeder Berend Roosen die Tochter des verstorbenen L. Cramer, von dem Roosen die Werft erbte, s. Mathies S. 18 f.; Patje 459 und Baasch, Seeschiffbau S. 89 u. 92. Dieser zog mehrere des Schiffbaues kundige Familien aus Holland heran, unter denen sich auch die Familie Beenck befand, die wahrscheinlich mit der Altonaer Schiffbauerfamilie Beenck verwandt war. Die Werft leitete zuerst der im Jahre 1779 gestorbene Johann Beenck, dem sein Sohn Peter als Schiffbaumeister folgte. 1820 übernahm die Leitung der Werft der Neffe von Peter B., Martin Beenck; s. E. Reinstorf, Aus der Geschichte der Familie Beenck in Wilhelmsburg (Wilhelmsburg 1917) S. 5, 10, 12 u. die Stammtafel (statt Bohen muß es Roosen heißen, die aus dem Herzogtum Jülich stammten). Die Roosensche Werft selber übernahmen im Jahre 1810 B. u. H. Roosen jrs., die die Werft im Jahre 1849 an den bekannten Reeder Joh. Cesar Godeffroy & Sohn verkauften (Reiherstiegwerft). 1839 erwähnt v. Reden (Hannover II S. 273) zwei bedeutende Werften auf Wilhelmsburg, „vorzüglich für Ever". Diese Angabe ist sicherlich irrtümlich, wie mir Herr Reinstorf (Wilhelmsburg) freundlichst mitteilte; denn die zweite Werft lag auf Neuhof am Reiherstieg, dem Altonaer Beenck gehörend.

105. Vgl. Anmerkung 86.

106. Vgl. Anmerkung 60. Erwähnt sei, daß Johann Heinrich Stülcken

1832/33 Werkmeister der Werft J. P. Cords Ww. (Billwärder Neuer Deich) gewesen ist.

107. v. Schröder (I S. 45) verzeichnet einen Schiffbauer in Bergedorf. Ob man hier die Bille-Ever gezimmert hat, ist nicht bekannt.

108. Erst um 1800 begann in Cuxhaven der Schiffbau, 1818 waren bereits zwei Werften vorhanden, s. v. Heß 1. Aufl. II (1796) S. 130 und 2. Aufl. III (1811) S. 194; Abendroth S. 18 u. 83. Einige Fracht-Ever sind hier in den Jahren 1828 bis 1834 vom Stapel gelaufen. 1856 gehörten die beiden Werften Johann Eggers, der im Jahre 1846 den Fischer-Ever H. F. 28 gebaut hat, und August Bufe, über diesen s. Reinhardt, Helgoland S. 26. 1873 zimmerte Heinrich Eggers den Fischer-Ever H. F. 18.

109. v. Heß (1. Ausg. II, 1789, S. 84) erwähnt zwei Schiffswerften. Nach Bodemann (S. 109) wurde die Werft von Cölln 1767, die Werft von Wriede vor 1800 gegründet. Beide bauten außer Fracht-Evern namentlich Fischer-Ever, von Cölln bis 1879, Wriede bis 1883; über diese Werft s. noch Anmerkg. 345. 1852 zimmerte H. Klintwort einen Fischer-Ever („Treue"), 1868/69 baute C. Albers (& Co.) zwei See-fischer-Ever (H. F. 35 und 52).

110. 1814 wohnte in Moorburg ein Schiffbauer, s. Aust S. 124.

111. Die Schiffbauerei in Ochsenwärder erwähnt beiläufig Dittmann (1825, ohne Seitenzahl). 1841 wohnten hier zwei Schiffbauer, s. v. Schröder II S. 189. Bis zum Ausgang des vergangenen Jahrhunderts (auch später?) wurden hier Gemüse-Ever gezimmert.

112. Außer den auf S. 8 und in Anmerkung 57 verzeichneten Quellen wurden benutzt: Alphabet. Verz. der deutschen Kauffahrteischiffe für 1870; das Handb. f. d. deutsche Handelsmarine für 1880, 1890, 1900, 1910 und 1930. Die Angaben der vor dem Jahre 1866 gelegentlich veröffentlichten Schiffslisten von Hamburg, Hannover und Schleswig-Holstein ließen sich hierfür nicht verwerten.

113. Erst im Jahre 1829 wurde auf Wyk (Föhr) eine Werft angelegt, die dem Konsul Nommen Friedrich Nommensen, seit 1856 Petersen & Lorenzen gehörte, s. O. Nerong, Die Insel Föhr (Wyk 1903) S. 186; s. auch v. Baggesen II S. 218.

114. Das Schiffsregister des „Bureau Veritas" (Paris 1852) enthält 26 auf Fanoe gebaute Ever. Vgl. auch S. 191. Ueber den Schiffbau und die Segelschiffahrt der Insel Fanoe fehlt leider eine geschichtliche Dar-stellung, wie mir die Universitäts-Bibliothek Kopenhagen freund-lichst mitteilte. Wie die Blankeneser sind die Fanoer im Laufe des 19. Jahrhunderts von der Küstenfahrt mit kleinen Fahrzeugen zur Ueberseeschiffahrt mit großen Seglern übergegangen. Um 1860 be-saß Fanoe nach Kopenhagen die größte dänische Segelschiffsflotte. An diese Zeit erinnern heute noch mehrere Schiffsmodelle in den Fanoer Kirchen von Nordby und Sönderhö, vgl. J. P. Trap, Konge-riget Danmark, 4. Udg. VIII (Köbenh. 1928) S. 537 f.; Notizen bei v. Baggesen II S. 163 und Timmermann, Blankenese S. 33.

115. Statist. Nachr. ü. d. Großherzogthum Oldenburg X. Heft (Oldenbg. 1866) S. 42.

116. Staatsarchiv Lübeck (Lastadienbuch Nr. 1401), freundlichst von Herrn Professor Dr. Walther Vogel mitgeteilt.

117. Linien- und Segelriß im Museum für Meereskunde (Berlin).

118. Bearbeitet nach den Schiffsvermessungsprotokollen des Reichs-kommissariats für Seeschiffsvermessung, Berlin.

119. Jürgensen § 30; der Abschnitt IX dieser Instruktion behandelt die Vermessung von Evern.

120. Vor dem Hamburger Seeamt sagte im Jahre 1883 der Schiffer einer gestrandeten Galiot aus (Entscheidungen V, 1885, S. 349): „Erst auf höchstens eine Everlänge (40 bis 60 Fuß) erblickte ich zu luwärts eine Klippe."

121. Entscheidungen II (1881) S. 84; vgl. ebd. S. 279 (Seeamt Rostock): „weil Schiffe mit flachem Boden wie die Magdalena [Ever] eine Tragkraft besitzen, welche die vermessene nahezu um die Hälfte übersteigt."

122. Laughton S. 108 f.; The Mariner's Mirror (London) 1930 S. 189 f.; W. Smyth, Mast and Sail in Europe und Asia (London 1906) S. 51. 1885 wurden in Hamburg die Ueberreste eines mindestens aus dem 15. Jahrhundert stammenden offenen und flachbodigen Fahrzeuges gefunden, das leider nicht gehoben werden konnte, s. E. Wichmann in Mitt. d. Ver. f. Hambg. Geschichte VIII (1885) S. 60 f.; Zeitschrift Ahoi I (Berlin 1885) S. 182; Abb. bei Griese-Schwindrazheim S. 30. Das letzte Spantpaar, das bei den Evern Randsomholz heißt, war S-förmig geschwungen, doch fehlte bei der Ausgrabung der Spiegel. Während aber bei den richtigen Spiegelschiffen das Randsomholz entweder am Achtersteven oder am Stevenknie verbolzt wird, hatte man es bei dem Hamburger Fahrzeug auf dem Boden aufgesetzt. Dieses Fahrzeug ist mithin kein Beweis dafür, daß die eigentliche Spiegelbauart im 15., auch nicht im 16. Jahrhundert, schon an der Niederelbe gebräuchlich gewesen ist.

123. Crone S. 79 f.

124. Eine hamburgische Jacht (Admiralitätsjacht) vom Jahre 1755 ist z. B. im Hamburger Uebersee-Jahrbuch 1926 (Tf. 18) abgebildet.

125. E. Kroman (Marstals Söfart, Köbh. 1928, S. 6) verzeichnet Marstaller Jachten aus den Jahren 1678 und 1680.

126. The Mariner's Mirror 1912 S. 201 f. und 1913 S. 219 f.; die älteste Abbildung stammt aus dem Jahre 1650.

127. Konijnenburg (I S. 82) vermutet, daß der Spiegel der Ever und Weserkähne aus dem Mittelmeer stammt; es gibt dort in der Tat noch in der Gegenwart Segler, die einen everähnlichen Spiegel besitzen, s. das Umschlagbild der Zeitschrift „Die See" (Berlin) 1932, Heft 4.

128. Szymanski, Segelschiffe S. 51 f. und Abb. 12 (Modell im Altonaer Museum); die Abmessungen dieses Schiffes waren: Länge 18,02 m, Breite 4,86 m, Raumtiefe 1,33 m, 31 Brutto-Registertonnen.

129. Szymanski, Segelschiffe Abb. 28 u. 44; ferner Abb. 24.

130. Szymanski, Segelschiffe Abb. 43.

131. Seewissenschaften S. 70.

132. Der Galeaß-Ever ist von Beenck in Altona gebaut worden, die Ever vom Jahre 1880 hat Ropers in Stade gezimmert, die Ever der Jahre 1887 und 1899 stammen von der Werft Junge in Wewelsfleth her, der Elb-Ever (Alstermaß-Ever) 1910 ist auf der Werft Gebrüder Schulze in Gauensiek entstanden. Die Zeichnungen der Ever von Beenck und Junge besitzt das Altonaer Museum, die Zeichnungen der Werft Ropers stellte mir Herr Schiffbaumeister Heinrich Ropers (Stade) freundlichst zur Verfügung. Die hier wiedergegebene, ausführliche Bauzeichnung des Elb-Evers 1910 (Abb. 42 und 43) verdanke ich Herrn Schiffbaumeister Schulze in Gauensiek. Die Berechnung der Linienrisse haben freundlichst die Herren Dipl.-Ing. F. Schirokauer (Charlottenburg) und Jachtkonstrukteur A. Tiller (Charlottenburg) übernommen. Den Herren Junge und Tiller schulde ich besonderen Dank für die Bewertung der aus den Rissen entnommenen Zahlen.

133. Nach Angaben des Herrn Schiffbaumeisters Gustav Junge (Wewels-
fleth); s. auch Norrmann I. Bd. 4. Teil S. 1554, 1646, 1651, 1670, 1691;
Niemann, Forststatistik S. 366; Statistik des Handels (1835) S. 84;
v. Reden, Hannover I S. 129 u. 323, II S. 275; Hähnsen, Pinneberger
Fabriken S. 89; Baasch, Seeschiffbau S. 101 f. u. 274 f. Herr Chr.
Voigt (Charlottenburg) hatte die Güte, mir mitzuteilen, daß Theodor
Fontane in seinen „Wanderungen durch die Mark Brandenburg"
(Bd. Havelland, Ausgabe P. Franke Verlag, Berlin o. J., S. 446) er-
wähnt, daß Händler aus Hamburg, Stade und anderen Häfen nament-
lich aus der Gegend von Petzow Akazienholz aufkauften, um daraus
an Ort und Stelle Holznägel anfertigen zu lassen, die dann mit
Kähnen nach Hamburg geschafft wurden. Ueber die Ausfuhr von
Holznägeln aus Danzig s. O. Münsterberg, Vor 40 Jahren. Streifzüge i. d. Entw. des Danziger Handels (Danzig 1911) S. 93 f. Im
Anfang des 18. Jahrhunderts bezog Hamburg aus England „Nägel-
holz", s. E. Baasch, Zur Statistik des Ein- und Ausfuhrhandels Hamburgs Anfang des 18. Jahrhunderts, Hansische Geschichtsblätter
54. Jahrg. (1929) S. 98.

134. Z. B. J. Temme, Volkssagen in Pommern (Berlin 1840) S. 347; P.
Strackerjahn, Aberglaube im Herzogt. Oldenburg I (Oldenbg. 1867)
S. 94; F. Barnewitz, Gesch. d. Hafenortes Warnemünde (Rostock 1919)
S. 194.

135. Vgl. darüber den ausgezeichneten Aufsatz in der Zeitschrift Hansa
(Hamburg 1925) S. 1386 f.

136. Baasch, Börtfahrt S. 101; eine entsprechende holländische Vorschrift
vom Jahre 1673 erwähnt Crone S. 169.

137. Cronheim III S. 178 f. § 26.

138. Hannover 1788, § 16.

139. Chronolog. Samlg. der im Jahre 1823 erg. Verordg. f. die Hzt.
Schleswig und Holstein S. 213 f.

140. H. Makower & S. Meyer, Das Allgemeine Deutsche Handelsgesetz-
buch (Berlin 1862) S. 246 f.

141. Handb. f. d. Deutsche Handelsmarine für 1888 und 1908.

142. Auch bei den kurischen Kähnen überdauert der flache, etwa 5 Zoll
starke Boden aus Kiefern- oder Fichtenholz in der Regel zwei neue
Seitenwände aus Eichenholz.

143. J. Kühl, Handb. d. Zollgesetzgebung i. d. Hzthm. Schleswig und
Holstein (Kopenh. 1844) S. 99.

144. Auf den Abb. der Ever „Helga Adele" (Abb. 12), „Wanderer"
(Abb. 25) und „Wilhelmine" (Abb. 11) ist das Scheibengat für den
Ruderleichter versehentlich nicht angegeben. Auch bei dem Ever
„De junge Franz" (Abb. 17) fehlt dieses Scheibengat; es ist aber
am Modell (irrtümlich) nicht vorhanden. Bei dem Ever „Wanderer"
fährt die Kette des Ruderschwertes über eine an der Ruderhacke befestigte eiserne Tasche, die auf Abb. 25 an Stelle des Scheibengats
für den Ruderleichter gezeichnet ist. Der Ever „Wilhelmine" hat an
den beiden oberen Ruderösen keine eisernen Bänder, sondern er
besitzt nur Augbolzen.

145. Chatterton S. 71 f.; Hagedorn S. 86; L. G. Carr Laughton (The
Mariner's Mirror 1932 S. 221) schreibt: „It is a matter of inference,
but a very probable one, that the plates [flat-bottomed, as her name
shows], both English and foreign, had leeboards at least as early
as the fifteenth century." H. Belloc, Vom Segeln auf hoher See
(Zeitschrift Atlantis, 1931), S. 264: „So nehme ich denn an, daß das
Seitenschwert der tausend Dinge ist, die man ganz still, ohne
viel Aufhebens, zwischen den dunklen, vormittelalterlichen Jahr-

hunderten und der Renaissance erfunden hat, und das Volk in den Niederlanden sein Schöpfer war."

146. Zuerst abgebildet bei F. Quetsch, Gesch. d. Verkehrswesens am Mittelrhein (Freiburg 1891) S. 60.

147. Roeding II S. 536; Kluge (S. 710) und Goedel (S. 433) bringen nur diese Erklärung. Heyne (bei Stenzel S. 371): „Uebertragen nach der langen und breiten Form des altdeutschen Schwertes"(!).

148. Chatterton S. 71.

149. Die älteste Regel über die Schwertabmessungen holländischer Fahrzeuge gibt C. van Yk (De Nederland. Scheeps-Bouw-Konst, Amst. 1697, S. 122): Tweemaal Schips Holte neemen sy gemeenlijk voor haar Langten aan: haar halve Langte steld haare Breedte; en Schips Huid dubbeld genomen, sal haare Dikte aan het boven Eynde wesen." Beispiele von Schwertabmessungen sind: See-Ever (1850) Tiefe 1,72 m, Schwert 4,15 × 1,48 m; Wilsterau-Ever (1900) Tiefe 1,05 m, Schwert 3,44 × 1,43 m.

150. P. Hedderwick, A Treatise on Marine Architecture (Edinburgh 1830) S. 318.

151. Versuch e. bremisch-niedersächs. Wörterbuches III (Bremen 1768) S. 286; erwähnt eiserne Sperreisen und eiserne Pallringe.

152. Breckwoldt-Bosenick S. 32.

153. Weirup S. 31.

154. Crone S. 66 f.; Verslag van het Museum voor Land- en Volkenkunde en van het Maritiem Museum „Prins Hendrik" te Rotterdam, over het Jaar 1927, S. 16.

155. Kluge S. 315.

156. Müller S. 70 u. 74.

157. H. Brarens, der Navigationslehrer in Tönning war, erwähnt in seinem „System d. prakt. Schifferkunde" (2. unveränderte Aufl. Magdeburg 1819, 1. Aufl. 1807, S. 85): „Ever, ein kleines einmastiges Schiff."

158. Radierung von A. Vollmer, bez. 1830 (abgeb. in Ein Jahrhundert Hamburg, hrsg. von V. Dirksen, München 1926 S. 103) und eine Zeichnung von W. Wulff, bez. 1834 (abgeb. bei Kirsten, Bl. 54).

159. Statistik d. Handels (1835) S. 277 u. 286 (s. Kapitel V S. 102); Harboe, Dansk Marine-Ordbog (Köbh. 1839) S. 104; „Evert... almindelig taklet som en Jagt og har desuden ofte en Pappagöiemast."

160. Die neueren Besahn-Ever sind nicht erst um 1880 entstanden, wie in meiner Schrift „Segelschiffe" (S. 45) angegeben ist.

161. Die Mittelwerte der Fracht-Ever sind einigen Bauzeichnungen entnommen worden, die Angaben über die Fischer-Ever verzeichnet Dittmer-Buhl (S. 67).

162. Statistik d. Handels (1835) S. 286.

163. Die Rhederei Hannovers, 6. Jahrg. für 1865 (Hannover 1866).

164. Handb. für die deutsche Handelsmarine.

165. Crone Tf. 11.

166. S. E. Morison, The maritime History of Massachusetts (Boston 1923) S. 94; Hanf und Hartfasern, bearb. von O. Heuser, P. Koenig u. a. (Berlin 1927) S. 168.

167. Seit wann Kokostauwerk (auch C o i r genannt) auf europäischen Seeschiffen benutzt wird, ist unbekannt. Man sagte mir, daß es auf deutschen Seglern früher als das Manilahanftauwerk verwendet worden ist. Kokostauwerk wurde um 1880 viel in der niederelbischen Fischerei und Seefischerei verwertet, auch für Schoten z. B.; es

wurde damals von H. Brückmann (Hamburg) angefertigt, s. Lindemann, Seefischerei, S. 21 f.

168. Drahttauwerk hat zuerst im Bergbau Anwendung gefunden (1822 in Frankreich, 1831 in den Vereinigten Staaten) s. F. Troitzsch, Das Seilergewerbe in Deutschland (Leipzig 1910) S. 64 und S. Luce, Seamanship (Fourth Ed. New York 1868) S. 51, an Bord von Schiffen aber erst in den dreißiger Jahren in England, s. A. Smith, On the Origin of Wire, in British Assoc. Reports for the Advancement of Science (London 1854) S. 162 und Abridgments relating to Masts, Sails, Rigging 1625—1866, ed. by B. Woodcroft (London 1874) S. 35.

169. J. Robinson & G. Dow, The Sailing Ships of New England (Salem 1922) S. 26 [1773]; Roeding I S. 315.

170. Pilaar-Mossel S. 81.

171. Viele Abb. bei Crone.

172. M' Leod Murphy & Jeffers, Nautical Routine (New York 1849) S. 66; Pilaar-Mossel S. 86.

173. Pilaar-Mossel S. 162.

174. Diese Wantspanner sind bereits bei Pilaar-Mossel (1858) beschrieben und abgebildet (S. 533), nur befindet sich hier das einfache Flacheisen unten. Sie waren damals seit kurzer Zeit auf holländischen Seglern eingeführt; man nannte sie *Wantschaar*. Die im Text beschriebene Anordnung sah ich 1931 bei dem Giek-Ever „Kosmopolit" (1905 bei Bergmann in Wilster gebaut); vielleicht befanden sie sich ursprünglich an Bord eines anderen, längst abgebrochenen Evers?

175. Die auf Abb. 20 dargestellte Befestigung kam selten zur Anwendung; der Schäkel ist seitlich durch das Galion festgesetzt. Bei einem anderen Ever (1907 gebaut) fehlte die Stevenrüst, dafür war eine kleine eiserne Platte vorhanden (Breite wie Stevendicke), die mit zwei Schraubbolzen am Steven befestigt war. Oben hatte die Platte zwei längsgestellte Augen, einen Bolzen (mit Kopf und Mutter) und einen Losenhaken für das Fockstag. Diese Platte ist aber erst vor einigen Jahren, gelegentlich der Erneuerung des Vorstevens, angebracht worden. Gleichzeitig entfernte man die beschädigten Klüsbacken dieses Lühe-Evers, dafür wurden die Klüsbacken eines holsteinischen Evers (mit geschnitzter „Kartoffelblüte") angebracht.

176. Crone Tf. 57; Cannenburg Tf. 24.

177. Wenn der Ever ein Kurbelspill hatte, legte man um die beiden Spillköpfe (Steuerbord) einige Törns eines starken Kokostaues, das als Bremse für den Spillstamm diente.

178. Mehrere Takelungsarten des Bugsprietstages sind bei Crone und Cannenburg abgebildet. Das gleiche Stag wie die Ever führten noch vor dem Kriege die Fischerfahrzeuge von Hastings, s. The Mariner's Mirror 1919 S. 92. Man nannte es dort *For Burdon* = Vorstängetalje.

179. Schlesw.-Holst. Provinzialber. 1786 I S. 70, 1787 II S. 535 u. 539, 1789 II S. 241; Patje S. 58 u. 121; Gudme I S. 228; v. Reden, Hannover I S. 368; v. Schröder I S. 155; Timmermann S. 63; Baasch, Handelskammer I S. 223; über die Einfuhr von holländischem und bremischem Segeltuch in Hamburg im 17. Jahrhundert s. Baasch, Seeschiffahrt S. 379.

180. Pilaar-Mossel S. 105; Woordenboek der Nederl. Taal III ('s Gravenh. 1920) S. 4308.

181. H. Schmidt, Hundert Jahre Gesch. d. Fa. Conrad Wilh. Delius & Co. in Versmold, Westf. (Berlin 1929) S. 74 u. 78.

182. Ueber Segel und Segeltucharten s. Roeding II S. 602 f.; Pilaar-Mossel S. 304 f.; W. Heincks, Berechnung u. Schnitt der Segel (2. Aufl.

Bremerhaven 188); J. Jensen, Haandbog i praktisk Sömandsskab (3. Uitg. Köbenh. 1916) Anhang. Die Angaben über das auf den Evern verwendete Segeltuch verdanke ich Herrn Hugo Reckmann, Segelmacher in Altona u. Herrn Schiffbaumstr. Gustav Junge (Wewelsfleth).

183. Freundlichst mitgeteilt von Herrn Gustav Junge (Wewelsfleth).

184. W. C. Bröcker im Heimatbuch Steinburg II S. 107.

185. E. Kroman, Marstals Söfart (Köbh. 1928) Abb. S. 61 u. 103; H. Szymanski, Zur Gesch. der schlesw.-holst. Jachten im 19. Jahrh., Der Kleinschiffbau I (Berlin 1921) Abb. S. 212; Szymanski, Segelschiffe Abb. 4. Bei den Jachten befand sich aber die Schot hinter der Ruderpinne.

186. In der ersten Hälfte des 19. Jahrhunderts wurde diese Dirk bei den Galeaß-Evern auch umgekehrt geschoren, indem man den kurzen Klappläufer am Großmast oberhalb der Piekfallblöcke einhakte (Abb. 16 Nr. 5).

187. Bei mehreren mit einem Gieksegel getakelten holländischen Schiffstypen des 18. und 19. Jahrhunderts steht das Fallhorn der Stagfock unterhalb oder in gleicher Höhe mit der Gaffelklau, s. Abb. bei Crone. Ebenso waren die dänischen und schlesw.-holst. Jachten bis um die Mitte des vergangenen Jahrhunderts getakelt, s. Kroman (Anmerkg. 185) Abb. S. 61, 103, 135 sowie meine Abb. Jachten (Anmerkg. 185), während dies bei den Lommen und Kurischen Kähnen noch in der Gegenwart mitunter üblich ist. Das war bei den Evern ungebräuchlich, denn nur das Bild eines Blankeneser Galeaß-Evers vom Jahre 1822 (Kirsten Bl. 15) zeigt diese Takelung. Sonst aber befand sich bei den Evern das Fallhorn der Stagfock stets oberhalb der Gaffelklau.

188. Die Bauzeichnung einer holländischen Jacht, aus der zweiten Hälfte des 17. Jahrhunderts stammend, zeigt eiserne Leitwagen für die Schoten der Stagfock und des Großsegels, s. Cannenburg Tf. 70.

189. Abb. dieser Breitfock bieten die in Anmerkg. 185 genannten Schriften, sie kam auch bei holländischen Seglern vor, s. Chatterton Abb. 36 u. 42. Eine holländische Kuff führte im Jahre 1847 eine „breefok met klapmuts", s. Verslag [Anmerkg. 154] over het Jaar 1930 S. 17. Auf den ostfriesischen Pfahlkuffen bezeichnete man diese Abart der Breitfock ebenfalls mit K l a p p m ü t z e; nach einer Angabe des H. Lotsenkommandeur Laarmann in Emden (1910).

190. Zwei Bemerkungen von R. C. Leslie (Old Sea Wings, Ways and Words, New Ed., London 1930, S. 84) und S. Goodwin (The Thames Barge, The Mariner's Mirror 1912 S. 338) über den Ruderbesahn der Themsebarken mögen Erwähnung finden. Leslie schreibt: „ . . . the little sail is really a second rudder in the air, acting in unison with the one below it in the water." Goodwin erwähnt, daß es über die Themsebarken ein alphabetisch geordnetes Lied gibt, in dem es heißt: „M is the mizzen that sweeps her stern round."

191. Roeding II S. 581; Crone S. 236; Chatterton S. 49, 225, 277 f.

192. Müller S. 70; ferner eine Vierländer Glasmalerei (1778) im Mus. f. Hambg. Gesch. (Hamburg), Schiffahrtsraum. Im 19. Jahrhundert z. B. erwähnt bei Möller-Roeloffs (1839) S. 64.

193. Ueber holländische Sprietsegel s. Crone S. 60 f., über englische Sprietsegel s. The Mariner's Mirror 1912 S. 336 f. u. 1913 S. 105 f., über das Sprietsegel der Elbkähne s. Düsing, Lehrb. f. d. Elbeschifferfachschulen, 2. Aufl. (Magdeburg 1911) S. 217 f.

194. The Mariner's Mirror 1928 S. 89.

195. Die Artikel für die Schiffergilde „Die Eintracht" in Wilster, vom 19. Januar 1861, enthalten noch die Bestimmung (§ 2), daß alle versicherten Fahrzeuge, die nicht über 6 dänische Kommerzlasten groß sein durften, mit guten brauchbaren Ankertauen und Ketten ausgerüstet sein mußten.

196. Zeitschrift des Ver. f. Hambg. Gesch. 7. Jahrg. S. 466 (1616); Der geöfnete See-Hafen (Hamburg 1702) S. 165; Le Comte S. 54; 1834 besaß der hamburgische Staats-Ever Nr. II, der als Lotsenfahrzeug in Cuxhaven diente, „2 g r o ß e E v e r r i e m e n" (Staatsarchiv Hamburg).

197. W. C. Bröcker im Heimatbuch Steinburg II S. 109.

198. R. Prien, Der Zusammenstoß von Schiffen (Berlin 1896) S. 146 f., 156 f.; R. Fuhrmann, Das Seestraßenrecht (Lübeck 1909) S. 3 f., 40 u. 52 f.; Baasch, Handelskammer II. Bd. 2. Teil S. 219 f. A. Than, Die Entwicklung der in der Seestraßenordnung enthaltenen Normen für Ausweichen, Lichterführung u. Verhalten im Nebel, Marine Rundschau (Berlin 1931) S. 358 f. 1848 wurde zuerst in England für Dampfschiffe das weiße Topplicht, das rote Backbordlicht und das grüne Steuerbordlicht vorgeschrieben.

199. Entscheidungen VII (1888) S. 195.

200. Entscheidungen XIII (1901) S. 191 u. 522.

201. Entscheidungen XIX (1912) S. 329, vgl. Zeitschrift „Hansa" (Hambg. 1912) S. 629 u. 888.

202. Ausführliche Angaben über die Ausrüstung und Betriebssicherheit der auf der Elbe sowie in der Watt- und kleinen Küstenfahrt verwendeten Segler enthalten die Unfallverhütungsvorschriften der See- und der Elbschiffahrts-Berufsgenossenschaft, auf die an dieser Stelle hingewiesen sei.

203. Frdl. Mitt. des Staatsarchivs Hannover; Lehmann, Rhederei S. 12 f.; H. Reinicke, Gesch. d. Hambg. Flagge, Uebersee-Jahrb. (Hambg.) 1926 S. 11 f.; K. Schultz, Die deutsche Flagge (Berlin 1928) S. 24 f., 39 f.

204. Hannov. Magazin 1787 S. 1589; Annalen d. Braunschw.-Lünebg. Churlande 1787 S. 69; vgl. Patje S. 424.

205. Hannöv. Anzeigen 1801 S. 2249 f.

206. Gesetzsamlg. f. d. Kgl. Preuß. Staaten f. 1867 S. 73.

207. Cronheim I S. 720 f.

208. Samlg. d. i. Jahre 1804 erg. Verordg. f. Schlesw. u. Holst. S. 305.

209. L. Andresen, Die Schlesw.-Holst. Seeflagge von 1696, Die Heimat 1925 S. 152.

210. C. Vogt, Nord-Fahrt (Frankf. a. M. 1863) S. 2.

211. Gesetzsamlg. f. d. Kgl. Preuß. Staaten f. 1867 S. 1144; J. Meuß, Gesch. d. preuß. Flagge (Berlin 1916) S. 28.

212. Mathies S. 10; Staatsbürgerl. Magazin f. d. Hztm. Schlesw., Holst. u. Lauenbg. IX (1829) S. 545.

213. Handels-Marine der Niederelbe 1846.

214. Hannöv. Gesetzsammlung f. 1852, 3. Abt. S. 60. Die Angabe von K. Schultz (s. Anmerkg. 203), S. 19, daß die Nummerflaggen nur im ersten Viertel des 19. Jahrhunderts an Bord deutscher Schiffe geführt worden sind, ist irrtümlich. Eine Arbeit über die deutschen Nummerflaggen fehlt noch.

215. Von den sonst noch an Bord niederelbischer Segler geführten Flaggen mögen noch die Z o l l f l a g g e „von 1,6 m Länge und 1 m Breite, diagonal in eine schwarze und eine weiße Hälfte geteilt, sodaß sich

die schwarze Hälfte unten am Stock befindet" (Gesetze betr. den Zollanschluß Hamburgs, Hamburg 1888 S. 296) und die grüne Quarantäneflagge der holsteinischen Segler in früherer Zeit erwähnt werden. Die „Quarantaine-Verordnung für die Herzogthümer Schleswig und Holstein, vom 15. März 1805" (Chronolog. Sammlung d. i. Jahre 1805 erg. Verordnungen f. d. Hzt. Schlesw. u. Holstein S. 47) enthielt die Bestimmung, daß jedes Schiff, sowohl auf langen Reisen wie in der Nord- und Ostsee, auch die auf „einländischen Gewässern fahren" eine grüne Flagge „von ungefähr zwei Ellen im Gevierte" an Bord haben mußte. Auch in der Cuxhavener Lotsen-Ordnung vom Jahre 1838 ist noch eine grüne Quarantäneflagge vorgeschrieben; ihre Farbe ist späterhin in gelb geändert worden. Ueber die mit Bildern geschmückten Heckflaggen der Moorburger Milch-Ever s. S. 215. Ueber die Einführung der Unterscheidungssignale s. „Amtl. Liste der Schiffe der Kriegs- und Handels-Marine des Norddeutschen Bundes mit ihren Unterscheidungs-Signalen, als Anhang zum Signalbuche für die Kauffahrteischiffe aller Nationen". Hrsg. v. Bundeskanzler-Amte (Berlin 1869) Vorwort S. 5 f.

216. Kirsten Bl. 15.

217. Satzung der Schiffergilde Union in Mittelnkirchen, Ausgabe 1926, § 13.

218. Mehrere zeitgenössische Bilder von schlesw.-holst. Fregattschiffen, Schnauen und Galeassen (1799—1840) im Schiffahrtsraum des Altonaer Museums zeigen mit farbigen Streifen oder mit Blumen geschmückte Klüsbacken. Englische Kriegsschiffe führten sie im 17. Jahrhundert, doch sind sie kurz nach 1700 wieder aufgegeben worden; s. Laughton S. 59 u. Tf. 9, 72; R. Morton Nance, Sailing-Ship Models (London 1924) Tf. 30 u. 32. Holländische Kriegsschiffe besaßen verzierte Klüsbacken gelegentlich noch im Anfang des 19. Jahrhunderts, s. Cannenburg Tf. 15, 23 u. 34. Im 18. Jahrhundert hatten schwedische Handelsschiffe, s. F. Chapman, Arch. navalis mercat. (Holmiae 1768) z. B. Tf. 22 u. 25, sowie bis zum Anfang des 19. Jahrhunderts auch mehrere amerikanische Segler verzierte Klüsbacken, s. Old-Time Ships of Salem, Sec. Ed. (Salem 1922) S. 16 u. 81. Das Modell einer ostfriesischen Galiot vom Jahre 1839 im Museum für Meereskunde (Berlin) besitzt ebenfalls mit Ranken geschmückte Klüsbacken. Eine Kohlenbrigg von New Castle mit verzierten Klüsbacken ist abgebildet bei R. C. Leslie, Old Sea Wings, Ways and Words, New Ed. London 1930 S. 162.

219. Kirsten Bl. 15.

220. Aquarell im Altonaer Museum; das Modell dieses Evers hat jedoch das Krokodilgalion nicht erhalten, s. Szymanski, Segelschiffe Abb. 11.

221. Laughton S. 238.

222. Mehrere holländische Formen sind abgebildet bei Konijnenburg, Crone und Cannenburg; vgl. Laughton S. 141 u. 156 sowie den Jahresbericht (s. Anmerkg. 154) des Maritiem Museum „Prins Hendrik" in Rotterdam für 1919, Tf. 5. Holländische Fahrzeuge führten (und führen) mitunter einen Löwen als Ruderkopf; m. W. hatten nur zwei Ever diesen Schmuck (s. S. 201 u. 255).

223. Außer den auf S. 8 und in den Anmerkungen 57 u. 112 verzeichneten Quellen wurden hauptsächlich benutzt: Mossin, Handels-Marine d. Niederelbe 1846 und Verz. d. schlesw.-holst. Rhederei ult. 1864 (Kiel 1865). Allgemeine Angaben über die Schiffsnamen der deutschen Kleinschiffahrt enthalten: Die Schiffsnamen i. d. deutschen Handelsmarine, Zeitschrift Hansa XI (Hambg. 1874) S. 9 f.; W. Vogel, Die Namen der Schiffe im Spiegel von Volks- und Zeitcharakter (Berlin 1912); O. Mathies, Die Namen der Hamburger Schiffe seit dem 19.

Jahrhundert, Hambg. Geschichts- u. Heimatsblätter I (Hambg. 1926) S. 20 f.; M. Pappenheim, Der Schiffsname und sein Recht, im Schifffahrt-Jahrbuch (Hamburg) 1926 S. 224 f. Ueber die Namen der Moorburger Milch-Ever s. S. 215.

224. Vgl. Pappenheim (s. Anmerkg. 223) S. 227 und Entscheidungen IV (1883) S. 482.

225. Eine andere Ausgabe erschien im Jahre 1843; sie enthält nur über 10 Kommerzlasten große Fahrzeuge.

226. H. Meidinger, Die deutschen Ströme III (Leipzig 1854) S. 249.

227. Verz. d. Schlesw.-Holst. Rhederei ult. 1864 (Kiel 1865); Die Rhederei Hannovers, 5. Jahrg. für 1864 (Hannover 1865).

228. K. Brämer, Die preuß. Rhederei, in Zeitschr. d. Kgl. Preuß. Stat. Bureaus 1870 S. 360.

229. Die Zusammenstellung beruht auf den oft erwähnten Schiffsvermessungsprotokollen, doch ist sie nicht vollständig, weil ein gesetzlicher Zwang zur Vermessung der unter 17 Brutto-Registertonnen großen Fahrzeuge nicht besteht. Einige Hafenorte sind der jeweils angrenzenden Marsch zugerechnet worden, so z. B. Itzehoe der Wilstermarsch.

230. L. Krieg, Die Schalfahrt im 16. Jahrh., Jb. d. Ver. f. Mecklenbg. Gesch. 1914 S. 28; wenn hier aber die Ever als „zweimastige Segelboote"(!) bezeichnet werden, so ist das eine Verwechslung mit den niederelbischen Evern des 19. Jahrhunderts.

231. L. Götze, Gesch. der Burg Tangermünde (Stendal 1871) S. 92.

232. Eine geschichtliche Untersuchung über die sehr eigenartigen Schiffsformen der Oberelbe und ihrer Nebenflüsse fehlt leider noch. Auch sind die in der Gegenwart vorhandenen hölzernen Fahrzeuge meistens alte Fahrzeuge, die in wenigen Jahren verschwunden sein werden. Mehrere ältere Schiffsformen behandelt die ungedruckte Arbeit (Maschinenschrift) von H. Burmester, Die Elbschiffahrt S. 211—29, mit 6 Abb. Vgl. auch C. W. Weber, Handbuch der gebräuchlichsten Ausdrücke bei der Elbschiffahrt, 2. Aufl. (Pirna 1871). Ueber die Elb- und Jeetzelschiffahrt von Hitzacker veröffentlichte ein alter Jeetzelschiffer kurze, aber wertvolle Angaben, auf die hier hingewiesen sei: G. W. Bruns, Aus meiner Jugendzeit, Evangel. Gemeindeblatt für den Kirchenkreis Dannenberg (Elbe) 1929, Nr. 10. S. auch E. Mai, Die Magdeburger Elbschiffahrt im 18. Jahrhundert, in Magdeburgs Wirtschaftsleben in der Vergangenheit I (Magdbg. 1925) S. 676 f. Fahrzeuge.

233. Hagedorn, Ostfriesland (1909) S. 40; s. noch diese Arbeit S. 329.

234. P. van Rensen, Das Schiffswesen Ostfrieslands im 16. Jahrh., Jahrb. d. Ges. f. bild. Kunst zu Emden 1903 S. 178. Der Name Jach (jäh, jählings) ist offenbar nur ein schmückendes Beiwort, Jach-Ever ist also ein schnellsegelnder Ever; dieser Schiffsname entspricht mithin der im 19. Jahrhundert bei Brinckmann vorkommenden Form Fastgelljas. Der Vollständigkeit wegen sei hier auf die fleißige Arbeit des Herrn Dr. Rud. Schulze (Die Fastgaleasse, Korrespondenzblatt d. Ver. f. niederdeutsche Sprachforschung, 1930, Heft 4) hingewiesen, in der eine abweichende Erklärung angegeben ist.

235. Sello S. 27 Anmerkg. 1.

236. 1840: J. Schmidt, Uebersicht d. bremischen Seeschiffahrt (Bremen 1841); 1846: Stat. Nachrichten ü. d. Großherzogt. Oldenburg I (Oldenburg 1846); 1860: Hannov. Schiffs-Repertorium für 1860 (Hannov. 1861); 1870: Alphabet. Verz. d. deutschen Kauffahrteischiffe für 1870 (Berlin 1872); 1888, 1908 u. 1931: Handbuch f. d. deutsche Handelsmarine (Berlin).

237. Stürenburg, Ostfries. Wörterb. (Aurich 1857) S. 49; Doornkaat-Kool-mann, Wörterb. d. ostfries. Sprache I (Aurich 1879) S. 409.

238. Petreus, Schriften über Nordstrand, hrsg. v. R. Hansen (Kiel 1901) S. 55.

239. C. Hansen, Chronik S. 113 Anmerkg.

240. O. Nerong, Föhr früher u. jetzt (Wyk a. F. 1885) S. 43 Anmerkg.

241. Schlesw.-Holst. Provber. 1797 II S. 297.

242. F. Müller, Die Halligen (Berlin 1917) S. 354.

243. 1845: Mossin, 1870 f. wie Anmerkung 236. Vgl. noch C. Hansen, Chronik S. 113.

244. Vgl. Anmerkung 241.

245. Statistik d. Handels (1835) S. 68.

246. 1845: Mossin, 1852: Schiffsregister des „Bureau Veritas", 1870 f. wie Anmerkung 236.

247 a. Nicht zugänglich war mir: Informacie up den staet ... van de steden ende dorpen van Hollant ende Vrieslant ... in den jaere MDXIV. Uitg. van wege der Maatsch. der Nederland. Letterkunde (Leiden 1866).

247 b. N. Witsen, Aeloude en hedendaagsche Scheepsbouw (Amsterd. 1671) Anhang S. 17. Vgl. noch Konijnenburg I S. 77 und Crone S. 216.

248. Ueber Tochtschuiten s. Crone S. 243 f. Bei der Beschreibung der Vollendamer Kwakken erklärt Le Comte (S. 44 u. Tf. 37) diese als Nachfolger der Tochtschuiten. Die Kwakken wiederum hatten eine große Aehnlichkeit mit dem Blankeneser Ever.

249. The Mariner's Mirror 1913 S. 380 (nach J. Keymor, Observations on Dutch Fishing, 1601, aber nicht vor 1664 veröffentlicht). Vgl. W. Vogel, Die Größe der europäischen Handelsflotten, in Fest-schrift für Dietrich Schäfer (Jena 1915) S. 306 u. 318.

250. Woordenboek der Nederland. Taal III ('s Grav. 1920) S. 4307.

251. Crone S. 217 (nach G. Brandt, Beschr. der stadt Enkhuizen, 1666, S. 7).

252. Crone S. 162 und 217 (nach Witsen, Architectura Navalis et Regimen Nauticum, Amst. 1690 S. 189 und 589; von diesem Werk sind nur noch drei Exemplare vorhanden).

253. Hiernach ist das Wort Ever von einigen französischen Wörterbüchern als n e v r e entlehnt worden. Roeding (Wörterb. III S. 253 n e u r e und n e u v e) übernahm es aus der Encycl. meth. Marine (Paris 1787 III S. 10), von Roeding wiederum übernahm G. Sand (Be-schreibg. der Schiffe, Erlangen 1812 S. 67) das Wort als n e v e r. Vgl. auch K. Kemna, Der Begriff „Schiff" im Französischen (Mar-burg 1901) S. 159.

254. C. Hansen, Der holsteinische Canal (Kopenh. 1860) Tabelle A; Schiffs-register des Germanischen Lloyd für das Jahr 1875.

255. C. Bridge, History of the Russian Fleet during the Reign of Peter the Great (London 1898) S. 3 u. 117; das Manuskript stammt aus dem Jahre 1724.

256. Noch in der Gegenwart gibt es in Petersburg und Archangelsk hölzerne Flußschiffe in der Form der Tjalken, nur sind die russischen Barken viel größer, s. The Mariner's Mirror 1931 S. 190.

257. 1845 nach Mossin, ferner Danmarks Handels-Flade 1889 (Köbenh. 1889) und Danmarks Skibsliste 1928 (Köbenh. 1928).

258. Nach der alten Vermessung hatte dieser Ever eine Länge von 16,21 m, eine Breite von 6,10 m und eine Raumtiefe von 2,60 m, bei einer Tragfähigkeit von 78 Tonnen. Der deutsche Reeder hieß Carl J. A. Kloebe in Syra, der noch im Jahre 1875 das Schiff unter deutscher

Flagge im Mittelmeer segeln ließ; 1870 wurde der Ever von dem Blankeneser Kapitän David Breckwoldt geführt.

259. Frdl. Mittlg. des Herrn Heinrich Staak (Wittenberge).

260 a. Baasch, Börtfahrt S. 6.

260 b. Spilcker, Einige Beitr. z. Gesch. d. Handels in Beziehung auf Harburg, in Vaterländisches Archiv IV (Hannover 1821) S. 123. Die holländischen Schiffe kamen meistens leer in Harburg an, einige hatten Muschelkalk, Pfannensteine und Käse.

261. Baasch, Hamburgs Convoyschiffahrt (Hambg. 1896) S. 364.

262. Der geöfnete See-Hafen (Hambg. 1702) S. 165.

263. Jürgensen § 31.

264. O. Schwindrazheim im Heimatbuch Steinburg I S. 489.

265. Auf diesen Ever machte mich zuerst Herr Schiffbaumeister Gustav Junge aufmerksam. Durch einen glücklichen Zufall erhielt ich durch die gütige Hilfe des Herrn Dr. Th. Engelbrecht (Obendeich bei Glückstadt) ein altes Lichtbild des Evers „Holsatia". Im Hintergrunde des Bildes liegt am Herzhorner Rhin der Bauernhof des Herrn Joachim Hauschildt, der in den 70er Jahren zeitweise acht Ever besaß und dem auch dieser Ever gehörte.

266. Statistik d. Handels (1835) S. 290. In den Jahren 1925—26 hat man bei Kasenort eine neue Schleuse (Breite 6,50 m) errichtet.

267. Freundl. Mitt. des Herrn Dr. W. Jensen (St. Margarethen). Ueber die Schiffe und Schiffahrt von Wilster verdanke ich mehrere Angaben den Herren Heinrich Krumm (Wilster), Friedrich Schlüter (Wilster), Gustav Junge (Wewelsfleth). Bereits im Jahre 1877 gehörte nach Wilster ein eiserner Ever: „Egge" (Schiffer Peter Egge), 1877 bei Krauss in Harburg gebaut. Das als Besahn-Ever getakelte Fahrzeug hatte nachstehende Abmessungen: $17,46 \times 3,38 \times 1,27$ m, 21 Brutto-Registertonnen.

268. Auch die Themsebarken verwendeten bei ihren Binnenfahrten an Stelle des Großmastes einen leichten Mast, *bridge mast* (Brückenmast) genannt, an dem ein Luggersegel gesetzt wurde, s. The Mariner's Mirror 1912 S. 339.

269. Reinhardt, Helgoland S. 20; ein Lichtbild eines älteren zweimastigen Torf-Evers (mit Knickstag) befindet sich in der Fischerei-Abteilung des Altonaer Museums.

270. Moorgebiete S. 37, 40, 43 u. 44.

271. Die für die Kanalschiffahrt erlassenen Reglements und Reverse durfte ich bei der Gutsherrschaft Breitenburg einsehen. Mehrere Angaben verdanke ich auch Herrn Krohn (Münsterdorf).

272. Szymanski, Segelschiffe Abb. 28.

273. Ein auf Glas gemaltes Bild eines Vierländer Evers mit der Jahreszahl 1778 befindet sich im Museum für Hambg. Geschichte (Hamburg); es ist mit einem Sprietsegel und einer Stagfock getakelt. Dort steht auch das hier (Abb. 38) wiedergegebene Modell.

274. Ein Oelbild eines Vierländer Evers mit einem Schotsegel (1887) hängt im Fährhaus von Altengamme, Besitzer Herr Scheer.

275. Das „röthliche Segel" der Gemüse- und Milchfahrzeuge der Elbinseln und der Vierlande wird bereits im Anfang des 19. Jahrhunderts erwähnt, s. Hanseatisches Magaz. III (Bremen 1800) S. 5 und J. A. Minder, Die Vierlande (Hambg. 1819) S. 16. Auch die Jeetzelschiffe führten rote (auch weiße) Sprietsegel, s. den Aufsatz von G. W. Bruns (Anmerkung 232).

276. Klefeker X S. 275 f.

277. v. Reden (Hannover II S. 273) erwähnt, daß auf den im Amt Winsen liegenden Werften nur kleine Fahrzeuge, von 10,50 bis 14,60 m Länge und 2,90 bis 4,10 m Breite, gebaut wurden.

278. H. Grube bei Bick S. 9; einige Tragfähigkeits-Angaben enthält das Register der Schiffsregisterbehörde Hamburg. Einige Mitteilungen über die Gemüse-Ever der Vierlande verdanke ich den Herren Schiffbaumeister G. Junge (Wewelsfleth), Professor A. Schönauer (Hamburg), Hans Foerster (Hamburg). Erwähnt sei noch, daß die Stadt Hamburg zur Hochzeit des deutschen Kronprinzen einen silbernen Tafelaufsatz in der Form eines Vierländer Evers von Herrn Professor A. Schönauer anfertigen ließ.

279. Neddermeyer S. 240.

280. Altenwerder S. 69.

281. Cyclus von Schiffen S. 80.

282. Voigt, Milchversorgung S. 41.

283. Moeller-Roeloffs, Cyclus von Schiffen S. 64 u. Tf. 32 (diese Arbeit Abb. 36); H. Schmidt, Hamburger Bilder I (Hambg. 1836) S. 234 f.; Reinhardt, Helgoland S. 11 m. Abb.; Voigt, Milchversorgung S. 17 m. Abb.

284. Der fünfte Mai (5. Aufl. Hbg. o. J.) I S. 473.

285. Moorburg S. 133—34.

286. Das Modell eines Altenwerder Eiskahnes befindet sich im Altonaer Museum, s. Führer S. 16. Schilderungen der Eisfahrt bei Reinhardt (s. Anmerkg. 284) I S. 583; Die Frühstücks-Verproviantierung Hamburgs, Die Gartenlaube 1877 S. 424; Voigt, Milchversorgung S. 19; Aust S. 136; eine phant. Darstellung bei H. Schmidt (s. Anmerkg. 283) II S. 122.

287. Segelschiffe S. 47 („Maria" ist ein Schreibfehler); beide Ever habe ich mehrfach am Altonaer Heumarkt gesehen, immer aber waren sie beladen, so daß ich nichts über ihre Längs- und Querverbände ermitteln konnte.

288. M. Richey, Idioticon Hamburgense (Hambg. 1755) S. 45; Schütze I S. 266.

289. 1662 beschlagnahmten die Räte in Harburg das Segel eines Hamburger Evers, s. Baasch, Verkehr S. 279. 1788 bemerkt Joh. Hinr. Campe über einen Harburger Post-Ever (s. Postwesen S. 34): „ein plattes Fahrzeug mit einem Segel".

290. Sammlg. hambg. Mandate, hrsg. v. Blank, I (Hambg. 1763) S. 507, § 5.

291. R. Ehrenberg, Hamburg u. England im Zeitalter der Königin Elisabeth (Jena 1896) S. 211.

292. Baasch, Kampf S. 195.

293. v. Reden, Hannover II S. 91.

294. v. Reden, Hannover II S. 98.

295. Baasch, Handelskammer II. Bd. 2. Teil S. 44.

296. Lübbers bei Laue-Meyer I S. 245.

297. Lübbers bei Laue-Meyer I S. 257.

298. Dieser Riß ist teilweise wiedergegeben in meiner Schrift „Segelschiffe", Abb. 24.

299. J. Walcke, Elbschiffahrts-Recht (Hambg. 1844) S. 200 f.; Lahrsen S. 17 f.

300. Lahrsen S. 48.

301. Th. Götze, Lauenburgs Schiffahrt (Lauenburg 1925) S. 48 f.

302. Ueber die in Lauenburg verwendeten Schiffstypen s. Burmester S. 211 f.

303. Burmester S. 220.

304. Baasch, Kampf S. 48.

305. Auf die Lüneburger Modelle machte zuerst O. Brüning aufmerksam. In Bardowiek fand ich ein drittes Modell; es wird dort alljährlich beim Schifferfest mitgeführt. Eine unverständliche zeitgenössische Angabe über die Ilmenaufahrzeuge teilt Baasch mit (Zur Gesch. d. Verkehrs zwischen Lüneburg und Hamburg, Z. d. hist. Ver. f. Niedersachsen 1903 S. 191): 1631 warfen die Hamburger Schiffer, die für die Schiffahrt auf der Ilmenau nur kleine Kähne verwendeten, den Lüneburgern vor, daß diese größere Kähne hatten, die mit einem scharfen Kiel versehen seien und deshalb die Ilmenau verdürben. Binnenkähne hatten und haben keinen Kiel, allenfalls besitzen sie einen Strak.

306. Griese-Schwindrazheim Abb. S. 40, s. auch Abb. S. 41.

307. Abb. bei Burmester und Roeding (Abb. 598, Gelle). Offene hölzerne Kähne mit diesem Ruder habe ich vor Jahren in Lübeck und Bardowiek gesehen. Das Krummholz nennt Roeding (II S. 649) Schwert, Brüning (S. 225) Degen, dagegen wird es in der Baubeschreibung eines Rheinschiffes (Typ Kain) Bügel genannt. Bei diesem Schiffstyp, wie auch bei anderen deutschen und holländischen Schiffen des Rheingebietes, auch bei einigen Weserschiffen, ist der Ruderpfosten binnenbords durch das Achterschiff geführt; Abb. Konijnenburg, besonders III Abb. 104 f. und O. Teubert, Die Binnenschiffahrt I (Berlin 1912) bes. S. 406 f. Die Verwendung des ähnlichen Ruders weist nicht auf einen gleichmäßigen Ursprung dieser Schiffsformen hin, wie Brüning (S. 225) vermutet. Denn einerseits sind diese Schiffstypen, etwa Lahnschiff, Weserbock und Ilmenau-Ever, zu sehr verschiedenen, andererseits ist das westdeutsche Schweberuder (holl. *klapphekken)* viel jünger als das Ruder des Ilmenau-Evers. An der oberen Maas besaß am Ende des 17. Jahrhunderts der Schiffstyp Herna das Schweberuder mit Krummholz. Es ist von dort aus erst am Ende des 18. Jahrhunderts bei den großen Saarschiffen und Moselkainen eingeführt worden, s. K. Schwarz, Die Typenentwicklung des Rheinschiffes bis zum 19. Jahrhundert (Dissert. Karlsruhe 1926) S. 100.

308. Patje S. 453.

309. Handelsverkehr S. 78 f.

310. v. Reden, Hannover II S. 87.

311. Reinstorf S. 84.

312. In der ersten Hälfte des 19. Jahrhunderts und bis in die 70er Jahre nannte man diese Ever meistens G a l l i a s - E v e r, gelegentlich auch Ever- G a l l i a s; niederdeutsch heißen sie G a l j a ß - E v e r.

313. Kirsten Abb. S. 15.

314. Szymanski, Segelschiffe Abb. 28.

315. Kirsten Abb. S. 15 und die Abb. 35.

316. Szymanski, Segelschiffe Abb. 44.

317. Abmessungen: $17,93 \times 5,90 \times 2,33$ m; 56 Brutto-Registertonnen.

318. Handprotokolle der Hamburger Senatskanzlei vom 17. Nov. 1817. Wenn auch in den Schiffsverzeichnissen die Typenbezeichnungen sehr oft falsch angegeben wurden und werden, so darf man hier kaum die gleiche Unkenntnis voraussetzen, weil die Eintragungen in Senatsprotokolle immer von den Aeltermännern des hamburgischen Amtes der Schiffbauer bestätigt werden mußten.

319. Moeller-Roeloffs S. 48. Das Schiffsregister des „Bureau Veritas" verzeichnet zwei Schlup-Ever, davon ist der eine („Anna Margaretha") im Jahre 1829 zu Neumühlen gebaut worden.

320. Jürgensen § 30 und 31.

321. Dreimal im Schiffsregister des „Bureau Veritas" verzeichnet, z. B. „Ami" von Blankenese, 1842 in Uetersen gebaut, mit Seitenschwertern. Hamburg besaß in den Jahren 1853 bis 1857 den Schuner-Ever „Ferdinand", 87 Tonnen Tragfähigkeit (L. Hooge & Booljahn, Verz. d. hambg. See-Dampf- und Segelschiffe f. d. J. 1853 bis 1857). In den hannöverschen Schiffslisten für 1860 bis 1864 sind je drei, 1865 zwei und 1866 ein Schuner-Ever enthalten: „Weser", „Felix" und „Favorite"; diese in den Jahren 1854 bis 1858 gebauten Ever hatten eine Tragfähigkeit von 94 bis 126 Tonnen. Bremen besaß im Jahre 1840 ebenfalls einen Schuner-Ever (J. Schmidt, Uebers. der bremischen Seeschiffahrt i. d. J. 1838 bis 1840, Bremen 1841).

322. Z. B. Seeschiffsregister Harburg, Galiot-Ever „Bremen" von Grohn, 1850 bei Claus Stehnken zu Fähr gebaut. Obwohl dieses Schiff bereits im Jahre 1868 vor der norwegischen Küste untergegangen ist, ist es noch im Handbuch für die Deutsche Handelsmarine vom Jahre 1878 enthalten.

323. Z. B. im Jahre 1892 der nach Röm gehörende, 1852 gebaute Fischer-Ever „Treue", sowie der im Jahre 1903 in Kiel beheimatete, 1868 gebaute Fischer-Ever „Nordsee". In den Artikeln der Finkenwärder Seefischer-Casse vom Jahre 1876 (Handschrift) steht (Art. 13): „Sollte ein Interessent seinen Fischbünn dicht machen, so daß er keine Fischerei mehr betreiben will, so ist er aus der Casse ausgeschlossen ...".

324. Schrader S. 536 f. Seine wertvolle Beschreibung der Blankeneser Ever ist oft nachgedruckt worden, zuletzt bei Schnackenbeck S. 167 f.

325. Schrader S. 540.

326. Ehrenberg, Blankenese S. 35.

327. Zwei Schilderungen des bekannten Verfassers vieler Seeromane Heinrich Smidt, geboren im Jahre 1798 als Sohn eines Altonaer Kapitäns, mögen hier Erwähnung finden: „Ein langes, schwarzes Fahrzeug, hinten und vorne gleich scharf und spitz, fliegt heran. Ein einzelner Mast ohne alle Abtheilung [ohne Stänge] ragt aus seiner Mitte in die Luft, ein Segel, in der Gestalt eines länglichen Vierecks, hängt von demselben bis auf das Verdeck herab; das sind die Wahrzeichen eines Blankeneser Fischers" (Hamburger Bilder, Hamburg 1836 I S. 232). „In der Nähe des Wracks aber befanden sich zwei jener allezeit bereiten Fahrzeuge, mit ihren durchwetterten Schiffern, ihren endlosen Masten und den ebenso endlosen Raasegeln daran" (Binnen der rothen Tonne, Berl. 1865 II S. 106).

328. Nach Akten des Hamburger Staatsarchivs.

329. Schacht, Denkschrift o. Seitenzahlen.

330. Moeller-Roeloffs S. 64 und 80, Tafel 40; Le Comte S. 53 f., Tafel 43; Abbildungen von platt- und spitzgatten Evern bieten: Kirsten, z. B. S. 7 und 9; ferner mehrere Bleistiftzeichnungen von R. Hardorff in der Kunsthalle Hamburg; Führer durch die Fischerei-Abt. des Altonaer Museums (1903) S. 7 und 17 f.; Lübbert, Walfänger S. 25; Timmermann S. 17.

331. Scheidt-Wriede S. 34.

332. Schacht (s. Anmerkg. 329).

333. Schacht (zweimal); Bargheer S. 159; Dittmer, Hochseefischerei S. 34.

334. Hamburger Senatskanzlei Protokolle v. 30. Dez. 1824 und v. 7. April

1830. Die Höhe ist gemessen von der Bodenwegerung bis unterhalb Segelducht.

335. Schrader S. 538; Hübbe-Suhr S. 103; Abendroth S. 24; Staatsbürgerl. Magz. f. Schlesw.-Holstein 1840 S. 721; Mügge I S. 159 f; L. Meyn, Holstein u. Lauenburg (Kiel 1847) S. 30; E. Willkomm, Wanderungen an der Nord- und Ostsee (Leipzig 1850) S. 73; H. Smidt, Eine Fahrt nach Helgoland (Berlin 1839) S. 26. Eine gute Bemerkung macht Heinrich Smidt (Binnen der rothen Tonne. Berlin 1865 IV S. 186): „Der Blankeneser ist beidlebig. Auf dem Lande weilt er nur vorübergehend. Das Wasser ist seine eigentliche Heimat..." Erwähnt sei noch, daß man in Blankenese im Jahre 1915 in einer Halle am Elbstrand das Modell eines Blankeneser Rah-Evers zum Besten des Roten Kreuzes benagelt hat (G. Kirsten, Allerlei Interessantes aus Blankenese. Blank. 1924 S. 54).

336. (Michael Scott) Tom Cringle's Log (Paris 1834) S. 33.

337. Vgl. Anmerkg. 330.

338. Die nordgermanische Welt (Kopenh. 1840) Anmerkg. 1004.

339. Schacht.

340. Scheidt-Wriede S. 34.

341. Abbildungen: Abhandlungen d. Deutschen Seefischerei-Ver. I (Berlin 1897) Abb. 1; Lübbert, Motor Tf. 1; Kirsten S. 13 (1849); Reinhardt, Helgoland S. 20; ferner mehrere Zeichnungen von R. Hardorff (1858, Kunsthalle Hamburg) und von Wulff (1850, Mus. f. Hambg. Gesch., Denkmalarchiv). In der Instruction für die Schiffsmessung in den Herzogth. Schleswig u. Holstein vom 7. Februar 1848 ist nur von gedeckten Evern die Rede, s. Jürgensen § 32. Angaben über den Bau bieten noch: Schacht; Bargheer S. 159 f.; F. v. Kronenfels, Alphabet. Verz. der Seeausdrücke (Wien 1878) S. 23; J. Friedrichson, Schiffahrts-Lexikon (Hambg. 1879) S. 107 f.; Führer Altona S. 16 f.; vgl. noch die hübsche Schilderung bei Gorch Fock, Fahrensleute (Hambg. 1916) S. 168 f.: „Unser Ewer".

342. Einmal ist es vorgekommen (1912 auf der Elbe), daß ein Ewer mit offener Bünnklappe gekentert ist, s. Hansa 1912 S. 888 u. 927.

343. Schacht; Bargheer S. 159 (fassen 1500—3000 Pfund Fische); Schnackenbeck S. 150.

344. Schacht; Lübbert, Motor S. 165 f.; s. auch Almanach d. Deutsch. Seefischerei-Ver. 1899 S. 649 f.

345. Bargheer S. 160: „Bis 1869 wurden fast sämmtliche Fahrzeuge (circa 150 Ever) hier gebaut. Die genaue Anzahl läßt sich indessen nicht mehr nachweisen." Die Reihenfolge der Eigentümer der Werft Wriede (s. S. 14) anzugeben, ist nach den von mir benutzten Quellen nicht möglich. So kommt in den Vermessungsprotokollen 1870—1878 vor: Julius Wr., J. C. Wr., Carsten Wr. und J. Wriede Söhne. Der letzte Besitzer war der Schiffbaumeister Julius C. Wriede, s. a. Mitt. d. Deutschen Seefischerei-Ver. 1924, S. 85—86. Den letzten Seefischer-Ever der Werft von Cölln baute 1879 Barthold von Cölln.

346. Der Linienriß des Kiel-Evers „Maria" H F 211 (1879) ist bei Dittmer-Buhl Abb. 11 wiedergegeben, die Zeichnung besitzt das Altonaer Museum. Die Seefischer-Ever sind auf den Finkenwärder Werften nicht nach Zeichnungen, sondern immer nach Mallen gebaut worden. Mehrere Modelle von diesen Fahrzeugen befinden sich im Altonaer Museum.

347. E. Kühl, Fischerkutter. Zeitschrift Ahoi 1884 (Probeband) S. 73 f.; Lindemann, Statistik S. 57 u. 132 f. Erwähnt sei, daß bei Bargheer (S. 159), Dittmer (Hochseefischerei S. 34), Harbeck (Die Yacht 1917

S. 388), Schnackenbeck (S. 169) der Kiel-Ever mit dem Kutter-Ever verwechselt wird. Auch ist der erste Kiel-Ever nicht im Jahre 1876 (so Henking S. 120 und Führer Altona S. 16), sondern schon 1875 gebaut worden, vgl. Lindemann, Statistik S. 131.

348. Viele Angaben über die Bauart und Takelung der älteren und neueren Seefischer-Ever verdanke ich den Herren Schiffbaumeistern J. C. Wriede (Hambg. Finkenwärder), H. Behrens (Lünebg. Finkenwerder) und G. Junge (Wewelsfleth).

349. Kirsten S. 13; ältere Darstellungen bieten Wulff, Blankeneser Besahn-Ever um 1850 (Museum für Hamburgische Geschichte, Denkmal-archiv), sowie zwei Zeichnungen von H. Hardorff (Kunsthalle Hamburg), darstellend einen Blankeneser Giek-Ever und einen Besahn-Ever. Diese Zeichnungen tragen die Jahreszahl 1858. Man kann sie deshalb nicht „um 1835" datieren, wie bei H. Lübbert, Die deutsche Hochsee-Segelfischerei in Vergangenheit und Gegenwart (Berlin 1909) S. 4 und 5, ferner Walfänger S. 27, angegeben ist. Um 1835 gab es in der niederelbischen Fischerflotte noch keine Giek-Ever, geschweige Besahn-Ever; siehe die Schriften von Schacht, Le Comte, Moeller-Roeloffs und Clement (Anmerkung 338).

350 a. Bargheer S. 162.

350 b. Fahrensleute (Hamburg 1916) S. 177.

351. Freundliche Mitteilung des Herrn Hugo Reckmann (Segelmacher in Altona).

352. Gorch Fock, Seefahrt ist not! (Hamburg 1918) S. 182—183; hier steht u. a.: Grün brachten die Bauernjungen auf, als sie Seefischer wurden, Rot erwählten sich die glücklichsten Fischerleute, die gern etwas Besonderes aufzuweisen haben wollten, Weiß aber war die er-klärte Farbe der jungen Fischer, die noch draußen klüsten, wenn andere schon im Hafen lagen. Eine ähnliche Schilderung gibt Hinrich Wriede (Scheidt-Wriede S. 35); nach Wriede ist „der weiße Bug das Zeichen der im Winter fischenden, der sterbenden Seefahrt."

353. Vgl. Führer Altona S. 14; Gorch Fock, Seefahrt ist not! (Hamburg 1918) S. 47—51; hier ist der schöne Spruch „Mediis tranquillus in undis" (geruhig inmitten der Meereswogen) erwähnt. Die im Text angeführten Sprüche sind den Nachbildungen von Everkajüten (Logis) im Altonaer Museum sowie im Museum für Meereskunde (Berlin) entnommen.

354. The Mariner's Mirror 1920 S. 59.

355. Gesetzsammlg. d. Hansestadt Hamburg f. d. Jahr 1869 S. 340, vgl. ebd. S. 301.

356. Reichs-Gesetzblatt 1884 S. 25 f.; sie ist auch im Almanach des Deut-schen Seefischerei-Ver. abgedruckt; vgl. auch Amts-Blatt d. Hanse-stadt Hamburg f. d. Jahr 1894 S. 334 f.

357. K. Talg, Die Totalverluste in der Finkenwärder u. der Cranzer Seefischerflotte (1882—1905), Mitt. d. Deutsch. Seefischerei-Ver. 1905 S. 168 f.; Paulsen S. 40; Lübbert, Walfänger S. 32.

358. Afbeeldingen van Schepen S. 54; vgl. auch die in Anmerkg. 335 an-gegebenen Schriften; über die neueren Ever und Kutter s. Ent-scheidungen XIX (1912) S. 221 f.

359. Mitt. d. Sektion f. Küsten- u. Hochseefischerei 1888 S. 126 f. und 1889 S. 205 f. Die Bünn hatte Gustav Junge entworfen, ein Modell besitzt das Altonaer Museum (s. Führer S. 11).

360. Lübbert, Motor S. 116 f.; H. Henking, 25 Jahre im Dienste der Deut-schen Seefischerei. Ein Rückblick auf die Tätigkeit des Deutschen Seefischerei-Ver. (Berlin 1910) S. 11; Paulsen S. 42; Lübbert, Wal-

fänger S. 32; vgl. Hansa (Hamburg) 1904 S. 270 f., 1910 S. 216 f., 1912 S. 927.

361. Rudolf Kienau, Blinkfüer (Hambg. 1918) S. 38: „Un denn mit son ooln, platten Eewer, — doar kannst joo keen Heucht mit hooln, driffst joo jümmers verdwars weg."

362. Dallmer (1886) S. 532, das Senkschwert bewährte sich nach Dallmer wenig; Mitteilungen d. Sektion f. Küsten- u. Hochseefischerei 1892 S. 62.

363. Satzung der Versicherungskasse f. Fischerfahrzeuge der Nordsee (Unterelbe-Versicherungskasse), Berlin 1907 S. 24; hier sind noch andere Einzelheiten über den Bau der Fischerfahrzeuge angegeben.

364. Abhandlungen d. Deutschen Seefischerei-Ver. I (Berlin 1897) S. 84; Dittmer-Buhl S. 149; Lübbert, Motor; Henking (Anmerkg. 360) S. 12 f.; E. Sterner, Der Motor in der niederelbischen Segelfischerei, Der Fischerbote (Hambg. 1918) S. 145 f.; J. C. Wriede, Mitt. ü. d. Einführung von Motoren i. d. Finkenwärder Hochseefischerei, Der Fischerbote 1924 S. 198 f.; E. Wiese, Die niederelbische Hochseefischerei in den letzten 10 Jahren, Mitt. d. Deutschen Seefischerei-Ver. 1924 S. 87 f.; Lübbert, Walfänger S. 34; Schnackenbeck S. 171 f. Wie mir kürzlich in Finkenwärder mitgeteilt wurde, ist die rasche Abnutzung einiger Motoren auffallend; denn einige Finkenwärder Fischerfahrzeuge besitzen schon den zweiten, einige bereits den dritten Motor.

365. Altenwerder S. 69. Kurze Angaben bieten die in Anmerkg. 750 aufgeführten Schriften; ferner Henking (1896) S. 125; Voigt, Fischerei S. 5 f. u. 12; Dallmer (1886) S. 479; Modelle besitzt das Altonaer Museum. Mehrere Angaben verdanke ich auch Herrn Kunstmaler Johs. Holst (Altenwerder).

366. Ehrenbaum, Neue Elbkutter und ihre Zukunft, Mitt. d. Sektion f. Küsten- u. Hochseefischerei 1892 S. 88 f.

367. Verzeichnis der Fischerfahrzeuge von Altona, Blankenese, Finkenwärder usw. (Blank. 1914).

368. Außer eigenen Ermittelungen verdanke ich dem Schiffbauer Herrn Heinrich Staak (Wittenberge) mehrere Angaben.

369. Crone S. 299.

370. Eine allgemeine Uebersicht bietet E. Grohne, Hamburgs Hinterland (Hambg. 1922).

371. Wöchentl. Nachrichten I (1773) S. 311.

372. Geogr. u. hist. Handb. I. Bd. 5. Teil S. 3062.

373. Zufällige Gedanken über den wenigen Betrieb in Holstein, Schlesw.-Holst. Provber. 1789 II S. 137.

374. Schiffahrt Hzt. Bremen S. 1455 u. 1557.

375. Ueber die Producten-Einfuhr nach Kopenhagen und nach Altona-Hamburg 1840, Archiv f. Gesch. d. Hztm. Schlesw., Holst. u. Lauenburg III (1844) S. 626.

376. Baasch, Seeschiffbau S. 95.

377. Die Wasserstraßen in Preußen, 2. Ausg. (Berlin 1877), V. Kurs, Tabellarische Nachrichten ü. d. schiffbaren Wasserstraßen des Deutschen Reichs (Berlin 1894); Führer auf den deutschen Schiffahrtsstraßen, III. Teil Das Elbe-Gebiet, 3. Aufl. (Berlin 1912). Vgl. noch C. Gaedechens, Topogr. Studien ü. d. Gewässer in und bei Hamburg, Z. d. V. f. Hambg. Gesch. IX (1890) S. 202 f.; R. Bielenberg im Heimatbuch Steinburg II S. 297 f.; J. M. Lappenberg, Die Elbkarte des Melchior Lorichs vom Jahre 1568 (Hambg. 1847).

378. Ueber den Verkehr auf den Landstraßen s. Grohne S. 23 f. (mit Lit. Nachweisen).

379. O. Hedrich, Die Entw. des schlesw.-holst. Eisenbahnwesens (Dissert. Kiel 1915); Baasch, Handelskammer II. Bd. 2. Teil S. 377 f.; Th. Benecke, Entw. des Harburger Verkehrswesens, Blätter f. Heimatskunde Nr. 3, 1924 (Beilage z. Harburger Volksblatt); Jobelmann-Wittpenning S. 123. Ueber den Dampfschiffsverkehr der Unterelbe-Bahn s. Mathies S. 141 u. 142.

380. 1890 f. nach dem Handbuch f. d. deutsche Handelsmarine (Berlin). Die Zahl der eisernen Ever und Tjalken war aber größer als angegeben, weil viele kein Unterscheidungssignal besitzen, deshalb auch nicht im Handbuch verzeichnet sind.

381. Zeitgenössische Angaben über die Elbschiffahrt, selbst neuere, habe ich im Text und in den Anmerkungen oft wiedergegeben; denn viele Schriften sind nicht ohne Schwierigkeit zu beschaffen, auch werden Viele weder die Gelegenheit noch die Neigung haben, diese Schriften nachzuschlagen.

382. H. Treutler, Die Entstehung des Hamburger Elbstapels (Dissert. Hambg. 1925, Maschinenschrift); W. Stein, Beiträge z. Gesch. d. deutschen Hanse (Gießen 1900) S. 48 f.; W. Naude, Deutsche städt. Getreidehandelspolitik v. 15.—17. Jahrh. (Leipzig 1889) S. 39 f.; Baasch, Kampf; Jürgens S. 171 f. u. 211.; Detlefsen, Elbmarschen I S. 98 f. u. II S. 132; Ferber, Tonnenwesen S. 29 f., 47, 84 f.

383. Lappenberg, Chroniken S. 471.

384. Naude (s. Anmerkg. 382) S. 76, 79 u. 130.

385. Klefeker II (1766) S. 143.

386. Jürgens S. 170.

387. Laue-Meyer I S. 494.

388. R. Hansen, Ein ditmarsischer Bauernhof d. 16. Jahrh., Die Heimat 1901 S. 126.

389. Detlefsen, Herzhorn S. 27.

390. Borstelmann, Kehdingen S. 31, 160 u. 188; Erbexen = Erbbesitzer, hatten ursprünglich einen größeren erbeigenen Grundbesitz.

391. Hintze-Breckwoldt, Die Breckwoldts S. 24. Köter waren freie Leute mit nur geringem Grundbesitz.

392. Jürgens S. 86.

393. S. 286 f.

394. Wedel u. d. Haseldorfermarsch S. 32.

395. Ehlers, Pinneberg S. 265 u. 266.

396. Ehlers, Pinneberg S. 261 f.

397. Norrmann I. Bd. 4. Teil S. 1887.

398. Statistik d. Handels (1835) S. 278; v. Schröder II S. 124.

399. Ehlers, Pinneberg S. 269 u. Statistik d. Handels (1835) S. 277.

400. Statistik d. Handels (1835) S. 79 f.; v. Baggesen II S. 338; Rauert S. 77; K. Struve bei Ehlers, Pinneberg S. 511 f. (auch K. Struve, Aus dem alten Elmshorn, Die Heimat 1925 S. 217 f.).

401. Ehlers, Pinneberg S. 268, 270.

402. Norrmann I. Bd. 4. Teil S. 1887 u. 1909.

403. Dörfer S. 108.

404. Rauert S. 76.

405. P. Matthiessen, Die holstein. Marschgüter Seestermühe, Groß- u. Klein-Collmar (Itzehoe 1836) S. 201.

406. Amtsbezirke Kollmar u. Seestermühe S. 244.

407. Detlefsen, Herzhorn S. 95; vgl. Detlefsen, Elbmarschen II S. 76 u.

Z. d. Ges. f. Schlesw.-Holst. Gesch. 1907 S. 38; R. Bielenberg im Heimatbuch Steinburg II S. 322.

408. Cronheim III S. 124.

409. L. Brinner, Die deutsche Grönlandfahrt (Berlin 1913) S. 532. In den dreißiger Jahren des 19. Jahrhunderts war der Kornhandel Glückstadts unbedeutend, s. Statistik d. Handels (1835) S. 118.

410. Cronheim III S. 115. Auch nach der Altonaer Marktordnung vom Jahre 1727 war es gestattet, daß Fische und Gartengewächse jederzeit aus den Evern verkauft werden durften, s. E. Wichmann, Geschichte Altonas (Altona 1865) S. 166.

411. Detlefsen, Elbmarschen I S. 244 u. 264, II S. 176; Jürgens S. 84, 86, 100, 197.

412. R. Bielenberg im Heimatbuch Steinburg II S. 314 f. Herrn Bielenberg verdanke ich mehrere Angaben über die Schiffahrt auf der Kremperau.

413. Cronheim II S. 300 f.

414. Handbuch I. Bd. 4. Teil S. 1895.

415. Kruse, Crempe einst u. jetzt, Schlesw.-Holst. Provber. 1824 S. 10; Ueber den Kornhandel von Stellau nach Krempe und Glückstadt s. Kähler S. 237.

416. Jürgens S. 86.

417. Cronheim II S. 190 f.

418. Z. d. Ges. f. Schlesw.-Holst. Gesch. 1878, Anh. S. 54; Detlefsen, Elbmarschen I S. 243 f.; R. Hansen, Itzehoe S. 150 f. u. 184; R. Hansen im Heimatbuch Steinburg III S. 21 f.; s. auch den Aufsatz von Chr. Kuß über das Schiffahrtsrecht von Itzehoe in Neues Staatsbürgerl. Magazin f. d. Hzt. Schlesw., Holst. u. Lauenburg I (1832) S. 91 f.

419. Z. d. Ges. f. Schlesw.-Holst. Gesch. 1878, Anh. S. 97 u. 100.

420. Jägermann S. 70 u. 81; Statistik d. Handels (1835) S. 144 f. u. 151.

421. Cronheim II S. 269; vgl. R. Bielenberg im Heimatbuch Steinburg II S. 307 f.

422. Cronheim III S. 445 f.; vgl. W. Jensen im Heimatbuch Steinburg III S. 144 f.

423. Cronheim II S. 193 f.

424. Cronheim II S. 224.

425. Norrmann I. Bd. 4. Teil S. 1895; Dörfer S. 278; Statistik d. Handels (1835) S. 289 f.; v. Baggesen II S. 311; W. Jensen im Heimatbuch Steinburg III S. 169; Carstens (1928).

426. Freundl. Mitt. d. Herrn Heinrich Krumm (Wilster).

427. G. Niemann, Einige Bemerkungen auf e. Reise nach Wewelsfleth, Schlesw.-Holst. Provber. 1798 II S. 144; H. Schmidt, Wewelsfleth, Schlesw.-Holst. Chronik 1799 S. 117; H. Schmidt, Beschreibg. des Kirchspiels Wewelsfleth, Schlesw.-Holst. Vaterlandskunde (Hambg. 1802) 1. Stück S. 84 f.; v. Baggesen II S. 328; W. Jensen, Wewelsfleth, im Heimatbuch Steinburg II S. 178 f.

428. Cronheim II S. 213.

429. Freundl. Mitt. d. Herrn Gustav Junge (Wewelsfleth). Die Schlächter und Bäcker dieses Ortes versorgten im Herbst auch Helgoland mit Fleisch, Fettwaren und Mehl für den Winter. Diese Waren holten die Helgolander Schiffer von Wewelsfleth ab; ehemals sind hier auch einige Helgolander Kuffen gebaut worden.

430. Die Entw. des ländlichen Handwerks in Schlesw.-Holst. (Leipzig 1923) S. 154 u. 156 f.

431. Wewelsfleth, 1799 (s. Anmerkg. 427) S. 113 f.

432. Mitgeteilt von W. Jensen S. 179; über die Störkringel s. auch Niemann S. 144, Schmidt (1802) S. 84, (Titel Anmerkg. 427); ferner Buek, Text z. Tf. 81; Heckscher-Suhr S. 42 u. Tf. 32; Kähler S. 228.

433. Der mit Störkringeln getätigte Umsatz war erstaunlich. Nach Schmidt, 1799 (Anmerkg. 427) S. 115, hatten allein auf den beiden Hamburger Freimärkten im Jahre 1798 die Bäcker von Wewelsfleth und Störort für 8000 Mk., die Bäcker von Beidenfleth für 3500 Mk., die von Neuenkirchen für 700 Mk. Kringel verkauft.

434. Vogel, Seeschiffahrt I S. 453.

435. Statistik d. Handels (1835) S. 86 u. 278; Rauert S. 77; vgl. v. Schröder I S. 21 (Haseldorf).

436. Cronheim II S. 214.

437. Cronheim II S. 304 f.

438. Jensen, St. Margarethen S. 111, 117 u. 259; v. Baggesen II S. 328.

439. Jensen, St. Margarethen S. 261. Noch ein Wort für die Schiffer von St. Margarethen sei gestattet. H. Tamm (Z. d. Ges. f. Schlesw.-Holst. Gesch. VI 1876 S. 36) schreibt: „Selbst die St. Margrethner Schiffer sind, wie ein dort lebender Beobachter mich versicherte, so wenig mit dem Gebrauch von Norden, Osten, Süden, Westen vertraut, daß für gewöhnlich ihre ganze Windrose nur aus den zweien besteht: ruum Wind und schewe Wind, d. h. der in der Richtung des Stromes und der seitlich wehende." Das ist ein Irrtum. Vielmehr heißt in diesem Fall ruum (raumer) Wind guter Wind und schewe (schiefer) Wind schlechter Wind. Diese beiden Windarten unterscheidet jeder Schiffer; s. auch S. 243 (Spruch).

440. Einige Nachrichten vom Kirchspiel Brockdorf, Schlesw.-Holst. Vaterlandskunde (Hambg. 1802) 1. Stück S. 123 f.

441. Jürgens S. 10 f., 86, 212, 293 u. 175 (16. Jahrh.); Hagedorn Ostfriesland (1909 S. 56 f., 1912 S. 309).

442. Norrmann I. Bd. 4. Teil S. 1899; Hansen-Wolf S. 46; Statistik d. Handels (1835) S. 35, vgl. S. 339; v. Baggesen II S. 304.

443. Hansen-Wolf S. 27; Statistik d. Handels (1835) S. 174.

444. Wolf, Norderdithmarschen S. 241 f.

445. Boysen, Büsum S. 147.

446. Marten-Mäckelmann S. 361 f.

447 a. de Roth S. 134; Büsching S. 311; Norrmann I. Bd. 4. Teil S. 1692 f.; Patje S. 386; Schiffahrt Hzt. Bremen S. 1557; v. Reden Hannover II. S. 103; Festschrift Bremervörde I S. 117.

447 b. Lindenau S. 70 f.

448. v. Reden, Hannover II S. 260 f.

449. Bilkau S. 2 f., 6 u. 16; Norrmann I. Bd. 4. Teil S. 1678; Tetens I S. 397; Patje S. 387; Chronik des Landes Hadeln (Otterndorf 1843) S. 11. Die ausführliche Studie von O. Auhagen (Zur Kenntnis der Marschwirtschaft, Berlin 1896) enthält nichts über den Absatz der Erzeugnisse Hadelns auf dem Wasserwege.

450. Bilkau S. 95 u. 126 (s. auch Chronik Hadeln [Anmerkg. 449] S. 171, 174 u. 301).

451. Lahrsen S. 16.

452. Abendroth S. 23 u. 30.

453. Jürgens S. 14, 22, 210 f. Schiffe aus dem Erzstift Bremen segelten z. B. im Jahre 1593 mit Getreide nach Emden, s. Hagedorn, Ostfriesland (1912) S. 258.

454. Jürgens S. 89.

455. Jürgens S. 281.

456. HUB. X Nr. 941.

457. Borstelmann, Altes Land S. 267; 1651 wohnte in Neuenkirchen an der Lühe eine Schifferin (Anke Garn), ebd. S. 92.

458. Borstelmann, Kehdingen S. 218; Everführer z. B. S. 25, 28, 31 u. ö.; Schiffer und Krüger sowie Schiffer und Handelsleute S. 85, 127, 188, 192, 196; Kornhändler S. 219.

459. de Roth S. 118; vgl. Norrmann I. Bd. 4. Teil S. 1700 f.; Patje S. 385; Schlüter, Das Land Kehdingen, Neues vaterl. Archiv (Lünebg. 1826) S. 131 f.

460. Handbuch I. Bd. 4. Teil S. 1692.

461. Altes Land S. 804; am Ende des 18. Jahrh. führte Buxtehude Heu aus, s. Rotermund S. 115 u. 420.

462. Altes Land S. 67.

463. v. Reden, Hannover II S. 98; Beschreibung d. Altenlandes S. 12; Festschrift Bremervörde I S. 111, 113, 125; Vollmer bei Siemens S. 45. Eine Charakteristik der Kehdinger in der ersten Hälfte des 19. Jahrhunderts gibt der bekannte Heinrich Smidt (Binnen der rothen Tonne, Berlin 1865, II S. 142): „Das Volk in diesen großen Elbdörfern ist beidlebig und geht mit derselben Gemütsruhe jenseits der rothen Tonne bis Australien und China, als Schritt vor Schritt hinter dem Pfluge her, wenn es daheim zwischen sichern Mauern weilt. Der Bauer ist Seemann und der Seemann ist Bauer. Einer pfuscht in das Handwerk des Andern.“

464. Baasch, Kampf S. 92.

465. Baasch, Kampf S. 117; nach Büsching (1773 S. 310) verkaufte das Amt Harburg Getreide nach Hamburg.

466. Norrmann I. Bd. 5. Abt. S. 3085; Hübbe-Suhr S. 76; v. Heß 2. Aufl. III (1811) S. 154; Plath S. 394; Roeding (1827) S. 221, 229; v. Schröder I S. 45; Voigt, Bill- und Ochsenwärder Bl. 5; Puvogel S. 387; Finder, Bürgertum S. 115.

467. E. Baasch, Zwei Konflikte zwischen dem Erzstift Bremen u. d. Stadt Hamburg, Z. d. hist. V. f. Niedersachsen 1910 S. 261 f.

468. Ueber Hamburgs Bierbrauerei s. Bing, Z. d. V. f. Hambg. Gesch. XIV (1909) S. 209 f. Hier wird angegeben (S. 322), daß im 18. Jahrhundert die Schiffer das als Schiffsproviant bestimmte Bier mitunter bei der Störmündung und an anderen Stellen einkauften, weil es dort billiger als in Hamburg war. Dem Besitzer des Gutes Brobergen an der Oste mußte schon vor 1600 von dem Hamburger Bier, das dort vorbei nach Vörde hinaufgeführt wurde, eine Probekanne gegeben werden; s. Lindenau S. 70.

469. Cronheim II S. 218 (1716).

470. Cronheim II S. 204.

471. Schlesw.-Holst. Vaterlandskunde (Hambg. 1802) 1. Stück S. 124.

472. Statistik d. Handels (1835) S. 285.

473. Ueber die Gemüsezufuhr aus Holland nach Hamburg s. Baasch, Seeschiffahrt S. 339, Hübbe, Ansichten S. 239.

474. Mitt. d. V. f. Hambg. Gesch. VIII (1885) S. 12 f.; Melhop, Bauweise 2. Aufl. (1925) S. 320 f.; Büsching S. 310; Norrmann I. Bd. 4. Teil S. 1646, 1661; Patje S. 413; Hübbe-Suhr S. 33 f.; Buek, Text z. Tf. 88; Weirup, Gemüsebau S. 2 f.; H. Oberdieck im Lüneburger Heimatbuch I S. 818 f.

475. Finder, Bürgertum S. 128.

476. Nachricht von der Stadt Hamburg (Halle c. 1707) S. 311.
477. Baasch, Zur Geschichte d. Verkehrs zwischen Lüneburg u. Hamburg, Z. d. hist. V. f. Niedersachsen 1903 S. 192, 211 f.
478. Blohm S. 79.
479. Lüneburger Heimatbuch I S. 821.
480. Finder, Vierlande I S. 168 f.; J. Röhr, Die Entw. d. Landwirtschaft i. d. Vierlanden (Johannisburg 1907); Brick S. 6 f.; Puvogel S. 363 f.; Hübbe-Suhr a. m. O.; v. Heß 1. Ausg. II (1789) S. 104; J. A. Minder, Die Vierlande (Hambg. 1819); Hübbe, Ansichten S. 13 f.; Roeding (1827) S. 229; Plath S. 394 f.; Buek, Text z. Tafel 71 f.; O. Schoost, Vierlanden. Beschreibg. des Landes (Hambg. 1894) S. 9 f.; A. Trinius, Hamburger Schlendertage 3. Aufl. (Minden 1898) I S. 32; P. Hertz, Unser Elternhaus (Ausgabe Hambg. 1904) S. 10; Engelbrecht I S. 279; H. Dräger, Lebenserinnerungen (Hambg. 1914) S. 11 f.; Linde 5. Aufl. (1921) S. 92 f.
481. H. Dräger, Lebenserinnerungen (Hambg. 1914) S. 36 f.; ein mit Schnitzereien verziertes Vierländer Schifferhorn besitzt das Museum für Hambg. Geschichte (s. Die Heimat 1906 S. XXX). Das Ochsenhorn trägt einen Spruch, es zeigt die Wappen von Hamburg und Amsterdam; sicherlich gehörte es ehemals zu einem Beurtschiff, das zwischen diesen beiden Städten verkehrte.
482. Puvogel S. 444 (nach e. Bericht des Gemeindevorstehers von Kirchwärder aus dem Jahre 1906).
483. H. Grube bei Brick S. 9.
484. Finder, Vierlande I S. 177 f.
485. Der Ausruf in Hamburg S. 118 und Ansichten S. 13. J. A. Minder, Die Vierlande (Hambg. 1819) S. 11: Neuengamme ist „ein lieblicher Garten, der die schönsten der Blumen, gehäuft in geräumigen Schiffen, Spendet zum reichen Gewinn des Landmanns den Festen der Städter."
486. J. F. Voigt u. a. Bill- und Ochsenwärder Bl. 5; Norrmann I. Bd. 5. Teil S. 3085; Hübbe-Suhr S. 49 u. 75 f.; Hübbe, Ansichten S. 163; Roeding (1827) S. 221; Plath S. 384; Buek Text z. Tf. 75; Neddermeyer S. 347; Brick S. 4 f. u. 20 f.; Puvogel S. 373 u. 444; Finder, Bürgertum S. 129.
487. Der Ausruf in Hamburg S. 76.
488. W. Lembke bei Brick S. 23.
489. H. Meyer im Lüneburger Heimatbuch I S. 782 f.; Weirup S. 6 f., Festschrift Hannover S. 593; Laue-Meyer II S. 84; Reinstorf, Elbmarschkultur S. 472 f. Vgl. aber Norrmann I. Bd. 4. Teil S. 1646.
490. v. Reden. Deutsches Dampfschiff-Buch (Berlin 1845) S. 50.
491. Breckwoldt-Bosenick S. 31.
492. Laue-Meyer II S. 90, 93.
493. Laue-Meyer I S. 492—93.
494. Hübbe-Suhr S. 137.
495. Büsching S. 310; Norrmann I. Bd. 4. Teil S. 1660; v. Heß 1. Ausg. II (1789) S. 104; Patje S. 415; Ballauf S. 18, 45 f., 72 f.; Hübbe-Suhr S. 137; Hübbe, Ansichten S. 19, 159, 163; Roeding (1827) S. 225; Buek, Text z. Tf. 76, 84, 86; Bodemann S. 103; Kohl 1. Aufl. (1864) II S. 61 f.; Die Frühstücks-Verproviantirung Hamburgs, Die Gartenlaube 1877 S. 423; Breckwoldt-Bosenick S. 29 f.; Voigt, Milchversorgung S. 16 f. u. 54; Brick S. 26 f.; Lüneburger Heimatbuch S. 752; Laue-Meyer II S. 9 f. u. 38; Finder, Bürgertum S. 129; Aust S. 144 f.
496. Hamburg S. 11.
497. Laue-Meyer I S. 492.

498. Breckwoldt-Bosenick S. 30.
499. Norrmann I. Bd. 4. Teil S. 1552, 1692 u. 1700; Scharf S. 802 f.; Rotermund S. 115 u. 420; Patje S. 500; Hübbe-Suhr S. 140; v. Reden. Hannover II S. 98; Zesterfleth S. 64; Kohl 1. Aufl. (1864) II S. 89.
500. Timmermann S. 16; irrtümlich ist hier angegeben, daß der Ever nach (Hallig?) Oland unterwegs war, vielmehr kam er von Oland — Ohlland — Altes Land.
501. Freundl. Mitt. d. Herrn Johannes Drewes (Neuenkirchen, Lühe).
502. Hübbe-Suhr S. 9; Hübbe, Ansichten S. 241; Statistik d. Handels (1835) S. 118; v. Schröder II S. 467; Engelbrecht S. 78 f. u. 281; Weirup S. 26 f.; Heimatkunde Steinburg I S. 97 u. II 100 f.; R. Hüttich, Der Gemüsebau in den Wildnissen, Die Heimat 1931 S. 121 f.
503. Detlefsen, Herzhorn S. 55 f.
504. Reisen I S. 321.
505. Detlefsen, Elbmarschen II S. 293 Anmerkg.
506. Ueber den Schiffsverkehr der Rhiner Gemüsebauern verdanke ich Herrn Dr. Th. Engelbrecht (Obendeich bei Glückstadt) und Herrn Bielenberg (Borsfleth) wertvolle Angaben. Auch der in Anmerkg. 502 erwähnte Aufsatz bringt manches über die Gemüseschiffer. In einem mir vorliegenden Gilde-Brief der Nebengilde in der Engelbrechtschen Wildnis vom Jahre 1908 heißt es: „Der Ever [„Holsatia"] steht zu 36,6 Cubikmetern sowie der Interessent [Heinrich Hauschildt] als Kohlschiffer in der Gilderolle Fol. Nr. 54 aufgeführt."
507. Z. d. Ver. f. Hambg. Gesch. IX (1890) S. 134 f. [1674]; Klefeker XII (1773) S. 512 f.; Hamburgische Denkwürdigkeiten (Hambg. 1794) S. 11; v. Heß 2. Aufl. I (1810) S. 197; Hübbe, Ansichten S. 19, 154 f.; Das venetianische Hamburg, Die Gartenlaube 1878 S. 468; Hamburg u. seine Bauten 1914 (Hbg. 1914) II S. 220 f.; Melhop, Topographie I (1923) S. 37 f.
508. Ehlers, Pinneberg S. 268 u. 269.
509. Freundl. Mitt. der Herren Nic. v. Holdt (Hodorf), Fr. Schlüter (Wilster) u. Heinrich Krumm (Wilster). Vgl. auch Carstens (1928).
510. Weirup S. 27.
511. Puvogel S. 400; Linde 5. Aufl. (1921) S. 152.
512. Freundl. Mitt. der Herren G. Junge (Wewelsfleth) u. Johannes Drewes (Neuenkirchen, Lühe).
513. Holst S. 28 f.; de Roth S. 107; Scharf S. 802 f.; Hübbe-Suhr S. 30 f. u. 97 f.; Buek Text z. Tf. 87; v. Zesterfleth S. 65 f.; Kohl 1. Aufl. (1864) II S. 71 f.; Festschrift Celle 2. Abt. II S. 231 f.; Festschrift Bremervörde I S. 327 f.; Heimatkunde Stade I S. 457 f.; Festschrift Hannover S. 571 f.; Linde 5. Aufl. (1921) S. 136 f.; Buxtehude, hrsg. v. H. P. Siemens (1930), mehrere Aufsätze enthaltend.
514. Borstelmann, Altes Land S. 266.
515. E. Baasch, Zwei Konflikte zw. d. Erzstift Bremen u. d. Stadt Hamburg Z. d. hist. Ver. f. Niedersachsen 1910 S. 263 f. u. 267.
516. Z. d. Ver. f. Hambg. Gesch. IX (1890) S. 130.
517. Reisen I S. 385; vgl. Festschrift Bremervörde I S. 333 u. Holst S. 38.
518. Bremen u. Verden S. 118; vgl. Schlüter, Das Land Kehdingen, Neues vaterl. Archiv (Lünebg.) 1826 S. 136 und Festschrift Bremervörde I S. 329.
519. Norrmann I. Bd. 4. Teil S. 1700; Tetens I S. 383.
520. Norderdithmarschen S. 243.
521. Scharf S. 804.

522. Hübbe-Suhr S. 30.

523. Abendroth (S. 92) erwähnt, daß Altländer täglich mit Obst nach Cuxhaven kamen.

524. Kohl 1. Aufl. (1864) II S. 86.

525. v. Zesterfleth S. 66 f.; Festschrift Bremervörde I S. 334. Sonderburger und Rostocker Schiffer hatten schon im 18. Jahrhundert für eigene Rechnung Aepfel nach Petersburg gebracht, s. F. Thaarup, Versuch einer Statistik der dänischen Monarchie (Kopenh. 1795) I S. 200 und W. Müller, Rostocks Seeschiffahrt und Seehandel (Rostock 1930) S. 22.

526. Schlesw.-Holst. I S. 131; vgl. Festschrift Bremervörde I S. 334.

527. Freundl. Mitt. d. Herrn Johannes Drewes (Neuenkirchen, Lühe).

528. J. Vollmer bei Siemens S. 45.

529 a. Finder, Vierlande I S. 169 f.; Finder, Bürgertum S. 387.

529 b. Büsching S. 310; Norrmann I. Bd. 4. Teil S. 1646, 1651, 1659; Patje S. 414 u. 498 f.; Hübbe-Suhr S. 28 f.; Hübbe, Ansichten S. 245 f.; Blohm S. 108; Buek, Text z. Tf. 90; Laue-Meyer I S. 99 f.

530. Bickbeeren-Exportation aus der Gegend von Haarburg, Annalen d. Braunschw.-Lünebg. Churlande II (1787) S. 113 f. Das Harburger Schiffer-Reglement 1788, § 33, bestimmte, daß einzelne Landleute mit ihren Trachten in den kleinen Passagier-Evern befördert werden durften, sonst aber mußten sie die großen Fähr-Ever zur Ueberfahrt benutzen.

531. Der Abschnitt Milch beruht auf der ausgezeichneten Abhandlung „Geschichtliches über die Versorgung Hamburgs mit Milch" von J. F. Voigt (Hambg. 1903). In den folgenden Anmerkungen sind nur die ergänzenden Nachweise aufgeführt. Allgemeine Angaben bieten noch: Hübbe-Suhr S. 106; Hübbe, Ansichten S. 229; v. Reden, Hannover I S. 164; Neddermeyer S. 348; C. Reinhardt, Helgoland S. 11; Gehrkens S. 70; ferner der (ältere Verhältnisse schildernde) Aufsatz „Die Frühstücks-Verproviantirung Hamburgs", Die Gartenlaube 1877 S. 423 f. Wertvolle Angaben hat kürzlich Alfred Aust (Moorburg, 1930, S. 132—137) veröffentlicht; hier wird noch auf den Aufsatz „Moorburger Milchleute" von W. Lohmann (Finkenwärder Zeitung 1925) hingewiesen, der mir nicht zugänglich war.

532. Nachricht von der Stadt Hamburg (Halle c. 1707) S. 311.

533. Breckwoldt-Bosenick S. 13; auf Karte 5 ist eine Skizze von Altenwerder vom Jahre 1669 wiedergegeben, die anläßlich des Streites zwischen den Altenwerdern und Dradenauern um die zwischen beiden Inseln entstandenen Sande angefertigt worden ist. Der große streitige Sand ist von einem Graben durchschnitten, dazu bemerkt die Erläuterung der Karte: „Graben, so von Dradenawer Seite gemacht, um mit Evern durch zukommen."

534. Laue-Meyer I S. 492; Ballauf S. 65 f., 69 f., 73.; Breckwoldt-Bosenick S. 29 f., Kohl 1. Aufl. (1864) II S. 61 f., die gleiche Schilderung ist in der zweiten Auflage (1873) enthalten, wo sie durch die inzwischen erfolgte Aufgabe der Milch-Ever überholt ist.

535. Gehrkens S. 70.

536. v. Heß 1. Ausg. II (1789) S. 92; Baasch, Verkehr S. 284 f.

537. Aust S. 124 u. 132 f.; vgl. Protokolle I S. 310.

538. Laue-Meyer I S. 492 f.

539. Voigt-Griese, Bill- u. Ochsenwärder Bl. 5.

540. Hamburg, 2. Aufl. I (1800) S. 108.

541. Neddermeyer S. 250.

542. Ueber die Waldbenutzung s. u. a. Niemann, Forststatistik; Jürgens S. 28 f.; P. v. Hedemann-Heespen, Die Hzt. Schleswig-Holstein u. d. Neuzeit (Kiel 1926) S. 274 f., 522 f. sowie Z. d. Ges. f. Schlesw.-Holst. Gesch. 1907 S. 11 f.; A. Wagner, Die Holzungen u. Moore Schlesw.-Holst. (Hannover 1875) S. 12 f.; F. Thimme, Die inneren Zustände d. Kurfürstentums Hannover, 1806—1813 (Hannover 1893) I S. 346 f.

543. Baasch, Seeschiffahrt S. 372; über die Einfuhr von englischen Steinkohlen in Schleswig-Holstein um die Wende des 16. u. 17. Jahrhunderts s. Jürgens S. 225 und Andresen, Die Heimat 1930 S. 19. Anfang des 18. Jahrhunderts war die Einfuhr von englischen Steinkohlen in Hamburg noch ziemlich gering; s. Baasch, Statistik (Anmerkg. 133) S. 96.

544. HR. I, 3 Nr. 334 § 34 b.

545. Finder, Bürgertum S. 276.

546. Finder, Bürgertum S. 276. Die Verwendung von Steinkohlen in Hamburg für den Hausbrand erwähnt Hübbe (Suhr 1808) übrigens nicht, sie werden beiläufig bei Roeding (1827) S. 67 und Buek (c. 1843 bis 1847) Text z. Tf. 78 (Torfbauer) aufgeführt.

547. Niemann, Forststatistik S. 342; vgl. Cronheim III S. 663.

548. Cronheim III S. 275.

549. Kuß, Kellinghusen S. 42 f.; Kuß, Miscellen 2. Liefg. (Ueber das Schiffahrtsrecht der Stadt Itzehoe) Neues Staatsbürgerl. Magazin f. d. Hzt. Schlesw., Holst. u. Lauenburg I (1832) S. 91 f.; A. Gloy, Die Entstehung des Fleckens Kellinghusen, Die Heimat XI (Kiel 1901) S. 77; H. Wolf, Vom Gewerbe des Fleckens Kellinghusen, bes. seinem Holzhandel, Schlesw.-Holst. Provber. 1798 I S. 60 f.; Dörfer S. 163; Niemann, Forststatistik S. 366; Statistik d. Handels (1835) S. 151; v. Baggesen II S. 315.

550. Hansen, Itzehoe S. 35 u. 52; Kähler S. 102; Baasch, Seeschiffbau S. 101.

551. Für Krempe 1271 u. 1540 genehmigt, s. Cronheim III S. 275 f. u. 317 f.; für Wilster 1607 genehmigt, s. Z. d. Ges. f. Schlesw.-Holst. Gesch. 1878, Anhang S. 97 u. 100, vgl. Cronheim III S. 448 s. auch S. 194; für Glückstadt 1627 genehmigt, aber nur für Brennholz, s. Cronheim III S. 122.

552. Cronheim III S. 123.

553. Cronheim I S. 669 f. (1550—1744).

554. Wolf [s. Anmerkg. 549] S. 60, Jägermann S. 70 u. 82, Statistik d. Handels (1835) S. 144.

555. Hansen, Itzehoe S. 153.

556. Müller S. 80.

557. Wolf (s. Anmerkg. 549) S. 60.

558. Kellinghusen S. 50 f. Im Herbst 1829 kamen einmal sogar 7 hamburgische Fuhrleute nach Kellinghusen um Holz zu holen. Ueber die Holzflößerei auf der Bramau nach Kellinghusen und Itzehoe (nach 1844) s. Kähler S. 228.

559. Cronheim II S. 847.

560. Niemann, Forststatistik S. 203 f.

561. Dörfer S. 53; Statistik d. Handels (1835) S. 289.

562. Cronheim III S. 446.

563. Jensen im Heimatbuch Steinburg III S. 167.

564. Rauert S. 60.

565. s. Anmerkung 604.

566. Klefeker XI (1772) S. 51 f.; v. Heß 1. Ausg. II (1789) S. 101; Dörfer S. 33, Plath S. 390; v. Schröder I S. 45; Melhop, Bauweise 2. Aufl. (1925) S. 6.

567. J. F. Voigt, Beiträge z. Gesch. des Amtes Bergedorf (Hambg. 1913) S. 59, vgl. S. 122.

568. Neddermeyer S. 239 f.

569. Norrmann I. Bd. 4. Teil S. 1670; K. Toeche-Mittler, Der Friedrich-Wilhelms-Kanal u. d. Berlin-Hamburger Flußschiffahrt (Leipzig 1891) S. 80; Lahrsen S. 19, 32, 50 u. ö.

570. Norrmann I. Bd. 4. Teil S. 1646, 1651, 1658; Patje S. 414; Baasch, Kampf S. 115; Baasch, Seeschiffbau S. 28 u. 89; Blohm S. 79; v. Reden Hannover II S. 9, Spilcker, Beitr. z. Gesch. des Handels von Harburg, Vaterländisches Archiv IV (Hannover 1821) S. 113 f. u. 123; Ludewig S. 181; E. Reinstorf, Der alte Holzhafen im Reiherstieg (Wilhelmsburg 1921).

571 a. Norrmann I. Bd. 4. Teil S. 1554, 1678, 1691, 1693; Patje S. 383 u. 452; v. Reden Hannover II S. 103.

571 b. Lindenau S. 71 f.

572. Büsching S. 311.

573. H. L. Gude, Nachricht v. d. Stadt Hamburg (Halle c. 1707) S. 310; Norrmann I. Bd. 4. Teil S. 1909; Schlesw.-Holst. Chronik 1799 S. 92 f. u. 172 f.; Dörfer S. 108; Niemann Forststatistik S. 422 f.

574. Cronheim I S. 678.

575. Gehrkens S. 71.

576. Niemann, Forststatistik S. 373 f.; vgl. Kuß, Kellinghusen S. 52; Hähnsen, Pinneberger Fabriken S. 89; W. Hirschfeld, Wegweiser durch die Hzt. Schlesw.-Holst. (Kiel 1847) S. 389.

577. Niemann, Forststatistik S. 353.

578. O. Brüning, Zur Geschichte d. Weidenzucht in Geesthacht u. den benachbarten Elbmarschen, Z. d. Ver. f. Hbg. Gesch. 24. Bd. (1921) S. 193 f.; Wedel u. d. Haseldorfermarsch S. 38 f.; Puvogel S. 395.

579. Niemann, Forststatistik S. 410 u. 608; Gudme I S. 70; Manecke S. 271.

580. Cronheim I S. 685; Samlg. d. i. J. 1792 erg. Verordg. f. Schlesw. u. Holst. S. 6 f. Im 17. Jahrh. bezog Hamburg mehrere Schiffsladungen Lohe aus Holland u. Emden, s. Baasch, Seeschiffahrt S. 370.

581. Freundl. Mitt. d. Herrn Heinrich Krumm (Wilster).

582. W. Ehlers, Z. d. hist. Ver. f. Niedersachsen 1914 S. 11 f.; Finder, Bürgertum S. 275.

583. P. v. Hedemann-Heespen, Der Zustand der Herrschaft Pinneberg bis um 1700, Z. d. Ges. f. Schlesw.-Holst. Gesch. 1907 S. 54.

584. Ehlers, Pinneberg S. 261—70; vgl. A. Wagner, Die Holzungen u. Moore Schlesw.-Holst. (Hannover 1875) S. 335 f.; Angaben über die Holz- und Torfschiffahrt enthält dieses Werk nicht.

585. Handbuch I. Bd. 4. Teil S. 1887 u. S. 1909.

586. Hübbe-Suhr S. 51; Schütze I S. 305; Dörfer S. 108 (auch S. 43 u. 47); Rauert S. 60 u. 77; Statistik d. Handels (1835) S. 79; v. Schröder I S. 124; Ehlers, Pinneberg S. 505.

587. Dörfer S. 53; v. Baggesen II S. 335; Jägermann S. 70; Carstens (1928).

588. H. Hanssen bei Jensen, St. Margarethen S. 92 f.; vgl. S. 266 f.; Hansen & Wolf S. 56; R. Bielenberg im Heimatbuch Steinburg II S. 309 f.; Marten & Mäckelmann S. 500.

589. H. Ehlers, Burg i. Dithmarschen, Die Heimat 1922 S. 50.

590. Frdl. Mitt. d. Herrn Heinrich Krumm (Wilster).

591. Kähler S. 110, 228, 234 f.

592. Festschrift Celle 2. Abt. 1. Bd. S. 215 f.; Festschrift Bremervörde I
S. 27, 92, 367; nach einer Mitt. des Herrn Dr. Moll (Berlin) hat das
Kloster Himmelpforten im Jahre 1680 ein Fahrzeug für die Torf-
beförderung auf der Oste gehalten. In der Zollrolle von Brobergen
(1715) wird Torf nicht aufgeführt, s. Lindenau S. 70 f. und diese
Arbeit S. 269.

593. Büsching S. 311; Norrmann I. Bd. 4. Teil S. 1688, 1693, 1699; Patje
S. 383, 498 f.; v. Reden, Hannover II S. 103; Festschrift Bremervörde
S. 507 f.; Reinick, Die Moorgebiete des Herzogthums Bremen (Berlin
1877).

594. Altona: Schlesw.-Holst. Provber. 1789 II S. 248; Blankenese 1835:
Statistik d. Handels (1835) S. 31, 1847: J. M. Lappenberg, Die Elb-
karte des Melchior Lorichs (Hambg. 1847) S. 92; Finkenwärder:
Neddermeyer S. 148; Kollmar: Rave S. 244. Elb-Ever, die Torf nach
Föhr brachten, erwähnt Fr. v. Warnstedt, Die Insel Föhr (Schleswig
1824) S. 84.

595. Helgoland S. 20.

596. Festschrift Bremervörde I S. 367 u. 507.

597. Festschrift Hannover S. 864 f.

598. Norrmann I. Bd. 4. Teil S. 1670; Reinick S. 29, 31, 40.

599. Rotermund S. 122; Reinhardt, Helgoland S. 20.

600. Aust S. 43.

601. Baasch, Verkehr S. 289.

602. Aust S. 57, 142 u. 182. Irrtümlich ist die Angabe bei von Heß (Hamburg) 1. Ausg. II (1789) S. 92 (auch 2. Aufl. III, 1811, S. 119): „Vormals haben die Bewohner von Moorburg aus den ausgetrockneten
Morästen viel Torf nach Hamburg geliefert, welcher Nahrungszweig
das Land ansehnlich bevölkert hat. Jetzt sind sie seit geraumer Zeit
größtenteils ausgestochen, und die Einwohner nähren sich vornehmlich
von der Milch und den Gartenfrüchten, die sie täglich in die Stadt
bringen." Vgl. Aust S. 142: „Bei der Verproviantierung der Festung
Harburg im Jahre 1813 hatte Moorburg mit den Gemeinden Moisburg, Meckelfeld und Buxtehude die Verpflichtung, 2 520 000 Soden
Torf zu liefern."

603. Norrmann I. Bd. 4. Teil S. 1648, 1651, 1660; Patje S. 413 f.; Hübbe-
Suhr S. 51; Baasch, Verkehr S. 286.

604. Frahm S. 20 f.; Schlesw.-Holst. Blätter f. Polizei u. Kultur 1799
S. 40 f.; v. Heß 1. Ausg. I (1787) S. 77; Woltmann S. 207; Roeding
(1827) S. 69.

605. C. Henke, Davout u. d. Festung Hamburg-Harburg 1813—1814
(Berlin 1911) S. 86.

606. Woltmann S. 207; Neddermeyer S. 250; nach Frahm (S. 20) befand
sich ein größerer Schiffbauhof zu Wohldorf.

607. W. Oellrich, Die Alstertreidelwege, Hambg. Geschichts- u. Heimatsbl.
IV (1929) S. 15.

608. Hübbe-Suhr S. 51; Schiffahrt Hzt. Bremen S. 1557; Niemann, Forst-
statistik S. 342. Auch aus der Umgebung von Hamburg lieferten die
Bauern Torf mit Wagen nach der Stadt, s. z. B. Hübbe-Suhr S. 53;
Hübbe, Ansichten S. 154 u. 161; Ehlers, Pinneberg S. 262; Rauert
S. 60; vgl. Festschrift Bremervörde I S. 508.

609. C. Reinhardt, Der 5te Mai, 5. Aufl. (Hambg. o. J.) II S. 377.

610. Melhop, Bauweise 2. Aufl. (1925) S. 3 f.; Finder, Bürgertum S. 225; Baasch, Hambgs. Seeschiffahrt S. 374; die Einfuhr von Ziegelsteinen aus Ostfriesland erwähnt noch v. Heß 2. Aufl. (1810) I S. 216.

611. de Roth (1718) S. 134; v. Griesheim (1760) S. 205; Büsching (1773) S. 311; Norrmann (1787) I. Bd. 4. Teil S. 1692 u. 1699; Patje (1796) S. 141; ferner v. Heß 2. Aufl. (1810) I S. 216. Roeding (1827) S. 67; v. Reden, Hannover I S. 321, II S. 102; Kähler S. 272. Ueber Hadelner Ziegeleien am Ende des 18. Jahrhunderts s. Norrmann I. Bd. 4. Teil S. 1678 und Manecke S. 270.

612. Ehlers S. 269.

613. v. Reden, Hannover I S. 321; Festschrift Bremervörde I S. 115 u. S. 505 f.; Jobelmann-Wittpenning S. 124; Heimatkunde Stade I S. 89 f.; Linde 5. Aufl. (1921) S. 148 f.; Festschrift Hannover S. 524.

614. Roeding (1827) S. 67; Zesterfleth S. 69; Festschrift Bremervörde I S. 113; Melhop, Bauweise 2. Aufl. (1925) S. 208; Beschreibung d. Altenlandes (1882) S. 72, 74, 77 (Königreich hatte 5 Ziegeleien und 1 Schiffswerft), 83, 84, 85. 1843 wurde in dem hamburgischen Moorburg eine Ziegelei angelegt, 1844 folgten drei weitere, s. Aust S. 20 Anmerkg.

615. Wedel u. d. Haseldorfermarsch S. 31 f. Der Holmer Berg hatte auch einen eigenen Krug, der im Jahre 1894 einging. „Besonders die Schiffer pflegten im Winter weitlich zu zechen und mit ihrem Gelde den Bauern gegenüber zu prahlen" (ebd. S. 32).

616. Ehlers S. 265.

617. Frdl. Mitt. d. Herrn R. Bielenberg (Borsfleth). Bei der Stadt Krempe wurde im Jahre 1798 eine Ziegelei angelegt, Niemann, Forststatistik S. 376.

618. Jensen, St. Margarethen S. 113 f., auf S. 151 wird erwähnt, daß im Jahre 1784 die Schiffer dieses Ortes die für den Bau der neuen Kirche in St. Margarethen benötigten Mauersteine von der Oste holten, die blauen Dachpfannen kamen zu Schiff von Hamburg. Jensen im Heimatbuch Steinburg II S. 191; Schlesw.-Holst. Vaterlandskunde 1802 S. 124; Statistik des Handels (1835) S. 286; ferner Mitteilungen der Herren G. Junge (Wewelsfleth) und Heinrich Krumm (Wilster).

619. Krohn, Das Stapelrecht der Stadt Itzehoe, Die Heimat 1920 S. 28 f. Ueber die Ziegeleien von Kellinghusen s. Kuß, Kellinghusen (1830) S. 58; Statistik d. Handels (1835) S. 153.

620. Am Ende des 18. Jahrhunderts lagen Ziegeleien in Dockenhuden und Glinde (Pinnau) s. Hähnsen, Pinneberger Fabriken S. 90. In der ersten Hälfte des vergangenen Jahrhunderts lagen Ziegeleien in den nachstehenden Orten, deren Steine vermutlich ebenfalls auf dem Wasserwege verfrachtet wurden: Dithmarschen (namentlich Brunsbüttel und Burg) Schlesw.-Holst. Vaterlandskunde 1802, 2. Stück S. 34; Hansen & Wolf S. 47, 55; v. Schröder I S. 104; Itzehoe v. Reden Hannover II S. 50; v. Schröder II S. 113; Glückstadt Statistik des Handels (1835) S. 122; Groß-Kollmar Rave S. 241; Elmshorn v. Schröder I S. 170; Grafschaft Rantzau Rauert S. 61.

621. Ueber den städtischen Kalkhof am Baumwall s. Klefeker II (1766) S. 3 f.; v. Heß 2. Aufl. (1810) II S. 401; Melhop, Bauweise 2. Aufl. (1925) S. 7 f., 20 f.

622. Melhop, Bauweise 2. Aufl. (1925) S. 208. Auf der Alster wurden damals große Mengen Sand sowie Steine von der Ziegelei zu Nahe nach Hamburg verschifft, s. Frahm S. 20. Vgl. noch J. Faulwasser, Der große Brand u. der Wiederaufbau von Hamburg (Hambg. 1892) S. 72 f.

623. Eine dichterische Schilderung des Unterganges eines mit Ostesteinen beladenen Evers gibt Rudolf Kienau (Thees Bott, dat Woterküken, Hambg. 1920) 17. Stremel: Nordwest.

624. Cronheim I S. 686.

625. v. Heß 1. Ausg. II (1789) S. 102.

626 a. Manecke S. 118 Anmerkg. 1.

626 b. Klefeker XI (1772) S. 334.

627. Melhop, Bauweise 2. Aufl. (1925) S. 7 f.; Grohne S. 30; Jürgens S. 38 f.; Roeding (1827) S. 67; Nachricht von der Kalkbrennerei in der Herrschaft Breitenburg Schlesw.-Holst. Provber. 1789 II S. 129 f. sowie Staatsbürgerl. Magazin f. Schlesw., Holst. u. Lauenburg IX (1829) S. 528 f.

628. „Der Muschelkalk herrschte in Ditmarschen und an der Elbe", bemerkt R. Haupt (Gesch. d. Baukunst in Nordelbingen, Heide 1925, S. 33). Ueber Muschelkalk aus Holland und Ostfriesland s. Finder, Bürgertum S. 225; Grohne S. 30; Spilcker, Vaterländisches Archiv IV (Hannover 1821) S. 123.

629. Mehrere Angaben über die niederelbischen Muschelschiffer verdanke ich den Herren G. Junge (Wewelsfleth) und H. Krumm (Wilster). Vgl. noch J. G. Kohl, 1. Aufl. (1864) II S. 137 und H. Allmers, Marschenbuch 2. Aufl. (Oldenburg 1875) S. 280.

630. Norrmann I. Bd. 4. Teil S. 1677; Manecke S. 275.

631. v. Heß, 2. Aufl. III (1811) S. 193 Anmerkg.

632. Cuxhaven S. 22.

633. Wolf S. 247 f. 1785 sammelte man von einigen Halligen aus Muschelschalen, s. F. Müller, Die Halligen (Das Wasserwesen an d. Schlesw.-Holst. Nordseeküste I. Teil 1. Bd., Berlin 1917) S. 376.

634. Schlesw.-Holst. Vaterlandskunde 1802 2. Stück S. 35. In den dreißiger Jahren waren wieder Muschelkalkbrennereien bei Meldorf und Kronprinzenkoog vorhanden, s. Gudme I S. 97.

635. Büsum (geschrieben um 1852) S. 147 u. 157.

636. Jensen, St. Margarethen S. 113 u. Jensen im Heimatbuch Steinburg II S. 190.

637. Jensen, Heimatbuch Steinburg II S. 171; Niemann, Forststatistik S. 376; vgl. Gudme I S. 97.

638. Jägermann S. 78.

639. Niemann, Forststatistik S. 376; Gudme I S. 97; Statistik d. Handels (1835) S. 279; W. Hirschfeld, Wegweiser durch die Hzt. Schlesw. u. Holst. (Kiel 1847) S. 389 (hier auch Angaben über das Kalkbrennen, vgl. auch Joh. Kleinpaul, Wanderungen in Ostfriesland, Berlin 1909, S. 178 f.); Hähnsen, Pinneberger Fabriken S. 90; Ehlers S. 500; v. Schröder II S. 124.

640. Statistik d. Handels (1835) S. 79; Rauert S. 77; Hähnsen, Pinneberger Fabriken S. 90. Muschelkalkbrennereien in Haseldorf und Neumühlen erwähnt v. Schröder I S. 155 u. 280. Ueber hannöversche Muschelkalkbrennereien s. noch v. Reden, Hannover I S. 462 und Festschrift Bremervörde I S. 509. 1882 lag eine Muschelkalkbrennerei in Westmoorende (Este) s. Beschreibung d. Altenlandes (1882) S. 84.

641. A. Fröbe, Die Anfänge der Kreidegewinnung in Lägerdorf, in Heimatkunde Steinburg II S. 378 f.; s. auch die beiden in Anmerkg. 627 verzeichneten Aufsätze; v. Schröder I S. 9 u. II S. 64. Jm Anfang des 18. Jahrhunderts bezog Hamburg auch von England Kreide; s. Baasch, Statistik (Anmerkg. 133) S. 97.

642. Fröbe S. 379.

643. W. Bröcker, Die Industrie des Kreises Steinburg u. F. Hansen, Im Zeichen der Kreide, beide im Heimatbuch Steinburg I S. 206 f. u. III S. 366 f.

644. Kähler S. 15 f., 26 f., 102.

645. K. Hüseler, Gesch. der Schlesw.-Holst. Fayence-Manufakturen im 18. Jahrh. (Breslau 1929) S. 112 f.

646. W. Schröder, Die Fayence-Industrie von Kellinghusen im Heimatbuch Steinburg III S. 294 f. Vgl. auch Statistik d. Handels (1835) S. 152.

647. S. 56.

648. Einige Angaben über die Zement- und Tonschiffahrt verdanke ich Herrn Krumm (Wilster).

649. Eine Uebersicht des Frachtwagenverkehrs in der Umgebung von Hamburg bietet Grohne S. 23 f.

650. J. M. Lappenberg, Ueber die älteste Reihefahrt zwischen Hamburg und Stade. Z. d. V. f. Hbg. Gesch. I (1841) S. 299 f.

651. Baasch, Verkehr S. 280.

652. Ferber, Tonnenwesen S. 52.

653. Jobelmann-Wittpenning S. 115 f.

654. Patje S. 344 u. 347.

655. Abb. b. Jobelmann-Wittpenning S. 123; ein Schild (115 × 92 mm groß) besitzt das Stader Museum.

656. Jobelmann-Wittpenning S. 122; Siemens S. 50.

657. Protokolle S. 311 u. 775.

658. Baasch, Kampf; Baasch, Verkehr S. 270 f.; Baasch, Handelskammer II. Bd. 2. Teil S. 38 f.

659. Samlg. hamb. Mandate, hrsg. v. Blank I (1763) S. 507 f.

660. Samlg. hamb. Mandate, hrsg. v. Blank I (1763) S. 194.

661. v. Heß 2. Aufl. I (1810) S. 11 Anmerkg.

662. Postwesen S. 29 f.; Ludewig S. 62 u. 65; Fr. Lübbers, Aus der Gesch. Harburgs, bei Laue-Meyer I S. 216, 232, 239, 245, 257 f.; Benecke, Chronik; v. Reden, Hannover II S. 91 f. Protokolle S. 98 f., 152 f., 590 f.

663. Postwesen S. 29.

664. Das Privileg vom Jahre 1709 u. vom Jahre 1737 ist abgedruckt Postwesen S. 30 f. und bei Benecke S. 6 f. Das Schiffer-Reglement 1788 ist gesondert erschienen (Hannover 1788, 4°); das z. B. in der Commerz-Bibl. in Hamburg vorhandene Reglement ist auch abgedruckt in der Sammlung der Verordnungen f. d. Hannöverschen Staat, hrsg. v. E. Spangenberg 3. Teil (Hannover 1821) S. 369—393.

665. Protokolle S. 153.

666. Baasch, Verkehr S. 279.

667. Baasch, Verkehr S. 284 f.; Voigt, Milchversorgung S. 55; Aufzeichnungen des Senators Wilhelm Amsink, hrsg. v. J. F. Voigt (Hamburg 1911) S. 78 u. 135 f.; Lübbers bei Laue-Meyer I, S. 245, 258.

668. Ludewig S. 312; s. auch Breckwoldt-Bosenick S. 31 f.; Benecke S. 8 f.; Aufzeichnungen [s. Anmerkg. 667] S. 136; J. Heckscher, Das „Panorama einer Reise von Hamburg nach Altona" von Peter Suhr. (Berlin 1909) S. 36; Aust S. 178 f.; Heinrich Smidt (Eine Fahrt nach Helgoland. Berlin 1839, S. 4) urteilt über das Dampfschiff „Neptun" sehr abfällig.

669. J. Taylor, Reise von London nach Hamburg, 1616, übers. v. Lüders, Z. d. V. f. Hbg. Gesch. VII S. 466.

670. Baasch, Verkehr S. 280.

671. Rotermund S. 114 u. 419.

672. v. Reden, Hannover II S. 98; hier wird eine Fährordnung vom 31. Dez. 1799 erwähnt, deren Druckort sich auch mit Hilfe des Staatsarchivs Hannover nicht ermitteln ließ.

673. v. Reden, Deutschland u. d. übrige Europa (Wiesbaden 1854) S. 593.; Benecke S. 11; Siemens S. 50; A. Valett, Buxtehude u. s. Umgebung (Hambg. 1892) S. 6; Beschrbg. d. Altenlandes (1882) S. 75.

674. L. Brinner, Die deutsche Grönlandfahrt (Berlin 1913) S. 461, vgl. S. 457.

675. Cronheim III S. 178 f.

676. Baasch, Seeschiffbau S. 119.

677. Lucht S. 105.

678. Cronheim II S. 328.

679. Hansen, Itzehoe S. 152 f.

680. Sammlung d. Verordnungen f. d. Kgr. Hannover aus der Zeit vor d. J. 1813, hrsg. v. Ebhardt, III (Hannover 1855) S. 334.

681. abgedruckt bei Grohne S. 22.

682. Hansen & Wolf S. 27 u. 46.

683. v. Reden, Die Eisenbahnen Deutschlands (Berlin 1845) S. 1935.

684. Schlesw.-Holst. Chronik 1799 S. 117.

685. Frdl. Mitt. des Herrn Schiffbaumeisters Gustav Junge (Wewelsfleth).

686. E. Ruchmann bei Jensen, St. Margarethen S. 63.

687. Frdl. Mitt. des Herrn Schlüter (Wilster).

688. Heckscher S. 42 und Tf. 34 „Elmshörnerschiffer".

689. v. Heß 1. Aufl. II (1796) S. 130 und 2. Aufl. III (1811) S. 194.

690. Abendroth S. 23 u. 165.

691. Dittmann, u. Cuxhaven.

692. Baasch, Z. d. hist. V. f. Niedersachsen 1903 S. 213.

693. v. Baggesen II S. 294 (Brunsbüttel, Glückstadt, Schulau, Blankenese); Cronheim II S. 938 f. und Hansen & Wolf S. 46 (Brunsbüttel); W. Jensen, St. Margarethen S. 378; W. Jensen, Das Kirchspiel Brockdorf (Wilster 1920) S. 40; Rave, Kollmar S. 51; über die Fähren von Cranz und Lühe s. Samlg. d. Verordnungen f. d. Königr. Hannover (Hannover 1855) III S. 334, Beschrbg. des Altenlandes (1882) S. 74 u. 106 und Siemens S. 50 u. 86.

694. Die Fährordnung von Blankenese und Wedel vom 2. Juni 1649 ist abgedruckt bei Cronheim II S. 1221 f.; s. auch Jürgens S. 155 f.; Ehrenberg, Blankenese S. 30 f.; Ehlers S. 453 f. und Schlesw.-Holst. Provber. 1787 II S. 532.

695. Volckens-Hoppe S. 30; H. Hübbe, Beiträge z. Kunde des Fluthgebietes der Elbe (Hambg. 1845) S. 7 f. u. 36 f.; Ferber, Tonnenwesen S. 10 Anmerkg. 1; M. Buchheister & E. Bensberg, Hamburgs Fürsorge f. d. Schiffbarkeit d. Unterelbe (Hambg. 1901); C. Nehls & J. Bubendey, Die Elbe. Hamburgs Lebensader (Hambg. 1892); W. Melhop, Histor. Topogr. v. Hamburg von 1880—1895 (Hambg. 1895) S. 18 f.; Hamburg u. seine Bauten 1914 II (Hambg. 1914) S. 12 f.; Melhop, Topographie II (1925) S. 8 f.

696. Hannover II S. 40.

697. (1835) S. 127.

698. Volckens-Hoppe S. 78.

699. Roy S. Mac-Elwee, Wesen u. Entw. d. Hamburger Hafenbaupolitik (Hambg. 1917); L. Wendemuth & W. Böttcher, Der Hafen von Hamburg (Hambg. 1930) S. 138 f.; Baasch, Handelskammer II. Bd. 2. Teil S. 222 f.; ferner u. a. die drei letztgenannten Werke der Anmerkg. 695.

700. Klefeker II (1766) S. 528.

701. Klefeker II (1766) S. 501.

702. Samlg. d. hambg. Verordnungen, hrsg. v. C. Anderson II (1789) S. 124.

703. Samlg. d. hambg. Verordnungen, hrsg. v. J. Lappenberg II (1815) S. 26.

704. Samlg. d. hambg. Verordnungen, hrsg. v. J. Lappenberg XIV (1837) S. 192.

705. Protokolle S. 596 f.

706. Samlg. d. i. Jahre 1786 erg. Verordg. f. Schlesw. u. Holst. S. 190 f.

707. Samlg. d. i. Jahre 1817 erg. Verordg. f. Schlesw. u. Holst. S. 146 f.

708. (Flensburg 1838) S. 44.

709. Klefeker II (1766) S. 528 f. (§ 17, 21, 23); Everleute von Glückstadt, Stade u. Altona erwähnt im Jahre 1700 der hamburgische Resident in Amsterdam in einer Eingabe an den Rat von Amsterdam, s. Baasch, Börtfahrt S. 84.

710. Borstelmann, Altes Land S. 154 u. 168.

711. Borstelmann, Kehdingen, S. 31, 160 u. 188: Erbexe und Everführer; S. 127 Handelsmann und Everführer; S. 25, 28, 31 u. a. Everführer.

712. Cronheim II S. 328.

713. Cronheim II S. 330.

714. Ehlers, Pinneberg S. 263 u. 264 Everführer, S. 268 u. 270 Everfahrer. Eine Altonaer Berufsliste vom Jahre 1789 verzeichnet ebenfalls Everfahrer, s. Schlesw.-Holst. Provber. 1789 II S. 239.

715. Baasch, Handelskammer I S. 328; ihr Gesuch wurde genehmigt, aber nur für unbeladene Fahrzeuge.

716. Marine-Wörterbuch I S. 552.

717. 1. Ausg. I (1787) S. 5 Anmerkg. (ebenso 1. Aufl. 1796, 2. Aufl. I 1810 S. 11). Ever als Leichter im Hamburger Hafen erwähnen Eschels (S. 167, für 1783) und Hanseatisches Magazin III (Bremen 1800) S. 14.

718. Holst. Idioticon I S. 305.

719. Hübbe, Ansichten S. 168; J. Rabe, Das Speicherbuch, 3. Aufl. (Hambg. 1916) S. 47 f.; P. Hertz, Unser Elternhaus (Ausgabe Hambg. 1904) S. 71 f.; M. Fessel, Die Bedeutung der Everführerei für den Umschlag im Hamburger Hafen (Hambg. 1928). Ueber die ältere Geschichte des Leichterverkehrs im Hamburger Hafen s. die beiden umfangreichen Werke von Baasch: Handelskammer und Quellen z. Gesch. v. Hamburgs Handel u. Schiffahrt (Hambg. 1908/10).

720. Baasch, Verkehr S. 273.

721. Ehrenberg, Altona S. 35.

722. Außer den im Literaturverzeichnis aufgeführten Schriften von Dallmer (1886), Dittmer, Henking, Lindemann, Lübbert, Marcard, Paulsen, Schnackenbeck, Voigt und Führer Altona sind zu vgl. C. Dallmer, Umfang u. Bedeutung d. schlesw.-holst. Hochseefischerei, Schlesw.-Holst. Jahrb. II (1885) S. 301 f.; C. Grotewold, Die deutsche Hochseefischerei i. d. Nordsee (Stuttgart 1908); H. Hauschildt, Die soziale Lage d. Besatzung d. deutschen Hochseefischereifahrzeuge (Berlin 1913); H. Lübbert, Die deutsche Hochsee-Segelfischerei (Berlin 1909); Konferenz d. Deutschen Seefischerei-Ver. ü. d. Frage d. Hebung der Segelfischerei an der Nordsee (1907), Mitt. d. Deutschen Seefischerei-Ver. 1908, Heft 2.

723. Die von J. F. Voigt geplante Darstellung über das Hamburger Fischamt ist nicht erschienen, s. Fischerbote (Hamburg) 1918 S. 265; vgl. Ehrenberg, Altona; Ehrenberg, Blankenese S. 11 f. u. 34 f.; Timmermann S. 9 f.

724. Ehrenberg, Altona S. 9.

725. Volckens-Hoppe S. 25.

726. Ehrenberg, Altona S. 19.

727. Ehrenberg, Altona S. 29.

728. Volckens-Hoppe S. 25.

729. Ehrenberg, Altona S. 9 u. 33; vgl. O. Rüdiger, Die ält. hambg. Zunftrollen (Hambg. 1874) S. 79; Roeding III S. 39. Ueber die Bedeutung von M a n g e r s. W. Stein, Hansische Geschichtsblätter 1910 S. 315.

730. Ehrenberg, Altona S. 37; Volckens-Hoppe S. 26; Ehlers S. 77.

731. Volckens-Hoppe S. 42.

732. Ehlers S. 264.

733. K. Ferber, Die hambg. Lotsenordnungen (Cuxhaven 1904) S. 32. Noch am Ende des vergangenen Jahrhunderts schreibt M. Buchheister (Die Elbe u. d. Hafen von Hamburg, Berlin 1899, S. 46) über Cuxhaven: „Die Fischerewer (1887 waren es sogar 1998 Stück) benutzen den Hafen fast nur als Zufluchtshafen, wenn das Wetter zum Fischen auf See nicht geeignet ist; sie kommen dann zu Dutzenden auf einmal an und besetzen fast den ganzen Hafen. ... So lagen am 3. Oktober 1889 180 Fischerever und 120 andere Seeschiffe im Hafen."

734. Erwähnt bei Schnackenbeck S. 141.

735. Angaben über die Blankeneser Fischerei bieten außer den in den Anmerkungen 722, 737—742, 766 genannten Schriften: J. F. Camerer, Verm. hist.-polit. Nachrichten von Schlesw.-Holst. I (Flensbg. 1758) S. 46; Schrader, Blankenese (1787); Norrmann I. Bd. 4. Teil S. 1904; Hübbe-Suhr S. 96 u. 102 f.; Neues Staatsbürgerl. Magazin f. Schlesw. u. Holst. VI (1837) S. 749; Buek, Text z. Tf. 79; Mügge I S. 159 f.; E. Willkomm, Wanderungen an der Nord- u. Ostsee (Leipz. 1850) S. 73; Kirsten, Alt-Blankenese; H. Lübbert, Die Blankeneser Hochsee-Segelfischerei, bei Ehlers, Pinneberg S. 476 f.; Kirsten, Allerlei Interessantes aus Blankenese (Blank. 1924) S. 32 u. 53.

736. Ehrenberg, Blankenese S. 35.

737. Ehlers S. 267.

738. Cronheim III S. 139 f., vgl. S. 134 f.

739. Schrader S. 531. Irrtümlich ist aber seine oft wiederholte Angabe (S. 546): „Die Zahl der Blankeneser Fischer-Ever ist von 60 bis 70 Stück in einer Zeit von 40 Jahren auf 140 gestiegen," s. d. Anmerkungen 737 und 738.

740. Schrader S. 534; Hintze-Breckwoldt (S. 19) erwähnen, daß zuerst Claus Breckwoldt-Stehr, geboren 10. Dez. 1740, mit seinem Ever nach England gesegelt ist, wann dieses geschah, ist nicht angegeben.

741. Versuch e. Beschreibg. v. Eiderstädt (Garding 1795) S. 267, vgl. S. 159; auch bei A. Niemann, Handb. d. schlesw.-holst. Landeskunde (Hbg. 1799) S. 284 u. 738 erwähnt.

742. Dörfer S. 74; vielleicht ist die Angabe schon in der 1. Auflage 1801/02 enthalten, die mir nicht zugänglich war. Diese Angabe ist für das Jahr 1820 (und sogar für 1840) mehrfach in anderen Schriften wiederholt worden. Der Schiffsbestand für 1822 nach Ehrenberg, Blankenese S. 42; für 1835: Statistik d. Handels (1835) S. 31; für 1864: Verz. d. schlesw.-holst. Rhederei (Kiel 1865); für 1870: Marcard S. 23; für

1883: Lindemann, Statistik S. 55; für 1897: Dittmer, Hochseefischerei S. 36, einschl. Mühlenberg und Teufelsbrücke; für 1902, 1908, 1914: Almanach d. Deutschen Seefischerei-Ver. (Berlin).

743. Angaben über die Finkenwärder Fischerei bieten außer den in Anmerkg. 722, 746, 766 genannten Schriften: Bodemann (1860); Kohl 2. Aufl. (Bremen 1873) S. 69 f.; Linde 5. Aufl. (1921) S. 126 f.; C. Schacht, Denkschrift über die Entwicklung der Finkenwärder Seefischerei, Handschrift eines alten Finkenwärder Seefischers vom Jahre 1913, der zuerst im Jahre 1846 mit seinem Vater auf See gewesen ist. Die bislang noch nicht benutzte Handschrift besitzt der Deutsche Seefischerei-Verein, Berlin. Scheidt-Wriede, Finkenwärder (1927); Entscheidungen 19. Bd. (Hamburg 1912) S. 221 f., über den Untergang von acht Finkenwärder Fischerfahrzeugen im Dezember 1909. „Mitteilungen des Deutschen Seefischerei-Vereins": K. Johns, Die Unfälle in der Finkenwärder Seefischerei, 1896 S. 183 f. u. 1900 S. 249 f.; K. Talg, Die Totalverluste in der Finkenw. und Cranzer Seefischerflotte, 1905 S. 168 f.; E. Wiese, Die niederelbische Hochseefischerei in den letzten 10 Jahren, 1924 S. 86 f.; J. C. Wriede, Vom Niedergang der Fischerei der Unterelbe, 1926 S. 93 f. „Der Fischerbote": J. Cölln, Aus dem alten Finkenwärder, 1909 S. 16 f.; M. Rübcke, Die Finkenw. Elbfischerei in früherer Zeit, 1909 S. 148 f.; E. Wiese, Das Schicksal der hamburgischen Seefischerei, 1918 S. 184 f.; J. C. Wriede, Mitt. über die Einführung von Motoren in die Finkenw. Hochseesegelfischerei, 1924 S. 198 f.; A. Wegener, Erinnerungen e. früheren Seefischers aus vergangenen Zeiten, 1926 S. 530 f. Auf die vielen Werke der Finkenwärder Dichter Gorch Fock, Rudolf Kienau u. a. sei ergänzend hingewiesen.

744. Lindemann, Statistik S. 51 u. Bodemann S. 108.

745. Bargheer S. 157.

746. Der Schiffsbestand für 1820: Dittmer, Hochseefischerei S. 36; diese Zahl wird hier jedoch ausdrücklich als nicht ganz sicher bezeichnet, sie ist es auch kaum, weil 1819 erst 15 Seefischer auf Finkenwärder wohnten (s. Lindemann, Statistik S. 51). Leider ist vor 1819 m. W. niemals der Bestand der Finkenwärder Seefischerfahrzeuge verzeichnet worden; für 1849: Lübbert, Walfänger S. 30; für 1870: Marcard S. 23; für 1883: Lindemann, Statistik S. 55; für 1897: Verz. d. Hamburger Schiffe, hrsg. v. Toosby & v. Appen, (Hambg. 1897); für 1902, 1908 u. 1914: Almanach d. Deut. Seefischerei-Ver. (Berlin).

747. Ehrenberg, Blankenese S. 41.

748. Baasch, Handelskammer I S. 362; vgl. v. Heß 1. Ausg. II (1789) S. 130.

749. Abendroth S. 24, vgl. S. 69; Hübbe, Ansichten I S. 233.

750. Außer den in Anmerkung 722 verzeichneten Schriften sind zu erwähnen: Ballauf, Altenwerder (1803); G. Bosenick, Altenwerder Fischerleben, Z. Niedersachsen 1896 S. 212 f.; Breckwoldt, Die Fischerei auf der Unterelbe, Deutsche Fischerei-Zeitung 1879 S. 310; Breckwoldt-Bosenick, Altenwerder (1894); P. Six (mitgeteilt von G. Bosenick), Die Entw. der Fischerei auf der Unterelbe im 19. Jahrh., Fischerei-Zeitung III (Neudamm 1900) S. 766 f., auch bei Dittmer, Hochseefischerei S. 38 f. abgedruckt; E. Sterner, Die niederelbische Küstenfischerei, Der Fischerbote 1916 S. 192 f.

751. Laue-Meyer I S. 492.

752. Dittmer, Hochseefischerei S. 37, Schiffsbestand für 1800, 1850 und 1890; für 1902 und 1914 nach Almanach d. Deutschen Seefischerei-Vereins; 1931 nach einer frdl. Mitt. des Herrn Johs. Holst (Altenwerder).

753. Klefeker XII (1773) S. 521 u. 523; P. Six (s. Anmerkg. 750); Lübbert, Walfänger S. 66; J. Brix, M. Musset u. R. Ehrenberg, Altona's Fischereihafen (Altona 1896).

754. vgl. Illing, Die Entw. der Seefischerei an der Nordseeküste. Z. d. Ges. f. Schlesw.-Holst. Gesch. 52. Bd. (1923) und 53. Bd. (1924).

755. Neocorus, Chronic von Dithmarschen, hrsg. v. F. C. Dahlmann (Kiel 1827) I S. 222, 283, 297 u. ö., II S. 300 u. 385. Auch die bei A. Viethens (Beschreibung u. Geschichte des Landes Dithmarschen, Hambg. 1733 S. 75 f.) im Jahre 1586 erwähnten, zu Bergungen benutzten Ever waren vermutlich Fischer-Ever.

756. C. Hansen, Chronik S. 113 f.

757. 1864 nach Verz. d. schlesw.-holst. Rhederei (Kiel 1865), 1876 f. Lindemann, Seefischerei S. 23, 1888 nach Lindemann, Statistik S. 55.

758. Jürgens S. 279: 1615 lief ein Fischer-Ever aus Vöhrde(?) im Hafen von Tönning ein.

759. Patje S. 385.

760. Jahrb. d. bremischen Sammlungen IV. (1911) 2. Halbbd. S. 109.

761. Zeitschrift Ahoi (Berlin) 1885 S. 92.

762. Mitt. d. Deutschen Seefischerei-Ver. 1894 S. 188; Sello S. 52.

763. Almanach d. Deutschen Seefischerei-Ver. f. 1902 u. 1914.

764. Marcard S. 4.

765. Freundl. Mitt. d. Herrn Johannes Drewes (Neuenkirchen, Lühe).

766. Ehrenberg, Blankenese S. 42 f.; Timmermann S. 58 f.; Bargheer S. 156 f.; H. Henking, Ueber die Kassen im Gebiet der Nord- u. Ostsee, Beilage z. d. Mitt. d. Sektion f. Küsten- u. Hochseefischerei 1893; O. Zirkel, Die Kassen z. Versicherung von Fischereifahrzeugen, Jahresbericht f. d. Deutsche Fischerei 1924 (Berlin 1925) S. 379 f.; J. F. Voigt, Die Vereinigung der Seefischer auf der Insel Finkenwärder z. Versicherung ihrer Fahrzeuge gegen Seegefahr, Circulare d. Deutschen Fischerei-Ver. im Jahre 1877 (Berlin 1878) S. 113 f.

767. Jürgens S. 85, 100 f.

768. W. Vogel, Hans. Geschbl. 33. Bd. (1928) S. 149 Anmerkg. 2.

769. Lappenberg, Chroniken S. 117.

770. Ehrenberg S. 47 f.; Lehmann, Reederei S. 27 f.; Timmermann, Blankenese S. 15 f.

771. Abgedruckt bei Ehrenberg, Blankenese S. 48 und bei Timmermann S. 18.

772. Hintze-Breckwoldt S. 71.

773. Afbeeldingen van Schepen S. 53 f.

774. Irrtümlich ist bislang der Galeaß-Ever „Anna Elsabe", Kapt. Hans Schade jun., als das erste größere Schiff der Blankeneser Flotte bezeichnet worden, so von Ehrenberg (S. 50), Lehmann, Reederei (S. 38) und Timmermann (S. 19); das Bild dieses Schiffes besitzt das Altonaer Museum. Der ältere Galeaß-Ever „Die Frau Anna Elsabe", Kapt. Dierck Stehr, ist abgebildet bei Kirsten, Alt-Blankenese Blatt 15.

775. Handels-Marine 1846; Schiffsregister des „Bureau Veritas" für 1852; Verz. d. schlesw.-holst. Rhed. 1864 (Kiel 1865).

776. Statistik d. Handels (1835) S. 286.

777. Schiffsregister des „Bureau Veritas" 1852 und Schiffsvermessungsprotokolle.

778. Entscheidungen IV (1883) S. 565.

779. Als Kuriosum sei erwähnt, daß dieses Fahrzeug als einziger Ever Gegenstand eines Gedichtes geworden ist, betitelt „Die kranke

Amazone", dessen erste vier (von acht) Verse lauten.

1. In dem kleinen Borstelerhafen   3. Bracht von Schwedens Landgestade
   Liegt ein stolzes Segelschiff,   Viele Kaufmannsgüter her.
   Amazone ist ihr Name,   Fuhr von Dänemark und Skagen
   Es umfuhr so manches Riff.   Und durchfuhr das Nordermeer.

2. Hat so oft die See durcheilet,   4. Stolzer Segler Amazone,
   Fuhr bei Sturm und Sonnenglut,   Wirst die See nie wieder sehn,
   Hat im Hafen nie geweilet,   Treu bei dir alleine nur wohnet
   War in Planken fest und gut.   Ferdinand dein Kapitän.

Der See-Ever „Amazone" (LFPV) mit festen Masten wurde im Jahre 1878 auf der Werft von Schedelgarn (Klevendeich) für den Schiffer J. A. Seebeck (Schulau) gezimmert, seine Abmessungen waren: Länge 16,40 m, Breite 5,08 m, Tiefe 1,54 m, Brutto-Registertonnen 36. Seit 1923 lag der Ever im Hafen von Borstel (Altes Land), er diente als Wohnschiff für den letzten Eigner (Schiffer Ferd. Schmidt, Wischhafen), Sommer 1931 wurde das Schiff in Hetlingen abgewrackt. Das Gedicht machte der Schiffer Hinrich Dürkop (Borstel), Herr Johannes Drewes (Neuenkirchen, Lühe) übermittelte mir freundlichst eine Abschrift.

780. Handels-Marine 1846; Alphabet. Verz. d. deutschen Kauffahrteischiffe 1870 (Berlin 1872); Handbuch f. d. deutsche Handelsmarine f. 1900 und 1930.

781. Melhop, Topographie I (1923) S. 37.

782. Beyträge S. 129 f.; W. Thele, Das hamburgische Baggerwesen, Jahrb. d. Schiffbautechn. Ges. XV (Berlin 1914) S. 286 f.

783. Woltmann S. 133, 135; Sammlung d. Verordnungen d. Stadt Hamburg, bearb. v. J. Lappenberg, XIV (Hambg. 1837) S. 197 f.

784. P. C. Schaumann, Die von Hamburg ausgeführten Verbesserungen des Hafens, der Rhede und des Fahrwassers der Elbe (Hamburg 1847) S. 53. Neddermeyer (1847, S. 237) gibt dagegen an, daß damals 13 Ever mit der Maschinenbaggerei beschäftigt waren.

785. Thele [s. Anmerkg. 782] S. 336, 382 u. Abb. S. 334.

786. Ueber das niederelbische Lotsenwesen s. u. a.: K. Ferber, Die hambg. Lotsenordnungen (Cuxhaven 1904); K. Ferber, Das hambg. Lotswesen auf der Unterelbe b. z. Jahre 1810 (Cuxhaven 1901); Das hambg. Lotsenwesen Z. Hansa 45. Jahrg. (Hambg. 1908) S. 791 f.; Volckens-Hoppe, Neumühlen; Ehrenberg, Blankenese S. 43 f.; Timmermann S. 14 f.; Mügge I S. 159 f.; W. Jensen, St. Margarethen S. 16 f., 63 f., 118 u. 378 f. (Böschlotsen); Fischerei u. Lotsenwesen auf Helgoland, Schlesw.-Holst. Provbr. 1787 I S. 354 f.; Baasch, Hamburg u. d. Helgoländer Lotswesen, Z. d. Ges. f. Schlesw.-Holst. Gesch. 32. Bd. (1902) S. 177 f.; Baasch, Handelskammer I S. 354 f., II. Bd. 2. Teil S. 158 f.

787. Ehrenberg, Blankenese S. 38 f.; Timmermann S. 14 f.; Mügge I S. 162 f.; Baasch, Handelskammer I S. 529 f.; Z. Hansa 1908 S. 917; kurze Bemerkungen bei Reinhardt, Helgoland S. 15, H. Smidt, Binnen der rothen Tonne II (Berlin 1865) S. 107; Statistik des Handels (1835) S. 30: „Blankenese war in alten Zeiten das holsteinische Algier". J. F. Voigt, Frühere Beteiligung von Finkenwärder Seefischern beim Bergen von Strandgut, Der Fischerbote III (Hambg. 1911) S. 105 f.

788. Cuxhaven S. 24; das hier erwähnte Deck reichte aber nur bis hinter den Mast, s. oben S. 230.

789. Streifzüge I S. 164; s. auch Hübbe-Suhr (1809) S. 103.

790. Ferber, Lotswesen [s. Anmerkg. 786] S. 8, 13, 18, 27.

791. Ferber, Tonnenwesen S. 42, 46, vgl. S. 100 f. (Anlage XVI u. XVII).

792 a. Bericht ü. d. Besichtigung des Lotsen-Evers „Argonaut" durch den Schiffbaumeister August Bufe, Cuxhaven, v. 14. Juni 1856 (Staatsarchiv Hamburg).

792 b. Rangliste der Kaiserl. Marine f. d. Jahre 1880 bis 1887; Dittmer, Katechismus der deutschen Kriegsmarine, 2. Aufl. (Leipzig 1899) S. 76; während bei G. Neudeck und H. Schröder, Das kleine Buch von der Marine (Kiel 1899) und bei Graf Reventlow, Die deutsche Flotte (Zweibrücken 1901) der Ever nicht verzeichnet ist, steht bei F. Eissenhardt, Die Kriegsflagge. Nachschlagebuch f. d. Brandenbg.-Preuss.-Deutsche Kriegsflotte (Berlin 1904) S. 55: „Schilling"(!) Leichter für das Betonnungswesen."

793. Ferber, Tonnenwesen S. 29 f. u. 44; vgl. Koppmann II S. 377: 1468 entschädigte die Stadt Hamburg einen Schiffer, dessen von der Stadt gecharterter Ever verloren gegangen war; 1552 ist ebenfalls die Ausrüstung eines Evers gebucht (Koppmann V S. 200).

794. Lappenberg, Chroniken S. 469 f.

795. Die Schiffspässe sind abgedruckt bei Baasch, Kampf S. 148; abweichend ist in dem zweiten Paß lediglich der Name des Kommandanten und der Schiffstyp (anstatt „up dem Eyver" steht „up der barssen") angegeben.

796. Baasch, Kampf S. 29 u. 40.

797. Z. d. V. f. Hambg. Gesch. 1889 S. 559.

798. Lappenberg, Chroniken S. 84. 1543 raubten nicht näher bezeichnete Schiffer mit ihrem E u e r ein beladenes holländisches Schiff „vth vnser Hauen thome Nyenssyle", s. A. Michelsen, Urkundenbuch des Landes Dithmarschen (Altona 1834) S. 113.

799. H. Freudenberger, Hamburgs Streit mit Christian IV. von Dänemark über den Glückstädter Zoll, 1630—1645 (Hamburg 1902); A. Dreyer, Hamburgs Kampf mit Christian IV. von Dänemark um die freie Elbe, Nordelbingen IV (Flensburg 1925) S. 1 f.; A. Heskel, Neue Aktenstücke zur Gesch. der hambg.-dän. Kämpfe auf der Niederelbe im Frühjahr und Sommer 1630, Z. d. V. f. Hambg. Gesch. 31. Bd. (Hambg. 1930) S. 87 f. Diese Schriften verzeichnen auch die ältere Literatur, deren Durchsicht für meinen Zweck entbehrlich war.

800. Heskel (s. A. 799) S. 109 f. u. 118 f.

801. Freudenberger (s. A. 799) S. 35 u. 37.

802. Detlefsen, Elbmarschen II S. 213.

803. Heskel (s. A. 799) S. 121.

804. Hagedorn, Ostfriesland (1909) S. 9 u. 103.

805. Sello S. 10 Anmerkg. 1.

806. F. Voeltzer, Lübecks Wirtschaftslage unter dem Druck der Kontinentalsperre (Lübeck 1925) S. 44.

807. C. Henke, Davout u. d. Festung Hamburg-Harburg 1813—1814 (Berlin 1911) S. 86.

808. (Michael Scott), Tom Cringle's Log (Paris 1834) S. 15.

809. Denkwürdigkeiten eines Livländers, hrsg. v. Fr. v. Smitt II (Leipzig 1858) S. 149. Sicherlich werden Ever damals auch sonst benutzt worden sein, jedoch ist von der systematischen Durchsicht der zeitgenössischen Kriegsliteratur (viele Schriften sind u. a. verzeichnet bei C. Zander, Geschichte des Krieges an der Nieder-Elbe im Jahre 1813, Lüneburg 1839) abgesehen worden.

810. H. von Krohn, Wie Wilhelmshaven entstand. Z. „M. O. V." Nachrichten aus Luv und Lee, XIII (Berlin 1931) S. 406.

Verzeichnis der mehrmals zitierten Werke und Abhandlungen.

A b e n d r o t h , Ritzebüttel und das Seebad Cuxhaven. Hamburg 1818.

A l p h a b e t i s c h e s   V e r z e i c h n i s der deutschen Kauffahrteischiffe für das Jahr 1870. Berlin 1872.

A u s t , A., Rund um die Moorburg. Moorburg 1930.

B a a s c h , E., Hamburgs Seeschiffahrt und Warenhandel vom Ende des 16. bis zur Mitte des 17. Jahrh. Zeitschr. d. Ver. f. Hambg. Geschichte IX, 1893, S. 295 f.

— Die Börtfahrt zwischen Hamburg, Bremen und Holland. Hamburg 1898.

— Beiträge zur Geschichte des deutschen Seeschiffbaues und der Schiff-baupolitik. Hamburg 1899.

— Der Kampf des Hauses Braunschweig-Lüneburg mit Hamburg um die Elbe vom 16. bis 18. Jahrhundert. Hannover 1905.

— Die Handelskammer zu Hamburg 1665—1915. Hamburg 1915.

— Der Schiffsverkehr zwischen Hamburg und Harburg seit dem 17. Jahrhundert. Hamburger Uebersee-Jahrbuch 1924 (Hamburg) S. 270 f.

B a g g e s e n , A. v., Der dänische Staat... und die Herzogth. Schlesw.-Holst. und Lauenburg, geographisch und statistisch. 2. Band. Kopen-hagen 1847.

B a l l a u f , H., Die Insel Altenwerder bei Hamburg. Hannover 1803.

B a r g h e e r , A., Uebersicht über die Entwickelung und die Ergebnisse der Finkenwärder Seefischerkasse. Mitt. d. Deutschen Seefischerei-Ver. XII, (Berlin) 1896, S. 156 f.

B e n e c k e , Th., Chronik der Harburger Schiffergilde. Harburg 1904.

B e s c h r e i b u n g   d e s   A l t e n l a n d e s und der Stadt Buxtehude. Blanke-nese 1882.

(B i l k a u) Hadeleriologia historica. Das ist Histor. Bericht von dem Lande Hadeln, von D. W. B. Hamburg 1722.

B l o h m , H., Versuch e. näheren Erörterung der Mittel, durch welche der Handelsverkehr in den Elbgegenden des Fürstenthums Lüneburg er-halten und gehoben werden kann. Göttingen 1841.

B o d e m a n n , F., Denkwürdigkeiten der Elbinsel Finkenwerder. Ham-burg 1860.

Borstelmann, H., Familienkunde des Alten Landes. Hamburg 1927.

— Familienkunde des Landes Kehdingen. Hamburg 1929.

Boysen, P., Büsum, eine Kirchspielschronik. Hrsg. v. W. Dührsen. Mölln 1888.

Breckwoldt, J., Historische Nachrichten über die Elbinsel Altenwerder. Gesammelt u. bearb. unter Mitwirkung von G. Bosenick. Harburg 1894.

Brick, C., Gemüse- und Obstbau im hamburgischen Marschgebiet. 2. Aufl. Hamburg 1910.

Brüning, O., Ilmenau-Ever. Lüneburger Museumsblätter Heft 11, 1925, S. 217 f.

(Buek), Album hamburgischer Kostüme. Mit erläuterndem Text von F. G. Buek. Hamburg c. 1843—47.

Büsching, A., Recension eines Buches, die Handelsbilanz zwischen Deutschland und England betreffend, in A. Büschings Wöchentl. Nachrichten von neuen Landcharten I (Berlin) 1773, S. 310 f.

(Bureau Veritas) Registre de Renseignements sur Navires. Paris 1852.

Burmester, H., Die Elbschiffahrt bis zum Beginn des 19. Jahrhunderts. Diss. Kiel 1921 (Maschinenschrift).

Cannenburg, W. V., Catalogus der Scheepsmodellen en scheepsbouwkundige Teekeningen 1600—1900 in het Nederlandsch Histor. Scheepvaart Museum, Amsterdam. 1928.

Carstens, F., Aus Wilsters alten Tagen (Schiffahrt u. Werften), in Nordischer Kurier (Itzehoe) v. 10. Jan. 1928.

Chatterton, E. K., Fore and Aft Craft and their Story. New Ed. London 1922.

Comte, P. le, Afbeeldingen van Schepen en Vaartuigen in verschillende Bewegingen. Amsterdam 1831.

Crone, G. C., Nederlandsche Jachten, Binnenschepen, Visschersvaartuigen 1650—1900. Amsterdam 1926.

(Cronheim, F. D. v.) Corpus constitutionum Regio-Holsaticarum. Altona 1751—53.

Dallmer, C., Seefischerei, in Handb. der Fischzucht, hrsg. v. M. v. d. Borne. Berlin 1886, S. 337 f.

Detlefsen, D., Geschichte der Holsteinischen Elbmarschen. Glückstadt 1891—92.

— Geschichte des Kirchspiels Herzhorn, Zeitschr. d. Ges. f. Schlesw.- Holst. Geschichte 33. Bd., 1903, S. 1 f.

Dittmer, R., Die deutsche Hochsee-, See- u. Küstenfischerei im 19. Jahrh. Hannover 1902.

Dittmer, R., u. Buhl, H., Seefischereifahrzeuge und Boote. Hannover 1904.

Dittmann, C., Topogr.-stat. Uebersicht der Territorial-Besitzungen der Hansestadt Hamburg. Hamburg 1825.

Dörfer, J., Topographie des Herzogthums Holstein. 2. Aufl. Schleswig 1803.

(Ehlers), Geschichte u. Volkskunde des Kreises Pinneberg, hrsg. von W. Ehlers. Elmshorn 1922.

Ehrenberg, R., Die altonaer Fischer u. ihr Streit mit dem hamburger Fischamte. Altona 1891.

— Aus der Vorzeit von Blankenese u. den benachbarten Ortschaften Wedel, Dockenhuden, Nienstedten u. Flottbek. Hamburg 1897.

Engelbrecht, Th., Bodenanbau u. Viehstand in Schleswig-Holstein. Kiel 1907.

Entscheidungen des Ober-Seeamts u. der Seeämter des Deutschen Reichs (Berlin), mehrere Jahrgänge.

Eschels, J., Lebensbeschreibung e. alten Seemannes. Altona 1835.

Festschrift zur 50jährigen Jubelfeier des Provinzial-Landwirtschafts-Vereins zu Bremervörde. Stade 1885.

Festschrift zur Säkularfeier der Kgl. Landwirtschafts-Ges. zu Celle. Hannover 1864.

Festschrift zum 150jährigen Bestehen der Kgl. Landwirtschafts-Ges. Hannover. Hannover 1914.

Ferber, K., Die Entwicklung des Hamburger Tonnen-, Baken- und Leuchtfeuerwesens, Zeitschr. d. Ver. f. Hambg. Geschichte XVIII, 1913, S. 1 f.

Finder, E., Die Vierlande. Beiträge zur Geschichte, Landes- u. Volkskunde Niedersachsens. Hamburg 1922.

— Hamburgisches Bürgertum in der Vergangenheit. Hamburg 1930.

Frahm, L., Stormarn und Wandsbek. Ein Heimatbuch. Poppenbüttel 1907.

Führer durch die Abteilung für Seefischerei im Altonaer Museum. Altona 1903.

Gehrkens, A., Histor. Nachrichten über die Elbinsel Wilhelmsburg. Wilhelmsburg 1896.

Goedel, G., Etymologisches Wörterbuch der deutschen Seemannssprache. Kiel 1902.

Griese, C., u. Schwindrazheim, O., Der Hamburger Hafen. Hamburg 1897.

Griesheim, Chr. v., Verbesserte u. vermehrte Auflage des Tractus: die Stadt Hamburg. Hamburg 1760.

Grohne, E., Hamburgs Hinterland. Hamburg 1922 (Mitt. d. Mus. f. Hambg. Gesch. Nr. 6).

(HR.) Die Rezesse u. andere Akten der Hansetage, 1. Reihe Bd. II, III u. V, bearbeitet von K. Koppmann. Leipzig 1870 f.

(HUB.) Hansisches Urkundenbuch, Bd. I—III bearb. von K. Höhlbaum. Bd. V—VI bearb. von K. Kunze. Bd. VIII u. X bearb. von W. Stein. Halle 1876 f.

Hähnsen, F., Pinneberger Fabriken im 18. Jahrh. Jahrb. f. d. Kreis Pinneberg V, 1921, S. 86 f.

Hagedorn, B., Ostfrieslands Handel u. Schiffahrt im 16. Jahrh. Berlin 1909.

— Ostfrieslands Handel u. Schiffahrt (1580—1648). Berlin 1912.

— Die Entwicklung der wichtigsten Schiffstypen bis ins 19. Jahrhundert. Berlin 1914.

Handbuch für die deutsche Handelsmarine (Berlin), mehrere Jahrgänge.

Handels-Marine der Nieder-Elbe, 1. Januar 1846. Hamburg 1846.

Hansen, C., Chronik der friesischen Uthlande. 2. Aufl. Garding 1877.

Hansen, R., Geschichte der Stadt Itzehoe. Itzehoe 1910.

Hansen, J., u. Wolf, H., Chronik des Landes Dithmarschen. Hamburg 1833.

Heckscher, J., Chr. Suhrs Hamburgische Trachten. Berlin 1909.

Heimatbuch des Kreises Steinburg. Glückstadt 1924—26.

Heimatkunde des Regierungsbezirks Stade. I. Bd. (alles) hrsg. von Fr. Plettke. Bremen 1909.

Henking, H., Deutsche Seefischerei. Berlin 1896.

Heß, J. L. v., Hamburg, topogr., politisch u. historisch beschrieben. Hamburg 1787—92 (zit. 1. Ausg.). Hamburg 1796 (zit. 1. Aufl.). Hamburg 1810—11 (zit. 2. Aufl.).

Hintze, O., u. Breckwoldt, E., Die Breckwoldts von 1356—1928. Hamburg 1928.

Holst, A., Altländer Obstbau u. Obsthandel, Stader Archiv N. F. Heft 4 (Stade 1914) S. 28 f.

Hübbe, Ansichten der freien Hansestadt Hamburg. Frankfurt a. M. 1824.

(Hübbe-Suhr) Der Ausruf in Hamburg, gezeichnet von Professor Suhr, mit Erklärungen begleitet von K. J. Hübbe. Hamburg 1808.

Jägermann, C., Itzehoe und dessen Umgebung in histor. u. topogr. Hinsicht. 2. Aufl. Itzehoe 1838.

Jensen, W., Chronik des Kirchspiels St. Margarethen, zugleich e. Geschichte der südwestlichen Wilstermarsch. Glückstadt 1913.

Jobelmann, W., u. Wittpenning, W., Geschichte der Stadt Stade. Neubearb. von M. Bahrfeldt. Stade 1897.

Jürgens, A., Zur Schleswig-Holsteinischen Handelsgeschichte des 16. u. 17. Jahrh. Berlin 1914.

Jürgensen, J., Sammlung der die Schiffsmessung betr. Bestimmungen. Apenrade 1856.

Kähler, J., Das Stör-Bramautal. Kellinghusen 1905.

Kirsten, G., Alt-Blankenese in 200 Bildern. Hamburg 1912.

(Klefeker) Samlg. der Hamburgischen Gesetze u. Verfassungen. Hamburg 1765—73.

Kluge, F., Seemannssprache. Wortgeschichtliches Handb. deutscher Schifferausdrücke älterer und neuerer Zeit. Halle a. S. 1911.

Kohl, J. G., Nordwestdeutsche Skizzen. Bremen 1864.

Konijnenburg, E. van. Der Schiffbau seit seiner Entstehung. Brüssel 1913.

(Koppmann) Kämmereirechnungen der Stadt Hamburg, hrsg. von K. Koppmann, Bd. I, II u. V. Hamburg 1867 f.

Kuß, Ch., Der Flecken Kellinghusen, Schlesw.-Holst.-Lauenbg. Provinzialberichte 1830, S. 1 f.

Lahrsen, K., Das Lauenburger Schiffamt. Altona 1913.

Lappenberg, J., Hamburgische Chroniken in niedersächs. Sprache. Hamburg 1861.

(Laue-Meyer) Zwischen Elbe, Seeve und Este. Ein Heimatbuch des Landkreises Harburg, hrsg. v. H. Laue u. H. Meyer. Harburg 1925.

Laughton, L. G. Carr, Old Ship Figure-Heads and Sterns. London 1925.

(Lehmann, O.) Reederei und Schiffbau in Schleswig-Holstein. Altona 1920 (Führer durch das Altonaer Museum).

Linde, R., Die Niederelbe. 5. Aufl. Bielefeld 1921.

Lindemann, M., Seefischerei. Berlin 1880.

— Beiträge zur Statistik der deutschen Seefischerei. Berlin 1888.

Lindenau, K., Die Broberger Zollrolle vom Jahre 1669, Stader Archiv, N. F. Heft 22 (1932) S. 70 f.

Lucht, A., Glückstadt, oder Beiträge zur Geschichte dieser Stadt. Kiel 1854.

Ludewig, W., Geschichte der Stadt u. des Schlosses Harburg. Harburg 1845.

Lübbert, H., Die Einführung von Motor u. Schernetz in die deutsche Segelfischerei. Berlin 1906.

— Vom Walfänger zum Fischdampfer. Hamburgs Fischerei in zehn Jahrhunderten. Hamburg 1925.

Lüneburger Heimatbuch, hrsg. von O. u. Th. Benecke. Bremen 1914.

(Manecke) U. F. Manecke's Topographisch-historische Beschreibung des Herzogth. Lauenburg u. des Landes Hadeln, hrsg. von W. Dührsen. Mölln 1884.

Marcard, Darstellung d. preußischen Seefischerei u. ihre jetzige Lage. Berlin 1870.

Marten, G., u. Mäckelmann, K., Geschichte u. Landeskunde Dithmarschens. Heide 1927.

Mathies, O., Hamburgs Reederei 1814—1914. Hamburg 1924.

Melhop, W., Alt-Hamburgische Bauweise. 2. Aufl. Hamburg 1925.

— Histor. Topographie der Freien u. Hansestadt Hamburg von 1895 bis 1920. Hamburg 1923—25.

Moeller, C., u. Roeloffs, R., Cyclus von Schiffen aller seefahrenden Nationen. Hamburg 1839—40.

(Mossin) Verzeichnis der in dem Königreiche Dänemark u. den Herzogth. Schleswig u. Holstein zu Hause gehörigen Schiffe von 7 Commerz-Lasten und darüber, hrsg. von C. H. Mossin. Kopenhagen 1845.

Mügge, Th., Streifzüge in Schleswig-Holstein. Frankfurt a. M. 1846.

Müller, C. G. D., Seewissenschaften. Berlin 1794.

Neddermeyer, F., Zur Statistik u. Topographie der Freien u. Hansestadt Hamburg. Hamburg 1847.

Niemann, A., Forststatistik der dänischen Staaten. Altona 1809.

Norrmann, P., Geographisches u. historisches Handbuch der Länder-, Völker- u. Staatenkunde. I. Bd. 4. u. 5. Abteilung. Hamburg 1787.

Patje, Kurzer Abriß des Fabriken-, Gewerbe- und Handlungs-Zustandes in den Chur-Braunschweig-Lüneburgischen Landen. Göttingen 1796.

Paulsen, P., Die Hochseesegelfischerei von Finkenwärder u. Blankenese. Pinneberg 1911.

Pilaar, J., Handleiding tot de Kennis van het Tuig, de Masten, Zeilen enz. van het Schip. Derde Druk verbeterd door G. Mossel. Amsterdam 1858.

Plath, J., Ansichten der freien Hansestadt Hamburg. Frankfurt a. M. 1828.

(Postwesen) Die Geschichte des Postwesens in Harburg. Harburg 1890.

Protokolle der in Folge des Art. XXX der Elb-Schiffahrts-Akte in Dresden vers. 2ten Revisions-Kommission. Dresden 1842—43.

Puvogel, C., Der Gartenbau als Wirtschaftssystem in den Vierlanden bei Hamburg, Landwirtschaftliche Jahrbücher 61. Bd. (Berlin 1925) S. 363 f.

Rauert, H., Die Grafschaft Rantzau. Altona 1840.

Rave, A., Die Amtsbezirke Kollmar u. Seestermühe in histor.-stat. Hinsicht. Itzehoe 1901.

Reden, Fr. Frh. von, Das Königreich Hannover statistisch beschrieben. Hannover 1839.

Reinhardt, C., Von Hamburg nach Helgoland. Leipzig 1856.

(R e i n i c k), Die Moorgebiete des Herzogthums Bremen. Berlin 1877.

R e i n s t o r f, E., Elbmarschkultur zwischen Bleckede und Winsen an der Luhe. Harburg-Wilhelmsburg 1929.

R o e d i n g, J., Allgemeines Wörterbuch der Marine. Hamburg 1793 f.

R o e d i n g, K., Hamburg, wie es war und ist. Hamburg 1827.

R o t e r m u n d, Topogr.-stat. Beschreibung d. Stadt Buxtehude, Annalen d. Braunschw.-Lünebg. Churlande IV (1790).

R o t h, G. de, Geographische Beschreibung der beyden Herzogth. Bremen u. Verden (1718), Archiv d. Ver. f. Geschichte d. Hzt. Bremen u. Verden zu Stade VI (1877).

S c h a c h t, C., Denkschrift über die Entwicklung der Finkenwärder See-fischerei (1913). Handschrift im Besitz des Deutschen Seefischerei-Vereins (Berlin).

S c h a r f, C., Beschreibung des im Herzogth. Bremen belegenen Alten Landes, Annalen d. Braunschw.-Lüneburgischen Churlande IV (1790) S. 667 f.

S c h e i d t, W., u. W r i e d e, H., Die Elbinsel Finkenwärder. München 1927.

(S c h i f f a h r t), Ueber die Schiffahrt u. den Handel der Herzogth. Bremen u. Verden. Hannoversches Magazin 1816 S. 1441 f.

S c h i f f e r - R e g l e m e n t für die Stadt Harburg. Hannover 1788.

S c h n a c k e n b e c k, W., Die Nordseefischerei. Stuttgart 1928 (Handb. der Seefischerei Nordeuropas, 5. Band: Die deutsche Seefischerei, 1. Heft).

(S c h r a d e r), Beschreibung des Fischerdorfes Blankenese in der Herr-schaft Pinneberg und des daselbst getriebenen Fischereigewerbes von L. A. G. S—r. Schlesw.-Holst. Provinzialberichte 1787, II S. 529 f.

S c h r ö d e r, J. v., Topographie des Herzogthums Holstein. Olden-burg 1841.

S c h ü t z e, J., Holsteinisches Idioticon. Altona 1800—06.

S e l l o G., Oldenburgs Seeschiffahrt in alter u. neuer Zeit. Leipzig 1906 (Pfingstblätter des Hansischen Geschichtsvereins, Blatt II).

(S i e m e n s), Buxtehude und das Alte Land, hrsg. von H. Siemens. Kiel 1929.

S t a t i s t i k d e s H a n d e l s, der Schiffahrt u. der Industrie der Herzogth. Schleswig u. Holstein. Schleswig 1835.

S t e n z e l, A., Deutsches seemännisches Wörterbuch. Berlin 1904.

S z y m a n s k i, H., Die Segelschiffe der deutschen Kleinschiffahrt. Lübeck 1929 (Pfingstblätter des Hansischen Geschichtsvereins Blatt XX).

T e t e n s, J., Reisen in die Marschländer an der Nordsee, I. Bd. (alles) Leipzig 1788.

T i m m e r m a n n, W., Die Blankeneser Schiffahrt. Blankenese 1925.

V e r z e i c h n i s der Schleswig-Holsteinischen Rhederei ult. 1864. Kiel 1865.

V o g e l, W., Geschichte der deutschen Seeschiffahrt, I. Bd. Berlin 1915.

V o i g t, J., Ueber den Fischereibetrieb auf der Unterelbe. Hamburg 1870.

— Geschichtliches über die Versorgung Hamburgs mit Milch. Ham-burg 1903.

V o i g t, J., u. S c h w i n d r a z h e i m, O., u. G r i e s e, C., Aus Bill- und Ochsenwärder. Hamburg 1895.

V o l c k e n s, W., u. H o p p e, P., Neumühlen und Oevelgönne. Altona 1895.

W e d e l und die Haseldorfer Marsch, bearb. von H. Holm u. J. Johannsen. Altona 1928.

W e i r u p, E., Norddeutsche Gemüsebaugebiete. Berlin 1913.

W o l f, H., Berichte aus Norderdithmarschen, Schlesw.-Holst. Provinzial-berichte 1788, II S. 241 f.

W o l t m a n n, R., Beyträge zur Schiffbarmachung der Flüsse. Hamburg 1826.

Z e s t e r f l e t h, Chr. von, Beschreibung des im Herzogtum Bremen belegenen Alten Landes. Hamburg 1847.

Register.

1. Geographisches Register.

(A = Anmerkung; z. B. A 622 = Anmerkung Nr. 622.)

Aarhus 322, 323.
Abbenfleth 187.
Abbenseth 258.
Achterdeich 275.
Achthöfenerdeich 11, 196, 197, 205, 222, 223.
Alkmaar 3, 190.
Allermöhe 275.
Alster 105, 187, 258, 279, 285, 288, 293, 294, 329, 330, A 622.
Alte Land 3, 7, 18, 69, 173, 183, 187, 188, 192, 193, 196—199, 204, 207, 222, 260, 261, 269, 271, 272, 276, 277, 280—282, 294, 295, 308, 319, 321, 325, 326, A 500, 523.
Altenbruch 11, 20, 185, 187, 196, 197, 271, A 79.
Altendeich (Glückstadt) 277.
Altengamme 213, 273, A 274.
Altenwerder 11, 97, 213, 214, 231, 234, 235, 237, 243, 248, 251, 252, 276, 283, 284, 317—319, A 80, 286, 533.
Altona 7, 8, 131, 168—170, 172, 183, 185, 187, 188, 191, 209, 215, 216, 222, 223, 226, 227, 234, 258, 259, 262, 266, 268, 269, 272—281, 283, 284, 287—292, 294, 300, 303—305, 307—310, 312, 315, 318, 319, 321 bis 323, 330, 331, A 51, 60, 104, 132, 218, 220, 287, 327, 346, 353, 359, 365, 410, 594, 709, 714, 774.
Altwarp 253.

Ameland 267.
Amrum 247, 266, 318.
Amstelland 5.
Amsterdam 4, 5, 36, 192, 231, 265, 282, 320, 321, A 481, 709.
Antwerpen 322.
Appen 290.
Arpsdorf 258, 286.
Assel 22, 183, 187, 198, 206, 271, 322.
Averfleth 266, 290.

Balga 5.
Balje 271.
Bardowiek 187, 212, 213, 219, 260, 273, A 305.
Barnkrug 187, 322.
Barth 323.
Basbeck 187, 289, 302, 322.
Bebeck 291.
Beidenfleth 183, 187, 197, 208, 266, 267, 289, 320, A 433.
Belum 270.
Bergedorf 13, 288, 297, A 107.
Berlin 188, 253, 272, 282.
Bielenberg 263, 289.
Bille 187, 214, 258, 288, 297, 325.
Billwärder 13, 194, 272, 274, 275, 285, A 106.
Billwärdermarsch 187, 212, 260, 275.
Binnenelbe, Holst. 258, 296.

2. Sachregister.

Nautische Ausdrücke sind im allgemeinen nur aufgenommen, namentlich wiederholend, wenn die angegebene Stelle eine Erläuterung enthält. Wortzusammensetzungen die nicht an alphabetischer Stelle sich befinden, stehen unter dem zweiten Wortglied; z. B. Deckbalken unter Balken, Aumast unter Mast. Alle Schiffbauer, Schiffstypen, Segel und Frachtarten stehen zusammen. A = Anmerkung; z. B. A 258 = Anmerkung Nr. 258.

399

Querbeting s. Beting b a l k e n ,
-naht s. Plankenstoß, -sülle s.
Luksülle.

Rack 152—154, Drehwurzel- 152,
Gaffel- 134.

Radsteuerung 98; Lösch- 166.

Rah: Breitfock- 151, 152, Gaffel-
toppsegel- 150, 240; Rahsegel-
154, Toppsegel- 153.

Randsom 29, 43, -holz 44, 45, A 122.

Raumgehalt 22, 102, 196—198, 200,
202, 205, 208, 221, 223, 235, 237,
251, 252; Fisch- s. Bünn, Kojen-
92, 249, Lade- 27, Wohn- 27, 92
bis 97, 178, 179, 216, 228, 234,
248, 249, 254, 255, 332.

Reep: Dreh- 154, Schmer- 119, 140,
141, Talje- 117, 119, 122, 127,
129, 239.

Reffband: Gieksegel- 140, 143, 240,
250, Rahsegel- 155, 219, 228, Spriet-
segel- 156, Vorsegel- 148, 149, 240,
250; Not- 155.

Reihleine: Breitfock- 152, Giek-
segel- 109, 139, 250, Schotsegel-
213, Sprietsegel- 155, Stagfock-
146.

Reling 58, 333, -streifen s. Halbstab;
Kajütdeck- 59, 200, 209, 210, 216,
218, 224, 231, Not-, See- 61, 247.

Remen s. Everremen.

Rettungsringe 167.

Riegel (Längs- u. Quer-) 67—70, 96.

Ring: Aushol- 143, 148, Klüver-
241, Mast- (hölzerne) s. Mast,
Pall- 86, 87, 89, A 151, Rack-
128, 148, 149, 250, Schot- s. Schot-
b a n d.

Rinnsparren s. Merklinge.

Roof s. Deck h a u s.

Rootüch 232.

Rotulm 31.

Ruder 28, 42, 70—75, 98, 99, 177,
211, 212, 216, 219, 220, 223, 224,
229, 233, 242, 254, A 307, -finger-
linge 71, 72, -hacke 70, 71, 223,
233, -leichter 73, 74, A 144, -ösen
72, A 144, -pinne 72, 73, 177, 216,
254, -rad 99, -scheren 72, -stand
233, 249; Heck- 1, Schwebe- 307,
Seiten- 1, 2, Wipp- 252.

Rüsten 225; Dirk- 138, Steven-
(Fock-) 119, 120, 200, 201, 239,

Rüsten, Forts. A 175, Takel-, Mantel-
121, 334, Want- 116, 177, 242, 251.

Schalken: auf — bauen 34; Luken-
67, 245, 294, 298.

Schalkklampen u. -latten 66, 67, 69.

Schandeckel 58, 59, 81, 174, 211,
220, 254.

Schanzkleid 27, 57—62, 221, 224,
326, 333; Bug- - s. Feste b u g.

Schare (Scharplanke, Scharte) 48,
228.

Scheerstück 54, -zeug 255.

Scheilicht s. Oberlicht.

Schellen (Muschelschiffer) 204, 298
bis 300, A 629.

Schiene: Grund- 45, Helmholz- 73,
Püttings- s. Rüsten, Schothorn-
140, 250, 334, Schwert- 76, Steven-
45, Wall- 211, 231, 314.

Schiffbauer:

(Die mit einem * versehenen Namen bedeuten
nicht Schiffbauer, sondern Werftbesitzer.)

Allgemeines 7, 8, 266, A 58—113,
277, 318, 606, 614.

Ahrens, Johann 14.

Albers, C. 234, A 109.

Baade, A. 9.

Barofsky, H. 9, 203.

Beenck, Johann (Altona u. Neuhof) 8, 13, A 60, 99, 104, 132.

Beenck (Wilhelmsburg) A 104 (Johann —, Martin —, Peter —).

Behnke, F. 12.

Behrens, D. 10.

Behrens, Hinrich A 348.

Behrens, Joachim 12, 237, 251,
A 88.

Behrens, Johann 10, 198.

Behrmann A 102.

Bergmann, Friedrich 11, 19, 101,
202, 203.

Bergmann, Martin 11, 174, 208,
A 174.

Boje, Nicolaus 9.

Both, August 9, 210, 211, A 64.

Both, Julius 9, A 64.

Brammann, H. 9, A 64.

Brandt, Johann 237, 251, A 99.

Breuer, Carsten 11, 198, 205.

Bröhan, Albert 11, A 83.

Bröhan, Heinrich 11, A 83.

Brösing, J. (Grünendeich) 12, 199,
A 91.

Brösing, J. (Mittelnkirchen) 13,
A 97.

403

Schiffbauer:

Bruhn, Heinrich 9.
Bruhn, Martin 11.
Bufe, August A 108, 792 a.
Burmeister (Blankenese) 8.
Burmeister, N. (Brunsbüttel) 9.

Chors, Christopher 10.
Claußen, C. 11, 206, A 58, 84.
v. Cölln, Barteldt 14, 234, A 109.
v. Cölln, Barthold 235, A 345.
v. Cölln, Heinrich 14, 234.
Cords, Johann 13.
*Cords Ww., J. 13, A 106.
*Cramer, Lucas A 104.

Dähn, Claus A 101.
Diercks, J. P. 10, A 69.
Diercks, T. U. 11.
Dochtermann, J. H. A 91.
Doose, Claudius 11.
Doose, Otto 9, 46.
Dreyer, Ernst A 99.

Eckardt A 64.
Eggers 234, A 108 (Heinrich —,
    Johann —).
Eindorf, Jürgen 13.
Engel, Theodor 11, A 75.

Fack, Hans 9, 10, 11, 203, A 58,
    66.
Fack, Ferdinand 9.
Fack, Johannes 11.
Fack, Johannes H. 10.
Fack, Wilhelm A 66.
Fick, Johann 14, 213.
Finck, Hermann 10.
Finck, Jacob A 61.
Finck, Joachim (Blankenese) 8,
    234, A 61.
Finck, Joachim (Wisch) 9, A 63.
Fjordland, Christian 9, 203, 205,
    A 58.
Funcke, Johann 12, 206, 224, A 58.

*Gehlsen, J. & H. 9, 210, A 64.
*Godeffroy & Sohn, Johann A 104.
Gooß, J. H. 13.
*Gooß Ww., F. A 101.
Gottfried 11.
Griese, Reimer 11.
Guhle, Martin 14.

Haartje, G. H. 11, A 81.
Haartje, Johann 11.
Harms, Nikolaus A 64.
Hatecke, Wilhelm 12 (1900 *Ha-
    tecke Ww., W.).
Hein, J., (Elmshorn) A 63.
Hein, Johann (Krempdorf) 10, 197,
    A 68.

Schiffbauer:

Hein, Johann (Wewelsfleth) 10,
    22, A 74.
Heitmann 10.
Höger A 64.
*Hölck, Cornils 9, A 62.
Hölck, Detlef A 62.

Jacobs, Hans 10, 197.
Jacobs, Johannes 10.
*Jacobs Ww., H. 10.
Junge, Gebrüder 10.
Junge, Gustav 39, 124, 172, 174,
    177, 205, 228, 246, 247, 252, A 74,
    132, 133, 182, 183, 265, 267,
    278, 348, 359, 429, 512, 618, 629,
    685.
Junge, Johann 10, 208, 235, 236,
    237, 246, 252.

Kelting A 63.
Klintwort, H. 234, A 109.
Klüver, Martin 10, 208, 252.
Koch, Johann 234, 235, 237, 251,
    252, A 80.
Koeser, Peter 11.
Krauss, C. H. A 267.
Kremer, (Blankenese) A 61.
Kremer, Diedrich 6, 9, A 58, 63.
Kremer, Diedrich Wilh. 9.
Kremer, Jacob 9, 201, 237, 246,
    A 63.
Kremer, Johann 9.
Kremer Sohn, D. W. 9, 237, A 63.
*Kremer Ww., J. 9.
Kühl, E. 194, 226, 235, 238, 246.
Kühl, Johann 9.
Kühl, Max 9.

Leafermann, Wilhelm 12, A 58.
Ledtje, H. 9.
Lorenzen, F. C. 15, 209.
Lüdemann, Marx 10, A 58.
Lüdemann, M. & Stadtler, Johann
    10.

Mahler, Peter 11, 13, 206, A 85.
Meinerts A 64.
Meyer (Cranz) A 84.
Meyer (Haseldorf) 9.
Meyer, Johann (Hamburg) 14.
Möller, Peter A 95.

Neuhaus, Wolter A 64.
*Nommensen, N. F. A 113.

Oltmann 13, 206.

Paasch, D. P. 15.
Paasch, Hermann 15.
Peper A 86.
Peters, J. H. 11.
Peters, Johann 13, 198.

Skizzen
von Bau= und Takelungseinzelheiten.

Nr. 1. Achtersteven und Spiegel, seitlich gesehen: 1. Achtersteven, 2. Namenbrett, 3. Lippbalken, 4. Randsomholz, 5. Spiegelplanken, 6. Spiegelfutter, 7. Stevenknie, 8. Bodenwrangen, 9. Bodenplanken, 12. Deckplanken. **Nr. 2 a.** Spiegel, von innen gesehen: 4. Randsomholz, 5. Spiegelplanken, 7. Stevenknie. **Nr. 2 b.** Spiegel, von außen gesehen: 1. Achtersteven, 2. Namenbrett, 3. Lippbalken, 6. Spiegelfutter, 10. Plankenenden (Außenhaut), 11. Hukholz, 13. Düker. **Nr. 3.** Hauptspant: 1. Spant, 2. Bodenwrangen, 3. Bodenplanken, 4. Kahnplanke (zwei Gänge), 5. Kimmweger, 6. Bodenweger, 7. Kielschwein, 8. Seitengänge, 9. Berghölzer, 10. Balkweger, 11. Deckbalken, 12. Deckplanken, 13. Leibholz, 14. Setzbord, 15. Schandeckel (Reling), 16. Dollbaum, 17. Wasserlauf, 18. Füllung. **Nr. 4.** Boden mit Randsom: 1. Randsom oder Bruhne. **Nr. 5.** Boden mit Kimmkiel: 1. Kimmkiel. **Nr. 6.** Horizontalknie: 1. Deckbalken, 2. Bergholz, 3. Spanten, 4. Horizontalknie, 5. Balkweger. **Nr. 7.** Vertikalknie: 1. Deckbalken, 2. Bergholz, 3. Spant, 4. Vertikalknie, 5. Balkweger, 6. Leibholz, 7. Schandeckel (Reling), 8. Setzbord, 9. Setzbordstütze. **Nr. 8.** Abschluß der Kajütdeckreling: 1. vordere Leiste (Relingteil), 2. Kajütdeckreling, 3. Setzbord, 4. Hauptdeckschandeckel (Reling). **Nr. 9 a.** Deckrahmen: 1. Vorsteven, 2. Binnenbugbekleidung, 3. Deckrahmen, 4. Deckband (Bugband), 5. Deckplanken. **Nr. 9 b.** Deckrahmen, andere Anordnung, sonst wie Nr. 9 a. **Nr. 10.** Ruderleichter und Rudertaljen: 1. Ruderstamm, 2. Ruderleichter, 3. Ruderleichtertalje, 4. Scheibengat, 5. Stander, 6. Rudertalje, 7. Hukholz. **Nr. 11.** Ruder: 1. Ruderstamm, 2. Ruderhacke, 3. obere Ruderbacke, 4. Scheibengat für Ruderleichter, 5. Ruderfingerling und Band, 6. eisernes Längsband, 7. Ruderkopf, 8. eisernes Querband, 9. Stange mit Mutter, 10. Augbolzen (an Stelle Ruderöse), 11. Ruderöse und Band, 12. Ruderpinne (Helmholz), 13. Lippbalken, 14. eiserne Klammer, 15. Dübel, 16. Achtersteven, 17. untere Ruderbacke. **Nr. 12 a.** Ruderpinne, von oben gesehen: 1. Ruderpinne, 2. Ausschnitt für den Ruderkopf, 3. eisernes Längsband, 4. eisernes Querband. **Nr. 12 b** wie Nr. 12 a, nur sind an Stelle des um die Ruderpinne greifenden Längsbandes zwei Längsschienen (3) vorhanden, über die das Querband (4) greift. **Nr. 13.** Augbolzen, an Stelle der oberen Ruderöse: 1. Lippbalken, 2. Achtersteven, 3. Augbolzen, 4. eiserne Klammer. **Nr. 14.** Ruderöse mit Bänder: 1. Bänder, 2. Oese, 3. Fingerling. **Nr. 15.** Ruderfingerling mit Bänder: 1. Bänder, 2. Fingerling.

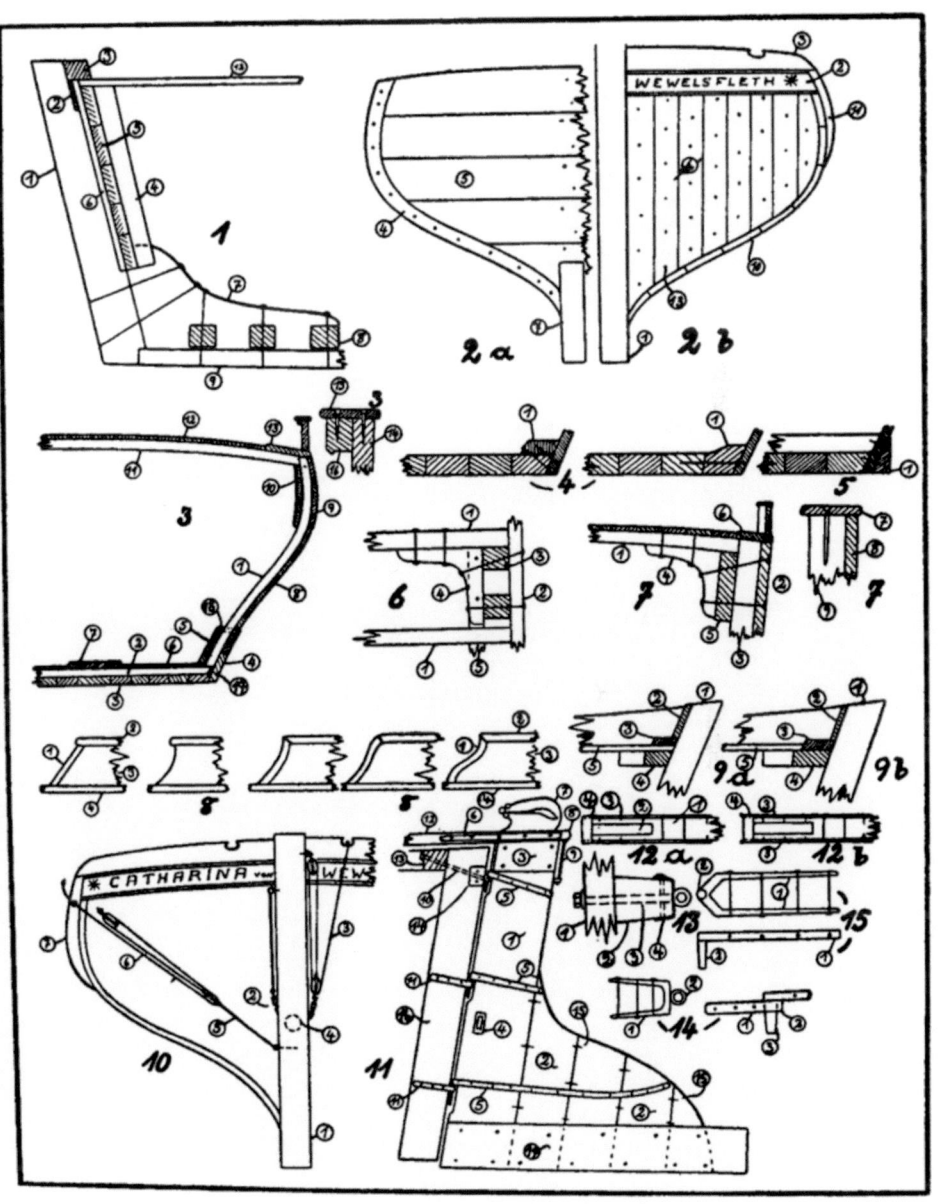

Abb. 3. Spiegel, Deckkniee, Ruder u. a. Bauteile

Nr. 1. Schwerthaken und Schwertbolzen: 1. Schwerthaken, 2. Schwerthakenband, 3. Schwertbolzen mit Kopf innen und Splint außen, 4. Schwert, 5. hölzerner Schwertkopf (der Schwertkopf ist am unteren Ende stärker verjüngt als angegeben), 6. Lukengiebel, 7. Ausschnitt, 8. Setzbord. **Nr. 2** wie Nr. 1: 1. Schwerthaken, 2. Schwerthakenband, 3. Schwertbolzen mit Kopt außen und Auge innen, 4. Schwert, 5. eiserne Schwertkoptplatte, 6. Lukengiebel. **Nr. 3** wie Nr. 1: 1. Schwerthaken, 2. Schwerthakenband, 3. Schwertbolzen mit Kopf außen und Splint innen, 4. Schwert, 5. eiserne Schwertkopfplatte, 6. Lukengiebel, 7. eiserne Klammer. **Nr. 4.** Schwertstoß: 1. Setzbord, 2. Schwertstoß, 3. Schwert, 4. Schraube mit Flügelmutter. **Nr. 5.** Schwert: 1. Kopfplatte, 2. zwei lange Planken, 3. zwei kurze Planken, 4. Querschienen, 5. Querschiene mit Halbmondschiene, 6. Bürgehakenauge. **Nr. 6.** Schwert, wie Nr. 5, aber mit drei kurzen Planken und abweichend angeordneten Querschienen: 6. Bürgehakenauge, 7. Grundschiene. **Nr. 7.** Schwertverbindung: 1. Schwertbolzen, 2. Schwerttasche, 3. Splint, 4. Schwerthaken. **Nr. 8.** Aufklotzung mit Schwerthaken. **Nr. 9.** Schwert: 1. Schwert, 2. Schwertklampe, 3. Schwertpoller, 4. Schwertpollerstütze, 5. Lukengiebel. **Nr. 10.** Strak: 1. hinteres Strakband, 2. Strak, 3. inneres Strakband, 4. Achtersteven, 5. Bodenplanken. **Nr. 11.** Luvklotz: 1. Luvklotz, 2. Vorsteven, 3. Bodenplanken. **Nr. 12.** Ruderschwert: 1. Ruderschwert, 2. Tasche, 3. Schwertläufer, 4. Ruderstamm, 5. Ruderhacke, 6. untere Ruderbacke, 7. Schwertschlitz.

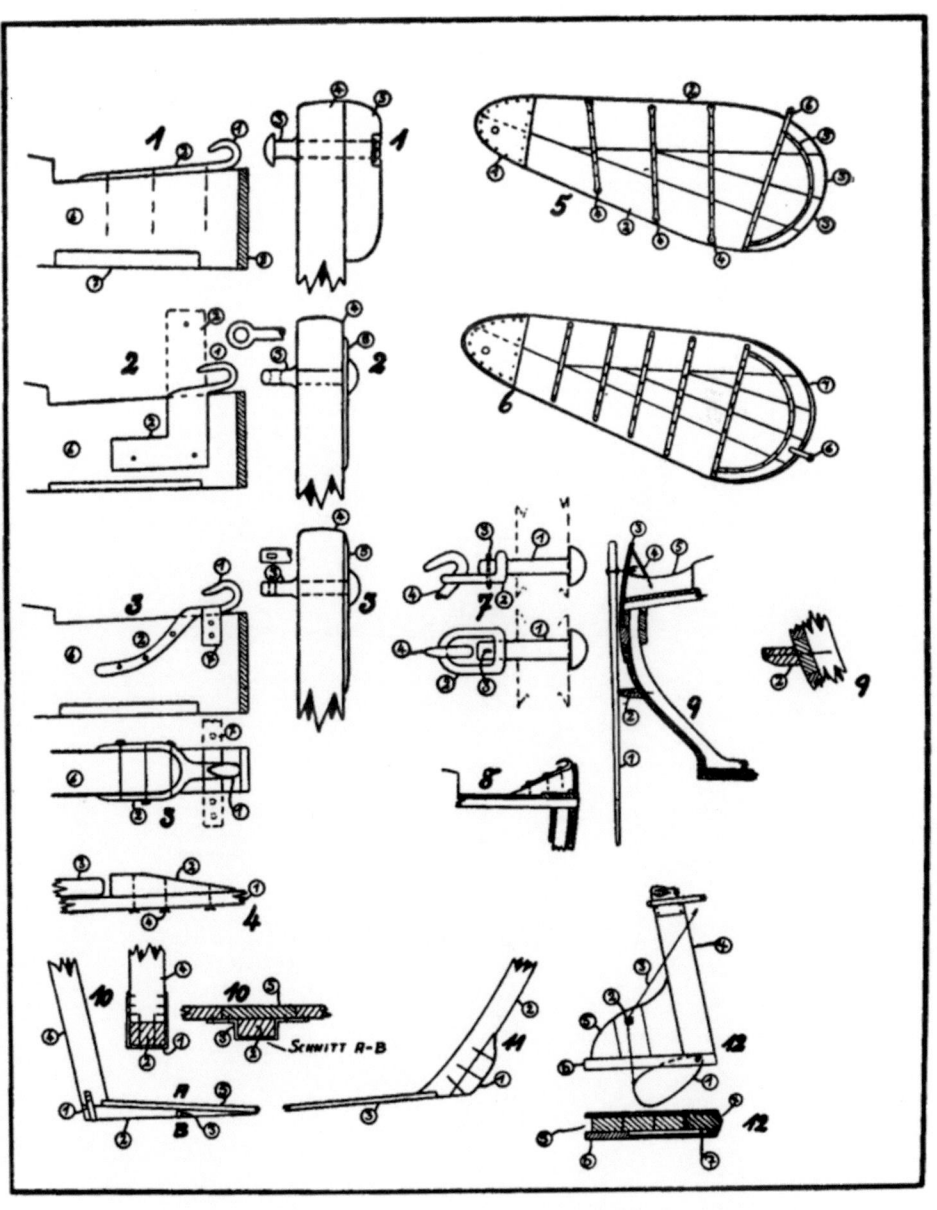

Abb. 4. Seitenschwerter, Schwerthaken, Ruderschwert u. a. Bauteile

Nr. 1. Bratspill, mit eisernen Spillzapfen: 1. Beting, 2. Schloßholz oder Betingklampe (nicht eingezeichnet ist das Schloßholz bei den Spillen Nr. 1, 6 und 7 Vorderansicht). 3. Querbeting, 4. Pallpfosten, 5. Betingklammer, 6. Betingbolzen, 7. Spillstamm (die Spilleisten sind hier und auf den anderen Spillen nicht eingezeichnet), 8. Pallring, 9. Spillkopf, 10. Spillzapten, 11. Spillband, 12. Pallen, 13. Kettenfänger, 14. Spillkopfband. **Nr. 2.** Spilleiste. **Nr. 3.** Spillstamm: 1. Stamm, 2. Spillfutter, 3. Spilleisten, 4. eisernes Lager (ein gleiches Lager ist an dem inneren Ende des Spillkopfes vorhanden). **Nr. 4a.** Eisernes Lager, eingelassen in die Beting: 1. Lager, 2. Platte, 3. Spillwelle, 4. Haken, 5. Schlitze für die Haken. **Nr. 4b.** Eisernes Lager, wie Nr. 4a, nur rund gearbeitet. **Nr. 5a.** Kettenfänger: 1. Beting, 2. Augbolzen, 3. Haken, 4. Stütze, 5. eiserne Stange mit Bund. **Nr. 5b.** Kettenfänger: 1. Beting, 2. Haken. **Nr. 6.** Bratspill, mit hölzernem Hals: 5. unterer Betingbolzen, 6. oberer Betingbolzen mit Auge, 10. Spillhals. **Nr. 7.** Kurbelspill: 1. Beting, 4. Pallpfosten, 10. durchlaufende Welle, 11. obere Welle, 12. kleines Triebrad, 13. Sperrad, 14. großes Zahnrad, 15. kleine Spillköpfe, 16. Kurbeln. **Nr. 8.** Betingfisch: 1. Deckbalken, 2. Betingstab, 3. Betingfisch, 4. Beting, 5. Unterschlag. **Nr. 9.** Hakenlasche (Kahnplanke): 1. Spanten, 2. und 3. Durchbolzen. **Nr. 10.** Plattlasche (Blattlasche, Setzbord): 1. Schandeckel (Reling), 2. Durchbolzen. **Nr. 11.** Bodenplanken-Randbefestigung: 1. Mittelbodenplanke, 2. Bodenplanken, 3. Stumpfbolzen. **Nr. 12.** Aufrichten des Mastes: 1. Jütte, 2. Talje, 3. Mastlegedraht (oder auch Fockstag), 4. Kettenglieder. 5. holende Part der Talje läuft zum Spill, 6. Koker, 7. Mast. **Nr. 13.** Neuere Jütte: 1. Jütte, 2. Fußknaggen, 3. Einschnitt, 4. seitlich Arm der älteren Jütte, 5. Mast. **Nr. 14.** Doppelte Stagtalje: 1. Block am Steven, 2. unterer Block mit holender Part, 3. oberer Block mit holender Part, 4. feste Part. **Nr. 15.** Einfache Stagtalje: 1. holende Part, 2. feste Part. **Nr. 16a.** Stevenrüst, Auge nach vorn. **Nr. 16b.** Stevenrüst, Auge quergestellt. **Nr. 16c.** Breite Stevenrüst, Auge nach vorn umgeschmiedet, breiter Schäkel. **Nr. 16d.** Schmale Stevenrüst, Auge nach vorn umgeschmiedet, kleiner Schäkel. **Nr. 16e.** Stevenrüst, mit zwei nach vorn gerichteten Augen, mit Bolzen (mit Kopf und Mutter). **Nr. 17a.** Juffern und Taljereep: 1. Püttingsjuffer mit Hakenbeschlag, 2. Wantjuffer eingebunden. **Nr. 17b.** Juffern und Taljereep: 3. Püttingsjuffer mit kurzem Ohrlappenbeschlag, 4. Wanttau über Wantjuffer auf Tamp gesetzt. **Nr. 17c.** Juffern und Taljereep: 5. Püttingsjuffer mit Bügelbeschlag, 6. Wantjuffer mit langem Ohrlappenbeschlag, Wanttau über eine Spitzkausche aut Tamp gesetzt. **Nr. 18a.** Wantschraube: 1. Hülse, 2. Rechtsgewindeschraube mit Auge, 3. Linksgewindeschraube mit Auge. **Nr. 18b.** Wantschraube: 4. Hülse, 5. Rechtsgewindeschraube mit Gabel, 6. Linksgewindeschraube mit Gabel. **Nr. 18c.** Offener Wantenspanner: 7. Wantenspanner (Drahtspanner), 8. Rechtsgewindeschraube mit Auge, 9. Drehhaken. **Nr. 19.** Flacheiserner Wantenspanner: 1. Schmiege mit Auge, 2. bewegliches Flacheisen, 3. Schäkel, 4. Bolzen mit Mutter.

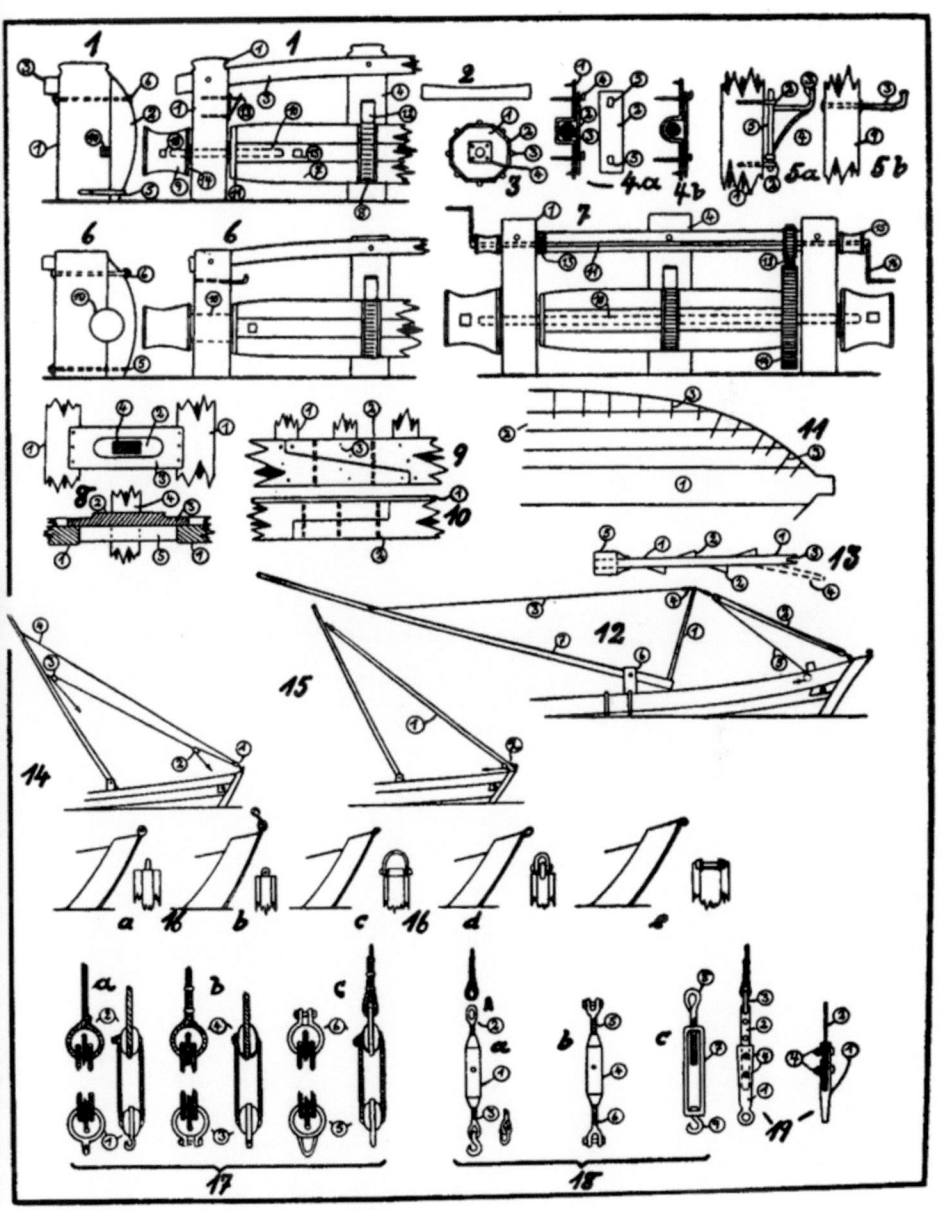

Abb. 7. Bratspille, Juffern, Wantsschrauben u. a.

Nr. 1. Giek-Ever: A. Großsegel, B. Stagfock, C. Klüver; 1. Bugsprietstag, 2. Fockstag, 3. Klüverfall, 4. Stagfockfall, 5. Klüverniederholer, 6. Stagfockniederholer, 7. Klüverschot, 8. Stagfockschot, 9. Klüverausholer, 10. Piekfall, 11. Dirktalje, 12. Klaufall, 13. Halsaufholer, 14. Halstalje, 15. Gaffeltoppsegelschot, 16. Großschot, 17. Leitblock, 18. Stagfockhalstalje, 19. Klüvereinholer, 20. Reihleine, 21. Klüverausholertalje, 22. Stagfocklägel. **Nr. 2a.** Breitfock, mit fester Rah, von vorn gesehen: A. Breittock, 1. Toppnanten, 2. Fall der Breitfock, 5. Rah. **Nr. 2b.** Breitfock, wie Nr. 2a, von hinten gesehen: A. Breitfock, 1. Toppnanten, 3. Jolltaue, 4. Brassen, 5. Rah. **Nr. 3.** Breitfock, mit loser Rah, von vorn gesehen: A. Breittock, 1. Toppnanten, 2. Fall der Rah, 3. Rah, 4. Rahstander. **Nr. 4** wie Nr. 3, seitlich gesehen: 2. Fall, 3. Rah, 4. Rahstander, 5. Mast. **Nr. 5.** Sprietsegel: 1. Sprietbaum, 2. Baumtalje, 3. Baumtoppnant, 4. Sprietsegelfall, 5. Geitaue, 6. Baumgerden, 7. Halstalje, 8. Schot, 9. Baumstropp, 10. Reihleine.

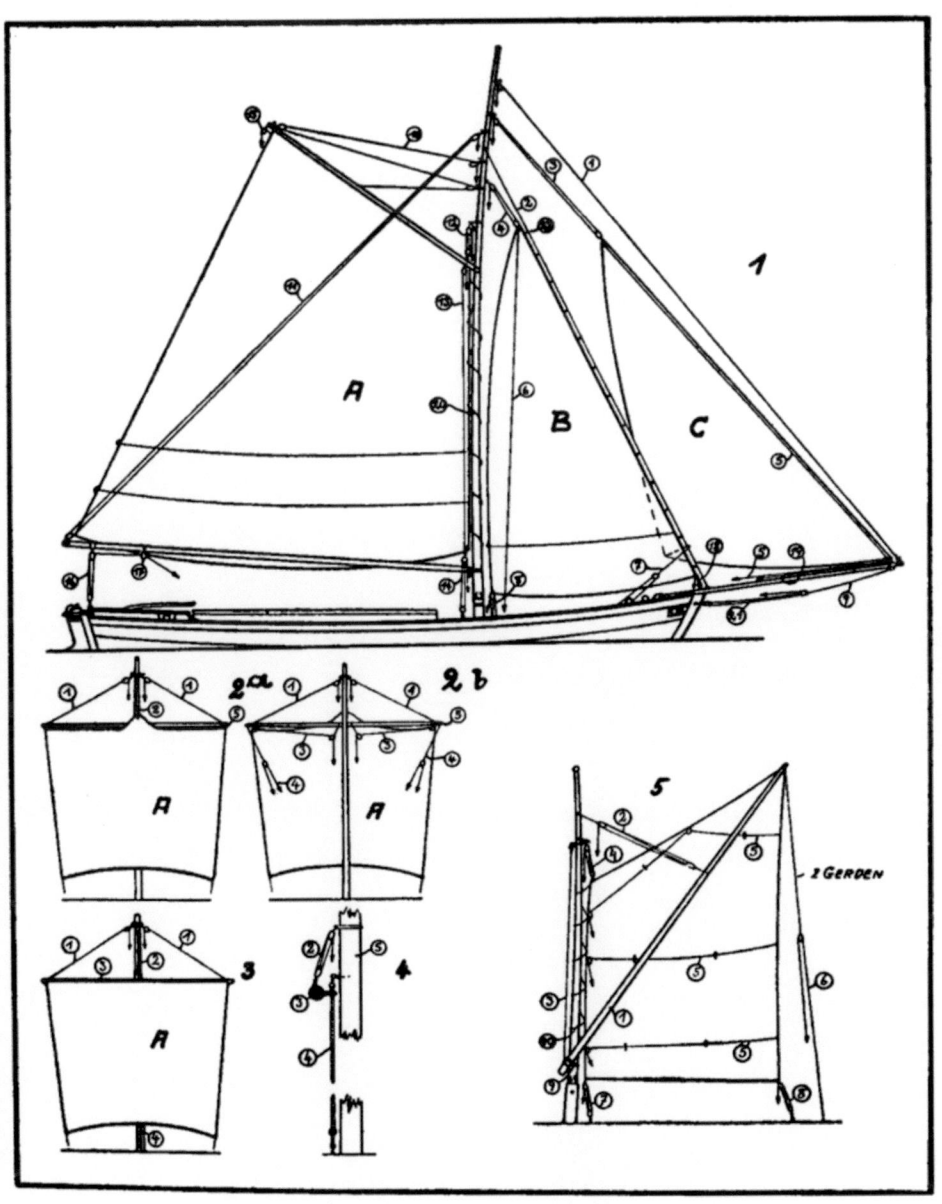

Abb. 10. Giek-Ever, Breitfock, Sprietsegel

A. Großsegel, B. Stagfock, C. Klüver, D. Jager, E. Besahn, F. Großgaffeltoppsegel, G. Besahngaffeltoppsegel; 1. Wanten, 2. Großmasthanger, 3. Großmastmantel, 4. Großmasttakel, 5. Fockstag, 6. Wasserstag, 7. Stagfockhals, 8. Stagfockfall, 9. Stagfockschot, 10. Stagfockniederholer, 11. Klüverfall, 12. Klüverniederholer, 13. Jagerfall, 14. Jagerniederholer, 15. Gaffeltoppsegelfallen, 16. Großpiekfall, 17. Großklaufall, 18. Großdirk, 19. Großschot, 20. Besahnschot, 21. Klüverschot, 22. Jagerschot, 23. Wasserstagtalje, 24. Großdirktalje, 25. Besahndirktalje, 26. Besahnpiekfall, 27. Besahnklaufall, 28. Besahnmasthanger, 29. Besahnmasttakel. Nicht dargestellt sind bei den Gaffelsegeln die Halstaljen, Halsaufhöler, Refftaljen, Reffbänder, Reihleinen; bei den Gaffeltoppsegeln Schoten und Halse, bei den Vorsegeln Reffbänder, Ein- und Ausholer, ferner fehlen die Bugstagen, Juffern und Taljereeps, Takel- und Mantelketten (oder Stander).

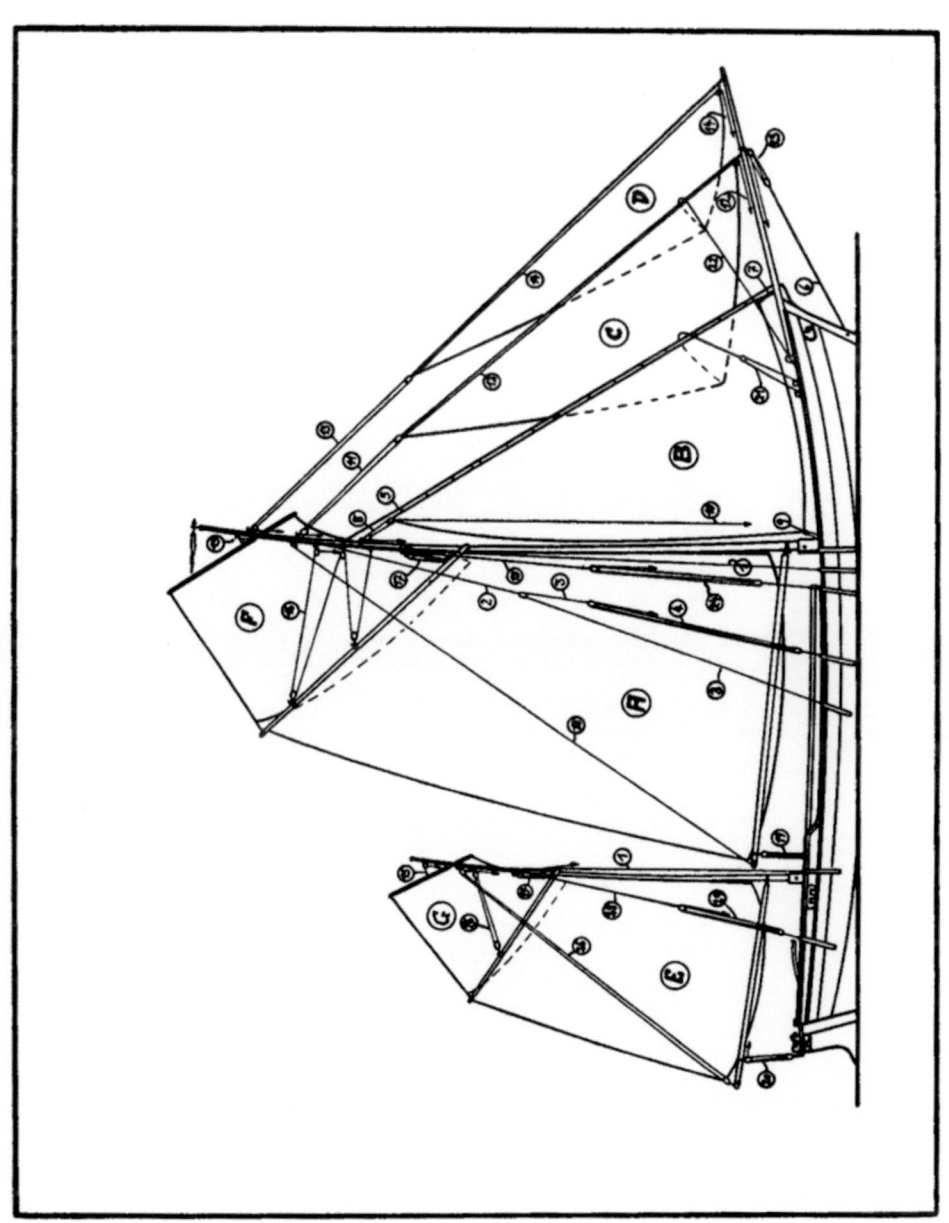

Abb. 13. Neuerer Besahn-Ever (Werft Junge, Wewelsfleth, 1899)

Nr. 1. Loses Bugspriet mit Jagerbaum: 1. Vorsteven, 2. Bug-klampen, 3. Kranbalken, 4. Pallpfosten, 5. Querbeting, 6. Bug-sprietbolzen, 7. Bugspriet, 8. Jagerbaum, 9. Bugstagen, 10. Jagerbaumbrille. **Nr. 2a.** Wasserstagplatte: 1. Platte, 2. Bolzen mit Auge. **Nr. 2b.** Wasserstagplatte: 3. Platte mit Ketten-schake, 4. Schlitz im Vorsteven. **Nr. 3.** Vorgeschirr, wie Nr. 1: 7. Bugspriet, 8. Jagerbaum, 11. Scharnierband, 12. Wasserstag-kette, 13. Wasserstagaufholer, 14. Wasserstagtalje. **Nr. 4.** Scharnierband: 1. Vorsteven, 2. Scharnierband, 3. Stütze, 4. Bügel mit Mutter. **Nr. 5.** Wasserstag, wie Nr. 3, durch Auf-holer angehoben. **Nr. 6.** Festes Vorgeschirr älterer Ever: 1. Stampfstock, 2. Stampfstockgeien, 3. Stampfstocktalje, 4. Fockstag, 5. Klüverstag, 6. Jagerstag, 7. Stängestag, 8. Bug-spriet, 9. Klüverbaum; Wasserstag ist nicht dargestellt. **Nr. 7.** Vorgeschirr, wie Nr. 1: C. Klüver, D. Jager; 1. Klüverrackring, 2. Klüverausholertalje, 3. Jagerausholer, 4. Klüverniederholer, 5. Jagerniederholer, 6. Klüvereinholer, 7. Klüverausholer, 8. Bug-spriet, 9. Jagerbaum. **Nr. 8.** Klüverrackring: 1. Rackring, 2. großer Schäkel, 3. kleiner Schäkel, 4. Loserhaken, 5. Schei-bengat für Klüverausholer, 6. Bugspriet. **Nr. 9.** Festes Vor-geschirr: 1. Fockstag, 2. Klüverstag, 3. Jagerstag, 4. Stänge-stag, 5. Stampfstockgeien, 6. Wasserstag, 7. Wasserstagtalje, 8. Bugsprietknaggen, 9. Eselshaupt, 10. Stampfstock mit Lippen, 11. Fockstagtaljereep, 12. Pallpfosten, 13. Bugspriet, 14. Klüver-baum. **Nr. 10.** Vorgeschirr, wie Nr. 9: 1. Bugspriet, 2. Knaggen, 3. eisernes Band, 4. Klüverbaum. **Nr. 11.** Vorge-schirr, wie Nr. 9: 1. Pallpfosten, 2. Bugspriet, 3. Bugspriet-zapfen. **Nr. 12** wie Nr. 9: 1. Flacheisen, 2. Bolzen mit Rolle für das Fockstag, 3. Bugspriet, 4. Vorsteven. **Nr. 13** wie Nr. 12: 1. Flacheisen, 2. Platte mit Auge und mit Muttern. **Nr. 14.** Kauschartig gearbeiteter Ring zum Aufsetzen der Bug-stagen usw. am Vorschiff. **Nr. 15.** Klüverbaumnock, mit Scheibengat für das Jagerstag. **Nr. 16.** Klüverbaumnock, mit Klampen und halber Scheibe für das Jagerstag. **Nr. 17.** Festes Vorgeschirr, mit Klüverbaum in einer Länge: 1. äußere Wasser-stagkette, 2. innere Wasserstagkette, 3. Wasserstagtalje, 4. Bugspriet mit Klüverbaum. **Nr. 18.** Vorgeschirr, wie Nr. 17: 1. Bugstagen, 2. Klüverbaumgeien, 3. Bugspriet mit Klüverbaum.

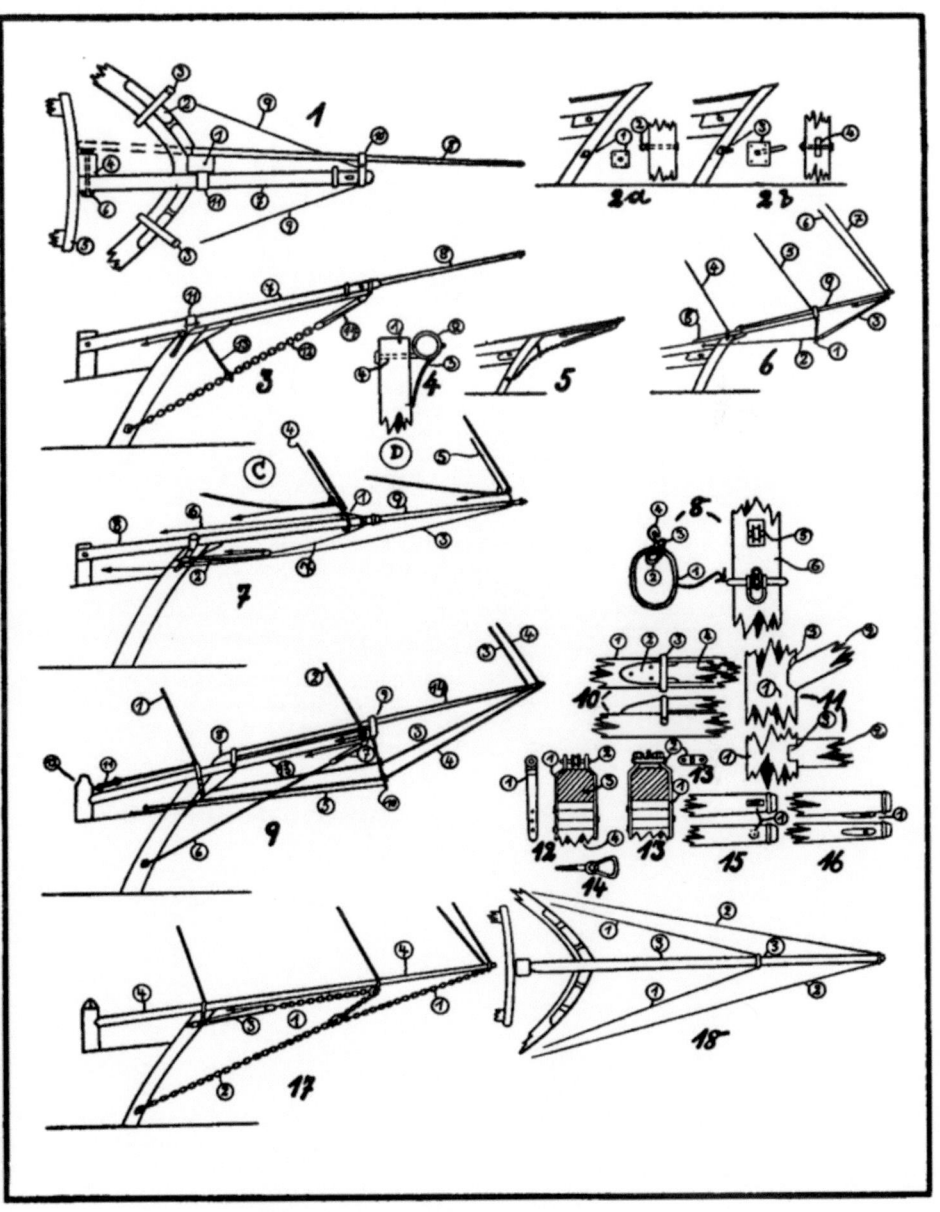

Abb. 14. Bugspriet, Jagerbaum, festes Bugspriet mit Klüverbaum

Nr. 1. Großbaum: 1. Mast, 2. Großbaum, 3. Mastbolzen, 4. Lümmel, 5. Baumbolzen, 6. Bänder, 7. Mastplatte, 8. Schlitz für Mastbolzen. **Nr. 2.** Großbaum: 1. Mast, 2. Großbaum, 3. Scharnierband, 4. Lümmel, 5. Baumbolzen, 6. Bänder, 7. Auge für Belegnagel. **Nr. 3.** Besahnbaum: 1. Mast, 2. Besahnbaum, 3. Mastband mit Auge, 4. Mastbolzen mit Haken, 5. Bänder. **Nr. 5.** Großbaum: 1. Schmerreep, 2. Refftalje, 3. Reffbacken, 4. bewegliches Schotband, 5. festes Schotband, 6. Schotblock, 7. Schothornbügel, 8. Schothornschiene, 9. Dirkauge. **Nr. 4** wie Nr. 5: 4. bewegliches Schotband, 6. Schotblock, oben mit Zapfen, 7. Schothornbügel. **Nr. 6.** Schotband: 1. Baum, 2. festes Band, 3. angeschmiedeter Bügel. **Nr. 7.** Reffbacken (s. Nr. 5), andere Form. **Nr. 8.** Gaffelklau: 1. Gaffel, 2. angesetzte Klau, 3. Gaffelrack, 4. eiserne Bänder, 5. Augbolzen für Klaufallblock. **Nr. 9.** Gaffelklau: 6. Bügel für Klaufallblock. **Nr. 10.** Besahnbaum: 1. Ausholring, 2. Scheibengat, 3. Ausholer, 4. Ausholertalje, 5. Hahnepoot, 6. Schotblock, 7. Belegklampe, 8. Dirkauge. **Nr. 11 a.** Aeltere Befestigung des oberen Klaufallblockes: 1. Augbolzen, 4. abgeflachter Block. **Nr. 11 b.** Neuere Betestigung des oberen Klaufallblockes: 1. Augbolzen, 2. Stütze, 3. eiserne Mastplatte, 4. Block. **Nr. 12.** Besahnleitwagenbügel: 1. Ruderstamm, 2. eisernes Querband, 3. fester Ruderkopf, 4. Ruderpinne, 5. eiserne Längsschiene, 6. Ruderbacke, 7. Helmholzhaken, 8. Leitwagenbügel. **Nr. 13.** Besahnleitwagen der Seefischer-Ever: 1. Auge, 2. Bunde. **Nr. 14.** Schmiege: 1. Schmiege, 2. Drahttau (z. B. Fockstag). **Nr. 15.** Leitwagen der Giek-Ever: 1. Mittelstütze, 2. Leitwagenstütze, 3. Lippbalken, 4. Spiegelplanken, 5. Kajütdeckreling, 6. Leitwagen, 7. Kopt, 8. Mutter. **Nr. 16.** Besahnleitwagenbügel: 1. Leitwagenbügel, 2. eiserne Stange mit Mutter. **Nr. 17** wie Nr. 16, der Leitwagenbügel (1) ist oben breiter und besitzt zwei Bunde (2). **Nr. 18.** Wantrüsten: 1. mit längs gestelltem Auge, 2. schmale Schiene (Stange), 3. mit nach innen umgeschmiedetem Auge. **Nr. 19.** Befestigung der Wantrüsten: 1. Wantrust, 2. Schandeckel, 3. Dollbaum, 4. Setzbord, 5. Leibholz, 6. Deckplanken, 7. Berghölzer, 8. Seitengänge, 9. Auge. **Nr. 20.** Stagfockleitwagen: 1. Deckbalken, 2. Leibholz, 3. Deckplanken, 4. Leitwagen, 5. Bund. **Nr. 21.** Stagfockleitwagen: 4. Leitwagen, 5. Leitwagenklotz, 6. Schraubbolzen. **Nr. 22.** Besahnleitwagen, wie Nr. 16, doch ist der Bügel (1) beweglich. **Nr. 23.** Besahnleitwagen, wie Nr. 22, nur von anderer Form. **Nr. 24.** Eiserne Schwalbe (Schwalbenschanzplatte).

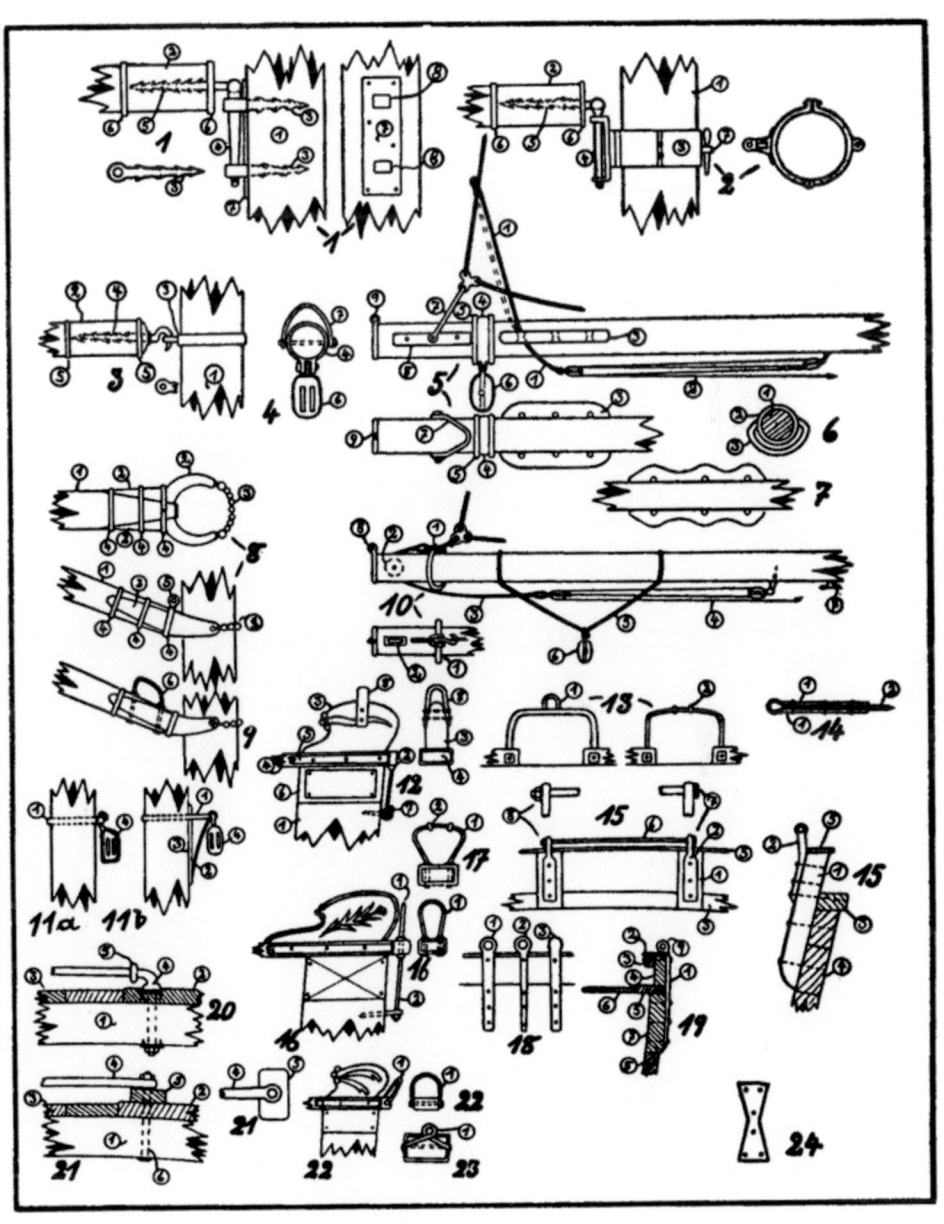

Abb. 15. Giekbäume, Gaffeln, Leitwagen u. a.

Nr. 1. Großpiekfall und Großdirk: 1. Piekfall, 2. Dirk, 3. Dirktalje. **Nr. 2** wie Nr. 1: 1. Piekfall, 2. Dirkmantel, 3. Dirktalje, 4. Dirkstander. **Nr. 3** wie Nr. 1: 1. Piekfall, 2. Dirktalje, 3. Dirkstander. **Nr. 4** wie Nr. 1: 1. Piekfall, 2. Dirktalje, 3. Halsaufholer und Gaffeltoppsegelschot (gleichzeitig Piekniederholer), 4. Dirk. **Nr. 5.** Großdirk und Mantel und Takel: 1. Großmasthanger, 2. Großmastmantel, 3. Großmasttakel, 4. Großdirk, 5. Besahnmasthanger, 6. Besahnmasttalje, 7. Großdirktalje. **Nr. 6.** Großsegel eines kleinen Giek-Evers: 1. Mantel, 2. Dirk, 3. Großschot, 4. Hanger, 5. Takel, 6. Dirkjolltau. **Nr. 7.** Besahn eines älteren Evers: 1. Piekfall, 2. Dirk. **Nr. 8.** Stänge: 1. Untermast, 2. Stänge, 3. Hummer (Hummel). **Nr. 9.** Großmastkoker, seitlich gesehen: 1. Bodenplanken, 2. Bodenwrangen, 3. Kokerspur, 4. Bodenweger, 5. Koker, 6. Kokerklotz, 7. Deckbalken, 8. Deckplanken, 9. Lukengiebel, 10. Mastfutter, 11. Kokerbügel, 12. Nagelbank, 13. Kokerknecht, 14. Kokerbeschlag, 15. Mastbolzen, 16. Mast, 17. Krallenfänger. **Nr. 9.** Großmastkoker, von vorn gesehen: 5. Koker, 8. Deckplanken, 12. Nagelbank, 13. Kokerknecht, 14. Kokerbeschlag, 15. Mastbolzen, 16. Mast, 18. Jüttloch, 19. Bolzen des Kokerbügels. **Nr. 10.** Wantenauflage: 1. Mastbacken, 2. Wantkissen, 3. Mast. **Nr. 11.** Koker und Unterschläge: 1. Deckbalken, 2. halbe Deckbalken, 3. Koker, 4. lange Längsunterschläge, 5. kurze Längsunterschläge, 6. kurze Querunterschläge. **Nr. 12.** Koker, schräg eingebaut: 1. Deckbalken, 2. drei Längsunterschläge, 3. Koker, 4. eiserne Zugstangen, 5. kurze Querunterschläge.

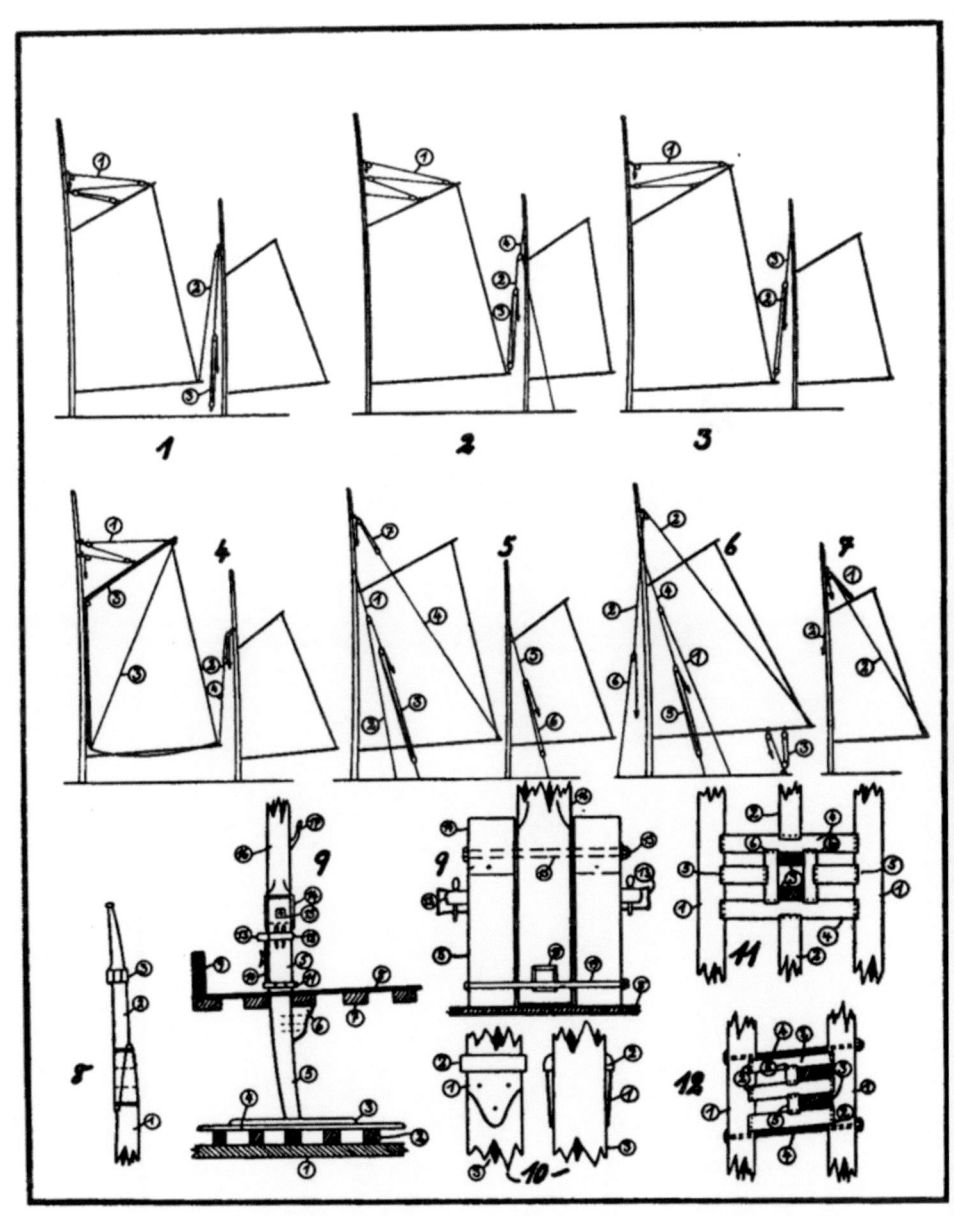

Abb. 16. Piekfallen, Dirken, Takel und Mantel, Mastkoker u. a.

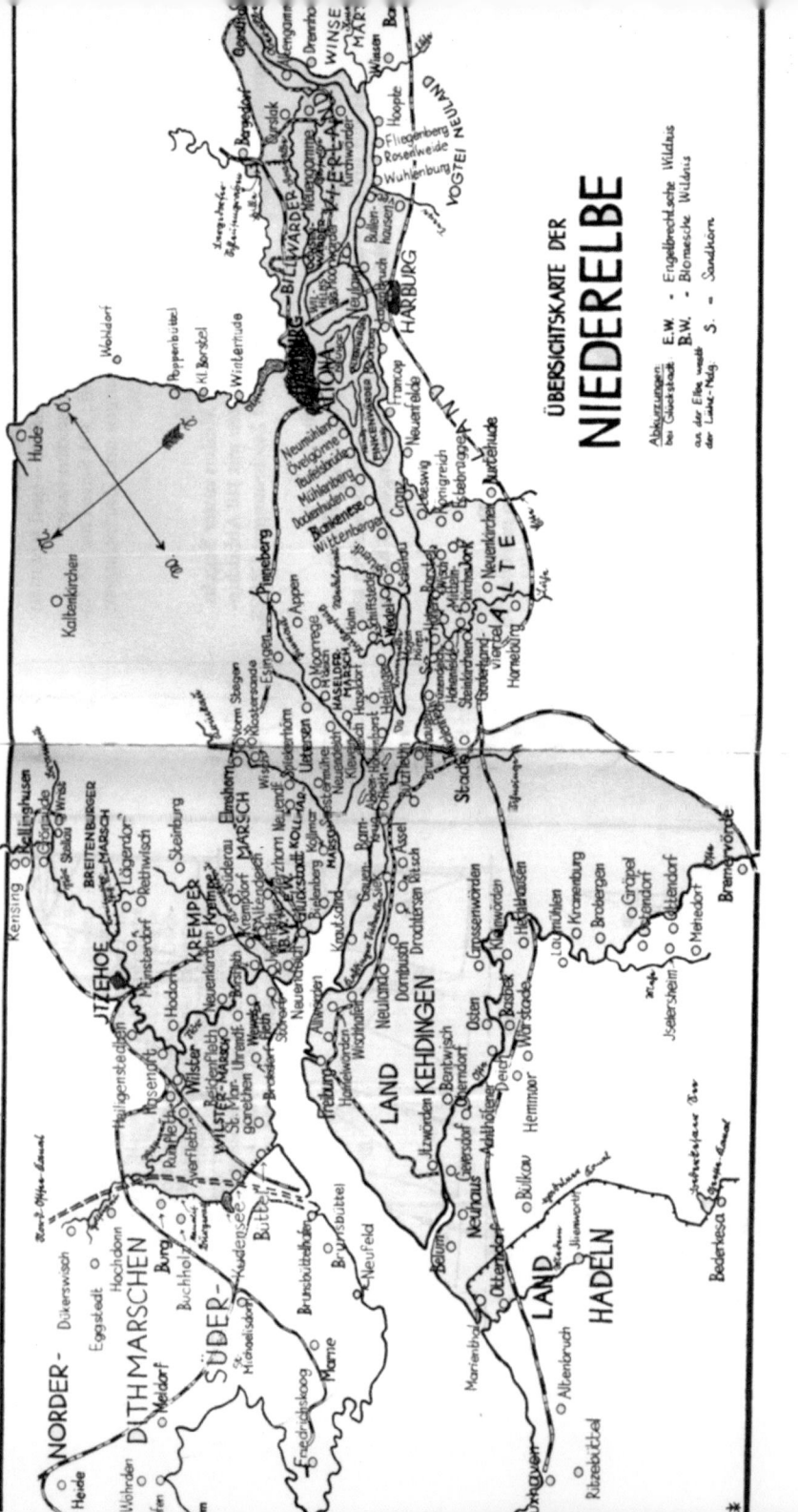

ÜBERSICHTSKARTE DER

NIEDERELBE

Abkürzungen:
bei Glückstadt: E.W. = Engelbrecht'sche Wildnis
                 B.W. = Blomesche Wildnis
an der Elbe unterh. S. = Sandkorn
der Lühe-Mdg.